교정판례백선

교정판례연구회 · 천주교인권위원회

박영사

〈교정판례백선〉을 출간하며

　그동안 형법, 형사소송법 등의 분야는 판례백선을 비롯한 다양한 판례 선집이나 평석집이 출간되어 왔으나, 형집행과 교정 분야에 대한 판례 선집은 찾아보기 어려웠다. 교정 분야에 대한 판례의 형성이 더딘 탓도 있고, 그 분야에 대한 관심이 상대적으로 적은 탓도 있을 것이다. 하지만 자세히 살펴보면 그동안 교정판례도 상당히 축적되어 왔고, 실무와 교육·연구의 차원에서 손쉽게 이용할 수 있는 판례 선집의 필요성은 꾸준히 논의되어 왔다.

　돌이켜 보면, 오랫동안 교정 분야는 인권의 빛이 비추어져야 할 가장 절실한 분야임에도 헌법 및 인권과 상극지대로 여겨져 왔다. 권위주의 정권 하에서의 교정 분야는 행형법, 교도소라는 명칭에도 불구하고 감옥법, 감옥으로 통칭되어 왔을 만큼 문제투성이였다. 헌법과 인권은 감옥 담을 넘어가지 못하고, "감옥은 인권의 사각지대"라는 말이 통용되었다. 누구든 감옥 문을 들어서면 그때부터 시민들이 당연히 누릴 수 있는 권리는 유예되고, 행형의 문제에 대해 사법심사의 문을 두드리기도 어려웠다. 두터운 담벼락과 감방 안에서 수용자는 교정당국의 일방적인 지배−복종관계에 편입된다는 소위 특별권력관계론이 득세한 것이 교정 분야였던 것이다. 그 시대에는 수용자의 인권을 주장하며 헌법적, 사법적 구제를 시도한다는 발상 자체가 어려웠다. 따라서 교정 분야의 법리와 판례 형성이 제대로 될 리가 없었던 것이다.

　그러한 상황을 일변시킨 계기는 1987년 헌법개정과 민주헌정체제의 수립이다. 1990년대 초기에 들어 변호사들이 헌법소원을 통해 기존의 억압적 법령 및 관행에 도전했을 때, 헌법재판소는 적극적으로 반응했다. 헌법재판소는 1992년 변호인의 미결수용자 접견시 교도관 참여는 위헌이라는 위헌결정을 필두로, 미결수용자에 대한 사복착용권을 인정했고, 수갑 및 포승사용에 대해 위헌을 확인하는 등 새로운 시대를 열었다. 2010년대에 들어와서는 수형자에 대한 선거권의 일률적 금지는 헌법불합치라 판정하여 수형자의 참정권을 확장하고, 더 나아가 지나친 과밀수용은 인간존엄성을 침해하므로 위헌이라는 적극적 결정을 내렸다. 물론 행형법, 형집행법의 조항에 대한 대부분의 헌법소원은 위헌·헌법불합치보다는 합헌·기각·각하 결정으로 귀결되고 있다. 하지만 그런 결정에서도, 적어도 교정의 모든 문제가 헌법적 심사 대상이 될 수 있다는 사실은 분명히 하고 있다. "헌법과 교도소 사이에 어떤 철의 장막(iron curtain)도 존재하지 않는다"는 명제는 거듭 확인되고 있는 것이다. 또한 일단 합헌·기각 결정이 내려져도 그에 대한 지속적인 도전을 통해, 얼마 안 가서 위헌이나 헌법불합치로 반전되는 사례도 적지 않다. 교정 분야에서 인간존엄성을 실현하려는 법조인들은 헌법재판을 주요한 수단으로 활용해 오고 있다.

　두 번째 주요한 계기는 국가인권위원회를 통한 것이다. 국가인권위원회는 당초 그 업무범위 중의 하나로 "인권침해행위에 대한 조사와 구제", "인권상황에 대한 실태조사"를 포함하고 있었고, 구금·보호시설에 대한 방문조사를 하고, 인권침해에 대한 구제조치 및 징계 등을 권고할 권한을 갖고 있다. 수용자의 처우와 인권침해 관련 진정과 상담의 처리는 국가인권위원회의 일상적 업무이고, 그런 과정에서 위원회는 개별 사건의 조사·해결 뿐 아니라 법적 지침이 될 만한 많은 결정례를 만들어오고 있다. 헌법재판소가 법률을 중심으로 다룬다면, 국가인권위원회는 교정의 현실에 더 밀착하여 돋보기를 들이대고 살피는 셈이다.

이러한 추세에 적응하여, 사법부에는 교정 관련 사건들이 밀려든다. 법원은 수용자의 권리침해를 확인하고 주로 국가배상 혹은 위자료 재판을 통해 교정의 구체적 현실에 사법심사를 행하고 있다. 수많은 판례의 집적을 통해, 이제 모든 수용자는 헌법 및 법률상의 기본권 향유의 주체이고, 그에 대한 자유 제한은 필요최소한도에 그쳐야 하며, 그 기본권의 본질적 내용을 침해해서는 안 된다는 점이 거듭 확인되고 있다. 이러한 변화는 저절로 일어난 것이 아니라, 수많은 법조인과 법률가 및 수용자들, 시민활동가들의 법적 문제 제기로 인해 가능해진 것이다. 다시 말해 현재에 이르는 수많은 변화와 개선은 지난 몇십 년간의 법률가와 수용자, 그리고 그를 지원하는 시민들과 전문가들의 노력의 산물로서 정당하게 평가되어야 할 것이다.

교정 분야에서 새로운 판례의 형성과 적극적인 결정들은 입법적 변화의 촉매가 되었다. 그중 결정적인 전환점은 2007년에 <행형법> 체계에서 <형의 집행 및 수용자의 처우에 관한 법률>(약칭 형집행법)로의 전부 개정이다. 행형법이 교정당국의 직무규범이고 수형자에게 의무규범으로 작동했다면, 새로운 형집행법은 수용자의 권리를 기본으로 하고 단서를 통해 일부 제한하는 방식으로의 질적 변화를 이룩했다. 물론 형집행법에는 여러 과도한 제한이 설정되어 있거나 아직 권리 중심의 사고가 진입하지 못한 부분이 적지 않지만, 그래도 전반적인 방향 전환을 꾀한 점 또한 분명하다고 할 것이다. 아울러 과밀수용 위헌 및 그에 뒤따른 일련의 국가배상소송의 추이를 보면, 교정 분야 전반에 걸쳐 헌법 및 인권의 잣대가 교정정책은 물론 전체 형사정책의 중심에 자리 잡아야 하는 단계에 진입하고 있음을 시사하고 있다. 앞으로 교정 분야의 제반 정책은 헌법적·인권적 심사를 통과해야 하는 시대에 진입하고 있다.

이러한 시대 흐름에 맞추어, 우리는 교정 분야를 대표할 만한 헌법재판소, 법원, 국가인권위원회의 판례를 여러 차례의 논의를 통해 선별했다. 위헌·헌법불합치·불법으로 판정난 사안뿐 아니라, 합헌·합법으로 종결된 사안도 그 비중에 따라 포함시켰다. 본서에 포함된 사례는 헌재 결정 62건, 법원 판결 56건, 인권위 결정례 7건이다. 편집위원들이 토의하면서 주로 선정하였으나, 집필 의뢰를 받은 전문가들이 추가·변경 의견을 낸 것도 적극 반영했다. 처음엔 판례'백선'을 기획했으나, 이러한 피드백을 거치며 최종적으로 본서에 수록된 것은 모두 125건이 되었다. 하지만 당초의 생각대로, 엄선의 원칙은 견지하고자 했다.

서술 방식은 사실관계, 결정(판결)요지, 해설, 후속논의, 참고문헌의 순으로 정했다. 처음엔 판례를 정리·소개하면 된다고 생각했으나, 현재까지의 판례에서 미흡한 점이 적지 않게 노출되었기에, 기존 판례를 비평하고 새로운 관점을 부각시키는 방향으로 진일보시키고자 했다. 따라서 본서는 단순 판례의 요약 소개 수준을 넘어서 교정법 및 교정판례를 살펴보는 데 일정한 방향성을 시사할 수 있을 것으로 생각한다.

본서의 출간에 이르기까지 경과는 다음과 같다. 우선 천주교인권위원회는 2013년에 형집행법 등 수용자 처우 관련 법률·시행령·시행규칙·훈령·예규 등을 모아 <수용자를 위한 감옥법령집>을 발간했고, 2019년에 개정판을 발간한 바 있다. 법령집에 이어 판례집을 발간하기 위해 2019년에 소속 회원들이 '감옥 판례 공부모임'을 구성했다. 모임에는 좌세준, 박경용, 남승한, 김현성, 조영관 변호사가 주로 참여했고, 강성준 활동가가 실무를 맡았다. 모임에서는 서신수수, 접견, 의료, 과밀수용, 징벌, 보호장비, 작업과 직업훈련, 가석방과 귀휴, 분류심사, 수용과 이송, 물품지급과 금품관리, 운동, 정보공개 등 주제별로 수집 가능한 모든 판례를 수집·분석하고, 월례 모임을 통해 판례집에 수록할 판례를 선정했다.

애초 '감옥 판례 공부모임'에서는 판례 원문을 종합하는 '판례집'을 구상했으나, 수록할 판례의 분량이 방대하여 한 권의 책으로 출간하기에는 어려움을 절감했다. 특히 '나홀로 소송'을 진행하는 교정시설 수용자의 경우, 판례집에 실릴 판례 원문만으로는 해소되지 않는 심도 깊은 논의에 대한 목마름도 있을 것으로 예상했다. 이즈음 '교정판례연구회'를 구상하던 한인섭, 금용명, 김대근 등 전문가들과 함께 논의하면서, 형집행법 및 교정 영역에는 본격적인 판례평석집이 없는 현실에 주목하여 '판례집'이 아닌 '판례평석집'의 발간으로 궤도를 수정하기로 하였다. 이어 교정판례연구회와 천주교인권위원회의 공동 기획으로 <교정판례백선>을 발간하기로 하고 <교정판례백선 편집위원회>를 구성하였다.

이러한 논의를 토대로 교정판례를 일차 추출하여, 교정판례를 집필할 적임자를 찾아 집필을 의뢰했다. 교정판례에 관심을 갖고 연구하는 범위를 넓히기 위해 집필자의 범위도 가급적 넓게 잡고자 했다. 한 집필자당 2개 이내의 사안을 집필하는 방식을 취하여, 본서의 집필자는 모두 68명에 이른다. 집필자의 분포를 현 직책에 따라 정리해보면 변호사가 33명, 판사가 4명, 교수 및 연구기관 연구자가 31명에 이르도록 다채롭게 구성되어 소기의 성과를 달성한 것 같다. 특히 교정판례의 형성과 변화를 이끌어낸 법률가들이 직접 자신의 사건에 대해 그 경과와 의미를 도출할 수 있도록 필진을 우선 배정한 것도 실천적 의의를 갖는다고 생각한다.

다수가 관여하는 이러한 첫 작업은 매우 힘들 수 있지만, 놀랍게도 전체 과정이 매우 속도감 있게 진행되었다. 조심스레 집필 의향을 타진했지만, 대부분은 기다렸다는 듯이 응했고, 원고 마감도 잘 지켜주어 생각보다 빨리 결실을 거둘 수 있었다. 집필자 모두에게 교정 분야에 대한 종합적 이해에의 갈구, 교정 개선에의 의지, 그리고 전문성의 향상을 향한 열정을 느낀다. 이러한 첫 작업을 토대로 하여 앞으로 교정법학 및 법실무의 발전에 동반자적 유대감을 형성할 수 있지 않을까 조심스런 희망을 가져본다.

앞으로 본서가 교정 분야의 이론가, 실무가들에게 두루 읽히기 바란다. 헌법재판소, 법원, 국가인권위원회, 교정 분야 종사자에게는 이 책을 통해 이제까지의 성과를 확인하면서 동시에 미흡한 점도 짚어보고, 향후의 방향성도 가늠해보는 자기 점검의 계기가 되었으면 한다. 교정 관련 교육 및 수험의 보조교재로서도 역할을 할 수 있도록 애쓴 부분도 있다. 또한 우리의 교정 현실에 문제의식을 가진 이들이 소송이나 진정을 할 때도 작은 길잡이가 될 수 있기를 기대한다. 무엇보다 본서가 우리 시대 인권과 기본권을 가장 예리하고 구체적으로 실천할 수 있는 마중물로 자리 잡기를 희망한다.

본서의 출간에 이르도록 자료 수집, 기획, 편집 작업에 관여한 편집위원들은 강성준, 금용명, 김대근, 김현성, 남승한, 박경용, 조영관, 좌세준, 한인섭 등이다. 편집위원들은 각기 변호사, 교수, 전문연구자, 인권활동가로서의 지식과 경험을 교환하면서 긴밀하게 소통해 왔다. 또한 이 초유의 작업을 위해 기꺼이 출판을 맡아주신 박영사와 출간에 도움을 주신 조성호 이사님, 편집 실무에 수고해주신 장유나 차장님께 고마움을 표하고 싶다. 이 책 발간을 계기로 정례적으로 판례연구회를 열어, 더 풍부한 내용의 개정판으로 독자와 또다시 만날 수 있기를 바라는 마음이다.

2024년 8월

편집위원회를 대표하여
서울대학교 법학전문대학원 한인섭 교수

차 례

제1부 교정 총론

제1장 수용자의 인권과 기본권 총설

제1절 수용자의 권리와 법적 지위

제2절 차별금지 - 소수자

제3절 정보공개

제2부 수용자 처우

제2장 수용

제1절 수용환경

제2절 수용과 이송

제3장 물품지급과 금품관리

제4장 위생과 의료

제1절 의료

제2절 운동

제5장 외부교통권

제1절 접견

제2절 편지수수

제3절 전화통화

제6장 종교와 문화

제7장 작업과 직업훈련

제8장 분류심사 · 귀휴 · 가석방

제3부 안전과 질서

제9장 신체검사 등

제10장 보호장비

제11장 조사수용과 징벌

일러두기

• 「형의 집행 및 수용자의 처우에 관한 법률」 및 그 시행령과 시행규칙은 각각 형집행법, 형집행법 시행령, 형집행법 시행규칙으로 표기하였다.

• 「유엔 피구금자 처우에 관한 최저기준규칙」은 '넬슨만델라규칙'으로 표기하였다.

제1부

교정 총론

제1장

수용자의 인권과
기본권 총설

[01] 수형자 및 집행유예자의 선거권

대상1	공직선거법제18조제1항제2호위헌확인등 (위헌, 헌법불합치) 헌재 2014. 1. 28. 선고 2012헌마409등 전원재판부 결정 (위헌, 헌법불합치) **(2016국회8급 / 2018법원직 / 2020국회8급)**
대상2	공직선거법제18조제1항제2호위헌확인 (위헌, 각하) 헌재 2014. 1. 28. 선고 2013헌마105 전원재판부 결정 (위헌, 각하)
참조1	공직선거법 제18조 제1항 제2호 등 위헌확인 (기각) 헌재 2017. 5. 25. 선고 2016헌마292등 전원재판부 결정 (기각) **(2018국가7급 / 2018국회8급)**
참조2	선거권 제한 위헌확인 (각하) 헌재 2019. 8. 29. 선고 2017헌마442 전원재판부 결정 (각하)
참조3	공직선거법 제18조 제1항 제2호 위헌확인 (각하) 헌재 2023. 3. 23. 선고 2020헌마958등 전원재판부 결정 (각하)

[사실관계]

청구인 A는 2011. 9. 15. 서울동부지법에서 업무방해죄 등으로 징역 4월에 집행유예 2년을 선고받고 2011. 12. 2. 그 판결이 확정되었고, 청구인 B는 2011. 12. 22. 서울중앙지법에서 병역법위반죄로 징역 1년 6월을 선고받고 2011. 12. 30. 그 판결이 확정되었으며, 청구

인 C는 2012. 2. 15. 인천지법 부천지원에서 병역법위반죄로 징역 1년 6월을 선고받고 2012. 2. 23. 그 판결이 확정되었다. 청구인들은 2012. 4. 11. 실시된 제19대 국회의원선거 당시 공직선거법 제18조 제1항 제2호의 선거권이 없는 자에 해당한다는 이유로 선거권을 행사하지 못하였다. 이에 청구인들은 공직선

거법 제18조 제1항 제2호가 청구인들의 선거권 등을 침해한다고 주장하면서 2012. 4. 25. 이 사건 헌법소원심판을 청구하였다(2012헌마409 사건. 그 외 사건 사실관계 생략).

[결정요지]

[1] 심판대상조항은 집행유예자와 수형자에 대하여 전면적·획일적으로 선거권을 제한하고 있다. 심판대상조항의 입법목적에 비추어 보더라도, 구체적인 범죄의 종류나 내용 및 불법성의 정도 등과 관계없이 일률적으로 선거권을 제한하여야 할 필요성이 있다고 보기는 어렵다. 범죄자가 저지른 범죄의 경중을 전혀 고려하지 않고 수형자와 집행유예자 모두의 선거권을 제한하는 것은 침해의 최소성 원칙에 어긋난다. 특히 집행유예자는 집행유예 선고가 실효되거나 취소되지 않는 한 교정시설에 구금되지 않고 일반인과 동일한 사회생활을 하고 있으므로, 그들의 선거권을 제한해야 할 필요성이 크지 않다. 따라서 심판대상조항은 청구인들의 선거권을 침해하고, 보통선거원칙에 위반하여 집행유예자와 수형자를 차별취급하는 것이므로 평등원칙에도 어긋난다.

[2] 심판대상조항 중 수형자에 관한 부분의 위헌성은 지나치게 전면적·획일적으로 수형자의 선거권을 제한한다는 데 있다. 그런데 그 위헌성을 제거하고 수형자에게 헌법합치적으로 선거권을 부여하는 것은 입법자의 형성재량에 속하므로 심판대상조항 중 수형자에 관한 부분에 대하여 헌법불합치결정을 선고한다.

재판관 이진성의 집행유예자 부분에 대한 별개의견 및 수형자 부분에 대한 위헌의견

범죄를 저지른 대가로 유죄의 확정판결을 받은 사람들에 대한 사회적 제재라는 심판대상조항의 입법목적은 정당하지 않다. 수형자에 대해 응보적 기능으로서 일정한 제재의 필요성을 부인하는 것은 아니지만, 그 제재가 참정권 중 가장 기본적 권리인 선거권을 제한하는 방법으로 발현되어야 하는 것은 아니다. 법의 정당성과 준법의무는 모든 시민이 선거권을 행사하는 것으로부터 직접 도출되는바, 수형자와 집행유예자의 선거권을 제한하는 것이 준법의식을 강화한다고 볼 수 없어 그 수단의 적합성을 인정하기 어렵다. 집행유예자와 수형자에 대한 선거권제한은 헌법재판소가 단순 위헌결정을 통하여 선거권에 대한 침해를 제거함으로써 합헌성이 회복될 수 있으므로, 심판대상조항 전체에 대하여 단순위헌을 선언하여야 한다.

재판관 안창호의 수형자 부분에 대한 반대의견

불법성이 상대적으로 경미한 사안에 있어 정상을 참작 받아 교정시설에 구금되지 않고 공동체의 구성원으로 정상적인 사회활동이 가능한 집행유예자의 경우와 달리, 수형자는 그 범행의 불법성이 크다고 보아 금고 이상의 실형을 선고받고 그 집행이 아직 종료되지 않은 자로서 공동체로부터 격리되어 정상적인 사회생활이 불가능해진 경우이다. 그들에 대해 격리된 기간 동안 공동체의 운용을 주도하는 통치조직의 구성과 공동체의 나아갈 방향을 결정짓는 선거권을 정지시키는 것은 입법목적의 달성에 필요한 정도를 벗어난 과도한 것이라고 보이지 않는다. 그렇다면 심판대상조항 중 수형자에 관한 부분은 헌법에 위반되지 아니한다.

[해설]

I. 대상결정 이전의 수형자와 집행유예자의 선거권

공직선거법(2005. 8. 4. 법률 제7681호로 개정된 것, 이하 구 공직선거법)은 선거일 현재 금고이상의 형의 선고를 받고 그 집행이 종료되지 아니하거나 그 집행을 받지 아니하기로 확정되지 아니한 자는 선거권이 없다고 규정하여(동법 제18조 제1항 제2호), 집행유예자와 수형자는 모두 선거권이 없었다. 헌법재판소는 2004. 3. 25. 선고 2002헌마411 전원재판부 결정에서 재판관 1인의 위헌의견이 있었으나 8인의 합헌의견에 따라 구 공직선거 및 선거부정방지법(1994. 3. 16. 법률 제4739호로 제정되고, 2005. 8. 4. 법률 제7681호로 개정되기 전의 것) 제18조 제1항 제2호 전단(선거일 현재 금고 이상의 형의 선고를 받고 그 집행이 종료되지 아니한 자) 부분은 헌법에 위반되지 않는다고 결정하였다. 이후 헌법재판소는 2009. 10. 29. 선고

2007헌마1462 전원재판부 결정에서 공직선거법(2005. 8. 4. 법률 제7681호로 개정된 것) 제18조 제1항 중 제2호 전단(선거일 현재 금고 이상의 형의 선고를 받고 그 집행이 종료되지 아니한 자) 부분에 대하여 재판관 5인이 위헌의견을, 재판관 3인이 기각의견을, 재판관 1인이 각하의견을 표시하여 헌법에 위반된다는 의견이 다수이기는 하였으나, 위헌정족수에 이르지 못하여 심판청구를 기각하였고 대상결정 이전까지 수용자와 집행유예자의 선거권은 박탈되어 있었다.

II. 대상결정의 의미와 한계

1. 선거권 제한의 위헌성 논의의 출발

우리 헌법은 제24조에서 "모든 국민은 법률이 정하는 바에 의하여 선거권을 가진다"고 규정하고 있다. 선거권은 통치권 내지 국정의 담당자를 결정하는 국민의 주권행사를 뜻한다. 우리 헌법이 국민주권을 선언하고 있고(제1조 제2항), 이 국민주권의 의미는 통치권의 행사가 궁극적으로 국민의 의사에 의해 정당화 된다는 것이다. 따라서 통치권의 담당자를 국민이 직접 정하게 함으로써 통치권의 행사를 국민의 의사에 귀착시킬 수 있도록 하는 하나의 방법으로 주권자인 국민에게 선거권을 부여하고 있는 것이다. 선거권은 국민주권의 이념과 불가분의 관계에 있을 뿐 아니라 국민주권을 실질적 요소로 하는 민주주의의 실현을 위한 불가결의 객관적 가치질서에 해

당한다. 이러한 선거권과 불가분의 관계에 있는 것이 선거제도이다. 헌법은 제41조 제1항, 제67조 제1항에서 보통·평등·직접·비밀선거를 선거제도의 기본원칙으로 천명하고 있다. 특히 보통선거는 개인의 납세액이나 소유하는 재산을 선거권의 요건으로 하는 제한선거에 대응하는 것으로 이러한 요건뿐만 아니라 그밖에 사회적 신분·인종·성별·종교·교육 등을 요건으로 하지 않고 일정한 연령에 달한 모든 국민에게 선거권을 인정하는 제도를 말한다.

헌법은 선거권의 행사에 관한 나머지 구체적인 사항은 입법사항으로 위임하고 있고 이러한 입법 위임은 형성적 법률유보에 해당한다고 보아야 한다. 선거권 형성적 법률유보는 선거권을 실현시키고 보장하기 위한 것이지 선거권을 제한하기 위한 것이 아니므로 입법권자가 입법형성권에 의하여 여러 가지 선거법을 제정하는 경우에는 헌법에 명시된 보통, 평등, 직접, 비밀 선거의 원칙을 존중해야 하며 국민의 선거권이 부당하게 제한되지 않도록 세심한 주의를 기울여야 한다. 대상결정은 수형자에게 형사책임을 지우는 것에서 나아가 국민으로서 주권을 행사하는 것도 아울러 제한하는 것이 가능한지, 가능하다면 어떤 방법으로 선거권을 제한해야 하는지에 대한 결정을 하였다는 점에서 의미가 있다.

선거권은 헌법이 선언하고 있는 국민주권주의를 달성하기 위해 필요 불가결한 기본권이자 제도이므로 이를 제한하는 입법은 헌법

제37조 제2항의 규정에 따라 국가안전보장·질서유지 또는 공공복리를 위하여 필요하고 불가피한 예외적인 경우에만 그 제한이 정당화될 수 있고 설사 제한을 하는 경우에도 선거권의 본질적인 내용을 침해할 수 없다. 보통선거의 원칙은 선거권자의 능력, 재산, 사회적 지위 등의 실질적인 요소를 배제하고 성년자이면 누구라도 당연히 선거권을 갖는 것을 요구하므로 보통선거의 원칙에 반하는 선거권 제한의 입법을 하기 위해서는 헌법 제37조 제2항의 규정에 따른 한계가 한층 엄격히 지켜져야 한다(헌재 2007. 6. 28. 선고 2004헌마644등 전원재판부 결정 등).

2. 대상결정의 의미와 한계

대상결정은 집행유예자와 수형자의 선거권 제한은 입법목적의 정당성과 수단의 적합성은 인정된다고 보면서 다만 침해의 최소성, 법익균형성은 인정되지 않는다고 보았다. 나아가 대상결정은 집행유예자와 수형자의 선거권 제한이 선거권 침해, 보통선거원칙 위반, 집행유예자와 수형자를 차별취급하는 것으로 평등원칙에도 위반된다는 것을 분명하게 하였다는 점에서는 의미가 있다.

그러나, 대상결정은 집행유예자의 경우와 달리 수형자의 선거권 제한의 위헌성은 수형자의 선거권을 전면적·획일적으로 제한하는데 있고, 유죄 확정판결을 받은 사람들인 수형자에 대해서는 선거권을 포함하여 사회적 제

재를 하는 것이 정당하다는 전제(입법목적의 정당성, 수단의 적합성)에 서 있다는 한계가 있다.

대상결정에서 이진성 재판관은 수형자에 대한 응보적 기능으로서 일정한 제재가 필요하다고 해도 그 제재가 참정권 중 가장 기본적 권리인 선거권을 제한하는 방법으로 발현되는 것은 입법목적의 정당성을 인정할 수 없고, 법의 정당성과 준법의무는 모든 시민이 선거권을 행사하는 것으로부터 도출되는 것이므로 수형자와 집행유예자의 선거권을 제한하는 것이 준법의식을 강화한다고 볼 수 없어 수단의 적합성도 인정할 수 없다는 위헌의견을 냈는바, 이는 시사하는 바가 매우 크다.

[후속논의]

대상결정이 수형자의 선거권 제한에 대해서는 헌법불합치결정을 함에 따라 국회는 2015. 8. 13. 공직선거법 제18조 제1항 제2호를 개정하여 "1년 이상의 징역 또는 금고의 형의 선고를 받고 그 집행이 종료되지 아니하거나 그 집행을 받지 아니하기로 확정되지 아니한 사람"의 선거권을 일률적으로 제한하는 입법을 하였다. 이런 입법은 대상결정이 수형자에 대한 선거권 제한의 입법목적은 정당하고 수단도 적합하다는 전제에 서 있다는 한계에서 비롯된 것이다. 그 이후 헌법재판소는 선거권정지조항의 입법목적의 정당성, 수단의 적합성은 물론 침해의 최소성, 법익균형성이 모두 인정된다고 보아 선거권을 침해하지 않는다고 결정하였다(헌재 2017. 5. 25. 선고 2016헌마292등 전원재판부 결정).

최근 헌법재판소는 선거권정지조항에 의해 선거권을 행사하지 못한 경우에도, 선거가 종료되거나 수형자가 형을 마친 경우에는 심판계속 중에 사실관계 또는 법률관계의 변동으로 말미암아 청구인이 주장하는 기본권의 침해가 종료된 경우에는 원칙적으로 권리보호이익이 없으므로 해당 헌법소원심판청구는 부적법한 것이 된다(헌재 2016. 10. 27. 선고 2014헌마323 전원재판부 결정; 헌재 2019. 8. 29. 선고 2017헌마442 전원재판부 결정)고 보아 심판청구를 각하하였다(헌재 2023. 3. 23. 선고 2020헌마958등 전원재판부 결정).

한편 1년 이상 실형 선고를 받은 수형자·가석방자의 선거권을 박탈하는 공직선거법 제18조에 대해서는 2019. 3. 8. 한국정부가 보통선거권을 보장하고 있는 유엔 자유권규약 제25조를 위반했다는 것을 이유로 유엔 자유권규약위원회에 개인진정(Individual Complaint)이 제기되었다.

[참고문헌]
• 안성훈 외, 수형자에 대한 합리적인 선거권 부여 방안(2014년 중앙선거관리위원회 연구용역보고서), 한국형사정책연구원, 2014.

[남승한 변호사(법률사무소 바로)]

형사·민사재판의 당사자로 출석하는 수형자의 사복착용과 공정한 재판을 받을 권리

대상	형의 집행 및 수용자의 처우에 관한 법률 제82조 위헌확인 (위헌, 기각)
	헌재 2015. 12. 23. 선고 2013헌마712 결정 (위헌, 기각) **(2018변호사 / 2019국가7급)**
참조	재소자용수의착용처분 위헌확인 (위헌, 기각)
	헌재 1999. 5. 27. 선고 97헌마137등 전원재판부 결정 (위헌, 기각) **(2009법원직)**

[사실관계]

청구인은 무고 등의 혐의로 기소되어 2013. 9. 12. 징역 3년의 유죄판결이 확정되었다. 청구인은 ○○구치소에 수용되어 있을 당시 자신이 피고인인 별건 형사재판과 원고인 민사재판과 관련하여, 위 유죄판결이 확정되기 전까지는 형집행법 제82조에 의하여 사복을 착용하고 법정에 출석할 수 있었으나, 판결이 확정된 이후에는 미결수용자가 아니라는 이유로 사복착용이 불허되었다. 이에 청구인은 주위적으로 위 법률조항의 위헌확인을 구하고, 예비적으로 위 사복착용 불허행위의 위헌확인을 구하는 이 사건 헌법소원심판을 청구하였다.

[결정요지]

[1] 수형자라 하더라도 확정되지 않은 별도의 형사재판에서만큼은 미결수용자와 같은 지위에 있으므로, 이러한 수형자로 하여금 형사재판 출석 시 아무런 예외 없이 사복착용을 금지하고 재소자용 의류를 입도록 하여 인격적인 모욕감과 수치심 속에서 재판을 받도록 하는 것은 재판부나 검사 등 소송관계자들에게 유죄의 선입견을 줄 수 있고, 이미 수형자의 지위로 인해 크게 위축된 피고인의 방어권을 필요 이상으로 제약하는 것이다. 또한 형사재판에 피고인으로 출석하는 수형자의 사복착용을 추가로 허용함으로써 통상의 미결수용자와 구별되는 별도의 계호상 문제점이 발생된다고 보기 어렵다. 따라서 심판대상조항이 형사재판의 피고인으로 출석하는 수형자에 대하여 사복착용을 허용하지 아니한 것은 청구인의 공정한 재판을 받을 권리, 인격권, 행복추구권을 침해한다.

[2] 민사재판에서 법관이 당사자의 복장에 따라 불리한 심증을 갖거나 불공정한 재판진행을 하게 되는 것은 아니므로, 심판대상조항이 민사재판의 당사자로 출석하는 수형자에 대하여 사복착용을 불허하는 것으로 공정한 재판을 받을 권리가 침해되는 것은 아니다.

수형자가 민사법정에 출석하기까지 교도관이 반드시 동행하여야 하므로 수용자의 신분

이 드러나게 되어 있어 재소자용 의류를 입었다는 이유로 인격권과 행복추구권이 제한되는 정도는 제한적이고, 형사법정 이외의 법정 출입 방식은 미결수용자와 교도관 전용 통로 및 시설이 존재하는 형사재판과 다르며, 계호의 방식과 정도도 확연히 다르다. 따라서 심판대상조항이 민사재판에 출석하는 수형자에 대하여 사복착용을 허용하지 아니한 것은 청구인의 인격권과 행복추구권을 침해하지 아니한다.

민사재판에 당사자로 출석하는 수형자에 대하여 사복착용을 불허하는 것에 대한 재판관 이정미, 재판관 이진성, 재판관 강일원의 반대의견

재판 과정에서 재소자용 의류의 착용을 강제하는 것이 과연 도주의 방지라는 목적 달성에 어느 정도로 효과가 있는지 의문이다. 이송 도중의 도주가 문제된다면 이송 중에는 재소자용 의류를 입도록 하고 법정에서만 사복을 입도록 할 수도 있고, 도주우려가 크거나 특히 부적당한 사유가 있는 경우에 한하여 예외적으로 사복착용을 제한하는 등 기본권을 덜 제한하는 다른 수단이 얼마든지 가능하다. 재소자용 의류의 착용으로 인하여 소송관계자들에게 부정적 인상을 주거나, 수형자가 수치심, 모욕감을 갖고 그로 인하여 소송 수행에 있어 위축감을 느끼며 어려움을 겪는 것은 형사재판인지 민사재판인지에 따라 달라지는 것이 아니다. 따라서 심판대상조항이 아무런 예외 없이 민사재판에 당사자로 출석하는 수형자의 사복착용을 불허하는 것은 청구인의 인격권과 행복추구권을 침해하므로 헌법에 위반된다.

[해설]

대상결정은 이미 다른 형사재판에서 실형이 확정되어 복역하고 있는 수형자라 하더라도 다른 형사재판에서 피고인으로 출석할 경우에 사복착용을 허용하지 않는 심판대상조항이 청구인의 공정한 재판을 받을 권리, 인격권, 행복추구권을 침해한다고 판시하였다. 한편 같은 결정의 법정의견은 이와 같은 수형자가 민사재판에 출석하는 경우에 사복착용을 허용하지 않는 것이 기본권을 침해하지 않는다고 판단한 반면, 반대의견은 청구인의 인격권과 행복추구권을 침해하기 때문에 헌법에 위반된다고 판단하였다.

헌법재판소는 1999. 5. 27. 선고 97헌마137 등 전원재판부 결정에서 유죄가 확정되지 아니한 미결수용자에게 재소자용 의류를 입게 하여 수사 또는 재판을 받게 한 행위가 무죄추정의 원칙에 반하고 인격권, 행복추구권, 공정한 재판을 받을 권리를 침해하여 위헌임을 확인한 바 있다. 대상결정은 수형자가 다른 형사재판을 받는 경우에도 위 결정취지가 대체로 적용되는 것으로 보아 이 부분에 대하여 전원일치의 헌법불합치결정을 하였다.

그러나 수형자가 민사재판을 받는 경우에 대하여 법정의견은 법관이 당사자의 복장에 따라 불리한 심증을 갖지 아니하고 민사법정과 형사법정의 계호방식의 차이 등에 비추어 볼 때 기본권을 침해하지 않는다고 판시하였다. 반면 재판관 3인의 반대의견은 재소자용 의류 착용으로 법관 등 소송관계자에게 부정적 인상을 주거나 수형자가 위축감을 느끼게 되는 것은 형사재판의 경우와 차이가 있다고 볼 수 없고, 오히려 수형자가 느끼게 될 수치심은 민사재판의 경우 더 클 수 있다고 판시하였다.

법정의견은 비교법적 근거를 들고 있는데, 독일과 일본의 행형에 관한 법령의 경우에도 수용자가 외출할 때 사복을 허가할지 여부는 교도소의 재량사항으로 규정되어 있고, 미국 역시 연방규칙에 법정 출석 등 임시외출의 허가 여부가 교도소의 재량사항으로 규정되어 있을 뿐임을 언급하고 있다.

반대의견은 넬슨만델라규칙 제17조 제3항이 "정당하게 인정된 목적을 위하여 시설 밖으로 외출할 때에는 언제나 자신의 사복 또는 눈에 띄지 않는 의복을 입도록 허용되어야 한다"고 정하고 있음을 언급하면서 국제인권법상 근거를 제시하였다.

[후속논의]

대상결정 이전 형집행법 제88조는 형사사건으로 수사 또는 재판을 받고 있는 수형자에게 사복착용에 관한 규정인 제82조를 준용하지 아니하였으나, 대상결정 이후 제82조를 준용하는 것으로 개정되었다.

앞서 본 바와 같이 1999년 헌법재판소 결정

에 의해 미결수용자가 재판에 출석할 때 사복을 착용할 수 있게 되었으나, 2008년 상반기 서울구치소 통계에 의하면 출정 시 미결수용자가 사복을 착용하는 비율은 0.83%에 불과했다. 대상결정 이후에도 2019년 수용자 출정 시 사복착용 현황에 관한 전국 통계에 의하면 사복착용 비율이 0.43%에 불과한 것으로 나타났다.

법무부 법무·검찰개혁위원회는 2020. 3. 23. 미결수용자와 형 확정 등으로 수용된 수형자가 이들의 명시적 반대의사가 없는 한 수사 및 재판에서 수의 대신 원칙적으로 사복을 착용하게 하고, 사복착용권을 출정 전에 개별적으로 고지하도록 하며, 경제적 어려움 등으로 사복을 마련할 수 없는 경우 사복에 준하는 의류를 비치하고, 민사재판에서도 사복착용권을 보장하라고 하면서, 형집행법 제82조 및 제88조의 개정을 권고를 한 바 있다(제15차 권고안).

[김진하 판사(서울고등법원)]

[03] 엄중격리대상자의 수용거실 CCTV 설치행위와 법률유보원칙

대상	계구사용행위 등 위헌확인 등 (기각, 각하) 헌재 2008. 5. 29. 선고 2005헌마137등 전원재판부 결정 (기각, 각하) **(2009국회8급 / 2011법원직 / 2020국가7급)**

[사실관계]

2004. 7.경 수형자가 교도관을 살해하는 사건이 발생하자, 법무부는 2005. 8. 17. 법무부예규 제731호로 '특별관리대상자 관리지침'(이하 '지침'이라 한다)을 제정하여 시행하였다. 지침은 합리적이고 효율적인 수용관리를 통하여 교정시설의 안전과 질서를 유지하기 위하여 수용자 중에서 조직폭력사범, 마약류사범, 중점관리대상자, 엄중격리대상자를 특별관리대상자로 지정하여 특별처우를 하려는 것이다.

엄중격리대상자를 비롯한 특별관리대상자는 분류처우회의 심의를 거쳐 지정된다. 엄중격리대상자로 지정되면 엄중경비시설인 청송제2교도소로 이송되고(지침 제52조), 독거실에 1년 이내의 기간 수용되고(지침 제53조 제1항, 제4항), 독거실에 폐쇄회로 텔레비전(Closed Circuit Television, 이하 'CCTV'라 한다)을 설치할 수 있으며(지침 제53조 제3항), 이동 중에는 손목에 수갑을 채우고(지침 제55조 제2항), 2인 이상 교도관의 계호를 받으며(지침 제55조 제3항), 운동도 분리되어 5.5평 정도로 구획된 운동장에서 혼자 하게 한다(지침 제56조).

이 사건 청구인들 5명은 모두 엄중격리대상자로 선정되어 지침에 의한 엄중격리처우를 받게 되자 자신들의 기본권이 침해되었다고 주장하면서 이 사건 헌법소원심판을 청구하였다.

[결정요지]

[1] 수형자는 형벌의 집행을 위하여 격리된 구금시설에서 강제적인 공동생활을 하게 되므로 헌법이 보장하는 신체활동의 자유 등 기본권이 제한되기 마련이나, 제한되는 기본권은 형의 집행과 도망의 방지라는 구금의 목적과 관련된 기본권에 한정되어야 하고, 특히 수용시설 내의 질서 및 안전 유지를 위하여 행해지는 기본권의 제한은 다른 방법으로는 그 목적을 달성할 수 없는 경우에만 예외적으로 허용되어야 한다.

[2] 이 사건 CCTV 설치행위는 행형법 및 교도관직무규칙 등에 규정된 교도관의 계호활동 중 육안에 의한 시선계호를 CCTV 장비에 의한 시선계호로 대체한 것에 불과하므로, 이 사건 CCTV 설치행위에 대한 특별한 법적 근거

가 없더라도 일반적인 계호활동을 허용하는 법률규정에 의하여 허용된다고 보아야 한다.

한편 CCTV에 의하여 감시되는 엄중격리대상자에 대하여 지속적이고 부단한 감시가 필요하고 자살·자해나 흉기 제작 등의 위험성 등을 고려하면, 제반사정을 종합하여 볼 때 기본권 제한의 최소성 요건이나 법익균형성의 요건도 충족하고 있다.

재판관 이강국, 재판관 김종대, 재판관 민형기, 재판관 목영준, 재판관 송두환의 반대의견

구금시설 내 CCTV 설치·운용에 관하여 직접적으로 규정한 법률규정은 없으며, CCTV에 의하여 녹화된 내용은 얼마든지 재생이 가능하고 복사 또는 편집되어 유포될 가능성이 있는 것이어서 교도관의 시선계호를 전제로 한 행형법 규정을 이 사건 CCTV 설치행위에 대한 근거법률로 보기는 어려우므로, 결국 CCTV 설치행위는 헌법 제17조 및 제37조 제2항에 위반된다.

[해설]

I. 수용자의 기본권 제한과 법률유보원칙

헌법이 보장하는 기본권을 제한하는 방법으로 '법률의 형식'을 요구하는 것을 기본권의 법률유보라고 한다. 기본권을 제한하려면 적어도 입법권자가 제정하는 법률에 의하거나 법률에 근거가 있어야 한다는 뜻이다.

형집행법은 제4조에서 "이 법을 집행하는 때에 수용자의 인권은 최대한으로 존중되어야 한다"라고 규정함으로써 형 집행에 있어서 '인권보호의 원칙'을 선언하고 있다. 그러나 예컨대 징역형을 선고받고 구금시설에서 강제적인 공동생활을 하는 수형자의 경우 헌법이 보장하는 신체활동의 자유 등 기본권이 제한되기 마련이고, 일반인들의 법 감정상 죄를 지은 사람의 기본권은 '제한되어 마땅하다'는 논리가 작동하기도 한다. 수형자와 국가의 관계를 이른바 '특별권력관계'로 보아 수형자의 기본권 제한에 대한 사법심사가 제한된다는 이론까지 있었던 것을 감안할 때, 형집행법의 적용을 받는 수용자의 기본권 제한에 있어 '법률유보'의 원칙은 그 의미가 크다.

헌법재판소가 이 사건 결정요지에서 선언하고 있는 것처럼, 수형자의 경우에도 "제한되는 기본권은 형의 집행과 도망의 방지라는 구금의 목적과 관련된 기본권에 한정되어야 하고, 특히 수용시설 내의 질서 및 안전 유지를 위하여 행해지는 기본권의 제한은 다른 방법으로는 그 목적을 달성할 수 없는 경우에만 예외적으로 허용"된다. 우리 헌법 제37조 제2항이 규정하고 있는 기본권 제한을 위한 '목적의 정당성', '수단의 적절성', '최소성'과 '법익균형성'의 요건이 수형자에 대한 기본권 제한에 있어서도 충족되어야 한다는 것이다.

II. 수용거실 내 CCTV 설치와 수형자의 사생활의 자유

CCTV 등 전자장비를 이용한 계호는 교정시

설의 안전과 질서 유지라는 도입 목적에도 불구하고 수용자의 사생활에 대한 지속적 침해 가능성이 높기 때문에 위헌 논란이 있어 왔다. 2007. 12. 21. 형집행법이 전면 개정되면서 전자영상장비 등 전자장비를 이용한 계호규정(제94조)이 신설되었다.

이 사건은 위와 같이 형집행법이 개정되기 전에 엄중격리대상자의 수용거실에 계호용으로 설치된 CCTV가 수형자의 사생활의 자유를 침해하는 것인지 여부가 문제된 사안이다. 이 사건 청구인들의 헌법소원 청구 직전에 있었던 국가인권위원회 결정(국가인권위 2004. 10. 12.자 03진인971등 결정)에 따르면, 교도관의 시선 계호만으로는 폭행, 소란, 도주, 자살 등의 교정사고 발생을 방지하기 어렵다는 판단 하에 법률의 근거 규정 없이 법무부령인 '보안장비 관리규정', '법무시설 기준규칙'에 따라 전국 교정시설의 총 13,970개 수용거실 중 1,341개 거실에 CCTV가 설치되어 운영되고 있었다. 국가인권위원회는 위 결정에서 "구금시설에서 임의로 수용거실 안에 CCTV를 설치·운영하고 있는 행위는 수용자의 인간의 존엄과 가치 및 행복추구권, 평등권, 적법절차의 원리, 사생활의 비밀의 자유 등 인권을 침해하는 행위"로 판단하여, 법무부장관에게 "구금시설 내 CCTV 설치·운영에 관한 법률적 근거와 기준을 마련할 것"을, 교도소 측에는 "CCTV 촬영범위 제한 운영 등 인권침해 방지 대책을 마련하여 시행할 것"을 권고하였다.

이 사건에서 엄중격리 대상자의 수용거실에 CCTV를 설치하여 24시간 감시하는 행위가 사생활의 자유와 비밀을 침해하는지에 대해 합헌 의견을 낸 재판관은 4인, 위헌 의견을 낸 재판관은 5인이었다. 우선 재판관 4인의 합헌 의견의 요지는 다음과 같다.

"CCTV 설치행위는 행형법 및 교도관직무규칙 등에 규정된 교도관의 계호활동 중 육안에 의한 시선계호를 CCTV 장비에 의한 시선계호로 대체한 것에 불과하므로, 이 사건 CCTV 설치행위에 대한 특별한 법적 근거가 없더라도 일반적인 계호활동을 허용하는 법률규정에 의하여 허용된다고 보아야 한다. 한편 CCTV에 의하여 감시되는 엄중격리대상자에 대하여 지속적이고 부단한 감시가 필요하고 자살·자해나 흉기 제작 등의 위험성 등을 고려하면, 제반사정을 종합하여 볼 때 기본권 제한의 최소성 요건이나 법익균형성의 요건도 충족하고 있다."

그러나 재판관 5인의 위헌 의견이 지적하고 있는 것처럼 수용거실에 설치되는 CCTV는 "24시간 내내 수형자의 사생활 전반을 감시함으로써, 수형자의 사생활을 거의 인정하지 않는 결과를 가져올 뿐만 아니라, 수형자의 독거실 내에서의 행동의 자유도 제한하게 되고, 나아가 녹화된 수형자의 영상정보는 유출되어 악용될 가능성도 배제할 수 없는" 점을 감안할 때, "교도관의 시선계호와 CCTV에 의한 녹화는 기본권 제한의 정도에서 현저하게 다르다"고 보아야 한다.

무엇보다도 재판관 4인의 합헌 의견은 기본

권 제한을 위한 법률유보의 핵심인 "법률에 근거를 두어야 한다"는 원칙에 배치된다. 재판관 4인은 "이 사건 CCTV 설치행위를 직접적으로 허용하는 법률규정은 없다"고 하면서도 "이 사건 CCTV 설치행위에 대한 특별한 법적 근거가 없더라도 일반적인 계호활동을 허용하는 법률규정에 의하여 허용되어야 한다"고 하고 있는데, 구 행형법 제14조 내지 제17조의2의 계호 관련 규정 어디를 보더라도 수용거실에 CCTV를 설치할 수 있는 근거 규정을 발견할 수 없다. CCTV 설치의 법적 근거는 앞서 살펴본 바와 같이 2007. 12. 21. 형집행법 전면 개정 당시 비로소 도입된 것으로 보아야 한다.

[후속논의]

이 사건 결정 이후에도 "수용자의 거실에 폐쇄회로 텔레비전을 설치하여 계호한 행위가 과잉금지원칙에 위배하여 수용자의 사생활의 비밀 및 자유를 침해하였다"는 헌법소원이 제기된 사례가 있는 것을 보면(헌재 2011. 9. 29. 선고 2010헌마413 전원재판부 결정 등), 수용자 거실에 CCTV 등 영상정보처리기기를 설치하여 계호하는 행위의 허용 여부와 한계에 대한 논의가 필요함을 알 수 있다.

2007. 12. 21. 형집행법 전면 개정에 앞서 6. 21. 개최된 국회법제사법위원회의 '「행형제도의 개선」에 관한 공청회'에서도, 수용자의 도주를 감시하기 위하여 담벽 등 외곽경비시설에 전자감시장비를 설치하는 것은 시설의 안전이라는 관점에서 허용될 수 있지만, 거실이나 작업장 등 일상적 생활공간에 전자감시장비를 설치하는 것은 24시간 수용자의 일거수일투족이 그대로 노출되어 사생활에 대한 과다한 침해가 되어 문제가 있고, 일상적인 감시에 익숙하게 만드는 것은 수용자의 재사회화에 도움이 되지 않는다는 의견이 제시된 바 있다.

교정시설의 안전과 질서 유지를 위한 규정을 수용자의 행동이나 생활을 규제하는 단순한 도구 개념으로 인식하는 것은 형집행법이 선언하고 있는 수용자의 인권 존중의 원칙(제4조)과 배치된다. 교정실무상 교도관의 수, 근무조건 등을 이유로 대면계호를 전자영상장비를 이용한 계호로 대체·보완할 수밖에 없다는 현실을 감안하더라도 CCTV에 의한 계호는 보호실, 진정실에 한하여 제한적으로 허용하고, 일반 수용거실에 대한 CCTV 계호는 제한하는 입법이 검토되어야 한다.

[참고문헌]
• 국회법제사법위원회, 「행형제도의 개선」에 관한 공청회 자료집, 2007.
• 김성률, 특별권력관계에서의 기본권 제한과 사법적 구제에 관한 연구, 서강법률논총 제2권 제2호, 서강대학교 법학연구소, 2013.
• 이용식, 수형자의 인권, 교정연구 제28권 제2호, 한국교정학회, 2018.
• 최준혁, 수용자의 인권보장을 위한 몇 가지 제언, 교정연구 제28권 제4호, 한국교정학회, 2018.

[좌세준 변호사(법무법인 한맥)]

사회보호법을 폐지하면서 그전에 이미 판결이 확정된 보호감호는 집행하도록 한 폐지법률 부칙의 위헌 여부

대상	사회보호법폐지법률 부칙 제2조 위헌소원 (합헌) 헌재 2009. 3. 26. 선고 2007헌바50 전원재판부 결정 (합헌)
참조	사회보호법 폐지법률 부칙 제2조 등 위헌소원 등 (기각, 합헌) 헌재 2015. 9. 24. 선고 2014헌바222등 전원재판부 결정 (기각, 합헌)

[사실관계]

청구인은 1심에서 강도상해죄 등으로 징역 3년 6월 및 보호감호에 처한다는 판결을 선고받았고, 항소심과 상고심을 거쳐 위 판결이 확정되었다. 이후 검사가 위 확정판결에 따라 청구인에 대한 보호감호의 집행을 지휘하자 청구인은 법원에 보호감호 판결의 집행에 대한 이의신청을 하였다. 해당 신청이 기각되자 청구인은 즉시항고를 제기하고, 항고심 계속 중 사회보호법 폐지법률 부칙 제2조(이하 '이 사건 법률조항')에 관하여 위헌법률심판제청 신청을 하였다. 항고심 법원이 위 신청을 기각하였고, 청구인은 이 사건 헌법소원심판을 청구하였다.

이 사건 법률조항은 "이 법 시행 전에 이미 확정된 보호감호 판결의 효력은 유지되고, 그 확정판결에 따른 보호감호 집행에 관하여는 종전의 사회보호법에 따른다. 다만, 보호감호의 관리와 집행에 관한 사회보호위원회의 권한은 치료감호법에 따른 치료감호심의위원회가 행사한다"라고 규정하고 있다.

[결정요지]

[1] 보호감호는 형벌과는 목적과 기능을 달리하는 사회보호적 처분이고 그 집행상의 문제점은 집행의 개선에 의하여 해소될 수 있다는 점을 고려할 때 폐지된 사회보호법이 규정하고 있던 보호감호제도가 위헌이라고 보기 어렵고, 입법자가 종전 사회보호법을 폐지하면서 적지 않은 수의 보호감호 대상자를 일시에 석방할 경우 초래될 사회적 혼란의 방지, 법원의 양형 실무 및 확정판결에 대한 존중 등을 고려하여 법률 폐지 이전에 이미 보호감호 판결이 확정된 자에 대하여는 보호감호를 집행하도록 한 것이므로 이중처벌에 해당하거나 비례원칙에 위반하여 신체의 자유를 과도하게 침해한다고 볼 수 없으며, 판결 미확정자와의 사이에 발생한 차별은 입법재량 범위 내로서 이를 정당화할 합리적 근거가 있으므로 헌법상 평등의 원칙에 반하지 아니한다.

[2] 치료감호심의위원회의 심사대상은 이미 판결에 의하여 확정된 보호감호처분을 집행하는 것에 불과하므로 이를 법관에게 맡길 것

인지, 아니면 제3의 기관에 맡길 것인지는 입법 재량의 범위 내에 있으며, 위원회의 결정에 대하여 불복이 있는 경우 행정소송 등 사법심사의 길이 열려 있으므로 법관에 의한 재판을 받을 권리를 침해한다고 할 수 없다. 나아가, 치료감호심의위원회의 구성, 심사절차 및 심사대상에 비추어 볼 때 위원회가 보호감호의 관리 및 집행에 관한 사항을 심사·결정하도록 한 것이 헌법상 적법절차 원칙에 위배된다고 볼 수 없다.

[3] 보호감호의 집행 등에 관하여 행형법을 준용한다는 종전 사회보호법 규정(제42조)의 취지는 보호감호 처분이나 자유형의 집행이 다 같이 신체의 자유를 박탈하는 수용처분이고 사회로부터 일정기간 격리하여 사회에 복귀할 수 있도록 교정·교화하는 것을 목적으로 하는 점에서 차이가 없으므로, 보호감호 처분의 성질에 반하지 않는 범위 내에서 그 집행 절차에 형사소송법과 행형 관련 법률의 규정을 준용한다는 것이지, 보호감호 처분을 형벌과 똑같이 집행한다는 취지가 아니므로 헌법상의 거듭처벌 내지 과잉처벌금지원칙에 위배되지 아니한다.

[해설]

I. 보호감호제도 관련 헌법재판소 결정의 흐름

보호감호제도는 1980년에 비민선 비상입법기구가 구 사회보호법을 제정함에 따라 도입되었다. 권위주의 시대에 사회방위라는 목적으로 도입된 이 제도는 그 위헌 논란이 끊이지 않았다.

헌법재판소는 보호감호제도의 위헌 여부에 관하여 여러 차례 판단을 내린 바 있는데, 그 중 첫 판단은 1989년에 이루어졌다. 이 결정에서 구 사회보호법 중 재범의 위험성을 불문하고 일률적으로 보호감호 처분을 내리도록 하는 부분에 대해서는 위헌결정이 내려졌고, 보호감호제도 자체에 대해서는 합헌과 위헌의 의견이 갈렸으나 결론적으로는 합헌결정이 내려졌다(헌재 1989. 7. 14. 선고 88헌가5·8, 89헌가44(병합) 전원재판부 결정). 다수의견은 보호감호처분이 형벌과는 그 본질과 추구하는 목적 및 기능이 전혀 다른 별개의 제도이므로, 형벌과 보호감호를 병과하여 선고한다고 하여도 이중처벌금지의 원칙에 위반되지 않는다는 입장이다. 반면 재판관 2인의 반대의견은 응보보다는 교화 등을 주목적으로 하는 오늘날의 형벌사상 아래에서는 형벌과 보호감호를 구별할 필요가 없고, 보호감호의 주된 내용도 자유형의 내용과 실질적으로 차이가 없으므로, 형벌과 보호감호를 병과하는 것은 이중처벌금지의 원칙에 위반된다고 보았다.

이후 헌법재판소는 1991년에도 8:1로 합헌결정을 내렸다(헌재 1991. 4. 1. 선고 89헌마17등 전원재판부 결정). 다수의견은 기존 결정과 같은 취지로 보호감호제도가 헌법에 위반되지 않는다는 입장을 재확인하였다. 또한 이때에는 보호감호의 집행방법이 위헌적이라는 위헌주장이 추가되었는데, 이에 대해 다수의견은 보호감호 처우의 문제를 지적하며 그것이 마땅히 개선되어야 한다면서도 보호감호집행의 현실적 여건이 불만족스럽다고 해서 보호감호제도 그 자체가 바로 위헌적인 것으로 된다고 할 수 없다고 판단하였다. 한편 이때에도 앞선 결정과 같은 취지로 보호감호제도가 위헌이라는 재판관 1인의 반대의견이 있었다. 집행과 관련하여, 반대의견은 제도에 알맞은 보호감호집행을 할 수 없다면 보호감호제도를 철폐하는 것이 타당하다고 보았다.

이후 보호감호제도를 규정하던 구 사회보호법이 2005년에 폐지되었다. 폐지법률은 "보호감호처분이 이중처벌적인 기능을 하고 있고, 그 집행실태도 형벌과 다름없이 시행되고 있어 국민의 기본권을 침해하고 있다"는 점을 폐지의 이유로 들었다. 그런데 폐지법률은 부칙을 통해 보호감호에 대한 경과규정을 두어, 법 폐지 전에 이미 확정된 보호감호 판결의 효력을 유지시키고 종전의 사회보호법에 따라 보호감호를 집행하도록 하였다. 이에 따라 보호감호제도의 유예를 규정한 폐지법률 부칙조항의 위헌 여부가 논란이 되었고, 대상결정은 해당 조항에 대해 내려진 첫 헌법재판소 결정이다.

대상결정은 그 결론과 논거에 있어서 앞선 합헌결정을 답습하고 있다. 대상결정은 이전 결정과 동일하게 △보호감호가 형벌과는 목적과 기능을 달리한다는 점, △보호감호의 집행은 집행의 장소, 처우(의복, 접견, 서신, 두발,

교육, 근로, 직업 훈련) 등에 있어 자유형의 집행과 달리 취급되고 있다는 점을 들어 합헌결정을 내렸다. 보호감호 집행상의 문제점에 대해서는 집행의 개선에 의하여 해소될 수 있는 문제라고 보았다.

대상결정 이후에도 헌법재판소는 2015년에 보호감호제도의 합헌성을 재확인한 바 있다(헌재 2015. 9. 24. 선고 2014헌바222등 전원재판부 결정). 이때 헌법재판소는 기존 결정을 변경할 만한 사정변경이 있는지 여부와 관련해서 보호감호제도의 운영 및 집행 실태를 검토하였는데, 헌법재판소는 교도소와 독립된 보호감호소가 설치되어 있지는 않음을 인정하면서도, △피보호감호자와 일반 수형자가 별도 건물에서 생활하고 있다는 점, △피보호감호자에게는 작업의 의무가 없고 작업도 원칙적으로 수형자와 분리되어 있다는 점, △피보호감호자에게는 수형자가 받는 작업 장려금보다 다액의 근로보상금이 지급된다는 점 등을 들며, 보호감호 처분의 집행이 자유형의 집행과는 다르게 이루어지고 있다고 보았다.

II. 해외의 관련 판결례 검토

유럽인권재판소와 독일 연방헌법재판소는 한국의 보호감호제도와 상당부분 유사한 독일의 보호감호제도의 위헌 여부에 대한 결정을 내리면서, 아래와 같은 위헌성 판단기준을 제시한 바 있다.

유럽인권재판소는 보호감호제도가 형벌과 실질적으로 같은지를 판단함에 있어서, 어떠

한 제재처분이 형벌에 해당하는지 여부는 형식적인 측면만을 고려할 것이 아니라 그 제재처분이 유죄판결과 연결되어 부과되는 것인지, 제재의 특성과 종류, 목적, 적용 과정, 침해 정도 등을 종합적으로 보아야 한다고 설시하였다. 나아가 피보호감호자들이 여전히 교도소 내에 있지만 수형자들과는 분리된 공간에서 생활을 한다든지, 피보호감호자들이 수형자와 달리 복장이나 방을 꾸미는 데에 일정한 자율성이 있다고 하여도 이런 정도의 처우가 보호감호를 자유형과 다른 것으로 만들지는 않는다고 하였다(EGMR Nr. 19359/04).

독일 연방헌법재판소는 형벌에 대한 보호감호의 차별화원칙(Abstandsgebot)을 제시하였는데, 이는 7가지의 세부원칙으로 구체화된다. 첫 번째는 최후수단의 원칙으로, 보호감호는 공공의 보호 이익을 달성하기 위해 자유형의 집행으로 충분하지 않은 경우에 최후의 수단으로만 명령될 수 있다. 두 번째는 개별화 및 집중의 원칙으로, 피보호감호자에게는 전문가로부터 개별적인 집중적인 치료처우가 실시되어야 한다. 세 번째는 동기부여의 원칙으로, 피보호감호자에게 치료를 제공하는 데 그치지 않고 당사자가 적극적으로 참여할 수 있도록 자유에 대한 동기부여가 이루어져야 한다. 네 번째는 구분의 원칙으로 보호감호시설은 보안이 문제되지 않는 한 행형시설과 구분되어야 하고 일반적인 생활조건에 맞는 환경과 처우가 제공되어야 한다. 다섯 번째는 최소화의 원칙으로, 피보호감호자의 원활한

사회복귀를 돕기 위하여 외부작업이나 외출, 휴가 등의 조치와 같이 자유에 적응할 수 있는 기회가 가능한 한 집행 중에 부여되어야 한다. 여섯 번째는 권리보호 및 법적 조력의 원칙으로, 처우에 관하여 피보호감호자가 요구할 수 있는 권리를 보장하고 이에 필요한 법적 조력을 받을 수 있도록 해야 한다. 일곱 번째는 사법적 통제의 원칙으로, 보호감호가 계속 집행되어야 하는지에 관하여 법원이 정기적으로 심사해야 할 뿐만 아니라, 보호감호의 집행이 유예 또는 종료될 가능성이 있다고 하는 구체적인 근거가 있는 경우에는 직권으로 별도의 사법적 심사를 해야 한다(2 BvR 2365/09).

III. 대상결정에 대한 검토

이중처벌금지의 원칙과 관련하여, 대상결정은 집행장소나 처우의 차이를 보호감호처분이 자유형과 다르다는 논거로 제시하였는데, 이는 집행의 실질을 전혀 비교하지 않은 1989년 결정의 다수의견과 비교하였을 때 진일보한 측면이 있다고 평가할 수 있다.

다만 대상판례의 구분기준은 그 엄밀성이나 타당성 측면에서 유럽인권재판소나 독일 연방헌법재판소의 기준보다 미흡한 측면이 있다. 또한 유럽인권재판소는 교도소 내 집행장소나 복장의 자율성은 처우상의 실질적인 차이가 될 수 없다고 판단한 것처럼, 대상판례가 들고 있는 일부 처우상의 차이는 보호감호처분과 자유형의 '본질적으로 다르다'는 논

거가 되기에는 주변적인 사정에 불과하다고 생각된다.

인권침해적 처우와 관련하여, 대상판례는 보호감호의 집행상 문제점은 집행의 개선에 의하여 해소될 수 있는 문제라며 인권침해적인 처우가 제도 자체의 위헌사유가 될 수 없다고 보았다. 이는 알맞은 보호감호집행을 할 수 없다면 보호감호제도를 철폐하는 것이 타당하다는 1991년 결정의 반대의견 입장과 대비된다.

사견으로는, 보호감호의 처우 문제를 단순한 집행상의 문제로 치부할 수는 없다고 본다. 이러한 처우문제는 구 사회보호법이 처우 등에 관한 사항에 있어서 행형법을 준용함에 따라 야기된 '법률적 문제'라고 보아야 하기 때문이다. 보호감호의 처우는 자유형의 처우와 달라야 한다는 대전제하에 구체적으로 처우와 절차상의 기준을 제시한 독일의 차별화 원칙처럼, 대상판례도 보호감호 처우의 헌법적 한계를 규정지을 필요가 있었을 것이다.

한편, 대상판례는 보호감호의 처우 현황을 충실히 담지 못하였다는 점에서도 높은 평가를 받기 어렵다. 보호감호소 검증결과를 바탕으로 처우 현황을 일부 설시한 1991년 결정에도 미치지 못한다. 제도가 어떻게 운영되는지에 대한 구체적인 설시가 없이 '제도의 기능이 다르다'고 단정한 대상판례는 그 논증의 설득력이 부족하다고 생각된다.

"처우가 마땅히 개선되어야 할 것"이라고 헌법재판소가 지적한 뒤로 수십 년의 시간이 지났으나 보호감호의 처우는 지금까지도 거의 개선되지 않은 것으로 알려져 있다. 이에 대해서는 보호감호 처우의 헌법적 한계를 제시하지 못했고, 보호감호의 집행실태를 진단하는 데에 미흡했던 대상판례에도 일정부분 책임이 있다고 생각된다.

[후속논의]

사회보호법 폐지 이후에도 보호감호와 유사한 보호수용제도의 재도입이 꾸준히 시도되고 있다. 2011년 형법(총칙) 개정안에서는 형법전 안에서 보호수용을 규정한 바 있고, 여러 차례 보호수용법안이 재범방지대책으로 마련된 바 있다. 보호수용제도의 도입 여부와 도입 시 그 한계에 관한 논의에 있어서 보호감호제도의 위헌 논의는 중요한 의미가 있을 것이다.

[참고문헌]
● 박상민, 폐지되었지만 폐지되지 않은 보호감호−헌법재판소 2015. 9. 24. 2014헌바22 등(병합) 결정에 대한 비판적 검토−, 형사정책 제27권 제3호, 한국형사정책학회, 2015.
● 장진환, 부정기형으로 운영되는 독일 보호감호제도의 위헌성 심사, 비교형사법연구 제22권 제3호, 한국비교형사법학회, 2020.
● 신은영, 보호수용법안에 대한 비판적 검토−독일 보호수용제도와의 비교를 중심으로−, 고려법학 제104호, 고려대학교 법학연구원, 2022.
● 김희정, 보호감호집행의 합헌성 기준, 헌법학연구 제29권 제1호, 한국헌법학회, 2023.

[이상현 변호사(공익법단체 두루)]

[05] 공안사범 수용자 동정 기재의 국가배상책임

대상	손해배상(기) (원고일부승)
	[1심] 서울중앙지법 2012. 4. 18. 선고 2011가단210736 판결 (원고일부승)
	[2심] 서울중앙지법 2012. 8. 30. 선고 2012나19986 판결 (항소기각)
	[3심] 대법 2012. 12. 28.자 2012다201809 판결 (심리불속행 기각)

[사실관계]

원고는 2010. 8. 20. 국가보안법 위반으로 체포되어 2010. 8. 27. 서울구치소에 수감되었다가 2011. 11. 24. 대법원에서 징역 3년이 확정되었다. 서울구치소에서는 최소한 2010. 12. 1. 이후부터 엄중관리대상자 동정기록부 양식에 원고의 동정을 기록하였다가 2011. 6. 1. 이후로는 원고의 항의로 이를 중단하였다. 서울구치소 교도관들이 기재한 원고의 동정 내용은 식사를 하지 않았다는 기재, 면담이나 접견을 하였다는 기재 외에는 대부분 한 시간 간격으로 관찰한 원고의 일상생활에 관한 것들이었다. 예를 들어 "앉아 있음, 바르게 취침 중, 이불을 덮지 않고 팔베게를 한 채로 옆으로 누워 자고 있음, 일어나서 벽에 기대 앉아 꼼꼼히 책을 보고 있음, 누워서 TV시청중, 화장실에서 쪼그려 앉아 양치질하고 있음, 식사 한 자리에서 요구르트 마심, 앉아서 손바닥을 비비고 있음, 화장실에서 소변보고 있음, 발톱을 깎고 있음, 특이동정 없이 계속 취침중" 등이다. 이에 대해 원고는 서울구치소가 원고가 엄중관리대상자가 아님에도 불구하고 공안사범이라는 이유로 엄중관리대상자 동정기록부에 세세한 사생활까지 기록한 것은 인간의 존엄과 가치 및 행복추구권, 평등권, 사생활의 비밀과 자유를 침해하였다는 이유로 손해배상을 청구하였다.

[판결요지]

관련규정의 취지를 살펴보면 서울구치소의 교도관들이 수용자의 이상 유무를 수시로 관찰하고 특이사항이 있을 경우 이를 기록하여 보고하는 것까지는 특별한 사정이 없는 한 위법하다고 할 수 없을 것이나, 다만, 이를 넘어서 수용자에게 특이사항이 없음에도 불구하고 공권력을 이용하여 수용처우의 자료로서 가치가 있는지 의문이 드는 원고의 일상생활에 관한 사항까지 한 시간에 한 번씩 기록으로 남긴 서울구치소의 교도관들의 행위는 원고의 인격권을 본질적으로 침해한 것이라고 할 것이다. 또한 서울구치소가 원고에 관한 동정기록을 외부에 공개하지 않고 수용처우의 자료로서만 사용하였다고 하더라도, 위에서 본 바와 같이 원고가 원고의 사생활이 한

시간에 한번 간격으로 동정기록부에 기재되고 있다는 사실을 알게 되었다면(원고는 구치소장에게 그 시정을 요구하기도 하였다) 원고에 관한 동정기록 사실이 원고에게 인격적 존재로서의 자유로운 의사발현과 행동구현에 대하여 상당한 정신적 타격을 주었을 것임은 경험칙상 인정된다고 할 것이다. 따라서 피고는 원고에게 위자료를 지급할 의무가 있다.

[해설]

I. 대상판결의 의미와 한계

대상판결은 서울구치소가 법적근거도 없이 '공안사범'이라는 이유로 '아무 의미가 없는' 수용자의 동정을 한 시간에 한 번씩 기록으로 남긴 행위에 대해서 인격권의 본질적 침해에 해당되므로 원고에게 손해배상책임을 인정한 데에 큰 의미가 있다. 판결이유에서는 공안사범이라는 점에 주의를 기울인 것은 아니고, 일반적인 사유, 즉 수용자에게 특이사항이 없음에도 불구하고 공권력을 이용한 것을 인격권의 본질적 침해로 보기는 하였으나, 피고의 답변을 통해서 '공안사범'에 대한 특별한 지침을 가지고 특별한 관리를 하고 있다는 점을 확인했고, 그 위법성도 인정되었다는 데 역시 의미가 있다고 할 것이다.

다만 예규나 훈령으로 되어 있는 수용지침이 법적 근거가 없음에도 불구하고 당시까지 계속 피수용자들의 인권침해의 근거가 된다는 사실이 전면적으로 다루어지지 않았다는 점은 한계라고 할 것이다.

II. '공안사범'에 대한 특별한 동정을 기록할 법적 근거의 부재

대상판결에서 피고는, 서울구치소가 원고를 엄중관리대상자로 분류한 것이 아니고 다만 공안사범으로 분류하고 원고의 동정을 엄중관리대상자 동정기록부 양식에 기재하였을 뿐이며, 수용자의 경우 기본권 제한이 불가피한바 서울구치소는 관련 규정에 따라 수용자인 원고를 관찰하고 수용관리 목적상의 필요에 의하여 동정을 기록하였을 뿐이며, 서울구치소 교도관들이 원고에 관하여 작성한 동정기록은 외부에 유출되는 것이 아니고 원고의 수용처우에 관련하여서만 사용되었기 때문에 원고에게 손해가 발생하였다고 볼 수도 없다고 주장하였다. 그러나 특별한 관리를 위해 수용관리지침에 '공안사범' 분류를 하는 것, '공안사범'으로 분류되었다고 해서 별도의 동정을 살피고 기록 및 보고하는 것, 그 어느 것도 법적 근거가 없는 행위이다.

대상판결에서 문제가 된 '수용관리업무지침(2010. 8. 1. 법무부예규 제952호)'은 △공안사범의 지정기준 중 하나로 구속영장·공소장 또는 판결문에 국가보안법 제3조부터 제10조까지의 규정의 어느 하나에 해당하는 법률이 적용된 수용자(제28조 제1항 제1호 다목)로 하고, △소장은 수용자가 공안사범 지정기준에 해당하는 경우 공안(관련)사범으로 지정하며

(제29조 제1항), △소장은 공안(관련)사범을 전담하여 관리하는 교도관(이하 "공안전담 교도관"이라 한다)을 보안관리과에 한 명 이상 지정하여 운영하여야 하고, 공안전담 교도관은 공안(관련)사범을 수시로 상담하여 수용생활 중 고충사항을 해결하는 데 노력하여야 하고, 상담내용 등을 교정정보시스템에 입력하여야 하며(제30조), △소장은 공안(관련)사범의 신상 및 수용생활과 관련된 정보는 이를 분석하여 경미한 사안은 자체 처리하고, 특이사항은 법무부장관에게 보고(제32조 제1호)하도록 규정했다.

국민의 기본권에 대한 제한은 필요한 경우에 법률로써만 가능하고 그 경우에도 자유와 권리의 본질적인 내용을 침해할 수 없다(헌법 제37조 제2항), 형집행법은 "이 법을 집행하는 때에 수용자의 인권은 최대한으로 존중되어야"하고(제4조), "수용자는 합리적인 이유 없이 성별, 종교, 장애, 나이, 사회적 신분, 출신지역, 출신국가, 출신민족, 용모 등 신체조건, 병력(病歷), 혼인 여부, 정치적 의견 및 성적(性的) 지향 등을 이유로 차별받지 아니한다"(제5조)는 원칙을 선언하고, "이 법에 규정된 사항 외에 교도관의 직무에 관하여는 따로 법률로 정한다"(제10조)고 하였지만 교도관의 직무에 관하여 따로 제정된 법률은 없다. 특히 형집행법과 그 시행령·시행규칙 어디에도 공안사범을 별도로 '엄중관리대상' 등으로 정할 근거가 없음에도 불구하고, 법무부 예규에 불과한 '수용관리업무지침(2010. 8. 1. 법무부예규 제952호)'에 '공안사범' 지정에 관한 규정을 두

면서 실제로는 별도로 관리해왔다는 데 문제의 심각성이 있다. 이는 법률로써만 기본권 제한이 가능하다는 법률유보원칙에 위배될 뿐만 아니라 '정치적 의견'을 이유로 차별하는 것으로서 평등권을 침해하고 형집행법상의 원칙도 위반한 것이 분명하다.

[후속논의]

대상판결에서 문제가 된 '수용관리지침'은 '수용관리 및 계호업무 등에 관한 지침'으로 통합·제정되었다. 비공개 규정이라 정확한 내용을 알 수는 없으나 공개된 지침의 조문 목록에 의하면 구별하여 수용관리하는 대상으로 엄중관리대상자, 소년수용자와 더불어 '공안사범 및 공안관련사범 관리'가 여전히 별도 목차로 존재하는 점을 확인할 수 있다.

형집행법 제104조 제1항은 "소장은 마약류사범·조직폭력사범 등 법무부령으로 정하는 수용자에 대하여는 시설의 안전과 질서유지를 위하여 필요한 범위에서 다른 수용자와의 접촉을 차단하거나 계호를 엄중히 하는 등 법무부령으로 정하는 바에 따라 다른 수용자와 달리 관리할 수 있다"라고 규정하고 있고, 위 조항을 근거로 하는 형집행법 시행규칙 제194조는 '엄중관리대상자'로 조직폭력수용자, 마약류수용자, 관심대상수용자를 규정하고 있다. 여전히 일반적인 수용자 관리 필요성 이외에 '공안사범 및 공안관련사범'을 별도로 관리해야 할 법적 근거가 전혀 없음에도 불구하고, 지침을 통해 별도의 관리 항목으로 '공

안사범 및 공안관련사범'을 두고 있는 것이다.

　법적 근거 없이 훈령이나 예규를 통한 '공안사범'에 대한 별도의 취급은 우리 헌법상 용인될 수 없다. 지속적인 감시 및 폐지 노력이 필요한 이유이다.

[하주희 변호사(법무법인 율립)]

[06] 마약류사범 수용자를 다른 수용자와 달리 관리할 수 있도록 하는 형집행법 조항의 위헌 여부

대상	형의 집행 및 수용자의 처우에 관한 법률 제44조 등 위헌소원 (합헌, 각하)
	헌재 2013. 7. 25. 선고 2012헌바63 전원재판부 결정 (합헌, 각하)

[사실관계]

[1] 청구인은 마약류관리에관한법률위반(향정)죄로 A교도소에 미결수용 중이던 2011. 8. 25. 청구인의 동생이 소포로 보낸 서류 1권, 도서 15권 및 노트 1권의 반입을 신청하였으나, A교도소장은 2011. 8. 29. 서류 1권을 제외한 나머지 도서 등에 대하여 마약류 반입을 위한 도구로 이용될 가능성이 있다는 이유로 반입신청을 거부하는 처분(이하 '이 사건 도서반입신청거부처분'이라 한다)을 하였다.

한편, 청구인은 2011. 8. 30. 담당교도관에게 전화사용을 희망한다는 취지로 말하였고, 담당교도관의 전화사용 관련 고충처리반 면담신청 보고에 따라 2011. 9. 1. 고충처리반 상담원이 청구인과 면담을 실시하려 하였으나, 청구인은 전화사용신청을 한 것이지 면담신청을 한 것이 아니라는 이유로 면담을 거부하였다(위와 같은 일련의 과정을 '이 사건 전화사용신청거부처분'이라 한다).

[2] 청구인은 의정부지법에 이 사건 도서반입신청거부처분과 이 사건 전화사용신청거부처분의 취소를 구하는 소를 제기하고, 위 소송 계속 중 형집행법(2007. 12. 21. 법률 제8728호로 개정된 것, 이하 '법'이라 한다) 제44조 및 제104조에 대하여 위헌법률심판제청신청을 하였다. 그러나 2012. 1. 17. 당해 사건 중 이 사건 전화사용신청거부처분취소 청구 부분은 위 처분이 존재한다고 볼 수 없다는 이유로 각하되고, 이 사건 도서반입신청거부처분취소 청구 부분은 기각되었으며, 동시에 위헌법률심판제청신청 중 법 제44조에 대한 부분은 각하되고, 법 제104조에 대한 부분은 기각되었다. 청구인은 위 판결에 대하여 항소하였으나, 항소장각하명령을 송달받은 후 이를 다투지 아니하여 확정되었다.

[3] 청구인은 2012. 2. 16. 헌법재판소법 제68조 제2항에 따라 이 사건 헌법소원심판을 청구하였다.

[결정요지]

[1] 법 제44조에 대한 심판청구는 당해 사건에 대한 재판에서 이에 근거한 처분이 존재하지 아니한다는 이유로 각하 및 확정되었으므로, 재판의 전제성 요건이 흠결되어 부적법하다.

[2] 법무부령인 형집행법 시행규칙(2008. 12.

19. 법무부령 제655호로 제정된 것, 이하 '법 시행규칙'이라 한다) 제204조 및 제207조에 대한 심판청구는 헌법재판소법 제68조 제2항에 의한 심판청구의 대상이 될 수 없는 법무부령을 대상으로 한 것이어서 부적법하다.

[3] 이 사건 법률조항의 위헌 여부는 이 사건 심판청구 당시에는 재판의 전제가 되었으나, 심판청구 이후 당해 사건에서 위 조항에 근거한 이 사건 도서반입신청거부처분의 취소를 구할 소의 이익이 결여되어 더 이상 재판의 전제가 되지 아니하나, 이 사건 법률조항에 의한 '마약류사범에 대한 다른 처우' 문제는 모든 마약류사범인 수용자들에게 이해관계가 있고, 이로 인한 기본권의 침해가 반복될 위험성이 있으므로, 이에 대한 헌법적 해명의 필요성이 인정되어 본안판단에 나아가기로 한다.

[4] 마약류사범에 대한 다른 처우는 마약류에 대한 중독성 및 높은 재범률 등 마약류사범의 특성에 대한 전문적 이해를 필요로 하므로 하위 법령에 위임할 필요성이 인정되고, 그 요건으로서 '시설의 안전과 질서유지를 위하여 필요한 범위'라 함은 마약류사범에 의한 교정시설 내 마약류 반입 및 이로 인한 교정사고의 발생을 차단하기 위한 범위를 의미하며, 그 방법으로서 '다른 수용자와의 접촉을 차단하거나 계호를 엄중히 하는 등'이란 다른 수용자와의 대면 또는 서신수수의 제한, 물품교부의 원칙적 금지 등 강화된 기본권 제한 조치는 물론 마약류사범의 특성을 고려한 재활교육, 치료 등의 조치를 의미함을 충분히

예측할 수 있으므로, 이 사건 법률조항은 포괄위임금지원칙에 위배되지 아니한다.

[5] 이 사건 법률조항은 마약류사범인 수용자에 대하여서는 그가 미결수용자인지 또는 수형자인지 여부를 불문하고 마약류에 대한 중독성 및 높은 재범률 등 마약류사범의 특성을 고려한 처우를 할 수 있음을 규정한 것일 뿐, 마약류사범인 미결수용자에 대하여 범죄사실의 인정 또는 유죄판결을 전제로 불이익을 가하는 것이 아니므로 무죄추정원칙에 위반되지 아니하고, 이 사건 법률조항이 마약류사범을 다른 수용자와 달리 관리할 수 있도록 한 것은 마약류사범의 특성을 고려한 것으로서 합리적인 이유가 있으므로, 이 사건 법률조항은 평등원칙에 위배되지 아니한다.

[해설]

I. 마약류수용자의 처우

형집행법은 "마약류사범·조직폭력사범 등 법무부령으로 정하는 수용자에 대하여는 시설의 안전과 질서유지를 위하여 필요한 범위에서 다른 수용자와의 접촉을 차단하거나 계호를 엄중히 하는 등 법무부령으로 정하는 바에 따라 다른 수용자와 달리 관리할 수 있다"는 규정을 두고 있다(제104조 제1항).

위와 같은 법 규정에 따라 형집행법 시행규칙은 조직폭력수용자, 마약류수용자, 관심대상수용자를 '엄중관리대상자'로 구분하고(제194조), 엄중관리대상자에 대해서는 번호표 및 거실표의 색상을 구분하고(관심대상수용자·조직

폭력수용자는 노란색, 마약류수용자는 파란색), 다른 수용자와 달리 처우하는 규정을 두고 있다 (제195조, 제196조, 제197조).

마약류수용자 지정대상은 ① 체포영장·구속영장·공소장 또는 재판서에 '마약류관리에 관한 법률', '마약류 불법거래방지에 관한 특례법', 그밖에 마약류에 관한 형사 법률이 적용된 수용자, ② 위 ①에 해당하는 형사 법률을 적용받아 집행유예가 선고되어 그 집행유예 기간 중에 별건으로 수용된 수용자이다(제204조). 소장은 위 ①, ②중 어느 하나에 해당하는 수용자에 대하여는 마약류수용자로 지정하여야 한다(제205조 제1항).

마약류수용자에 대한 처우와 관련하여, 국가인권위원회 진정 또는 헌법소원 청구가 가장 많이 이루어지는 사안은 '물품전달 제한' 처우이다. 형집행법 시행규칙은 수용자 외의 사람이 마약류수용자에게 물품을 건네줄 것을 신청하는 경우에는 마약류 반입 등을 차단하기 위하여 신청을 허가하지 않는 것을 원칙으로 하되, 다만 ① 법무부장관이 정하는 바에 따라 교정시설 안에서 판매되는 물품, ② 그밖에 마약류 반입을 위한 도구로 이용될 가능성이 없다고 인정되는 물품에 대해서는 예외로 할 수 있다는 규정을 두고 있다(제207조).

II. 마약류수용자에 대한 다른 처우의 법적 근거와 포괄위임금지 원칙

이 사건은 마약류수용자로 분류된 미결수용자가 동생이 소포로 보낸 서류 1권, 도서 15권 및 노트 1권의 반입을 신청하였으나, 소장이 서류 1권을 제외한 나머지 도서 등에 대하여 마약류 반입을 위한 도구로 이용될 가능성이 있다는 이유로 반입신청을 거부하자 소장을 상대로 도서반입신청거부처분의 취소를 구하는 소를 제기하고, 당해 사건 소송 계속 중 형집행법 제104조(마약류사범 등의 관리) 등에 대하여 위헌법률심판제청신청을 하였으나 기각되자 헌법재판소법 제68조 제2항에 따라 헌법소원심판을 청구한 사안이다.

헌법재판소는 이 사건의 경우 "심판청구 이후 당해 사건에서 위 조항에 근거한 이 사건 도서반입신청거부처분의 취소를 구할 소의 이익이 결여되어 더 이상 재판의 전제가 되지 아니하나, 이 사건 법률조항(형집행법 제104조)에 의한 '마약류사범에 대한 다른 처우' 문제는 모든 마약류사범인 수용자들에게 이해관계가 있고, 이로 인한 기본권의 침해가 반복될 위험성이 있으므로, 이에 대한 헌법적 해명의 필요성이 인정"된다는 이유로 본안판단을 하고 있다. 이와 같은 판단은 헌법재판이 헌법질서와 기본권 보호를 위한 객관소송인 점, 마약류수용자에 대한 다른 처우에 대한 헌법소원 청구가 반복적으로 제기되는 현실을 감안한 것으로 보인다.

이 사건 청구인은 "법 제104조가 마약류사범인 미결수용자에 대하여 마약류사범 수형자와 마찬가지로 다른 수용자와 달리 처우할 수 있도록 한 것은 무죄추정원칙에 위배되고,

법 제104조 및 시행규칙 제207조가 마약류사범에 대한 물품교부를 원칙적으로 금지하고 있는 것은 과잉금지원칙에 위배되어 행복추구권을 침해하며, 법 제104조 제1항이 법무부령으로 정하는 바에 따라 마약류사범을 다른 수용자와 달리 관리할 수 있도록 한 것은 포괄위임금지원칙 및 평등원칙에 위배된다"는 이유로 헌법소원을 청구하였다.

이에 대해 헌법재판소는 ① 마약류사범에 대한 다른 처우는 마약류에 대한 중독성 및 높은 재범률 등 마약류사범의 특성에 대한 전문적 이해를 필요로 하므로 하위 법령에 위임할 필요성이 인정되고, ② 법 제104조 제1항이 규정하고 있는 '시설의 안전과 질서유지를 위하여 필요한 범위'라 함은 마약류사범에 의한 교정시설 내 마약류 반입 및 이로 인한 교정사고의 발생을 차단하기 위한 범위를 의미하며, ③ 그 방법으로서 '다른 수용자와의 접촉을 차단하거나 계호를 엄중히 하는 등'이란 다른 수용자와의 대면 또는 서신수수의 제한, 물품교부의 원칙적 금지 등 강화된 기본권 제한 조치는 물론 마약류사범의 특성을 고려한 재활교육, 치료 등의 조치를 의미함을 충분히 예측할 수 있으므로, 이 사건 법률조항은 포괄위임금지원칙에 위배되지 아니한다는 판단을 하고 있다.

포괄위임입법금지원칙에서의 명확성은 모든 법률에 있어서 동일한 정도로 요구되는 것은 아니고 개개의 법률이나 법 조항의 성격에 따라 요구되는 정도에 차이가 있을 수 있으며

그러한 법률이 제정되게 된 배경이나 상황에 따라 달라질 수 있다. 이러한 명확성을 엄격히 관철되도록 요구하는 것은 입법기술상 불가능하거나 매우 곤란하므로 어느 정도의 보편적 내지 일반적 개념의 용어사용은 수긍할 수밖에 없으나, 당해 법률이 제정된 목적과 타 규범과의 연관성을 고려하여 합리적인 해석이 가능한지의 여부에 따라 명확성의 구비 여부가 가려져야 한다(헌재 1992. 2. 25. 선고 89헌가104 전원재판부 결정, 헌재 2007. 10. 25. 선고 2005헌바96 전원재판부 결정, 헌재 2009. 10. 29. 선고 2007헌바63 전원재판부 결정).

이 사건 결정에서 헌재가 "마약류사범에 대한 다른 처우는 마약류에 대한 중독성 및 높은 재범률 등 마약류사범의 특성에 대한 전문적 이해를 필요로 하므로 하위 법령에 위임할 필요성이 인정"된다고 한 것이나, 마약류수용자에 대한 다른 처우의 요건과 방법을 규정한 형집행법 제104조 제1항의 "시설의 안전과 질서유지를 위하여 필요한 범위", "다른 수용자와의 접촉을 차단하거나 계호를 엄중히 하는 등"이라는 규정이 포괄위임금지 원칙에 위배되지 않는다고 판단한 것은 앞서 살펴본 헌재의 선행 결정례와 그 태도를 같이 하는 것이다.

[후속논의]

이 사건 결정에서 헌재가 마약류수용자에 대한 다른 처우를 규정하고 있는 형집행법 시행규칙 제204조 내지 제209조가 형집행법 제104조의 위임입법에 의한 것으로서 포괄위임

금지원칙에 위배되지 않는다는 결정을 한 것과는 별개로 다음과 같은 점들이 논의되어야 한다.

첫째, 현재 수용시설에서 이루어지고 있는 마약류수용자에 대한 반입물품 제한조치 등이 "기본적인 처우를 제한하여서는 아니된다"라는 형집행법 제104조 제2항에 위배되는 것은 아닌지 여부는 개별 사안의 특수성을 감안하여 엄격한 판단이 이루어져야 한다. 예컨대 이와 관련한 기존의 국가인권위원회 진정 사건의 결정례를 보면 "마약류는 미세한 양을 사용하더라도 그 효과를 얻을 수 있고, 적은 양이라도 많은 사람들이 사용할 수 있어, 교정시설에 적은 양이라도 반입되어 수용자들이 이를 복용한다면 커다란 사회문제로 파급될 수 있는바, 마약류 사범에게 개인 영치품 반입을 금지하며 이들이 일반수용자에 비해 불편을 갖게 되는 것은 사실이나, 그 불편이 마약류 반입으로 인해 발생할 수 있는 사회문제보다는 경미하다 할 수 있다"는 이유로 마약류수용자들에 대한 도서나 물품 반입 신청 거부처분에 대한 진정을 기각하고 있다(국가인권위 2003. 10. 23.자 03진차73 결정; 국가인권위 2004. 3. 29.자 03진차505 결정; 2004. 1. 19.자 03진차587 결정 등). 그러나 마약류수용자라 하더라도 도서나 필수물품의 반입 등 기본적인 처우를 제한하는 것은 형집행법 제104조 제2항, 제5조(차별금지)에 반하므로, 마약류수용자가 반입 신청한 도서나 물품이 마약류 반입 위험성이 없거나 사전에 그 위험성을 제거할 수 있는 경우에는 반입이 허용되어야 한다. 현행 시행규칙은 마약류수용자에 대한 마약반응검사(제206조), 보관품 등 수시점검(제208조) 등 마약류 반입에 대한 사후 규제 규정을 두고 있으므로, 도서나 물품반입 자체를 사전에 불허하는 처우는 엄격한 요건 하에서만 허용되는 것으로 보아야 한다.

둘째, 현행 형집행법 시행규칙 제204조 내지 제209조가 포괄위임금지의 원칙에 위배되지 않는 것이라 하더라도, ① 초범과 재범, 범행 횟수를 가리지 않고 마약류수용자로 지정하도록 한 제204조, 제205조, ② 마약류수용자로 지정된 사람에 대하여는 석방할 때까지 지정을 해제할 수 없도록 하고, 극히 예외적인 경우에 한하여 지정해제를 허용하고 있는 제205조 제2항의 개정 가능성이 검토되어야 한다.

[참고문헌]
• 김은경 외, 마약류 수요억제 및 마약류사범 처우합리화를 위한 종합대책, 한국형사정책연구원, 2005.
• 이상경, 명확성의 원칙과 포괄위임입법금지원칙, 서울법학 제22권 제3호, 서울시립대학교 법학연구소, 2015.

[좌세준 변호사(법무법인 한맥)]

[07] 디엔에이감식시료 채취 행위 등의 위헌 여부

대상	디엔에이신원확인정보의 이용 및 보호에 관한 법률 부칙 제2조 제1항 위헌확인 (기각, 각하) 헌재 2014. 8. 28. 선고 2011헌마28등 전원재판부 결정(기각, 각하) **(2017입법고시 / 2019행시5급 / 2020법원직 / 2021국가7급 / 2021행시5급)**
참조1	디엔에이감식시료채취영장 발부 위헌확인 등 (헌법불합치, 기각, 각하) 헌재 2018. 8. 30. 선고 2016헌마344등 전원재판부 결정 (헌법불합치, 기각, 각하)
참조2	디엔에이신원확인정보의 이용 및 보호에 관한 법률 제13조 제1항 등 위헌소원 (합헌) 헌재 2023. 10. 26. 선고 2020헌바343 전원재판부 결정 (합헌)

[사실관계]

쌍용자동차㈜ 해고 노동자였던 청구인 1은 쌍용자동차의 직장폐쇄와 공권력 투입에 저항하다가 '폭력행위등 처벌에 관한 법률' 위반(집단·흉기등퇴거불응) 등으로 기소되어 집행유예 확정 판결을 받았다. 위 판결이 확정된 이후 수원지방검찰청 평택지청은 청구인에게 '디엔에이신원확인정보의 이용 및 보호에 관한 법률(약칭 디엔에이법)'에 따른 디엔에이감식시료 채취에 협조하라는 내용의 안내문을 발송했다. 청구인은 거절하고 싶었지만 해고와 오랜 파업 등으로 지쳐 협조할 수밖에 없었다.

2009. 1. 20. 발생한 용산화재 참사 당시 현장에 있다가 특수공무집행방해치상으로 유죄의 확정 판결을 받은 청구인 2도 형 집행으로 교도소에 수감 중일 때 디엔에이감식시료 채취요구를 받았다. 청구인 2는 디엔에이감식시료 채취 요구를 거부하였으나 판사가 발부한

영장에 의하여 강제로 디엔에이감식시료를 채취당하였다.

청구인 1과 2는 2011. 6. 디엔에이감식시료 채취 및 디엔에이신원확인정보 데이터베이스의 근거법률인 디엔에이법 관련 규정이 청구인들의 신체의 자유와 개인정보자기결정권을 침해한다고 주장하면서 헌법소원을 제기하였다.

[결정요지]

[1] 국회는 2010. 1. 25. 디엔에이법을 제정하여 디엔에이신원확인정보를 수집하여 범죄수사 등에 이용할 수 있도록 하는 디엔에이신원확인정보 데이터베이스제도를 도입하였다. 혈액 등에서 디엔에이감식시료(이하 '디엔에이시료'라고도 함)를 채취하여 디엔에이신원확인정보(이하 '신원정보'라고도 함)를 수집하고 데이터베이스로 구축하여 범죄수사에 이용하는 것을 목적으로 하고 있다.

디엔에이시료는 ① 수형인, ② 구속피의자

와 치료감호법에 따라 보호구속된 치료감호 대상자, ③ 범죄현장에서 채취할 수 있으며, 채취 대상범죄를 특정하여 규정하고 있다. 시료 채취에 대해 영장주의를 채택하고 있으나, 당사자의 서면에 의한 동의가 있는 경우에는 영장 없이도 디엔에이시료를 채취할 수 있도록 하였다.

[2] 디엔에이시료 채취가 신체의 자유를 제한하지만 입법목적 달성을 위하여 적절한 수단이고, 영장주의를 채택하면서도 동의에 의한 채취의 경우에 사전에 채취 거부권을 고지하고 서면으로 동의를 받도록 한 점 등을 고려할 때 최소성 요건을 갖추었고, 법익의 균형성도 인정되므로, 신체의 자유를 침해한다고 볼 수 없다.

[반대의견: 디엔에이법의 주된 목적은 장래의 범죄수사에 활용하기 위한 것이라는 점에서, 재범의 위험성이 없는 대상자에 대하여 디엔에이시료를 채취한다는 것은 입법목적에 부합하지 않는다. 그런데 디엔에이법의 채취조항은 재범의 위험성 요건에 대해 규정하지 않고 특정 범죄를 범한 수형인등에 대해 획일적으로 디엔에이시료를 채취할 수 있게 한다는 점에서 최소침해 원칙과 법익균형성 원칙에 어긋난다.]

[3] 디엔에이법은 특별한 사정이 없는 한 사망할 때까지 신원정보를 데이터베이스에 수록, 관리할 수 있도록 규정하여 개인정보자기결정권을 제한하였다. 그러나 ① 다른 범죄에 비하여 상대적으로 재범의 위험성이 높은 범죄를 범한 수형인등은 언제 다시 동종의 범죄를 저지를지 알 수 없어 그가 생존하는 동안에는 재범의 위험성이 있다고 할 것이므로 입법목적의 정당성과 수단의 적절성이 인정되며, ② 데이터베이스에 수록되는 정보는 민감한 정보라고 보기 어렵고 개인식별을 위하여 필요한 사항만이 포함된 최소한의 정보이며, 디엔에이 관련 자료 및 정보의 삭제와 데이터베이스의 운영에 있어서 개인정보보호에 관한 규정을 두고 있는 점에 비추어 보더라도 침해최소성 원칙에 반한다고 보기 어렵고, ③ 신원정보의 데이터베이스화로 청구인이 현실적으로 입게 되는 불이익은 크다고 보기 어려운 반면, 신원정보를 장래의 범죄수사 등에 신원 확인을 위하여 이용함으로써 달성할 수 있는 되는 공익은 중요하므로 법익균형성 원칙에도 위배되지 않는다.

[반대의견: 대상범죄의 경중 및 그에 따른 재범의 위험성에 따라 관리기간을 세분화하는 등 충분히 가능하고 덜 침해적인 수단을 채택하지 않았고, 장기간 보관 과정에서 정보의 유출오용 등의 위험이 현실화될 경우 대상범죄의 전과자라는 낙인이 찍히게 되는 등 대상자가 실질적으로 입는 불이익이 결코 작지 않다는 점에서 침해최소성 원칙과 법익균형성 원칙에 반한다.]

[4] 데이터베이스에 새로운 신원정보를 수록하는 경우, 범죄수사 또는 변사자 신원확인을 위한 경우, 법원이 형사재판에서 사실조회를 하는 경우, 데이터베이스 상호간의 대조를

위하여 필요한 경우에 신원정보를 검색하거나 그 결과를 회보할 수 있는데, 이것도 개인정보자기결정권의 제한에 해당한다. 그러나 과잉금지원칙을 위반하여 개인정보자기결정권을 침해한다고 볼 수 없다.

[5] 디엔에이법 부칙에서 법률 시행 당시 이미 대상범죄로 징역이나 금고 이상의 실형을 선고받아 형이 확정되어 수용 중인 사람에 대해서도 소급효를 인정하는 규정을 두었는데, 신원정보의 수집·이용은 비형벌적 보안처분으로서 소급입법금지원칙에 위배되지 않으며 과잉금지원칙에도 위배되지 않는다.

[반대의견: 현대에 들어 형벌과 보안처분의 구분이 상대화되고 있다는 점에서 죄형법정주의는 형벌뿐만 아니라 넓은 의미에서 개인의 자유영역에 대한국가의 강제적 개입 내지 처분 모두에 대하여 동일하게 요구되는 원칙이라고 해야 한다. 따라서, 위 부칙 조항은 소급입법금지원칙에 위배된다.]

[해설]

I. 디엔에이법의 입법 취지

디엔에이법은 구체적인 혐의를 전제로 수사 대상자로부터 디엔에이감식시료를 채취하여 검증하는 절차를 규율하는 것이 아니라, 특정 범죄를 저지른 수형자 등으로부터 디엔에이감식시료를 채취하여 취득한 신원정보의 데이터베이스를 구축한 다음 수사에 필요한 경우 언제든지 데이터베이스를 검색하여 범인검거 등 수사에 활용하는 것(장래 범죄수사

및 형사소추를 위한 증거확보)을 목적으로 제정되었다. 그런데, 신원정보는 시료 채취대상자뿐만 아니라 유전적으로 관련성을 가진 가족들도 식별할 수 있고, 성별, 피부 및 머리카락 색깔, 염색체 이상 유전병 등을 파악할 수 있다는 점에서 고도로 민감한 개인정보에 해당한다. 디엔에이시료 채취 및 감식은 범죄수사 등의 목적을 위해 채취 대상자의 신체의 완전성 및 개인정보자기결정권을 필연적으로 제한한다는 점에서 강제처분의 성격을 갖고 있다. 따라서, 시료 채취와 분석, 신원정보의 보관·관리는 법률에 근거해야 할 뿐만 아니라, 법관의 영장 등 절차적 요건을 구비하고, 필요성의 원칙이 충족되어야 한다.

II. 디엔에이법의 문제점

1. 채취 대상범죄의 문제점

디엔에이법은 디엔에이시료를 채취할 수 있는 대상범죄로 11개의 범죄 유형을 규정하고 있다. 디엔에이법의 입법목적에 비추어 볼 때 대상범죄는 중대하고 재범의 위험성이 높으며 전형적으로 개인을 식별하는 데 적합한 검체를 남길 개연성이 있는 범죄여야 한다. 그런데 디엔에이법은 폭력행위 등 처벌에 관한 법률상의 상습성이나 집단성이 있다는 이유로 주거침입, 퇴거불응, 재물손괴, 강요 등 비교적 경미한 범죄까지 대상범죄에 포함시키고 있다. 또한 디엔에이법은 대상자가 실형을 선고받은 경우뿐만 아니라 집행유예나 선

고유예, 벌금형을 선고받은 경우에도 채취가 가능하도록 했는데, 입법취지를 고려할 때 이러한 범죄자에 대해서도 일률적으로 디엔에이시료 채취를 강제하는 것은 최소침해의 원칙에 위반된다고 볼 수 있다.

무엇보다 디엔에이법은 대상 범죄만 특정하고 대상자에 대한 구체적인 기준(범죄 경중, 성향, 재범의 위험성)을 설정하거나 영장발부의 요건을 명시하지 않고 있는데, 이는 행위자의 재범의 위험성과 무관하게 획일적으로 특정범죄를 기준으로 디엔에이신원정보의 수집 여부를 결정하도록 한다는 점에서 문제이다.

2. 동의 규정의 문제점

디엔에이법은 수형인이나 구속피의자 등으로부터 디엔에이시료를 채취할 때에 법관이 발부한 영장에 의하도록 규정하면서 동의에 의한 채취도 허용하고 있다(제8조 제1, 2항). 그러나 구속피의자 또는 형 집행 중에 있는 수형자가 시료 채취 절차에 동의하지 않기가 사실상 불가능한데, 실제 영장에 의한 채취 건수가 1%도 안 된다는 점에서 영장주의가 형해화 되었다. 디엔에이시료 채취 및 감식과 이용이 강제수사의 성격을 가지고 있다는 점에서 동의에 의하는 것은 영장주의 및 적법절차 원칙에 위배될 수 있다.

3. 영장발부 절차 및 구제절차 미비

디엔에이법 제8조에서 채취 영장에 대해 규정하고 있는데, 2020. 1. 21. 개정 전까지 채취대상자가 영장 발부 과정에 참여하거나 영장발부에 불복할 수 있는 절차가 마련되어 있지 않았다. 아래 후속논의에서 살펴보는 바와 같이 헌법재판소가 2018. 8. 30. 디엔에이법 제8조에 대하여 헌법불합치결정을 선고하였고, 그 후 법률 개정을 통해 절차적 권리와 불복절차가 마련되었다. 그러나 여전히 영장발부의 실질적인 요건을 명시하고 있지 아니하여 실질적인 통제에는 한계가 있다.

4. 삭제 규정의 문제점

디엔에이법 제13조는 무죄 등 특별한 사유가 없는 한 대상자가 사망한 이후에야 직권 또는 신청에 의해 신원정보를 삭제할 수 있도록 규정하였다. 재범방지와 효과적인 형사소추를 위한다는 목적이라고 하더라도, 신원정보의 보존기간이 지나치게 길다는 점에서 인권침해의 소지가 있다. 특정범죄로 구속된 피의자가 기소유예의 처분을 받고 석방되거나 대상자가 재범하지 않고 상당 기간을 경과하는 경우에도 일률적으로 대상자가 사망할 때까지 신원정보를 보관하게 된다. 데이터베이스가 그 속성상 확장될 수밖에 없고 수사기관의 이원적 구조로 오남용의 문제가 상존한다는 점에서 최소침해 원칙에 위배된다고 할 것이다. 헌법재판소도 소수의견을 통해 위 규정의 문제를 지적하였다(그러나, 디엔에이법 제13조에 대한 헌법소원 청구 사건(2020헌바348)에서 헌법재판소는 합헌 결정을 하였다).

[후속논의]

위 2014년 헌법재판소 결정 이후에 또 다시 디엔에이법에 대해 헌법소원 청구가 제기되었다. 노조활동과정에서 직장폐쇄로 출입이 금지된 공장을 검거하였다는 이유로 유죄의 확정판결을 받은 뒤 영장에 의해 디엔에이시료 채취를 강제 당한 노동자들이 제기한 것이다. 청구인들은 2014년 헌법재판소 결정에서 쟁점이 된 조항 이외에, 시료 채취 영장 발부 절차에 참여하거나 영장발부의 위법성을 다툴 기회가 봉쇄된 점의 문제를 지적하였다. 이에 대해 헌법재판소는 2014년 헌법재판소 결정을 유지하면서도, ① 디엔에이시료 채취 대상자가 영장 발부 과정에 참여하여 자신의 의견을 진술할 수 있는 기회가 절차적으로 보장되지 않고 ② 영장발부에 대해 불복할 수 있는 규정이 마련되어 있지 않은 것은 청구인들의 재판청구권을 침해한 것으로 보아 관련 규정(제8조)에 대하여 헌법불합치 결정을 하였다(헌재 2018. 8. 30. 선고 2016헌마344등 전원재판부 결정). 2020. 1. 21. 디엔에이법이 개정되어 ① 판사는 디엔에이시료 채취영장 발부 여부를 심사할 때 채취 대상자에게 서면에 의한 의견 진술의 기회를 주어야 하며, ② 영장에 의하여 디엔에이시료가 채취된 대상자는 채취가 이루어진 날부터 7일 이내에 법원에 취소를 청구할 수 있다.

한편, 삭제조항에 대하여 2020년 다시 헌법소원이 제기되었다. 그런데, 헌법재판소 다수의견은 기존 선례를 인용하면서 위 조항이 수형자의 개인정보자기결정권을 침해하지 않는다고 판단하였다(헌재 2023. 10. 26. 선고 2020헌바343 전원재판부 결정).

[참고문헌]
- 조성용, 「DNA신원확인정보의 이용 및 보호에 관한 법률」에 대한 비판적 검토, 형사정책연구 제21권 제3호, 한국형사정책연구원, 2010.
- 이호중, 참고인의견서: 2011헌마156 디엔에이신원확인정보의 이용 및 보호에 관한법률 부칙 제2조 제1항 위헌확인, 2011헌마326 디엔에이감식시료 채취행위 위헌확인, 헌법재판소 공개변론, 2013. 7. 11.
- 김혜경, DNA데이터베이스와 프라이버시권: 사회안전과 개인정보자기결정권을 중심으로. 형사정책연구 제25권 제2호, 한국형사정책연구원, 2014.
- 류성진, [판례평석] 디엔에이신원확인정보 이용 및 보호에 관한 법률 사건, 헌법판례연구 제16권, 한국헌법판례연구학회, 2015.

[이상희 변호사(법무법인 지향)]

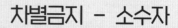

[01] 트랜스젠더 수용자 호르몬 치료 미제공 행위의 국가배상책임

대상	손해배상(기) (원고일부승) [1심] 서울중앙지법 2010. 12. 29. 선고 2009가단320012 판결 (원고일부승) [2심] 서울중앙지법 2011. 9. 23. 선고 2011나5287 판결 (항소기각)

[사실관계]

원고는 징역 5년을 선고받고 그대로 확정되어 2005년 ○○교도소로 이송되어 수형생활을 했다. 원고는 집단생활의 어려움을 호소하여 독거거실에서 수형생활을 하였고, 2006년 2월경부터 ○○교도소장 등에 여러 차례 걸쳐 여성호르몬 투여 및 여성으로서의 성전환수술을 요구하는 내용의 민원을 제기하였으나 부정적인 답변을 받았다. ○○교도소 측은 원고를 면담한 후 원고의 성염색체 이상 유무를 확인하기 위하여 원고의 염색체 검사를 의뢰하였는데, '정상적 남성염색체(XY)'를 가졌다는 결과를 통보받았다.

원고는 입소 시 차입하여 착용하던 여성용 속옷이 낡고 해져, 여성용 속옷을 구입하기 위한 특별구매신청을 하였으나 불허당하였다. 원고는 ○○교도소 보건의료과장과 면담을 하면서 '속옷 문제도 문제이지만 성전환수술을 해주지 않으면 스스로 성기를 잘라버리겠다. 그러면 외부병원에 보내주지 않겠느냐. 성전환수술을 해주지 않으면 목을 메어버리겠다.'고 항의하였다. ○○교도소 측은 원고를 자해 및 자살우려자로 보고하고 조치하였다. 원고는 다음날 담당교도관에게 "거실 벽의 도배를 위해 가위를 빌려 달라"고 요구하여 문구용 가위를 건네받은 후 거실 안 화장실에서 자신의 성기를 절단하는 사고를 일으켰다. 원고는 인근 병원으로 후송되어 수술을 받게 되었는데, 음경재식술을 강력히 거부하여 일차봉합술만 시행되었다.

원고는 ○○교도소 측이 성주체성장애에 대한 이해부족으로 원고에게 초기진단, 적절한 정신과 상담, 호르몬치료 등 의료적 처우를 하지 않았고, 여성용 속옷의 구매신청을 불허하여 심리적 불안으로 정신적 고통을 겪게 하였으며, 자해 및 자살우려자로 보고되어 특별수용하게 되었음에도 다음날 가위를 제공한 것은 계호의무와 관리감독의무를 해태하여 수용자의 생명과 신체의 안전에 위해한 결과를 초래한 것이므로, 국가배상을 구하는 소송을 제기하였다.

[판결요지]

[1] 충분한 의료적 처우를 하지 않았다는 주장에 관하여, 원고가 입소할 당시부터 성주체성장애를 겪고 있었다거나 교도소 측이 원고가 성주체성장애를 겪고 있다는 점을 충분히 인지할 수 있었음에도 이에 대한 의료적 처우를 게을리 하였음을 인정할 증거가 부족하다. 오히려 원고는 수형생활을 시작하기 전에 성주체성장애로 치료받거나 진단받은 경력이 없고, 여성에 대한 성폭력범죄 전과가 있는 점, 종전에는 다른 남성 수용자들과 혼거수용생활을 하고 복역하였음에도 특별한 문제가 없었던 점, 성주체성장애로 진단되려면 다른 성으로의 정체성이 상당 기간 일관되게 지속되어야 하고 복잡하고 정교한 판단절차가 필요한데, 원고는 이 사건 사고가 발생

하기 6개월 전에 여성호르몬제 투여 및 성전환수술을 요구하였고, 화상진료를 받으면서 여성에 대한 성욕구를 표출하여 성정체성에 대하여 일관된 모습을 보이지 못하였던 점, 교도소 측은 거실배정에 있어 원고에 대한 배려를 하여 주었고, 원고와의 면담과정에서 여성의복의 착용을 희망하는 등 남성 수용자들과 다른 요소가 있어 원고의 상태확인을 위하여 성염색체 검사를 실시하고 화상진료를 통하여 정신과 또는 비뇨기과 의료서비스를 제공한 점 등을 종합하면, 비록 교도소 측이 성주체성장애가 있는 환자를 상대한 경험이 있는 전문의로 하여금 원고에 대한 정확한 진단이나 치료를 할 수 있는 기회를 부여하지 않았다는 점만으로는 수용자인 원고에 대한 의료적 처우에 있어 과실이 있다고 단정할 수 없다.

[2] 교도소 측이 원고의 여성용 속옷 구입을 불허하여 정신적 고통을 가하였다는 주장에 관하여, 앞서 본 바와 같이 교도소측이 원고가 성주체성장애를 겪고 있다는 점을 충분히 인지할 수 있었다고 보기 어려운 상황에서 남성 수형자만을 수용하고 있는 교도소에서 여성용 속옷을 구입하여 공급할 경우 형평성이나 질서유지 등의 문제가 있어 부득이 거부하게 된 것으로 보이고, 그런 결정에 과실이 있다고 보이지 않는다.

[3] 자해에 사용될 수 있는 가위를 건네주어 계호의무를 위반하였다는 주장에 관하여, 교도소 측이 이미 보건의료과장과 면담 당시

원고가 극히 불안정한 심리상태를 보이며 자해·자살을 경고하여 원고를 자해 또는 자살 우려자로 분류하여 보고한 동태관찰에 용이하도록 CCTV가 설치된 호실로 변경하여 수형 생활을 하도록 하였고, 근무자에게 동태시찰하여 특이 사항에 대하여 보고하도록 조치한 점, 그럼에도 교도관은 도배용으로 사용할 것이라는 원고의 말을 만연히 믿어 가위를 제공하였고, 원고가 거실 안 화장실에 들어가 자신의 성기를 절단할 때까지 원고의 행동을 관찰하거나 제재조치를 취하지 않았으므로, 계호의무를 소홀히 한 과실로 원고가 신체적 고통과 그로 인한 정신적 충격이라는 손해를 입었다고 볼 수 있다.

[해설]

I. 트랜스젠더 수용자의 문제

한국의 교정시설과 수용자의 처우는 수용자의 성별을 남성과 여성으로만 구분하고, 통상적으로 수용자의 법적 성별에 따라 수용하고 처우하고 있다(형집행법 제13조 분리수용 규정). 하지만 법적 성별이나 생물학적 성별과 불일치하는 트랜스젠더 수용자의 경우에는 구금이라는 취약한 상황에서, 실재와 제도의 불일치로 인하여 문제가 발생한다. 트랜스젠더 수용자는 형집행 과정에서 성별이분법에 따른 분리수용, 수용거실 지정, 신체검사, 의류 등 물품지급, 호르몬 투여, 성확정수술 등 의료적 처우, 성폭력과 괴롭힘 등 교정시설과

형집행 전반의 과정에서 문제에 직면한다.

대상판례는 원고가 입소 전 성주체성장애 진단을 받은 경력이 없는 점, 교도소 측이 원고의 상태확인을 위하여 성염색체 검사를 실시한 점, 원고의 여성에 대한 성폭력 전과 등을 성정체성에 대한 일관된 모습의 부정으로 삼아, 교도소측이 원고에게 의료적 처우를 제공하지 않거나, 여성속옷 등 구매를 불허한 것에 과실이 없다고 하였다. 다만, 계호의무를 위반하였다는 점만 인정하여 국가배상 일부만 인정하였다.

II. 트랜스젠더 여부의 판단 문제

대상판례의 문제점은 원고의 입소 전 정신과진단 유무, 성염색체 결과 등으로 트랜스젠더인 원고의 개별적 처우의 필요성을 부정한 것이다. 대법원은 사람의 성을 결정하는 요소로 성염색체 등 생물학적인 요소뿐 아니라 개인이 스스로 인식하는 남성 또는 여성으로의 귀속감(정신적 요소)과 사회적으로 승인된 성역할 수행하는 측면(사회적 요소)도 포함되는 것으로 본다(대법 2006. 6. 22.자 2004스42 전원합의체 결정; 대법 2022. 11. 24.자 2020스616 전원합의체 결정).

과거에는 트랜스젠더를 '성전환증', '성주체성장애' 등 정신질환의 문제로 여겼지만, 2018년 국제보건기구는 국제질병분류 제11판(ICD-11)에서 트랜스젠더를 정신질환이 아닌 '성적 건강 관련 상태' 항목의 '성별불일치'로 분류하

여 비병리화 하였다. 이러한 관점에서 트랜스젠더 수용자의 처우도, 정신과 진단이나 생물학적 요소로 판단하는 것이 아니라 개인의 존엄과 자기결정권의 관점에서 접근해야 하며, 당사자의 의견이 중요하다고 할 수 있다.

넬슨만델라규칙은 수용자 처우에서의 존엄성과 차별금지의 원칙을 명시하고 있고(제2조 제1항), 욕야카르타 원칙 제9원칙은 구금상태에서의 인간적인 대우를 받을 권리를 규정하면서 성적지향과 성별정체성은 각 개인이 존엄성에 없어서는 안 될 요소라고 밝히고 있다. 2019년 유엔인권최고대표는 모든 트랜스젠더 수용자가 법적 성별표기나 수술 여부와 상관없이 본인의 성별정체성에 따라 대우받아야 하며, 그 배치, 의복 및 외형, 의료서비스 접근성, 수색 등의 절차 등은 수용자와의 소통을 통해 각 사안에 따라 결정되어야 한다고 강조하고 있다.

III. 의료적 처우 및 의복 문제

트랜스젠더 수용자에게 의료적 조치는 성별위화감을 해소하고 자신의 성별정체성에 부합하는 성별로 살아가기 위한 필수적 조치이다. 2009년 유엔 마약범죄사무소는 '특별한 요구가 필요한 수용자에 대한 가이드북'에서 "트랜스젠더 수용자를 출생 성별에 따라 수용하는 것을 적절하다 여기지 말고, 수용자와 상담을 하고 개별적 상황을 고려"할 것과, "호르몬요법, 성확정수술 등 특별한 보건의료

의 필요성을 충족시킬 것"을 권고하고 있다.

2019년 국가인권위원회는, ○○구치소 입소 전 유방절제술과 자궁적출술을 받고 호르몬요법 중이었던 트랜스젠더 남성이 의료과장에게 호르몬치료를 위하여 외부진료를 신청하였으나 불허당하여 호르몬요법 중단에 따른 두통, 무기력, 수면장애, 뼈 시림 등의 증상을 겪고, 여성 수용동에 수용되어 여성 속옷을 착용하도록 한 사건에서, 법무부장관에게 성전환 수용자의 수용동 배치, 호르몬치료나 외부병원 진료 등 의료적 처우, 속옷 선택과 목욕 등 수형생활 전반에 걸쳐서 성전환 수용자의 처우가 인간의 존엄성과 기본적 인권에 부합하는지 전국적으로 실태를 파악하고 그 개선책을 종합적으로 마련할 것을 권고하였다(국가인권위 2019. 3. 20.자 17진정0726700 결정).

[후속논의]

2007년 구 행형법이 형집행법(법률 제8728호, 2008. 12. 22. 시행)으로 전부개정 되면서 '성적지향' 등을 이유로 한 차별금지조항이 신설되어 성소수자 수용자에 대한 명시적 근거가 생겼다. 현행 계호업무지침에도 성소수자 처우 규정(제39조)을 두고 있는데, "일반인과 다른 성적 지향, 성정체성, 신체 등을 지닌 신입수용자는 상담결과 및 의무관의 판단에 따라 별도의 상담자를 지정"하여야 하고, "소장은 성소수 수용자 처우를 위해 필요한 경우 외부전문의 진료 등 의료처우를 실시할 수 있다"고

규정하고 있다. "일반인과 다른"이라는 구분은 성소수자를 여전히 '비정상적'이라고 보는 것으로 수정될 필요가 있다.

2020. 4. 법무부 보안과 작성의 '성소수자 수용처우 및 관리 방안(수정)'은 보다 상세히 트랜스젠더 수용자에 대한 처우를 규정하고 있다. 관련법규로 욕야카르타 원칙, 넬슨만델라규칙, '특수한 요구를 가진 수용자를 위한 핸드북'을 추가하였고, 처우의 기본원칙으로 "수용동 및 거실지정, 운동·목욕, 동행 등 처우 관련 성소수 수용자 본인의 의견을 수렴"하도록 하고, "성소수 수용자의 성정체성 존중을 바탕으로 다른 수용자 및 근무자의 편견과 유형·비유형적 폭력으로부터 보호"하여야 한다고 지시하였다. 수용자 입소 시 성소수자로 인지한 경우, "개별 상담을 통한 수용자 본인의 진술과 의견을 청취"하고, "수용자와의 상담결과, 의무관 진료 등을 종합적으로 고려하여 성소수 수용자 처우 대상 여부를 결정"하도록 하였다. 수용동 및 거실 지정은 "본인의 의견·진술 기회 부여, 법률적 성별, 신체적 성, 다른 수용자로부터 위해 우려 등을 종합적으로 고려하여 결정"하도록 하였다. '의료처우' 관련해서는 "성소수 수용자가 호르몬 투여 등으로 외부의료시설 진료를 요청하는 경우 의무관 진료·상담 등을 통해 필요성, 건강에 미치는 영향 등을 고려하여 결정"하도록 하고, 구체적으로는 "자비부담으로 하는 호르몬 투여(교정시설 내)는 특별한 경우를 제외하고 허용"하라고 지시하였다. '의류

및 생활용품 지급 등' 관련해서는, "수용자복: 지정된 수용동 기준에 따라 평상복 지급, 다만 속옷·화장품 등은 해당 수용자의 의견, 성정체성 등을 고려하여 필요한 물품 지급"을 하도록 하고 있다.

[참고문헌]
- 홍성수 외, 트랜스젠더 혐오차별 실태조사, 국가인권위원회, 2020.
- 김지혜 외, 성소수자 차별 관련 해외 입법동향 및 사례연구, 국가인권위원회, 2021.

[장서연 변호사(공익인권법재단 공감)]

[02] 트랜스젠더 수용자 강제이발 지시 불이행에 따른 징벌의 위법 여부

대상	징벌처분취소 (원고승)
	[1심] 광주지법 2014. 10. 2. 선고 2014구합10493 판결 (원고승)
	[2심] 광주고법 2015. 4. 16. 선고 2014누6530 판결 (항소기각)
참조	교도소 내 두발규제 위헌확인 (각하)
	헌재 2012. 4. 24. 선고 2010헌마751 전원재판부 결정 (각하)

[사실관계]

원고는 특수강도죄로 징역 3년을 선고받고 2013년 형이 확정되어 사건 당시 광주교도소에 수감 중인 사람이었다. 원고는 지정 성별은 남성이나 여성으로서의 성별정체성을 지닌 트랜스젠더 여성으로서 여성호르몬요법을 받기도 했으며, 교도소 수용 당시부터 이를 이야기하여 독거수용 처우를 받아 왔다. 피고인 광주교도소장은 2014. 1. 29. 광주교도소 징벌위원회 의결에 따라 원고에게 금치 9일의 징벌을 부과하였다. 징벌 부과 이유는 2014. 1. 17. 광주교도소 수용관리팀장이 원고에게 "두발을 단정히 해야 하니 머리를 자르세요"라고 지시했으나 원고가 자신이 트랜스젠더임을 이야기하며 이를 거부하였고, 같은 날 허가 없이 보온물병, 모포, 부채를 소지함으로써, 형집행법 시행규칙 제214조 제15호, 제17호를 위반하였다는 이유에서였다. 이에 대해 원고는 위 금치 징벌의 위법성을 다투며 소를 제기했다.

[판결요지]

[1] 피고는 원고가 두발을 자르지 않은 것이 수용자가 정당한 사유 없이 교도관의 직무상 지시나 명령을 따르지 아니하는 행위를 해서는 안 된다고 규정한 형집행법 시행규칙 제214조 제17호 위반으로 보아 징벌을 하였다. 이에 대해 1심 법원의 판단은 이러하다. 위 제17호 규정 위반이 되기 위해서는 교도관의 직무상 지시나 명령이 존재해야 하는데, 이 사건에서 교도관이 이발을 할 것을 이야기한 것은 지시가 아니라 원고의 자발적인 참여를 요청한 것에 불과하므로 교도관의 직무상 지시나 명령이 존재한다고 볼 수 없다. 나아가 설령 교도관의 지시나 명령이 있었다고 보더라도 구 행형법과 달리 2008. 12. 22.부터 시행된 형집행법 제32조 제2항에서는 수용자는 위생을 위하여 두발 또는 수염을 단정하게 해야 한다고 규정하고 있을 뿐 구 행형법과 같이 두발 길이를 제한하는 규정을 두고 있지 않으므로 성별에 상관없이 두발의 단정함을

유지하는 범위 내에서 두발을 길게 기르는 것도 가능하다. 두발의 단정함을 유지한다는 것이 두발을 반드시 짧게 자르는 것을 의미하지는 않고 수용자가 두발의 청결 유지에 신경 쓰거나 두발을 묶는 등 다른 방법에 의해서도 단정함을 유지할 수 있기 때문이다. 따라서 교도관이 형집행법 제32조에 따라 두발의 청결 유지나 두발을 묶을 것을 지시하는 것은 별개로 하고 수용자에게 두발을 짧게 하거나 자를 것을 지시할 수는 없다.

이에 대해 2심 역시 교도관은 두발이 길더라도 관리 여하에 따라서는 충분히 단정함을 유지할 수 있으므로 집단의 위생관리에 별다른 문제가 없고 다른 방법으로 단정함을 유지할 수 없다면 수용자의 의사에 반해 두발을 자르도록 지시 또는 명령할 수 없다고 보았다. 나아가 2심은 1심과 달리 원고의 성별정체성에 대해서도 다음과 같이 판시하였다. 달리 원고가 수용생활의 편의를 위하여 성정체성을 가장하였다는 사정은 보이지 않는다.

[2] 보온물병, 모포, 부채를 허가 없이 반입하여 형집행법 시행규칙 제214조 제15호를 위반하였다는 징벌 이유에 대해서는 1심과 2심 모두 징벌 이유로서 적법하다고 보며 이렇게 판시하였다. 수용자는 형집행법 제92조에서 정한 소지금지물품에 해당하지 않더라도 소장의 허가 없이는 교도소에서 공식적으로 지급한 물품 이외에는 소지가 불가능하다고 할 것인바 원고의 이 부분 주장은 이유 없다.

[3] 이처럼 허가 없이 물품을 반입했다는 징벌 이유가 인정되는 이상 피고가 원고에 대하여 금치 9일의 징벌이 적절한지를 살펴보면, 금치 9일은 물품 반입으로 인하여 내려질 수 있는 가장 무거운 징벌에 해당하며 원고가 소지하고 있던 물품은 그 자체로 위험성이 없고 피고의 허가 여하에 따라 충분히 소지가 가능한 물품에 해당하므로 원고의 규율위반 행위로 수용시설의 안전과 질서 유지에 직접적으로 중대한 장애가 초래되었다고 보기 어렵다. 따라서 피고의 징벌 양정은 현저히 불합리하다 할 것이다.

[해설]

I. 트랜스젠더 수용자의 처우에 관한 규정

2007. 12. 21. 구 행형법을 전면 개정하여 2008. 12. 22.부터 시행된 형집행법은 제5조에서 "수용자는 합리적인 이유 없이 성별, 종교, 장애, 나이, 사회적 신분, 출신지역, 출신국가, 출신민족, 용모 등 신체조건, 병력(病歷), 혼인 여부, 정치적 의견 및 성적(性的) 지향 등을 이유로 차별받지 아니한다"고 규정하고 있다. 성적 지향을 차별금지사유로 두고 있는 법은 당시 국가인권위원회법을 제외하면 형집행법이 유일했다. 하지만 이는 원칙적인 차별금지 선언에 불과했고 형집행법이나 그 시행령, 시행규칙에 성소수자 수용자의 처우에 대한 구체적인 규정은 존재하지 않았다. 이 사건 당시 성소수자 수용자에 대한 교정시설 내부 규정은 법무부의 2003. 12. 17.자 '성전환 수용

자 수용처우에 관한 지시'가 유일했다. 해당 지시는 성전환 수용자(트랜스젠더 수용자)는 신체적 특성 등으로 성희롱, 인권침해 등의 논란이 발생할 수 있으므로 독거수용, 칸막이 설치, 계호보강 등 수용관리에 철저를 기하라고 하고 있었다. 이에 따라 이 사건의 원고 역시 독거수용되어 왔다.

그러나 이와 같은 트랜스젠더 수용자에 대한 처우는 수용자의 성별정체성을 존중하고 그 인권 침해를 방지하기 위한 목적이라기보다는 혹시라도 발생할 수 있는 사고로부터 교정시설 측의 책임을 피하기 위한 목적이 강했다. 그렇기에 독거수용된 트랜스젠더 수용자는 자신의 성별정체성을 인정받으며 이에 따른 처우를 받기는 어려웠다. 이 사건에서 원고의 여성으로서의 정체성이 존중받지 못하고 교도관이 이발을 지시한 것 역시 이러한 이유에서이다.

II. 이발요구행위가 권력적 행위인지 여부

이 사건에서 피고 광주교도소장은 1심에서는 원고에게 이발을 요구한 행위가 상대방의 복종이 아니라 자발적인 협조를 전제로 하는 지도행위에 불과하다고 주장하다가 2심에서는 해당 행위가 형집행법 제32조 제2항에 정한 수용자의 청결의무에 대한 이행을 요구하는 지시에 해당한다고 주장하였다. 이에 따라 2심에서는 이를 1심과 달리 피고의 이발요구행위를 단순한 '지시행위'에 그치지 않고 '지시' 또는 '명령'에 해당한다고 보았다.

다만 이 사건에서는 형집행법 제32조에 따라 두발을 단정히 하는 것에 두발을 짧게 하거나 잘라야 한다는 내용이 포함되어 있지 않으므로 협조나 지시인지 여부에 상관없이 이발요구행위는 위법하다고 보았고, 따라서 이 사건에서 해당 부분은 구체적인 쟁점이 되지 않았다.

이에 비해 헌재 2012. 4. 24. 선고 2010헌마751 전원재판부 결정은 교도관들이 지속적으로 두발을 자를 것을 지시한 것에 대해 수용자가 헌법소원을 청구한 것으로서, 위 이발지시가 공권력 행사인지 여부가 직접적 쟁점이 되었다. 이에 대해 헌법재판소는 "이 사건 이발지도행위는 피청구인이 수용자의 자발적 참여를 전제로 두발 등을 단정하게 유지할 것을 지도·교육한 것에 불과하고 피청구인의 우월적 지위에서 일방적으로 청구인에게 이발을 강제한 것이 아니므로, 헌법소원심판의 대상인 공권력의 행사라고 보기 어렵다"고 판시하여 해당 청구를 각하하였다. 그러나 교도관과 수용자가 가지는 내부적인 권력 관계와 자유를 제한당한 수용자가 교정시설 내에서 받는 위축감을 고려한다면 이러한 이발요구가 지시가 아닌 자발적 참여를 전제로 한 협조에 불과하다고 볼 수 있을지는 의문이다. 이러한 이유에서 대상판례에서 원고는 일관되게 교도관의 이발요구행위가 지시 또는 명령이라고 주장하여 왔다. 이 부분에 대해서는 향후 유사한 사례가 발생한다면 좀 더 다투어 볼 수 있을 것이다.

III. 대상판례의 의의와 한계

대상판례의 1심과 2심은 모두 형집행법 제 32조는 구 행형법과 달리 두발을 단정히 해야 한다는 점만을 규정하고 있고, 이러한 단정함 이 두발을 반드시 짧게 하거나 잘라야 한다는 것을 의미하지 않으므로 이발요구행위는 위 법하다고 보았다. 이러한 결론은 관련 규정의 해석상 타당하다 할 것이다. 다만 원고가 트 랜스젠더 여성으로서 이발요구에 따를 수 없 었던 사정이 좀 더 구체적으로 고려되지 않은 점은 아쉬운 부분이다. 여성으로서의 성별정 체성을 지니고 있고 수용 전에는 여성호르몬 요법도 받았으나 교도소 내에서는 이를 받지 못하고 다른 여성 수용자와 동등한 처우를 받 지 못하는 상황에서, 두발을 길게 기르는 것 은 원고에게 있어 자신의 성별정체성대로 인 정받고 살아가기 위한 수단 중 하나였을 것이 다. 그렇기에 교도관의 이발요구는 형집행법 규정에 맞지 않는 것일 뿐만 아니라 원고의 성별정체성을 고려하지 않은 차별행위이기도 하다. 법원이 이러한 점들을 좀 더 고려하여 판결을 하였다면 트랜스젠더 수용자의 처우 에 대한 보다 풍부한 논의가 되었을 것이라는 점에서 대상판례는 한계가 있다 할 것이다.

[후속논의]

이 사건 이후 트랜스젠더 수용자의 거실 수 용, 호르몬요법 등 처우에 대한 문제가 지속 적으로 제기되면서 법무부는 내부 훈령인 계 호업무지침 제39조에서 성소수자 처우에 대 한 규정을 신설하였고, 2019. 7.에는 '성소수 자 수용처우 및 관리방안'을 제정하여 전국 교도소에 시달하고 2020. 4.에는 이를 수정하 여 재차 시달하였다. 이러한 계호업무지침과 방안은 교도관으로 하여금 트랜스젠더 수용 자는 성적 정체성에 맞게 처우하되 두발 길이 등 자신의 신체 및 의류를 청결하게 유지하도 록 교육하라고 지시하고 있다. 그러나 해당 지침과 방안에 따르더라도 트랜스젠더를 포 함한 성소수자 수용자는 독거 수용이 되어 다 른 수용자들과 격리된다는 점은 문제적이다. 또한 해당 지침과 방안은 결국 구체적인 처우 를 수용자의 권리가 아니라 교도소장의 재량 에 맡기고 있고 법률이 아닌 내부 규정에 불 과하므로, 여전히 수용자가 자신의 성별정체 성에 따른 처우를 받지 못하는 일들이 종종 발생하고 있다. 따라서 내부 규정이 아닌 형 집행법에 성소수자 수용자의 수용과 처우에 대한 구체적인 규정이 마련되어야 할 것이다.

[박한희 변호사(공익인권변호사모임
희망을만드는법)]

[03] 장애인 수용자 처우의 기준

대상	손해배상 (원고패) [1심] 서울북부지법 2018. 2. 7. 선고 2017가단13455 판결 (원고패) [2심] 서울북부지법 2018. 9. 18. 선고 2018나32317 판결 (항소기각)

[사실관계]

원고는 2013년 정신지체 3급과 척추지체 장애인으로 등록되었고, 관련 형사사건에서 법정구속되기 8개월 전인 2015. 1.경 척추협착, 요추 및 추간판 장애 등으로 1개월 입원한 이력이 있는 장애인 수용자이다.

원고는 2015. 9.경 재물손괴 등 사건에서 징역 8개월의 실형을 선고받고 법정구속되어 서울남부구치소에서 2개월 동안 미결수용되었다. 최초 남부구치소에 수용될 당시 구치소 직원은 원고에게 정신장애 3급과 척추지체 등을 이유로 장애인복지법상 장애인으로 등록되어 있음을 확인하고 원고로부터 복지카드를 받아 복사하였다. 이후 원고는 2015. 11.경 안양교도소로 이감되었고, 2016. 5.경 9개월의 형기 및 별건 벌금형의 노역장유치 집행 등을 마치고 출소하였다. 원고가 안양교도소로 이감될 당시 원고의 장애를 확인할 수 있는 서류도 함께 송부되었다.

원고는 2015. 11.경 안양교도소로 이감되었을 때, 처음에는 일반거실에 미결수용되어 있다가, 2015. 12. 안양교도소 의료과장과 면담한 이후 좌변기가 비치된 일반거실로 옮겼다가, 형이 확정된 이후 안양교도소 내 기결거실로 옮겼다. 이후 원고는 수용기간 동안 거실 내 다른 수용자와 다툼 등을 이유로 징벌거실 및 의료동 거실 등 여러 차례 거실을 옮겼다.

출소 이후 원고는 자신은 장애인 수용자 전담교정시설 내지 장애인 편의시설이 갖추어진 거실에 수용되어야 하는데, 안양교도소가 원고를 일반거실에 수용함으로써 원고를 추위에 떨게 하거나, 배변을 할 수 없는 등 의식주 문제를 해결하는 데 어려움이 있었음에도 방임하여 건강 악화와 정신적 고통을 입었다고 주장하면서 국가를 상대로 위자료 5천만원을 배상하라는 이 사건 소송을 제기하였다.

[판결요지]

1심과 2심 모두 장애인 수용자를 전담교정시설 내지 별도 거실에 수용하지 않고 일반거실에 수용한 것이 위법하지 않다는 이유로 원고의 청구를 기각하였다.

1심 법원은 국가가 장애인 수용자를 언제나 전담교정시설 등에 수용할 의무를 부담한다고 볼 수 없다고 판단했다. 즉, 국가가 장애인 수용자를 전담교정시설 또는 별도의 거실에 수용할 의무를 부담하려면, 최소한 "장애로 통상적인 수용생활이 특히 곤란하다고 인정되는 경우"에 해당하여야 한다고 전제하면서, 수용자의 장애정도에 비추어 일반거실에 수용한 것이 '적정한 배려'로 보기 어려운 경우에만 형집행법에 따른 법령위반에 해당한다고 보았다.

1심 법원은 ① 수용당시 원고의 장애인 복지카드와 육안에 의한 척추부위 수술흉터만으로 전문의료인이 아닌 구치소 직원이 원고를 통상적인 수용생활이 특히 곤란한 장애인으로 판단하기 어렵고, ② 수용기간 중 의료과장이 원고를 면담한 후 좌변기가 설치된 1층으로 거실을 옮겨 주었음을 근거로 이러한 처분이 원고에게 적정한 배려라고 보기에 충분하다고 판단했다.

항소심 법원도 1심과 동일하게 판단하면서, ① 원고가 안양교도소로 이감될 당시 원고의 병력관련 자료가 함께 송부되긴 하였지만, 건강검진 결과 '1급'으로 판정이 되었고 정신건강검진 결과가 정상으로 판단된 점, ② 의료과장과 면담 후 좌변기가 설치된 거실에 수용되었으나 원고가 2016. 1. 초경부터 출소 시까지 교도소 내 수용자와의 싸움으로 징벌거실 및 상처 치료를 위한 의료동 거실에 수용되었던 점을 추가로 언급하면서 안양교도소의 원고에 대한 처우가 법에 위반되지 않았다고 판단하였다.

나아가, 항소심 법원은 수용시설이 장애인 수용자를 전담교정시설로 이감해야 할 의무가 있는지 여부에 대하여 "교도소장 또는 구치소장은 수용자의 수용·작업·교화·의료 및 그 밖의 처우를 위하여 필요하거나 시설의 안전과 질서유지를 위하여 필요하다고 인정되는 경우 법무부 장관의 승인을 받아 다른 교정시설로 이송할 수 있을 뿐이고, 수용자를 반드시 다른 교정시설로 이송해야 할 의무를 부담한다고 보기는 어렵다"고 판단하면서, 이 사건 원고에게는 장애인 수용자 전담교정시설로 이송이 필요하였다는 사정을 인정하기 부족하다고 판단하였다.

[해설]

I. 서론

1. 장애인 수용자 현황

법무부는 공식적으로 장애인 수용자 통계를 공개하고 있지 않다. 다만, 2020년 국가인권위원회 연구용역 결과(구금시설 장애인 수용자에 대한 정당한 편의제공 실태조사)에 언급된 자료를 보면 2020. 7. 19. 기준 총 1,529명의 장애인 수용자가 수용되어 있는 것으로 조사되었다. 2019년 법무부 교정통계연보에 나온 2018년 기준 전체 교정시설의 평균 수용인원이 54,744명인 것에 비추어 보면 장애인 수용자가 전체 수용자의 약 2.8% 정도 되는 것을 알 수 있다. 장애유형별로 살펴보면 지체장애가 771명(50.43%)로 전체의 절반이 넘은 것으로 조사되었으며, 다음으로 지적장애 187명 (12.23%), 시각장애 151명(9.88%), 정신장애 129명(8.44%), 청각장애 120명(7.85%), 뇌병변장애 65명(4.25%) 등의 순으로 조사되었다.

2021 교정통계연보에 보고된 '특수기능별 교정시설 현황'에 따르면 장애인 수용자를 대상으로 한 전담교정시설은 총 9개소로 안양·여주·포항·청주·광주·순천·군산 교도소(지체장애인), 여주·청주교도소(시각장애인), 안양·여주교도소(언어·청각장애인)가 지정되어 있다. 그러나 이 사건에서와 같이 장애가 있는 수용자라도 전담교정시설이 아닌 일반 교정시설에 수용되어 있는 경우가 많은 것으로 추정된다.

2. 관련 법령

형집행법 제5조에서 일반적인 차별금지 규정을 두고 있는데, 차별금지 사유 중 하나로 '장애'를 열거하고 있어 원칙적으로 수용시설에서 장애에 따른 부당한 차별을 금지하고 있다. 또한 형집행법 제54조(수용자에 대한 특별한 처우)에서는 노인수용자, 장애인수용자, 외국인수용자에 대한 적절한 처우를 제공할 수 있도록 규정하면서 장애인수용자에 대하여 장애의 정도를 고려하여 그 처우에 있어 적정한 배려를 하도록 규정하고 있다(제54조 제2항). 형집행법 제57조에 따르면 전담교정시설의 부족이나 그 밖의 부득이한 사정이 있는 경우를 제외하고 원칙적으로 장애인의 경우에는 전담교정시설에 수용된다고 규정하고 있다. 세부적인 내용은 형집행법 시행규칙 제49조부터 제54조 이하에서 규정하고 있다.

II. 문제점

앞서 살펴본 바와 같이, 현행 형집행법은 장애인 수용자의 처우에 대한 일반규정을 "소장은 장애인수용자에 대하여 장애의 정도를 고려하여 그 처우에 있어 적정한 배려를 하여야 한다"고 규정하고 있다. 이는 '장애인차별금지 및 권리구제 등에 관한 법률(이하 '장애인차별금지법')'에서 장애인에 대한 편의제공을 '의무'로 규정하고 있는 것과 대조적으로 교정시설 내에서 장애인수용자를 비장애인수용자와 동등한 수준으로 처우하는 것을 장애인수용자의 권리나 국가의 의무로 해석하지 않고, 소장의 재량 범위 내에서 선택할 수 있는 '배려'로 이해하고 있다. 수용시설의 특수성을 고려하더라도 현행 규정은 장애인수용자의 교정시설 내 차별과 인권침해를 사전에 방지하기 어렵고, 이 사건에서와 같이 장애를 가진 수용자에게 제대로 된 편의 제공이 충분하게 제공되지 못할 우려가 있다.

형집행법 제57조에 따르면 장애인은 전담교정시설에 수용되어 그 특성에 알맞은 처우를 받지만, 전담교정시설의 부족이나 그 밖에 부득이한 사정이 있는 경우에는 예외로 한다고 규정하고 있다. 형집행법 시행규칙은 장애인수형자 전담교정시설만이 '장애인·노인·임산부 등의 편의증진 보장에 관한 법률 시행령(이하 '장애인등편의법 시행령')'이 정하고 있는 편의시설을 갖추도록 하고 있으며(제43조 제1항, 제50조 제2항), 장애인수형자 전담교정시설이 아닌 일반교정시설에서는 장애인이 수용되더라도 편의시설을 갖추지 않아도 된다. 이러한 규정은 현재 '장애인등편의법 시행령 별표2'에서 모든 구치소와 교도소를 대상으로 주출입구 접근로, 장애인전용주차구역, 주출입구높이차이제거, 출입문(문), 복도 계단 또는 승강기, 대변기, 세면대를 '의무'로, 소변기, 점자블록과 그 밖의 시설 중 일부(접수대·작업대, 매표소·판매기·음료대, 임산부 등을 위한 휴게시설)를 '권장'으로 규정하고 있는 것과 일부 충돌한다. 실제 장애인수용자는 편의시설이 갖추어지지 않은 구금시설에 수용될 수 있고, 이 사건에서와 같이 장애인 전담교정시설이 아닌 일반교정시설에 수용된 장애인의 숫자가 상당하다. 그런데 장애를 고려한 편의시설이 제대로 갖추어지지 않은 시설에서 생활하는 경우, 장애인 수용자는 생활의 여러 영역에서의 인간다운 생활을 하지 못할 수 있다는 문제점이 지적된다.

III. 장애인 수용자 처우에 대한 '적정한 배려'와 '정당한 편의제공'

장애인 수용자의 수용 현황 및 현행 형집행법 규정의 문제점 등을 고려할 때 일반교정시설에 수용된 장애인 수용자의 처우에 대한 사법적 판단은 신중하게 이루어질 필요가 있다.

현실적인 이유로 상당한 숫자의 장애인 수용자들이 일반교정시설에 수용되어 있지만, 우리 법령에서 일반교정시설의 경우 장애인에 대한 편의시설이 제대로 마련되어 있지 않기 때문이다. 그런 점에서 대상판례는 아쉬운 점이 많다.

이 사건에서 법원은 형집행법 제54조 제2항을 근거로 장애인 수용자 처우를 '적정한 배려'로 설명하였다. 이는 장애인 수용자가 수용시설에서 비장애인과 동등한 수준으로 처우되어야 함을 장애인 수용자의 권리나 국가의 의무로 판단하지 않은 것이다. 그러나 모든 생활영역에서 장애를 이유로 한 차별을 금지하기 위하여 제정된 '장애인차별금지법'에 따르면 국가 및 지방자치단체는 장애인에 대한 모든 차별을 방지하고, 차별받은 장애인 등의 권리를 구제할 책임이 있으며(제8조 제1항), 국가는 장애인에게 정당한 편의가 제공될 수 있도록 필요한 기술적, 행정적, 재정적 지원을 하여야 한다(제8조 제2항)고 선언하고 있는 점에 비추어 볼 때, 법원이 형집행법에 한정된 제한적 해석만으로 장애인 수용자에 대한 편의제공의 합법성을 판단하는 것은 한계가 있다.

이 사건의 경우 원고는 교정시설에 입소할 당시 정신 및 신체에 장애가 있음이 장애인복지법상 등록된 장애인으로 확인된 사람이었다. 그렇다면 당사자의 요구나 별도 전문적인 검사가 없더라도 특별한 사정이 없는 한 장애인 전담교정시설로 수용되는 것이 바람직했다. 만약, 당사자의 거부 또는 수용시설의 부족 등으로 장애인 전담교정시설 수용이 어려운 예외적인 사정이 있어 일반교정시설에 수용되는 경우에는 원고의 장애 특성에 따라 비장애인 수용자들과 차별없이 생활할 수 있는 편의가 제공되어야 한다. 이러한 정당한 편의제공은 '배려'가 아닌 '의무'의 영역으로 해석되어야 한다.

이러한 정당한 편의제공은 장애의 유형에 따라 먼저 제공되어야 한다. 따라서 신체장애로 인하여 몸을 제대로 굽히지 못하거나 보행이 어려운 경우에는 일반 교정시설에 수용되는 경우 좌변기 등이 설치된 1층 거실로 우선 배정되어야 하고, 정신장애(정신분열증)가 있는 경우 다른 수용자들과 혼거수용하지 않고 독거수용하거나, 혼거수용하는 경우에도 같은 방실을 사용하는 사람이 많지 않도록 할 필요가 있다.

이러한 관점에서 이 사건 법원이 형집행법의 형식적 규정에 국한되어 원고에게 정당한 편의제공이 이루어지지 못한 사정을 간과하고, 사후적으로 면담을 거쳐 일부 조치가 이루어진 것만으로 적정한 배려가 이루어졌다고 판단한 것은 아쉬운 부분이다. 특히, 1심 법원은 "수용당시 원고의 장애인 복지카드와 육안에 의한 척추 부위 수술 흉터만으로 전문 의료인이 아닌 구치소 직원이 원고를 통상적인 수용생활이 특히 곤란한 장애인으로 판단하기 어렵다"는 이유로 최초 수용 당시 제대로 된 편의제공이 이루어지지 않았던 부분이 문제가 없다고 보았는데 이 부분은 문제가 있다.

우리 법에서는 '장애인 수용자'의 정의를 법에 두지 않고 오로지 법무부령에 위임하고 있는데(보론으로 이러한 규정은 그 자체로 '법률유보원칙' 또는 '포괄위임금지원칙'에 위반될 소지가 있다), 형집행법 시행규칙 제49조에 따르면 장애인 수용자는 '장애인복지법 시행령 별표1의 제1호부터 제15호까지'에 해당하는 사람으로서 시각·청각·언어·지체(肢體) 등의 장애로 통상적인 수용생활이 특히 곤란하다고 인정되는 수용자를 말한다. 시행규칙에서 장애인 수용자의 범위를 등록된 장애인보다 더 협소하게 규정하고 있는 것의 적법성은 별론으로 하더라도, 해당 규정에 해당하는 장애인인지 여부에 대한 판단 의무는 장애인을 수용하는 수용시설에게 있다고 할 것이다. 수용인은 법에 따라 등록된 장애인이라는 사정을 주장하면 충분하고, 예외적으로 통상적인 수용생활이 특히 곤란하다고 인정되는지 여부를 심사 및 판단하는 절차에 대한 책임은 수용시설에 있는 것이다. 이 과정을 전문 의료인이 아닌 구치소 직원에게 맡겨둔 것은 국가기관인 수용시설의 책임 범위 내 있는 것이고, 구치소 직원이 이를 제대로 판단하지 못했다면 그에 따른 책임 역시 국가에 있는 것이지 그 불이익을 장애인 수용자 본인에게 지우는 것은 합리적이지 못하다.

마지막으로, 이 사건 판결문에서는 구체적인 사실관계를 더 확인할 수는 없었지만 원고가 교도소 내 수용자와의 싸움으로 징벌거실 및 상처 치료를 위한 의료동 거실에 수용되었던 점이 원고 청구를 기각하는 근거가 될 수 있는지도 의문이다. 두 가지 지점에서 비판적이다.

첫째, 판결에서는 징벌거실 및 의료동 거실에 수용된 기간은 원고에 대한 편의제공이 중단될 수 있는 기간처럼 설명하고 있는데 장애인 수용자의 일상생활에서 제공되어야 할 편의는 징벌 또는 의료적 치료가 제공되는 기간에도 마찬가지로 제공되어야 한다. 그렇지 않으면 장애인 수용자에게 제공되어야 하는 편의의 중단이 실질적으로 추가적인 징벌적 행위로 기능하게 될 우려가 있다.

둘째, 만약 원고가 교도소 내 수용자와 다툰 것이 정신분열증 등을 앓고 있는 원고에게 제대로 된 편의제공이 이루어지지 않은 상황이 하나의 원인이 되어 발생한 것이라면, 이는 피고가 제대로 된 편의를 제공하지 않는 상황에서 발생한 문제이므로 원고의 청구를 부정하는 것이 아니라 오히려 피고의 행위가 적법하지 못했음을 보여주는 근거로 판단되어야 한다.

[후속논의]

이 사건 판결의 근본적인 문제는 현행 형집행법에서 장애인수용자의 처우와 관련한 불완전한 규정에서 출발한다. 장애인차별금지법 등 다른 법령에서 장애인에 대한 편의제공을 '의무'로 규정하고 있는 것과 달리 형집행법에서만 장애인에 대한 적절한 처우를 소장

의 '배려'로 이해하고 있다. 나아가 장애인수용자에 대한 정의, 전담수용시설로의 이송절차 등 세부적인 사항을 모두 시행규칙에서 정하고 있는데, 시행규칙에서는 합리적인 이유 없이 장애인 수용자의 범위를 축소하고, 장애인 수용자가 전담수용시설로의 이송을 직접 신청하는 절차는 마련되어 있지 않은 문제가 있다. 또한, 현실적으로 장애인 전담수용시설이 아닌 일반수용시설에도 장애를 가진 수용자가 많이 수용될 수밖에 없는 점 등을 고려할 때 일반수용시설에서도 장애인 수용자가 일상생활을 하는 데 불편함이 없도록 시설을 개설할 필요가 있음에도 이러한 내용도 사각지대에 놓여있다. 향후 장애인 수용자의 권리를 보장하고, 장애 유형에 따른 구체적이고 실질적인 편의제공이 이루어질 수 있는 형집행법 개정이 필요하다.

[참고문헌]

• 고명수, 교정시설 내 신체장애인수용자의 인권보장에 관한 연구: 수용환경을 중심으로, 인권이론과 실천 제19호, 영남대학교 법학연구소 인권교육연구센터, 2016.
• 서동명 외, 구금시설 장애인 수용자에 대한 정당한 편의제공 실태조사—교도소와 구치소를 중심으로, 국가인권위원회, 2020.
• 이호중 외, 교정시설 수용자의 인권 및 처우 개선방안에 대한 연구—「형의 집행 및 수용자의 처우에 관한 법률」 중심으로, 국가인권위원회, 2022.

[조영관 변호사(법무법인 덕수)]

대상	교도소 수용 채식주의자 권리보장 요구 (인용) 국가인권위 2012. 9. 25.자 11진정0699000 결정 (인용)

[사실관계]

진정인은 2005년부터 윤리적 신념에서 군사주의에 반하는 평화주의를 실천하여 왔다. 진정인은 이와 같은 확고한 신념을 지키기 위해 입영을 거부하여, 2011년 병역법 위반죄로 징역 1년 6월을 선고받고 ○○교도소에서 수형생활을 하고 2012. 5. 출소하였다. 진정인은 확고한 개인의 평화주의 신념에 따라 폭력을 유발하는 고기류와 생선, 젓갈을 포함한 해물 종류는 절대 먹지 않고 유제품이 포함된 식품도 가급적이면 먹지 않는 채식주의자다. 진정인은 개별 특성을 고려한 채식위주의 음식제공을 요구하였으나 ○○교도소는 이를 불허하였다. 이에 진정인은 자신의 신념을 지키고자하는 유사한 수용자들의 인권이 침해되지 않도록 국가인권위원회에 진정하였다.

[결정요지]

피진정인은 진정인의 요구는 종교적 사유가 아닌 개인의 생활 취향에 따른 것으로 이는 헌법상 기본권이 아니라고 주장하는 바, 진정인의 신념이 헌법에 보장되는 양심에 포함되는지 살펴본다.

진정인이 개인의 양심인 평화주의 신념에 따라 병역을 거부하여 징역형을 선고받고 교도소에 수용되면서도 그 신념을 지키기 위해 육식을 하지 않고 완전한 채식주의를 지향하는 것 또한 진정인의 양심에 속하고 이는 일반적 수용자들이 가지고 있는 다양성에 따른 개인의 취향과는 확연하게 구별된다. 따라서, 진정인의 채식주의에 대한 일관된 행동과 엄격한 수용생활 태도는 양심에 근거한 것이며 헌법상 보장받을 기본권 보호범위에 있다고 판단된다.

진정인의 채식주의 요구가 양심의 자유에 속한다는 전제하에, 진정인에 대한 음식제공 관련 피진정기관 처우의 인권침해 여부를 판단해보면, 진정인은 교도소에서 제공되는 음식 중 채식만을 선별하여 먹고, 피진정기관은 진정인의 선호음식을 더 많이 주는 배려를 하여, 결과적으로 진정인의 채식주의 신념이 훼손되지는 않았다. 그러나 인정사실에서 보듯이 진정인은 한국인의 주식 중의 하나인 대부분의 국과 찌개종류에 쇠고기 다시다가 사용되어 이를 먹지 못하는 등의 상당한 불편을 겪었다.

피진정기관이 진정인의 채식주의 신념을 직접적으로 억압한 사실은 없지만, 채식 위주의 식사를 따라 제공하는 적극적 방식의 처우는 하지 않았다. 교도소는 개인의 자유가 대폭 제한되어 있어, 당국의 적극적 조치가 없이는 일률적으로 시행되는 규칙에 따를 의무가 발생되는 공간이다. 이런 교도소의 특성을 고려할 때, 피진정기관이 진정인에게 별도의 음식을 제공하지 않은 것은 육식을 거부하는 진정인의 양심실현의 자유를 방해하여 결국 그 제한에 이르렀다고 판단된다.

따라서 양심의 자유의 보호범위 내에 양심에 반하는 행동을 강제 당하지 않을 자유, 즉 교도소에서 일괄적으로 제공되는 육식을 먹지 않고 채식음식을 요구할 권리를 부인하기 어려우므로 교도소는 진정인의 신념과 개별 특성을 고려하여 진정인이 건강을 유지한 채 수용 생활을 할 수 있도록 조치할 필요가 있다. 특정 재소자의 채식주의 요구가 양심의 자유를 논할 만큼의 강한 신념에 근거한 것인지 여부를 가리는 것은 교정행정의 일선에서 아주 어려운 일은 아닌 것으로 보인다.

진정인과 같이 확고한 평화주의 신념에 따라 교도소에 수용된 수형자가 극히 소수에 불과하여 국가가 이들에게 양심의 자유를 보장하지 못할 정도로 비용부담이 높다거나 행정력 낭비가 크다고 볼 정도도 아닌 것으로 보여지므로 당해 교도소장인 피진정인은 폭력에 반대하는 평화주의 신념으로 육식을 거부하고 채식음식을 요구하는 진정인에게 그에 맞는 음식을 제공함으로써 헌법 제19조에 보장된 진정인의 양심의 자유를 보장할 필요가 있었다고 판단된다.

[해설]

대상결정은 진정인처럼 확고한 평화주의 신념이 있는 채식주의는 헌법에서 보장하는 양심의 자유에 해당하며, 진정인이 교도소에서 일괄적으로 제공되는 육식을 먹지 않고 채식음식을 요구할 권리는 양심에 반하는 행동을 강제 당하지 않을 자유에 해당한다고 보았다.

헌법 제10조는 인간의 존엄성과 행복추구권을 규정하고 있고, 제19조는 양심의 자유를, 제20조는 종교의 자유를 규정하고 있다. 이러한 기본권은 교정시설에 수용된 수용자에게도 예외는 아닌바, 형집행법 제4조는 특별히 수용자의 인권은 최대한 존중되어야 한다고 규정하고 있다.

헌법에서 수호하는 양심의 범위는 "세계관, 인생관, 주의, 신조 등은 물론 이에 이르지 아니하여도 보다 널리 개인의 인격형성에 관계되는 가치적, 윤리적 판단"도 포함한다. 또한 양심은 그 대상이나 내용, 동기에 의하여 판단될 수 없고, 그 결정이 이성적이거나 타당한지, 법질서나 사회규범과 일치하는지 여부는 양심의 존재를 판단하는 기준이 될 수 없다(헌재 1991. 4. 1. 선고 89헌마160 전원재판부 결정). 개인의 양심은 사회 다수의 정의관, 도덕관과 일치하지 않을 수 있으며, 오히려 헌법상 양심의 자유가 문제되는 상황은 개인의 양심이 국가의 법질서나 사회의 도덕률에 부합하지 않는 경우이므로, 헌법에 의해 보호받는 양심은 법질서와 도덕에 부합하는 사고를 가진 다수가 아니라 이른바 '소수자'의 양심이 되기 마련이다(헌재 2011. 8. 30. 선고 2008헌가22등 전원재판부 결정).

대상결정은 평화주의 신념에서 채식을 요구하는 수용자는 극히 소수에 불과해 국가가 이들의 양심의 자유를 보장하지 못할 정도로 비용부담이 되거나 행정력 낭비가 크지는 않을 것이라며, 법무부 장관은 채식주의에 관한 개인의 신념이 확고한 수용자에 한해 합리적 식단의 배려 등 적절한 처우를 해야 한다고 밝혔다.

[후속논의]

2012년 국가인권위원회의 권고 이후에도, 교정시설에서 채식주의 수용자에 대한 채식주의 식단제공은 제대로 이루어지지 않고 있다. 이에 2020년에는 완전 채식주의자(Vegan)인 수용자가 구치소에 입소한 후 주식인 현미밥을 제공받지 못해 사과를 먹으며 생활하여 영양실조로 인한 탈모와 체력 저하를 겪었다며 국가인권위원회에 양심의 자유 침해를 이유로 진정하였다. 국가인권위원회는 피진정기관이 진정인의 과일 구매 횟수를 늘려주고, 진정인이 원하는 부식을 별도의 개인 반찬통에 양을 늘려 지급하는 등 진정인의 고충을 해결하기 위하여 최선을 다하였다고 보고 해당진정은 기각하였으나, 법무부장관에게 채식주의 신념을 가진 수용자가 인간의 존엄성 및 양심의 자유 나아가 건강권 등을 보장받을 수 있도록 채식주의 식단을 마련하고, 반입가능한 식품 품목 확대 등을 위한 관련 법령의 개정이나 정책을 마련하라고 의견 표명을 하였다(국가인권위 2022. 2. 11.자 20진정0647700 결정).

국가인권위원회는 육식을 거부하고 채식을 식생활의 기본으로 하는 수용자의 경우, 그 신념을 존중해 주지 않으면 삶이 피폐해지고 건강을 잃을 가능성이 있으며 결국 소신을 포기하는 상황에 이르게 될 수 있는데, 이는 인간의 존엄성과 양심의 자유 등을 보장하는 헌법과 국제인권규범에 어긋난다고 판단하였다. 또한 국방부가 2019. 12. 23. '2020년도 급식방침'에 "채식을 요구하는 장병, 특정종교 또는 식품 알레르기로 인한 식사제한 장병 등에 대해서는 밥과 김, 야채, 과일, (연)두부 등 가용품목 중 먹을 수 있는 대체품목을 부대급식여건을 고려하여 매끼니 제공하며, 채식병사에게는 우유 대신 두유를 지급할 수 있다. 필요시 해당 병사의 부식비는 현금 배정하여 필요한 품목을 구매하도록 한다"고 규정하였고, 2021년부터 모든 부대에서 희망자에게 채식주의 식단을 제공하고 있는 점을 예시로 들었다.

따라서 수용자도 자신의 신념 또는 신체적 특성에 적합한 음식을 선택하고 구매할 수 있어야 하고, 동시에 교정기관으로부터 영양학적으로 고려된 채식 식단을 제공받을 수 있어

야 하며, 모든 교정시설에서 채식주의 식단을
일시에 제공하기 어렵다면 분류수용을 통해
일정 교정시설에서 먼저 시범적으로 실시하
고 이를 전국적으로 확대하는 것도 시도할만
한 교정정책이라고 제안하였다.

[참고문헌]

● 최정호, 공공급식에서 윤리적 채식선택권과 인권의
  도전, 인권연구 제6권 제1호, 한국인권학회, 2023.

[장서연 변호사(공익인권법재단 공감)]

[05] 독거수용을 요구하는 성소수자 수용자에 대한 징벌 등의 인권침해 여부

대상	교도소의 성소수자에 대한 부당한 처우 (인용)
	국가인권위 2023. 2. 16.자 22진정0712900 결정 (인용)

[사실관계]

피해자는 2021. 9. ×. 교도소에 피의자로 수용된 사람으로 2021. 9. ××.까지 독거수용되었고, 2021. 10.에는 교도소 측에 자신이 성소수자임을 알렸다. 그리고 피해자는 형이 확정된 2022. 2.까지 다른 수용자들과 혼거수용을 하였다. 이에 피해자는 자신이 성소수자로서 다른 사람들과 공동생활이 어려우므로 독거수용을 할 것을 요구하였으나 거부되었다. 피해자의 상담기록에 따르면 피해자가 자신이 성소수자임을 밝히고 독거수용을 요구하였을 때 교도관은 피해자가 2019. 5 ~ 2020. 5.까지 교도소에 있을 당시에는 성적지향에 관련한 기록도 없고 혼거 수용으로 생활한 기록 등으로 볼 때 피해자의 주장을 뒷받침할 수 있는 외부전문기관의 성적지향 관련 기록을 제출하거나 정신과 외부 진료 및 심리치료 팀을 통한 피해자의 주장 내용이 사실로 확인되면 고충을 검토하겠다는 내용이 있다. 결국 피해자는 혼거실 입실을 거부하였고, 그 결과 총 5회, 누적일수 61일에 달하는 금치 징벌을 받았다. 이후 피해자는 형이 확정된 후 2022. 4. 입실 거부에 따른 금치처분 이력으로 경비처우급이 S3(일반경비처우급)에서 S4(중경비처우급)으로 강급되었고 다른 교도소로 이송되어 독거수용되었다.

[결정요지]

국가인권위원회는 수용자의 독거수용 요구 진정에 대해서는 형집행법 제15조에 따라 교정시설의 장이 수용거실을 지정하는 것과 관련하여 장애, 의료 등 특별한 사유가 따로 없거나, 그 업무적 판단에 따른 행위가 현저히 위법·부당하여 재량권을 일탈한 경우가 아니라면, 국가인권위원회법상 조사 대상이 아니라고 보아 각하해왔다.

그러나 이 사건 진정의 경우 피해자가 성소수자로서 혼거수용이 어려워 독거수용을 요구했으나 거부된 사안으로 단순히 수용거실을 지정하는 것과는 다른 특별한 사정에 해당한다고 할 것이고, 따라서 인권위의 조사대상에 포함된다고 판단된다.

인정사실과 같이 피진정인은 피해자가 성소수자로서 독거수용을 원한다고 알렸음에도 별도 상담자를 지정하는 등 조치 없이 약 5개월간 혼거실에 수용하였고, 혼거실 입실을 거부하자 경비처우급을 하향시켜 이송하였다. 또한 2021. 10.에는 피해자에게 별도로 지정된 상담원이 아닌 4명의 교도관이 7개월 동안 11회 상담을 하도록 하여 피해자의 내밀한 성적 지향이 다수 교도관에게 노출되도록 하였다.

피진정인은 피해자가 과거 수용되었을 때 성적지향 관련 기록이 없다고 하는데 트랜스젠더와 달리 동성애자는 외관으로 그 사실을 확인하기 어렵고 심리검사도구도 따로 존재하지 않아 피진정기관의 어려움은 인정할 수 있다. 그렇더라도 피진정인은 피해자의 상황을 고려하여 최대한 빨리 별도의 상담자를 지정하는 등 피해자의 독거수용 가능 유무를 살펴야 한다.

그러나 피진정인은 피해자를 7개월 간 상담하면서 피해자에 대해 성소수자라는 증거를 제출하라는 요구만 반복하였고, 피해자가 입실 거부로 인한 징벌이 누적되자 경비처우급을 하향시켜 이송하였다. 이에 따라 피해자는 일반귀휴, 사회견학, 봉사활동 등이 불가능해지고 피진정기관에서 약 300㎞ 떨어진 교도소로 이송되어 CCTV가 설치된 거실에서 생활하게 되는 사실상의 형벌적 처분을 받았다.

이러한 점을 종합하여 보면 피지정인이 수용관리 및 계호업무 등에 관한 지침에 따라 별도 상담자를 지정하는 등 적절한 조치를 하지 않고 입실 거부 행위에 대해서만 징벌을 부과함으로써 피해자가 고립된 생활을 넘어 감당하기 힘든 신체적·정신적 고통을 받게 한 것은 헌법 제10조에서 인간으로서의 존엄

과 가치 및 행복추구권을 과도하게 제한하는 행위라고 판단된다.

[해설]

I. 성소수자 수용자의 처우에 관한 규정

현재 형집행법 제5조는 '성적지향'을 이유로 한 차별을 금지하고 있으나, 구체적으로 성소수자 수용자의 수용과 처우에 대해서는 법률과 그 시행령, 시행규칙 어디에도 규정되어 있지 않다. 이에 따라 성소수자 수용자에 대한 처우는 법무부의 내부 규정과 지침 등에 의해서 이루어지고 있다. 2010년대 이전까지 성소수자 수용자에 대한 교정시설 내부 규정은 법무부의 2003. 12. 17.자 '성전환 수용자 수용처우에 관한 지시'가 유일했다. 해당 지시는 성전환 수용자(트랜스젠더 수용자)는 신체적 특성 등으로 성희롱, 인권침해 등의 논란이 발생할 수 있으므로 독거수용, 칸막이 설치, 계호보강 등 수용관리에 철저를 기하라고 하고 있었다.

이후 법무부는 훈령 수용관리 및 계호업무 등에 관한 지침 제39조에서 일반인과 다른 성적 지향, 성정체성, 신체 등을 지닌 신입수용자(이하 '성소수 수용자')의 처우에 대해 상세히 규정하였다. 이에 따르면 소장은 성소수 수용자에 대한 상담결과 및 의무관의 판단에 따라 안정된 수용생활을 유도하기 위한 별도의 상담자를 지정하여야 한다. 또한 소장은 의무관 또는 외부 전문의 의견과 상담결과 등을 종합적으로 고려하여 성소수 수용자의 성적 정체

성에 적합한 수용동에 독거수용하여야 하며, 다만, 자살 등 교정사고 예방 및 사회복귀를 위해 필요한 경우에는 혼거수용 할 수 있다고 하고 있다.

또한 법무부가 2019. 7.에 만들고 다시 2020. 4.에 개정하여 전국 교도소에 시달한 성소수자 수용처우 및 관리 방안은 거실지정 시 수용자의 의견을 고려하되 독거수용을 원칙으로 하고 예외적으로 혼거수용을 해야 한다고 규정하고 있다.

한편 법무부 자료에 따르면 2022. 7. 31.을 기준으로 전국 교정시설에 수용된 성소수자 수용자는 116명이다.

II. 독거수용과 혼거수용

위와 같은 규정에 비추어 보았을 때 이 사건의 피해자가 자신이 성소수자로서 혼거수용이 아닌 독거수용을 원한다고 했음에도 피진정인인 교도소 측이 이를 불허한 것은 관련 규정에 비추어보아도 납득하기 어려운 일이다. 이를 좀 더 이해하기 위해서는 현재의 교정시설 구조에서 혼거수용과 독거수용의 의미가 어떠한지를 살펴할 필요가 있다.

형집행법 제14조는 독거수용을 원칙으로 하면서, ① 독거실 부족 등 시설여건이 충분하지 아니한 때 ② 수용자의 생명 또는 신체의 보호, 정서적 안정을 위하여 필요한 때 ③ 수형자의 교화 또는 건전한 사회복귀를 위하여 필요한 때에는 예외적으로 혼거 수용을 할 수 있다고 규정하고 있다. 한편 형집행법 시행령 제5조는 독거수용을 처우상 독거수용과 계호상 독거수용으로 구분하고 있다. 처우상 독거수용은 주간에는 공동생활을 하고 휴일과 야간에는 독거수용을 하는 것이다. 계호상 독거수용은 사람의 생명·신체의 보호 또는 교정시설의 안전과 질서유지를 위하여 항상 독거수용하고 다른 수용자와의 접촉을 금지하는 것이다. 이러한 계호상 독거수용은 수용자의 사회적 접촉을 금지하는 것이기에 단기간으로만 이루어져야 한다. 그렇기에 넬슨만델라 규칙 제43조는 무기한 또는 장기간 독거수용을 금지하고 있다.

결국 형집행법과 시행령에 따른 수용자 처우는 처우상 독거수용이 원칙이고 혼거수용은 예외로만 이루어져야 한다. 그러나 현실적으로는 시설 부족을 이유로 독거수용 원칙이 지켜지지 않고 있다. 언론보도에 따르면 2017년 말을 기준으로 전체 수용자의 약 17% 정도만이 독거실을 사용하고, 나머지 약 83%는 혼거실을 사용하고 있는 상황이다. 그러다 보니 혼거수용이 기본이고 독거수용이 마치 수용자에 대한 보상 내지는 특혜처럼 여겨지곤 한다. 이 사건에서 피진정인이 피해자의 독거수용 요청을 계속해서 거부한 것도 아마 이러한 이유에서일 것이다. 실제로 법무부는 성소수자차별반대 무지개행동이 성소수자 수용처우 및 관리 방안을 법무부가 비공개하는 것에 대해 제기한 행정심판에서 "해당 방안이 공개되면 이를 악용하여 성소수자가 아닌 이들이 성소수자로 또는 성소수자들이 성소수자가 아닌 이들로 입소하여 거실을 지정받을 수 있다"는 주장을 하기도 했다.

한편 앞서와 같이 법무부 훈령과 방안 등은 성소수자에 대해 독거수용을 원칙으로 하고 있는데, 실제로 이루어지는 형태는 계호상 독거수용에 가깝고 이로 인해 성소수자들이 고통을 겪기도 한다. 2019년 원치 않게 독거수용을 강제당하고 그로 인해 자살 시도까지 한 성소수자 수용자가 인권위에 진정을 제기하기도 했다. 결국 이 사건은 처우상 독거수용의 원칙이 지켜지지 않는 교정시설의 열악한 현실과 교도소 측의 성소수자에 대한 무지가 결합하여 발생한 사건이다.

III. 대상판례의 의의

이러한 점들에 비추어 보았을 때, 혼거수용을 원하는 피해자에 대해 제대로 된 상담을 제공하지도 않고 입실 거부를 이유로 징벌하고 경비처우급까지 하향하여 사실상 징벌적 조치를 한 피진정인의 조치는 명백히 형집행 법령과 넬슨만델라규칙 등 국제인권규범에 위반된다 할 것이다. 특히 결정문은 피진정인이 별도 상담자를 지정하는 등 적절한 조치를 하지 않고 입실 거부 행위에 대해서만 징벌을 부과함으로써 피해자가 고립된 생활을 넘어 감당하기 힘든 신체적·정신적 고통을 받게 한 것은 헌법 제10조에서 인간으로서의 존엄과 가치 및 행복추구권을 과도하게 제한하는 행위라고 판단된다고 했는데, 이러한 법리는 다른 수용자에 대한 과도한 징벌 처우에 있어

서도 적용할 수 있는 내용이라 할 것이다.

[후속논의]

앞서 살펴봤듯이 법무부가 2020. 4. 전국 교도소에 시달한 '성소수자 수용처우 및 관리방안(수정)'은 수용자에 대해 원칙적으로 독거수용을 하면서 혼거수용을 예외적으로 하고 있다. 그러나 이러한 독거수용은 처우상 독거수용이 아닌 계호상 독거수용으로서 성소수자 수용자에게 정신적인 고통을 야기하고 있다. 실제로 국가인권위원회 연구용역 '교정시설 수용자의 인권 및 처우 개선방안에 관한 연구'에 따르면 성소수자 수용자 FGI 조사를 한 결과 성소수자 수용자는 특정 수용구역(사동)에서 주야간 모두 독거수용되어 있으며 운동 등 외부활동의 경우에도 해당 수용구역의 수용자들끼리 움직이므로 비성소수자 수용자와의 접촉 기회를 박탈당하고 있는 것으로 확인되었다. 이처럼 성소수자에 대하여 외부와의 접촉 기회를 박탈하는 방식으로 독거수용을 하든 아니면 이 사건과 같이 독거수용을 원하는 수용자에게 혼거수용을 강제하든 어느 경우든 당사자가 원하는 수용 방식을 제공하지 못한다는 점에서 문제라 할 것이다. 그렇기에 이 사건과 같은 일의 재발을 막기 위해 형집행법상 독거수용 원칙이 지켜지도록 하고 교도관들을 대상으로 성소수자에 대한 인식교육을 철저히 하는 것이 필요하다 할 것이다.

[박한희 변호사(공익인권변호사모임
희망을만드는법)]

제3절
정보공개

[01] 교도관이 행정심판청구서의 접수를 거부하여 직무유기죄로 고소당한 사건에서 검사의 불기소처분을 취소한 사례

대상	불기소처분취소 (인용)
	헌재 2002. 10. 31. 선고 2002헌마433 전원재판부 결정 (인용)

[사실관계]

청구인은 1996. 8.경 서울고법에서 징역 8년의 형을 선고받고, 판결이 확정되어 수원·안양·안동·영등포 및 목포교도소를 거쳐 2000. 10. 17.부터 2001. 6. 11. 까지 전주교도소에 수용되어 있다가, 그 후 청송교도소를 거쳐 헌법소원을 제기할 당시 춘천교도소에 수용 중이다.

청구인은 전주교도소에 수용중이던 2000. 11.경 전주교도소장을, 2001. 3.경에는 영등포교도소 교도관들을 직무유기 혐의로 고소하였는데, 이 고소사건에 제출할 진정서 작성에 필요하다며 교도관들이 작성한 청구인에 관한 근무보고서 등의 정보공개를 청구하였다. 그런데 교도소는 해당 정보가 공개될 경우 향후 수용질서 유지라는 직무수행이 현저히 곤란하게 된다는 이유로 공공기관의정보공개에관한법률 제7조 제1항 제4호에 따른 비공개결정을 하였다.

이후 청구인은 교도소장의 집필허가를 받아 위 비공개결정에 대한 행정심판청구서를 작성하여 제출하였으나, 교도소 측에서 행정심판청구서의 접수를 거부하였다고 주장하면서 2001. 7. 경 교도소장 및 교도소 교도관을 추가로 고소하였다.

청구인의 고소에 대해 피청구인 전주지방검찰청 검사는 고소장 및 고소인 보충진술조서에 의하더라도 피고소인에 대하여 범죄혐의 없음이 명백하고, 가사 피고소인이 고소인의 고소내용과 같이 문서접수를 거부하였다고 하더라도 이는 수용질서 유지를 위한 것으로 정당한 이유 없이 거부하였다고 보기 어렵다는 이유로 피고소인에 대하여 불기소처분을 하였다. 청구인은 피청구인의 불기소처분이 헌법에 위반된다는 이유로 헌법소원을 청구하였다.

청구인의 헌법소원 청구에 대하여 피청구인 검사는 청구인이 정보공개를 요구한 근무보고서 등은 수용자의 수용태도, 행형성적 및 징벌관계를 기재하는 문서로서 차후 수용자의 처우개선, 행형등급 및 가석방 여부를 결정하는 데 중요한 자료가 되므로 위 문서가 그 적용대상자인 수용자에게 공개될 경우 수용자 관리 직무수행에 상당한 영향을 미치게 될 것이 분명한 반면, 청구인이 제기한 고소사건의 증거자료로서는 별다른 가치가 없거나 관련이 없는 것이어서 위 교도소 측의 정보비공개결정은 교도행정 목적 달성을 위한 적법한 조치라고 주장하였다. 또한, 청구인이 위 정보비공개결정에 불복하여 작성 제출한 행정심판청구서에 대하여 피고소인이 그 접수를 거부하였는지 여부 자체가 불분명하거나, 설령 접수를 거부하였다고 하더라도 이는 위 정보비공개결정의 연장선상에서 이루어진 정당한 행위이므로 피청구인에 대한 불기소처분은 정당하다고 항변하였다.

[결정요지]

헌법재판소는 관여 재판관 전원일치 의견으로 청구인에 대한 수사기록 등을 종합하여 볼 때 피청구인 검사의 불기소 처분은 수사미진 등을 이유로 한 자의적인 공권력 행사라고 판단하여 이를 취소하는 결정을 했다.

헌법재판소는 "청구인이 제출한 행정심판청구서 및 집필허가신청서를 살펴보면, 교도소장의 집필허가를 받아 행정심판청구서를 작성하였다는 청구인의 주장은 상당히 신빙성이 있"다고 판단하였다. 따라서 위 행정심판청구서가 교도소 측에 제출되었을 가능성을 섣불리 배척하기 힘든 상황에 이르렀다고 보이는바, 청구인이 제출한 행정심판청구서의 접수를 구치소의 교도관 등이 정당한 이유 없이 거부한 것이 사실로 밝혀질 경우 직무유기죄의 성립 여부가 문제될 것임이 명백하므로, 피청구인 검사로서는 피고소인에 대한 직접 조사, 청구인과의 대질 및 참고인 조사 등을 실시하여 사실관계를 적극적으로 밝히는 조치를 취함은 물론, 행정심판청구에 관련된 자료나 행형법 등에 근거한 업무처리규정 등도 조사하여 관련사항을 면밀하게 검토한 다음, 그 결과를 종합하여 피고소인에 대한 범죄혐의 유무를 결정해야 한다고 보았다. 그런데 이 사건 피청구인 검사는 이러한 조치를 생략하고 다른 증거자료를 수집하지 않은 상태에서 피고소인이 제출한 진술서에만 의존하여 청구인의 주장을 배척하였으므로 이는 수사미진에 해당한다고 판단했다.

또한, 청구인의 정보공개청구에 대하여 교도소 측이 공공기관의정보공개에관한법률의 관련규정에 따라 비공개결정을 한 경우에 청구인으로서는 그 결정으로 인하여 법률상 이익을 침해받았음을 이유로 이의신청, 행정심판 및 행정소송을 제기할 수 있도록 되어 있고, 실제로 청구인이 위 결정에 불복하여 행정심판청구서를 작성·제출하였는데도 피고소인이 위 결정의 연장선상에서 수용질서 유지의 목적으로 그 접수를 거부하였다면 이는 아무런 근거 없이 법률상 보장된 청구인의 불복구제의 기회를 박탈하는 것에 다름 아니므로, 이를 두고 직무상 정당한 행위라고 쉽사리 단정할 수는 없음에도 불구하고, 관련사항에 대하여 조사를 하지도 않은 채 위와 같이 판단한 것은 수사미진에 해당하거나 정당행위에 대한 법리를 오해하였다고 판단했다.

[해설]

I. 수용자의 집필권

2008년 구 행형법이 형집행법으로 전면 개정되기 전에는 수용자의 집필권이 제한되었다. 구 행형법 제33조의3은 "수용자는 소장의 허가를 받아 문서 또는 도화를 작성하거나 문학·학술 기타 사항에 관한 집필을 할 수 있다"라고 규정되어 있어 수용자는 교도소 내에서 문서를 작성하기 위해 교도소장의 사전 허가를 받아야 했다.

국가인권위원회는 2003년 당시 행형법과 시행령, '수용자집필제도운영지침', '수용자규율및징벌에관한규칙' 등에서 수용자가 집필하기 전에 교도소장의 허가를 받아야 하고 징벌이나 조사 중에는 집필을 원천적으로 제한하고 있고, 특히 청원, 고소, 고발, 국가인권위 진정 등의 집필이 자유롭게 보장되지 않아 수용자의 권리구제를 제한하는 문제점이 있다고 판단하여, 해당 규정을 삭제하여 수용자의 집필권을 전면 보장할 것을 법무부장관에게 권고했다. 국가인권위원회는 수용자의 집필권이 문서 또는 도화를 작성하거나 문학, 학술 기타사항을 집필할 수 있는 자유로서 헌법 제10조(인간존엄과 가치), 제21조(언론·출판의 자유), 제22조(학문·예술의 자유), 제26조(청원권), 제27조(재판청구권) 등을 실질적으로 보장하기 위한 전제조건이라고 판단하였다.

법무부는 국가인권위원회의 권고를 수용하여 2003. 12. 집필사전허가제도를 폐지하겠다고 발표하였다. 법무부는 보도자료를 통해 전국 교도소, 구치소, 보호감호소 등 교정시설에 행형법이 개정될 때까지 사전 집필허가신청을 모두 허가하도록 하는 지시공문을 보내고, 검정색 볼펜만 사용할 수 있게 한 법무부 예규도 고쳐 수성펜, 샤프펜슬, 형광펜 등도 사용할 수 있도록 하였다. 이후 2004년부터 교정시설 수용자의 집필권이 전면 허용되었으며, 현행 형집행법은 "수용자는 문서 또는 도화를 작성하거나 문예·학술, 그 밖의 사항에 관하여 집필할 수 있다. 다만, 소장이 시설의 안전 또는 질서를 해칠 명백한 위험이 있다고 인정하는 경우는 예외로 한다"(제49조 제1항)고 개정되었다.

이 사건은 행형법이 형집행법으로 개정되

기 전인 2001년 경 발생한 사건으로 당시에는 수용자가 집필을 하기 위해서는 교도소장의 사전 허가를 받아야 했다. 이 사건 청구인은 자신이 고소한 사건과 관련하여 공개를 청구한 정보가 비공개 결정되었고 이에 불복하는 행정심판청구서를 작성하기 위하여 교도소장에게 사전에 집필허가신청서를 제출하여 허가를 받은 후 행정심판 청구서를 작성하였다. 이후 작성한 행정심판청구서를 교도관에게 전달하였으나 교도관이 이에 대한 접수를 거부하였다는 이유로 해당 교도관을 직무유기죄로 고소하였고, 피청구인 검사가 이에 대해 제대로 된 수사를 하지 않고 불기소처분을 하였다며 헌법소원을 청구한 것이다. 헌법소원 심리과정에서 청구인이 제출한 집필허가신청서와 행정심판청구서가 실제 집필을 하였다는 청구인의 주장을 뒷받침할 중요한 증거가 되었다.

II. 검사의 불기소처분에 대한 고소인의 헌법소원

헌법재판소법 제68조 제1항에 따른 헌법소원은 "공권력의 행사 또는 불행사(不行使)로 인하여 헌법상 보장된 기본권을 침해받은 자는 법원의 재판을 제외하고는 헌법재판소에 헌법소원심판을 청구할 수 있다"고 규정하면서, 단서에서 "다른 법률에 구제절차가 있는 경우에는 그 절차를 모두 거친 후에 청구할 수 있다"고 정하고 있다. 결국 다른 법률에 구제절차가 있는 경우에는 헌법소원 심판절차를 청구할 수 없는데, 이를 헌법소원의 '보충성'이라고 부른다.

검사의 불기소처분은 공권력의 행사로서 수사기관이 수사 결과 피의자에 대한 범죄 혐의가 없거나, 증거가 부족하여 기소하지 않기로 하는 판단이다. 가해자를 고소한 피해자로서는 자신의 주장이 받아들여지지 않은 것이므로 이에 대해 불복할 수 있어야 한다. 현행 형사소송법에서는 모든 범죄의 고소인은 검사의 불기소 처분에 대해 관할 고등법원에 그 당부에 관하여 재정신청을 할 수 있다(형사소송법 제260조 제1항). 이처럼 현행 형사소송법에서는 검사의 불기소처분에 대해 고소인이 불복할 수 있는 다른 절차를 마련해두고 있으므로, 헌법소원은 청구할 수 없다.

헌법재판소 역시 검사의 불기소처분에 불복하여 재정신청 절차를 거침으로써 그 불기소처분에 대해 이미 법원의 재판을 받은 경우에는 법원의 재판이 취소되지 않는 이상 그 불기소처분은 원칙적으로 헌법소원심판의 대상이 되지 아니한다(헌재 1998. 8. 27. 선고 97헌마79 전원재판부 결정; 헌재 2008. 4. 29. 선고 2008헌마313 전원재판부 결정 등)고 판단하고 있다.

다만, 구 형사소송법에서는 고소인의 재정신청권이 모든 범죄에 대해 인정되지 않았고 공무원의 일부 범죄(직권남용, 불법체포·감금, 폭행·가혹행위 등. 형법 제123조 내지 제125조)에 대하여만 인정되었다. 따라서 재정신청을 할 수 없는 범죄의 피해자는 고소를 한 고소인의 경우에도 검사의 불기소처분에 대해 헌법소원심판을 청구할 수 있었다. 이 사건은 구 형사소송법에서 가능했던 절차이며, 현재는 재정신청 절차를 거쳐야 한다.

III. 수용자가 작성한 문서를 교도관이 접수 거부하거나 제대로 제출하지 않는 경우

이 사건에서 헌법재판소는 수용자가 작성하여 제출한 문서(행정심판 청구서)를 교도관이 정당한 이유 없이 접수를 거부하였다면, 이러한 교도관의 행위가 '직무유기'에 해당할 수 있다고 판단했다.

수용자들은 수용생활을 하는 동안 이 사건과 같이 수용시설 또는 교도관들의 잘못된 행위를 지적하는 법률적 절차를 진행하는 경우가 많다. 이는 교정현실에서 여전히 법에 따라 보장된 인권이 제대로 지켜지지 않고 있다는 것을 보여주는 생생한 사례이기도 하다. 하지만, 실제 현실에서 보면 수용자들의 문제 제기를 수용시설에서 경험하는 불평불만과 같이 가볍게 생각하거나, 이 사건과 같이 법에 따라 진행되어야 했을 당연한 절차들이 생략된 채, 수사를 가볍게 종결하는 경우가 발생한다.

이 사건 헌법재판소 결정은 수용자가 시설 및 교도관을 고소한 형사사건도 다른 사건과 달리 취급되지 않고 법과 절차에 따라 진행되어야 한다는 점을 확인하였다는 점에서 의미가 있다. 특히, 헌법재판소는 이 사건 결정에서 어떠한 수사절차가 필요한 것인지 분명히 설명했다. 헌법재판소는 검사는 피고소인 교도관 및 담당자에 대한 직접 조사, 청구인과의 대질 및 참고인 조사 등을 거쳐 사실관계를 정확하게 밝혀야 하며, 형집행법에 따른 업무처리 규정 등도 조사하여 그 결과를 종합하여 피고소인에 대한 범죄혐의 유무를 결정해야 한다고 설명했다. 그럼에도 이 사건 피청구인 검사는 이러한 조치를 하지 않고, 교도관과 교정시설에서 제출한 진술서에만 의존해서 고소인의 주장을 배척하여 불기소처분을 하였고, 이는 헌법에 위반된다고 판단했다.

이러한 헌법재판소의 판단은 형사소송법 개정을 통해 더 이상 헌법재판소가 다루는 분쟁이 아니게 되었다. 하지만 이제 그 역할을 담당할 법원은 수용자가 교도관 등을 고소한 사건의 불기소처분에 불복하는 재정신청이 접수되었을 때 선행 헌법재판소의 판단을 신중하게 고려하여 판단해야 할 것이다.

[후속논의]

집필 문서의 내용검열

형집행법 제49조 제3항 및 제4항에서 작성 또는 집필한 문서에 대한 발신과 수신 및 외부반출 등을 형집행법 제43조 제5항 따른 편지수수에 관한 규정을 준용하고 있다. 그런데 현행법상 편지수수 제한사유가 지나치게 광범위하다.

구체적으로 보면, △수용자의 처우 또는 교정시설의 운영에 관하여 명백한 거짓사실을 포함하고 있는 때(제4호), △사생활의 비밀 또는 자유를 침해할 우려가 있는 때(제5호), △수형자의 교화 또는 건전한 사회복귀를 해칠 우려가 있는 때(제6호), △시설의 안전 또는 질서를 해할 우려가 있는 때(제7호) 등의 사유는 실제 수용자가 작성한 집필한 문서를 사실상 표현되지 못하게 하는 검열의 근거 규정으로 사용되고 있어 문제로 지적된다.

특히, 수용자들은 수용시설 내 불합리한 사실을 외부에 알리기 위해 집필을 하는 경우가 많은데 위 규정에 따르면 이러한 내용은 수용시설 입장에서 보면 "수용자의 처우 또는 교정시설의 운영에 관하여 명백한 거짓사실" 또는 "시설의 안전 또는 질서를 해할 우려가 있는 때"에 해당한다고 판단하여 발신과 수신 및 외부반출을 모두 금지할 가능성이 있다. 실제 2022년 국가인권위원회에서 진행한 '교정시설 수용자의 인권 및 처우 개선방안에 대한 연구'에 언급된 사례에 따르면 징벌 조사 중 또는 징벌 집행 중인 수용자가 집필을 금지당하여 국가인권위원회에 진정을 하거나 법원에 소송을 제기하려고 하였으나 집필문서의 내용을 문제 삼아 외부반출을 허용하지 않은 경우가 있었다.

이러한 문제를 해결하기 위해서 앞으로 현행 편지수수에서 규정하고 있는 거부사유를 비례의 원칙에 부합하도록 상당 부분 삭제하는 형집행법 개정이 필요하다.

[참고문헌]
● 국가인권위원회, [보도자료] 구금시설 수용자 집필권 보장 권고, 2003. 8. 26.
● 이호중 외, 교정시설 수용자의 인권 및 처우 개선방안에 대한 연구―「형의 집행 및 수용자의 처우에 관한 법률」 중심으로, 국가인권위원회, 2022.

[조영관 변호사(법무법인 덕수)]

대상	행정정보비공개결정처분취소 (원고일부승)
	[1심] 대구지법 2002. 8. 30. 선고 2002구합242 판결 (원고승)
	[2심] 대구고법 2003. 4. 18. 선고 2002누2223 판결 (원고일부승)
	[3심] 대법 2003. 9. 5. 선고 2003두4607 판결 (심리기각)
	[간접강제] 대구지법 2005. 3. 24.자 2004아538 결정 (기각)

[사실관계]

[1] 원고는 징역형의 확정으로 교도소에 수용 중인 사람인데, 대구교도소에 수용 중이던 2001. 9. 30. 동료 수용자와 싸움을 하였다는 이유로 조사거실에 수용되어 조사를 받게 되었다.

[2] 2001. 10. 2. 조사수용실 내에서 수갑을 풀어 주지 않는다는 이유로 고성, 소란행위를 하였고, 대구교도소 소속 근무자들은 원고에게 쇠사슬을 채웠다.

[3] 이에 원고는 2001. 10. 9.까지 음식을 거부하여 단식하였고, 대구교도소는 10. 10.에 금치 2월의 징벌처분을 원고에게 내리게 되었다.

[4] 원고는 그가 조사수용기간 중에 소란행위를 한 적이 없음에도 교도소 직원들이 부당하게 쇠사슬을 채웠고, 단식 중에 강제급식을 하는 등 가혹행위를 하였다고 하면서, 2001. 12. 15. 교도소를 피고로 하여 독직폭행 등으로 고소하였고,

[5] 피고에 대하여 아래의 조사기록에 대하여 정보공개를 청구하였는데, 청구를 받은 대구교도소는 정보공개법상 비공개대상 정보에 해당한다는 이유로 공개를 거부하는 처분을 하였다.

> 1. 피고가 2001. 9. 30.부터 원고에 대하여 행한 조사기간 중 원고가 소란행위를 하였다는 점에 대한 조사기록, 원고에 대하여 쇠사슬을 채운 사유, 강제급식을 집행한 사유와 관련된 조사기록
> 2. 피고가 원고에 대하여 한 금치 2월의 징벌처분에 대한 조사기록 일체

[판결요지]

[1] 원고의 싸움행위, 소란행위에 대한 조사기록, 쇠사슬을 채운 사유와 강제급식을 집행한 사유와 관련된 조사기록은 징벌처분의 전제가 된 사유에 관한 조사기록이므로, 위와 같은 정보가 징벌대상자인 원고에게 공개된다고 하여 교정행정 및 조사업무의 수행을 현저하게 곤란하게 한다고 보기는 어렵고, 오히려 교정업무의 공정하고 투명한 집행을 위하여는 수용자의 신체의 자유를 현저히 제한하는 쇠사슬의 사용이나 강제급식 등에 대하여

피고가 그 대상자에게 구체적인 근거를 제시할 필요성이 크다고 할 것이므로, 이 사건 정보는 정보공개법 제7조 제1항 제4호 소정의 비공개대상에 해당하지 아니한다.

[2] 징벌위원회에서의 자유롭고 활발한 심사·의결이 보장되기 위해서는 위원회가 종료된 후라도 심사·결정절차 과정에서 개개 위원들이 한 발언 내용이 외부에 공개되지 않는다는 것이 철저히 보장되어야 할 것인데, 만약 각 참석위원의 발언내용이 기재된 회의록이 공개된다면 위원들은 심리적 압박을 받아 자유로운 의사교환을 할 수 없고 심지어는 당사자나 외부의 의사에 영합하는 발언을 하거나 침묵으로 일관할 우려마저 있어 자유로운 심사분위기를 해치고 공정성 확보에 지장을 초래할 수 있다는 점을 고려한다면, 징벌위원회 회의록은 '의사결정과정에 있는 사항으로서 공개될 경우 징벌사건 처리업무의 공정한 수행에 현저한 지장을 초래한다고 인정할 만한 상당한 이유가 있는 정보'로서 정보공개법 제7조 제1항 제5호 소정의 비공개대상에 해당한다.

[3] 이 사건 정보 중 징벌위원회 회의록을 제외한 정보에는 원고의 싸움, 소란행위, 쇠사슬과 강제급식의 진행, 징벌처분과 관련된 동료 수형자나 교도소 직원들의 진술서, 진술조서, 경위서, 조사서 등이 포함되어 있을 것으로 추정되고, 그러한 서류에는 수형자의 이름·주민등록번호·죄명·형기, 교도소 직원들의 직위·성명·주민등록번호 등 특정인을 식별할 수 있는 개인에 관한 정보가 담겨져 있을 것으로 추정되지만, 다른 한편 원고에 대한 징벌처분의 근거가 된 소란행위 등의 존부나, 교도소 직원들의 가혹행위의 존부를 밝혀 원고 개인의 권리를 구제하기 위해서는, 서류에 기재된 내용뿐만 아니라 가능한 범위 내에서 진술자나 작성자 등의 인적사항이 원고에게 공개될 필요가 있고, 그와 같은 공개를 통하여 얻는 공익이나 개인의 권리구제라는 이익이 당해 정보의 공개로 침해되는 개인의 사생활의 비밀과 보호라는 이익보다 크다고 할 것이므로, 이는 정보공개법 제7조 제1항 제6호 다목 소정의 공개대상에 해당한다.

[해설]

I. 정보공개법의 목적과 체계

정보공개법은 궁극적으로 국정운영의 투명성을 확보하기 위한 법률이다. 이 법률은 1996년에 제정되었는데, 제정될 때부터 지금까지 법률 제1조에서 정한 궁극적 목적은 바뀌지 않았다. "국민의 알권리를 보장하고 국정에 대한 국민의 참여와 국정 운영의 투명성을 확보함"이 이 법률의 목적이다. 이 궁극적 목적을 위해 법률이 직접적으로 제도화하고 있는 것은 공공기관의 정보공개에 관한 의무이다. 이 의무를 효과적으로 이행시킬 수 있도록 국민의 정보공개청구에 관한 사항을 정하는 것이 법률의 목적에 포함되었다. 법률이 처음 제정될 때에는 "정보의 공개의무 및 국민의 정보공개청구에 관하여" 정하는 것이 직접적 목적이었던 반면, 2013년에 제1조가 개정되어 "정보에 대한 국민의 공개 청구 및 공공기관의 공개 의무에 관하여" 정하는 것으로 바뀌었다. 법률의 직접적 목적에서 선후가 바뀐 변화가 있고 이 과정에서 청구 절차가 더 세밀해진 점이 있지만 공공기관의 의무를 정함으로써 궁극적으로 국정 운영의 투명성을 추구하는 목적은 변함이 없다.

이러한 목적 아래, 법률은 국민의 청구권과 공공기관의 정보공개 의무를 두 축으로 하여 정보공개 제도를 구성하고 있다. 정보공개를 청구하는 것은 법률에 의해 모든 국민의 권리로 규정되었다. 이에 대응하여 국가기관을 비롯한 공공기관은 국민의 알권리 보장을 위해 적극적으로 보유하고 있는 정보를 공개해야 할 의무를 진다. 이 적극적 공개 의무 역시 법률이 '원칙'으로 명시하고 있다.

다만 법률은 정보공개 청구권이 실현될 수 있는 한계도 함께 설정하고 있다. 이 한계는 동시에 공공기관이 정보공개를 하지 않아도 되는, 때로는 하지 않아야 하는 범위가 된다. 즉, 공공기관은 원칙적으로 국정운영의 투명성이라는 공익을 위해 정보공개 의무를 지지만, 이 의무는 일정하게 제한되어 있다. 공공기관이 보유하고 있는 정보가 공개된다는 것이 현실에서는 여러 가지 다양한 효과를 낳을 수 있다. 그 중에는 정보공개가 제3자의 권리를 침해하는 경우도 있고, 당장의 공익을 위해서는 공개하는 것이 요청되지만 더 큰 공익

을 고려하면 공개하지 않는 것이 더 옳다고 판단될 때에도 공개 의무를 면하도록 하는 경우도 있다.

II. 비공개 처분의 적법성 여부

1. 정보공개법이 정한 비공개 대상 정보

사건 당시 정보공개법은 제7조에서 "비공개 대상 정보"들을 8가지로 정하고 있었다. 이 8가지를 비공개를 허용하는 사유로 정리해 보면, 크게는 공익적 고려와 사익적 고려로 구분해 볼 수 있다. 공익적 고려는 공공기관이 공익을 위해 맡아 처리하는 일들에 관한 것이다. 법에서 특별히 비공개로 정한 경우, 공개되면 국가안전보장이나 국민들의 생명을 해칠 수 있는 경우나 법원, 수사기관이 진행하고 있는 절차에서 비밀로 유지되어야 하는 경우가 공익적 고려에 의한 비공개 정보로 규정되어 있다. 사익적 고려는 공공기관이 하는 일은 아니지만, 공공기관이 어떤 정보를 공개하면 국민들의 업무나 생활에 문제를 일으킬 수 있는 경우들을 고려한 것이다. 예컨대 부동산 투기를 조장한다거나 개인의 사생활이거나 어떤 기업의 영업비밀인 정보가 이런 고려에 의해 비공개 정보가 된다.

2. 수형자의 공개청구와 대구교도소의 공개 거부 처분

이 사건에서 정보공개를 청구한 사람은 대

구교도소에 수용 중이던 사람이다. 교도소 안에서 싸움이 있었고 조사를 받던 중에 소란을 일으켜 징벌처분을 받게 되었다. 이에 수용자는 이 과정에서 교도소로부터 가혹행위를 당했다고 주장하여 형사 고소를 하는 한편, 교도소에게 자신의 소란행위와 교도소가 쇠사슬을 채운 사유, 강제급식을 집행한 사유와 이에 관련된 조사기록을 공개하라고 청구하였다. 또한 교도소가 2월의 징벌처분을 내린 것에 관한 조사기록의 일체를 공개하라고 청구하였다. 이에 대해 교도소는 청구 대상이 된 정보들이 형사 고소에 의한 수사절차에서 밝혀질 것이라는 점과 조사기록은 공개되면 교정행정과 조사업무의 수행에 현저한 곤란을 초래할 수 있다는 이유 등을 들어 공개 거부 처분을 하였다. 이 거부 처분을 받아들일 수 없었던 수용자가 거부 처분의 취소를 구하는 행정소송을 제기한 것이다.

3. 법원의 판단

법원은 원고의 싸움행위, 소란행위에 대한 조사기록, 쇠사슬을 채운 사유와 강제급식을 집행한 사유와 관련된 조사기록은 징벌처분의 전제가 된 사유에 관한 조사기록이므로 이런 정보가 공개된다고 해서 교도소의 교정행정과 조사업무에 현저한 곤란을 초래한다고 보기 어렵다고 판단하였다. 오히려 교정업무의 공정하고 투명한 집행을 위해서는 수용자 신체의 자유를 현저히 제한하는 쇠사슬의 사용이나 강제급식과 같은 작용이라면 교도소

가 대상자에게 구체적인 근거를 제시해야 할 필요성이 크다고 판단하였다.

특히 이 사건은 정보의 비공개 사유 중에서 "감사·감독·검사·시험·규제·입찰계약·기술개발·인사관리·의사결정과정 또는 내부검토과정에 있는 사항등으로서 공개될 경우 업무의 공정한 수행이나 연구·개발에 현저한 지장을 초래한다고 인정할 만한 상당한 이유가 있는 정보"라는 사유를 적용한 판례라는 점에서 의미가 있다. 이 사유는 당시 법률에서 여러 비공개 사유들 중에 하나로 규정한 것인데, "형의 집행 등 직무수행을 현저히 곤란하게 할 정보 공개"와 별개로 규정된 사유이다. 즉 형의 집행이라는 직무에 대한 지장을 초래한다는 사유가 아니라 내부의 의사결정과정에 관한 정보이기 때문에 공개되면 안 되는 정보가 어떤 것인지 판단한 사례이다.

이 사건에서 법원은 일부 정보에 대해서는 이 사유에 해당하기 때문에 비공개하는 것이 적법하다고 보았다. 즉 징벌위원회 내에서의 발언 내용 정보는 위원회 본래 기능인 자유롭고 활발한 심사와 의결을 보장하기 위해 철저히 비공개하는 것이 옳다고 본 것이다.

III. 이 사건에서 볼 수 있는 정보공개 제도의 특징

1. 청구인은 공개되지 않은 정보에 대해 다투어야 함

정보공개 제도는 아직 공개되지 않은 정보

를 공개하라는 제도이다. 공개되지 않은 정보를 전제로 한다. 이 제도를 작동시키려는 과정에서 생기는 다툼도 역시 공개되지 않은 정보를 두고 다투는 것이다. 정보가 공개되지 않은 것을 문제 삼는 청구인과 공개하지 않아야 한다고 주장하는 공공기관 간 주장이 서로 맞서는 것이다. 그러다 보니 필연적으로 청구인은 정보를 보지 못한 채 공개를 주장해야 하는 처지에 놓이게 된다. 반면 공공기관 입장에서는 정보를 직접 관리하면서 정보의 속성에 대해 주장하는 지위에 있다. 그런데 법에서 정한 비공개 사유들은 정보 자체의 특성에 관한 것들이다. 정보공개청구 제도와 이에 관한 법적 분쟁의 본질을 청구인과 정보 보유기관 간 권익의 다툼이라고 본다면 청구인에게 매우 불리할 수밖에 없는 구조라고 할 수 있다. 이 문제 때문에 법에서는 여러 장치들을 두고 있지만, 정보가 공개되지 않은 채로 분쟁이 진행된다는 점은 근본적으로 변하지 않는다.

2. 행정의 투명성 확보를 위한 정보공개의 원칙

정보공개법은 법률의 목적에서 밝히고 있는 것처럼, 정보가 공개되도록 제도화함으로써 공권력의 투명성을 높이고 이를 통해 궁극적으로는 공권력이 정의롭게 행사되도록 하려는 법률이다. 그래서 비공개 사유가 없다면 행정 업무가 다소 힘들더라도 정보를 공개하

는 데 공공기관이 애를 써야 하는 구조로 만들어져 있다. 예를 들어, 어떤 정보에 개인정보가 포함되어 있는 경우에 공공기관은 이를 사유로 들어 정보 전체를 공개하지 않는 경우가 많이 있다. 법률도 이런 사정을 예정하여, 개인정보를 가리는 조치를 해서 공개할 수 있다면 그렇게 해야 한다고 규정하고 있다.

이 사건에서는 이러한 공개의 원칙을 적용하되 좀 더 적극적인 해석을 했다고 평가할 수 있다. 대상 정보에 개인정보가 포함되어 있다 하더라도 공개하는 것이 옳다고 보았기 때문이다. 법원이 이렇게 판단한 논리는 비록 개인정보가 공개되어 일부 사생활이 침해되지만, 공개를 통해 얻을 수 있는 이익이 더 크다는 것이다. 이 큰 이익을 위해서는 서류에 기재된 내용뿐만 아니라 가능한 범위 내에서 진술자나 작성자 등의 인적사항이 원고에게 공개될 필요가 있다고 판단하였다. 즉 개인정보가 공개되어서 사생활의 비밀과 보호의 이익이 일부 침해되지만, 징벌 처분의 근거와 가혹행위를 밝혀서 얻게 되는 공익과 원고 권리구제라는 이익이 더 클 때에는 이런 개인정보도 공개되어야 한다고 본 것이다.

3. 공개보다 비공개하는 것이 더 옳은 경우

정보공개법은 교도소와 같은 공공기관이 보유하고 있는 정보는 공개될수록 좋다고 전제한 법이라고 할 수 있다. 법률에서 비공개 사유를 규정하고 있지만 공개가 원칙이고 예

외적으로 비공개가 인정될 수 있는 구조이다. 그런데 비공개할 수 있는 정보들 가운데에는 공개하지 않는 것이 전체 공익을 위해서 더 옳은 정보가 있을 수 있다. 정보 자체의 속성뿐 아니라 정보가 다루어지는 상황에 따라 공개하지 않는 것이 더 나은 경우가 있을 수 있다.

이 사안에서는 징벌위원회 심사와 의결 과정에서 위원들의 발언을 비공개하는 것이 징벌위원회 본래 기능을 위해서 필요하다고 판단되었다. 위원회 위원들의 발언이 공개되면 위원들이 심리적 압박을 받아 자유로운 의사교환을 할 수 없다고 보았고, 심지어 당사자나 외부의 의사에 영합하는 발언을 하거나 침묵으로 일관할 우려마저 있다고 판단하였다. 이렇게 되면 결국 자유로운 심사분위기를 해치고 심사의 공정성을 놓치게 될 수 있다고 판단한 것이다.

[후속논의]

이 사건에서 직접적으로 문제된 법적인 쟁점은 정보공개라는 제도이다. 그리고 어떤 정보가 과연 정보공개법에서 정한 비공개 사유에 해당하는지 여부가 문제되었다. 이 판례는 교도소의 교정행정 과정에서 일어난 일련의 사실 관계를 교도소 스스로 조사한 자료를 통해 구체적으로 공개하도록 판결이 났다는 점에서 중요한 의미가 있다. 특히 교도소 직원의 성명과 같은 특정인을 식별할 수 있는 개인에 관한 정보일지라도 징벌처분의 정당성, 적법성을 확보한다는 궁극적인 공익을 위해서, 일부 사익이 제한될 수 있다고 판단하였다는 점에서 의미가 있다.

동시에 내부 의사결정에 관한 정보는 비공개가 오히려 더 바람직하다는 판단을 내린 사례이기도 하다. 해당 사안 자체의 당사자가 주장하는 알권리보다 비밀로 유지되어야 할 어떤 제도의 본래 기능을 보호해야 할 필요가 더 크다면 비공개 사유로 인정되어야 한다고 판단한 것이다. 정보공개법은 이런 비공개 사유에 해당하는 정보를 공개할지 여부에 대하여 공공기관의 재량에 맡겨두고 있다. 그렇지만 비공개 필요성을 좀 더 적극적으로 고려한다면 비공개가 허용되는 사유뿐 아니라 공개되지 말아야 하는 사유, 즉 공개 재량이 인정되지 않는 사유에 대해서도 고민할 필요가 있다.

[참고문헌]
- 이순자, 정보공개법상 비공개정보에 대한 판례의 검토, 토지공법연구 제45집, 한국토지공법학회, 2009.
- 강현호, 행정정보의 공개에 대한 판례의 최근 동향에 대한 연구－비공개대상정보를 중심으로－, 성균관법학 제27권 제1호, 성균관대학교 법학연구원, 2015.
- 조성규, 정보공개 거부처분을 둘러싼 법적 쟁점－정보의 부존재를 중심으로－, 행정법연구, 제43호, 행정법이론실무학회, 2015.
- 윤광석, 정보공개제도의 발전방안 연구: 공공기관의 소극적 행태와 청구인의 오남용을 중심으로, 한국행정연구원 기본연구과제, 2019.

[전주열 교수(동아대학교 경찰학과)]

[03] 기부금품 현황 정보공개의 기준

대상	정보비공개결정처분취소 (원고승) [1심] 대전지법 2003. 8. 20. 선고 2002구합2873 판결 (원고패) [2심] 대전고법 2004. 6. 24. 선고 2003누1613 판결 (원고승)

[사실관계]

원고는 2002. 11. 30. 당시 수감 중이던 홍성교도소에서 <별지목록> 기재 정보(이하 '이 사건 정보'라 한다)의 공개를 청구하였다. 피고는 공공기관의정보공개에관한법률(이하, '정보공개법'이라 한다) 제7조 제1항에 근거해 "교정참여인사의 교정시설에 대한 선의와 신뢰성 및 개인정보를 보호하고, 교화의 적절한 수행을 위해 열람을 제한함이 타당하다"는 이유로 공개를 거부하는 처분을 하였다. 이에 원고는 "이 사건 정보가 공개된다고 하여 재소자가 이를 이용하여 도주하거나 사고를 야기하는 등 형을 집행하거나 교정업무를 수행하는 데 장애를 초래할 위험성이 현저하다고 할 수 없어 정보공개법 제7조 제1항에 해당하는 비공개정보가 아님에도 피고가 이 사건 정보의 공개를 거부하는 것은 재소자의 알 권리를 침해하여 위법하다"고 주장하며 소송을 제기하였다.

<별지목록>
1. 교화, 종교위원 등이 기부한 기증금품 및 사용처현황(증빙서류포함)
   가. 소모품관리대장
   나. 비소모품관리대장
   다. 교화기자재관리대장
   라. 중요물품관리대장
   마. 기증금품관리대장(금전인 경우 시중은행 예치대장)
   단, 기부자명단 및 사용처 개인명단이 공공기관의정보공개에관한법률 제7조, 제16조에 해당할 경우는 명단을 가리고 공개할 것
2. 교회사의 수용에 대한 처우에 관한 규정 및 시행규칙. 끝.

[판결요지]

[1] 정보공개법 제7조 제1항 제4호에서 비공개대상으로 정한 "형의 집행, 교정에 관한 사항으로서 공개될 경우 그 직무수행을 현저히 곤란하게 하는 정보"란 당해 정보가 공개될 경우 재소자들의 관리 및 질서유지, 수용시설의 안전, 재소자들에 대한 적정한 처우 및 교정교화에 관한 피고 직무의 공정하고 효율적인 수행에 직접적이고 구체적인 장애를 줄 위험성이 있고 그 정도가 현저한 경우에

한한다고 할 것이다.

[2] 이 사건 정보는 기본적으로 재소자들의 복리·후생을 위하여 기증자가 기증한 기증금품의 내용과 그 처리 내용에 관한 객관적인 자료일 뿐으로서, 일부 담겨 있는 교정활동의 내용 또한 재소자의 속성에 따른 개별처우라기 보다는 기증자 및 기증물품의 특성에 따라 일률적으로 이루어진 것으로서 재소자에 대한 특별한 처우기법을 담고 있다고 볼 수 없다. 따라서 그것이 공개된다고 하여 피고의 형의 집행, 교정업무 수행을 현저히 곤란하게 한다고 볼 수 없다.

[3] 이 사건 정보 중 기부자 명단 및 사용처 개인명단 등 특정인을 식별할 수 있는 정보는 비공개대상 정보로 해당 부분을 가리고 복사하는 등의 방법으로 공개할 수 있다 할 것이므로 피고의 직무수행을 현저히 곤란하게 한다고 할 수 없다.

[해설]

I. 정보공개 법리

정보공개법은 "공공기관이 보유·관리하는 정보는 공개 대상이 된다"고 규정하면서도 그 예외로 중 하나로 "진행 중인 재판에 관련된 정보와 범죄의 예방, 수사, 공소의 제기 및 유지, 형의 집행, 교정(矯正), 보안처분에 관한 사항으로서 공개될 경우 그 직무수행을 현저히 곤란하게 하거나 형사피고인의 공정한 재판을 받을 권리를 침해한다고 인정할 만한 상당한 이유가 있는 정보"를 규정하고 있다(정

보공개법 제9조 제1항 제4호). 이는 대상판례에서 처분의 근거가 된 구 정보공개법(2004. 1. 29. 법률 제7127호로 전문 개정되기 전의 것) 제7조 제1항 제4호와 그 내용이 같다.

정보공개법 제9조 제1항 제4호에 관하여 대법원은 "당해 정보가 공개될 경우 재소자들의 관리 및 질서유지, 수용시설의 안전, 재소자들에 대한 적정한 처우 및 교정·교화에 관한 직무의 공정하고 효율적인 수행에 직접적이고 구체적으로 장애를 줄 고도의 개연성이 있고, 그 정도가 현저한 경우를 의미한다고 할 것이며, 여기에 해당하는지 여부는 비공개에 의하여 보호되는 업무수행의 공정성 등의 이익과 공개에 의하여 보호되는 국민의 알권리의 보장과 국정에 대한 국민의 참여 및 국정운영의 투명성 확보 등의 이익을 비교·교량하여 구체적인 사안에 따라 개별적으로 판단되어야 한다"라고 판결한 바 있다(대법 2004. 12. 9. 선고 2003두12707 판결).

대상판례는 위 대법원 판결 이전의 판결로 1심 법원의 판단을 뒤집고 비공개 대상이 되는 정보를 제한적으로 해석하여 원고 승소 판결을 하였다. 이하에서는 그 구체적인 의미에 대하여 살펴본다.

II. 대상판례의 의미

1. 비공개 대상의 제한적 해석

대상판례는 비공개 대상을 "당해 정보가 공개될 경우 재소자들의 관리 및 질서유지, 수

용시설의 안전, 재소자들에 대한 적정한 처우 및 교정교화에 관한 피고 직무의 공정하고 효율적인 수행에 직접적이고 구체적인 장애를 줄 위험성이 있고 그 정도가 현저한 경우에 한한다"고 제한적인 해석을 하였다. 이 같은 해석에 따르면 이 사건 정보는 공개된다 하더라도 피고의 형의 집행, 교정업무 수행을 현저하게 곤란하게 할 수 없으므로 비공개 대상에 해당하지 않고, 따라서 원고가 승소하게 된 것이다.

1심은 같은 정보에 관하여 피고가 수용자들을 교정하는 과정에서 "내부적으로 만든 정보로서, 교정참여자의 인적사항, 교정활동 및 교정물품내역 등이 담겨" 있고, 이 정보 속에는 "수용자들에게 공개되어서는 그 본연의 교정효과를 달성하기 어려운 정보들이 다수 포함되어 있다"며 비공개 대상으로 판단하였다. 2심에서 그 판단이 달라진 것은 정보를 공개하는 것이 피고 직무 수행에 영향이 있다 하더라도 그러한 영향이 직접적이고 구체적인 장애를 줄 위험성이 있는 경우, 나아가 단지 위험이 있는 것에 그치지 않고 그 정도가 현저한 경우에 한하여 정보를 비공개해야 한다는 제한적인 해석을 했기 때문이다. 즉, 2심은 알 권리에 기반한 정보공개원칙을 충실히 따름으로써 원고에게 유리한 판단을 하였다.

2. 비공개 주장 관련 직무수행을 저해하지 않을 구체적인 공개 방안 설시

한편, 정보공개법 제14조(구 정보공개법 제12조)는 부분공개에 관하여 규정하고 있다. 공개청구한 정보에 공개가 가능한 부분과 비공개대상이 혼합되어 있는 경우 분리가 가능하다면 비공개대상을 제외하고 공개하도록 한 것이 그 내용이다. 대상판례는 그 구체적인 공개 방안에 관하여 설시하고 있다.

원고는 청구 당시부터 이 사건 정보에 특정인을 식별할 수 있는 개인에 관한 정보 등 비공개대상 정보가 일부 포함되어 있다면, 비공개대상 부분을 가리는 방법으로 정보를 공개할 것을 청구하였는데, 이 같은 원고의 주장은 2심에서 그대로 받아들여졌다. 즉 비공개대상 정보가 있다면 해당 부분을 가리고 복사하여 사본을 만들어 공개하는 방식으로 공개가 가능하고, 이 같은 방법이 피고의 직무수행을 현저히 곤란하게 하지 않는다고 판단하였다.

[후속논의]

앞서 살핀 대로 정보공개법은 2004. 1. 29. 전면개정되어 대상판례 판결 이후인 2004. 7. 30. 시행되었다. 다만 대상판례에서 피고 처분의 근거가 된 제7조 제1항 제4호는 조항의 위치가 변경되어 제9조 제1항 제4호로 변경되었으나, 그 내용은 현행 정보공개법에 이르기까지 그대로 유지되고 있다. 따라서 대상판례는 현재까지 의미가 있다. 이후 대법 2004. 12. 9. 선고 2003두12707 판결에서 법원은 비공개대상 정보에 대한 제한적 해석을 구체적으로 하였다.

다만 대법원 판결 이후에도 법무부는 교정에 관한 정보에 관하여 적극적인 정보공개를 하고 있지는 않다. 정보공개청구에 대한 법무부의 비공개 결정의 근거는 여전히 정보공개법 제9조 제1항 제4호이다. 법무부는 교정에 관한 정보를 보다 적극적으로 공개하고, 정보를 투명하게 관리하는 기준과 절차를 마련해야 할 것이다.

[최초록 변호사(공익법단체 두루)]

대상	정보부분공개결정처분취소 (소취하)
	[1심] 대전지법 2002. 4. 10. 선고 2001구4253 판결 (원고패)
	[2심] 대전고법 2002. 12. 5. 선고 2002누651 판결 (항소기각)
	[3심] 대법 2005. 1. 28. 선고 2002두12854 판결 (파기환송(일부))
	[환2심] 대전고등법원 2005누447 (2006. 3. 16. 소취하)
참조	정보공개거부처분취소 (원고일부승)
	[1심] 부산지법 2008. 10. 1. 선고 2008구합946 판결 (원고일부승)
	[2심] 부산고법 2009. 5. 29. 선고 2008누5599 판결 (원고일부승)
	[3심] 대법 2009. 12. 10. 선고 2009두12785 판결 (파기환송(일부))
	[환2심] 부산고법 2010. 2. 26. 선고 2009누7356 판결 (항소기각)

[사실관계]

원고는 특정범죄가중처벌등에관한법률위반(강도)죄로 징역 7년을 선고받아 수감되어 있던 자로서, 당시 수감 중이던 ○○교도소에서 피고(○○교도소장)에게 기증금품관리지침 등 정보에 대하여 공개청구를 하였다. 피고는 원고가 공개청구한 각 정보 중 일부는 공개하되, 기증금품접수대장, 수용자 교육·교화 운영지침, 수용자 교육현황과 교육예산 집행내역, 수용자신문구독현황 등에 대해서는 수형자에게 공개할 실익이 없고, 교화의 적절한 수행을 위해 열람을 제한함이 타당하므로 구 '공공기관의 정보공개에 관한 법률(이하 '구 정보공개법')' 제7조 제1항 제4호에 따라 공개를 거부하였다. 원고는 이 처분의 취소를 구하는 소송을 제기하였으나, 1심과 2심에서 모두 패소하자, 이에 상고하였다.

[판결요지]

[1] 법원이 행정기관의 정보공개거부처분의 위법 여부를 심리한 결과 공개를 거부한 정보에 비공개대상정보에 해당하는 부분과 공개가 가능한 부분이 혼합되어 있고 공개청구의 취지에 어긋나지 아니하는 범위 안에서 두 부분을 분리할 수 있음을 인정할 수 있을 때에는 청구취지의 변경이 없더라도 공개가 가능한 정보에 관한 부분만의 일부취소를 명할 수 있다. 공개청구의 취지에 어긋나지 아니하는 범위 안에서 비공개대상정보에 해당하는 부분과 공개가 가능한 부분을 분리할 수 있다고 함은, 이 두 부분이 물리적으로 분리가능한 경우를 의미하는 것이 아니고 당해 정보의 공개방법 및 절차에 비추어 당해 정보에서 비공개대상정보에 관련된 기술 등을 제외 내지 삭제하고 그 나머지 정보만을 공개하는 것이 가

능하고 나머지 부분의 정보만으로도 공개의 가치가 있는 경우를 의미한다.

[2] 비공개대상으로 규정한 '형의 집행, 교정에 관한 사항으로서 공개될 경우 그 직무수행을 현저히 곤란하게 하는 정보'라 함은 당해 정보가 공개될 경우 재소자들의 관리 및 질서유지, 수용시설의 안전, 재소자들에 대한 적정한 처우 및 교정·교화에 관한 직무의 공정하고 효율적인 수행에 직접적이고 구체적으로 장애를 줄 고도의 개연성이 있고, 그 정도가 현저한 경우를 의미한다고 할 것이며, 여기에 해당하는지 여부는 비공개에 의하여 보호되는 업무수행의 공정성 등의 이익과 공개에 의하여 보호되는 국민의 알권리의 보장과 국정에 대한 국민의 참여 및 국정운영의 투명성 확보 등의 이익을 비교·교량하여 구체적인 사안에 따라 개별적으로 판단되어야 한다.

[3] 수용자 교육·교화 운영지침, 수용자 교육현황과 교육예산 집행내역은 그 구체적인 내용별로 비공개대상정보에 해당하는 부분과 공개가 가능한 부분이 혼합되어 있다. 공개청구의 취지에 어긋나지 아니하는 범위 안에서 두 부분을 분리할 수 있음을 인정할 수 있을 때에는 청구취지의 변경이 없더라도 공개가 가능한 정보에 관한 부분만의 일부취소를 명할 수 있는데, 위와 같은 판단을 하기 위해서는 당사자의 주장과 간접적인 자료는 물론 공개청구정보를 직접 열람·심사할 필요성도 있으므로 구 정보공개법 제18조 제2항을 적용하여 당사자를 참여시키지 아니하고 제출된

공개청구정보를 비공개로 열람·심사하여야 한다. 원심은 위 각 정보 전부가 위 법 제7조 제1항 제4호에서 규정하고 있는 '형의 집행, 교정에 관한 사항으로서 공개될 경우 그 직무수행을 현저히 곤란하게 한다고 인정할 만한 상당한 이유가 있는 정보'에 해당한다고 판단하였을 뿐 그와 같은 판단의 전제로서 위 지침을 직접 열람·심사한 흔적이 없다. 원심의 판결에는 필요한 심리를 다하지 아니하였거나 위 법 제7조 제1항 제4호 및 제12조에 관한 법리를 오해한 위법이 있다.

기증금품접수대장 중 금품기증자의 인적사항과 신문구독현황 중 구독신청자의 성명 등의 개인식별정보는 '형의 집행, 교정에 관한 사항으로서 공개될 경우 그 직무수행을 현저히 곤란하게 할 상당한 이유가 있는 정보'에 해당할 수 있지만, 금품기증자의 인적사항 이외의 정보들과 수용자들의 각 신문별 구독신청자 수(數)는 그러한 정보에 해당한다고 볼 수 없고, 이 부분만 공개하는 것이 가능할 뿐만 아니라 그 부분의 정보만으로도 공개의 가치가 있다.

[해설]

I. 소송의 배경과 경과

구 정보공개법은 국민의 알권리를 보장하고 국정에 대한 국민의 참여와 국정운영의 투명성을 확보하기 위하여 1996년 제정된 법으로서, 공공기관이 보유·관리하는 정보의 공개의무 및 국민의 정보공개청구에 관하여 필

요한 사항을 정한 것이다. 그러나 국익이나 사생활보호 등의 이유로 공개하기에 적합하지 않은 정보들도 있을 수 있는데, 위 법 제7조 제1항(현행법 제9조 제1항)이 이러한 비공개정보에 관한 사항을 규율하였다. 이중 제4호는 '형의 집행, 교정, 보안처분에 관한 사항으로서 공개될 경우 그 직무수행을 현저히 곤란하게 한다고 인정할만한 상당한 이유가 있는 정보'를 비공개정보로 분류하였다.

대상판례는, 교도소에 수감 중이던 원고의 정보공개청구에 대해 피고가 일부는 공개하였으나 다른 많은 부분은 구 정보공개법 제7조 제1항 제4호에 해당한다는 이유로 공개를 거부한 사안에 관한 것이다. 원고의 주장은 1심(대전지법)과 2심(대전고법)에서 받아들여지지 않았으나, 대법원은 대상판례에서 원심판결 중 상당 부분을 파기하고 그에 관한 사건을 원심으로 환송하였다.

II. 대상판례에 대한 평가

대상판례는 '형의 집행, 교정, 보안처분에 관한 사항으로서 공개될 경우 그 직무수행을 현저히 곤란하게 한다고 인정할 만한 상당한 이유가 있는 정보'의 해당 여부 판단과 관련하여 크게 두 가지의 주요한 법리를 활용하였다.

첫째는, 어떤 정보에 비공개대상정보와 공개가능정보가 혼재되어 있을 경우의 판단방식에 관한 것이다. 구 정보공개법 제12조는 어떤 정보에 비공개대상인 부분과 공개가능한 부분이 혼합되어 있을 때 공개청구의 취지에 어긋나지 않는 범위에서 두 부분을 분리할 수 있는 때에는 전자 부분을 제외하고 공개하여야 한다는 취지로 규정하였는데, 대상판례는 이를 해당 정보에서 비공개대상정보에 관련된 부분을 제외한 나머지 정보만으로도 공개의 가치가 있는 경우를 의미한다고 해석했다.

대상판례가 해당 정보의 공개가능성을 그 정보의 구성부분 별로 검토하고, 비공개대상정보를 제외한 나머지 정보만으로도 가질 수 있는 독자적 공개가치를 적극적으로 인정한 것은, 법의 내용과 취지에 부합할 뿐만 아니라, 정보공개 범위를 합리화하고 확대하는 데에도 적합하였다.

둘째는, '형의 집행, 교정에 관한 사항으로서 공개될 경우 그 직무수행을 현저히 곤란하게 하는 정보'의 의미 및 그 판단기준에 관한 것이다. 대상판례는 이러한 정보의 의미를 설명하면서, 그 뜻을 '당해 정보가 공개될 경우 재소자들의 관리 및 질서유지, 수용시설의 안전, 재소자들에 대한 적정한 처우 및 교정·교화에 관한 직무의 공정하고 효율적인 수행에 직접적이고 구체적으로 장애를 줄 고도의 개연성이 있고, 그 정도가 현저한 경우'로 풀이하였다. 그리고 이러한 경우에 해당하는지 여부를 판단하는 기준으로, 정보의 비공개를 통해 얻을 수 있는 이익과 정보의 공개를 통해 확보되는 이익을 형량하여 판단하는 방식을 제시하였다.

기실 대상판례가 이러한 법리를 최초로 선언한 판례는 아니다. 대상판례는 선례에 의해 형성된 이 같은 법리를 이어받아 이 사안을 해결하였다. '형의 집행, 교정에 관한 사항으로서 공개될 경우 그 직무수행을 현저히 곤란하게 하는 정보'를 둘러싼 대상판례의 함의는, 따라서 이런 법리들을 원용한 측면이 아니라, 이 법리들을 개별 사안에 적용하여 구체적 타당성이 있는 판단을 수행한 측면에 있다고 말할 수 있다.

이와 관련하여, 우선 대상판례는 그 결론에서 정보공개의 범위를 확대하여 국민의 알권리 보장과 국정운영의 투명성 확보에 기여할 수 있었다고 평가된다. 그러나 필자는, 결론 그 자체가 아니라 그에 이르는 논리의 면에서 대상판례가 한층 더 중요한 의미를 가질 수 있다고 생각한다. 형량의 정확성이나 논증의 타당성은 선험적으로 미리 주어진 존재를 발견해 내는 우월한 이성의 행사로써 달성되는 것이 아니라, 정확한 형량과 타당한 논증을 가능하게 하는 데 적합하게 구조화된 절차 속에서 그 조건들을 충실히 이행하는 결과로서 산출되는 것이다. 따라서 재판은 그러한 절차적 이상에 부합하도록 구조화되어야 하는데, 대상판례가 정보공개청구소송에서 구 정보공개법 제18조 제2항의 실천적 의미에 주목한 것은 이와 관련하여 중요한 함의를 가질 수 있다. 위 조항은, 해당 정보의 공개 여부를 개별적으로 판단하기 위해서는 재판부가 해당 정보를 직접 열람·심사할 필요성도 있을 수 있다는 것이어서, 그러한 필요성이 인정됨에도 재판부가 해당 정보를 직접 열람·심사하

지 않았다면 이는 그 자체로 필요한 심리를 다하지 아니하였다는 위법성을 표상하게 된다. 이는 향후 정보공개청구소송에서 재판이 어떤 절차와 방식으로 수행되어야 하는가에 관한 중요한 지침을 제공한다. 이러한 절차적 조건 속에서 정보공개 여부의 판단은 보다 더 합당한 모습을 보이게 될 것이다. 이로써 형량은 더 정확해지고 논증은 더 타당해질 수 있을 것이다. 대상판례의 이 부분 설시가 권리보장의 관점에서 유의미한 것은 이 때문이다.

[후속논의]

'형의 집행, 교정에 관한 사항으로서 공개될 경우 그 직무수행을 현저히 곤란하게 하는 정보'의 판단과 관련한 사례들은 대상판례 이후에도 존재하였다. 그중 언급하려는 것은, 단지 일반적·추상적인 위험성만을 강조하여 정보공개를 거부하는 부당하다는 대법원의 판단이다(대법 2009. 12. 10 선고 2009두12785 판결). 이는 어떤 정보가 비공개대상으로 인정되기 위해서는 그것을 공개할 경우 초래되는 위험이 구체적으로 주장·입증되어야 함을 의미한다. 비공개를 주장하는 국가 측에게는 보다 엄격한 논증부담이 주어진다는 것이다.

[참고문헌]
● 최병문, 교정기관 정보공개의 허용한계, 교정연구 제54호, 한국교정학회, 2012.

[이황희 교수(성균관대학교 법학전문대학원)]

제2부

수용자 처우

제2장

수용

제1절

수용환경

[01] 구치소 내 과밀수용행위 위헌확인

대상	구치소 내 과밀수용행위 위헌확인 (인용(위헌확인)) 헌재 2016. 12. 29. 선고 2013헌마142 전원재판부 결정 (인용(위헌확인)) **(2017지방7급 / 2019 지방7급)**
참조1	손해배상(기) (원고일부승) [1심] 부산지법 2014. 2. 20. 선고 2011가합13633 판결 (원고패) [2심] 부산고법 2017. 8. 31. 선고 2014나50975 판결 (원고일부승) [3심] 대법 2022. 7. 14. 선고 2017다266771 판결 (상고기각)
참조2	구금시설 과밀수용으로 인한 수용자 인권침해 직권조사 등 (인용) 국가인권위 2018. 11. 5.자 17직권0002100등 결정 (인용)

[사실관계]

2013년 벌금미납으로 구치소에 노역장 유치된 A는 헌법재판소에 구치소 내 과밀수용행위에 대해 위헌확인을 구하는 헌법소원을 제기하였다. 당시 청구인이 소내 방실에 수용기간동안 실제 개인사용 가능면적은, "2일 16시간 동안에는 1.06㎡, 6일 5시간 동안에는 1.27㎡"였다. 이러한 1인당 수용면적은 우리나라 성인 남성의 평균 신장인 사람이 팔다리를 마음껏 뻗기 어려울 정도였고, 방실 수용에서 신체적·정신적 건강이 악화되거나 기본활동에 필요한 조건을 박탈당하는 등 극심한 고통을 겪었을 가능성이 컸다. 이러한 열악한 과밀수용의 조건은 인간으로서의 최소한의 품위를 유지할 수 없을 정도이며, 인간으로서의 존엄과 가치를 침해한다고 청구인은 주장했다.

제 2 장 수용 87

1. 헌법재판소는 교정시설내의 과밀수용이 심각하여 일정한 정도를 넘어서면 헌법 제10조의 침해가 될 수 있다고 판시한다. 결정 요지는 다음과 같다.

[1] 헌법 제10조에서 보장하는 인간의 존엄과 가치는 국가가 형벌권을 행사함에 있어 사람을 국가행위의 단순한 객체로 취급하거나 비인간적이고 잔혹한 형벌을 부과하는 것을 금지하고, 행형(行刑)에 있어 인간 생존의 기본조건이 박탈된 시설에 사람을 수용하는 것을 금지한다. 구금의 목적 달성을 위하여 필요최소한의 범위 내에서는 수형자의 기본권에 대한 제한이 불가피하다 하더라도, 국가는 어떠한 경우에도 수형자의 인간의 존엄과 가치를 훼손할 수 없다.

[2] 수형자가 인간 생존의 기본조건이 박탈된 교정시설에 수용되어 인간의 존엄과 가치를 침해당하였는지 여부를 판단함에 있어서는 1인당 수용면적뿐만 아니라 수형자 수와 수용거실 현황 등 수용시설 전반의 운영 실태와 수용기간, 국가 예산의 문제 등 제반 사정을 종합적으로 고려할 필요가 있다. 그러나 교정시설의 1인당 수용면적이 수형자의 인간으로서의 기본 욕구에 따른 생활조차 어렵게 할 만큼 지나치게 협소하다면, 이는 그 자체로 국가형벌권 행사의 한계를 넘어 수형자의 인간의 존엄과 가치를 침해하는 것이다.

[3] 이 사건에서 1인당 수용면적은 우리나라 성인 남성의 평균 신장인 사람이 팔다리를 마음껏 뻗기 어렵고, 모로 누워 '칼잠'을 자야 할 정도로 매우 협소한 것이다. 그렇다면 청구인이 이 사건 방실에 수용된 기간, 접견 및 운동으로 이 사건 방실 밖에서 보낸 시간 등 제반 사정을 참작하여 보더라도, 청구인은 이 사건 방실에서 신체적·정신적 건강이 악화되거나 인격체로서의 기본 활동에 필요한 조건을 박탈당하는 등 극심한 고통을 경험하였을 가능성이 크다. 따라서 청구인이 인간으로서 최소한의 품위를 유지할 수 없을 정도로 과밀한 공간에서 이루어진 이 사건 수용행위는 청구인의 인간으로서의 존엄과 가치를 침해한다.

2. 그러면 구치소, 교도소 등 교정시설에서 수용자 1인당 수용면적의 기준점을 제시할 수 있을까. 재판관 4인은 '보충의견'을 통해 다음과 같이 설시한다.

"불가침의 인간의 존엄과 가치를 천명한 헌법 제10조, 수형자의 기본적 처우 보장을 위한 형집행법, '법무시설 기준규칙', '수용구분 및 이송·기록 등에 관한 지침', 관련 국제규범, 외국의 판례 등에 비추어 볼 때, 국가는 수형자가 수용생활 중에도 인간으로서의 존엄과 가치를 지킬 수 있도록 교정시설 내에 수형자 1인당 적어도 $2.58m^2$ 이상의 수용면적을 확보하여야 한다. 다만, 교정시설 확충과 관련된 현실적 어려움을 참작하여, 상당한 기간(늦어도 5년 내지 7년) 내에 이러한 기준을 충족하도록 개선해 나갈 것을 촉구한다."

[해설]

이 헌법재판소 결정은 교정 분야에서 하나의 이정표적 판례라고 할 수 있다. 수용조건은 교정시설에 유입되는 수용인원과 교정시설의 자원(시설, 인력, 예산) 사이에서 정해지는 매우 복잡하고 종합적인 정책결정 및 정책실행의 문제로 여겨져 왔다. 물론 지나친 과밀수용의 경우 빈번한 교정사고를 야기하고, 수용자의 통제 및 교화개선에 악영향을 미친다는 비판이 끊이지 않았지만, 그 해결은 헌법적·법률적 방법보다는 교정정책의 개선을 통해 달성될 과제라는 것이 기본적 흐름이었다. 그러나 교정정책에만 맡기기엔 지나치게 심각한 경우에는 법적 개입이 불가피할 텐데, 이를 어떤 헌법적·법률적 잣대로 규정할 것인가에 대해서 폭넓은 논의가 별반 제기된 적이 없었다. 그런 상황에서 헌법재판소는 헌법 제10조의 '인간의 존엄과 가치'를 침해하는 정도에 이르면 위헌이라는 매우 간명한 기준을 제시하였다.

1. 행형에서 인간 생존의 기본조건이 박탈되는 정도에 이르면 위헌이 된다. 모든 사람은 인간으로서의 존엄과 가치를 가진다. 구속된 피의자, 피고인, 수형자도 다른 모든 사람과 마찬가지로 인간의 존엄과 가치를 가지는 인간으로 대우받아야 한다. 따라서 국가가 형벌권 행사에 있어 사람을 "국가행위의 단순한 객체로 취급하거나 비인간적이고 잔혹한 형벌을 부가하는 것을 금지한다." 이렇게 선언함으로써, 모든 형사 수용자는 헌법 제10조를

위시한, 모든 헌법상의 기본권 향유의 주체임을 명백히 확인하였다. 헌법과 교정기관 사이에는 어떤 장벽이나 장막(iron curtain)이 없음을 이처럼 분명히 규정한 판례도 달리 없을 것이다.

2. 수형자는 물론 구금의 목적상 일정한 기본권의 제한이 불가피하다. 자유형을 선고받고 복역하면 거주이전의 자유는 근본적으로 제한되고, 외부와의 통신에도 상당한 제한이 따른다. 그러면 그러한 자유의 제한은 무한정할 것인가. 자유제한의 정도가 무제약적이라면 수형자는 형기 동안 국가의 노예로 간주되어 버린다. 그러나 헌법재판소는, 구금 목적 달성을 위해 수형자의 기본권 제한이 불가피하다 하더라도, "필요 최소한의 범위 내에서만" 그러한 자유제한이 정당화될 수 있다고 하면서, "국가는 어떠한 경우에도 수형자가 인간으로서 가지는 존엄과 가치를 훼손할 수 없다"고 그 한계를 명료하게 표명하고 있다.

3. 헌법재판소는 과밀수용으로 인해 초래되는 문제점을 잘 요약하고 있다. 과밀수용이 되면 외부와의 접견, 소내 운동이 제한될 수밖에 없고, 음식·의료 등 기본 서비스가 부실해질 수 있고, 수형자 간 긴장과 갈등이 고조되어 싸움·폭행·자살 등 교정사고가 빈발할 수 있다. 또한 수형자의 재사회화, 사회복귀를 위한 개별화된 교정프로그램을 작동시킬 수 없어 교정의 목적을 제대로 달성할 수 없다. 교정공무원에게도 과도한 직무를 부과하고 심리적 부담이 커져서 직무수행에 악영향

을 미친다. 요컨대, "과밀수용은 교정교화를 위한 적절한 환경과 조건을 갖추지 못함으로써 교정시설의 질서유지에 부정적 영향을 주고 교정역량을 저하시켜, 결국 교정의 최종 목적인 수형자의 재사회화를 저해하게 한다."

4. 그런데 교정시설에의 수용인원은 교정당국이 임의로 정할 수 있는 문제가 아니다. 수용인원에 영향을 미치는 요인으로는 사회 내 범죄의 증감, 수사·공판에서 구속자 수의 증감, 자유형의 선고 경향, 가석방 비율 등 여러 가지가 있다. 수용인원이 폭증한다고 곧바로 교정시설을 신축 공급할 수 없다. 실제로 교정시설의 신축은 매우 큰 사회적 갈등을 수반하고, 장기적 과제이며, 부지 및 예산 확보도 쉽지 않다. 또한 교정당국은 구속·실형을 선고받은 자의 수용 여부에 대한 재량권도 없다. 따라서 수용의 인원 및 과밀 여부는 복잡한 형사·교정정책의 결과이기에, 이를 곧바로 위헌·위법 문제로 가져가기엔 현실적인 애로가 적지 않다. 그러기에 과밀수용을 비판하는 입장에서도 주로 정책적 비판을 해왔던 것이다. 헌법재판소도 이러한 문제가 정책적 쟁점임을 당연히 알고 있지만, "교정시설의 1인당 수용면적이 수형자의 인간으로서의 기본 욕구에 따른 생활조차 어렵게 할 만큼 지나치게 협소하다면, 이는 그 자체로 국가형벌권 행사의 한계를 넘어 수형자의 인간 존엄과 가치를 침해하는 것"이라는 기준을 정립하였다. 이는 앞으로, 교정정책 및 교정 관련 법률에서 따라야 할 최소기준을 제시한 것이다.

다시 말하면, 수용조건을 비롯한 교정정책에서 헌법 기준 투입의 본격적인 신호를 보낸 것이다.

5. 물론 단기간에 헌법재판소의 기준대로 따르기는 매우 어려움을 헌법재판소도 잘 알고 있다. 그에 대해서는 보충의견에서 "교정시설 내 공간을 확보하거나 교정시설을 신축 또는 증축하는 것이 현실적으로 단기에 해결될 수 있는 문제가 아님을 참작하여, 상당한 기간(늦어도 5년 내지 7년) 이내에" 적정한 기준을 충족하도록 개선해 나갈 것을 촉구하고 있으며, 법정의견은 이를 위해서 모든 유관기관 간의 협력과 개선의지를 필요로 함을 언급하고 있다. 따라서 향후 교정정책에서는 과밀수용의 해소를 비롯하여, 헌법 제10조의 기준을 늘 환기하면서 방향 설정 및 법집행을 해 나갈 과제를 던져준 것이다.

[후속논의]

이 헌법재판소 결정의 효과는 교정 분야에서 전방위로 미치고 있다. 그 대표적인 것이 과밀수용의 피해를 입었다고 주장하는 수용자들이 국가배상책임을 청구하는 일련의 재판들이다. 헌재 결정이 나온 직후인 2017년 초부터 수용자들이 국가배상소송을 집단적으로 제기하기 시작했고, 현재까지 많은 사건들이 재판에 계류 중이다. 그중 가장 중요한 판결은 대법 2022. 7. 14. 선고 2017다266771 판결이다. 대법원은 "1인당 수용면적이 인간으로서의 기본적인 욕구에 따른 일상생활조차 어렵게 할 만큼 협소하다면… 그 자체로 수용자의 인간으로서의 존엄과 가치를 침해한다고 봄이 타당하다"고 판시하였다. 따라서 그러한 수용행위는 "공무원의 법령을 위반한 가해행위가 될 수 있다"며 국가는 그 수용자들이 입은 정신적 손해를 배상할 의무가 있다고 판단하고 있다.

그러면 법령이나 재판에서 과밀 여부를 판단할 기준으로서, 수용정원 산정기준을 어떻게 책정할 것인가. 헌법재판소는 보충의견에서 "1인당 적어도 2.58㎡ 이상의 수용면적을 확보하여야 한다"고 했다. 국가배상사건을 심리한 법원에서는 "1인당 도면상 면적이 2㎡ 미만"인 경우에는 해당 기간 동안의 수용행위는 그 자체로 수용자의 인간으로서의 존엄과 가치를 침해한다고 봄이 타당하다고 하여, 수인한도선을 2㎡로 설정한다. 그러나 실제 수용거실 면적의 기준을 설정하기 위해서는 보다 구체적이고 합리적 근거 설정이 필요할 것으로 보인다. 현재 논의된 그런 기준이 유엔 유관기준에서 제시하는 것보다 매우 열악한 기준이기에 더 인도적인 격상된 기준 설정도 필요할 것이며, 그 기준은 비공개된 법무부훈령이 아니라, 법률화되어야 할 것으로 생각한다. 과밀수용 해소 및 적정한 수용조건은 수용자의 인간다운 생활의 보장, 인간의 존엄과 가치의 보장, 그리고 교화개선의 행형목적 달성에 가장 중요한 기초임을 확인하면서, 더욱 구체화된 기준의 논의를 발전시켜가야 할 것이다.

[참고문헌]
● 안성훈 외, 교정시설에서의 과밀수용 현상과 그 대책에 관한 연구, 한국형사정책연구원, 2016.
● 김민수, 판례를 통해 정리하는 과밀수용 소송, 월간교정 2023년 7월호, 법무부 교정본부, 2023.

[한인섭 교수(서울대학교 법학전문대학원)]

[02] 개방형 화장실 설치 및 관리행위의 위헌 여부

대상	위자료 (원고일부승)
	[1심] 서울중앙지법 2016. 9. 20. 선고 2013가단66193 판결 (원고일부승)
	[2심] 서울중앙지법 2017. 6. 16. 선고 2016나60630 판결 (항소기각)
	[3심] 대법 2017. 10. 12.자 2017다244016 판결 (심리불속행기각)
참조1	유치장내 화장실설치 및 관리행위 위헌확인 (인용(위헌확인))
	헌재 2001. 7. 19. 선고 2000헌마546 전원재판부 결정 (인용(위헌확인)) **(2017지방7급)**
참조2	손해배상 (원고일부승)
	[1심] 전주지법 2007. 6. 22. 선고 2006가단39937 판결 (원고일부승) [손해배상]
	[2심] 전주지법 2008. 1. 31. 선고 2007나6171 판결 (원고일부승)
	[3심] 대법 2009. 6. 25. 선고 2008다24050 판결 (파기환송(일부))
	[환2심] 전주지법 2009. 9. 11. 선고 2009나4032 판결 (항소기각)

[사실관계]

원고들은 집시법 등 위반 혐의로 짧게는 6시간에서 길게는 48시간 동안 경찰서 유치장에 수감되었고 유치실 안에 있는 화장실을 사용해야 했다. 유치장 화장실은 가림막이 제대로 설치되어 있지 않아서 이용하는 사람의 신체 부위 등이 그대로 노출되고, 환기 시설이 없어서 용변 과정에서 발생하는 역겨운 냄새와 소리가 그대로 흘러나오는 구조였다. 원고들은 누군가 화장실을 이용하면 이용자뿐만 아니라 유치장 안에 있는 다른 사람들도 모두 곤혹스러워했다고 한다. 이들은 화장실 이용이 부끄럽고 수치스러워서 조사를 빨리 받고어서 유치장을 벗어났으면 좋겠다는 생각만 들었다고 한다.

원고들은 유치기간 동안 위와 같은 구조의 화장실을 사용하도록 강제한 것이 인간으로서의 기본적 품위를 유지할 수 없도록 하는 것으로서, 수인하기 어렵고, 비인도적, 굴욕적일 뿐만 아니라 동시에 비록 건강을 침해할 정도는 아니라고 할지라도 헌법 제10조의 인간의 존엄과 가치로부터 유래하는 인격권을 침해하는 정도라고 보고 위자료 청구를 하였다.

[판결요지]

용변을 보는 사람의 얼굴이 유치실 내 다른 유치인들이나 경비경찰관들에게 직접 보일 수밖에 없는 구조이고, 용변 시 발생하는 불쾌한 소리나 악취가 유치실 내로 직접 유입되도록 되어 있으며, 용변 전후 옷을 추스르는 과정에서도 신체의 일부가 다른 사람들에게 노출될 수 있을 뿐만 아니라, 이 사건 각 유치장 중 상당수는 유치실의 구조가 부채꼴 형태로 되어 있어 용변을 보는 사람이 다른 유치실에 수용된 유치인들의 시선에까지 노출될 수 있는 상태에 있었고, 유치장의 특성상 24시간 내내 조명을 일정 조도 이상으로 유지하고 있어 화장실을 이용하는 유치인들이 더욱 수치심을 느낄 수 있는 상황이었다. 개방형 화장실 사용은 인간으로서 수치심과 당혹감, 굴욕감을 느끼게 되고, 나아가 이러한 불쾌감을 느끼지 않기 위하여 가급적 용변을 억제하는 등 육체적 고통을 겪었을 가능성도 크며, 아울러 다른 유치인이 용변을 보는 경우에도 같은 공간에 노출되어 불쾌감과 역겨움을 느꼈을 것임은 일반인의 경험칙상 명백하고 인간으로서의 기본적 품위를 유지할 수 없도록 하는 인격권의 침해에 해당하므로 국가가 원고들에게 위자료를 지급할 의무가 있다.

[해설]

법원은 유치장이라는 공간의 특수성 관점에서 살펴볼 때 개방형 화장실 사용 강제는 인권침해라고 판단했다. 경찰서 유치장은 체포영장 또는 현행범으로 체포되었으나 아직 구속영장이 발부·집행되지 않은, 혐의가 분명하지 않은 사람이 잠시 머무는 공간이다. 유치장의 비인권적인 상황은 오히려 정당한 방어권 행사를 막을 수 있으므로 감시와 통제는 신중을 기할 필요가 있는데 개방형 화장실 사용 강제는 과도하다는 것이다.

이미 2001년 헌법재판소는 유사한 사안에서 "보통의 평범한 성인인 청구인들로서는 내밀한 신체부위가 노출될 수 있고 역겨운 냄새, 소리 등이 흘러나오는 가운데 용변을 보지 않을 수 없는 상황에 있었으므로 그때마다 수치심과 당혹감, 굴욕감을 느꼈을 것이고 나아가 생리적 욕구까지도 억제해야만 했을 것임을 어렵지 않게 알 수 있다. 나아가 함께 수용되어 있던 다른 유치인들로서도 누군가가 용변을 볼 때마다 불쾌감과 역겨움을 감내하고 이를 지켜보면서 마찬가지의 감정을 느꼈을 것"이라며 "인간으로서의 기본적 품위를 유지할 수 없도록 하는 것으로서, 수인하기 어려운 정도라고 보여지므로 전체적으로 볼 때 비인도적·굴욕적일 뿐만 아니라 동시에 비록 건강을 침해할 정도는 아니라고 할지라도 헌법 제10조의 인간의 존엄과 가치로부터 유래하는 인격권을 침해하는 정도에 이르렀다"고 위헌 결정한 바 있다(헌재 2001. 7. 19. 선고 2000헌마546 전원재판부 결정).

한편, 소송과정에서 경찰청은 예산상의 문제로 어쩔 수 없이 화장실 개선 사업이 늦어진 것이라고 주장했다. 그러나 법원은 "유치장 화장실의 개선이 피고가 즉시 이를 시행할 수 없을 정도로 과다한 예산을 필요로 하는 조치라고 볼 만한 자료도 부족하고, 특히 헌법재판소의 결정이 2001년에 있었고 피고의 경찰청예규가 2007년경 이미 밀폐형 화장실을 원칙으로 하는 방향으로 개정되었음에도 불구하고, 원고들이 수용된 2010년에서 2012년에 이르기까지도 시설 개선이 이루어지지 못하였다는 것은 단지 피고의 예산상 문제가 그 원인이라고 보기 어렵다"고 판단했다. 예산의 문제가 아니라 의지의 문제라는 것이다.

유치장과 달리 교도소는 2009년에 이미 개방형 화장실에서 밀폐형 화장실로 시설개선을 하였다. 2009년 대법원은 교도소 수용자가 수용거실 내 차폐시설이 불충분한 화장실을 사용하면서 신체의 일부가 노출되는 등으로 수치심이나 굴욕감을 느꼈다면 국가가 위자료를 지급해야 한다고 판결했다(대법 2009. 6. 25. 선고 2008다24050 판결). 법무부는 판결 직후인 2009. 7. 전 교정기관을 대상으로 '독거화장실 출입문 설치계획 시달'이라는 공문을 시행하여 일반 수용거실의 화장실을 밀폐형으로 개선했다.

[후속논의]

이 사건 후 경찰청은 유치장 내 화장실을 개방형에서 밀폐형으로 개선하였고, 2021년 확인한 바에 따르면 전국의 모든 유치장 화장실이 밀폐형으로 개선되었다.

경찰서 유치장은 체포영장 또는 현행범으로 체포되었으나 아직 구속영장이 발부·집행되지 않은, 혐의가 분명하지 않은 사람이 잠시 머무는 공간이다. 형사소송법에 따라 사법경찰관은 체포한 피의자를 구속하고자 할 때는 체포한 때로부터 48시간 이내에 검사에게 구속영장을 신청해야 한다. 사법경찰관이 피의자를 구속한 때에는 10일 이내에 피의자를 검사에게 인치하거나 석방해야 하므로, 피의

자가 경찰서 유치장에 머무는 기간은 짧다. 사정이 이러하다 보니 오히려 경찰서 유치장에 수감되는 유치인들에 대한 인권침해를 소홀히 한 측면이 많다. 경찰서 유치장이 인권의 사각지대가 되지 않도록 제도개선과 함께 시설개선이 필요하다 하겠다.

[허윤정 변호사(법무법인 지엘)]

[03] 교도소 내 화장실 창문 안전철망 설치행위의 위헌 여부

대상1	교도소 내 화장실 창문 철망 설치행위 위헌확인 (기각) 헌재 2014. 6. 26. 선고 2011헌마150 전원재판부 결정 (기각)
대상2	손해배상(기) (원고패) [1심] 서울중앙지법 2013. 1. 24. 선고 2011가단174878 판결 (원고패) [2심] 서울중앙지법 2013. 7. 26. 선고 2013나9658 판결 (항소기각) [3심] 대법 2013. 11. 14.자 2013다210411 판결 (심리불속행기각)
참조	기본권 침해 위헌확인 (각하) 헌재 2021. 11. 25. 선고 2020헌마1374 전원재판부 결정 (각하)

[사실관계]

법무부는 수용자들이 수용실 내 화장실 창문에 설치된 철격자에 줄을 거는 방법으로 목을 매어 자살하는 사고를 방지한다는 이유로, 2010. 4.경부터 2010. 6.경까지 전국 교도소 내에 알루미늄 프레임의 두께 0.6mm로 가로세로 1인치당 16가닥의 고강도 스테인리스 스틸사 위에 법랑 코팅한 망사를 사용한 '신 방충망'을 설치하였다. 그러자 수용실이 대낮에도 어두워 인공조명에 의존하지 않으면 거실 내부에서 책을 읽는 것이 불가능하고, 통풍이 제대로 되지 않게 되어 전주교도소 독거실에 수용 중인 수용자가 환경권, 인격권 등을 침해한다는 이유로 헌법소원 청구를, 전국 교도소 독거실에 수용되어 있던 양심수 16명이 국가배상을 각 청구하였다.

[결정 · 판결요지]

[1] 피청구인이 교도소 독거실 내 화장실 창문과 철격자 사이에 안전철망을 설치한 행위는 수용자의 자살을 방지하여 생명권을 보호하고 교정시설 내의 안전과 질서를 보호하기 위한 것이며, 교정시설 내 자살사고는 수용자 본인이 생명을 잃는 중대한 결과를 초래할 뿐만 아니라 다른 수용자들에게도 직접적으로 부정적인 영향을 미치고 나아가 교정시설이나 교정정책 전반에 대한 불신을 야기할 수 있다는 점에서 이를 방지할 필요성이 매우 크고, 그에 비해 청구인에게 가해지는 불이익은 채광·통풍이 다소 제한되는 정도에 불과하다. 따라서 이 사건 설치행위는 청구인의 환경권 등 기본권을 침해하지 아니한다(헌재 2014. 6. 26. 선고 2011헌마150 전원재판부 결정).

[2] 교도소 내의 '신 방충망' 설치로 기존에

자연광과 자연 통풍을 누리는 지위가 약화된 것은 사실이나 인간의 생명은 절대적인 기본권이므로 자살 시도를 막기 위한 것에는 정당한 목적이 있고, 실제로 '신 방충망' 설치 이후 창문의 철격자를 이용한 자살이 발생하지 않고 있어 설치 자체가 형집행법 제6조가 정한 "적정한 수준의 공간과 채광·통풍"을 박탈하여 원고들의 수인한도를 넘어 위법한 것이라고 할 수는 없다. 또한 '유엔 피구금자 처우준칙'을 국내법과 동일한 지위에 있는 재판규범이라고 볼 수는 없으므로 그 기준으로 판단할 수는 없다(서울중앙지법 2013. 1. 24. 선고 2011가단174878 판결).

[해설]

대상결정·판결은 수형자들이, 특히 독거실 수용자들이 그 수용실태의 문제점과 수용시설 내에서의 기초적 환경인 '채광'과 '통풍'에 대해서 기본적인 권리라는 점에 착목하여 문제제기를 했다는 것에 의미가 있다.

헌법재판소는 위 대상결정에서 "청구인과 같은 수형자는 그 법적 지위의 특성상 일반인들과는 달리 강제로 격리되어 수용의 목적과 기능에 맞도록 설치된 구금시설에서 생활하여야 하나, 형집행법 규정에 따라 '적정한 수준의 공간과 채광·통풍·난방을 위한 시설이 갖추어진 거실에서 건강하게 생활할 권리'를 가지고 있다"고 판시하여 수형자의 수용 시설과 관련한 환경권에 관한 헌법적 해명을 하기도 하였다. 특히 위 국가배상 사건에서는 현

장검증을 통해 빛이 주는 온기, 밝음의 차이가 있고, 바람의 공기를 직접 느낄 수 없다는 것이 정신적 고통이 된다는 점은 확인하였고, 신 방충망 설치로 인하여 기존에 자연광과 자연 통풍을 누리는 지위가 약화되었다는 점을 분명히 하기도 하였다.

그럼에도 불구하고 헌법재판소는 수용자들이 매일 30분 내지 1시간에 이르는 실외운동 시간에 햇빛을 볼 수 있다는 점 등을 들어 신 방충망 설치행위로 인하여 수용자들에게는 채광·통풍이 다소 제한되는 정도에 불과하다고 보았다.

법원은 '유엔 피구금자 처우준칙'상의 기준에 대해서 재판규범이 되지 않는다고 판시하였으나, 유엔 자유권규약위원회(The Human Rights Committee)는 '시민적 및 정치적 권리에 관한 국제규약' 제10조 제1항 "자유를 박탈당한 모든 사람은 인도적으로 또한 인간의 고유한 존엄성을 존중하여 취급된다"라는 조항을 해석하는데 자주 최저기준규칙을 언급하고 있다. 즉 국내법과 동일한 효력을 가지는 '시민적 및 정치적 권리에 관한 국제규약'에 부합하는지 여부에 대해서 별도의 판단을 구하지 않고, 판단을 하지 않은 점에 대해서는 국제인권규약을 우리 법원의 재판의 준거로 삼고자 하는 차원에서는 아쉬운 점이다.

[후속논의]

그 이후에 교도소 독거실에서 복도 방향으로 통풍이 이루어질 수 있는 유일한 창문인

출입문 시찰구가 강화유리로 교체된 것에 대한 헌법소원이 제기된 바가 있으나 독거실 내 온열질환 방지를 위해 그 조치가 번복됨으로써 권리보호이익이 없어져 각하된 적이 있었다(헌재 2021. 11. 25. 선고 2020헌마1374 전원재판부 결정). 설치된 신 방충망은 현재까지 유지되고 있고, 여전히 피수용자들의 '적정한 수준의 공간과 채광·통풍·난방을 위한 시설이 갖추어진 거실에서 건강하게 생활할 권리'를 제한하고 있음은 분명하고, 특히 감염병에 취약한 구조를 극복할 수 있는 적정한 수단에 대한 모색이 지속적으로 필요하다고 할 것이다.

[하주희 변호사(법무법인 율립)]

[04] 동절기 취침시간을 21:00로 정한 행위의 위헌 여부

대상	교도소내 부당처우행위 위헌확인 (기각) 헌재 2016. 6. 30. 선고 2015헌마36 결정 (기각)

[사실관계]

청구인은 2014. 11. 24. ○○교도소로 이송되어 2015. 9. 30.까지 ○○교도소에 수용되었던 자이다. 피청구인 ○○교도소장은 형집행법 제105조 제2항에 근거하여 동절기인 2014. 11. 1.부터 2015. 2. 28.까지 ○○교도소 수용자의 취침시간을 21:00로 정하였다. 이에 청구인은 피청구인의 동절기 취침시간 제한으로 인하여 행복추구권이 침해되었다고 주장하면서, 2015. 1. 13. 그 위헌확인을 구하는 이 사건 헌법소원심판을 청구하였다.

[결정요지]

이 사건 취침시간은 형집행법 제105조 제2항의 위임에 따라 피청구인이 ○○교도소의 원활한 운영과 수용자의 안전 및 질서유지를 위하여 정한 것이다. 교도소는 수용자가 공동생활을 영위하는 장소이므로 질서유지를 위하여 취침시간의 일괄처우가 불가피한 바, 피청구인은 취침시간을 21:00로 정하되 기상시간을 06:20으로 정함으로써 동절기 일조시간의 특성을 수면시간에 반영하였고, 이에 따른 수면시간은 9시간 20분으로 성인의 적정 수면시간 이상을 보장하고 있다. 나아가 21:00 취침은 전국 교도소의 보편적 기준에도 부합하고, 특별한 사정이 있거나 수용자가 부상·질병으로 적절한 치료를 받아야 할 경우에는 관련규정에 따라 21:00 취침의 예외가 인정될 수 있으므로, 이 사건 취침시간은 청구인의 일반적 행동자유권을 침해하지 아니한다.

[해설]

I. 들어가며

대상결정은 형집행법 제105조 제2항에 따라 소장이 재량으로서 정하는 취침시간에 따른 기본권 제한 문제를 다룬 최초의 헌법재판소 결정이다. 헌법재판소는 심판대상을 피청구인이 청구인을 비롯한 ○○교도소 수용자의 동절기 취침시간을 21:00로 정한 행위(이하 '이 사건 취침시간 제한'이라 한다)로 보았고, 예외적으로 심판의 이익을 인정하여 본안에 관한 판단을 하였다. 헌법재판소는 이 사건 취침시간이 청구인의 일반적 행동자유권을 제한하지만 과잉금지원칙 또는 비례의 원칙에 위배되지 않기 때문에 일반적 행동자유권을 침해하지 않는다고 보았다. 이하에서는 심판 대상과 관련한 법령의 내용을 살펴보고 헌법재판소의 판단을 검토한다.

II. 취침시간 제한의 법적근거

취침시간의 제한은 소장이 정한 일과시간표의 적용을 받아 발생한다. 형집행법 제105조 제2항은 "수용자는 소장이 정하는 일과시간표를 준수하여야 한다"라고 규정하여 소장에게 취침시간을 포함한 일과시간표를 정할 수 있는 재량을, 수용자에게 일과시간표를 준수해야할 의무를 부과하고 있다. 즉 소장은 수용자의 취침시간과 기상시간을 정할 수 있는 재량을 갖는 것이다. 한편 형집행법은 일과시간표에 관한 소장의 재량을 제한하는 기준을 별도로 정하지 않고 있다. 따라서 소장이 이례적인 취침시간과 기상시간을 정해도 사전적으로 통제하기는 어렵고, 사후적 구제수단을 통해 위헌·위법성을 밝힐 수밖에 없다.

III. 헌법재판소의 판단에 대한 해설 및 평가

1. 적법요건에 관한 판단

헌법재판소는 이 사건 취침시간 제한에 따른 기본권 제한상황이 이미 소멸하였다면서 청구인의 주관적 권리보호이익을 인정하지 않았다. 청구인은 이 사건 취침시간 제한을 받던 2015. 1. 13. 헌법소원심판을 청구했는데, 이 사건 취침시간 제한이 2015. 2. 28.까지 만 적용되었고, 청구인이 2015. 9. 30. 다른 교도소로 이송되었기 때문이다.

그러나 헌법재판소는 권리보호이익 불인정을 이유로 청구인의 헌법소원심판청구를 각하하지 않았다. 권리보호이익이 인정되지 않더라도 예외적으로 심판의 이익이 있다고 보았기 때문이다. 헌법재판소는 구체적으로 ① 청구인이 이후에도 유사한 기본권 제한을 받게 된 점, ② 이 사건 취침 제한은 해당 교도소의 모든 수용자에게 적용되기 때문에 개별적 사안의 성격을 넘어 일반적으로 헌법적 해명이 필요할 수 있는 경우에 해당한다는 점을 이유로 들었다.

이러한 헌법재판소의 판단은 기본권 침해행위가 반복될 위험이 있는 경우와 헌법적 해명이 필요한 두 가지 경우에 심판의 이익을 인정해 온 기존 헌법재판소의 법리에 따른 판단으로(헌재 1997. 11. 27. 선고 94헌마60 전원재판부 결정, 헌재 2001. 7. 19. 선고 2000헌마546 전원재판부 결정 등), 권력적 사실행위로 인한 수용자의 기본권 침해행위 사안에 있어 긍정적인 사례로 활용될 수 있을 것으로 보인다.

2. 본안에 관한 판단

헌법재판소는 이 사건 취침 제한으로 제한되는 청구인의 헌법상 기본권을 일반적 행동자유권으로 보았다. 일반적 행동자유권은 헌법 제10조 전문의 행복추구권으로부터 도출되고, 적극적으로 자유롭게 행동을 하는 것은 물론 소극적으로 행동을 하지 않을 자유도 포함하는 권리이다(헌재 2003. 10. 30. 선고 2002헌마518 전원재판부 결정 등). 헌법재판소는 청구인이 주장한 일반적 행동자유권만을 언급했지만, 이 사건 취침제한이 수용자의 수면과 직결되는 문제인 만큼 인간의 존엄과 가치, 생명권 등 다양한 다른 기본권도 제한될 수 있다고 생각한다.

헌법재판소는 이 사건 취침제한이 과잉금지원칙에 위배되지 않으므로 청구인의 일반적 행동자유권을 침해하는지 않는다고 판단했다. 헌법재판소는 구체적으로 이 사건 취침제한이 형집행법에 근거하여 교정시설의 원활한 운영과 수용자들의 안전 및 질서유지를 위하여 동절기 취침시간을 21:00로 정한 것이라는 이유로 목적의 정당성 및 수단의 적절성이 인정된다고 보았다. 또한 헌법재판소는 ① 성인의 적절한 평균 수면시간(7–8시간)을 상회하는 9시간 20분의 수면시간을 보장했다는 점, ② 전국 52개의 교정시설 중 3개의 교정시설 외에는 취침시간을 21:00로 하고 있다는 점, ③ 청구인이 요구하는 것과 같이 20:00로 앞당기는 경우 수용자의 개인 휴식시간이 줄어들 우려가 있다는 점, ④ 계호업무지침 등 관계규정에 따라 부상 또는 질병으로 수용자의 건강에 이상이 있어 이 사건 취침제한을 준수하지 못하거나 그밖에 특별한 사정이 잇는 경우 21:00 취침의 예외가 인정될 수 있다는 점에서 침해의 최소성도 인정했다. 나아가 헌법재판소는 이 사건 취침시간으로 인한 수용자의 기본권 제한이 중대하다고 보기 어려움에 반하여 달성되는 공익은 수용자의 안전을 보장하고 교도소의 질서를 유지하기 위한 것임을 고려했을 때 법익의 균형성도 인정된다고 보았다.

이상에서 살펴본 헌법재판소의 기본권 침해 여부 판단은 이 사건 취침제한에 한한 판단이지 형집행법 제105조 제2항에 따른 모든 취침제한에 대한 판단이 아니라는 점을 유념할 필요가 있다. 만약 취침제한이 충분한 수면시간을 보장하지 않거나 통상의 경우와 달리 이례적인 시간을 취침시간으로 정하는 경우라면 충분히 다른 판단이 이뤄질 수 있을 것으로 보인다.

IV. 나가며

대상결정은 소장의 재량으로 좌우되는 취침제한으로 발생할 수 있는 수용자의 기본권 제한 문제를 헌법적 차원에서 확인한 의미 있는 결정이다. 다만 대상결정은 제한되는 기본권을 일반적 행동자유권으로 한정한 점, 개별사례에 대한 판단으로서 여전히 소장의 재량에 따른 기본권 침해가 발생할 수 있다는 점에서 그 한계가 있다. 나아가 대상결정에서 다뤄지지 않았지만 취침시간 제한을 소장의 재량으로 두고 있는 형집행법에 개선점이 없는지 비판적 검토와 연구가 필요하다.

[후속논의]

대상결정에서 다루어진 취침제한의 문제를 수용자의 인권의 관점에서 접근해볼 필요가 있다. 넬슨만델라규칙은 제12조 및 제13조에서 수용자의 건강유지에 필요한 모든 조건을 충족하도록 취침설비를 제공할 것을 규정하고 있다. 유엔 고문방지위원회는 취침과 관련된 설비의 미제공뿐만 아니라 수면의 박탈을 비인도적 처우로서 금지하는 입장을 취하고 있다. 이러한 국제인권기준에 비추어 보았을 때, 취침제한의 문제는 결국 수용자의 건강, 적절한 수준의 생활을 할 권리, 건강권 등의 인권에 중대한 제약을 초래할 수 있는 문제이다. 따라서 이를 아무런 기준 없이 전적으로 소장의 재량에 맡겨놓은 현행 형집행법에 대한 심도 깊은 논의가 필요하다고 생각한다.

[참고문헌]

- 유엔인권최고대표사무소, HUMAN RIGHTS AND PRISONS: A Pocketbook of International Human Rights Standards for Prison Officials, 2005.
- 유엔 고문방지위원회, Concluding observations on the combined third to fifth periodic reports of the United States of America, CAT/C/USA/CO/3−5, 2014.
- 금용명, 교정학: 행형론과 수용자 처우, 박영사, 2021.

[서채완 변호사(민주사회를 위한 변호사모임)]

[05] 교도소 수용거실에 조명을 켜 둔 행위의 위헌 여부

대상	교도소 내 수용시설 차별 위헌확인 (기각, 각하)
	헌재 2018. 8. 30. 선고 2017헌마440 결정 (기각, 각하) **(2019지방7급)**

[사실관계]

청구인은 ○○교도소의 독거시설인 □□실(이하 '이 사건 수용거실')에 수용되었다. 청구인은 ○○교도소장이 이 사건 수용거실의 조명을 지나치게 밝게 하였고(이하 '이 사건 조명점등행위'), 이로 인하여 청구인은 밤을 식별할 수 없고 감시받는 느낌을 받았다고 주장하였다. 청구인은 이 사건 조명점등행위가 청구인의 기본권을 침해한다고 주장하면서 이 사건 헌법소원심판을 청구하였다.

한편, 이 사건 수용거실에는 25와트 엘이디 형광등 1개와 0.8와트 전구 1개가 설치되어 있고, 이 사건 수용거실 안의 조도는 취침시간에 약 10룩스, 취침시간 외의 시간에 약 400 내지 500룩스 정도 되는 것으로 추정된다. 법무부 훈령인 '법무시설 기준규칙'은 수용동의 조도 기준을 취침 전 200룩스 이상, 취침 후 60룩스 이하로 규정하고 있다.

[결정요지]

교정시설의 안전과 질서유지를 위해서는 수용거실 안에 일정한 수준의 조명을 유지할 필요가 있다. 수용자의 도주나 자해 등을 막기 위해서는 취침시간에도 최소한의 조명은 유지할 수밖에 없다. 조명점등행위는 '법무시설 기준규칙'이 규정하는 조도 기준의 범위 안에서 이루어지고 있는데, 이보다 더 어두운 조명으로도 교정시설의 안전과 질서유지라는 목적을 같은 정도로 달성할 수 있다고 볼 수 있는 자료가 없다. 또 조명점등행위로 인한 청구인의 권익 침해가 교정시설 안전과 질서유지라는 공익 보호보다 더 크다고 보기도 어렵다. 그렇다면 조명점등행위가 과잉금지원칙에 위배하여 청구인의 기본권을 침해한다고 볼 수 없다.

[해설]

I. 서론

수면 박탈은 고문방식의 하나로 알려져 있다. 장시간 수면 결핍을 유도하는 고문행위는 독수리 조련(exhausting an eagle)이라고도 불리는데, 여기에는 수용자가 잠이 들려고 할 때 흔들어 깨우는 직접적인 행위 외에 아주 밝은 빛을 눈에 비추는 행위도 포함된다.

수면 박탈에 이르지 않더라도 야간에 수용거실 조도를 높게 유지하는 것은 수형자의 건강권 침해를 야기할 수 있다. 야간조명에 의한 '빛공해'는 멜라토닌 생성을 억제해서 불면증, 피로감, 스트레스, 불안 등을 일으킨다고 알려져 있다. 세계보건기구는 '빛공해'를 발암물질로도 규정하고 있다.

대상결정은 이와 같이 인권적으로 중요한 의미를 가지고 있는 수용거실 야간점등행위에 관하여 헌법적인 판단을 내렸다는 점에서 의의가 있다. 다만 대상결정은 당해 사건의 구체적인 사안에 대해서만 그 위헌 여부를 판단하였을 뿐, 야간점등행위에 관한 일반적인 위헌기준을 제시하지는 않았다. 취침시간의 수용거실 조도기준을 일률적으로 60룩스 이하로 정하고 있는 '법무시설 기준규칙'의 조도기준 자체에 대해서는 헌법적 판단을 내리지 않은 것이다. 이 점은 대상결정에서 이 사건 수용거실의 조도가 '법무시설 기준규칙'이 규정하는 조도 기준의 범위 안에 있었다는 사실을 합헌결정의 주된 논거로 들었다는 점에서 더욱 문제된다.

이러한 한계로 인해서, 해당 사안에서 합헌결정이 구체적 타당성을 가지는지는 별론으로 하더라도, 대상판례를 다른 수용거실 야간점등행위의 위헌 여부를 판단하는 데에 직접 원용하는 데에는 어려움이 따른다. 아래에서는 야간점등행위의 헌법적 한계에 관한 일반적인 기준을 검토하겠다.

II. 야간점등행위의 위헌 기준

1. 일률적인 조도기준의 문제

대상결정과 동일한 쟁점에 관한 사안에서 국가인권위원회는 수용자 취침 시에 일몰 후 생활 시와 동일하게 조도를 밝게 유지한 행위가 헌법 제10조가 보장하는 행복추구권의 내용 중 수면권을 침해한다는 결정을 내린 바 있다. 이 결정에서 국가인권위원회는 현저히 교정사고의 우려가 있는 자 등의 거실에 한해 조도를 높이는 방법이 존재한다며 야간점등행위가 최소침해의 원칙에 위반된다고 보았다(국가인권위 2004. 1. 16.자 03진인1067등 결정). 이러한 입장에 따르면, 모든 수용거실에 대해서 단일한 조도기준을 두는 것은 위헌 소지가 있다고 볼 수 있다.

한편 위 결정에 따르면 일부 교도소에서는 생활 시와 마찬가지로 취침 시에도 소등을 하지 않거나 취침등을 사용하고 있는 반면, 개방시설의 경비등급에 해당하는 교도소에서는 취침 시 완전소등을 하고 있다. 이처럼 점등의 필요성에 따라 차등적으로 야간점등이 이루어지는 실무례에 준해서 '법무시설 기준규칙'도 일률적인 조도기준을 정하는 대신 필요 최소한의 범위 내에서만 수용거실의 야간점등이 이루어질 수 있도록 그 기준을 정할 필요가 있을 것이다.

2. '24시간 CCTV를 통한 감시'에 대한 위헌 논의와의 비교

수용거실 야간점등행위의 위헌 여부는 '24시간 CCTV를 통한 감시'의 위헌 여부와 긴밀한 관계에 있다. 야간점등을 통해 달성하고자 하는 '감시'의 목적은 궁극적으로는 교정공무원의 시선계호나 CCTV를 통한 영상계호를 통해서 달성이 되며, 야간점등행위는 이를 뒷받침하는 수단에 해당하기 때문이다. 즉, 24시간 시선계호 및 영상계호의 위헌성은 수용거실 야간점등행위의 위헌성에 있어서 중요한 징표가 된다.

관련해서 국가인권위원회는 CCTV로 구금시설 수용거실을 24시간 촬영 감시하는 것이 피구금자의 사생활의 비밀과 자유 등 헌법상 기본권을 침해한다고 판단하였다. 국가인권위원회는 △자해, 타해 용도로 사용될 가능성이 있는 물품을 교체하거나, △사고 발생의 위험성이 높은 피구금자를 선별한 후 이들을 집중적으로 모니터링하거나, △피구금자에 대한 생활교육 및 개별면담을 강화하는 등의 대안이 고려되어야 한다고 보았다(국가인권위 2004. 10. 12.자 03진인971등 결정). 나아가 국가인권위원회는 수용자의 상태를 정기적으로 재검사하지 않고 과거 검사 결과를 토대로 지속적으로 전자영상계호를 실시하는 것은 헌법상 사생활의 비밀과 자유를 과도하게 제한하는 행위에 해당한다고 판단하였다(국가인권위 2019. 1. 30.자 18진정0513000 결정). 24시간 영상계호의 지속 여부를 결정할 때에는 인성검사 결과 및 수용생활 태도를 종합적으로 검토하여 합리적으로 판단하여야 하며, 이러한 판단은 정기적으로 재평가 되어야 한다는 것이다.

한편, 헌법재판소는 '24시간 CCTV를 통한 감시'가 헌법에 위반되지 않는다고 판단하였다. 다만 이러한 결정에서도 재판관 5인의 위헌의견은 "수형자를 24시간 CCTV로 감시하는 것은 수형자의 사생활에 극심한 제약을 주는 것"이라는 입장이다(헌재 2008. 5. 29. 선고 2005헌마137등 전원재판부 결정).

이러한 일련의 결정을 거쳐서 형집행법은 "전자영상장비로 거실에 있는 수용자를 계호하는 것은 자살등의 우려가 큰 때에만 할 수 있다"는 내용으로 개정되어(제94조 제1항 단서), CCTV를 통한 계호에 대해서 제한을 두게 되었다.

3. 해외사례 및 국제인권법 검토

미국, 영국, 독일, 네덜란드의 경우 수용자가 임의로 취침 전에 소등을 할 수 있고 야간 근무직원이 필요시 전등을 켜서 수용자 시찰을 하고 있다고 알려져 있다.

특히 미국의 경우에는 야간점등행위가 위헌이라고 본 하급심 판결례가 존재한다. "수용자를 지속적인 조명 속에서 생활하게 함으로써 신체적, 정신적 피해를 입도록 하는 것은 정당성이 인정되지 않는다"는 것이다(LeMaire v. Maass, 745 F. Supp. 623 (D. Or. 1990)).

국제인권법적으로 살펴보면, 국제행형개혁위원회(Penal Reform International)는 인공조명의 스위치가 수용거실 내부에 있어야 함을 강조하고 있다. 수용거실 안에서 수용자들이 스스로 불을 켜고 쓸 수 있는 자유가 없다면 불필요하게 수용자들에게 무력감과 고통을 줄 수 있다는 것이다.

III. 결론

위와 같은 내용을 종합하여 볼 때, 모든 수용거실에 대해서 야간조도의 기준을 '60룩스 이하'로만 정하고 있는 '법무시설 기준규칙'은 위헌의 소지가 다분하다고 판단된다. 수용자의 수면권과 최소침해의 원칙에 비추어 볼 때, 원칙적으로는 조명의 스위치를 수용거실 내부에 두어 수용자가 임의로 소등을 할 수 있도록 하는 것이 타당하다. 또한 예외적으로 야간점등이 허용된다고 하더라도, 현저히 교정사고의 우려가 있는 자 등의 거실에 한해 점등이 이루어져야 한다. CCTV 영상계호의 기준에 준해서 '자살 등의 우려가 큰 때에만' 야간점등을 하도록 기준을 정하는 것도 설득력이 있다. 절차적으로는 야간점등의 필요성이 주기적이고 개별적으로 검토되어야 한다.

그럼에도 불구하고 대상판례는 '법무시설 기준규칙'의 위헌성에 대해서 구체적인 판단 없이 만연히 이를 판단의 주요 논거로 삼았다는 점에서 한계가 있다.

[후속논의]

야간조도의 상한치를 '60룩스'로 정하는 것이 타당한지에 대해서는 추가적인 논의가 필요하다. 관련 법령의 조도기준을 살펴보면, '인공조명에 의한 빛공해 방지법' 및 그 하위법령은 조명의 종류에 따라 다소간의 차이는 존재하나, 주거지역에서의 공간조명과 옥외광고조명에 대한 허용기준을 10룩스 이하로 규정하고 있다. 그리고 '소방시설 설치 및 관리에 관한 법률' 및 그 하위법령은 비상조명등의 조도기준을 1룩스 이상으로 정하고 있다. 무드등이나 수유등과 같은 희미한 방조명이 3~5룩스 정도임을 감안할 때, 이를 다소 상회하는 정도의 조명이 주거장소에서 일응 용인되는 수준의 조도라고 볼 수 있으나, 이에 대해서는 보다 상세한 후속 논의가 필요할 것이다.

[참고문헌]
- Penal Reform International, Making standards work – an international handbook on good prison practice, 1995.
- 최영신 외, 재범방지를 위한 교정보호의 선진화 방안 연구(III) – 교정처우의 국제규범 이행실태와 개선방안, 한국형사정책연구원, 2014.
- Lauren Jaech, Obstacles to Proving 24 – Hour Lighting is Cruel and Unusual Under Eighth Amendment Jurisprudence, 97 Wash. L. Rev. 1087, 2022.

[이상현 변호사(공익법단체 두루)]

대상	손해배상(기) (원고일부승)
	[1심] 부산지법 2017. 11. 23. 선고 2016가합47921 판결 (원고일부승)
	[2심] 부산고법 2019. 8. 22. 선고 2017나58888 판결 (원고일부승)
참조1	2019년 교정시설 방문조사에 따른 수용자 인권증진 개선 권고
	국가인권위 2019. 12. 26.자 19방문0000100 결정
참조2	교정시설내 난방시설설치 부작위 위헌확인 (각하)
	헌재 2012. 5. 8. 선고 2012헌마328 결정 (각하)

[사실관계]

원고들은 피고 대한민국 산하 부산교도소에 수감되어 있던 F와 G의 형제 또는 모(母)인 사람들이다. F는 평소 당뇨, 고혈압, 신장질환 등의 지병과 뇌경색 전력이 있는 사람으로 2014. 7. 1. 부산교도소에 입소했다. F는 2016. 8. 17. 다른 수용자로부터 폭행을 당하여 상해를 입은 뒤 조사거실에 분리수용되었다. F는 2016. 8. 19. 06:00경 40.5℃의 고열로 조사거실 바닥에 쓰려져 병원에 후송되었으나, 06:58경 대학병원으로 재후송되었고 09:23경 사망했다. G는 평소 뇌전증, 당뇨, 좌안 실명, 좌2,3 수지 절단 등 지병을 가진 지적장애 3급 장애인으로 2014. 12. 2. 부산교도소에 입소하여 치료거실에 수용 중이었다. G는 2016. 8. 9. 동료와의 다툼이 있어 조사거실에 분리수용되었다. G는 2016. 8. 18. 09:00 체온 39.9℃에 이르고 의사소통이 안 되는 등 상태가 좋지 않아 09:12경 병원으로 후송되었다. 이

후 대학병원으로 이송되었고 치료를 받던 중 2016. 8. 20. 07:52경 사망했다. F와 G에 대한 부검소견에는 공통적으로 열사병의 가능성이 있었다. 한편 부산교도소 조사거실은 출입구를 닫을 경우 거의 통풍이 되지 아니했고, 선풍기가 설치되어 있지 않았으며, 화장실에 샤워시설이 없었다. 부산의 2016. 8. 7.부터 2016. 8. 20.까지의 최고기온은 30.9℃에서 37.3℃였다. 원고들은 2016. 9. 2. 피고 대한민국을 상대로 F와 G의 사망에 대한 손해배상을 청구하는 소를 제기했다.

[판결요지]

[1] 날씨가 무더운 상황에서 바람도 통하지 않는 비좁은 조사거실에 수용된 망인들을 수용·관리하는 교도관들로서는 보다 주의를 기울여서 CCTV계호 또는 순찰을 통하여 망인들의 거동과 상태를 세심하게 관찰하는 등 사망에 이르는 사고를 미연에 방지하여야 할 주의

의무가 있음에도 이를 게을리한 과실이 있고, 위 과실이 원인이 되어 망인들이 사망에 이른 것으로 보인다. 따라서 피고는 피고 소속 공무원인 부산교도소의 근무 교도관들의 직무집행상 과실로 인하여 망인들과 원고들이 입은 손해를 배상할 책임이 있다.

[2] F는 평소 당뇨, 고혈압이 있고 일반 보통사람보다 비만이어서 더욱더 열사병에 취약했을 것으로 보이고, G는 뇌전증과 당뇨가 있었고 향정신성 약물인 할로페리돌(그 부작용으로 발열증상이 있다)을 복용하고 있어 열사병에 취약했을 것으로 보이는 점, ② 망인들은 사리판단을 할 수 있는 정도의 의사능력을 가지고 있었음에도 자신들의 건강에 대한 이상 증후를 곧바로 교도관에게 알리고 조치를 취해줄 것을 요청하지 아니한 점, ③ 망인들에게 긴급한 이상 증후가 발견된 이후에는 교도관들이 신속하게 외부병원에 후송하는 등 피해를 최소화하기 위한 노력을 한 것으로 보이는 점 등을 고려하면, 피고의 책임을 60%로 제한함이 상당하다.

[해설]

I. 들어가며

대상판결은 2016년 부산교도소에서 하루 간격으로 열사병으로 사망한 두 수용자의 유족들이 제기한 국가배상청구를 인용한 판결이다. 1심 판결은 교도관들의 직무집행상 과실을 인정하여 손해배상책임을 인정했지만 피고 대한민국의 책임을 60%로 제한했다. 2심 판결은 1심이 인정한 기초사실 및 손해배상책임의 발생을 그대로 인용한 뒤 손해배상책임의 범위(일실수입, 위자료, 상속분 등의 계산)만을 달리 판단했다. 이하에서는 대상판결이 손해배상책임의 발생을 인정한 이유를 상세히 검토한다.

II. 대상판결에 대한 해설 및 평가

1. 책임의 발생

대상판결은 부산교도소가 수용시설에 부채 지급, 냉수욕 실시, 주간 상의 탈의, 주간 반바지 착용, 혹서기 얼음물 제공 등을 내용으로 하는 하절기 교정사고 예방 등 수용관리 계획 지침을 수립하여 실시한 사실을 인정했다.

그러나 대상판결은 위 사실에도 불구하고 ① 망인들이 지나치게 좁은 면적에 과밀하게 수용되어 있었던 점, ② 망인들의 행위가 조사거실에의 수용사유에 해당하더라도 지병 등을 고려했을 때 조사수용에 앞서 의무관 등의 대면진단을 시행했어야 했다는 점, ③ 조사거실의 환경이 선풍기가 설치되어 있지 않고 환기가 되지 않는 구조였기 때문에 교도관이나 의무관들로서는 망인들이 열사병에 노출되리라는 것을 충분히 예측할 수 있었던 점, ④ 부채를 지급했지만 조사거실의 환경에서 부채만으로 더위를 견디기는 기대하기 어려운 점, ⑤ 일부 시기만 조사거실 수용을 피하거나 취약한 수용자들은 분리수용을 연기하는 등의 조치를 취할 여지도 있었던 점에서 부산교도소 소속 교도관들이 직무상 주의의무를 게을리한 과실이 있고, 그로 인하여 망인들이 사망했다고 판단하며 국가의 손해배상책임을 인정했다. 대상판결은 원고들의 구제와 더불어 혹서기에 있어 교정시설의 관리자에게 인정되는 안전확보의무의 내용을 구체화했다는 점에서도 의미가 있다.

2. 책임의 제한

대상판결은 ① 망인들이 평소 지병을 앓아왔기 때문에 열사병에 취약했을 것으로 보이는 점, ② 망인들이 자신들의 건강에 대한 이상 증후를 곧바로 교도관에게 알리고 조치를 취해줄 것을 요청하지 아니한 점, ③ 이상 증후가 발견된 이후에는 피해를 최소화하기 위한 노력을 한 것으로 보이는 점 등을 고려하여 피고 대한민국의 책임을 60%로 제한했다.

대상판결이 ① 망인들이 평소 지병을 앓아왔기 때문에 열사병에 취약했을 것으로 보이는 점, ② 망인들이 자신들의 건강에 대한 이상 증후를 곧바로 교도관에게 알리고 조치를 취해줄 것을 요청하지 아니한 점을 피고 대한민국의 책임을 제한하는 사정으로 고려한 것은 피해자에게 책임을 전가하는 것과 다름없어 보이는데 타당한지 의문이다.

III. 나가며

대상판결은 2016년 부산교도소에서 하루

간격으로 발생한 두 수용자의 사망이 국가의 책임이라는 점을 확인했다는 점, 혹서기 교정시설 관리자의 안전확보의무의 구체적 내용을 설시하였다는 점에서 의의가 있다. 다만 대상판결은 교정시설 내 적정 실내온도를 유지해야 할 국가의 의무에 관해서는 검토하지 않았는데, 이 역시 교정시설 관리자에게 안전확보의무의 내용으로서 인정될 필요가 있다고 생각한다.

[후속논의]

대상판결에서 망인들의 안타까운 사망은 근본적으로 교정시설 내 적정 실내온도가 보장되지 않았기 때문이다. 교정시설 내 적정 실내온도의 유지가 수용자의 생명과 건강 등 권리의 보호와 직결된 문제라는 시각에서 논의가 필요하다. 관련하여 헌법재판소는 2012년 헌법의 명문상으로나 해석상으로도 충분한 난방시설을 설치할 작위의무를 인정할 수 없다는 다소 납득하기 어려운 결정을 했다(헌재 2012. 5. 8. 선고 2012헌마328 결정). 이러한 헌법재판소의 견해와 달리 넬슨만델라규칙, 고문방지협약 등 국제인권기준은 적정 실내온도의 보장이 수용자의 권리이자 국가의 의무로 이해하고 있다. 한편 미국에서는 적정 실내온도와 관련한 소송이 제기되고 법원의 명령으로 이어지기도 했는데(Jones El v. Berge, US Court of Appeals, 7th Circuit, July 02, 2004 등), 이러한 사례들에 대한 분석과 연구도 필요할 것이다.

형집행법 제6조 제2항은 "교정시설의 거실·작업장·접견실이나 그 밖의 수용생활을 위한 설비는 그 목적과 기능에 맞도록 설치되어야 한다. 특히, 거실은 수용자가 건강하게 생활할 수 있도록 적정한 수준의 공간과 채광·통풍·난방을 위한 시설이 갖추어져야 한다"라고 규정하고 있을 뿐 그 기준을 정하지 않고 있다. 그 결과 혹서기와 혹한기에 적정 실내온도가 보장되지 않는 상황이 방치되고 있다. 이러한 상황에서 국가인권위원회가 2019. 12. 적정 실내온도 법제화를 권고했지만(국가인권위 2019. 12. 26.자 19방문0000100 결정), 법무부는 2020. 7. 위 권고의 수용을 거부한 상황이다. 적정 실내온도 법제화의 필요성과 입법의 구체적 내용에 대한 지속적 연구와 논의가 필요하다.

[참고문헌]
• The University of Texas School of Law Human Rights Clinic, DEADLY HEAT IN U.S. (TEXAS) PRISONS, 2014.
• Penal Reform International et al, Guidance Document on the Nelson Mandela Rules, 2018.
• 금용명, 교정학: 행형론과 수용자 처우, 박영사, 2021.

[서채완 변호사(민주사회를 위한 변호사모임)]

[07] 교정시설 내 과밀수용 행위의 국가배상책임

대상	손해배상(기) (원고일부승)
	[1심] 부산지법 2014. 2. 20. 선고 2011가합13633 판결 (원고패)
	[2심] 부산고법 2017. 8. 31. 선고 2014나50975 판결 (원고일부승)
	[3심] 대법 2022. 7. 14. 선고 2017다266771 판결 (상고기각)
참조	구치소 내 과밀수용행위 위헌확인 (인용(위헌확인))
	헌재 2016. 12. 29. 선고 2013헌마142 전원재판부 결정 (인용(위헌확인)) **(2017지방7급 / 2019 지방7급)**

[사실관계]

피고는 원고 1을 1인당 공간이 1.44~2.16㎡에 불과한 혼거실에 수용하고, 원고 2를 2008. 6. 19.부터 1인당 공간이 0.84~2.44㎡에 불과한 혼거실 또는 1인당 공간이 1.25~2.54㎡에 불과한 징벌실이나 조사실에 수용하는 등 원고들을 1인당 공간이 2.58㎡에 미치지 못하게 과밀수용하였다. 또한 피고는 ① 원고들이 수용된 수용거실의 냉난방, 채광, 통풍이 제대로 되지 아니하여 위생상 문제를 발생시켰으며, ② 제한된 공간에서의 집단생활로 말미암은 심리적 압박과 긴장, 불안 등으로 인해 정신적·육체적 질병이 발생할 위험이 큼에도 원고들에 대한 진료와 치료를 방치하였다. 이로 인해 원고들은 사생활을 보호받을 수 없고, 충분한 숙면공간을 확보하지 못하는 등의 정신적·육체적 고통을 겪어야만 했고, 특히 원고 2의 경우는 공황장애 증상이 발생·확대되었다.

[판결요지]

모든 국민은 인간으로서의 존엄과 가치를 가지며, 국가는 개인이 가지는 불가침의 기본적 인권을 보장할 의무를 진다(헌법 제10조). 국가가 형벌권을 행사하여 수용자를 교정시설에 수용하는 과정에서 수용자의 기본권을 일정한 범위에서 제한할 수밖에 없다고 하더라도, 국가는 수용자가 인간으로서 가지는 존엄과 가치를 침해하여서는 아니된다(헌재 2016. 12. 29. 선고 2013헌마142 전원재판부 결정). 형집행법에 의하면 수용자의 인권은 최대한 존중되어야 하고(제4조), 교정시설의 거실·작업장·접견실이나 그 밖의 수용생활을 위한 설비는 그 목적과 기능에 맞도록 설치되어야 하며, 특히 거실은 수용자가 건강하게 생활할 수 있도록 적정한 수준의 공간과 채광·통풍·난방을 위한 시설이 갖추어져야 한다(제6조 제2항). 따라서 국가가 인간의 생존에 필요한 필수적이면서 기본적인 시설이 갖추어지지 않은 교정시설에 수용자를 수용하는 행위는 수용자의 인간으로서의 존엄과 가치를 침해하는 것으로서 위법한 행위가 될 수 있다(비록 형집행법이 2007. 12. 21. 법률 제8728호로 전부 개정되어 2008. 12. 22. 시행되기 이전 구 행형법에서는 교정시설의 설비 수준에 관한 형집행법 제6조 제2항과 같은 규정을 두지 않았고, 단지 제1조의3에서 "수용자의 기본적 인권은 최대한 존중되어야 한다"는 취지의 규정만 두고 있었더라도, 수용자의 인간으로서의 존엄과 가치는 헌법상 보호되는 것인 점을 고려하면, 위와 같은 내용은 구 행형법이 시행되던 시기에도 마찬가지라고 보아야 한다). 교정시설 수용행위로 인하여 수용자의 인간으로서의 존엄과 가치가 침해되었는지 여부는 수용 거실의 수용자 1인당 수용면적, 수용자에게 제공되는 의류, 침구, 음식, 식수 및 기타 영양 상태, 채광·통풍·냉난방 시설 및 기타 위생시설의 상태, 수용자가 거실 밖에서 자유로이 운동하거나 활동할 수 있는 시간과 장소의 제공 정도, 교정시설의 의료 수준 등 수용자의 수용 환경에 관한 모든 사정을 종합적으로 고려하여 판단하여야 한다. 그런데 수용자가 하나의 거실에 다른 수용자들과 함께 수용되어 그 거실 중 화장실을 제외한 부분의 1인당 수용면적이 인간으로서의 기본적인 욕구에 따른 일상생활조차 어렵게 할 만큼 협소하다면, 그러한 과밀수용 상태가 예상할 수 없었던 일시적인 수용률의 폭증에 따라 교정기관이 부득이 거실 내 수용 인원수를 조정하기 위하여 합리적이고 필요한 정도로 단기간 내

에 이루어졌다는 등의 특별한 사정이 없는 한, 그 자체로 수용자의 인간으로서의 존엄과 가치를 침해한다고 봄이 타당하다. 한편, 국가배상책임에서 공무원의 가해행위는 법령을 위반한 것이어야 하는데, 여기서 법령을 위반하였다 함은 엄격한 의미의 법령 위반뿐 아니라 인권존중, 권력남용금지, 신의성실과 같이 공무원으로서 마땅히 지켜야 할 준칙이나 규범을 지키지 않고 위반한 경우를 포함하여 널리 그 행위가 객관적인 정당성을 결여하고 있음을 뜻한다(대법 2020. 4. 29. 선고 2015다224797 판결 등). 따라서 교정시설 수용행위로 인하여 수용자의 인간으로서의 존엄과 가치가 침해되었다면 그 수용행위는 공무원의 법령을 위반한 가해행위가 될 수 있다(대법 2018. 10. 25. 선고 2013다44720 판결). 대상판례의 원심은 피고가 원고들을 수용자 1인당 도면상 면적이 2㎡ 미만인 거실에 수용한 행위는 인간으로서의 존엄과 가치를 침해하여 위법한 행위라는 이유로, 피고는 원고들에게 국가배상법 제2조 제1항에 따라 원고들이 입은 정신적 손해를 배상할 의무가 있다고 판단하였다. 원심판결 이유를 앞서 본 법리에 비추어 살펴본다. 수면은 인간의 생명 유지를 위한 필수적 행위 중 하나인 점, 관계법령상 수용자에게 제공되는 일반 매트리스의 면적은 약 1.4㎡인데(형집행법 시행규칙 제7조 제2호, 제9조, '수용자 피복관리 및 제작·운용에 관한 지침' 제2조 [별표 7] 제2항 등), 이는 수용자 1인당 수면에 필요한 최소한의 면적으로 볼 수 있는 점, 교정시설에

설치된 거실의 도면상 면적은 벽, 기둥의 중심선으로 둘러싸인 수평투영면적(건축법 시행령 제119조 제1항 제3호)을 의미하는데, 벽, 기둥 외의 실제 내부 면적 중 사물함이나 싱크대 등이 설치된 공간을 제외하고 수용자가 실제 사용할 수 있는 면적은 그보다 좁을 수밖에 없는 점 등을 고려하면, 원심 판결 이유에 일부 적절하지 않은 부분이 있으나, 원심이 수용자 1인당 도면상 면적이 2㎡ 미만인 거실에 수용되었는지를 위법성 판단의 기준으로 삼아 피고의 원고들에 대한 국가배상책임을 인정한 것은 수긍할 수 있다. 또한 원심이 명확히 판시하지는 않았으나, 피고의 위와 같은 수용행위는 결국 교정공무원의 수용행위를 가리킨다고 이해할 수 있다. 결국 원심 판단에 상고이유 주장과 같이 국가배상책임의 성립 요건과 객관적 정당성, 위법한 과밀수용의 기준 등에 관한 법리를 오해하거나 필요한 심리를 다하지 아니하는 등의 잘못이 없다.

[해설]

대법원이 2022. 7. 14. 선고한 교정시설의 과밀수용에 대한 수용자에 대한 국가의 배상책임을 인정한 2017다266771 판결은 그 시사하는 바가 매우 크다. 특히 그동안 법무부는 교정시설의 노후화와 지역 이기주의로 인한 교정시설 신축 어려움 등으로 과밀수용이 불가피하다는 논리를 들어왔다. 그러나 대법원의 이 판결은 법무부의 논리가 더 이상 과밀수용을 합리화하는 근거로 활용될 수 없다는

것을 의미한다. 즉 과밀수용의 문제를 시설환경의 문제가 아닌 헌법이 보장하는 인간으로서의 존엄과 가치가 침해되었는지 여부의 문제, 즉 기본권 침해 문제로 인식하고 있음을 확인하고 있는 것이다. 이 판결의 요지는 첫째, 교정시설 수용행위로 인간으로서의 존엄과 가치의 침해 여부는 모든 사정을 고려하여 판단한다. 둘째, 그런데 과밀수용이 부득이한 사정에 의하여 단기간이나 일시적인 것이 아니었다면 인간으로서의 존엄과 가치가 침해된 것이며, 셋째, 국가배상책임에서 공무원의 가해행위는 법령 위반뿐 아니라 그 행위가 객관적인 정당성을 결여하고 있다면 인정된다는 것이다.

위 대법원 판결과 관련하여 헌법재판소의 2016. 12. 29. 선고 2013헌마142 전원재판부 결정을 살펴볼 필요가 있다. 왜냐하면 위 대법원 판결에서 과밀수용여부를 판단하는 기준을 위 헌재 결정에서 제시하고 있기 때문이다. 무엇보다 위 헌재 결정 이전에 그동안 헌법재판소는 인간의 존엄과 가치를 헌법상의 기본원리이자 주관적 기본권으로 인식은 하면서도 그 침해 여부 및 침해 여부를 판단하는 구체적인 기준을 제시한 경우는 매우 드물었다. 그러던 중 위 2013헌마142 결정에서 헌재는 획기적으로 인간의 존엄과 가치 침해를 직접 주된 심판기준으로 삼아 그 침해를 이유로 위헌 결정함으로서 그동안 지속적으로 문제가 되어 온 교정시설 내 과밀수용행위의 반복을 막고, 구체적인 필요 면적과 개선 기한

까지 제시함으로써 수용 환경의 구체적 개선을 강력히 요구하였다. 다만 위 사건에서 헌재의 보충의견은 국가는 수형자가 수용생활 중에도 인간으로서의 존엄과 가치를 지킬 수 있도록 교정시설 내에 수형자 1인당 적어도 2.58㎡ 이상의 수용면적을 확보하여야 한다고 판시하였는데, 이는 국제기준에 비하여 턱없이 협소하다는 지적이 있다. 비교법적으로 보면, 독일 연방헌법재판소는 7.6㎡ 내지 8.0㎡의 독거실에 2인이 수용된 경우 인간의 존엄성을 침해한다고 판단하였고, 프랑크푸르트 주 상급법원(OLG Frankfurt)은 11.54㎡의 거실에 3명을 수용한 것은 인간의 존엄에 반한다고 판시하면서 수형자 개인을 위한 최소한의 기준을 바닥면적 6~7㎡, 전체 공간 16㎥으로 판단한 바 있다. 또한 독일 행형법에 수형자 개인의 거실 최소 면적에 대한 명문의 규정을 두고 있지는 않으나, 제3조 제1항에서 "행형에서의 생활은 일반적 생활관계와 가능한 한 유사하여야 한다"고 하여 수형자들에게 도움이 되지 않는 수형생활의 특별한 요소들을 가능한 배제하여 수형시설 내의 생활이 일반적 사회생활과 필요 이상으로 차이가 나지 않도록 하여야 할 유사성 원칙을 의무로 부과하는 등, 최소한의 수형자의 생활 조건에 대한 의무 규정을 마련하고 있다. 미국의 경우, 과밀수용에 따른 열악한 구금조건으로 집단소송이 제기되었고 1990년대에 이르러 5개 주를 제외한 모든 주들이 잔인하고도 비인간적인 처우를 금지하는 헌법 조항 위배의 구금 조건

들로 인해 재소자들에게 패소함으로써, 연방법원의 시정 명령을 받은 바 있다.

2016년도 헌법재판소의 위헌 선언으로 향후 교정행정에서 과밀수용의 반복을 막고, 수용환경의 개선까지 기대할 수 있게 되었지만, 여러 물리적, 시간적, 예산상 등의 이유로 이와 같은 기준이 지켜지지 않던 중 이번 대법원 판결이 쐐기를 박은 것이다. 위 사건에서 대법원은 헌재 결정을 참작하여 국가는 수형자가 수용생활 중 인간으로서의 존엄과 가치를 지킬 수 있도록 교정시설 내에 수형자 1인당 적어도 2㎡ 이상의 수용면적을 확보하여야 한다고 판시하였다. 아쉬운 점은, 위 면적이 국제기준은 물론이고, 헌재의 보충의견이 판시한 기준인 2.58㎡에도 미치지 못하고 있다는 점이다. 물론 국가배상청구의 인용요건 기준이기에 더욱 엄격히 판단하였을 것이라는 점을 차치하더라도, 대법원이 사회심리학적 요인보다는 행형법학적 요인, 그중에서도 형식적 이해방법을 통하여 최소한의 면적 확보로만 과밀수용 문제에 접근하고 있다는 인상을 준 것은 비판의 여지가 있다. 교정시설에서 국가가 1인당 최소수용면적을 보장하는 것은 보편적 인권을 보장하기 위한 핵심적인 요소라 할 수 있으며, 최근 유럽인권재판소 또한 사실상 공간 그 자체가 과밀을 나타내는 중심요인이 될 수 있다고 강조한 바 있다. 그 점에서 1인당 수용면적의 충분한 확보는 재소자에 대한 최소한의 인간으로서의 존엄과 가치를 보전해주기 위한 선결 과제에 해당한

다. 나아가, 과밀의 정도를 수용자를 재사회화한다는 교정의 궁극적 목적에 부합할 수 있는가를 놓고 판단한다면, 과밀수용에 관한 평가에 있어 수용자 1인당 면적의 협소함과 함께 구체적인 개별 사안에 따른 행정적 이익, 보안, 경제(예산) 및 수용자 개인의 인권과 같은 다양한 요소를 보다 충분히 고려해야 할 것이다.

[후속논의]

과밀수용에 관한 평가에 있어 수용자 1인당 면적의 협소함과 함께 개별 사안에 따라 행정적 이익, 보안, 경제 및 수용자 개인의 인권과 같은 다양한 측면을 고려하는 것이 마땅하다. 인간으로서의 존엄과 가치는 최고의 헌법 원리이자 핵심 기본권으로서, 과밀수용으로 인한 인권침해 및 사회적 비용 증가는 반드시 해결하여야 한다. 무엇보다, 대상 대법원 판결의 취지는 사회적 처우에도 확장될 수 있다. 현행 형집행법은 귀휴, 봉사활동 및 사회견학을, 시행령에 귀휴를, 시행규칙에서 사회견학, 사회봉사, 자신이 신봉하는 종교행사 참석 및 연극, 영화, 그 밖의 문화공연 관람 등을 교정시설 밖에서 할 수 있다고 규정하고 있다. 또한 별도로 귀휴의 허가 및 취소 규정도 두고 있다. 이와 같은 법적 근거를 바탕으로 사회적 처우 요건을 갖춘 개방처우급 및 완화경비처우급의 수형자들이 계호 인력 부족이나 시설 부족 등을 이유로 귀휴, 가족, 친지와의 만남의 날이나 가족과의 만남의 집 행사 등에 참여할 기회를 장기간 차단당하는 경우가 발생하고 있는바, 이 점 역시 헌법이 보장하는 인간의 존엄과 가치 및 행복추구권을 침해하는 것으로 볼 수도 있다. 나아가 장기간 과밀수용의 국가배상책임의 근거가 된 헌법 제10조(행복추구권), 형집행법 제4조(인권존중), 국가배상법 제2조 이외에도 형집행법 제57조 제3항, 제4항 및 제5항의 규정을 들어 수형자의 인권침해에 대한 국가배상책임을 추가로 물을 수도 있다고 사료된다. 따라서 기본적으로 수형자에게 보다 적극적이며, 다양한 사회적 처우의 기회가 부여되어야 할 것이며, 또한 일반경비처우급 수형자에게도 사회적 처우 중 가족만남의 날이나 가족만남의 집 등의 기회가 보다 더 확대될 수 있도록 시설 확보와 허가의 조건을 완화할 필요가 있다.

[참고문헌]
- 국가인권위원회, 교정시설 과밀수용 환경개선 직권조사, 2013.
- 윤옥경, 교도소 과밀이 수형자 규율위반 행동에 미치는 영향에 관한 실증연구, 교정연구 제58호, 한국교정학회, 2013.
- 안성훈 외, 교정시설에서의 과밀수용 현상과 그 대책에 관한 연구, 한국형사정책연구원, 2016.
- 성중탁, 우리나라 교정시설의 과밀수용 문제와 그 해결 방안, 행정판례연구 22−1, 한국행정판례연구회, 박영사, 2017.

[성중탁 교수(경북대학교 법학전문대학원)]

제2절
수용과 이송

---

[01] 원상회복이 불가능한 이송처분에 대한 취소소송에서 소의 이익

대상	이송처분취소 (각하)
	[1심] 전주지법 2003. 4. 17. 선고 2002구합1103 판결 (원고패)
	[2심] 광주고법 2003. 8. 21. 선고 2003누536 판결 (항소기각)
	[3심] 대법 2004. 12. 9. 선고 2003두11094 판결 (파기자판(각하))

[사실관계]

원고는 2001. 1. 31. 공주교도소로부터 전주교도소로 이송되었다. 피고 전주교도소장은 2002. 5. 1. 교화 기타 처우상 특히 필요하다는 이유로 원고를 목포교도소로 다시 이송(이하 '이 사건 이송처분')했다. 그 후 원고는 목포교도소에서 광주교도소로, 광주교도소에서 안양교도소로, 다시 안양교도소에서 원주교도소로 각 이송되어 현재 원주교도소에 수용되어 있다. 이 사건 이송처분 후의 각 이송처분(이하 '후행의 각 이송처분')은 원고에 의한 불복이 없어 제소기간이 경과되었다.

[판결요지]

위법한 행정처분의 취소를 구하는 소는 위법한 처분에 의하여 발생한 위법상태를 배제하여 원상으로 회복시키고 그 처분으로 침해되거나 방해받은 권리와 이익을 보호·구제하는 소송이므로, 비록 그 위법한 처분을 취소한다 하더라도 원상회복이 불가능한 경우에는 그 취소를 구할 법률상의 이익이 없다(대법 1996. 11. 29. 선고 96누9768 판결).

후행의 각 이송처분은 이 사건 이송처분과는 처분권자, 처분일시, 처분내용이 각각 다른 별개의 법률효과를 발생시키는 독립된 행정처분으로서 이 사건 이송처분이 무효라고 볼 수 없는 이 사건에서 그 흠을 이유로 제소기간이 경과하여 그 위법성을 다툴 수 없게 된 후행의 각 이송처분의 위법을 주장할 수 없고, 나아가 후행의 각 이송처분을 무효라고 볼 수 없는 이상 이 사건 이송처분이 취소된다고 하여 후행의 각 부분에 의하여 이송된 원고가 원래대로 복귀할 수 없게 되었다 할 것이므로, 원고로서는 이 사건 이송처분의 취소를 구할 법률상의 이익이 있다고 할 수 없다.

[해설]

대상판결은 원상회복이 불가능한 경우 위법한 행정처분의 취소를 구할 소의 이익이 없다는 대법원 판례의 확립된 법리를 이송처분의 경우에도 적용해 후행이송처분에 불가쟁력이 발생한 경우 이송처분의 취소를 구할 소의 이익이 없다고 판단하였다.

I. 소의 이익에 대하여

대법원은 위법한 행정처분의 취소를 구하는 소는 위법한 처분에 의하여 발생한 위법상태를 배제하여 원상으로 회복시키고, 그 처분으로 침해되거나 방해받은 권리와 이익을 보호 구제하고자 하는 소송이므로, 비록 그 위법한 처분을 취소한다고 하더라도 원상회복이 불가능한 경우에는 그 취소를 구할 이익이 없다(대법 1995. 7. 11. 선고 95누4568 판결)고 보고 있다. 이에 따라 대법원은 처분이 취소된다 해도 원상회복이 불가능하다면 소의 이익

을 인정하지 않고 있다(각하판결). 대상판례도 위 대법원 판례의 취지를 그대로 따라 소의 이익을 인정하지 않았다.

II. 비판: 후행의 이송처분들을 모두 다투지 않는 한 선행의 이송처분을 다툴 소의 이익이 없어지는 결과가 됨

대법원은 취소를 구하는 이송처분과 후행의 이송처분은 별개의 독립한 행정처분이라고 보고 있다. 이송처분을 하는 교정기관의 장(각 교도소장)이 처분권자이므로 각 이송처분은 모두 처분권자가 다르고 이송의 사유도 다른 점을 감안한 것으로 보인다.

그런데 이와 같이 각 이송처분을 모두 별개의 독립한 행정처분이라고 보는 경우에는 선행의 이송처분(본 사안에서 전주교도소에서 목포교도소로 이송한 처분)을 다투던 중 후행의 이송처분(목포교도소에서 광주교도소로 이송하는 처분)이 있게 된다면 선행의 이송처분을 다투던 재소자로서는 후행의 이송처분이 취소되지 않는 이상(즉, 광주교도소에서 원래의 교도소인 목포교도소로 이송되지 않는 이상) 선행의 이송처분을 아무리 다투어도 광주교도소, 안양교도소, 원주교도소로 이송된 처분 중 어느 한 처분에만 불가쟁력이 발생하거나, 처분이 적법하다고 판단되면 선행의 이송처분을 다툴 소의 이익이 없다는 결론에 이르게 된다.

이런 대상판례의 취지를 일관하게 되면 만약 재소자가 이송처분의 취소를 구하는 쟁송

을 제기하는 경우 해당 재소자를 다시 다른 곳으로 이송처분하면 그 쟁송을 무력화할 수 있는 결과가 된다.

따라서 재소자로서는 후행의 이송처분에 불가쟁력이 생기지 않도록 후행의 이송처분이 있을 때마다 쟁송을 해야 하는데 선행의 이송처분과 후행의 이송처분이 별개의 독립한 행정처분이라는 것이므로 후행의 이송처분이 적법하다면 선행의 이송처분을 다투는 것은 소의 이익이 없다는 결과가 된다.

결과적으로 재소자는 후행 이송처분이 있을 때마다 그 후행 이송처분에 불가쟁력이 발생하지 않도록 쟁송을 해야 한다는 결론이 된다. 선행의 이송처분을 다투는 도중 다른 곳으로 이송되면 새로이 별소를 제기하여야 하고 이에 따라 무익한 처분과 소송이 반복될 가능성이 생긴다. 이는 재소자가 권리구제를 위해 무용한 소송을 반복하도록 한다는 점에서 국민의 권리구제에 전혀 도움이 되지 않는다.

무익한 처분과 소송이 반복될 가능성이 있는 사안에서 대법원은 "법원이 선행처분의 취소를 구할 법률상 이익을 긍정하여 그 위법성 내지 하자의 존재를 판결로 명확히 해명하고 확인하여 준다면 위와 같은 구체적인 침해의 반복 위험을 방지할 수 있고 국민의 권리구제에 도움이 된다"(대법 2007. 7. 19. 선고 2006두19297 전원합의체 판결)고 판시하고 있는데 본 사안에서도 선행처분의 취소를 구할 법률상 이익을 긍정하는 것이 바람직하다고 생각한다.

III. 소의 이익 인정 필요성 및 실무적 대처 방안

1. 소의 이익을 인정할 필요성

행정처분의 무효 확인 또는 취소를 구하는 소가 제소 당시에는 소의 이익이 있어 적법하였는데, 소송계속 중 해당 행정처분이 기간의 경과 등으로 그 효과가 소멸한 때에 처분이 취소되어도 원상회복이 불가능하다고 보이는 경우라도, 무효 확인 또는 취소로써 회복할 수 있는 다른 권리나 이익이 남아 있거나 또는 그 행정처분과 동일한 사유로 위법한 처분이 반복될 위험성이 있어 행정처분의 위법성 확인 내지 불분명한 법률문제에 대한 해명이 필요한 경우에는 행정의 적법성 확보와 그에 대한 사법통제, 국민의 권리구제 확대 등의 측면에서 예외적으로 그 처분의 취소를 구할 소의 이익을 인정할 수 있다고 본 판결(대법 2020. 12. 24. 선고 2020두30450 판결)과 같은 취지에서 소의 이익을 전향적으로 인정할 필요가 있다고 생각한다. 같은 판결에서 대법원은 '그 행정처분과 동일한 사유로 위법한 처분이 반복될 위험성이 있는 경우'란 불분명한 법률문제에 대한 해명이 필요한 상황에 대한 대표적인 예시일 뿐이며, 반드시 '해당 사건의 동일한 소송 당사자 사이에서' 반복될 위험이 있는 경우만을 의미하는 것은 아니라고 판시한바, 같은 취지에서 본 사안에서도 예외적으로라도 소의 이익을 인정할 필요성이 있다.

2. 후행의 이송처분의 효력이 선행의 이송처분의 효력에 따라 달라지는 것으로 볼 여지에 대하여

대상판례는 선행의 이송처분과 후행의 이송처분이 별개의 독립한 행정처분이라고 보고 있다. 이런 이유에서인지 대상판례는 후행의 이송처분을 하는 처분권자의 처분권한이 선행의 이송처분에 대한 판결의 결과에 따라 달라질지 여부에 대해 아무런 판단을 하지 않았다.

그런데, 만약 선행의 이송처분이 적법하지 않다면 후행의 이송처분을 하는 수용시설의 장은 처분권한 없이 이송처분을 한 것으로 볼 여지가 있다. 만약 선행의 이송처분이 취소되고, 이에 따라 후행의 이송처분이 처분권한 없는 자에 의해 이루어진 것으로 판단한다면 후행의 이송처분에는 당연 무효의 하자가 있는 것으로 볼 수 있게 된다. 그렇다면 후행의 이송처분의 불가쟁력 발생을 이유로 선행의 이송처분의 소의 이익이 없다고 판단한 것은 문제가 있다고 해석할 여지가 생긴다.

대법원은, 행정청으로서는 선행처분이 적법함을 전제로 후행처분을 할 것이 당연히 예견되므로, 이러한 선행처분으로 인한 불이익을 선행처분 자체에 대한 소송에서 사전에 제거할 수 있도록 해 주는 것이 상대방의 법률상 지위에 대한 불안을 해소하는 데 가장 유효적절한 수단이 된다고 할 것이고, 또한 그 소송을 통하여 선행처분의 사실관계 및 위법 여부가 조속히 확정됨으로써 이와 관련된 장래의 행정작용의 적법성을 보장함과 동시에 국민생활의 안정을 도모할 수 있고 국민의 재판청구권을 보장한 헌법 제27조 제1항의 취지와 행정처분으로 인한 권익침해를 효과적으로 구제하려는 행정소송법의 목적 등에 비추어 행정처분의 존재로 인하여 국민의 권익이 실제로 침해되고 있는 경우는 물론이고 권익침해의 구체적·현실적 위험이 있는 경우에도 이를 구제하는 소송이 허용되어야 한다는 요청을 고려하면, 규칙이 정한 바에 따라 선행처분을 가중사유 또는 전제요건으로 하는 후행처분을 받을 우려가 현실적으로 존재하는 경우에는, 선행처분을 받은 상대방은 비록 그 처분에서 정한 제재기간이 경과하였다 하더라도 그 처분의 취소소송을 통하여 그러한 불이익을 제거할 권리보호의 필요성이 충분히 인정된다고 할 것이므로, 선행처분의 취소를 구할 법률상 이익이 있다고 보아야 한다고 판시한 바 있기도 하다(대법 2006. 6. 22. 선고 2003두1684 전원합의체 판결).

3. 실무적인 대처방안: 효력정지 신청과 후행 이송처분에 대한 쟁송 제기

대상판례가 소의 이익을 지나치게 소극적으로 인정하고 있고 이에 따라 이송처분이 순차적으로 행해지는 경우 재소자는 그 이송처분의 위법성을 다투려면 그 이후의 모든 이송처분을 쟁송으로 다투어야 한다. 그리 하지 않을 경우 소의 이익이 없다는 것을 이유로 한 각하 판결을 받을 가능성이 매우 높다.

그런데 이는 다른 대법원 판결들이 지적하는 바와 같이 무익한 쟁송을 반복하도록 하는 결과가 된다는 점에서 바람직하지 않다.

　　대상판례의 폐기나 변경이 명확하게 예상되는 경우가 아니라면 이송처분을 받은 재소자는 대법 1992. 8. 7.자 92두30 결정에서 다루고 있는 사안과 같이 이송처분의 취소를 구하는 본안 소송을 제기하면서 이송처분의 효력정지도 같이 신청해 가급적이면 이송처분의 효력정지 결정을 받아 둘 필요가 있다. 이송처분에 의해 이송이 된 뒤에도 해당 이송결정의 효력이 정지되면 재소자를 다시 원래의 교도소로 이송하고 있으므로 효력정지결정이 있게 되면, 후행의 이송결정을 할 가능성을 배제할 수 있기 때문이다.

[남승한 변호사(법률사무소 바로)]

[02] 소장이 출정비용납부거부 또는 상계동의거부를 이유로 청구인의 행정소송 변론기일에 출정을 제한한 행위의 위헌 여부

대상	공권력행사 위헌확인 (인용(위헌확인))
	헌재 2012. 3. 29. 선고 2010헌마475 전원재판부 결정 (인용(위헌확인)) **(2015서울7급)**

[사실관계]

청구인은 무기징역이 확정되어 수용 중인 사람으로, 서울행정법원에 법무부장관을 상대로 정보공개거부처분취소의 소를 제기한 후 변론기일에 출정하려고 하였으나, 당시 수용 중이던 교도소장이 법무부훈령 제756조 '민사재판 등 소송 수용자 출정비용 징수에 관한 지침(이하 '이 사건 지침'이라 한다)'을 근거로 청구인이 변론기일에 출석하기 위해서는 출정비용을 출정예정일 전일까지 납부하거나 영치금과의 상계에 미리 동의하여야 함에도 이를 거부하였다는 이유로 청구인을 위 변론기일에 출정시키지 아니하였다. 청구인은 3회의 변론기일에 대해 위와 같은 이유로 출정하지 못해 위 행정소송은 취하간주되었다.

청구인은 피청구인의 각 출정제한행위로 인하여 청구인의 재판청구권이 침해되었다고 주장하면서 헌법소원을 제기하였다.

심판의 대상

피청구인이 출정비용납부거부 또는 상계동의거부를 이유로 청구인의 행정소송 변론기일인 2010. 2. 26., 2010. 3. 26., 2010. 4. 20.에 청구인의 출정을 각 제한한 행위(이하 '이 사건 각 출정제한행위'라 한다)가 청구인의 기본권을 침해하는지 여부이다.

[결정요지]

I. 다수의견

이 사건 지침 제4조 제3항에 의하면, 수형자가 출정비용을 납부하지 않고 출정을 희망하는 경우에는 소장은 수형자를 출정시키되, 사후적으로 출정비용 상환청구권을 자동채권으로, 영치금 반환채권을 수동채권으로 하여 상계함을 통지함으로써 상계하여야 한다고 규정되어 있으므로, 교도소장은 수형자가 출정비용을 예납하지 않았거나 영치금과의 상계에 동의하지 않았다고 하더라도, 우선 수형자를 출정시키고 사후에 출정비용을 받거나 영치금과의 상계를 통하여 출정비용을 회수하여야 하는 것이지, 이러한 이유로 수형자의 출정을 제한할 수 있는 것은 아니다. 따라서 이 사건 출정제한행위는 피청구인에 대한 업무처리지침 내지 사무처리준칙인 이 사건 지침을 위반하여 청구인이 직접 재판에 출석하여 변론할 권리를 침해함으로써, 형벌의 집행을 위하여 필요한 한도를 벗어나서 청구인의 재판청구권을 과도하게 침해하였다고 할 것이다.

II. 재판관 김종대의 각하의견

형집행법 제4조가 "수용자의 인권은 최대한으로 존중되어야 한다"고 규정하고 있으며, 민사소송규칙 제50조에 의하면, "교도소장은 수형자가 소송수행에 지장을 받지 않도록 조치할 의무가 있다"고 규정되어 있는 점, 이 사건 지침도 민사재판 등의 소송수행을 위한 출정이 기본적으로 허용됨을 전제로 하고 있는 점 등을 고려하면, 수형자에게 법규상 또는 적어도 조리상 재판을 위한 출정신청권이 인정되고, 이 사건 각 출정제한행위는 신청권이 있는 자의 출정신청에 대한 거부처분으로 보아야 하며, 이는 행정심판 및 행정소송의 대상이 되므로 청구인이 행정심판 및 행정소송을 제기함이 없이 곧바로 이 사건 헌법소원을 제기한 것은 보충성 요건을 결여하여 부적법하다.

III. 재판관 이동흡의 반대(기각)의견

청구인의 불요불급한 재판청구로 인하여 원격지 법원에 출석하기 위해 발생하는 최소한의 비용조차 전혀 부담하지 않겠다는 태도를 보이는 청구인의 출정을 피청구인이 제한

한 것은 교정당국의 계호업무 부담 가중 및 국가 예산 낭비를 막고자 하는 것으로서 정당하고, 이러한 정당한 목적을 위한 필요·최소한의 제한이며, 법익균형성도 갖추었고, 외국 입법례에 비추어 보아도 수형자의 재판청구권을 과도하게 제한하는 것이 아니다.

이 사건 지침은 위임근거가 없는 행정기관 내부의 업무처리지침에 해당하여 행정규칙에 불과할 뿐 법규적 효력이 없으므로 이를 위반하였다고 하더라도 이를 이유로 바로 국민의 기본권인 재판청구권이 침해되었다고 평가하기 어렵고, 이 사건 지침 제4조 제3항은 출정비용을 납부하고자 하는 의사는 있으나 현실적으로 비용을 마련하지 못한 경우 등에 한하여 수형자의 출정이 허용되는 조항이지 청구인과 같이 출정비용의 납부 의사가 전혀 없는 수형자의 경우에는 적용되지 않는 것으로 해석하는 것이 출정비용을 징수하고자 하는 목적으로 제정된 이 사건 지침의 취지에 부합하는 해석이라고 할 것이므로, 피청구인의 이 사건 출정제한행위는 이 사건 지침에도 위반하지 않으므로 결국 이 사건 출정제한행위는 청구인의 재판청구권을 침해하지 않는다.

[해설]

I. 서론

대상결정의 다수의견은 교도소장의 수형자에 대한 재판출정행위에 대한 제한을 권력적 사실행위로 보아 헌법소원의 대상이 되는 공

권력의 행사에 해당하는 권력적 사실행위로 인정한 후 수형자라고 하더라도 재판청구권의 하나인 '법정출석권'을 과도하게 제한받지 않아야 함을 전제로, 교도소장의 이 사건 지침에 기한 각 출정제한행위는, 비록 청구인이 출정비용을 예납하지 않았거나, 영치금과의 상계에 동의하지 않았더라도 사후적으로 출정비용을 회수하는 방법을 택하여야 하지, 위와 같은 이유로 바로 출정을 제한할 수 없다고 판단하였다.

대상결정은 수형자의 법정출석권 등 재판청구권을 실질적으로 보장한 것으로, 바람직하다고 평가할 수 있다. 이하에서는 수형자의 재판청구권과 그에 대한 제한 가능성, 제한의 정당화 사유 등에 관하여 살펴본다.

II. 수형자의 재판청구권

1. 재판청구권의 내용

헌법 제27조가 말하는 재판청구권에는 재판절차를 규율하는 법률과 재판에서 적용될 실체적 법률이 모두 합헌적이어야 한다는 의미에서의 법률에 의한 재판을 받을 권리뿐만 아니라, 비밀재판을 배제하고 일반 국민의 감시 하에 심리와 판결을 받음으로써 공정한 재판을 받을 권리도 포함된다. 이 공정한 재판을 받을 권리에는 신속하고 공개된 법정의 법관의 면전에서 모든 증거자료가 조사·진술되고 이에 대하여 피고인이 공격·방어할 수 있는 기회가 보장되는 재판, 즉 원칙적으로 당사자주의와 구두변론주의가 보장되어 당사자의 공격·방어권이 충분히 보장되는 재판을 받을 권리가 포함되어 있다(헌재 2001. 8. 30. 선고 99헌마496 전원재판부 결정 등).

이러한 의미의 재판청구권에는 '법원에의 접근권'도 포함되어 있다고 보아야 한다. 여기서 말하는 법원에의 접근권은, 공정한 재판을 받을 권리에서 말하는 바와 같이, 재판의 당사자가 법정에 출석하여 법관의 면전에서 진술하고 공격·방어권을 직접 행사하는 것도 포함한다고 볼 것이므로 그 역시 재판청구권의 한 내용이라 할 것이다.

2. 재판청구권에 대한 제한

재판청구권은 원칙적으로 입법자에 의하여 형성된 현행 소송법의 범주 안에서 권리구제절차를 보장하며, 그 실현은 법원의 조직과 절차에 관한 입법에 의존하고 있어, 입법자는 소송의 주체, 방식, 절차, 시기, 비용 등에 관하여 규율할 수 있고, 그것이 입법부에 주어진 합리적인 재량의 한계를 일탈하지 아니하는 한 위헌이라고 할 수 없다(헌재 2006. 11. 30. 선고 2003헌바66 전원재판부 결정 등). 그러나 입법자에게 재판청구권 형성에 관한 비교적 넓은 형성의 자유가 인정된다고 하더라도 "입법자가 단지 법원에 제소할 수 있는 형식적인 권리나 이론적인 가능성만을 제공할 뿐 권리구제의 실효성이 보장되지 않는다면 권리구제절차의 개설은 사실상 무의미할 수 있다. 그러므로 재판청구권은 법적 분쟁의 해결을 가능하게 하는 적어도 한 번의 권리구제절차가 개설될 것을 요청할 뿐 아니라 그를 넘어서 소송절차의 형성에 있어서 실효성 있는 권리보호를 제공하기 위하여 그에 필요한 절차적 요건을 갖출 것을 요청한다. 비록 재판절차가 국민에게 개설되어 있다 하더라도, 절차적 규정들에 의하여 법원에의 접근이 합리적인 이유로 정당화될 수 없는 방법으로 어렵게 된다면, 재판청구권은 사실상 형해화될 수 있으므로, 바로 여기에 입법형성권의 한계가 있다."(헌재 2002. 10. 31. 선고 2001헌바40 전원재판부 결정, 헌재 2013. 10. 24. 선고 2012헌바428 전원재판부 결정, 헌재 2018. 12. 27. 선고 2015헌바77등 전원재판부 결정 등)

재판청구권 제한에 관한 입법형성권의 한계 일탈 여부에 관한 위 법리를 '법원에의 접근권' 측면에서 보면, 예컨대 지나치게 짧은 불복기간을 둔 조항에 대하여는 입법형성권의 한계를 일탈한 것이 될 수 있다. 헌법재판소도 이러한 관점에서 인신보호법이 피수용자인 구제청구권자의 즉시항고기간을 3일로 정한 부분(헌재 2015. 9. 24. 선고 2013헌가21 전원재판부 결정), 즉시항고기간을 3일로 정한 부분(헌재 2018. 12. 27. 선고 2015헌바77등 전원재판부 결정) 등에 대해 위헌결정 또는 헌법불합치 결정을 한 바 있다.

3. 수형자의 법정(재판)출석권

수형자란 징역형·금고형 또는 구류형의 선고를 받아 그 형이 확정된 사람과 벌금 또는 과료를 완납하지 아니하여 노역장 유치명령을 받은 사람을 말한다(형집행법 제2조 제1호). 법률에 수형자의 법원 소환에 관한 규정을 두고 있는 독일이나, 교정시설에 관한 미연방규칙에 민사재판 출정을 수형자의 외출사유로 두고 있는 미국과 달리, 우리나라에는 수형자의 법정출석권을 직접적으로 규정한 조항은 없는 것으로 보이나, 재판의 당사자가 재판에 참석하는 것은 재판청구권의 기본적 내용이다. 예컨대, 제소기간이나 불복기간 등의 제한이 법원에의 접근에 대한 규범적 가능성의 제한이라면, 법정출석권에 대한 제한은 물리적 접근에 대한 제한이라고 할 수 있다. 수형자라고 하더라도 형의 집행과 도망의 방지라는 구금의 목적과 관련되는 범위 밖에서는 재판청구권이 보장된다(헌재 2005. 2. 24. 선고 2003헌마289 전원재판부 결정, 헌재 2008. 5. 29. 선고 2005헌마137등 전원재판부 결정 등). 대상결정의 다수의견은 "행정소송법 제8조와 민사소송법 제182조는 수형자에 대한 송달은 교도소장에게 함으로써 한다고 규정하고, 민사소송규칙 제50조는 교도소 등의 장에 대하여 송달받을 자에게 송달된 서류를 교부할 의무, 송달받은 자가 소송수행에 지장을 받지 않도록 조치할 의무, 이와 같은 조치를 취하지 못할 경우 법원에 그 사유를 미리 소명할 의무를 각 규정하고 있는바, 위와 같은 규정들은 수형자도 재판청구권이 있음을 전제로 하고 있다고 볼 수 있다"고 판시하고 있다.

헌법 제6조에 따라 적어도 법률과 동일한 효력을 가지는 '시민적 및 정치적 권리에 관한 국제규약(이하 '자유권규약이라 한다)' 제14조 제1항은 "모든 사람은, 자신에 대한 범죄혐의 또는 소송상 권리 및 의무를 확인함에 있어, 법률에 따라 설치된 권한 있는 독립적이고 공평한 법원에 의한 공정한 공개심리를 받을 권리를 가진다"라고 규정하고 있고, 제14조 제3항은 "모든 사람은 자신에 대한 범죄혐의를 확인함에 있어 적어도 다음 사항을 완전히 평등하게 보장받을 권리를 가진다"라고 규정하면서 제라호에서 "본인의 출석 하에 재판을 받으며, 직접 또는 본인이 선임하는 변호사의 조력을 통하여 변호하는 것" 등을 명시하고 있다. 위 규약조항 중 '본인 출석권'은 형사절차에 관하여만 명시되어 있지만, 헌법합치적 법률해석 또는 기본권합치적 법률해석의 원칙에 따라 모든 재판에 적용된다고 해석하더라도 크게 무리는 없다고 할 것이다.

헌법 제27조의 재판청구권의 의미, 특히 공정한 재판을 받을 권리의 의미에 관한 결정이유, 법원에의 접근권도 재판청구권의 한 내용이라 할 것인 점 및 법률과 동일한 효력을 가지는 자유권규약 제14조 제3항의 내용 등에 비추어 보면, 제소기간이나 불복기간을 지나치게 짧게 정하여 결과적으로 당사자의 '법원에의 접근'을 현저히 어렵게 하여 재판청구권을 형해화시키는 것과 같은 논리에서 당사자가 직접 법정에 출석할 수 없게 하는 것도 공정한 재판을 권리를 심각하게 침해할 수 있으므로, 기본권 제한의 한계인 과잉금지원칙을 준수하여야 할 것이다.

4. 대상결정의 논증에 관한 검토

(1) 대상결정의 다수의견은, 출정비용징수절차를 규정한 이 사건 지침 제4조가 "수형자가 출정예정일 전일까지 교도소장이 청구한 출정비용을 납부하지 않더라도 수용자를 출정시키되, 사후에 출정비용 상환청구권을 자동채권으로, 영치금 반환채권을 수동채권으로 하여 상계할 수 있다"고 규정하고 있음을 근거로, "위 지침조항에 의하면, 소장은 수형자가 출정비용을 예납하지 않았거나 영치금과의 상계에 동의하지 않았다고 하더라도, 우선 수형자를 출정시키고 사후에 출정비용을 받거나 영치금과의 상계를 통하여(상계의 의사표시가 도달됨으로써 상계의 효과가 발생하므로 이에 수형자의 동의가 필요한 것도 아니다) 출정비용을 회수하여야 하는 것이지, 이러한 이유로 수형자의 출정을 제한할 수 있다는 것은 아니다. 그러므로 피청구인이, 청구인이 출정하기 이전에 여비를 납부하지 않았거나 출정비용과 영치금과의 상계에 미리 동의하지 않았다는 이유로 이 사건 각 출정제한행위를 한 것은, 피청구인에 대한 업무처리지침 내지 사무처리준칙인 이 사건 지침을 위반하여 청구인이 직접 재판에 출석하여 변론할 권리를 침해함으로써, 형벌의 집행을 위하여 필요한 한도를 벗어났다고 할 것이다"라고 판단하였고, 소결론 부분에서 "결국 이 사건 각 출정제한행위는 이 사건 지침을 위반하여 청구인의 재판청구권을 과도하게 침해하였다"라고 판단하였다.

대상결정의 반대(기각)의견이 전형적인 과잉금지원칙 위반 여부를 판단하고 있는 점이나, 다수의견이 '재판청구권을 과도하게 침해하였다'고 판단한 점에 비추어 보면, 다수의견은, 비록 목적의 정당성, 수단의 적합성, 피해의 최소성, 법익의 균형성을 단계별로 판단하지는 아니하였으나, '교도소장의 이 사건 각 출정제한행위', 즉 권력적 사실행위 자체가 과잉금지원칙에 위반하였다고 판단한 것으로 보인다.

(2) 그런데 이 사건 지침 제4조 제3항은 명시적으로 "소장은 수용자가 제1항의 출정비용을 납부하지 않고 출정을 희망하는 경우에는 수용자를 출정시키되, 사후 별지 제2호 서식의 상계통지서에 따라 출정비용 상환청구권을 자동채권으로, 영치금 반환채권을 수동채권으로 하여 상계함을 통지함으로써 상계한다"라고 규정하고 있다. 즉 수형자가 출정비용을 납부하지 않고 출정을 희망하는 경우 우선적으로 출정시킬 것을 규정하고 있으므로, 이 사건 각 출정제한행위는 그 자체로 이 사건 지침 제4조 제3항을 위반한 것이다. 다만 이 사건 지침은 법무부 훈령에 불과하여 법규적 효력을 가진다고 할 수 없어, 그 지침 위반 자체만으로 법률위반이라고 하기 어려운 점이 있다. 다수의견은 이러한 점을 고려하여, 이 사건 지침을 위반한 권력적 사실행위인 각 출정제한행위가 과잉금지원칙에 위배되어 과도하게 재판청구권을 침해하였다고 판단한 것으로 보인다.

Ⅲ. 결론

대상결정은 재판청구권의 내용으로 수형자의 법정출석권을 명시적으로 인정하였다는 점에서 적지 않은 의의가 있다. 한편 법규적 효력이 없는 행정기관 내부의 업무처리지침 내지 사무처리준칙에 해당하여 행정규칙에 위반되는 공권력의 행사라도 그것이 과잉금지원칙의 준수라는 기본권제한의 정당화사유를 위배하여 헌법이 보장한 기본권을 침해하는 것이면 위헌으로 판단될 수 있음을 간접적으로 보여주었다는 점에서도 의의가 있다고 본다.

[참고문헌]
● 선의종, 공권력행사위헌학인－경북북부제2교도소장이 청구인의 행정재판 변론기일에의 출정을 제한한 행위가 청구인의 재판청구권을 침해하는지 여부－, 헌법재판소결정해설집(2012년), 헌법재판소, 2013.
● 조수혜, 재판청구권의 실질적 보장을 위한 소고－수용자의 경우를 중심으로 한국과 미국의 논의 비교－, 홍익법학 제14권 제3호, 홍익대학교 법학연구소, 2013.

[강재원 판사(서울행정법원)]

[03] 독거수용 거부처분의 헌법소원 대상 여부

대상	독거수용 거부처분 위헌확인 (각하) 헌재 2013. 5. 21. 선고 2013헌마339 결정 (각하) **(2016법무사)**
참조1	독거수용불허 위헌확인 (각하) 헌재 2013. 1. 15. 선고 2013헌마3 결정 (각하)
참조2	손해배상 (원고패) [1심] 서울남부지법 2019. 5. 29. 선고 2018가단23142 판결 (원고패) [2심] 서울남부지법 2020. 9. 17. 선고 2019나59798 판결 (항소기각)

[사실관계]

청구인은 알코올의존증후군에 따른 정신질환 등을 이유로 혼거수용이 아닌 독거수용을 시켜줄 것을 서울남부구치소장에게 요청하였으나 불허되었다. 그러자 청구인은 위 구치소 남성수용동 5, 6, 7, 8동의 상층 및 중층 독거실이 교도관 부족 등을 이유로 사용되지 않고 있다고 주장하면서 전국 교정시설의 운영을 총괄하는 피청구인이 위와 같이 독거실을 사용하도록 하지 아니한 부작위가 청구인의 기본권을 침해한다고 하여 2013. 5. 13. 그 위헌확인을 구하는 헌법소원심판을 청구하였다.

[결정요지]

교정시설을 어떻게 활용할 것인지의 문제는 수용자와 교도인력의 숫자와 비율, 교정시설의 규모와 수준, 교도행정의 효율성 등 제반 사정을 고려하여 교정시설의 장(이하 '소장'이라 한다)이 결정할 것이라 할 것이고, 수용자가 사용되지 않고 있는 독거실의 사용을 요청하는 경우 소장이 이를 허용해야 할 작위의무가 헌법의 문언이나 해석에서 도출된다고 할 수 없다. 나아가 소장에게 청구인의 독거수용 요청을 허용해야 할 작위의무가 있다고 보기 어렵기 때문에, 설사 사용되지 않던 독거실이 운영된다고 하여도 청구인이 독거수용되는 이익을 누리게 될 것이라고 단정할 수 없으므로, 청구인은 이 사건 부작위라는 공권력작용과 간접적, 사실적 이해관계로만 관련될 뿐 직접적 이해관계를 가진다고 볼 수도 없다. 결국 이 사건 심판청구는 헌법의 명문상으로나 해석상으로 피청구인의 작위의무가 인정되지 않는 공권력 불행사에 대한 심판청구일 뿐만 아니라 그 공권력 불행사가 청구인과 법적관련성이 있다고 보기도 어렵다.

[해설]

I. 자유형 집행 방식에 대한 현행 법령 태도와 실제

구금방식은 크게 독거수용과 혼거수용 등으로 분류된다. 독거수용제는 수형자를 교도소 안의 독방에 구금하여 수형자 상호간의 접촉 가능성을 최소화하는 구금 방식을, 혼거수용제는 다수의 수형자를 같은 방에 수용하는 구금방식을 말한다. 현행 형집행법은 독거수용을 원칙으로 하고 예외적으로 필요한 경우에 혼거수용이 가능하도록 규정하고 있다(형집행법 제14조). 이에 따르면 원칙적으로 수용자를 독거수용하되 독거실 부족 등 시설여건이 충분하지 아니한 때, 수용자의 생명 또는 신체의 보호, 정서적 안정을 위하여 필요한 때, 수형자의 교화 또는 건전한 사회복귀를 위하여 필요한 때 중 어느 하나에 해당하는 사유가 있으면 혼거수용할 수 있도록 하고 있다(동조 단서 각호).

이러한 독거수용원칙은 구 행형법에서부터 행형의 기본원칙으로 자리 잡았으나, 이는 규범의 태도일 뿐이며 실제로는 거의 대부분의 수용자가 혼거수용되고 있다. 국가인권위원회가 2018년 실시한 구금시설 과밀수용으로 인한 수용자 인권침해 직권조사에 따르면, 2017년 말을 기준으로 14개 대도시 교정시설의 혼거실은 9,020개로 독거실보다 약 100여 개 많은 수준이었다. 수용자들이 독거수용되는 경우에도 주간에는 교육·작업 등의 처우를 위하여 일과(日課)에 따른 공동생활을 하게 하고 휴업일과 야간에만 독거수용하는 처우상 독거 수용이 아니라 사람의 생명·신체의 보호 또는 교정시설의 안전과 질서유지를 위하여 시행되는 계호상 독거수용이 이루어지고 있다.

II. 독거수용에 대한 헌법재판소의 태도와 대상결정의 의의

법원과 헌법재판소는 헌법과 형집행법령의 해석상 수용자에게 독거수용을 요구할 권리나 국가가 독거수용을 제공할 의무는 없다는 입장이다. 헌법재판소는 독거수용하여야 할 헌법상 의무가 헌법 명문이나 해석을 통하여 도출되지 않으므로 독거수용하지 아니한 공권력의 불행사가 헌법 위반이 아니라는 입장 하에 수용자의 헌법소원 청구가 적법하지 않다고 판시하고 있다(헌재 2013. 1. 15. 선고 2013헌마3 결정 등). 법원 또한 독거수용을 할지 아니면 혼거수용을 할지 여부는 교도소장의 재량에 해당하므로 수용자의 독거수용 요구에 대하여 교도소장이 응하지 아니하였다 하더라도 위법하다고 볼 수 없다고 판시한 바 있다(서울남부지법 2020. 9. 17. 선고 2019나59798 판결). 대상결정에서 청구인은 해당 교정시설 내의 독거수용동이 현재 공실이므로 그 독거수용동을 사용하지 아니하는 것이 위헌적인 부작위에 해당한다는 취지로 헌법소원을 제기하였는데, 헌법재판소는 작위의무가 인정되지 않는 공권력 불행사에 대한 심판청구라는 등의 적법요건 흠결을 이유로 각하결정을 하였다. 법원과 헌법재판소는 대상결정의 이러한 태도를 견지하고 있다.

III. 독거수용 거부처분의 헌법소원 대상성에 대한 대상결정에 대한 평가

일반적으로 행정부작위에 대한 헌법소원의 적법요건은 작위의무의 존재와 작위의무의 해태이다. 여기서 헌법재판소는 작위의무를 헌법으로부터 도출할 것을 요구하고, 그 방식은 헌법 명문에서 공권력 주체의 작위의무를 규정하고 있는 경우 및 헌법 해석상 공권력 주체의 작위의무가 도출될 경우, 공권력 주체의 작위의무가 법령에 구체적으로 명시되어 있을 경우의 세 가지로 크게 나뉜다. 수용자를 독거수용하여야 한다는 헌법 명문은 없으므로 결국 헌법소원의 대상성 문제는 형집행법령의 해석상 작위의무를 도출할 수 있는가 여부로 귀결된다.

이에 대해 헌법재판소와 법원은 형집행법 제14조로부터 작위의무를 도출할 수 없다는 입장을 명백히 하고 있음은 앞에서 본바와 같다. 그러나 형집행법이 독거수용을 원칙으로 하고 ("수용자는 독거수용한다") 단서에서 혼거수용에 대한 재량을 인정하고 있다는 점에서 ("다만, 다음 각호의 어느 하나에 해당하는 사유가 있으면 혼거수용할 수 있다.) 형집행법령의 규범구조와 그 문언의 해석상 수용자에 대한 독거

수용의무가 도출된다고 볼 수 있으며, 독거실 부족, 수용자의 생명 등 단서의 각호 사유에 대한 논증 책임은 혼거수용하는 공권력주체에 있다고 해석함이 타당하다고 할 것이다.

이러한 입장에 선다면 대상결정에서 헌법재판소는 작위의무가 존재하지 않는다고 하여 적법요건 흠결로 각하하는 것이 아니라 작위의무의 불이행을 인정하고 그것을 정당화할 사유가 있는지 여부를 심사하였어야 하였다. 즉, 해당 부작위를 통해 달성하고자 하는 국가안전보장, 질서유지, 공공복리 등의 공익과 그로 인해 제한되는 사익 간의 형량을 통하여 작위의무의 불이행이 정당화되는지를 심사하고, 만약 혼거수용하고자 하는 공익이 더 크다면 대상결정과 같이 각하결정을 하는 것이 아니라 청구를 기각하는 결정을 했어야 한다는 점에서 논증이 부족하였다.

[후속논의]

입법론으로는 독거수용 원칙과 관련된 국제기준을 참고하여 더 구체적인 규정을 둘 필요가 있다. 이와 관련한 국제기준을 참고한다면 보다 세부적으로 규정할 수 있을 것이다. 예컨대, 넬슨만델라규칙은 주간에는 공동생활을 하되, 야간에는 피구금자 개개인에게 하나의 방이 제공되어야 하고, 일시적인 과잉수용 상황이 예외적으로 발생하더라도 하나의 방에 2인의 피구금자의 수용은 바람직하지 않다고 규정하고 있다(제12조). 유럽형사시설규칙의 경우에도 수용자가 통상적으로 독거

실에서 취침할 수 있어야 하고, 다른 수용자
와 혼거하는 것을 해당 수용자가 선호할 경우
에만 예외적으로만 혼거할 수 있다고 규정하
고 있다(18.5).

[참고문헌]
• 성중탁, 행정부작위 헌법소원에서의 작위의무와 국
  가의 기본권보호의무－헌법재판소 2011. 8. 30.자
  2006헌마788 결정【대한민국과 일본국 간의 재산
  및 청구권에 관한 문제의 해결과 경제협력에 관한
  협정 제3조 부작위 위헌확인】에 대한 판례평석을
  겸하여－, 저스티스 제140호, 한국법학원, 2014.
• 이황희, 행정부작위 헌법소원에서의 작위의무 이행
  －헌재 2019. 12. 27. 2012헌마939 결정에 대한 평
  가를 겸하여－, 세계헌법연구 제28권 제2호, 세계헌
  법학회 한국학회, 2022.

[김동현 변호사(공익인권변호사모임
희망을만드는법)]

제3장

물품지급과
금품관리

[01] 민사재판의 당사자로 법정에 출석하는 수형자에 대한 운동화 착용 불허 행위의 기본권 침해 여부

대상	공권력행사 위헌확인 등 (기각, 각하) 헌재 2011. 2. 24. 선고 2009헌마209 전원재판부 결정 (기각, 각하) **(2016법무사)**

[사실관계]

청구인은 강도살인으로 무기징역형을 선고받아 1990. 10. 26. 확정되었고, 2007. 11. 16.자로 공주교도소에 수감되었다가 2008. 9. 23. 엄중격리대상자로 지정되어 2008. 10. 27. 엄중격리시설인 경북북부제2교도소로 이송, 수감된 자이다. 청구인은 자신이 국가를 상대로 제기한 민사재판의 항소심(춘천지법 2007나3371 손해배상(기)) 변론기일에 출석할 때 운동화를 착용케 해달라는 신청을 하였으나 경북북부제2교도소장은 '수용자 피복관리 및 제작에 관한 지침'에 의거하여 이를 불허하였고, 이에 청구인은 부득이 교도소에서 지급되는 고무신을 신고 민사법정에 출석하였다. 청구인은 위와 같이 경북북부제2교도소장이 민사법정에 출석하는 청구인의 운동화 착용을 불허한 행위는 구금의 목적 달성이나 시설의 규율과 안전유지를 위하여 필요한 제한의 범위를 넘은 것으로서 청구인의 행복추구권, 평등권 및 공정한 재판을 받을 권리를 침해하였다고 주장하면서 2009. 4. 14. 헌법소원심판을 청구하였다.

[결정요지]

[1] 유죄판결이 확정된 청구인의 경우에는 무죄추정이라든가 방어권이 문제될 여지가 없고, 청구인이 출석한 재판은 민사재판이었으므로 운동화 대신 고무신을 착용하였다고 하여 공정한 재판을 받을 권리가 침해되었다고 볼 여지가 없다. 또한, 미결수용자와 형이 확정된 수용자는 구금되어 있다는 점에서만 유사점이 있을 뿐 본질적으로 동질적인 집단이라고 할 수 없으므로 평등권 침해 역시 문제되지 않는다.

[2] 이 사건 운동화 착용 불허 행위는 시설 바깥으로의 외출이라는 기회를 이용한 도주를 예방하기 위한 것으로서 그 목적이 정당하고, 위와 같은 목적을 달성하기 위한 적합한 수단이라 할 것이다. 또한 신발의 종류를 제한하는 것에 불과하여 법익침해의 최소성과 균형성도 갖추었다 할 것이므로, 이 사건 운동화착용불허행위가 기본권제한에 있어서의 과잉금지원칙에 반하여 청구인의 인격권과 행복추구권을 침해하였다고 볼 수 없다.

재판관 이강국, 재판관 김종대의 반대의견

수형자의 지위에서 제한이 예정되어 있는 신체의 자유 및 거주이전의 자유는 형의 집행과 도망의 방지라는 구금의 목적과 관련된 필요한 범위를 벗어나 제한될 수 없는 바, 수용시설 밖으로 나가는 수형자에게 고무신의 착용을 강제하는 것은, 도주의 방지를 위한 불가피한 수단이라고 보기 어려울 뿐만 아니라 효과적인 도주 방지 수단이 될 수도 없으며, 오히려 수형자의 신분을 일반인에게 노출시켜 모욕과 수치심을 갖게 할 뿐으로서 이는 행형의 정당한 목적에는 포함되지 아니한다. 따라서 이 사건 운동화 착용 불허 행위는 기본권 제한의 한계를 벗어나 청구인의 인격권과 행복추구권을 침해하였다.

[해설]

I. 수형자 외출 시 사복착용에 관한 입법례

1. 유엔 피구금자 처우에 관한 최저기준규칙

1955년 유엔 범죄방지 및 범죄자처우 회의가 채택하여, 1957년 유엔 경제사회이사회가 승인한 '피구금자 처우에 관한 최저기준규칙'은 그 자체로서 법적 구속력은 없지만 피구금자의 처우와 시설의 관리에 바람직한 원칙과 실무지침으로서 일반적으로 받아들여지고 있는 것을 표명한 것이다. 1971년 유엔 총회는 위 규칙을 각국이 국내 입법에 수용함으로써 그 내용을 이행하도록 권고한 바 있는데, 위 규칙 제17조 제3항은 "예외적인 상황에서, 피구금자가 정당하게 인정된 목적을 위하여 시설 밖으로 나갈 때에는 언제나, 자신의 사복 또는 눈에 띄지 않는 의복을 입도록 허용되어야 한다"고 규정한 바 있다. 이후 2015년 개정된 규칙(넬슨만델라규칙)도 제19조 제3항에서 같은 내용을 규정하고 있다.

2. 유럽교정시설규칙

유럽평의회의 각료위원회는 1987. 2. 12. 제404회 회의에서 유엔 총회의 권고를 받아들여 위 최저기준규칙의 내용과 유사하면서도 유럽의 현실을 감안한 유럽교정시설규칙을 채택하였고, 회원국들에게 그 규칙을 점진적으로 실시할 목적으로 국내 입법과 실무지침에서 활용하도록 권고하였다. 1987년 채택된 유럽교정시설규칙 제22조 제3항은 "수용자가 시설 밖으로 외출허가를 받은 때에는 언제나 자신의 사복 또는 눈에 띄지 않는 의복을 입도록 허용되어야 한다"고 규정하였고, 이후 2006년 개정된 유럽교정시설규칙은 제20.4조에서 "수용자가 시설 밖으로 외출허가를 받은 때에는 수용자임을 인지할 수 있는 의류를 입도록 요구받지 않아야 한다"고 규정하고 있다.

3. 미국

미국 연방규칙상 수용자는 민사재판 또는 형사재판에 출석하거나 가족의 장례 등을 위해 교도소장의 허가를 받아 임시외출을 할 수 있다(28 CFR 570.33 Justification for furlough). 같은 규칙상에는 임시외출 시 복장에 관한 규정은 없으나, 이와 같은 임시외출이라는 상황 하에서는 피수감자가 수의와 수갑 등을 착용하지 아니할 헌법적 혹은 연방법적 자유권이 생성되지 않는다고 판시한 하급심 판결례가 있다(Farmer v. Crews, 804 F.Supp. 1516, (1992)).

4. 독일

독일에서 수형자가 법원의 소환을 받은 경우 교도소장은 ① 외출 또는 휴가를 허가하거나(독일 행형법 제36조 제1항) ② 동반외출을 허가할 수 있고(독일 행형법 제36조 제2항), 동반외출 시 수형자가 도주의 위험이 없다고 판단되는 경우 자신의 복장을 착용하도록 허가한다(독일 행형법 제20조 제2항). 독일 연방헌법재판소 지정재판부 결정례 가운데 위 동반외출 시 수형자의 본인 의복 착용에 대한 권리는 그의 도주가 예상되지 않거나 그밖에 시설 장의 재량에 따라 인정되는데, 이러한 재량결정 시 수형자가 적합하다고 느끼는 복장으로 법원에 출정하게 함으로써 수형자의 일반적 인격권을 고려하는 것이 헌법적 요청에 부합한다고 판시한 사례가 있다(BVerfG, Beschluss der 2. Kammer des Zweiten Senats vom 03. November 1999 – 2 BvR 2039/99 – rN. (1 – 22)).

II. 민사재판의 당사자로서 법정에 출석하는 수형자에 대한 운동화 착용 불허 행위의 기본권 침해 여부

민사재판의 당사자로서 법정에 출석하는 수형자에 대한 운동화 착용 불허 행위의 인격권과 행복추구권 침해 여부에 관하여는 재판관들의 의견이 나뉘었다. 다수의견인 합헌론과 반대의견인 위헌론은 다음과 같다.

1. 합헌론

다수의견은 아래와 같이 이 사건 운동화 착용 불허 행위가 과잉금지원칙에 위배되어 청구인의 인격권과 행복추구권을 침해하지 않는다고 판단하였다.

"수형자가 재판에 참석하기 위하여 외출할 경우에는 시설 내에 수용되어 있을 때에 비하여 도망의 우려가 높아진다. 시설 내에 있을 때와는 달리 동행 교도관이나 교정설비의 한계로 인하여 구금 기능이 취약해질 수밖에 없는 상황에서, 운동화는 달리기에 적합한 신발이므로 도주의 의지를 불러일으킬 수 있고, 도주를 용이하게 하며, 또 도주를 감행했을 시 체포도 상대적으로 어렵게 만들 수 있다. 이 사건 운동화 착용 불허 행위는 시설 바깥으로의 외출이라는 기회를 이용한 도주를 예방하기 위한 것으로서 그 목적은 정당하고, 위와 같은 목적을 달성하기 위한 적합한 수단이라 할 것이다. 또한 도주를 예방하기 위해 계구를 사용하는 등의 엄한 제한을 가하는 것이 아니라 신발의 종류를 제한하는 것에 불과하여 법익침해의 최소성 및 균형성도 갖추었다 할 것이다."

2. 위헌론

이러한 다수의견에 대하여, 재판관 이강국, 재판관 김종대는 이 사건 운동화 착용 불허 행위가 과잉금지원칙에 위반하여 청구인의 인격권과 행복추구권을 침해한다고 판단하면서 아래와 같은 반대의견을 밝혔다.

"수용시설 밖으로 나가는 수형자에게 고무신의 착용을 강제하는 목적은 도주의 방지에 있다고 할 것이다. 수형자의 구금 확보는 행형의 가장 기초적인 조건이므로 도주의 방지라는 목적 자체는 정당하다고 볼 수 있다. 그러나 수용시설 밖으로 나가는 수형자에게 고무신의 착용을 강제하는 것이 도주의 방지를 위한 불가피한 수단이라고 보기는 어렵다.

먼저 고무신의 착용을 강제하는 것이 과연 도주의 방지라는 목적 달성에 어느 정도로 효과가 있는지가 의문이다. 고무신의 착용이 도주의 의사를 단념시킬 정도로 도주를 곤란하게 하는 것은 아니며, 현실적으로 도주를 불가능하게 할 정도로 도주에 장애가 되지는 못한다. 반면 고무신을 신은 채 일반 대중에게 노출되어야 하는 수형자가 수치심과 모욕감을 느낄 수 있으리라는 점은 충분히 짐작할 수 있는 것이다. 그런데 수형자에게 그러한 수치심이나 모욕감을 안김으로써 인격권과

행복추구권을 제한하는 것은 행형의 정당한 목적에는 포함되지 않는다.

결국 수용시설의 외부로 나가는 수형자에게 고무신을 착용하게 하는 것은 도주의 방지라는 목적 달성을 위한 효과로서는 의심스러운 반면, 수형자의 인격권과 행복추구권에 대한 제한은 뚜렷하다. 수형자의 도주를 방지하기 위해서라면 현실적으로 도주의 우려가 큰 경우에 한하여 출정 자체를 제한하거나 아니면 계구의 사용이나 계호 인력의 강화와 같은 직접적이고 효과적인 수단을 사용할 것이지, 외부로 나가는 모든 수형자에게 고무신을 착용하도록 강제하는 것은 행형의 목적 달성을 위한 정당한 기본권 제한이라고 보기 어렵다. 이러한 판단은, 시설 내에서는 사복을 입는 것이 허용되지 아니하는 피구금자에 대하여도 그가 '정당하게 인정된 목적을 위하여 시설 밖으로 외출할 때에는 언제나 자신의 사복 또는 눈에 띄지 않는 의복을 입도록 허용되어야 한다'고 규정한 '피구금자 처우에 관한 최저기준규칙(유엔 범죄방지 및 범죄자처우 회의)' 제17조 제3항에 비추어 볼 때 더욱 타당하다."

3. 검토 및 형집행법 시행규칙의 개정

살피건대 ① 넬슨만델라규칙이나 유럽교정시설규칙 그리고 독일 연방헌법재판소 지정재판부 결정례에 따르면 피구금자가 정당하게 인정된 목적을 위하여 시설 밖으로 나갈 때에는 자신의 사복 또는 눈에 띄지 않는 의

복을 입도록 허용하는 등 피구금자의 일반적인 인격권을 고려할 필요가 있음을 지적하고 있는 점, ② 고무신은 운동화보다 오히려 벗기 쉬워 이른바 '맨발 도주'에 보다 용이한 측면도 있어 수용시설의 외부로 나가는 수형자에게 고무신을 착용하게 하는 것이 도주의 방지라는 목적 달성을 위한 효과로서는 매우 의심스러운 점, ③ 수형자의 의사에 반하여 고무신 착용을 강제하여 고무신을 신은 채 일반 대중에게 노출되는 경우 수형자가 느낄 수치심과 모욕감은 충분히 짐작할 수 있는 점, ④ 수형자에게 그러한 수치심이나 모욕감을 안김으로써 인격권과 행복추구권을 제한하는 것은 행형의 정당한 목적에는 포함되지 않는 점, ⑤ 이러한 수치심과 모욕감은 수형자로 하여금 민사재판에서의 공격·방어를 위축시킬 우려도 있어 공정한 재판을 받을 권리의 침해와 무관하다고 보기도 어려운 점 등을 종합하면 다수의견인 합헌론은 고무신보다 운동화가 도주의 의지를 불러일으킬 수 있고, 도주를 용이하게 하며, 또 도주를 감행했을 시 체포도 어렵게 만들 수 있다는 검증되지 않은 막연한 논거를 들어 수형자가 느낄 수치심과 모욕감을 충분히 고려하지 않은 채 이 사건 운동화 착용 불허 행위가 도주를 예방하기 위해 적합한 수단이라고 판단하여 기본권의 최대 보장이라는 헌법 이념을 도외시하였다는 비판을 면하기 어려울 것이다.

다만 위 결정 이후 기존 형집행법 시행규칙 제5조 제17호 "고무신: 미결수용자 및 출정(出廷) 수용자가 착용", "운동화: 수형자 및 피보호감호자가 착용"이 2013. 4. 16. 법무부령 제788호로 "고무신 및 운동화: 수용자가 선택하여 착용"으로 개정되었다.

[참고문헌]
- 송창성, 형의 집행 및 수용자의 처우에 관한 법률 제82조 위헌확인, 헌법재판소결정해설집(2015년), 헌법재판소, 2016.

[문현웅 변호사(변호사문현웅법률사무소)]

[02] 안경테 색상을 이유로 한 차입 불허 처분의 위법 여부

대상	차입물품(안경)지급불허처분취소 (원고일부승) [1심] 서울행법 2022. 6. 24. 선고 2022구합422 판결 (원고일부승)

[사실관계]

원고는 미결수용자로서 홍성교도소에 수감 중, 입소 당시 사용하던 안경에 불편을 느껴 가족에게 원고가 평소에 사용하던 다른 안경을 보내 달라고 요청하였고, 원고의 가족은 원고에게 검정색 플라스틱 안경테(반무테)에 안경다리 중 일부분에 빨강색이 들어가 있는 안경을 택배로 발송하였다. 그런데 홍성교도소장은 2022. 1. 12. 원고에게 "안경다리 부분 일부에 빨강색 색상이 혼재되어 있어 지급금지물품에 해당하므로, 보관금품 관리지침(법무부예규) 제25조 제1항 [별표 3] 제1항에 따라 지급을 불허한다"는 취지의 통지(이하 '지급불허처분')를 하고, 원고의 가족에게 안경을 반송하였다. 원고는 홍성교도소장의 지급불허처분의 근거인 위 [별표 3] 제1항 중 빨강색 안경테 부분(이하 '이 사건 예규조항')이 무효라고 주장하며, 지급불허처분의 취소와 이 사건 예규조항의 무효 확인을 구하는 소를 제기하였다.

[판결요지]

[1] 이 사건 예규조항은 그 자체로는 법규성이 인정되지 않으므로, 지급불허처분의 근거법규가 될 수 없다. 따라서 처분사유가 적법한지 여부는 금품 전달의 허가기준을 정한 상위법령 규정인 형집행법 시행령 제42조, 형집행법 시행규칙 제22조 제3항 각호가 규정하는 전달 불허가 사유에 해당하는지 여부를 준거로 하여 판단되어야 한다. 홍성교도소장이 지급불허처분 사유로 든 내용들은 모두 상위 법령에서 제시된 전달 불허가 사유에 해당하지 않으므로 지급불허처분은 위법하다.

[2] 이 사건 예규조항은 지급불허처분과 같은 내용이 규정되어 있으므로, 상위 법령 규정들에 위배·저촉되어 위법·무효이다. 또한, 지급불허처분이 근거로 삼은 이 사건 예규조항은 색에 대한 편견이나 자의적인 관념 및 기준에 따라 만들어진 것으로서 권력기관의 자의적 권한 행사를 금지하는 헌법상 법치국가원리에 반할 뿐 아니라, 헌법상 기본권 제한과 관련한 과잉금지원칙에 반하여 신체의 자유와 통신의 자유, 행복추구권 및 일반적 행동자유권 내지 자기결정권, 인간의 존엄 등 기본권을 침해하는 것으로서 헌법에 위배되어 위헌·무효이다.

[해설]

I. 안경 등 물품의 전달 및 소지·사용과 관련한 규율체계

1. 개관

안경은 대부분의 경우 항상 몸에 부착하거나 지니고 사용하여야만 하는 물품이다. 그런데 수용자는 안경을 교도소 내부에서 구매할 수는 없고, 전달이 허가된 물품으로서 외부로부터 전달받아 보관·사용할 수 있다. 이 사건 예규조항은 안경 보관 허가 요건으로서 안경테의 색상을 제한하고 있고, 형집행법 시행규칙 제22조는 안경 전달 허가 요건을 정하면서 위 보관 허가 요건에 더하여 몇 가지 소극적 요건을 부가하고 있다. 구체적으로 살펴보면 다음과 같다.

먼저 형집행법 제24조는 수용자가 자비로 구매할 수 있는 물품에 관하여 규정하고 있으나, 형집행법 시행규칙 제16조 및 보관금품 관리지침 [별표3] 등에 따르면 안경은 구매품에 해당하지 아니하여 위 규정에 따라 교도소 내에서 구매할 수 있는 물품에는 해당하지 않는다.

다음으로 형집행법 제26조 제1항은 수용자가 지닐 수 있는 수용생활에 필요한 물품의 범위를 법무부장관이 정하도록 규정하고, 법무부예규인 보관금품 관리지침 [별표3] 제1항은 지닐 수 있는 보관품 허가기준 27개 품목에 기타품목으로 안경을 열거하면서 안경의 허가기준 중 하나로 "안경테의 색상은 금색·은색·갈색·검정색 등 단일색상으로 하고, 빨강·노랑·파랑 등 원색 내지 그 계열의 색상 등의 소재를 더한 장식을 금지함"을 명시하고 있다(이 사건 예규조항).

한편, 형집행법 제27조는 외부로부터 '금품(형집행법 시행령 제34조 제1항에 따르면 '현금과 휴대품'을 총칭한다)'을 들여올 수 있는 경우에 관하여 규정하고 있다. 즉, 소장은 수형자의 교화 또는 건전한 사회복귀를 해칠 우려가 있는 경우(제1호)나 시설의 안전 또는 질서를 해칠 우려가 있는 경우(제2호)가 아니라면 반드시 금품전달을 허가하여야 한다. 형집행법 시행령 제42조는 물품의 전달을 허가한 경우에는 그 물품을 수용자가 사용하게 할 수 있고(제1항), 전달하려고 하는 금품의 허가범위 등에 관하여 필요한 사항은 법무부령으로 정하도록 규정하고 있다(제2항). 형집행법 시행규칙 제22조 제3항은 "다음 각 호의 어느 하나에 해당하지 아니하면 법무부장관이 정하는 교정시설의 보관범위 및 수용자가 지닐 수 있는 범위에서 허가한다"고 규정하고 있다. 즉, 안경의 반입이 허가되기 위해서는 이 사건 예규조항의 범위 내에 있어야 하고, 음란하거나 현란한 그림·무늬가 포함된 물품(제2호), 사행심을 조장하거나 심리적인 안정을 해칠 우려가 있는 물품(제3호), 위화감을 조성할 우려가 있는 높은 가격의 물품(제5호)이 아니어야 한다.

2. 규율체계의 문제점

형집행법 제26조 제1항은 '수용자가 지닐

수 있는 물품'이 어떤 범위 내에서 허용될 수 있는지에 관한 아무런 기준 제시도 없이 법무부장관으로 하여금 법규성이 없는 행정규칙으로 그 기준과 허가대상을 정하도록 하고 있어 그 위임범위와 방식, 위임형태가 의회유보원칙, 포괄위임금지원칙, 법치행정원리에 위배될 소지가 있다. 나아가 위 조항의 위임을 받은 법무부장관이 최소한의 내부통제 및 공표 절차를 예정하는 '고시' 등 규정 형식을 취하지 않고 '예규'의 형식으로 보관금품의 범위를 정한 것은 법치행정원리 내지 권력분립 원리 등에 비추어 적절하지 않다.

또한, 형집행법 시행령 제42조는 모법인 형집행법 제27조의 위임 없이 법무부령에 전달금품의 허가범위에 관하여 위임하고 있다. 이는 체계정합성을 잃은 것으로서 법치국가원리와 의회유보원칙, 권력분립의 원칙에 비추어 심각한 문제를 노정하고 있으며, 해석론상으로는 형집행법 시행규칙 제22조 제3항을 '집행명령'으로 보아 엄격히 제한해석할 수밖에 없다.

마지막으로, 형식상으로는 법규명령이고 제정과정도 예규보다 월등히 엄격한 시행규칙이 전달물품의 허가 기준을 정하고 있는 반면, 수용자가 보관할 수 있는 물품의 범위는 법규성이나 대외적 구속력이 전혀 없는 예규로 정하고 있는 것 역시 체계정합적 문제점을 낳게된다.

이처럼 대상판례는 형집행법령 관련조항들의 복잡한 규율체계를 개관하는 한편, 위임근거와 위임방식이 체계정합성을 갖추었는지

나아가 헌법에 부합하는 것인지를 꼼꼼하게 검토하고 있다. 이는 기존에 형집행법령이 수용자의 기본권을 심대하게 제한하면서도 일정한 통제를 받는 법규명령 형식이 아니라 법무부장관이 광범위한 재량을 가지는 예규 형식으로 운영되어 왔던 문제점을 지적하였다는 점에서도 의미가 있다.

II. 지급불허처분 및 이 사건 예규조항의 위법 여부

1. 지급불허처분의 근거법령

이 사건 예규조항은 그 자체로는 법규성이 인정되지 않으므로, 지급불허처분의 근거법규가 될 수 없다. 따라서 처분사유가 적법한지 여부는 금품 전달의 허가기준을 정한 상위법령 규정인 형집행법 시행령 제42조, 형집행법 시행규칙 제22조 제3항 각호가 규정하는 전달 불허가 사유에 해당하는지 여부를 준거로 하여 판단되어야 한다. 대상판례는 특히, 이 사건 예규조항이 빨강색이 섞인 '안경테'가 금지되는 이유로 심리적 안정을 해치거나 수용자 간 위화감을 줄 우려가 있다는 점을 명시하고 있으므로, 유사한 내용이 포함된 형집행법 시행규칙 제22조 제3항 제2, 3, 5호를 중심으로 전달 불허가 사유가 인정되는지를 판단하였다.

2. 지급불허처분의 위법 여부

형집행법 시행규칙 제22조 제3항 제2호는,

음란하거나 현란한 그림·무늬가 포함된 물품을 전달 불허가 사유로 규정하고 있다. 이 사건 안경다리 부분에 일부 빨강색이 포함되어 있다고 하여, 이를 현란하다고 단정하기도 어렵거나와, 이러한 색상과 형상이 음란한 그림이나 무늬의 경우처럼 교도소의 수용 질서유지나 수용자의 정신건강에 위해를 가할 우려가 명백하게 인정된다고 볼 합리적인 근거는 전혀 찾아 볼 수 없다.

이 사건 안경이 사행심을 조장하거나 심리적인 안정을 해칠 우려가 있는 물품(제3호), 위화감을 조성할 우려가 있는 높은 가격의 물품(제5호)에 해당하는지에 관하여 본다. 안경다리 일부 또는 전부가 원색이라고 하여 수용자의 심리적인 안정을 해칠 우려가 있다고 볼 어떠한 합리적인 근거 역시 찾아보기 어렵다. '안경'은 신체의 장애를 보완하기 위하여 사용되는 것으로서 이를 단순한 사치품과 같은 선상에 두고 볼 수는 없고, 이 사건에서 원고가 반입을 구한 안경이 위화감을 조성할 정도의 고가품에 해당한다고 보기도 어렵다.

결국 이 사건 처분사유로 제시된 사유들은 모두 상위 법령에서 제시된 전달 불허가 사유에 해당하지 않으므로, 이 사건 불허가 처분은 위법하다.

3. 이 사건 예규조항의 위법 여부

대상판례는 같은 취지에서 이 사건 처분사유와 같은 내용이 규정된 이 사건 예규조항 역시 상위 법령 규정들에 위배·저촉되는 내용으로서 위법·무효라고 보았다.

III. 이 사건 예규조항의 위헌 여부

1. 법원의 판단

이 사건 예규조항은 원색 계열의 색이 일부라도 들어간 안경테는 수용자의 심리적 안정을 해치거나 위화감을 줄 우려가 있다는 불합리하고 자의적인 인식에 기초한 것이므로 목적의 정당성을 인정하기 어렵고, 안경의 색상에 따라 안경을 착용한 수용자를 바라보는 다른 수용자의 심리적 안정이 해쳐진다고 볼 수도 없으므로 수단의 적합성도 인정되지 않는다.

이 사건 예규조항은 전달받고자 하는 안경테가 빨강색이기만 하면 이를 보낸 사람에게 반환하도록 함으로써, 안경의 모양, 안경 사용자의 시력 및 안경 사용현황 등 개별적·구체적 상황을 전혀 고려하지 아니하여 수용자의 자유를 필요 이상으로 제한하고 있다. 반면, 원색이 포함된 안경을 전달 허가하지 않거나 내지 보관품으로 사용 허가하지 아니함으로 인해 달성할 수 있는 교정사고 방지, 시설 내 질서유지 등의 효과는 불확실하거나 거의 없다. 따라서 이 사건 예규조항은 침해최소성과 법익균형성도 충족하지 못한다.

이 사건 예규조항은 과잉금지원칙에 반하여 기본권을 침해하는 것으로서 헌법에 위반된다.

2. 검토

대상판례는 이 사건 예규조항에 따라 신체의 자유와 통신의 자유, 행복추구권 및 일반적 행동자유권 내지 자기결정권, 경우에 따라 인간의 존엄 등 기본권이 제한 및 침해된다고 보았다.

그런데 과잉금지심사에서 제한되는 기본권을 특정하는 것은 단순히 수범자의 기본권 제한 상황을 열거하는 데 머무르는 것이 아니라, 공익의 달성 정도와 사익의 제한 정도를 비교형량함에 있어 저울의 한 쪽 팔에 올라가는 법익, 즉 기본권의 제한 정도를 판단하기 위한 선결요건으로서의 의미를 지닌다. 즉 기본권의 제한 정도를 구체적으로 파악하기 위해서는 우선 어떤 기본권이 제한되는지를 분명히 특정하여야 한다. 일반적으로는 가장 핵심적인 기본권을 기준으로 판단하고 있다.

이 사건 예규조항은 원색, 현란한 무늬, 큐빅 등 장식이 있는 안경의 반입을 금지하는 바, 이 사건 예규조항이 제한하고자 의도하고, 또 실제로 제한되는 가장 중요한 기본권은 개성의 자유로운 발현권이라 봄이 타당하다. 물론 대상판례에서 제시된 사실관계에 비추어, 원고는 특정한 색상의 안경을 사용하고자 하는 의도로 가족에게 안경 배송을 부탁한 것은 아닌 것으로 보이므로, 지급불허처분으로 불편한 안경을 계속 사용하여야 하는 점에서 신체의 자유 제한을 받게 되었을 것이나, 규범심사라는 관점에서 이는 부수적인 기본권 제한이 발생한 것으로 볼 수 있고, 규범의 목적과 효과를 고려하여 개성의 자유로운 발현권을 제한되는 기본권으로 특정하여 논증하는 것이 더욱 정밀한 형량이 될 수 있었을 것으로 보인다. 다만, 이 사건 예규조항의 경우 수단의 적합성 단계에서 위헌성이 비교적 분명히 드러나므로, 법익의 균형성 논증에서 기본권 특정의 중요성이 다소 덜 강조될 여지는 있다.

[후속논의]

피고 홍성교도소장이 대상판결에 대하여 항소를 제기하였다가 항소를 취하함으로써, 대상판결은 그대로 확정되었다. 이 사건 예규조항은 대상판결이 확정된 후에도 2024. 2. 현재까지 개정되고 있지 않으나, 위헌·위법하여 무효라는 대상판결의 판시에 비추어 교정실무에서 이 사건 예규조항을 적용하여서는 안 될 것이고, 법무부는 조속히 예규를 개정하여 안경테 색상 부분을 삭제하여야 한다. 나아가 장기적으로는 대상판결에서 지적한 형집행법령 위임근거의 모호성과 위임형식의 부당성이 개선입법에 반영되어 의회유보원칙과 법치행정원리에 부합하도록 개정되기를 기대한다.

[유경민 판사(수원지방법원)]

제4장

위생과 의료

제1절
의료

[01] 수용자 간 폭행치사사고에서 교도관의 감시 소홀로 인한 국가의 손해배상책임

대상	손해배상(기) (원고일부승)
	[1심] 전주지법 군산지원 1993. 11. 25. 선고 93가합2522 판결 (원고일부승)
	[2심] 광주고법 1994. 3. 30. 선고 94나53 판결 (원고일부승)
	[3심] 대법 1994. 10. 11. 선고 94다22569 판결 (상고기각)

[사실관계]

사건의 가해자인 갑은 교도소에 강도상해 혐의로 미결수용되어 있었고, 사건의 피해자인 을은 교통사고처리특례법위반죄로 구속되어 같은 방에 있었다. 그런데 1993. 4. 30. 10:55경 갑은 을이 그 전날의 세탁담당자였는데 세탁을 하지 않아 방에 널려 있는 세탁물에서 악취가 난다는 이유로 불러 세운 뒤 세탁을 하지 않은 이유를 추궁하고 앞으로는 잘 할 것을 훈계하면서 주먹으로 을의 가슴을 1회 가격하여 뒤로 넘어뜨렸다. 이 충격으로 을은 같은 날 11:18경 일차성 쇼크로 인한 급성심장지로 사망하였다.

이러한 사망 사고에 대하여 을의 어머니와 형제들이 원고가 되어 대한민국을 상대로 손해배상을 청구하는 소송을 제기하였다.

[판결요지]

국가 소속 공무원으로서 행형업무를 담당하는 교도관에게는 미결수들을 수용함에 있어서는 그 죄질을 감안하여 구별 수용하여야 하고, 수용시설의 사정에 의하여 부득이 죄질의 구분 없이 혼거수용하는 경우에는 그에 따라 발생할 수 있는 미결수들 사이의 폭력에 의한 사적 제재 등 제반 사고를 예상하여 감시와 시찰을 더욱 철저히 하여야 할 주의의무가 있음에도 불구하고, 소년 미결수들을 수용함에 있어 그 죄질이 현저히 다른 강도상해범과 과실범을 같은 방에 수용하고도 철저한 감시의무를 다하지 못함으로써 수감자 상호간의 폭행치사사고가 일어나도록 한 과실이 인정된다고 하여 국가에게 손해배상책임을 인정한 사례이다.

제1심 판결의 내용은 제2심과 제3심에서 그대로 유지되었으며, 제2심 법원과 제3심 법원(대법원)에서는 각기 원고 측의 패소 부분에 대한 항소, 그리고 대한민국의 항소 및 상고를 기각하였다.

[해설]

I. 사안의 쟁점

사안의 경우 미결수용 중의 수용자 사이에 폭력행위가 발생한 것에 대한 국가의 손해배상책임의 인정 범위가 핵심 쟁점이다. 물론 가해자와 피해자 사이의 손해배상 문제도 논란될 수 있지만, 그와는 별개로 국가의 손해배상책임 문제는 다투어질 수 있다.

또한, 판결요지에서 보듯이 미결수의 수용과 관련하여 국가가 어떤 조치를 취해야 하는지가 중요한 판단기준이 되고 있다. 국가의 손해배상책임이 인정되기 위해서는 국가(공무원)의 작위 의무가 인정되어야 하며, 이를 어디까지 인정할 것인지가 가장 중요한 쟁점이라 할 것이다.

II. 미결수용의 의미와 특성

미결수용은 형이 확정된 수형자와는 달리 아직 형이 확정되지 않은 피고인이나 피의자들을 수용하는 것을 말한다.

형집행법 제2조 제3호는 미결수용자를 "형사피의자 또는 형사피고인으로서 체포되거나 구속영장의 집행을 받아 교정시설에 수용된 사람"으로 정의하고 있다. 또한 형집행법 제79조는 미결수용자는 무죄의 추정을 받으며 그에 합당한 처우를 받는다고 명시하고 있다.

그런데 미결수용자의 경우에는 형집행법 제11조에 따라 구치소에 수용되는 것이 원칙이지만, 같은 법 제12조 제1항에 따라서 예외적으로 교도소에 수용될 수 있다. 이에 해당한 경우로는 다음의 세 가지가 명시되어 있다.

① 관할 법원 및 검찰청 소재지에 구치소가 없는 때, ② 구치소의 수용인원이 정원을 훨씬 초과하여 정상적인 운영이 곤란한 때, ③ 범죄의 증거인멸을 방지하기 위하여 필요하거나 그밖에 특별한 사정이 있는 때.

또한, 형집행법 제12조 제2항에 따라 취사 등의 작업을 위하여 필요하거나 그 밖에 특별한 사정이 있으면 구치소에 수형자를 수용할 수 있으며, 같은 법 제12조 제4항에 따라 소장은 특별한 사정이 있으면 같은 법 제11조의 구분수용 기준에 따라 다른 교정시설로 이송하여야 할 수형자를 6개월을 초과하지 아니하는 기간 동안 계속하여 수용할 수 있다.

이러한 법률 조항에서 확인될 수 있는 것처럼 모든 미결수가 구치소에 수감되는 것은 아니며, 거꾸로 구치소에는 미결수들만 있는 것도 아니다. 사안의 경우처럼 미결수가 교도소에 수감된 사례도 있는 것이다.

이렇게 기결수와 미결수가 같은 교정시설 내에 있는 경우에는 그들이 거주하는 구역은 분리되는 것이 원칙이다(형집행법 제13조 제2항).

III. 미결수용시 분류심사 의무와 혼거수용시 강화된 감시·시찰의 필요성

형집행법 제14조에 따라 수용자는 독거수용이 원칙이다. 다만, 다음의 세 가지 사유에 해당하면 혼거수용이 가능하다.

① 독거실 부족 등 시설여건이 충분하지 아니한 때

② 수용자의 생명 또는 신체의 보호, 정서적 안정을 위하여 필요한 때

③ 수형자의 교화 또는 건전한 사회복귀를 위하여 필요한 때

사안의 경우 독거실의 부족 등 사유로 혼거수용을 한 것으로 보인다. 문제는 이런 경우에―비록 유죄의 확정판결이 내려지지 않은 미결수용자라 하더라도―수용자 간의 갈등 내지 충돌의 우려가 매우 높다는 점이다. 이를 회피하기 위하여 독거수용을 원칙으로 한 것인데, 교정시설의 여건에 따라 부득이하게 혼거수용을 하게 되었다면, 수용자 간의 갈등 및 충돌을 막기 위해 교정공무원들이 특별히 신경 쓸 필요가 있다.

법원에서는 이를 위한 감시·시찰의 강화

필요성을 인정하면서, 그 의무 위반이 사안의 불행한 폭력사태 및 사망사고를 유발케 한 원인으로 지목하고 있다. 국가책임의 인정에 필요한 불법행위의 존재를 이와 같은 혼거수용의 회피 또는 감시·시찰의 강화 필요성에도 불구하고 이를 행하지 않은 국가(공무원)의 고의·과실에서 찾고 있는 것이다.

IV. 국가 책임의 인정 범위 – 피해자의 과실인정과 과실상계

국가책임의 인정 범위와 관련하여 중요한 요소는 불법행위와 손해발생 사이의 인과관계의 확인, 그리고 과실 상계의 존부이다.

사안의 경우에 인과관계는 특별히 문제되지 않는 것으로 보인다. 국가(공무원)의 적절한 조치의 미비로 인하여 사고가 발생했으며, 그로 인한 손해에 대해 특별히 상당인과관계를 부인할 사정이 없기 때문이다.

반면에 사안의 경우 피해자가 세탁담당일임에도 불구하고 이를 지키지 않은 결과로 동료 수용자들의 불만을 야기함으로써 사고의 동기를 만들었다는 점에서 피해자의 과실이 있다고 할 수 있고, 법원은 이러한 과실의 비율을 손해액의 20%로 산정하였다.

V. 결론

본 사안에 대한 법원의 판단에서 주목할 점은 세 가지다.

첫째, 국가의 적극적인 작위뿐만 아니라 소극적인 부작위에 의해서도 국가의 손해배상책임이 인정될 수 있다.

둘째, 교정 시설 내에서 수용자 상호간의 갈등과 충돌을 방지할 국가(공무원)의 작위의무가 인정되며, 이를 제대로 다하지 않은 점을 불법행위로 인정할 수 있다.

셋째, 피해자가 사고의 발생을 유발한 측면에 대해서는 과실을 참작할 수 있으며, 사안의 경우에는 동기 유발에 대해 20%의 과실을 인정하였다.

[참고문헌]
● 최재천, 형사정책: 1997년도 학계활동의 결산과 판례동향, 고시연구 25권 1호, 고시연구사, 1997.
● 허경미, 범죄자의 폭력심리와 교정시설의 폭력문화에 관한 연구, 한국범죄심리연구 제6권 제2호, 2010.
● 윤옥경, 소년수형자의 교도소 내 피해와 가해 경험에 대한 연구, 교정연구 제70호, 한국교정학회, 2016.

[차진아 교수(고려대학교 법학전문대학원)]

[02] 중환자 형집행정지 미실시로 인한 사망 사건에서 국가의 위자료 배상 책임을 인정한 사례

대상	손해배상(기) (원고일부승) [1심] 서울중앙지법 2000. 11. 8. 선고 98가합109667 판결 (원고일부승) [2심] 서울고법 2001. 10. 11. 선고 2000나57469 판결 (항소기각)

[사실관계]

벌금형을 선고받은 망인이 벌금을 납부하지 않자 서울지방검찰청 북부지청은 1997. 12. 23. 노역장유치 집행지휘를 하였고, 소속 직원은 1997. 12. 23. 그의 주거지를 찾아가 그의 딸에게 망인을 구치소 노역장에 유치한다는 사실을 알린 후 그의 신병을 성동구치소에 인계하였다.

망인의 신병을 인수한 구치소에서는 당일 그의 인적 사항 및 주거사항을 파악하고 신체검사를 실시한 후 신입 대기실에 입소시켰는데, 당시 그는 말을 더듬거려 자신의 인적 사항도 제대로 말하지 못하고 혈당치가 355㎎에 달하여 건강이 좋지 않은 상태였다. 이에 성동구치소는 1997. 12. 24. 그를 병동하 4실에 입실 조치하고 정기적으로 그의 맥박과 혈압 및 당수치를 점검하면서 그의 건강 상태를 관찰하였다. 그런데 그는 입실 이후 줄곧 말을 더듬거려 의사소통이 원활하지 않고 얼굴이 붓고 눈 주위에 검은 빛이 돌았으며 비틀거리면서 몸을 제대로 가누지 못하여 자주 쓰러지고 대소변마저 가리지 못하였다. 이에 위 구치소는 1998. 1. 6. 그를 정신장애 및 당뇨 환자로 판단하고 정신질환자실인 병동하 5실로 전방조치하였다.

방을 옮긴 후로도 그의 증세는 호전되지 않고 건강 상태는 계속 악화되자, 위 구치소 의무과장은 1998. 2. 2. 소장에게 노역장유치 집행정지를 건의하였다. 이에 성동구치소 측은 노역장유치 집행정지보다는 교화단체 등으로부터 도움을 받아 잔벌금을 대납시킨 후 석방시키는 쪽으로 그의 신병문제를 처리하기로 한 후 1998. 2 .3. 교화단체로부터 잔벌금 270,000원을 대납받았다. 그리고 그의 주소지와 연락처를 조사하고 수용자신분카드 및 건강기록부에 그의 주소지로 기재되어 있던 해당 주소지 동사무소의 민원계장에게 그의 주소지를 문의하는 등 그의 가족에게 연락하기 위한 노력을 기울였다.

그러나 성동구치소 측은 망인 가족 연락처를 찾을 수 없었고, 그를 시립병원에 입원시켰는데 그 후 그는 위 병원에서 치료를 받던 중 1998. 2. 18. 선행사인 뇌경막하출혈, 중간 선행사인 급성폐렴, 직접사인 뇌간마비로 사망하였다.

[판결요지]

I. 1심 판결

1. 손해배상책임이 인정되지 않은 부분

법원은 망인의 건강 상태가 극도로 악화되었음에도 불구하고 망인에 대하여 형집행정지절차를 밟지 않은 것이 망인의 사망의 한 원인이라는 원고의 주장에 대하여, 성동구치소 측이 교화단체와 협력하여 망인의 벌금 잔액을 대납시킴으로써 조기에 망인이 출소할 수 있도록 조치를 취하였고, 망인의 출소 후에도 관계 기관과 협력하여 망인이 시립 병원에서 치료받을 수 있도록 하였는데, 위와 같은 조치는 형집행정지절차를 대신하는 적절한 조치였다고 보여지므로, 성동구치소 측이 망인에 대하여 형집행정지절차를 밟지 않았다 하더라도 이러한 조치에 잘못이 있다고 볼 수 없다는 이유로 원고의 주장을 받아들이지 않았다.

2. 손해배상책임이 인정된 부분

노역장 유치를 집행한 검찰 직원은 망인의 주거지 등 연락처를 쉽게 확인할 수 있었을 것인데도 이를 게을리 하여 성동구치소 소장이 망인의 가족에게 위독한 질병 사실을 통지할 수 없게 하는 결과를 초래하였다. 그러나 위 공무원들의 과실이 망인의 사망의 원인이

되었다고 볼 수는 없고, 다만 위 공무원들의 과실로 망인은 자신의 가족에게 질병 등 자신이 처한 상황을 알릴 기회마저 상실한 채 사망에 이르게 되었다는 점, 원고들은 가족의 생사를 알지 못한 상태에서 망인을 보살필 기회마저 상실한 채 뒤늦게 사망 사실을 알게 되었다는 점에서 각자 이로 인한 정신적 고통을 받았다고 보아야 할 것이고, 이러한 점에서 피고인 대한민국은 소속 공무원에 대한 지휘·감독의 책임이 있는 자로서 위 망인과 원고들에게 그들이 받은 정신적 고통에 따른 손해를 배상할 책임이 있다.

3. 손해배상의 범위

법원은 피고 대한민국이 망인과 원고들에게 배상할 위자료로 망인에게는 5,000,000원, 망인의 자녀인 원고 A에게는 3,000,000원, 나머지 원고들에게는 각 1,500,000원을 인정하였다.

II. 항소심 판결

위 1심 판결에 대하여 피고 대한민국만 항소하였는데, 항소심은 1심 판결의 손해배상의 범위는 그대로 유지하되, 손해배상 인정의 근거를 다음과 같이 변경하였다.

형사소송법 제492조는 벌금 또는 과료를 완납하지 못한 자에 대한 노역장유치의 집행에는 형의 집행에 관한 규정을 준용하도록 규정

하고 있고, 형사소송법 제470조와 제471조는 심신의 장애로 의사능력이 없는 상태에 있는 때에는 검사는 형의 집행을 정지하여야 하고, 형의 집행으로 인하여 현저히 건강을 해하거나 생명을 보전할 수 없는 염려가 있는 때, 기타 중대한 사유가 있는 때는 검사는 형 집행을 정지할 수 있도록 규정하고 있는 점, 형사소송법 제471조가 임의규정의 형식을 취하고 있다고 하더라도 국민의 생명을 보호함은 국가의 가장 기본적인 의무인 점, 행형법 시행령 제17조는 구치소장은 수용자에 대하여 형의 집행정지 또는 구속의 집행정지를 할 사유가 인정되는 때에는 의무관의 진단서와 인수인에 대한 조사서류를 첨부하여 지체없이 그 사유를 검사에게 통보하도록 규정하고 있다는 점, 망인의 딸인 원고들이 1997. 12. 27.과 1998. 1. 14.에 면회를 하였기에 성동구치소장이 망인의 건강상태를 들어 곧바로 형집행정지절차를 밟았더라면 망인을 원고들에게 인계하는 것이 가능하였던 점을 고려하면, 성동구치소의 직원들로서는 이 사건에 있어 불과 70만 원의 벌금에 관한 유치집행을 고집하기보다는 망인의 생명과 건강을 보호하기 위하여 빠른 시일 내에 형집행정지절차를 밟아 망인을 가족들에게 인계하여야 할 의무가 있었다고 인정되므로, 피고인 대한민국은 망인에 대한 형집행정지 등 적절한 조치를 취하지 아니함으로 인하여 원고들이 입은 손해를 배상할 책임이 있다.

[해설]

I. 형집행정지제도의 개관

형사소송법상 자유형의 형집행정지는 필요적 집행정지와 임의적 집행정지의 2가지 유형으로 구분된다. 전자는 징역, 금고 또는 구류의 선고를 받은 자가 심신장애로 의사능력이 없는 상태에 있는 때에 심신장애가 회복될 때까지 집행을 정지하여야 하는 것이고(제470조), 후자는 형의 집행으로 인하여 현저히 건강을 해하거나 생명을 보전할 수 없을 염려가 있는 때 등의 구체적 사유가 있는 경우 징역, 금고 또는 구류의 선고를 받은 자에 대하여 그 집행을 정지할 수 있는 것이다(제471조). 이 중 후자에서 말하는 구체적 사유는 다음과 같다. 1. 형의 집행으로 인하여 현저히 건강을 해하거나 생명을 보전할 수 없을 염려가 있는 때, 2. 연령 70세 이상인 때, 3. 잉태 후 6월 이상인 때, 4. 출산 후 60일을 경과하지 아니한 때, 5. 직계존속이 연령 70세 이상 또는 중병이나 장애인으로 보호할 다른 친족이 없는 때, 6. 직계비속이 유년으로 보호할 다른 친족이 없는 때, 7. 기타 중대한 사유가 있는 때.

II. 임의적 형집행정지결정권의 한계

임의적 형집행정지를 행함에 있어 형집행정지 여부를 결정할 때의 재량권이 '자유재량'인지 아니면 일정한 법적 제한이 가해질 수 있는 '기속재량'인지 여부가 문제된다. 헌법재판소와 대법원은 임의적 형집행정지에 대한 수형자의 신청권이나 검사의 법률상 의무를 인정하지 않는다(헌재 2011. 8. 6. 선고 2011헌마347 결정, 대법 2017. 11. 9. 선고 2014도15129 판결 등). 하지만 헌법이 인간의 존엄과 가치에 관한 권리를 모든 기본권의 최종적 근거로 보장하고 있고, 신체의 완전성에 관한 권리를 열거되지 않은 개별 기본권으로 보장하고 있다는 점 등을 고려할 때 임의적 형집행정지 결정의 재량은 자유재량이 아니라 헌법적 한계 내에서 이루어져야 하는 기속재량에 해당하며, 수용자에 대한 의료지원이 전혀 제공되지 않거나 불충분하게 제공되는 경우는 재량의 한계를 넘는 것이라 할 수 있다.

III. 대상결정의 의의

대상 사건의 1심 판결과 2심 판결은 손해배상책임을 일부 인정하였다는 점은 동일하나 그 인정의 근거가 상이하다. 특히 망인에 대하여 형집행정지 절차를 밟지 않은 부분에 대한 규범적 평가가 엇갈린다. 1심 판결에서는 성동구치소 측이 벌금 잔액을 대납시킴으로써 조기에 망인이 출소할 수 있도록 조치를 취하였고, 출소 후에도 망인이 시립 병원에서 치료받을 수 있도록 조치한 것은 형집행정지 절차를 대신하는 적절한 조치였다고 판단한 것에 반하여, 2심 판결에서는 망인의 생명과 건강을 보호하기 위하여 빠른 시일 내에 형집

행정지절차를 밟아 망인을 가족들에게 인계하여야 할 의무가 있음을 인정하고 그럼에도 불구하고 형집행정지절차를 밟지 않은 것은 이러한 의무를 위반한 것이라고 평가하였다. 2심 판결에서 임의적 형집행정지에 대한 헌법적 한계를 명시적으로 설시한 것은 아니나 형사소송법 제471조가 임의규정의 형식을 취하고 있다고 하더라도 국민의 생명을 보호함은 국가의 가장 기본적인 의무라는 점을 근거로 형집행정지를 하여야 할 의무를 도출하였다는 점에서 임의적 형집행정지에 대한 재량권 행사의 일정한 한계를 설정하였다고 평가할 수 있다.

[참고문헌]
● 이준일, 형집행정지결정권의 한계로서 기본권 및 인권, 법과사회 제71호, 법과사회이론학회, 2022.

[김동현 변호사(공익인권변호사모임
희망을만드는법)]

대상	손해배상(기) (원고일부승)
	[1심] 전주지법 2004. 8. 31. 선고 2001가합1835 판결 (원고일부승)
	[2심] 광주고법 2005. 5. 6. 선고 2004나8073 판결 (원고일부승)
	[3심] 대법 2005. 7. 22. 선고 2005다27010 판결 (상고기각)

[사실관계]

망인은 지명수배로 도피 중 1998. 5. 2. 긴급체포되어 5. 4. 경찰서 유치장에 구금되었고, 5. 5. 구속영장이 집행되었다. 5. 3. 경찰서에 인도되어 올 때부터 망인은 허리와 머리 등에 통증을 호소하였고, 5. 6. 경찰서에서의 조사 당시에는 의자에 비스듬히 누워 천장만 바라보고 수갑이 채워진 양손을 이리저리 꼬면서 아무 말도 하지 않거나 혼자서 알아들을 수 없는 말만 하는 등 정상인에게서 찾아보기 힘든 여러 이상 징후를 보였다. 망인은 경찰관 등에게 머리와 허리 등의 통증을 호소하였고, 망인은 같은 날 병원 진료를 받게 되었다. 의사는 망인의 두통, 요통, 경부동통 등을 진단한 후 정확한 진단을 위하여 방사선 사진 촬영을 권유하였으나, 위 경찰서 소속 경찰관은 망인이 구속된 피의자라는 이유만으로 이를 거절하고 통증 조절을 위한 소염진통제 주사 및 소염제 투약만을 처방받도록 하였다. 다음 날 망인은 의무 경찰의 등에 업힌 채 교도소로 신병이 인도되었으며, 이감 당시부터 말이나 거동에 있어 매우 비정상적이었고, 이후 정상적인 말, 행동, 식사, 수면 등이 거의 불가능할 정도로 망인의 증상은 악화되었다. 그러나 교도소 측은 망인에게 수액 투여, 혈압 · 맥박의 측정 등 기본적인 조치 외에는 별다른 의료조치를 취하지 않았고, 망인은 같은 해 5. 9. 19:25 구금된 상태에서 사망하였다. 부검감정결과에 의하면, 망인은 영양불량상태였으며 다수의 찰과상 및 좌상, 욕창, 두피하출혈 및 심한 뇌부종 소견을 보였다. 그리고 사인은 외력에 의해 두부손상을 받은 후 발생한 뇌부종으로 추정되었다.

[판결요지]

대법원은 다음과 같은 이유로 망인의 유족인 원고들에 대한 피고 대한민국의 국가배상책임을 인정하였다. ① 망인의 증상 내지 건강 상태에 비추어 경찰서나 교도소 내에 망인을 구금한 채로는 망인의 치료가 어려울 뿐만 아니라, 당시 망인의 생명이 매우 위급한 상태였던 것으로 보임에도 교도소나 경찰서 측은 망인으로 하여금 외부 병원에서 종합적인 검진을 받게 하는 등의 적절한 조치를 취하지도 않았고, 나아가 그 구금시설 내에서 취할 수 있는 적절한 조치들마저도 다 행하지 않은 것으로 보이는 점, ② 한편, 경찰서 유치장이나 교도소에 구금되어 있는 자로서는 자신의 의학적 지식의 부족, 수용으로 인한 행동의 제약과 정신적·심리적 불안정 등으로 인하여 질병 등의 치료에 관하여 스스로 적절한 판단을 내리기 어렵다고 보이는 점 등을 종합하여 보면, 망인의 인신을 구금함으로써 그 신체의 자유를 제한하고 있던 경찰서 및 교도소 측이 망인의 생명·신체·건강의 위험을 방지할 주의의무에 위반하여, 망인에게 아무런 적절한 조치도 취하지 아니한 채 망인을 방치함으로써 결국 망인을 사망에 이르게 하였다고 봄이 상당하다. 그에 따라 대법원은 피고 대한민국이 피고 산하 이 사건 경찰서 및 교도소 각 소속 공무원들의 고의 또는 과실에 기한 위법한 직무집행으로 인하여 원고들이 입은 재산적·정신적 손해를 배상할 의무가 있다고 판단하였다.

[해설]

헌법 제29조 제1항에 따라 "공무원의 직무상 불법행위로 손해를 받은 국민은 법률이 정하는 바에 의하여 국가 또는 공공단체에 정당한 배상을 청구할 수 있다." 동 헌법 규정은 행정권의 행사로 인하여 발생한 손해에 대한 국가배상책임의 원칙을 천명하고, 국가배상청구권을 국민의 기본권으로서 인정한다. 구체적으로 국가배상법에서 국가배상책임에 관

하여 규정하며, 국가배상법 제2조에 따르면 공무원이 직무를 집행하면서 고의 또는 과실로 법령을 위반하여 타인에게 손해를 입히는 경우 국가는 그 손해를 배상하여야 한다(제1항).

여기서 국가배상책임의 요건 중 하나인 "법령을 위반하여"의 의미에 관하여 학설과 판례는 일치하여 "엄격한 의미의 법령 위반뿐 아니라, 인권존중, 권력남용금지, 신의성실과 같이 공무원으로서 마땅히 지켜야 할 준칙이나 규범을 지키지 않고 위반한 경우를 포함하여 널리 그 행위가 객관적인 정당성을 결여하고 있음"을 뜻한다고 넓게 해석하여, 조리에 의해서도 공무원의 직무상 의무가 발생한다고 본다(대법 2020. 4. 29. 선고 2015다224797 판결 등).

그리고 대법원은 이 사건과 같이 국민의 생명·신체 등에 대한 위험을 방지하여야 할 공무원의 직무상 의무와 관련하여, "법령에서 명문으로 공무원의 작위의무를 규정하지 않은 경우에도, 국민의 생명, 신체, 재산 등에 대하여 절박하고 중대한 위험상태가 발생하였거나 발생할 우려가 있어서 국민의 생명, 신체, 재산 등을 보호하는 것을 본래적 사명으로 하는 국가가 초법규적·일차적으로 그 위험 배제에 나서지 아니하면 국민의 생명, 신체, 재산 등을 보호할 수 없는 경우"에 조리에 의한 위험(손해)방지작위의무가 발생한다고 구체적으로 제시한다(대법 2005. 6. 10. 선고 2002다53995 판결 등). 이때 대법원은 ① 공무원의 부작위로 인하여 침해되는 국민의 법

익 또는 국민에게 발생하는 손해가 어느 정도 심각하고 절박한 것인지, ② 관련 공무원이 그와 같은 결과를 예견하여 그 결과를 회피하기 위한 조치를 취할 수 있는 가능성이 있는지 등을 종합적으로 고려하여, 공무원의 부작위로 인하여 발생한 생명 · 신체 등의 손해에 대한 국가배상책임을 인정할 지 여부를 판단한다.

대상판례의 구체적인 사실관계를 살펴보았을 때, 망인의 증상 내지 건강상태에 비춰 망인의 생명은 매우 위급한 상태이었으며, 피구금자인 망인으로서는 수용으로 인한 신체 및 행동의 제약 등으로 인하여 질병 등의 치료에 관하여 스스로 적절한 판단을 내리기 어려웠다. 따라서 앞서 대법원이 설시한 기준에 따르면, 이 사건에 있어 비록 명시적인 법령 규정이 부재하더라도 조리상으로 피구금자인 망인의 생명 · 신체 · 건강을 보호하여야 할 경찰서 및 교도소 소속 공무원의 주의의무가 도출된다고 할 것이다. 그러나 이와 같은 주의의무에도 불구하고, 이 사건 경찰서 및 교도소 소속 공무원들은 망인을 검진한 외부 병원 의사의 권유를 거절하고 정확한 진단을 위한 추가 검진 등 적절한 조치를 취하지 않았으며, 나아가 구금시설 내에서 취할 수 있는 조치 역시 다하지 않았다. 이와 같은 사정을 종합적으로 고려하여, 대법원은 이 사건 경찰서 및 교도소 소속 공무원들이 전술한 주의의무에도 불구하고 망인에게 사망이라는 중대한 결과의 발생을 방지하기 위한 최선의 조치를

다하지 않았으며, 이와 같은 부작위가 객관적 정당성을 잃은 수준에 이른 것으로 판단하였다. 그에 따라 이러한 경찰서 및 교도소 소속 공무들의 직무상 의무 위반에 따른 국가배상책임이 인정되었다.

[후속논의]

모든 개인은 인간으로서의 존엄과 가치를 지니며, 국가는 개인이 지니는 불가침의 생명 · 신체 · 건강에 대한 기본적 인권을 보장할 의무가 있다(헌법 제10조). 국가가 형벌권을 행사하여 불가피하게 피구금자의 신체의 자유를 일정한 범위에서 제한할 수밖에 없다 하더라도 국가는 피구금자가 인간으로서 가지는 존엄과 가치를 침해하여서는 안 되며(헌재 2016. 12. 29. 선고 2013헌마142 전원재판부 결정), 따라서 피구금자의 생명 · 신체 · 건강에 대한 기본권을 보장하기 위하여 최선의 조치를 다하여야 한다. 이와 같은 국가의 의무는 앞서 살펴본 바와 같이, 피구금자의 경우 신체적 · 행동적 제약 등에 따라 질병 등의 치료를 위하여 스스로 적절한 판단에 나아가기 어렵다는 점에서 더욱 더 요청된다고 할 것이다.

관련하여, 헌법재판소는 "국가가 국민의 생명 · 신체의 안전에 대한 보호의무를 다하지 않았는지 여부를 헌법재판소가 심사할 때에는 국가가 이를 보호하기 위하여 적어도 적절하고 효율적인 최소한의 보호조치를 취하였는가 하는 이른바 '과소보호금지 원칙'의 위반 여부를 기준으로 삼아야 한다"라고 판시하

여(헌재 2008. 12. 26. 선고 2008헌마419 결정, 헌재 2015. 9. 24. 선고 2013헌마384 결정 등), 행정권의 행사 과정에서 국민의 생명·신체의 안전을 보호하여야 할 공무원의 직무상 의무를 최소한의 보호 조치를 취하였는지 여부를 근거로 하여 엄격한 기준 하에 판단한다. 대법원의 경우에도, 검토한 바에 따를 때, 국가가 국민의 생명·신체 등을 보호하여야 할 직무상 의무를 다하였는지에 관해 엄격한 요건 하에 판단하는 것으로 보인다(대법 2005. 6. 10. 선고 2002다53995 판결 등).

물론 이 사건의 경우, 망인의 증상 내지 건강상태의 심각성, 공무원의 직무상 의무 위반의 정도 등을 고려할 때, 위와 같은 엄격한 기준을 적용하더라도 국가배상책임이 인정될 가능성이 높다. 그러나 피구금자의 경우 신체적·행동적 제약 및 구금시설의 환경 등으로 인하여 기본권이 침해될 위험이 높은 취약군에 속하며, 이와 같은 피구금자의 생명·신체·건강에 대한 위험은 다양한 양태로 발생할 수 있다는 점에서, 행정권 행사의 위법성 판단기준을 위와 같이 엄격하게 적용하는 것이 피구금자의 보호에 있어 적절한지에 관해서는 재고할 필요가 있다. 즉, 국가는 국민의 생명·신체 등에 대한 기본권을 보장하여야 할 책무를 지닌다는 점을 고려할 때, 적어도 이와 같은 일정한 경우에 있어서는 공무원의 직무상 의무의 이행 강도를 보다 높게 인정하는 것이 적절한지, 그에 따라 완화된 기준 하에 공무원의 직무상 의무 위반 여부를 심사하여

야 할 필요가 있는지 추가적으로 검토할 필요가 있을 것이다.

[참고문헌]
● 김현준, 경찰부작위로 인한 국가배상청구소송에 있어서 작위의무의 성립요건, 토지공법연구 제56집, 한국토지공법학회, 2012.
● 박정훈, 행정부작위와 국가배상책임의 해석, 고시계 제59권 제2호, 국가고시학회, 2014.
● 방승주 외, 공권력의 불행사에 대한 헌법소원심판 구조 연구, 헌법재판연구 제29권, 헌법재판소, 2018.
● 박균성, 행정법강의(제21판), 박영사, 2024.

[이서형 변호사(법무법인 세승)]

[04] 자해에 따른 치료비를 수용자에게 구상한 사례

대상	구상금 (원고승)
	[1심] 부산지법 2006. 6. 26. 선고 2006가소1398 판결 (원고승)
	[2심] 부산지법 2007. 1. 18. 선고 2006나12388 판결 (항소기각)
	[3심] 대법 2007. 5. 10. 선고 2007다9962 판결 (상고기각)

[사실관계]

피고는 살인 등의 죄로 부산교도소에 복역 중 담당교위가 피고의 요구를 들어주지 않는 것에 불만을 품고 몰래 숨겨둔 도루코 칼날로 자신의 좌우허벅지와 왼발 아킬레스건을 상하게 하는 등 자신의 요구사항이 받아들여지지 않을 때마다 총 5회에 걸쳐 신체 일부를 자해하였다.

이러한 일련의 자해사건으로 피고는 부산대병원 등지에서 치료와 수술을 받았고, 그에 따른 진료비 총 5,978,032원을 원고 대한민국이 모두 지급하였다.

원고는 피고의 자해로 인하여 지출한 치료비와 이자를 피고에게 청구하였고, 피고는 1심 패소 후 항소심이 진행 중일 때 부산지법 가정지원에서 한정치산 선고를 받았다.

[판결요지]

수용자가 수용 중 발생한 사고 및 질병에 대하여 치료가 필요한 경우 그 치료비는 원칙적으로 국가가 부담하여야 할 것이나, 수용자 간의 싸움과 같이 제3자의 범죄행위에 기인한 경우에는 원칙적으로 가해자가 부담하여야 하는 것이고, 수용자가 스스로 자해하거나 난동을 부려 부상을 입은 경우 역시 상해를 야기시킨 것은 수용자 본인이므로 스스로 치료비를 부담해야 하고 국가가 그 치료비까지 지급할 의무는 없다고 할 것이다.

피고는, 피고가 심신미약자이고 한정치산자로서 원고의 특별관리상태에 있던 중 원고의 감독소홀 등 원고에게 책임 있는 사유로 자해행위에 이르게 되었으므로 그에 따른 진료비를 원고가 부담하여야 한다고 주장하나, 피고는 스스로 수회에 걸쳐 규정을 위반하여 수용 중 반입 및 소지가 금지된 사무용 칼등을 은닉하여 왔고, 교위 몰래 보관하던 사무용칼이나 형광등을 깨뜨려 그 조각 등으로 자해한 것이므로, 여기에 원고의 책임 있는 사유를 찾기 어렵다.

[해설]

이 사건 당시 시행되던 행형법은 소장에게 질병에 걸린 수용자에 대하여 병실수용 기타 적당한 치료를 할 의무를 부과하면서(제26조),

수용자에 대한 적당한 치료를 하기 위하여 필요한 경우에는 당해 수용자를 교정시설 외부 병원에 이송하여 치료할 수 있도록 하였다(제29조).

구 행형법에는 수용자의 외부병원 치료비 부담에 관한 규정이 없었고, 법무부예규인 '수용자 의료관리지침'에서 외부병원 치료비의 수용자에 대한 구상 여부를 정하고 있었는데, '수용자 의료관리지침' 제16조는 수용자의 외부병원 치료비를 예산에서 지급함을 원칙으로 하되, 이 사건과 같이 수용자의 자해행위로 인한 부상, 질병 발생시 수용자 부담이 가능한 경우에는 수용자에게 변상하도록 조치하되 수용자가 부담하는 것이 불가능한 경우에는 예산으로 지급하도록 정하고 있었다(제4호).

대상판례는 위와 같은 구 행형법과 '수용자 의료관리지침'을 원용하여 국가가 대납한 치료비는 모두 피고가 스스로 자해하여 발생한 상해를 치료하기 위한 것이어서 국가가 지급하여야 할 의무가 없고, 상해를 유발한 피고 스스로 부담하여야 할 성질의 것인데, 국가가 이를 모두 변제함으로써 피고는 법률상 원인 없이 진료비부담의무를 면하게 되었으므로 진료비 상당의 부당이득금을 국가에 반환할 의무가 있다고 보았다.

대상판례에서는 심신미약자에 대한 국가의 감독소홀 유무만이 문제가 되어 쟁점으로 다루어지지 않았으나, 심신미약으로 한정치산 선고를 받은 수용자에 대해서 일반인과 동일

한 기준으로 치료비를 부담시키는 것이 적절한지에 대해서는 의문이 제기될 수 있다. 고의행위라고 구분짓기 위해서는 특별한 사정이 없는 한 구체적인 정신능력으로서의 책임능력이 전제되어 있다고 볼 것인데(대법 2001. 4. 24. 선고 2001다10199 판결 등), 심신미약의 상태에서 발생한 사고는 책임능력에 장애가 없는 상태에서 고의로 인하여 발생한 것으로 보기 어려운 측면이 있기 때문이다.

[후속논의]

2007. 12. 21. 행형법이 형집행법으로 전부 개정되면서 수용자에 대한 적절한 치료를 위하여 필요하다고 인정하면 교정시설 밖에 있는 의료시설에서 진료를 받게 할 수 있도록 하되(제37조 제1항), 수용자가 자신의 고의 또는 중대한 과실로 부상 등이 발생하여 외부의료시설에서 진료를 받은 경우에는 그 진료비의 전부 또는 일부를 그 수용자에게 부담하게 할 수 있도록 하는 규정을 신설하였다(제37조 제5항). 참고로 일부 하급심 법원은 형집행법 제37조 제5항의 취지에 대해 수용자의 고의 또는 중과실로 인한 외부진료 시에는 수용자에게 진료비를 부담시킬 수 있다는 점을 명확히 한 것이지, 수용자의 고의나 중과실로 인하지 않은 외부진료의 경우에는 국가에게 그 진료비용을 부담할 의무가 있다는 점을 정한 것은 아니라고 판결하였다(서울중앙지법 2017. 9. 14. 선고 2017나9335 판결).

한편, '수용자 의료관리지침'은 진료비의

전부 또는 일부를 해당 수용자에게 구상할 수 있는 경우를 구체화하여 1. 자해행위, 이물질의 삼키는 행위, 난동 등 수용자의 고의로 인하여 부상 등이 발생한 경우, 2. 중과실로 인하여 부상, 질병 등이 발생한 경우로 정하였는데(제16조 제1항), 해석상 심신미약의 상태에서 한 자해에 대해 '수용자의 고의로 인하여 부상등이 발생한 경우'로 보아 구상권 행사를 할 것인지는 소장의 재량에 위임되어 있다고 볼 여지가 있다.

[참고문헌]
- 국가인권위원회, 구금시설내 인권침해유형 및 예방지침(안) 개발을 위한 공청회, 2003.

[박승진 변호사(법무법인 지평)]

[05] 수용자 건강권 보장을 위한 국가와 보호감호소장, 의무관의 의무

대상	손해배상(기) (원고일부승) [1심] 대구지법 김천지원 2006. 6. 30. 선고 2005가합1097 판결 (원고일부승) [2심] 대구고법 2007. 6. 7. 선고 2006나7199 판결 (원고일부승)
참조	손해배상(기) (강제조정) [1심] 대구지법 2004. 2. 10. 선고 2002가단49665 판결 (원고일부승) [2심] 대구고법 2004. 10. 27. 선고 2004나2299 판결 (원고패) [3심] 대법 2005. 3. 10. 선고 2004다65121 판결 (파기환송) [환2심] 대구고법 2005. 8. 30.자 2005나2661 결정 (강제조정)

[사실관계]

망인은 2000. 10. 9. 구속되어 2001. 4. 26. 대법원에서 징역 2년 및 보호감호 7년 형이 확정되었고, 징역형을 마친 후 2002. 10. 29. 부터 보호감호소에 입소하여 보호감호처분을 받기 시작하였다.

망인은 2003. 9. 29.부터 보호감호소 수감자들이 집단으로 사회보호법 폐지를 촉구하는 단식농성을 시작하였고 망인도 여기에 참여하였다.

① 망인은 2003. 10. 2. 체한 것 같은 증상을 느꼈고, 배가 아프다며 통증을 호소하였으며, 의무관인 공중보건의로부터 진료를 받았고, 복부 통증과 함께 3일간 배변을 보지 못했다고 호소하였지만, 의무관은 체온, 혈압, 맥박을 측정하고 이상이 없자 위장장애 등으로 판단하여 위장약을 투약하고, 병사동에 입원시켰다.

② 다음날인 10. 3. 망인은 통증을 호소하였다가 진정제 주사를 맞은 후 환실을 요구하여 사동으로 환실되었다. 그러나 저녁을 먹은 후 재차 구토증세 등으로 의무과에 내원하였지만 의무관은 단식에 따른 후유증으로 판단해 수액 등을 주사하고 병사동에 입원시켰다.

③ 그 다음날인 10. 4. 망인은 아침을 먹던 중 구토와 통증을 호소하였고, 08:05경 외부 의료원 응급실에 도착해 진료를 받던 중 08:10경 천공을 동반한 급성화농성 충수돌기염에 의한 급성복막염으로 사망하였다.

[판결요지]

행형법과 그 시행령은 먼저, "수형자를 격리하여 교정교화하여 사회에 복귀하게 하는" 것을 행형법의 목적 중의 하나로 규정하면서 (법 제1조), "이 법을 집행함에 있어서 수형자 또는 미결수용자의 기본적 인권은 최대한으로 존중되어야 한다"(법 제1조의 3)고 규정하는 한편, 수형자의 건강 및 의료 처우에 관하여 교도소장은 질병에 걸린 수용자에 대하여 병실수용 기타 적당한 치료를 하여야 하고(법 제26조), 수용자의 치료상 특히 필요하다고 인정하는 때에는 의무관 이외의 의사로 하여금 치료를 할 수 있으며(시행령 제103조 제1항), 수용자에 대한 적당한 치료를 하기 위하여 필요하다고 인정하는 때에는 당해 수용자를 교도소 밖에 있는 병원 등에 이송할 수 있다(법 제29조)고 규정하고 있고, 그 외에도 교도소장은 수용자가 자비로써 치료를 원하는 때에는 필요에 의하여 이를 허가할 수 있고(법 제28조), 수용자의 질병이 위독한 경우에는 그 사유를 가족에게 통지하여야 한다(시행령 제104조)고 규정하고 있으며, 구 사회보호법(2005. 8. 4. 법률 7656호로 폐지되기 전의 것) 제42조에서는 "보호감호에 관하여 이 법에 특별한 규정이 있는 경우를 제외하고는 그 성질에 반하지 아니하는 범위 안에서 형사소송법과 행형법 및 보호관찰등에관한법률의 규정을 준용한다"고 규정하고 있다.

위 규정을 종합하면, 수감자를 격리 수용하는 피고 산하의 보호감호소장에게는 질병에 걸린 수감자를 병실에 수용하는 등으로 관리하면서 의무관 또는 의무관 이외의 의사로 하여금 적절한 진단과 치료를 받게 하여야 하고, 필요한 경우에는 보호감호소 밖에 있는 병원에 이송하여 치료를 받게 하여야 하며, 위독한 경우에는 그 사유를 가족들에게 통지하여 가족들로 하여금 수감자의 질병 치료를 위한 조치를 취할 수 있는 기회를 제공하는 등으로 신체의 자유를 구속받고 있는 보호감호소 내 수감자의 생명과 신체의 안전을 위하여 필요한 조치를 취하여야 할 주의의무가 있다고 할 것이다. 또한 보호감호소장의 지휘를 받으면서 보호감호소 내 수감자들의 진료를 담당하는 의무관은 수감자에 대한 진찰, 치료 등의 의료행위를 하는 경우 수감자의 생명, 신체, 건강을 관리하는 업무의 성질에 비추어 환자의 구체적인 증상이나 상황에 따라 위험을 방지하기 위하여 요구되는 최선의 조치를 행하여야 하며, 질병의 발견 및 치료에 최선의 노력을 기울이고 본인이 적절한 치료를 할 수 없는 경우에는 보호감호소 밖에 있는 병원에 이송하여 치료를 받게 함으로써 보호감호소 내 수감자의 생명과 신체의 안전을 위하여 필요한 조치를 취하여야 할 의무가 있다고 할 것이다. 피고로서도 보호감호소를 설치, 관리, 운영하는 주체로서 수감자들의 생명과 신체의 안전을 위하여 보호감호소 내 전문의료인력 및 의료장비를 배치하여 수감자들에 대한 진료, 검사, 치료 등이 원활히 이루어질 수 있도록 적절한 조치를 하여야 할 의무가 있다 할 것이다.

[해설]

형집행법은 수용자의 건강권 보장과 관련하여 제4장 위생과 의료(법 제30조 내지 제40조)에 11개 규정을 두고 있다. 특히 그중 질병 등으로 진료 및 치료가 필요한 경우에 관하여 제36조(부상자 등 치료), 제37조(외부의료시설 진료 등), 제38조(자비치료), 제39조(진료환경 등)를 두고 있고, 동법 시행령은 제54조의2(간호사의 의료행위), 제55조(외부의사의 치료), 제56조(위독 사실의 알림), 제57조(외부 의료시설 입원 등 보고)를 규정하고 있으나 이러한 규정들은 수용자의 건강권을 구체적으로 보장하기에는 턱없이 부족하다고 볼 수밖에 없다.

실제로 위 대상판례에서는 수용자 건강권 보장을 위한 국가의 의무로서 "적정한 수의 의료인 및 의료장비를 비치하여야 할 주의의무"를 들고 있지만 시행령조차도 구체적인 기준(이를테면, 수용자 인원을 기준으로 한 의사 및 간호사 숫자, 교정시설이 갖추어야 할 의료기기의 종류 및 규모 등)을 설정할 수 있는 아무런 근거를 제시하지 않고 있다. 이러한 상태에서는 앞서 지적한 의료체계 개선방안 문제는 반복적으로 지적될 수밖에 없을 것이다. 나아가 위 판결에서 "피고는 전문의료인을 충원하거나 의료장비를 제대로 갖추는 등의 조치를 취하지 아니하였다(공중보건의의 잘못은 피고의 이와 같은 잘못에서 기인한 바가 크다고 할 것이다)"라고 지적하고 있듯이, 국가의 의무 불이행으로 인해 담당공무원(보호감호소장, 의무관)에게까지 책임이 전가되고 있는 상황이다.

위 판결은 수용자의 의료실태의 문제점으로 지적되고 있는 사항들을 총체적으로 보여주고 있다. 교정시설의 의료체계와 관련하여 반복적으로 지적되고 있는 문제는 ① 의료인력의 확충, ② 의료예산의 현실화, ③ 의료시설의 확충 및 공공의료자원의 지원, ④ 법과 제도의 정비, ⑤ 의료처우를 위한 시설의 소규모화 등이고, 그에 관하여는 이미 연구를 통해 2008년 개선방안이 제시된 적이 있다(연성진 외, 수용자의 보건·의료 실태와 개선방안에 관한 연구, 183~194쪽). 수용자의 인권(특히, 건강권)에 관하여 가장 관심 있게 실태조사 등을 하고 있는 기관은 국가인권위원회라고 할 수 있는바, 국가인권위원회의 관련 자료인 △교정시설 수용자의 인권 및 처우 개선방안에 대한 연구(2022.), △구금시설 과밀수용 해소와 수용자 인권향상을 위한 토론회(2017. 12. 14.), △구금시설 건강권 실태조사(2016.), △구금시설 수용자 건강권 실태조사(2010.), △구금시설 내 수용자 건강권 보장을 위한 토론회 자료집(2010. 3. 4.), △WHO 구금시설 건강권 보장을 위한 지침서(2010. 3. 4.) 등을 통해 위에서 지적한 수용자의 의료실태의 문제점은 꾸준히 지적되어 왔다.

한편 위 판결이 보호감호소장의 의무로서 "① 의무관 또는 의무관 이외의 의사로 하여금 적절한 진단과 치료를 받게 할 의무, ② 필요한 경우에는 보호감호소 밖에 있는 병원에 이송하여 치료를 받게 할 의무, ③ 위독한 경우에는 그 사유를 가족들에게 통지하여 가족들로 하여금 수감자의 질병 치료를 위한 조치를 취할 수 있는 기회를 제공할 의무"를 지적하고, 의무관의 의무로서, "① 환자의 구체적인 증상이나 상황에 따라 위험을 방지하기 위하여 요구되는 최선의 조치를 행할 의무, ② 질병의 발견 및 치료에 최선의 노력을 기울일 의무, ③ 본인이 적절한 치료를 할 수 없는 경우에는 밖에 있는 병원에 이송하여 치료를 받게 할 의무"를 지적한 것은 담당공무원의 의무를 구체적으로 명확히 하였다는 점에서 적절한 판시라고 할 것이다.

다만, 대상판례가 망인이 의사가 오진을 할 수 있는 여지를 제공하였다고 보아 국가의 손해배상책임을 80%로 감경한 것은 다소 아쉽다. 참고로 대법원은 위 판결 이전에 이미 "당뇨병 환자인 교도소 수용자가 당뇨병의 합병증인 당뇨병성 망막병증으로 인한 시력저하를 호소하였으나 교도소 의무관이 적절한 치료와 조치를 취하지 아니하여 수용자의 양안이 실명상태에 이르게 된 데 대하여 주의의무위반을 인정"하면서, "교도소에 수용되어 있는 자에 대한 치료에 관하여는 수용자 자신의 의학적 지식의 부족, 수용으로 인한 행동의 제약과 정신적, 심리적 불안정 등으로 스스로 적절한 판단을 내리기 어려운 사정을 고려하여야 한다"라고 판시하였다(대법 2005. 3. 10. 선고 2004다65121 판결).

[후속논의]

국가인권위원회는 2018. 8. 20. '구금시설 수용자 건강권 증진을 위한 개선 방안 권고' 결정을 통해 ① 법무부장관에게, 구금시설 수용자에게 적절하고 전문적인 의료 처우를 제공하기 위해 △의무관 진료면담까지 소요시간 단축 등 1차 진료 강화 △의무관 충원·유지 위한 적절한 근로조건 개선 △외부진료 관련 의무관 권한 강화 및 계호인력 확보 △야간·공휴일 등 의료공백 최소화 및 응급 당직 의사제도 도입 △신입수용자 검진 내실화 및 정기검진 시 사회 건강서비스 동일수준 검진항목 확대 등 방안 마련을 권고하였고, ② 보건복지부장관에게 법무부가 추진하는 공공의료기관 위탁병원 운영, 수용자 정기검진 검진항목 확대, 저소득층 수용자 의료비 자비부담 완화 등을 적극 협의, 개선안 마련을 권고하였다.

[참고문헌]
- 연성진 외, 수용자의 보건·의료실태와 개선방안에 관한 연구, 한국형사정책연구원, 2008.
- 이화영 외, 구금시설 수용자 건강권 실태조사, 국가인권위원회, 2010.
- 주영수 외, 구금시설 건강권 실태조사, 국가인권위원회, 2016.
- 이호중 외, 교정시설 수용자의 인권 및 처우 개선방안에 대한 연구-「형의 집행 및 수용자의 처우에 관한 법률」 중심으로, 국가인권위원회, 2022.

[박경용 변호사(법무법인 엘케이비앤파트너스)]

대상	손해배상(기) (화해권고결정)
	[1심] 서울중앙지법 2007. 10. 31. 선고 2006가합86998 판결 (원고일부승)
	[2심] 서울고법 2008. 9. 4. 선고 2007나122881 판결 (원고패)
	[3심] 대법 2010. 1. 28. 선고 2008다75768 판결 (파기환송)
	[환2심] 서울고법 2010. 4. 24.자 2010나17927 결정 (화해권고결정)
참조1	손해배상(국) (원고일부승)
	[1심] 서울중앙지법 2016. 4. 22. 선고 2015가합553773 판결 (원고일부승)
	[2심] 서울고법 2016. 9. 22. 선고 2016나2026905 판결 (항소기각)
	[3심] 대법 2016. 12. 15.자 2016다256807 판결 (심리불속행기각)
참조2	손해배상(기) (원고일부승)
	[1심] 서울중앙지법 2014. 10. 1. 선고 2013가단5173423 판결 (원고일부승)
	[2심] 서울중앙지법 2015. 4. 24. 선고 2014나55238 판결 (원고일부승)
	[3심] 대법 2015. 8. 27.자 2015다217539 판결 (심리불속행기각)

[사실관계]

망 소외 1(이하 '망인'이라고 한다)은 2000. 5. 26. 전주지법 군산지원으로부터 "망인은 2000. 3. 21. 술에 만취하여 사물을 변별할 능력이나 의사를 결정할 능력이 미약한 상태에서, 망인의 처 소외 7과 돈 문제 등으로 말다툼을 하다가 순간적으로 격분하여 가위로 위 소외 7의 목, 가슴 등을 10회 찔러 약 4주간의 치료를 요하는 경부자상 등을 입혔다"는 범죄사실로 징역 2년에 집행유예 3년을 선고받았고, 위 판결은 그 무렵 확정되었다.

망인은 위 판결에 따른 집행유예 기간 중인 2001. 11. 25. 장도리, 과도 등을 이용하여 망인의 형 소외 8과 그의 처 소외 9를 각 살해

하였다. 전주지법 군산지원은 2002. 7. 26. 망인의 위 범죄사실과 소외 7에 대한 협박사실에 관하여 "징역 15년과 치료감호에 처한다"는 내용의 판결을 선고하였고, 이후 위 판결은 광주고법과 대법원을 거쳐 확정되었다.

망인은 위 판결에 따라 2003. 1. 16.부터 2004. 11. 30.까지 △△치료감호소에서 치료를 받았고, △△교도소를 거쳐 2004. 12. 2. ○○교도소로 이감되었다. 망인은 2005. 1. 14. "본인은 작업장에 취업하여 근로하기를 원하는 자로서 작업을 지정해 주신다면 관에서 지정한 작업장에 출력하여 성실히 생활할 것을 다짐한다"는 내용의 각서를 작성하고, 그 무렵부터 종이로 된 쇼핑백을 만드는 제5공장

으로 출역하였다. 이후 망인이 공장에 출역하여 성실하게 작업에 임하고, 교도소 내 규율에 순응하는 태도를 보임으로써, ○○교도소는 2005. 4. 13. 망인에 대한 '자살우려 문제수'의 지정을 해제한 다음, 같은 달 18. 망인을 '자살위험자'로 지정하였다. ○○교도소는, 망인이 2005. 7. 20. 16:40경 직업훈련공장에서 갑자기 근무자실로 들어가 무릎을 꿇고 울면서 "무조건 잘못했습니다. 나를 묶고 죽여 주십시오. 제가 잘못했습니다", "나는 개다"라며 바닥을 기어 다니고 "멍 멍" 개소리를 내면서 직원들을 물려고 하는 등의 정신이상 증세를 보여, 17:25경 의무관의 진료를 받게 하였는데, '급성정신착란증'으로 정신과적 치료 및 안정을 요한다는 진단이 나와 망인에게 약물을 투여하였고, 17:30경에는 망인에게 수갑을 사용하였다.

망인이 자살을 시도한 날인 2005. 8. 2. 14:34경 "본인은 독방에 와서도 문을 3번이나 차고, 자수한다고 소리를 쳐 직원분들을 밤새도록 잠도 못자게 하였고, 저의 잘못을 깊이 반성하여 앞으로는 생활을 잘 하겠사오니 용서하여 주시기 바랍니다"는 내용의 반성문을 작성, 제출하였고(당시 망인은 교도관들에게 수차례에 걸쳐 반성문을 제출할 기회를 달라고 부탁한 것으로 보인다), 이에 ○○교도소는 망인이 심적으로 안정되어 근무자의 지시에 순응하고 관규를 준수하는 등 자해의 우려가 감소되었다고 판단하고, 17:00경 계구 사용을 해제하였다.

망인은 2005. 8. 2. 20:45.~50.경 야간 담당 근무자인 소외 2에 의해 기결7사 5실에서 화장실 철격자에 내의(상의)를 찢어 만든 끈으로 목을 맨 상태로 발견되었다. 소외 2는 다른 동료 교도관들과 함께 심폐소생술을 하는 등 응급조치를 취하는 한편 망인을 □□병원으로 후송하였으나, 망인은 심폐정지로 사망하였다.

[판결요지]

[1] 교도소 등의 구금시설에 수용된 피구금자는 스스로 의사에 의하여 시설로부터 나갈 수 없고 행동의 자유도 박탈되어 있으므로, 그 시설의 관리자는 피구금자의 생명, 신체의 안전을 확보할 의무가 있는바, 그 안전확보의무의 내용과 정도는 피구금자의 신체적·정신적 상황, 시설의 물적·인적 상황, 시간적·장소적 상황 등에 따라 일의적이지는 않고 사안에 따라 구체적으로 확정하여야 한다.

[2] 교도소 내에서 수용자가 자살한 사안에서, 망인에게 발병한 급성정신착란증의 증세가 과중한 수준에 이르고, 이 사건 사고 당일은 발병일로부터 불과 10여 일 경과된 때로서 의사의 처방에 의한 지속적인 약물 투여 및 계구의 사용이 이루어지고 있었으며, 망인의 자살위험이 발병일 당시보다 줄어들었다고 볼만한 특별한 사정은 보이지 아니하므로, ○○교도소의 담당 근무자로서는 자살사고의 발생위험에 대비하여 망인에 대한 계구의 사용을 그대로 유지하거나 또는 계구의 사용을 일시 해제하는 경우에는 CCTV상으로 보다 면밀히 관찰하여야 하는 등의 직무상 주의의무

가 있다고 할 것이다.

그런데 기록에 의하면, 이 사건 사고 당일인 2005. 8. 2. 17:00경 망인은 담당 교도관들에게 반성문을 제출하겠다고 수회에 걸쳐 재촉하여 망인의 잘못을 뉘우치고 앞으로의 생활을 잘 하겠다는 취지로 반성문을 제출한 후 그와 같은 사유만을 이유로 망인에 대한 계구의 사용이 해제되었고, 같은 날 20:20경 기결 7사의 담당 근무자들은 제2실에서 싸움이 벌어져서 그 싸움을 진정시켜야 한다는 이유로 CCTV상의 감시업무를 수행해야 할 최소한의 근무자조차 남겨 놓지 아니한 채 상당한 시간 동안 모두 그 자리를 이탈하는 한편, 야간 담당 근무자인 소외 2는 위 싸움이 진정된 이후에도 그 즉시 다른 수용자들의 상황에 문제가 없는지 여부를 살펴보지 아니한 채 제1실에 그대로 머물면서 위 싸움에 대한 근무보고서 초안을 작성하였을 뿐인 사실 등을 알 수 있는바, 이러한 사실을 앞서 본 법리에 비추어 보면, ○○교도소의 담당 교도관들은 이 사건 사망사고의 발생을 미연에 방지해야 할 직무상 주의의무를 위반하였고, 그로 인하여 위 망인이 사망에 이르렀다고 봄이 상당하다.

[해설]

I. 원심의 판단

대상판례는 위와 같은 사실관계에 따라 망인의 상속인 원고들이 국가를 대상으로 국가배상법에 따른 손해배상을 청구한 사건으로, 1심과 2심, 대법원에서의 판단이 엇갈렸는데,

해당 내용을 이하에서 살펴보기로 한다. 1심에서 원고들은 피고 산하 ○○교도소 교도관들이 ① 망인의 자살 가능성을 알면서도 그 인력 운용에 있어 CCTV 감시근무자조차도 자리를 1시간 이상씩 비우게 함으로써 그 신병관리를 소홀히 하여 망인의 자실을 용이하게 하였고, ② 자살을 시도한 망인을 처음 발견한 이후에 적절한 응급조치를 하지 못하여 망인이 사망에 이르게 되었다고 주장하였다.

이에 대해 법원은 이 사건 인정된 사실관계를 종합하여, "당시 망인이 비교적 심리적으로 안정된 상태를 보이는 등으로 비록 자살의 가능성이 일부 낮아진 것처럼 판단되었다고 하더라도, 망인의 그 이전의 정신 및 행동양식을 감안할 때 여전히 자살의 가능성이 있었다고 할 수 있는바, ○○교도소 측으로서는 이러한 망인의 동태를 상당한 주의를 가지고 계속적으로 감시하여야 함에도 불구하고 망인에 대한 순찰에 의한 관찰뿐만 아니라 CCTV 모니터에 의한 관찰을 상당한 시간 동안 게을리 한 결과 망인이 목을 매고 있는 모습을 뒤늦게 발견하여, 망인이 사망에 이르게 되었다 할 것이므로, 피고는 원고들에게 소속 공무원인 ○○교도소 교도관들의 직무상 잘못으로 인하여 망인 및 원고들이 입은 손해를 배상할 책임이 있다"고 판단하였다(다만, 원고의 ② 주장에 대해서는 망인을 처음 발견한 소외 2와 동료 교도관들은 망인에 대하여 심폐소생술을 하는 등으로 적절한 응급조치를 취하는 한편 병원으로 신속히 이송하였고, "○○교도소가 망인에 대한 응급조치를 게을리 하였음을 인정할 아무런 증

거가 없으므로, 원고들의 이 부분 주장은 이유 없다"고 판단하였다).

그러나 항소심에서 법원은 원고의 ① 주장에 대하여 1심 법원의 판단과 달리, 자살동기, 예견가능성이 낮은 자살방법, 자살을 시도한 시간대, 교도관들의 당시 근무상황 등 구체적 상황을 종합적으로 고려하여 "비록 교도관들이 사전에 망인이 자살하는 것을 방지하지 못하였다고 하더라도 교도관들이 피구금자인 망인의 자살을 예견할 수 있었음에도 이에 대한 감시 등 신병관리를 소홀히 함으로써, 즉 망인에 대한 안전확보의무에 위반하여 망인을 사망하도록 방치하였다고 볼 수 없고, 달리 망인의 자살과 관련하여 교도관들의 과실을 인정할 증거가 없"다고 판시하여 국가의 손해배상책임을 인정하지 않았다.

II. 대상판례에서의 법원의 태도

대법원에서는 구금시설 관리자에게는 피구금자에 대한 안전확보의무가 인정되고, "그 안전확보의무의 내용과 정도는 피구금자의 신체적·정신적 상황, 시설의 물적·인적 상황, 시간적·장소적 상황 등에 따라 일의적이지는 않고 사안에 따라 구체적으로 확정하여야 한다"고 판시하면서, 원심의 판결을 파기하고 국가배상책임을 인정하였다. 대상판례 선고 이후 교도소에서 수용자가 자살한 사건 및 구금시설과 관련된 국가배상책임 사건에서 하급심 법원은 안전확보의무의 내용과 정도의 확정방법에 관한 대법원의 판시사항을

인용하였다. 서울고법 2016. 9. 22. 선고 2016나2026905 판결에서 법원은 "해당 근무자들이 CCTV를 통하여 확인할 수 있었던 망인의 위와 같은 이상행동 등을 인지하지 못한 것은 피구금자의 생명·신체에 대한 안전확보의무를 다하지 못한 것으로 보아야 한다"고 보았고, 구금시설 관리자로서는 "면밀한 주의를 기울여 CCTV 계호 내지 순찰 등을 통하여 망인의 거동을 세심하게 관찰함으로써 자살 당시의 사고를 미리 방지하였어야 할 안전확보의무 내지 그에 대한 주의의무가 있"다고 판시하였다. 이외에도 서울중앙지법 2014나55238 판결에서 법원은 망인이 1차 자살시도 후에 재차 자살을 시도할 위험성을 예견할 수 있었고, 망인의 자살 방지를 위한 조치를 취하여 사고를 방지할 주의의무가 있었음에도 이를 게을리 한 과실로 망인이 자살을 시도하여 사망에 이르렀으므로, 피고는 원고가 입은 손해를 배상할 책임이 있다고 판시하였다.

[참고문헌]
- 박균성, 사법의 기능과 행정판례, 행정판례연구 제22권 제1호, 한국행정판례연구회, 2017.
- 박병선·진성주, 교정시설 내 수용자 자살예방 대책 —공중보건모델을 기반으로—, 교정상담학연구 제5권 제1호, 한국교정상담심리학회, 2020.

[송영진 박사(성균관대학교 과학수사학과)]

대상	수용자 보험급여정지 위헌확인 (기각)
	헌재 2012. 2. 23. 선고 2011헌마123 전원재판부 결정 (기각)
참조1	국민기초생활 보장법 시행령 제2조 제2항 제3호 위헌확인 등 (기각)
	헌재 2011. 3. 31. 선고 2009헌마617등 전원재판부 결정 (기각) **(2017지방7급 / 2019서울7급 / 2019입법고시)**
참조2	국민건강보험법 제49조 제4호 위헌확인 (기각)
	헌재 2005. 2. 24. 선고 2003헌마31등 전원재판부 결정 (기각) **(2009법원직 / 2010국가7급)**

[사실관계]

청구인은 2002. 10. 2.부터 '국민기초생활보장법'상의 수급권자로 지정되어 매월 위 법상의 생계, 주거급여 및 의료급여 등을 지급받아 오던 중, 2010. 6. 21. 방화미수의 피의사실로 구치소에 수감되어, 2011. 1. 13. 징역 1년형이 확정된 후 2011. 1. 27.부터 공주치료감호소에 수용 중이었다.

청구인은 2010. 6. 21. 구치소에 수감된 이후 '국민기초생활보장법'상의 각종 급여가 정지되자 기초생활수급자가 구치소 및 치료감호소에 수용될 경우에 급여수급권이 정지되도록 하는 치료감호법이 헌법에 위반된다고 주장하며, 2011. 3. 9. 이 사건 헌법소원심판을 청구하였다. 이후 선정된 국선대리인은 2011. 6. 15. 구 '국민기초생활보장법 시행령' 제2조 제2항 제3호에 대한 위헌확인을 구하는 내용의 청구이유보충서를 제출하였다.

[결정요지]

'국민기초생활보장법'에 의한 급여의 종류에는 수급자에게 의복, 음식물 및 연료비와 기타 일상생활에 기본적으로 필요한 금품을 지급하여 그 생계를 유지하게 하는 생계급여, 주거안정에 필요한 임차료, 유지수선비 등을 지급하는 주거급여, 의료급여법에 의한 진료비를 지급하는 의료급여, 입학금·수업료·학용품비 등을 지급하는 교육급여, 출산 및 사망과 관련하여 지급하는 해산급여 및 장제급여, 수급자의 자활을 조성하기 위하여 지급하는 자활급여 등 총 7종의 급여가 있다(같은 법 제7조 제1항). '국민기초생활보장법'상 급여의 수급권자는 부양의무자가 없거나, 부양의무자가 있어도 부양능력이 없거나 부양을 받을 수 없는 자로서 소득인정액이 최저생계비 이하인 자를 말한다(같은 법 제5조). 그러나 이러한 기준에 부합하더라도 기초생활보장제도의 보장단위인 개별가구에서 제외되어 '국민기초생활보장법'상 급여의 지급대상에서 제외되는 예외가 존재한다. 즉, ① 현역군인 등 법률상 의무의 이행을 위하여 다른 곳에서 거주하면서 의무이행과 관련하여 생계를 보장받고 있는 자(중략), ③ 교도소·구치소·치료감호시설 등에 수용 중인 자, (후략) 등은 개별가구에서 제외되며 이에 따라 '국민기초생활보장법'상 급여의 지급대상에서 제외된다(같은 법 시행령 제2조 제2항).

헌법재판소는 2011. 3. 31. 선고한 2009헌마617등 전원재판부 결정에서 이 사건 심판대상 조항 중 "'형의 집행 및 수용자의 처우에 관한 법률(이하, '행형법'이라 함)'에 의한 구치소에 수용 중인 자" 부분에 대하여 수용자의 인간다운 생활을 할 권리를 침해하지 아니한다고 판시한 바 있고, 이 사건 심판대상 조항 중 '치료감호법에 의한 치료감호시설에 수용 중인 자' 부분에 대한 판단에서도 위 결정의 취지가 그대로 적용될 수 있으며, 그 취지는 다음과 같다(헌재 2011. 3. 31. 선고 2009헌마617등 전원재판부 결정).

『청구인들은 이 사건 심판대상 조항이 구치소에 수용 중인 자를 기초생활보장급여의 지급 대상에서 제외시켜 헌법상 인간다운 생활을 할 권리를 침해하였다고 주장한다. 그러나 생활이 어려운 국민에게 필요한 급여를 행하여 이들의 최저생활을 보장하기 위해 제정된 '국민기초생활보장법'은 수급자가 자신의 생활의 유지·향상을 위하여 그 소득·재산·근로능력 등을 활용하여 최대한 노력하는 것

을 전제로 이를 보충·발전시키는 것을 기본원칙으로 하며 부양의무자에 의한 부양과 다른 법령에 의한 보호가 이 법에 의한 급여에 우선하여 행하여지도록 하는 보충급여의 원칙을 채택하고 있다(국민기초생활보장법 제3조). 즉, 기초생활보장급여의 수급은 부양의무자 또는 다른 법령에 의한 보호가 결여된 경우에 보충적으로 적용되는 것이다. (중략) 청구인들과 같이 '행형법'에 의하여 구치소에 수용 중인 자 역시, 당해 법률에 의하여 생계유지의 보호를 받고 있다. 즉, 행형법은 구치소의 소장으로 하여금 수용자에게 건강유지에 적합한 의류·침구, 그 밖에 생활용품을 지급하도록 규정하고 있으며 수용자의 건강상태, 나이, 부과된 작업의 종류, 그 밖의 개인적 특성을 고려하여 건강 및 체력을 유지하는 데에 필요한 음식물을 지급하도록 하고 있다(행형법 제22조, 제23조). 또한 소장은 수용자가 건강한 생활을 하는 데에 필요한 위생 및 의료상의 적절한 조치를 취하여야 하는데 수용자의 건강유지에 필요한 운동 및 목욕을 정기적으로 할 수 있도록 하여야 하고 정기적으로 건강검진을 실시하여야 하며 적절한 치료를 받도록 하여야 한다(같은 법 제30조, 제33조, 제34조, 제36조). 이 밖에 수용자는 종교행사의 참석(같은 법 제45조), 도서의 이용(같은 법 제46조), 라디오 청취와 텔레비전 시청(같은 법 제48조) 등, 종교와 문화에 있어서도 일정한 처우를 받을 수 있어야 한다. 그렇다면 다른 법령에 의하여 이러한 생계유지의 보호를 받고

있는 구치소에 수용 중인 자에 대하여 '국민기초생활보장법'의 보충급여의 원칙에 따라 중복적인 보장을 피하기 위하여 개별가구에서 제외키로 한 입법자의 판단이 국가가 최저생활보장에 관한 입법을 전혀 하지 아니하였다든가 그 내용이 현저히 불합리하여 헌법상 용인될 수 있는 재량의 범위를 명백히 일탈한 경우에 해당한다고 볼 수 없으므로 이 사건 조항이 청구인의 인간다운 생활을 할 권리를 침해한다고 볼 수 없다.』

또한 위 결정에서 보건권에 대하여 명시적으로 판단하지는 아니하였으나, '인간다운 생활을 할 권리'의 한 내용으로서 의료적 처우 부분에 대하여도 판단하고 있고, 이 사건에서 문제되는 보건권의 내용이 인간다운 생활을 할 권리의 내용과 중첩되므로 같은 이유에서 이 사건 심판대상 조항이 청구인의 보건권을 침해한다고 볼 수 없다.

[해설]

헌법재판소는 일찍이 "교도소에 수용된 때에는 국민건강보험급여를 정지하도록 한 국민건강보험법 제49조 제4호가 수용자의 건강권, 인간의 존엄성, 행복추구권, 인간다운 생활을 할 권리를 침해하는지"에 관한 위헌법률심판 결정에서, 합헌으로 판단하였던바(헌재 2005. 2. 24. 선고 2003헌마31등 전원재판부 결정), 대상판례는 위 판결의 기조가 그대로 유지된 결정이라고 볼 수 있다.

수용자들의 건강권에 대한 법적 근거로서

는 헌법 제36조 제3항(모든 국민은 보건에 관하여 국가의 보호를 받는다)을 들 수 있고, 이는 우리 헌법질서의 핵심적 가치라 할 수 있는 '인간의 존엄과 가치'를 건강생활 영역에서 존중하기 위한 구체적인 규정이다. 구체적으로 국가권력에 의한 건강생활 침해 금지와 건강생활 침해에 대한 국가의 적극적인 보호의무를 그 내용으로 한다. 따라서 수용자들에 대한 건강관리의 문제는 비록 그들이 자유를 박탈당하여 특수한 환경에 처해있다고 하더라도 건강관리와 의료혜택의 수준은 결코 외부 일반사회의 수준보다 떨어져서는 안 되고 적어도 일반사회 수준과 동일하여야 한다는 원칙을 갖고 접근하여야 한다. 이는 수용자들은 자유를 박탈당하여 전적으로 국가의 관리 대상이 되고, 국가시스템에 의존할 수밖에 없는 상태에 처하게 되므로 이들에 대한 책임은 국가의 책임에 속하는 문제이기 때문이다. 행형법 제36조 제1항(소장은 수용자가 부상을 당하거나 질병에 걸리면 적절한 치료를 받도록 하여야 한다)은 국가의 치료의무를 규정한 것이고, 국민건강보험법 제54조 제4호(보험급여를 받을 수 있는 사람이 '교도소, 그 밖에 이에 준하는 시설에 수용되어 있는 경우' 그 기간에는 보험급여를 하지 아니한다)에서 구금시설 수용자를 보험급여 대상자에서 제외하고 있는 것은 기본적으로 국가가 수용자의 건강을 책임지고 무료로 의료 서비스를 제공한다는 원칙을 천명한 것이다.

문제는 '수용자 의료관리지침' 제15조 제2항 제7호("소장은 건강보험 적용대상이 아닌 경우에는 가족의 진료신청서 또는 수용자의 진료를 원하는 보고문 등에 의해 자비치료의 진의와 부담능력 등을 확인한 후 법 제38조에 따라 의무관의 의견을 고려하여 외부의료시설 진료를 허가할 수 있다")를 들어 수용자의 '자비부담' 상황이 벌어지고 있는 것이다. 수용자에 대한 의료비 예산은 절대적으로 부족한 것이 현실이고, 결국 수용자의 의료비를 자비부담으로 하고 있는 상황이 광범위하게 이루어질 수밖에 없다. 그런데 자비부담의 경우 보험급여 적용에서 제외됨으로써 과중한 진료비를 부담할 수밖에 없는 문제가 있어 결국 '국가의 수용자에 대한 무료 의료서비스 제공 원칙'은 허울뿐인 공염불에 불과하고 실제에 있어서는 수용자 간 의료급여의 형평문제가 심화될 수밖에 없다. 국가가 수용자의 건강권을 책임지고 보장해야 함에도 불구하고 예산부족으로 수용자에게 적절한 진료를 제공하지 못한다면 이는 명백히 수용자의 기본권을 침해하는 것으로 위법하다고 할 수 있다.

[후속논의]

국가인권위원회는 2018. 8. 20. '구금시설 수용자 건강권 증진을 위한 개선 방안 권고 결정'에서, "외부진료 이용 시, 저소득층 수용자가 자비부담 문제로 소외되지 않도록 개선방안을 마련할 것"을 권고하면서, "넬슨만델라규칙 제24조는 관련 국가가 보건의료를 책임져야 하고, 수용자는 지역사회에서 제공하는 것과 동일한 수준의 보건의료 혜택을 누릴

권리가 있고, 법적 신분으로 인한 차별을 받지 아니하고 필요한 보건의료 서비스를 무상으로 이용할 수 있어야 한다고 규정하고 있다. 실태조사 결과에 따르면, 외부진료를 신청하는 수용자에 자비부담 요구가 있었고 실제 지불능력이 없어 외부진료를 나가지 못했다는 사례들이 확인되고, 다수의 위원회 진정사건들에서도 영치금이 없다는 이유로 외부진료를 거부당하였다거나 기초생활수급자로 가족의 도움을 받을 수 없다며 어려움을 호소하는 내용들이 확인된다. … 이에 법무부는 보건복지부와 정책협의를 통해 의료급여 관련 대응방안을 조속히 마련하여 저소득층 수용자 또한 보편적 권리로서 평등하게 건강권을 향유할 수 있는 방안을 강구할 필요가 있다"라고 지적하였다.

[참고문헌]
- 연성진 외, 수용자의 보건·의료실태와 개선방안에 관한 연구, 한국형사정책연구원, 2008.
- 이화영 외, 구금시설 수용자 건강권 실태조사, 국가인권위원회, 2010.
- 주영수 외, 구금시설 건강권 실태조사, 국가인권위원회, 2016.
- 이호중 외, 교정시설 수용자의 인권 및 처우 개선방안에 대한 연구-「형의 집행 및 수용자의 처우에 관한 법률」 중심으로, 국가인권위원회, 2022.

[박경용 변호사(법무법인 엘케이비앤파트너스)]

대상	손해배상 (원고일부승)
	[1심] 서울중앙지법 2011. 2. 1. 선고 2010가합44946 판결 (원고일부승)
	[2심] 서울고법 2011. 7. 12. 선고 2011나24236 판결 (원고일부승)
참조1	손해배상(기) (강제조정)
	[1심] 대구지법 2004. 2. 10. 선고 2002가단49665 판결 (원고일부승)
	[2심] 대구고법 2004. 10. 27. 선고 2004나2299 판결 (원고패)
	[3심] 대법 2005. 3. 10. 선고 2004다65121 판결 (파기환송)
	[환2심] 대구고법 2005. 8. 30.자 2005나2661 결정 (강제조정)
참조2	손해배상(기) (원고패)
	[1심] 울산지법 2013. 3. 20. 선고 2012가합1548 판결 (원고패)

[사실관계]

의정부교도소에서 수감 중이던 망인은 아래턱 왼쪽 제1대구치(36번 어금니) 부위에 염증 증상이 심해져 2009. 5. 30.경부터 심한 통증을 호소하였고, 의정부교도소 공중보건의로 근무하던 치과의사 A는 2009. 6. 2. 망인을 진찰한 뒤 신경치료를 하고 진통제와 항생제 등을 처방하였다. 통증이 더 심해지면서 망인은 2009. 6. 3. 의정부교도소에서 의료자원봉사자로 활동하던 피고 B(치과의사)의 진료를 받았고, 피고 B는 망인의 동의를 얻어 36번 어금니를 뽑은 뒤 항생제를 처방하였다.

다음날인 2009. 6. 4. 의정부교도소 공중보건의 A는 교도관으로부터 "망인의 턱 부은 정도가 더 커졌고 체온이 38.7도에 이르는 등 열이 있다"는 보고를 받고 망인으로 하여금

교도소 밖에 있는 병원에서 치료를 받도록 했다. 외부병원 의료진은 망인의 질환을 봉와직염(피부의 깊숙한 피하조직에 세균에 의한 감염으로 부종 및 발적, 농양이 형성되는 증상)으로 진단한 뒤 "항생제를 투여하면서 경과를 지켜보기 위해 일주일 이상의 입원 치료가 필요하다"고 권유했으나, 교도관은 "의정부교도소에도 의사가 있고 항생제도 있으니 내부 치료가 가능하다"는 입장을 밝혔고, 그에 따라 의료진은 "망인에게 항생제를 정맥주사로 지속적으로 투여하고 증상이 악화되면 내원하라"고 설명한 뒤 망인을 교도소로 돌려보냈다. 망인은 의정부교도소 의료거실에 머물며 처방에 따라 1일 3회 체온측정, 항생제 투여를 받았고, 의정부교도소 공중보건의 A는 2009. 6. 5. 망인의 상태를 확인하였으나 2009. 6. 6.은 공휴

일(토요일)로 의정부교도소에 출근하지 않아 상태를 직접 확인하지 못하였다. 망인은 2009. 6. 6. 오후 2시 경 호흡곤란 증세 등을 보여 외부 병원으로 후송되었으나 같은 날 오후 9시경 사망하였다.

망인의 가족인 원고들은 대한민국과 망인을 진료한 병원 운영자, 교도소에서 망인을 진료한 치과의사를 상대로 손해배상을 구하는 소를 제기하였다. 원고들은 의정부교도소 교도관들이 망인을 지속적으로 제대로 관찰하지 않아 망인의 증상 악화를 알아채지 못해 공중보건의 A에게 이를 제대로 보고하지 않고, 그에 따라 망인을 외부 병원으로 신속히 이송하지 않은 과실이 있다고 주장하는 한편, 망인이 치료를 받은 외부 병원 의료진이 추가 검사 없이 망인에게 항생제만을 처방하고 의정부교도소에 망인의 입원치료를 적극적으로 권유하지 않은 사실, 망인에 대한 사후조치도 제대로 알리지 않은 사실이 주의의무 위반에 해당한다고 주장하였다. 또한 의정부교도소에서 망인의 36번 치아를 뽑은 치과의사 피고 B의 경우 의료시설이 열악한 의정부 교도소에서 발치를 하지 말아야 하는데도 충분한 사전 검사 없이 만연히 발치를 하였고, 발치 이후의 조치도 미흡했다고 주장하며 이 역시 주의의무를 위반한 것이라고 주장하였다.

[판결요지]

교도소의 의무관은 교도소 수용자에 대한 진찰·치료 등의 의료행위를 하는 경우 수용자의 생명·신체·건강을 관리하는 업무의 성질에 비추어 환자의 구체적인 증상이나 상황에 따라 위험을 방지하기 위하여 요구되는 최선의 조치를 행하여야 할 주의의무가 있다고 할 것이고(대법 2005. 3. 10. 선고 2004다65121 판결 등), 교도소 일반근무자도 수용자가 질병 기타 이에 유사한 증상을 보일 경우 수용자를 전문 의료인으로부터 검진 및 치료를 받게 하거나 그 정도에 따라 전문 의료기관으로 이송하는 등 필요한 조치를 취함으로써 수용자의 신체를 보호할 직무상의 의무가 있다고 할 것이다.

1심 법원은 의정부교도소 소속 교도관들이 망인을 지속적으로 제대로 관찰하지 않아 망인의 증상 악화를 알아채지 못해 공중보건의에게 이를 제대로 보고하지 않고, 망인을 외부 병원으로 신속히 이송하지 않은 과실이 있다고 판단하면서, 망인은 대한민국 소속 공무원인 K등의 과실로 인하여 사망하였다고 판단하여 대한민국이 망인과 그 가족들인 나머지 원고들이 입은 손해를 배상할 책임이 있다고 판단하였다.

다만 망인이 치료를 받은 외부 병원 의료진이 망인의 상태를 일단 항생제를 투여하면서 경과를 관찰해야 할 상태로 판단한 것은 의사로서 합리적 재량의 범위 내의 의료행위로 적정한 것으로 보이며, 의정부교도소 측에 적극적으로 입원의 필요성을 설명하고 권유하지 않은 것 역시 망인이 응급 상태에 있지 않았고 스스로 자신의 증상과 병력을 표현할 수 있었다는 점 등을 감안할 때 과실로 보기 어렵다고 판단하여 이와 관련한 원고의 청구를 기각하였다. 교도소 내에서 망인을 치료한 치과의사에 대하여도 망인의 치아를 뽑은 데 과실이 있었다고 볼 수 없고, 발치 이후에도 치아를 뺀 자리에 있던 농의 정도가 배농관(고름이 고이지 않고 밖으로 흘러나오도록 하는 데 쓰는 관)을 삽입하거나 구강내 절개를 해야 할 정도였다고 인정되지 않는다며 이 부분 청구도 기각하였다.

[해설]

교정시설 수용자들이 제때 필요한 치료를 받지 못하였다며 진정을 제기하거나 국가배상을 청구하는 사건들은 오래 전부터 끊이지 않았다. 교정시설 내 의료인력과 시설 및 예산이 부족한 데다, 특히 수용자를 외부 병원에서 치료받게 할 경우 수용자와 동행해야 할 계호(戒護) 인력 문제 등으로 교정시설 내 의료 문제는 쉽게 개선되지 않아 왔다. 이 사건의 경우, 수용자이던 망인이 사망하기 전 여러 차례 자신의 증상에 대해 교도관 등에게 밝히며 필요한 조치를 요구하였음에도 공중보건의 A와 의정부교도소의 다른 교도관들이 망인의 증상 악화 여부를 충분히 확인하지 않아 신속한 치료를 놓쳤고 그 때문에 사망에 이르게 되었다는 점이 인정된 사례이다.

형집행법 제36조 제1항은 "소장은 수용자가 부상을 당하거나 질병에 걸리면 적절한 치료를 받도록 하여야 한다"라고 정하고 있고,

'수용자 의료관리지침(법무부예규 제971호)' 제8조 제1항은 환자가 발생한 때에는 의무관의 진단과 처방에 따라 필요한 의료조치를 하여야 한다고 규정하고 있다. 위 법령에서 말하는 '적절한 치료', '필요한 의료조치'의 범위와 내용에 대하여 법원은 "수용자들의 질병 내용과 상태, 수용기간, 국가의 예산과 치료비용 등을 종합적으로 고려하여 구체적인 경우에 따라 합리적으로 판단하여야 한다"라는 판단기준을 택하고 있다(울산지법 2013. 3. 20. 선고 2012가합1548 판결 등). 수용시설 내 의료인력뿐 아니라 교도관 등 일반근무자 역시 수용자의 생명, 신체의 안전을 확보할 의무를 부담하는데, 법원은 그 의무의 내용과 범위에 대하여도 그 안전확보의무의 내용과 정도는 "피구금자의 신체적·정신적 상황, 시설의 물적·인적 상황, 시간적·장소적 상황에 따라 일의적이지는 않고, 사안에 따라 구체적으로 확정되어야 한다"(대법 2000. 2. 25. 선고 99다25136 판결, 대법 2010. 1. 28. 선고 2008다75768 판결 등)는 입장을 밝히고 있다. 법원은 수용자에 대한 의료 조치 등 신체의 안전이 적절하게 확보되었는지 여부를 판단함에 있어 교정시설의 예산과 인력 등 현실적인 여건을 중요한 고려 대상으로 삼고 있는 것으로 보인다.

한편 다수의 국제인권규범에서는 교정시설 수용자들 역시 사회에서 제공되는 것과 같은 수준의 의료 서비스를 받을 수 있어야 함을 명확히 하고 있다. 넬슨만델라규칙 제24조 제1항은 "피구금자에게 보건의료 서비스를 제

공하는 것은 국가의 의무이다. 피구금자는 사회에서 제공되는 것과 동일한 수준의 보건의료 혜택을 누릴 수 있어야 하며, 무상으로, 법적 신분으로 인한 차별 없이 필요한 보건의료 서비스를 이용할 수 있어야 한다"라고 하고 있으며, '유엔 피구금자보호원칙(United Nations Basic Principles for the Treatment of Prisoners 1990: A/RES/45/111)' 제9조에서도 "수용자는 그들의 법적 상황에 따라 차별 없이 자국에서 제공하는 의료적 서비스에 접근할 수 있어야 한다"고 정하고 있다. 향후 법원이 위 국제인권규범에서 제시한 기준들을 더 적극적으로 판결에 반영할 필요가 있다고 보인다. 아울러 수용자가 외부시설에서 진료를 받을 수 있도록 하는 데 있어 교도소장과 의무관에게 지나치게 과도한 재량을 부여하고 있는 형집행법 및 관련 법령 개정 역시 필요하다는 지적 또한 제기되고 있다.

[후속논의]

구금시설 수용자에 대한 건강권 보호가 적정하게 이루어지기 위해서는 시설 내 충분한 의료인력과 예산 확보가 필수적이다. 유엔 자유권규약위원회(Human Rights Committee, CCPR)는 2023. 11. 3. 대한민국 정부에 대하여 구금시설 내 과밀수용을 해소하고 의료 접근권을 강화할 것을 권고하였다. 국가인권위원회 역시 간경화, 당뇨, 고혈압 등 복합 만성질환자이던 수용자가, 구치소 입소 후 몸이 굳어가는 등 건강상태가 악화되어 교도관에게 아픔을 호소하고 진료를 요청하였으나 조치를 받지 못하였다가 사망한 사건과 관련하여, 2023년 법무부장관에게, ① 의료거실 및 치료거실의 기능과 운영방식에 대해 명확하게 규정할 것, ② 의료거실 및 치료거실 수용자에 대해 의무관의 의료처우 지시가 우선할 수 있도록 하는 등 의무관의 책임치료를 보장하는 관리체계를 개선할 것, ③ 의료거실 및 치료거실에 대해 수용자의 경과관찰이 가능하도록 인적·물적 시설을 확충할 것, ④ 노령, 복합적 기저·만성질환 등에 대한 특별 중점 의료관리 체계 구축방안을 마련할 것, ⑤ 의료거실 및 치료거실의 수용환자들이 같이 수용되어 있는 정신장애인이나 거동이 불편한 다른 수용 환자들을 간병하도록 하는 관행을 개선할 것 등을 권고했다(국가인권위 2023. 10. 30.자 22진정0840900·0827900(병합) 결정).

[참고문헌]
● 이석배, 수형자의 치료받을 권리에 대한 법적, 의료적 현황과 문제점, 의료정책포럼 제13권 제1호, 대한의사협회 의료정책연구소, 2015.
● 허경미, 교정시설 중증질환 수용자의 인권적 의료처우, 한국공안행정학회보 제27권 제1호, 한국공안행정학회, 2018.
● 이호중 외, 교정시설 수용자의 인권 및 처우 개선방안에 대한 연구-「형의 집행 및 수용자의 처우에 관한 법률」 중심으로, 국가인권위원회, 2022.

[정민영 변호사(법무법인 덕수)]

[09] 위법한 계구 사용과 자살의 인과관계

대상	손해배상(기) (원고일부승)
	[1심] 부산지법 2011. 5. 18. 선고 2010가합8450 판결 (원고일부승)
	[2심] 부산고법 2012. 6. 13. 선고 2011나4049 판결 (항소기각)
참조	손해배상(기) (원고일부승)
	[1심] 서울중앙지법 1997. 6. 17. 선고 96가합73559 판결 (원고승)
	[2심] 서울고법 1998. 2. 27. 선고 97나35247 판결 (원고패)
	[3심] 대법 1998. 11. 27. 선고 98다17374 판결 (파기환송)
	[환2심] 서울고법 1999. 4. 6. 선고 98나66484 판결 (원고일부승)

[사실관계]

수형자 A는 2004. 4. 3. 살인혐의로 구속되어 2004. 4. 12. 모 구치소에 미결수로 수감되었고 징역 13년의 실형이 확정됨에 따라 2004. 11. 19. 모 교도소로 이송되어 기결수로 수감되었다. A는 2006. 11. 15. 동료 수용자의 얼굴 부위를 샤프펜슬로 여러 차례 찍어 약 3주간의 치료가 필요한 상해를 가하는 행위를 하였고, 이로 인해 불구속 기소되면서 2007. 1. 5. 구치소로 이송되었다. 재판 결과 징역 4월의 실형이 확정되어 2007. 10. 29. 교도소로 다시 이송될 예정이었다.

그런데 교도소 측은 A의 위 상해 행위를 조사하던 중, A가 계속 흥분 상태를 보이고 고성을 지르는 등 소란을 피워 자살, 자해, 폭행 등의 우려가 있다는 담당 교사의 의견에 따라 2006. 11. 15. 16:10부터 계구를 사용하였다. 계구는 금속수갑을 앞으로 채우고 긴 사슬을 묶는 방식으로 사용되어 2006. 11. 21. 16:00 해제될 때까지 6일 동안 같은 방식으로 사용되었고, 위 기간 중 중식과 석식을 위하여 매일 12:00와 17:30경에 30분가량 두 차례, 그 외 용변과 접견을 위해 4회 15분 정도씩 일시 해제되었을 뿐이다.

한편 이 교도소의 재소자들은 2006년부터 2007년 사이에 교도소 측이 수용자들에게 폭행 및 가혹행위를 하고 계구를 과도하게 사용하며 이를 조사기관에 진정하려고 하는 것을 방해하였다며 국가인권위원회에 진정을 하였다. 이때 A도 이와 비슷한 내용의 진정을 하였다. 국가인권위원회는 이에 대한 조사 결과, 2007. 11. 26. 교도소가 일부 수용자들에게 계구사용에 관한 관련 규정을 위반하여 아래와 같이 과도하게 계구를 사용한 사실을 인정하면서 법무부장관에게 관련자들에 대한 징계의결을 요구하고, 계구사용심사부의 자의적인 작성을 방지할 수 있는 대책 마련을 촉구하였다.

① 2006. 7. 3. 이 교도소에 부임한 소장은 수용질서를 확립하기 위해 작업거부 및 입실거부자를 제외하고 모든 조사수용자에게 계구를 사용할 것을 지시하였고, 그 결과 신임 소장 부임 전 10개월 동안에는 사슬 사용 시간이 총 181시간에 지나지 않았는데, 부임 이후 10개월 동안에는 3,094시간에 이르러 1,609%가 증가한 것으로 나타났다. 2006. 10. 1.~2007. 3. 31.까지 이 교도소는 모두 8,254시간 동안 사슬을 사용하였는데, 이것은 같은 기간 전국의 11개 다른 교도소에서 집행된 사슬 사용 시간을 모두 합한 것보다 약 2배가 많은 수치이다.

② 계구가 사용된 일부 수용자는 발목이 파일 정도로 긴 사슬이 심하게 조여 있었고, 관련 법령에서 규정한 사슬 사용방법과 달리 긴 사슬을 허리 뒤에서 채워 늘어뜨리는 변형된 방법이 사용되기도 하였다. 또 일부 수용자들은 식사, 용변, 목욕 등을 할 때에도 계구를 해제해 주지 않았다는 진술을 하기도 하였다.

A는 2007. 7. 위 진정 내용과 비슷한 취지로 교도소가 위 상해사건 당시 자신에게 부당하게 긴 사슬을 계구로 사용하였다면서 교도소장 등을 상대로 고소를 제기하였다. 고소장에서 A는 당시 교도관들이 사슬을 뒤로 채우고 무릎이 구부러진 상태에서 사슬로 허리와 발목을 연결하여 무릎을 펼 수 없었고, 계구가 너무 꽉 조인 채로 사용되었다고 하였다.

그 후 A는 2007. 10. 28. 21:20경 구치소의 독거수용 거실에서 약물과용 상태로 쓰러진 채 발견되어 보건의료과로 옮겨진 후 응급처치를 받고, 같은 날 23:30경 병동 하 8실에 수용되었다. 그리고 다음 날 새벽 04:45경 호흡, 맥박이 없는 상태로 발견되어 05:00경 인근 병원으로 후송되었으나 사망하였다.

부검결과 A의 혈액 및 위 내용물에서 졸피뎀 및 아미트립틸린이 각각 3.17mg/L, 3.63mg/L이 검출되어 약물중독에 의한 사망으로 추정된다. 졸피뎀은 수면유도제인 스틸녹스의 성분으로 혈중 치사농도는 2~4mg/L이고, 아미트립틸린은 우울증 치료제인 에나폰의 성분으로 치사농도는 2~20mg/L이다.

A의 사망 후 독거수용실에서 그의 처인 원고 B, 동생 C 등의 앞으로 남겨 둔 유서가 발견되었고, 평소 A가 스틸녹스와 에나폰 등의 약물을 계속 처방받아 복용해 왔던 점으로 보아 이 약물들을 모아두고 있다가 한꺼번에 다량 섭취하여 자살한 것으로 판단된다.

[판결요지]

I. 계구 사용의 위법성

계구는 수용자에 대한 직접강제로 작용하므로 이것이 사용되면 수용자는 팔·다리 등 신체의 움직임에 큰 지장을 받게 되고 육체적·정신적 건강을 해칠 가능성이 높다. 따라서 계구의 사용은 무엇보다 수용자들의 건강 상태가 유지되는 범위 내에서 이루어져야 하고

시설의 안전과 구금생활의 질서에 대한 구체적이고 분명한 위험이 임박한 상황에서 이를 제거하기 위하여 필요한 만큼만 이루어져야 하며, 그 경우에도 가능한 한 인간으로서의 기본적인 품위를 유지할 수 있도록 하여야 한다. 즉 계구의 사용은 사용 목적과 필요성, 그 사용으로 인한 기본권의 침해 정도, 목적 달성을 위한 다른 방법의 유무 등 제반 사정에 비추어 상당한 이유가 있는 경우에 한하여 그 목적 달성에 필요한 최소한의 범위 내에서만 허용된다(헌재 2003. 12. 18. 선고 2001헌마163 전원재판부 결정 등).

그런데 A가 사건 당시 보였던 난폭함의 정도가 포승이나 수갑으로 이를 제지할 수 없을 정도였다고 보기 어렵고, 자살 또는 자해를 시도하였다거나 그럴 염려가 있다고 볼 사정도 없어서 특별히 긴 사슬을 사용해야 할 필요성이나 요건은 갖추어져 있지 않았다. 또 계구사용심사부에 기재된 내용을 보면, 6일간의 계구사용 기간 중 후반부에는 다소간의 험한 말과 불평불만이 있었을 뿐 자해나 타해의 우려를 인정할 정도의 난폭한 행위는 없었던 것으로 보여, 긴 사슬을 6일간이나 계속하여 사용한 것을 정당화하기 어렵다.

결국 교도소 측이 A에게 6일간 긴 사슬을 사용한 것은 적법한 사용방법과 사용범위를 벗어난 과도한 계구사용에 해당하고, 그 자체로 A의 신체의 자유를 침해하고 불필요한 육체적 고통을 주는 행위로서 불법행위를 구성한다.

II. 계구사용과 사망 사이의 인과관계

A는 이 사건 계구사용 이전부터 여러 가지 질병을 이유로 진통제, 우울증 치료제 및 수면제 등 약물을 다량 처방받아 복용해 왔는바, 이 사건 계구사용과 진통제 등의 상시 복용, 또는 자살행위 사이의 인과관계는 이를 인정할 증거가 없다.

III. 응급처치상의 과실

교정시설에 강제수용된 재소자들은 구금상황의 특수성으로 인하여 정신적, 신체적인 건강상의 위험요소를 안고 있음에도 불구하고 구금에 따른 제한으로 말미암아 사회가 제공하는 일반적인 의료서비스를 자유롭게 이용할 수 없다. 따라서 수용자의 신병을 책임지고 있는 국가는 교정시설에 수용자의 진료를 위하여 필요한 의료 인력과 설비를 갖추어 수용자에게 적절한 의료처우를 제공하고 건강을 보호할 의무가 있다(형집행법 제39조).

A가 약물과용으로 쓰러진 것은 일요일 야간이었고, 그 당시 숙직근무를 하던 보건의료과 교사 D가 즉시 A의 상태를 확인하고 당직 의사에게 연락을 취한 다음, 그의 지시에 따라 필요한 검사를 하고 혈압, 맥박 등이 정상상태에 있음에 비추어 병동에 가입병시킨 것은 적절한 조치였다고 판단된다. 하지만 D가 23:30경 마지막으로 혈압과 맥박을 측정하고 A를 병동으로 이송시킨 후부터 04:45경 교위 E가 A의 이상상태를 발견할 때까지 구치소

근무자 중 어느 누구도 A의 상태를 살펴보지 않았다. 이로써 A는 약물중독이 진행되어 위급한 상태에 빠졌을 때 즉시 적절한 조치를 받아 소생할 수 있는 기회를 얻지 못한 채 사실상 방치 상태에서 사망하게 되었다. 구치소 측의 이러한 방치행위는 재소자에게 적절한 의료처우를 제공하고 그들의 건강을 보호할 의무를 다하지 못한 위법한 것이고 A의 자살 행위와 함께 사망이라는 결과를 가져온 원인이 되었다.

[해설]

위 판결요지에서 정리한 것처럼 이 판례의 쟁점은 3가지이다.

첫째, A에게 사슬을 포함한 계구의 사용이 적법하게 이루어졌는가 하는 점이다. 이 사건에 적용되는 행형법 시행령(2006. 7. 1. 시행, 대통령령 제19563호) 제46조 제2항은 "사슬은 제1항의 규정에 의한 포승과 수갑으로 수용자를 제지할 수 없거나 기타 특히 필요한 경우에 사용할 수 있다"고 규정하고, 제1항은 "포승과 수갑은 소요·폭행·도주 또는 자살의 우려가 있는 자와 호송 중의 수용자에게 … 사용한다"고 말한다. 또 역시 사건 당시의 '계구의 규격과 사용방법 등에 관한 규칙(2004. 6. 29. 시행, 법무부령 제556호)' 제5조 제3항 제2호는 "긴 사슬은 수용자가 제4조제1항제3호(자살 또는 자해의 우려가 현저한 때)에 해당하는 때 또는 포승을 사용하면 이를 자살의 수단으로 이용할 개연성이 크고 달리 자살을 방지할 수 단이 없다고 판단되는 때에 사용하고, 그 사용은 별표 9의 방법에 의"하도록 하고 있다.

그렇다면 당시의 상황이 과연 A에게 긴 사슬을 사용해야 할 정도로 '자살 또는 자해의 우려가 현저'하였거나 '기타 특히 필요한 경우'에 해당하는가가 문제인데, 판결서에 나타난 사실관계에 의하면 이렇게 급박한 사정을 인정하기는 어렵다. 또 판결이 지적하고 있는 대로 식사와 용변 등을 위하여 일시 계구를 해제하여 준 시간도 지나치게 부족할뿐더러, 국가인권위원회의 조사 결과에 비추어 보면 긴 사슬을 묶은 방법도, A가 고소장에서 주장한 바와 같이, 위 규칙을 어겨 자물쇠를 허리 위로 채우는 방식으로 행해졌을 가능성도 있다. 결국 이 사건의 사슬 사용은 그 요건과 방법이 모두 위법한 것으로, 불법행위에 해당한다는 판결의 결론은 정당하다.

참고로 사슬은 다른 계구수단인 수갑이나 포승보다 신체를 제한하는 정도나 품위를 해치는 정도가 더 크고 신체침해의 위험마저 있어서, 행형법을 대체하여 2007. 12. 21. 법률 제8728호로 개정된 형집행법에서는 계구(이 법에서는 이를 '보호장비'라는 용어로 대체하였다)의 종류에서 사슬을 아예 제외한 바 있다.

둘째, 교도소 측이 A가 약물과용인 것을 발견하고 병동으로 옮긴 후 응급처치 과정에서 과실이 있었는지 여부이다. 이에 대해서는 판결서가 적절히 지적하고 있듯이, 최초 발견자 교위 D에게, 스틸녹스의 과용을 원인으로 짐작하면서도 동료 수용자들이나 그 밖의 다른 조사과정을 통해 A가 어떤 약을 얼마나 먹었는지를 확인해 보지 않은 과실이 있다. 또 A의 약물과용에 의한 의식저하가 더 심하게 진행될 수 있는 위험성이 있었으므로, 가입병 조치 후에도 지속적으로 경과를 관찰하면서 이상징후가 발견되는 즉시 응급조치를 하고 병원으로 이송하는 등 위급 상황에 적합한 조치를 취했어야 한다.

셋째, 위법한 계구의 사용과 자살 사이에 인과관계가 있느냐 하는 문제이다. 판결은 이에 대해 A가 장기수로서 남은 수형기간에 대한 부담감과 아내와 협의 이혼을 하게 된 후 느낀 심리적인 압박감과 불안 등이 자살의 가장 주요한 원인이었다고만 할 뿐, 그 이상 자세한 심리를 하지 않고 있다.

그러나 이러한 문제와는 별도로 과도한 계구의 사용이 수용자에게 심리적인 위축감이나 인간적인 모멸감을 안겨줄 수 있다는 것은 분명한 사실이다. 또 그 이전부터 정신적인 문제로 불면증과 우울증을 겪어 온 A에게는 이런 모욕적인 상황이 질병을 더욱 악화시켰을 수도 있다. A가 평소 복용하던 약을 모아 두었다가 한꺼번에 섭취하였다는 점은 이러한 의심을 더욱 강하게 한다. 언제부터인가 자살을 결심 (또는 의식)하고 처방된 약을 먹지 않았다면 이것은 A의 우울증을 심하게 한 원인이 될 수 있었을 것이고, 만약 그 이유가 위에서 본 위법한 계구의 사용이었다면, 이와 자살 사이에 인과관계가 인정될 여지가 전혀 없다고 단정할 수는 없을 것이다.

참고로 유사한 사례에서 대법 1998. 11. 27. 선고 98다17374 판결은, 동료 수용자와 몸싸움을 하였다는 이유로 수갑과 포승으로 묶인 채 27시간 동안 독거실에 수용된 상태에서 자살한 수용자에 대해, 위법한 계구의 사용과 자살과의 인과관계를 인정한 바 있다.

물론 대상판례의 경우 계구의 사용과 자살 행위 사이에 시간적 간격이 크다는 점에서 위 대법원 판례를 곧바로 적용하기는 어렵다. 하지만 A의 자살은 그의 정신 병력과 상당한 관계가 있고, 위에서 본대로 위법한 계구의 사용이 그의 정신질환을 더욱 악화시켰을 가능성이 있다는 점에서, 이 부분에 대해 심리를 더 하지 않은 아쉬움이 남는다.

[최정학 교수(한국방송통신대학교 법학과)]

[10] 입소시 감염병 검사 미실시의 국가배상책임

대상	손해배상(기) (원고패) [1심] 광주지법 목포지원 2015. 7. 9. 선고 2013가단53272 판결 (원고패)
참조	손해배상(국) (원고패) [1심] 서울중앙지법 2018. 6. 7. 선고 2017가단5100751 판결 (원고패)

[사실관계]

원고는 폭력행위등처벌에관한법률위반죄로 징역 1년 10월을 선고받고 2012. 8. 6. 교도소에 수감되었으며, 8. 13. 1동상16실(이하 "이 사건 거실"이라 한다)에 수용되었다. 한편, 2011. 9. 26. 입소한 B는 신입 수용자 건강검진상 정상 소견이었으나, 2012. 6. 21. 받은 정기 건강검진에서 간질환 의심 소견이 발견되었고, 원고에 앞서 같은 날 이 사건 거실에 수용되었다. B는 이후 2012. 8.경부터 기침·콧물·가래·미열·두통 증상을 보였고, 상태가 호전되지 않자 교도소 의무관의 소견에 따라 외부 의료기관에서 2차례에 걸쳐 X-ray 및 CT 검사 등을 받았다. 검사 결과, B는 10. 18. 폐결핵으로 진단받았다. B의 검사 결과에 따라, B와 이 사건 거실에 수용되었던 원고 외 7명은 같은 날 격리수용되었고, 결핵 감염에 대한 검사 결과 원고 외 6명은 잠복결핵 감염 중으로 진단되었다(그중 2명은 과거에 치료된 결핵이 있는 것으로 확인되었다). B는 11. 7. 다른 교도소로 이감되었으며, 한편 원고는 결핵 치료에 동의하여 11. 21.부터 다음 해인 2013. 8. 19.까지 결핵 치료 약물을 복용하였다. 같은 해 9. 4. 흉부 방사선 촬영 결과, 원고는 '이상 없음'으로 판정받았다.

[판결요지]

1심 법원은 원고가 진단 받은 결핵이 '감염병의 예방 및 관리에 관한 법률(이하 "감염병예방법"이라 한다)'에 따른 감염병에 해당한다는 전제 하에, 다만 다음과 같은 이유로 교도소소장의 폐결핵 검사를 실시하지 않은 직무상 의무 등의 위반 및 그에 따른 피고 대한민국의 국가배상책임을 인정하지 않았다.

I. 폐결핵 검사를 하지 않은 직무상 의무 위반 여부

1심 법원은 ① 형집행법 제35조에서는 '전염성 질병'에 관하여 "예방접종·격리수용·이송, 그 밖에 필요한 조치"를 하도록 규정되어 있으며, 동법 시행령 제53조에서는 '감염병에 걸렸다고 의심되는 경우'의 조치에 관해서만 규정되어 있을 뿐, 신입 수용자에 대하여 의무적으로 감염병 검사를 하도록 규정되어 있지는 않은 점, ② 구체적인 행정지침인 (구)'수용자 의료관리지침(법무부예규)' 제7조에 따르면 신입자 건강진단의 항목에 폐결핵 검사는 포함되어 있지 않으며, 제9조에 따라 취사업무에 종사하는 수용자에 한하여 폐결핵 검사를 하도록 규정되어 있을 뿐인 점, ③ 형집행법 제35조에 따른 '그 밖에 필요한 조치'에 감염병에 해당하는 질병에 대한 검진 의무도 포함된다고 볼 여지가 있으나, 당시 법령이나 행정규칙상 검진 대상인 감염병으로 폐결핵이 명시되지 않은 이상, 피고 대한민국 산하 교도소에서 폐결핵에 대해 검진을 하지 않았다 하더라도 직무상 고의나 과실로 법령을 위반한 경우라고 보기 어렵다는 점을 고려하여, 교도소 소장이 취사업무에 종사하지 않는 수용자들에 대하여 폐결핵 검사를 하지 않은 것이 법령상 의무 위반에 해당하지 않는다고 판단하였다.

Ⅱ. 감염병 환자를 격리수용하여야 할 직무상 의무 위반 여부

또한, 1심 법원은 ① '결핵예방법' 제2조 제2호에 따르면 '결핵환자'란 '결핵균 검사에서 양성으로 확인된 자'를 의미하므로, 폐결핵으로 진단받은 2012. 10. 18. 이전에 B를 동법상 결핵환자에 해당한다고 볼 수 없는 점, ②

B에 대한 정기 건강검진 결과 간기능 이외에는 특이증상이 없었고 외부 의료기관에서의 1차 진단에서도 폐결핵으로 진단되지 않았으므로, CT 검사결과 폐결핵으로 진단받기 전까지 교도소 소장이 B가 폐결핵 환자라는 사실을 알 수 없었고, 또한, 기침·콧물·가래·미열·두통 증상만으로 폐결핵으로 의심할 만한 사정에 해당한다고 보기 어려운 점, ③ 교도소 소장은 B가 폐결핵으로 진단받자 곧바로 격리수용 조치를 취한 점을 고려하여, 교도소 소장이 감염병 환자를 격리수용하여야 할 직무상 의무를 위반하지 않았다고 판단하였다.

Ⅲ. 치유 결핵환자를 격리수용하여야 할 직무상 의무 위반 여부

나아가 1심 법원은 ① 앞서 살펴본 바와 같이, 폐결핵은 수용자 입소시 검진하여야 할 항목에 해당하지 않은 점, ② 치유 결핵환자가 임상적 특징이 나타나지 않는 상황에서 결핵이 걸린 전력이 있다는 사정만으로 격리수용을 하여야 하는 경우에 해당한다고 보기는 어려운 점을 고려할 때, 교도소 소장이 치유 결핵환자를 격리수용하여야 할 직무상 의무 역시 위반한지 않았다고 판단하였다.

위 1심 판결은 원고의 항소 없이 그대로 확정되었다.

[해설]

헌법 제29조 제1항에 따라, 직무상 불법행위로 손해를 받은 국민은 법률이 정하는 바에 의하여 국가 또는 공공단체에 정당한 배상을 청구할 수 있다. 동 헌법 규정은 국가배상책임의 원칙을 선언하며, 구체적으로 국가배상법에서 그 내용에 관하여 규정한다. 이 사건과 관련하여 국가배상법 제2조를 살펴보면, 공무원이 직무를 집행하면서 고의 또는 과실로 법령을 위반하여 타인에게 손해를 입힌 경우 국가는 동법에 따라 그 손해를 배상하여야 한다. 여기서 "법령 위반"의 의미에 관해서는 앞서 살펴본 바와 같이 학설과 판례가 일치하여 "엄격한 의미의 법령 위반뿐 아니라, 인권존중, 권력남용금지, 신의성실과 같이 공무원으로서 마땅히 지켜야 할 준칙이나 규범을 지키지 않고 위반한 경우를 포함하여 널리 그 행위가 객관적인 정당성을 결여하고 있음"으로 폭넓게 해석한다(대법 2020. 4. 29. 선고 2015다224797 판결 등).

구체적으로 이 사건과 같이 국민의 생명·신체 등에 대한 위험의 발생을 방지하여야 할 공무원의 직무상 의무의 경우, 법령에서 명문으로 규정하지 않은 경우라 할지라도 "국민의 생명, 신체, 재산 등에 대하여 절박하고 중대한 위험상태가 발생하였거나 발생할 우려가 있어서 국민의 생명, 신체, 재산 등을 보호하는 것을 본래적 사명으로 하는 국가가 초법규적·일차적으로 그 위험 배제에 나서지 아니하면 국민의 생명, 신체, 재산 등을 보호할 수 없는 경우"에는 조리에 의하여 도출된다고 보고 있으며, 다만, 대법원은 이와 같은 직무상 의무 위반을 판단함에 있어 ① 공무원의 부작위로 인하여 침해되는 국민의 법익 또는 국민에게 발생하는 손해가 어느 정도 심각하고 절박한 것인지, ② 관련 공무원이 그와 같은 결과를 예견하여 그 결과를 회피하기 위한 조치를 취할 수 있는 가능성이 있는지 등을 종합적으로 고려하여 엄격한 기준 하에 판단한다(대법 2005. 6. 10. 선고 2002다53995 판결 등).

이 사건 1심 법원은 형집행법, 동법 시행령 및 그에 따른 행정규칙인 '수용자 의료관리지침(법무부예규)'에 따를 때 신입 수용자에 대한 건강검진 항목상 폐결핵 검사가 포함되지 않은 점을 주요하게 고려하여, B에게 최초로 발생하였던 증상의 내용을 고려할 때 교도소 소장에게 명문상 규정되지 않은 폐결핵 검사를 하여야 할 직무상 의무까지 인정된다고 보지 않았다. 즉, 앞서 살펴본 대법원이 제시한 판단기준에 따를 때, 1심 법원은 이 사건 수용자에게 발생하거나 발생할 우려가 있는 생명·신체상의 손해가 교도소 소장에 대하여 명문상 규정되지 않은 폐결핵 검사까지 시행하여야 할 조리에 따른 직무상 의무를 부여할 정도에는 이르지 않았다고 판단한 것으로 보인다. 나아가 B에게 기침·콧물·가래·미열·두통 등의 증상이 발생하자 교도소 소장이 교도소 내에서 취할 수 있는 의학적 조치를 취한 점, 이후 B의 증상이 개선되지 않자 외부 의료기관에서 2차례에 걸쳐 진단 검사를 진행하고 2번째 검사에서 비로소 폐결핵이 진단된 점, B에게 폐결핵이 진단되자 교도소 소장은 B 및 B와 함께 수용되었던 원고를 포함한 수용자들에 대하여 격리수용 및 결핵 검사 등의 조치를 취한 점 등의 사정을 종합적으로 고려하여, 1심 법원은 원고가 추가적으로 주장한 교도소 소장의 감염병 환자를 격리수용하여야 할 직무상 의무 등의 위반 역시 인정하지 않았다.

위 판결과 같은 취지에서, 서울중앙지법 역시 가래 등의 증상이 있는 수용자에 대하여 폐결핵의 진단을 위한 객담도말검사 등에까지 나아가지 않은 구치소 소장의 직무상 의무 위반을 인정하지 않은 바 있다(참조판례). 구체적으로 살펴보면, 위 사건 수용자 C는 2016. 4. 6. 구치소 입소 시 흉부방사선 검사 등 신입의료검사를 받은 결과 특이 소견이 없었고, 결핵 병력이 없었다고 문진에 답변한 바 있다(다만, 실제로는 10년 전 결핵 과거력이 있었다). 이후 C가 7. 18. 가래 등의 증상을 호소하자 구치소 의무관은 투약 처방을 하였으며, 증상이 지속되자 3차에 걸친 흉부방사선 촬영을 실시하였고 정상 소견으로 판독되었다. 그러나 교도소로 이감된 이후 객담검사를 시행한 결과, C는 결핵 양성으로 판정되었으며, C와 같은 위 사건 구치소 거실에서 생활하던 원고 등 수용자 역시 잠복결핵 양성 판정을 받게 되었다. 위 사건에 대하여 서울중앙지법은, ① 형집행법 제35조, 동법시행령 제53조에 의하면 "수용자가 감염병에 걸렸다고 의심

되는 경우" 교도소 소장은 격리수용하도록 규정하고 있고, 감염병예방법 제44조에 의하면 교도소장은 수감자로서 감염병에 감염된 자에게 감염병의 전파를 차단하기 위한 조치와 적절한 의료를 제공하여야 한다고 규정하고 있으나, 교정기관이 시설에 입소하는 모든 수용자들에 대하여 무조건적으로 폐결핵 등 감염병에 대한 검사를 하도록 하는 법령상의 의무규정은 없는 점, ② 통상적으로 결핵의 진단은 ㉠ 의학적 병력의 확인과 진찰을 거쳐 ㉡ Mantoux 투베르쿨린 피부 반응검사, ㉢ 흉부방사선(X-선) 촬영, ㉣ 객담도말검사와 배양검사 등의 순서로 진행되고, 흉부방사선 촬영 판독결과에서 폐결핵 의심소견이 나올 경우에 한하여 객담도말검사와 배양검사에 나아가는데, C는 입소 시 결핵 병력이 없었다고 하였을 뿐 아니라 2016. 8. 30.까지 3차에 걸친 흉부방사선 촬영 결과 정상 소견으로 판독된 이상, 기침 등 증상을 지속적으로 호소하였다는 사정만으로 폐결핵에 걸렸다고 의심하여 객담도말검사 등에 나아가거나 C를 결핵예방법 제2조 제4호에서 정한 전염성결핵환자라고 판정할 수는 없는 점, ③ 위 사건 구치소장은 C가 이감된 교도소로부터 C가 결핵 양성 판정을 받은 사실을 통보받고 바로 C와 같은 거실에서 생활하던 원고 등 10명의 결핵환자 접촉 수용자에 대하여 결핵 관련 혈액검사를 받게 하였고 잠복결핵 양성 판정이 나온 원고 등을 의료거실에 수용하고 약물투여를 하면서 집중관찰을 하도록 하는 등 관련 법령

에 의한 사후 조치와 의료제공을 한 점 등에 비추어 보면, 위 사건 구치소가 C를 원고와 혼거수용함에 있어 또는 그 후에 어떠한 직무상의 의무위반을 하였다고 보기 어렵다고 판단하였다.

[후속논의]

형집행법 제4조에 의하면 수용자의 인권은 최대한 존중되어야 한다(제4조). 이 사건과 같이 교정시설에 수용된 자는, 집단 수용으로 인하여 이 사건 폐결핵과 같은 감염병의 발생 및 전파 확산의 우려가 높은 환경에 처해있으며, 반면 스스로 감염 등 위험의 발생을 제어할 수 있는 신체 및 행동의 자유 등은 제한된다. 그에 따라 수용자들은 생명 · 신체 · 건강에 대한 기본권이 침해될 우려가 높은 취약군에 속한다. 무엇보다 우리나라의 결핵 발생률은 2011년 이후 감소하는 추세에 있으나 여전히 OECD 국가 중 최고 수준이며, 코로나19 바이러스를 제외하고 결핵이 국내 감염병 발병률 1위 질병에 해당한다는 점을 고려할 때, 다른 질병에 비하여 특히 결핵으로부터 수용자의 생명 · 신체 · 건강에 대한 기본적 인권을 보호하기 위하여 국가가 반드시 나서야만 할 책무는 보다 강하게 요청된다 할 것이다.

그러나 앞서 살펴보았듯이 생명 · 신체 등에 대한 국가의 기본권 보장 의무와 관련하여 국가배상책임의 인정 여부를 엄격하게 판단하는 대법원 판례에 따를 때, 결핵을 건강검진 항목으로 명시적으로 규정하지 않는 이상, 공무원의 직무상 의무는 수용자의 생명 · 신체 · 건강에 대하여 절박하고 중대한 위험상태가 발생하였거나 발생할 우려가 있는 경우에 한하여 도출된다고 인정될 가능성이 높다. 이는 이 사건에서와 같이, 교도소 등 교정시설 내에 결핵의 발생 및 확산을 방지하기 위해 필요한 조치가 적시에 취해지는 것을 지연하고, 그에 따라 특히 감염병에 취약한 수용자들의 기본권을 적절하게 보호하지 못하는 결과를 초래한다. 그럼에도, 대상판례 및 참조판례와 같이 국가배상책임이 인정될 가능성은 낮다. 대법원이 엄격한 입장을 견지하는 이상, 감염에 취약한 수용자의 기본권을 적절하게 보장하기 위해서는 명문으로 신입 입소자 등 수용자에 대한 건강검진 항목에 결핵의 진단을 위한 항목들을 포함하는 것이 필요하다.

위와 같은 문제 인식에 따라 이 사건이 1심 판결로 확정된 이후인 2019. 4. 24. 개정된 '수용자 의료관리지침(법무부예규 제1221호)'상에는, 결핵의 진단을 위한 흉부방사선 검사가 신입자 건강진단의 항목에 추가되었다(제3조 제2항 및 제4항). 그러나 수용시설 내 결핵의 발생 및 확산에 적절하게 대처하기 위해서는 흉부방사선 검사 외에 객담 검사 등까지 의무화할 필요가 있다. 나아가 아직 증상이 나타나지 않았으나 추후 발병 가능성이 있는 잠복결핵감염까지 검진할 수 있는 혈액검사 등의 항목 역시 추가적으로 규정하는 것이 적절할 것이다. 이는 교정시설 수용자의 잠복결핵감염 양성률(34%)이 감염취약집단시설 대상자 중 가장 높은 현실('17년)을 고려하였을 때, 더욱 요구된다. 최근 질병관리청은 이와 같은 상황을 인식하고, '제3자 결핵관리 종합계획(2023년~2027년)'을 통해 잠복결핵감염에 대한 검진 역시 건강진단 항목에 추가할 것을 중점 추진 과제로 제시하였고, 진단에서 나아가 교정시설 내 결핵의 치료관리 방안까지 마련하는 것이 필요하다고 밝혔다.

[참고문헌]
• 김현준, 경찰부작위로 인한 국가배상청구소송에 있어서 작위의무의 성립요건, 토지공법연구 제56집, 한국토지공법학회, 2012.
• 박정훈, 행정부작위와 국가배상책임의 해석, 고시계 제59권 제2호, 국가고시학회, 2014.
• 방승주 외, 공권력의 불행사에 대한 헌법소원심판 구조 연구, 헌법재판연구 제29권, 헌법재판소, 2018.
• 질병관리청, 제3차 결핵관리 종합계획(2023년~2027년), 2023.
• 박균성, 행정법강의(제21판), 박영사, 2024.

[이서형 변호사(법무법인 세승)]

[01] 실외운동 미실시의 국가배상책임

대상	손해배상(기) (원고패)
	[1심] 서울중앙지법 2010. 6. 29. 선고 2009가단465052 판결 (원고일부승)
	[2심] 서울중앙지법 2010. 12. 9. 선고 2010나28146 판결 (원고패)
	[3심] 대법 2011. 4. 14.자 2011다5806 판결 (심리불속행기각)

[사실관계]

원고는 징역 3년 6개월의 형이 확정된 후 2008. 4. 14.부터 2010. 8. 2.까지 광주교도소에 독거 수용되어 있었다. 피고 대한민국 소속 공무원인 광주교도소장은 동절기인 2008. 10. 1.부터 2009. 10. 1.까지 매주 일요일 및 원고가 온수 목욕을 실시한 매주 수요일 이외에는 1일 1시간씩 1주일에 5일 실외운동을 하도록 하였는데, 원고가 실외운동을 하는 곳은 원고가 수용되어 있던 사동(舍棟) 바로 옆의 테니스코트만한 면적의 소운동장으로 원고의 사방(舍房)에서 약 5m 걸어가면 되는 곳에 있다.

원고는 교도소에 수용되어 있던 중 동절기에 아래와 같은 실외운동을 하였는데, 정보화

교육장과 심층상담실은 원고가 수용되어 있던 사방에서 약 70m 걸어가야 하는 곳에, 접견실은 대운동장을 지나 약 200m 걸어가는 도중에, 종교집회실, 교육실은 목욕탕을 지나 약 200m 걸어가는 곳에 위치해 있다.

① 정보화교육: 2008. 9. 8.부터 2008. 12. 19.까지, 2009. 1. 19.부터 2009. 4. 21.까지, 2009. 5. 4.부터 2009. 5. 19.까지, 2009. 6. 8.부터 2009. 11. 26.까지 각 매일 14:00부터 16:00까지 정보화교육장에서 실시

② 원예치료(잔디인형, 오리토피어리, 숯공예 등): 2010. 2. 16.부터 2010. 3. 16.까지 총 8회 14:00부터 15:30까지 원예치료 교육장에서 실시

③ 종교집회: 매주 목요일 종교집회실에서

실시

④ 기타 월 4회 접견, 대학교수와의 심층면접 3개월에 1회씩, 그 외 공안주임 등 교도소 관계자와 그들의 사무실 또는 원고의 사방에서 면담

원고는 교도소장이 2008. 10. 1.부터 운동담당인력의 부족 등의 이유로 원고에게 실외운동을 하지 못하게 하였으며, 특히 동절기 온수목욕을 실시하는 날에는 실외운동을 하지 못하게 하였고 이러한 실외운동 금지행위는 형집행법 제33조 및 같은 법 시행령 제49조에 위반되는 위법행위에 해당하므로 피고는 이로 인하여 발생한 원고의 손해를 배상할 책임이 있다고 주장하며 이 사건 국가배상청구소송을 제기하였다.

[판결요지]

I. 제1심

[1] 형집행법은 교정행정의 실현이라는 목적 이외에도 수용자의 인권침해를 방지하기 위한 목적도 있으며, 수용자의 권리를 해석하는 규정은 한정적으로 해석되어야 하므로 수용자의 실외운동은 형집행법에 따라 공휴일 등을 제외한 매일 1시간 이내에서 이루어져야 하고, 이를 제한할 수 있는 사유는 우천, 수사, 재판 등과 이에 준하는 부득이한 사유에 해당하여야 한다.

[2] 형집행법 등 관련 법령은 운동과 목욕을 병렬적으로 규정하고 있어 법문상 교도소

장이 이를 임의로 선택할 수는 없으며, 실외운동을 실시하지 아니할 수 있는 사유는 모두 수용자의 입장에서 필요치 않은 경우나 불가피한 상황의 발생에 한정되어 있고, 수용자의 목욕 등으로 근무자가 부족할 경우 실외운동을 실시하지 않을 수 있다는 업무지침은 피고의 내부적 지침에 불과하여 상위법령에 반하는 경우에는 효력이 없으며, 운동은 독거수용자가 유일하게 햇빛을 접할 수 있고 몸을 자유롭게 움직일 수 있는 기회라는 점에서 수용자의 인권을 논할 수 있는 척도가 된다는 점, 광주교도소 측에서 이미 온수목욕을 실시한 날에도 실외운동을 실시한 전력이 있는 점 등에 비추어 보면 '온수목욕 실시로 인한 인력부족'은 실외운동을 제한할 수 없는 부득이한 사유에 해당하지 않고, 이에 피고의 실외운동 미실시행위는 위법하며 원고가 이로 인하여 정신적 피해를 입었음은 경험칙상 분명하므로 피고는 원고에게 그 손해를 배상할 의무가 있다.

II. 항소심

[1] 위 제1심판결의 이유에 더하여, 현장검증결과에 의하면 광주교도소의 전체 근무직원 수는 500명에 이르는 반면 동절기 온수목욕과 실외운동을 병행실시하기 위한 부족인원은 매일 6명 정도에 불과하므로 교도소 직원의 재배치, 업무분장 변경 등을 통하여 온수목욕과 실외운동을 병행실시 할 수 있는 것

으로 보이는 점, 원고가 수용되어 있던 사방과 소운동장의 거리가 매우 가까워 장거리 호송이 필요하지 않은 점 및 제1심 선고 후에는 동절기에도 온수목욕과 실외운동을 병행실시하고 있는 점 등에 비추어 온수목욕을 실시한 날 인력부족을 이유로 실외운동을 제한한 행위는 형집행법 및 같은 법 시행령에 위반되는 위법행위이다.

[2] 그러나 수용자의 운동 및 목욕에 관한 법령은 이른바 단속법규로서 국가공무원이 이를 위반하는 것에서 나아가 그로 인하여 국민에게 별도의 권익 침해를 가져오는 경우 이를 국가의 불법행위라고 평가할 수 있다. 이 사건에서 광주교도소장이 법령에 의한 실외운동을 주1회 미실시하였다고 하여 곧바로 국가공무원의 위법행위로 인한 국가배상의무가 발생한다고 할 수 없고, 이로 인하여 원고가 수인한도를 넘는 고통을 당하거나 건강을 해치는 등의 구체적인 손해가 있어야 하는데 원고가 광주교도소에 재소할 당시 동절기 상당기간 동안 원고의 사방에서 약 70m 내지 200m 떨어진 교육장에서 컴퓨터 관련 교육, 원예치료 및 종교활동을 하였고 그 외 상담 및 접견을 하여 반드시 온수목욕이나 실외운동이 아니더라도 원고가 사방을 나와 실외활동을 할 기회가 있었던 점, 원고가 수용된 사방은 창문이 있어 자연채광과 환기가 상당히 원활하고 사방 안에서 원고의 행동이 자유로웠던 점 등을 종합하면 광주교도소장이 온수목욕을 한 날 원고의 실외운동을 제한한 사정

만으로는 원고에게 수인한도를 초과한 고통이나 질병을 얻게 되는 등의 손해가 발생하였다고 볼 수 없으므로 피고의 배상책임을 인정할 수 없다.

[해설]

실외운동은 구금되어 있는 수용자의 신체적·정신적 건강을 유지하기 위하여 반드시 필요하며 헌법 제10조 인간다운 생활을 할 권리로부터 도출되는 수용자의 기본권으로서, 넬슨만델라규칙 제23조 제1항은 피구금자에 대한 최소한도의 처우로서 실외작업을 하지 아니하는 모든 피구금자는 날씨가 허락하는 한 매일 적어도 1시간의 적당한 실외운동을 하도록 하여야 한다고 규정하고 있으며, 형집행법 제33조 및 같은 법 시행령 제49조 역시 교도소장은 수용자가 공휴일 등을 제외한 날 '국가공무원 복무규정'에 따른 근무시간 내 1시간 이내의 실외운동을 할 수 있도록 하여야 한다고 정하고 있다.

운동이 수용자의 건강에 필수적인 활동임을 고려하면 우천 등 기상상태로 인하여 실외운동이 불가능한 경우에는 적정한 크기의 실내에서 운동이 이루어지도록 할 필요가 있으며(실외운동 시설이 충분히 넓은 공간을 확보하여야 하고, 가능한 한 악천후를 피할 수 있는 대피시설을 갖추어야 한다고 판단한 유럽인권재판소 사례로 Ananyev and Others v. Russia, 2012, § 150) 위 '1시간 이내'는 그 문언에도 불구하고 최대 시간이 아닌 최소한도의 기준으로 해석되어

야 한다.

　실외운동과 관련하여 국가인권위원회는 법무부장관에게 교정시설에서 수용자 간 충돌 등 사고 예방, 코로나19 방역 필요성, 과밀수용으로 인해 실외운동을 계호할 직원 부족 등을 이유로 30분으로 축소한 실외운동 시간을 적절한 대안을 마련하여 매일 최소 1시간 실시할 수 있도록 권고한 사례가 있고(2021년 교정시설 방문조사에 따른 수용자 인권증진 개선 권고, 21방문0000300), 코로나19 방역을 이유로 실외운동이 불허되거나 제한됨으로써 건강권이 침해되었다는 것 등을 이유로 한 진정사건에서 결정일인 2023. 4. 20. 현재 코로나19 위기경보 단계가 '심각'으로 유지되고 있는 이상 피진정인인 교도소장이 토요일 운동을 제한하였다고 하더라도 진정인의 기본권이 침해되지 않았다고 판단하면서도, 2023년 들어 코로나19 상황의 개선에 따라 방역조치가 완화되고 있는 점에 비추어 피진정인들에게 코로나19 감염병 상황 이전과 같이 토요일 실외운동이 재개될 수 있는 방안을 마련할 필요가 있다는 의견표명을 한 바 있다(22진정0205400등).

　한편 형집행법 시행령 제49조 제3호는 우천, 수사, 재판 그 밖의 부득이한 사정으로 실외운동을 하기 어려운 때에는 실외운동을 실시하지 아니할 수 있다고 규정하고 있는데, 이와 관련하여 대상판례는 위 '실외운동을 실시하지 아니할 수 있는 부득이한 사정'에 해당하기 위한 판단기준을 밝혔다는 점에서 의의가 있다.

　구체적으로 살펴보면 대상판례의 제1심 및 항소심은 모두 피고가 주장한 '온수목욕 실시로 인한 인력부족'은 위 부득이한 사정에 포함되지 않는다고 판단하였다. 제1심과 항소심은 기본권을 제한하는 규정은 엄격하게 해석되어야 한다는 법 해석의 원칙을 전제로 이 사건의 경우 수용자의 실외운동은 관련 법령에 따라 공휴일 등을 제외한 매일 1시간 이내에 이루어져야 하며, 이를 제한할 수 있는 사유는 우천·수사·재판 등에 준하는 정도의 부득이한 사유가 있어야 한다고 보았다. 우천·수사·재판을 위한 출정 등은 모두 수용자가 실외운동을 할 수 없는 객관적인 사유 내지 교정시설이 아닌 수용자의 입장에서 필요치 않은 사유라고 볼 수 있는데, 이와 같이 본다면 교도소의 '인력부족'은 수용자 측 사유가 아님은 명백하며 객관적으로 실외운동을 실시할 수 없는 사유도 아니므로 이를 부득이한 사유에 포함되지 않는다고 본 것이다. 항소심이 교도소의 인력 부족은 직원의 재배치나 업무분장 변경, 수용자의 인원 편성 등의 방법을 통해 해결될 수 있다고 지적한 것 역시 같은 맥락이다. 나아가 이 사건에서 피고가 주장한 인력부족의 원인으로 든 것은 온수목욕을 실시하였다는 것인데, 목욕 및 운동은 각각 수용자의 위생 및 건강 유지에 필수적인 별개의 독립적 요소이므로 교도소장이 둘 중 어느 하나를 선택할 수 없다고 본 것은 올바른 판단이다. 결론적으로 관련 법령의 규정 형식, 수용자의 자유를 박탈하는 것 이외에 불필요하게 고통을 가중하는 기본권 제한은 허용되어서는 안 된다는 점 등을 고려하면 광주교도소장이 온수목욕 실시를 이유로 실외운동을 실시하지 않은 것은 법령에 위반되는 위법행위라고 판단한 것은 정당하다.

그러나 제1심판결은 위와 같은 피고의 위법행위로 인하여 원고가 정신적인 피해를 입었음은 경험칙상 명백하다고 보아 곧바로 원고에 대한 손해배상책임을 인정한 반면, 항소심은 피고의 행위가 위법함은 인정하면서도 운동 및 목욕에 관한 법령을 이른바 단속법규로 보고, 국가의 불법행위가 성립하기 위하여는 국가공무원이 이러한 단속법규를 위반함에서 더 나아가 그로 인하여 국민에게 별도의 권익침해가 있어야 한다고 판시하면서 이 사건의 경우 원고에게 손해가 없다고 보아 피고의 국가배상책임을 부정하였다. 이러한 항소심의 판시는 법리적으로나 수용자의 권익 보호 및 권리구제 차원에서 많은 문제가 있는데, 이하에서 구체적으로 살펴본다.

이른바 단속법규이론은 사인(私人)간의 '사법상 법률행위(거래행위)'에 관하여 이를 규율하는 행정적 규제가 있는 경우, 위 행정규제에 위반한 법률행위의 효력을 부인할 것인지 아니면 이를 유효하다고 볼 것인지와 관련된 논의이다. 다시 말해 단속법규이론은 행정법규의 규율 대상이 되는 법률행위를 유효 또는 무효로 함으로써 생기는 사회경제적 영향을 고려하여, 해당 법규의 입법취지가 법규가 규율하는 그 내용 자체(법률행위)의 실현까지 금

지하고 있는지(강행규정), 혹은 단순히 그러한 행위를 금지하는 데 그치는지(단속규정) 여부를 판단하기 위한 논의인 것이다. 단속규정과 효력규정(강행규정)의 구별 기준을 상세히 판시한 대법 2010. 12. 23. 선고 2008다75119 판결을 비롯하여 단속규정인지 여부가 문제 된 수많은 판례가 거래행위 등 당사자 간 사적 법률관계를 전제하고 있다(대법 2012. 6. 14. 선고 2010다86525 판결, 대법 2017. 2. 3. 선고 2016다259677 판결, 대법 2018. 7. 11. 선고 2017다274758 판결 등 다수).

국가가 수용자의 실외운동 실시 여부를 결정하는 것은 법령에 따른 행정행위 내지 공권력의 행사이지 재화나 경제적 이익이 오고 가는 거래행위와 같은 사적 법률관계가 아니다. 자연스러운 귀결로 이 사안과 같이 고권적 행정행위가 문제되는 국면에서 단속법규이론을 운운하는 것은 어색하다. 굳이 단속법규이론을 적용하자면 법치행정원리를 담보하기 위해서는 교도소장에 대하여 수용자의 운동시간 등을 규율하는 형집행법 제33조 및 같은 법 시행령 제49조는 강행규정으로 보아야 한다. 광주교도소장이 실외운동을 제한한 행위의 위법성을 확인하고 곧바로 정신적 피해를 인정한 제1심이 항소심에 비하여 법리적으로 정확하며 타당하다.

항소심은 광주교도소장이 단순히 법령에 의한 실외운동을 미실시했다고 하여 곧바로 국가공무원의 위법행위로 인하여 국가배상의무가 발생한다고 할 수 없고, 그로 인하여 원

고가 수인한도를 넘는 고통을 당하거나 건강을 해치는 등의 구체적인 손해가 있어야만 한다고 판시하였는데, 이에 대하여는 다음과 같은 문제점이 있다.

항소심이 판시한 이른바 '수인한도론'은 '손해발생 여부'를 판단하는 기준이 아니라, 공해 등 환경오염이나 생활방해를 이유로 한 손해배상청구 사건에서 '위법성'을 판단하는 기준이다(대법 2021. 3. 11. 선고 2013다59142 판결 등). 국가배상청구소송의 경우에도 일반적인 손해배상청구와 마찬가지로 손해 개념은 통설 및 판례와 같이 이른바 차액설에 따라 판단되어야 한다(대법 1992. 6. 23. 선고 91다33070 전원합의체 판결, 대법 2011. 7. 28. 선고 2010다76368 판결, 대법 2015. 11. 26. 선고 2013다18349, 18356 판결 등). 이에 따르면 손해란 불법행위가 없었더라면 피해자가 현재 가지고 있었을 이익상태와 불법행위로 인하여 피해자가 현재 가지고 있는 이익상태의 차이로서, 이 사건의 경우 광주교도소장의 위법행위로 인하여 상실된 원고의 실외운동 기회 그 자체가 원고의 손해에 해당한다. 항소심은 원고가 실외에서 받은 다른 교육, 원고가 머무르는 사방의 자연채광과 환기 등의 상태, 사방 내 원고의 자유로운 행동 등을 이유로 원고의 실외운동 기회 상실이 손해가 아니라고 '평가'하고 있는데, 손해는 법익침해로 피해자가 입은 불이익을 의미하는 것으로 자연적, 사실적 측면에서 파악되어야 하는 것이지 항소심과 같이 당위적, 규범적으로 판단할 것이 아니

다. 국가배상청구소송에서 법령에 위반된 공무원의 행위가 있으면 곧바로 위법성이 인정되어 손해배상책임이 인정되는 사례가 많은 것도 위와 같은 이유이다. 원고가 실외운동 이외에 받은 교육이나 종교활동, 면담이나 사동의 환경은 관련 법령 등에 따라 원고에게 인정되는 권리 내지 기본권에 해당할지언정 원고에게 손해가 발생하였는지 여부와는 전혀 관련 없는 사정들이다.

항소심의 판단은 손해의 공평타당한 분담이라는 손해배상법의 기본적 지도원리에도 반한다. 항소심 판시대로라면 수용자는 실외운동을 제외하고는 어떠한 실외활동도 할 수 없는 환경에 있는 상태에서 실외운동을 제한받는 경우이어야 비로소 그로 인한 손해배상을 받을 수 있다는 것인데, 이는 법원이 가해자인 국가를 아무런 합리적인 이유 없이 일방적으로 유리하게 취급하는 것이며, 손해가 발생하는 경우 이를 배상받을 수 있는 일반 국민과 비교하여서도 수용자를 차별 취급하는 결과이다. 항소심 판결은 헌법상 평등원칙에 위배되어 그 자체로 국가배상청구의 대상이 되는 위법한 판결에 해당할 여지가 있는 것으로도 보인다.

나아가 항소심은 국가배상청구가 법치국가원리에 따라 행정작용에 대한 사법적 통제수단으로서 가지는 중요성을 몰각시키는 문제점도 있다. 수많은 논거를 들어 교도소장의 위법행위를 명확하게 인정하여 놓고 손해의 불법을 인정할 수 없다는 것은 위법한 행정작

용을 억제하는 법치주의의 본질에 반하는 태도이다. 또한 운동할 권리를 제한받은 수용자가 권리구제의 형태로 헌법소원을 택하는 경우 헌법재판소 결정의 대부분은 청구기간이 도과하였다거나 운동제한 조치가 이미 종료되어 권리보호이익이 없다는 이유로 이를 각하하고 있는 것으로 보이는데(헌재 2023. 10. 17.자 2023헌마1111 결정, 헌재 2018. 12. 10.자 2018헌마1083 결정 등), 사정이 이와 같다면 수용자는 현실적으로 국가배상청구를 통하여 공무원의 위법행위를 확인받고 손해를 배상받을 수밖에 없다. 그럼에도 불구하고 항소심은 수용자에게 수인한도를 넘는 손해를 입증할 것을 요구하여 수용자의 권리구제를 매우 어렵게 하는 결과가 된 것이다. 어느 경우에 수인한도를 넘는 손해가 있다고 볼 것인지를 생각하여 보면 수용자가 합리적인 이유 없이 장기간 실외운동을 하지 못하게 되는 것과 같은 특별한 사정이 있는 정도가 이에 해당할 수 있을 것으로 보이는데, 앞서 본 바와 같이 이는 수용자에게 부당한 요구이다. 항소심의 법리적 오류 및 판단의 부당성은 추후 다른 국가배상청구소송 등을 통하여 바로잡힐 필요가 있다.

[참고문헌]
- 정진수, 수형자의 법적 권리에 관한 연구, 한국형사정책연구원, 2002.
- 서원우, 행정법규위반행위의 사법적 효력, 행정판례연구 8, 한국행정판례연구회, 박영사, 2003.
- 이윤정, 공무원의 불법행위로 인한 국가배상책임의 본질 및 요건에 대한 재검토, 강원법학 제47권, 강원대학교 비교법학연구소, 2016.
- 최인호, 국가배상법상 위법성에 관한 소고-제2조의 위법·과실요건을 중심으로-, 법학연구 제32권 제2호, 충남대학교 법학연구소, 2021.
- European Court of Human Rights, Guide on the case-law of the European Convention on Human Rights - Prisoners' rights), 2022.

[강송욱 변호사(법무법인 디엘지)]

제5장

외부교통권

[01] 미결수용자 변호인 접견 시 교도관 참여의 위헌 여부

대상	변호인의 조력을 받을 권리에 대한 헌법소원 (인용(위헌확인), 위헌)
	헌재 1992. 1. 28. 선고 91헌마111 전원재판부 결정 (인용(위헌확인), 위헌)

[사실관계]

청구인은 1991. 6. 13. 국가보안법 위반 등 피의사건으로 국가안전기획부(현 국가정보원의 전신)에 의하여 구속되어 서울 중부경찰서 유치장에 수감되어 있던 중 1991. 6. 14. 17시부터 그 날 18시경까지 국가안전기획부 면회실에서 그의 변호인과 가족과의 접견을 동시에 하게 되었다. 그 때 국가안전기획부 직원(수사관) 5인이 접견에 참여하여 가까이서 지켜보면서 그들의 대화내용을 듣고 또 이를 기록하기도 하고 만나고 있는 장면을 사진을 찍기도 하므로 변호인이 이에 항의하고 변호인과 피의자의 접견은 비밀이 보장되어야 하니 청구인과 변호인이 따로 만날 수 있도록 해 줄 것과 대화내용의 기록이나 사진촬영을 하지 말

것을 요구하였다. 그러나 수사관들이 "무슨 말이든지 마음놓고 하라"고 말하면서 변호인의 요구를 거절하자, 청구인은 국가안전기획부 수사관들의 위와 같은 행위는 헌법 신체구속을 당한 사람에게 보장하고 있는 변호인의 조력을 받을 권리를 침해한 것이라고 주장하고 1991.6.26. 이 사건 헌법소원의 심판청구를 하였다.

[결정요지]

이 사건에서 교정 판례로서 의미가 있는 헌법재판소 결정의 주요 부분은 다음과 같다.

[1] 헌법 제12조 제4항이 보장하고 있는 신체구속을 당한 사람의 변호인의 조력을 받을 권리는 무죄추정을 받고 있는 피의자·피고인

에 대하여 신체구속의 상황에서 생기는 여러 가지 폐해를 제거하고 구속이 그 목적의 한도를 초과하여 이용되거나 작용하지 않게끔 보장하기 위한 것으로 여기의 "변호인의 조력"은 "변호인의 충분한 조력"을 의미한다.

[2] 변호인의 조력을 받을 권리의 필수적 내용은 신체구속을 당한 사람과 변호인과의 접견교통권이며 이러한 접견교통권의 충분한 보장은 구속된 자와 변호인의 대화내용에 대하여 비밀이 완전히 보장되고 어떠한 제한·영향·압력 또는 부당한 간섭없이 자유롭게 대화할 수 있는 접견을 통하여서만 가능하고 이러한 자유로운 접견은 구속된 자와 변호인의 접견에 교도관이나 수사관 등 관계 공무원의 참여가 없어야 가능하다.

[3] 변호인과의 자유로운 접견은 신체구속을 당한 사람에게 보장된 변호인의 조력을 받을 권리의 가장 중요한 내용이어서 국가안전보장, 질서유지, 공공복리 등 어떠한 명분으로도 제한될 수 있는 성질의 것이 아니다.

[4] 행형법 제62조가 "미결수용자에 대하여 본법 또는 본법의 규정에 의하여 발하는 명령에 특별한 규정이 없는 때에는 수형자에 관한 규정을 준용한다"라고 규정하여 미결수용자(피의자, 피고인)의 변호인 접견에도 행형법 제18조 제3항에 따라서 교도관이 참여할 수 있게 한 것은 신체구속을 당한 미결수용자에게 보장된 변호인의 조력을 받을 권리를 침해하는 것이어서 헌법에 위반된다.

[해설]

이 헌재 결정은 미결수용자(피의자 및 피고인)의 변호인 접견권과 관련해 대한민국 인권사에서 길이 기억할 만한 기념비적 결정이다. 헌재가 우리 국민의 기본권 보장을 위해 지난 수십 년간 내놓은 수많은 결정 중에서 이 결정만큼 순식간에 인권 현실을 바꾼 결정이 있을까? 그래서 혹자는 이 결정을 헌재 설립 이후 인권 발전에 가장 기여가 큰 결정 중의 하나라고 말하기도 한다. 이 결정은 형사사건으로 구속된 피의자나 피고인이 변호인과 접견·교통하는 권리는 어떤 상황에서도 제한받지 않고 보장해야 하는 절대적 권리임을 분명하게 확인했다.

구속된 피의자나 피고인은 헌법상 무죄추정을 받기 때문에 충분한 방어권이 보장되어야 한다. 또한 인신구속은 그 자체가 인권침해적이기 때문에 그 인권보장을 위한 절차와 수단이 확보되지 않으면 안 된다. 이것을 위해 미결수용자에게는 변호인의 조력을 받을 권리가 보장되는 것이고, 그것이야말로 강력한 국가권력으로부터 개인을 보호하는 최고의 방패이자 국가권력에 대해 자신의 권리를 당당하게 행사하기 위한 최선의 수단이다. 또한 변호인의 조력을 받을 권리가 제대로 보장되기 위해서는 미결수용자와 변호인 사이의 접견교통권이 관계 수사관이나 교도관의 참여 없이 보장되어야 한다. 즉 비밀접견이 이루어질 때 가능한 것이다.

우리나라에선 미결수용자와 변호인 간의

접견은 오랜 기간 수사관이나 교도관의 참여 아래 이루어졌다. 그러던 것이 1990년대 초이 헌재 결정으로 하루아침에 그 관행이 없어졌다. 이 결정이 있기 전까지 미결수용자와 변호인 사이의 자유로운 접견·교통은 불가능했다. 수사 과정에서 고문을 받았어도 고문 수사관이 옆에 있는 상황에서 피의자가 변호인에게 그 사실을 말하기조차 쉽지 않은 일이었다. 의뢰인과 변호인 간의 신뢰에 기초해 대화하면서 수사 및 재판을 준비하는 것도 쉬운 일이 아니었다. 이 당시에는 미결수용자가 변호인과 나눈 대화가 교도관 등에 의해 기록되고, 그것이 바로 담당 검사에게 넘어가, 피의자 신문 과정에서 검사가 그것을 기초로 피의자를 압박하는 일이 비일비재했다. 이러한 비인권적 상황이 가능했던 것은 당시 행형법이 수형자는 가족 면회든 변호사 접견이든 그 과정에서 교도관의 입회가 가능토록 한 규정(구 행형법 제18조 제3항)이 있었고, 그것이 미결수용자에게도 그대로 준용(구 행형법 제62조)되었기 때문이었다.

헌재는 이 결정에서 먼저 변호인의 조력을 받을 수 있는 권리(헌법 제12조 제4항)의 의미를 확정했다. 즉 헌재는 이 권리가 무죄추정을 받고 있는 피의자·피고인에 대하여 신체 구속의 상황에서 생기는 여러 가지 폐해를 제거하고 구속이 그 목적의 한도를 초과하여 이용되거나 작용하지 않게끔 보장하기 위한 것으로 "변호인의 충분한 조력"을 의미한다고 했다. 그리고 변호인의 조력을 받을 권리에서

필수적 내용이 접견교통권이며, 이러한 접견교통권이 변호인의 충분한 조력이 되기 위해서는, 구속된 자와 변호인의 대화 내용에 대하여 비밀이 완전히 보장되고 어떠한 제한·영향·압력 또는 부당한 간섭없이 자유롭게 대화할 수 있는 접견을 통하여서만 가능하고, 이러한 자유로운 접견은 구속된 자와 변호인의 접견에 교도관이나 수사관 등 관계공무원의 참여가 없어야 가능하다고 하였다.

이 헌재 결정으로 구 행형법 제62조가 정한 수형자 접견 시 교도관 참여 규정의 미결수용자에 대한 준용은 위헌이 확인되었으며, 그 즉시 교도관 또는 수사관의 참여는 사라지게 되었고, 이에 맞춰 행형법이 개정되었고, 이후 행형법이 폐지되고 후속 법률인 형집행법이 제정된 이후에도 그 취지가 이어지고 있다(현재 형집행법 제62조 제1항은 미결수용자의 변호인 접견에는 교도관이 참여할 수 없다고 명문으로 규정하고 있다).

헌재의 이러한 결정은 국제인권법적 차원에서도 매우 의미 있는 것이었다. 이 결정에서 헌재가 국제인권조약이나 관련 인권원칙을 본격적으로 검토하지는 않았지만 결정문의 내용을 분석하면 그 영향 속에서 결정했음이 분명하다. 우선 변호인의 조력을 받을 권리의 의미를 확인하면서 이 조력을 '변호인의 충분한 조력'이라고 설시한 것은 우리나라가 가입한 '시민적 및 정치적 권리에 관한 국제규약' 제14조 제3항에서 영향을 받은 것으로 보인다. 즉 동 조항은 (b)는 형사절차에서 보

장해야 할 권리로서 "변호의 준비를 위하여 충분한 시간과 편의를 가질 것과 본인이 선임한 변호인과 연락을 취할 것"을 규정하고 있는데, 이 규정의 내용과 헌재의 판단은 대동소이하다.

나아가 헌재는 결정문 속에서 소위 '가시불청(可視不聽) 원칙' 곧 접견 과정은 관계 공무원이 볼 수 있지만 들을 수 없어야 한다는 원칙을 말하면서, 그것이 '유엔 피구금자보호원칙(모든 형태의 구금 또는 수감상태에 있는 모든 사람들을 보호하기 위한 원칙)' 제18조 제4항에 규정되어 있음을 언명하는바, 이것은 국제법상 형식적인 법적 구속력은 없지만 실질적 규범력을 인정받는 일종의 '소프트 로(soft law)'의 성격을 갖는 국제인권 원칙을 헌재가 우리 헌법의 기본권 해석 기준으로 사용했다는 의미가 있다.

[후속논의]

이 헌재 결정은 미결수용자와 변호인 접견은 완전한 비밀접견의 방식으로 보장되어야 한다는 인권사적 의미가 크지만, 그 외에도 미결수용자와 변호인 간의 접견교통권을 더욱 실질화하는 데 기폭제 역할을 했다는 데에도 큰 의미가 있다. 예컨대 미결수용자와 변호인 간의 서신 교환에도 원칙적으로 비밀보장이 되어야 한다는 헌재 결정(헌재 1995. 7. 21. 선고 92헌마144 전원재판부 결정) 등은 이 헌재 결정의 연결 선상에서 이해할 수 있는 매우 타당한 결정이었다고 본다.

물론 이 결정이 헌재 설립 이후 초기 판단이었기 때문에 국제인권법 등의 국내적 적용에서 보다 분명한 태도와 논리를 보여주지 못한 것은 한계였다. 결정문 이유 중에서 위에서 본 '유엔 피구금자보호원칙'을 언급하고 있지만 그것이 우리 헌법 체계 속에서 어떤 지위에 있다든지 그것이 우리가 가입해 국내법적 지위에 있는 인권조약(예컨대 '시민적 및 정치적 권리에 관한 국제규약')과 어떤 관계가 있는지 등에 대해선 아무런 언급이 없다. 이것은 당시 우리 헌재의 국제인권법에 대한 인식수준을 보여주는 것으로 향후 헌재 결정들이 해결해야 할 과제를 안겨주었다고 생각한다.

[참고문헌]
• 박승옥, 변호인 접견에서의 비밀침해에 관한 헌법재판소의 위헌결정의 의의(1992. 1. 28. 91헌마111호 결정), 법과 사회 제6호, 법과사회이론학회, 1992.
• 박찬운, 수형자의 변호사 접견교통권—헌재 결정의 국제인권법적 검토—, 법학논총 제31권 제2호, 한양대학교 법학연구소, 2014.

[박찬운 교수(한양대학교 법학전문대학원)]

[02] 법정 옆 피고인 대기실에서 재판대기중인 피고인의 변호인접견 허용 여부

대상	변호인의 조력을 받을 권리 침해 위헌확인 (기각)
	헌재 2009. 10. 29. 선고 2007헌마992 전원재판부 결정 (기각)

[사실관계]

청구인은 2007. 3. 30. 일반자동차방화죄의 혐의로 구속되어 같은 해 4. 4.부터 울산구치소에 수용되었고, 같은 해 4. 20. 울산지법에 기소되었다. 2007. 6. 19. 16:30 울산지법 101호 법정에서 청구인에 대한 제1심 피고사건의 제2차 공판이 예정되어 있었는바, 위 법정 옆 구속피고인 대기실에서 대기 중이던 청구인은 16:10경 청구인을 호송하는 교도관 교위 김○호에게 변호인을 접견하게 하여달라고 요구하였다. 이에 김○호는 법정 옆 구속피고인 대기실에서는 변호인 접견이 허용되지 않는다고 하며 청구인의 위 요구를 받아들이지 않았다. 이에 청구인은 김○호가 위와 같이 변호인접견을 허용하지 않은 것은 헌법 제12조 제4항이 규정한 변호인의 조력을 받을 권리를 침해한 것이라고 주장하면서 2007. 9. 4. 이 사건 헌법소원심판을 청구하였다.

[결정요지]

구속피고인 변호인 면접·교섭권은 독자적으로 존재하는 것이 아니라 국가형벌권의 적정한 행사와 피고인의 인권보호라는 형사소송절차의 전체적인 체계 안에서 의미를 갖고 있는 것이다. 따라서 구속피고인의 변호인 면접·교섭권은 최대한 보장되어야 하지만, 형사소송절차의 위와 같은 목적을 구현하기 위하여 제한될 수 있다. 다만 이 경우에도 그 제한은 엄격한 비례의 원칙에 따라야 하고, 시간·장소·방법 등 일반적 기준에 따라 중립적이어야 한다.

청구인은 법정 옆 구속피고인 대기실에서 재판을 대기하던 중 자신에 대한 재판 시작 전 약 20분 전에 교도관 김○호에게 변호인과의 면담을 요구하였다. 당시 위 대기실에는 청구인을 포함하여 14인이 대기 중이었고, 그중 11인은 살인미수, 강간치상 등 이른바 강력범들이었다. 반면 대기실에서 근무하는 교도관은 위 김○호를 포함하여 2명뿐이었다. 또한 청구인은 변호인과의 면접에 관하여 사전에 서면은 물론 구두로도 신청한 바 없었고, 교도관들은 청구인이 만나고자 하는 변호인이 법정에 있는지 조차 알 수 없는 상황이었다. 이때 교도관이 계호근무준칙상의 변호인 접견절차를 무시하고라도 청구인의 변호인과의 면접을 허용하려면, 법정으로 들어가 변호인을 찾은 후 면담의 비밀성이 보장되고 계호에도 문제가 없는 공간을 찾아서 면담을 하게 하여줄 수밖에 없다. 그러나 위 상황에서 교도관이 청구인과 변호인 간의 면담을 위하여 이와 같은 행위를 하여줄 경우 다른 피고인들의 계호 등 교도행정업무에 치명적 위험이 될 가능성도 배제할 수 없다.

결국 위와 같은 시간적·장소적 상황을 고려할 때, 청구인의 면담 요구는 구속피고인의 변호인과의 면접·교섭권으로서 현실적으로 보장할 수 있는 한계 범위 밖이라고 아니할 수 없다. 따라서 청구인의 변호인 면담 요구를 받아들이지 아니한 교도관 김○호의 접견불허행위는 청구인의 기본권을 침해하는 위헌적인 공권력의 행사라고 보기 어렵다.

재판관 이동흡, 재판관 목영준의 법정의견에 대한 보충의견

법원 구내라 할지라도 구속피고인과 변호인의 접견교통은 충분히 보장되어야 할 것이며, 다만 법원 구내에서의 구속피고인과 변호인 사이의 접견교통은 법원 구내에서의 구속피고인의 계호관리에 영향을 미치는 것이므로 계호질서유지를 위하여 해당 변호인이 접견신청을 하는 등의 최소한의 절차는 필요하다고 할 것이다.

우리의 경우 각급 법원은 법원 구내에 구속피고인의 변호인 접견교통권을 보장할 수 있는 시설을 갖추고 있지 아니한 것이 현실인바, 법원은 법원 구내에 구속피고인을 위한 변호인 접견실을 확보함으로써 구속피고인의

변호인 접견교통권이라는 중요한 기본권을 실질적으로 보장하기 위하여 노력을 기울일 필요가 있다고 하겠다. 또한 법원 구내에서의 변호인 접견교통권을 실질적으로 보장하기 위한 계호인력 및 시설확보가 즉각적으로 실현되기 어렵다고 할 경우에는 현재의 인력과 시설이 허용하는 범위 하에서라도 구속피고인의 변호인 접견교통권을 보장하기 위한 최대한의 배려가 필요하다.

재판관 조대현, 재판관 김종대의 반대의견

구금된 피의자·피고인이 수사를 받거나 재판을 받을 경우에는 변호인의 조력을 받을 필요성이 특히 현저하다고 할 수 있다. 이처럼 구금된 피의자·피고인에게 변호활동이 필요한 이상 변호인의 조력을 받을 권리는 보장되어야 하고, 피구금자에 대한 계호활동이 곤란하다거나 수사나 재판에 지장을 준다는 이유로 변호인의 조력을 받을 권리를 제한할 수 없다. 그런데 계호근무준칙(법무부훈령 제520호) 제275조의 규정은 구금된 피의자·피고인이 변호인의 조력을 받을 기본권을 계호활동이나 수사절차 또는 재판절차의 편의를 위하여 제한할 수 있게 하는 것이어서 헌법 제12조 제4항에 위반된다.

청구인은 구속된 피고인으로서 법정 옆 구속피고인 대기실에서 변호인의 접견을 요청하였다가 그 접견이 허용되지 않았다. 구속된 피고인이 재판을 받기 직전 변호인의 조력을 받을 필요가 특히 큼에도 불구하고 변호인을 접견하지 못하게 한 것은 변호인의 조력을 받

을 권리를 침해하였다고 보지 않을 수 없다. 따라서 청구인에 대한 변호인 접견 거부처분은 청구인의 변호인 조력을 받을 권리를 침해한 것임을 확인하고, 더 나아가 헌법재판소법 제75조 제5항에 따라 위 계호근무준칙 제275조가 헌법 제12조 제4항에 위반된다고 선언하여야 한다.

[해설]

Ⅰ. 변호인 접견교통권의 의의와 제한 가능성

헌법 제12조 제4항 본문은 "누구든지 체포 또는 구속을 당한 때에는 즉시 변호인의 조력을 받을 권리를 가진다"라고 선언하여, 체포되거나 구속된 모든 피의자 또는 피고인에게 변호인의 조력을 받을 권리를 기본권으로 보장하고 있다. 그리고 피의자 또는 피고인의 변호인접견교통권은 위와 같이 헌법이 보장하는 변호인의 조력을 받을 권리의 가장 핵심적인 부분이다.

피의자 또는 피고인의 변호인접견교통권이라 함은 피고인 또는 피의자, 특히 체포 또는 구속된 피의자 또는 피고인이 변호인과 접견하고 서류 또는 물건을 수수할 권리를 의미하는데, 이 또한 헌법 제37조 제2항에 따라 국가안전보장·질서유지 또는 공공복리를 위하여 필요한 경우에 한하여 법률로써 제한할 수 있으나, 이 경우에도 그 본질적인 내용을 침해할 수 없고, 법률에 근거가 없는 한 수사기관의 처분이나 법원의 결정으로는 피의자 또는 피고인의 변호인접견교통권을 제한할 수

없다(대법 1996. 6. 3.자 96모18 결정 등).

변호인접견교통권은 구속되지 않은 피의자 또는 피고인에게도 보장되어야 할 것이고, 형사소송법 또한 그와 같은 구분 없이 변호인접견교통권을 인정하고 있기는 하나(제34조), 현실적으로 구속된 피의자 또는 피고인에게 의미가 있다고 할 것이고, 구속된 피의자 또는 피고인에게는 인권보장과 방어준비를 위하여 필수불가결한 권리이다. 비변호인과의 접견교통권에 대해 형사소송법이 법원 또는 검사의 결정으로 이를 제한하거나 서류 또는 그 밖의 물건을 수수하지 못하게 하거나 검열 또는 는 압수할 수 있다고 규정하고, 행형법이 교도관으로 하여금 그 접견내용을 청취·기록·녹음 또는 녹화할 수 있게 하는 반면, 변호인 접견에 대해서는 그러한 제한을 두고 있지 않은 것 또한 위와 같은 헌법의 정신의 따라 구속된 피의자 또는 피고인의 변호인접견교통권을 폭넓게 보장하려는 것이다.

이러한 점에서 구속된 피의자 또는 피고인의 변호인접견교통권은 법률상 근거 없이 제한할 수 없고, 그러한 제한이 가해지는 경우 이는 헌법상 보장되는 변호인의 조력을 받을 권리를 침해하는 것이라고 할 것이다.

Ⅱ. 대상결정의 비판적 검토

1. 대상결정의 판단 근거

대상결정은 ① "구속피고인의 변호인 면접·교섭권은 최대한 보장되어야 하지만, 형사소

송절차의 위와 같은 목적을 구현하기 위하여 제한될 수 있다"고 전제한 후, ② 당시 구치감 내에 청구인과 다른 강력범 11명을 포함한 14명이 대기 중인 반면 근무 중인 교도관은 2명뿐이었고, 교도관들 입장에서 법정 내에 청구인의 변호인이 있는지조차 알 수 없는 상황을 고려할 때, ③ 면담의 비밀성이 보장되고 계호에도 문제가 없는 공간을 찾아 면담을 하게 해줄 경우 다른 피고인들의 계호 등 교도행정업무에 치명적 위험이 될 가능성을 배제하기 어려웠다는 것을 근거로 청구인의 이 사건 청구를 기각하였다.

한편, 대상결정은 구속피고인의 변호인 접견교통권의 제한이 가능하다는 전제 하에, "출정피고인에게도 변호인과의 면접·교섭권을 최대한 보장하여야 하지만, 계호의 필요성과 접견의 비밀성을 위하여 비례의 원칙에 따라 일반적 기준 아래에서 그 절차, 시간, 장소, 방식 등이 제한될 수 있다고 할 것이다"라고 판시하면서 그 근거 중 하나로 이 사건 심판 당시 시행 중이던 '계호근무준칙(법무부 훈령 제520호, 2005. 7. 11. 개정된 것)' 제275조를 열거하고 있다. 대상결정은 위 계호근무준칙 제275조가 "출정수용자의 일반적 접견은 허가하지 아니하면서도, 변호인과의 접견은 허용하되, 다만 계호의 효율성과 접견의 특성을 고려하여 변호인 접견의 절차(제1호), 장소(제2호) 및 방식(제3호, 제4호) 등을 규율하고 있다"고 이해하였다.

2. 계호근무준칙 제275조의 법적 지위 및 해석

계호근무준칙은 행정규칙의 하나인 법무부 훈령으로 제정되었는데, 국민의 기본권을 제한하려면 법률에 근거하여야 하고, 행정규칙이 법적 구속력을 가지려면 법률 등 상위법령의 적법한 위임에 근거한 것이어야 한다. 그런데, 피의자 또는 피고인의 변호인 접견교통권에 대해 규정하고 있는 형사소송법과 행형법이나 행형법 시행령 그 어디에도 출정 중인 피의자 또는 피고인의 변호인 접견교통권을 제한하는 규정이나 이와 관련하여 법무부장관이 정하도록 위임하고 있는 규정은 찾아볼 수 없다.

그렇다면, 계호근무준칙 제275조는 그것이 법령에 위임 없이 국민의 기본권을 제한하는 내용을 규정한 것이어서 헌법에 위반된다고 보아야 하고, 법령의 위임이 없는 한 그것은 법규명령이 아닌 행정청 내부의 지침으로서 협의의 행정규칙에 불과하여 그 자체로는 법규적 효력을 가지지 아니한다고 할 것이다.

한편, 계호근무준칙 제275조 제2호는 "담당판사 또는 담당검사가 지정한 법원 또는 검찰청 사무실에서 하여야 하고, 구치감 내에서 하여야 한다"고 규정하고 있는데, 이는 다른 수용자들과 이를 계호하는 교도관이 있는 공간인 구치감에서 변호인접견을 실시하는 경우 비밀성이 보장되지 않으므로 그 비밀성이 보장되는 별도의 공간에서 실시하여야 한다는 취지로, 어디까지나 피의자 또는 피고인의 인권이나 방어권을 철저히 보장하기 위한 것이므로, 이를 피의자 또는 피고인의 변호인 접견교통권을 제한하는 취지로 해석하거나 적용해서는 안 될 것이다.

3. 이 사건 접견불허행위의 위헌성

먼저, 이 사건 접견불허행위는 법률에 근거하지 않은 채 국민의 기본권인 피의자 또는 피고인의 변호인 접견교통권을 제한한 것이다. 앞서 논의한 바와 같이 형사소송법이나 행형법 및 행형법 시행령 기타 어떠한 법령에서도 피의자 또는 피고인의 변호인 접견교통권을 제한하고 있지 않으며, 그에 관해 법무부 훈령에서 규정하도록 위임하고 있지도 않다.

나아가 계호근무준칙 제275조는 법무부 훈령에 불과하고, 법률에 근거하지 않은 채 출정 중인 피의자 또는 피고인의 변호인 접견교통권에 대해 규정하고 있는바, 이것이 피의자 또는 피고인의 변호인 접견교통권을 제한하는 것이라면 그 자체로 헌법에 위반되는 것일 뿐만 아니라 법규적 효력을 가질 수도 없어 이를 근거로 피의자 또는 피고인의 변호인 접견교통권을 제한할 수는 없다고 할 것이다.

다음으로, 이 사건 접견불허행위는 위와 같이 규율상의 형식 면에서 뿐 아니라 그 내용 면에서도 헌법에 위반된다고 할 것이다. 구속된 피고인에게 있어 변호인 접견교통권은 헌법이 보장하는 변호인의 조력을 받을 권리의 핵심이므로, 피고인의 인권 및 방어권 보장을 위해 그 제한은 지극히 예외적으로만 인정되어야 할 것이다.

공소제기되어 재판 중인 피고인이 재판절차에서 방어권을 충분히 행사하기 위해서는 변호인과의 긴밀한 협의를 통한 충실한 사전 준비 과정이 반드시 필요하고, 그러한 변호인과의 협의는 통상적으로 매 공판기일 직전에 더욱 긴밀하게 이루어지기 마련이며, 상황에 따라서는 공판기일 당일 재판 시작 전에도 피고인과 변호인 간 협의가 필요한 경우가 빈번하므로, 출정하여 법정 옆 피고인 대기실에서 재판대기 중인 피고인에게도 변호인 접견교통권은 보장되어야 한다.

대상결정은 당시의 구치감 내의 상황상 비밀이 보장되는 상황에서 청구인에게 변호인 접견을 하게 하여 줄 수 없었다는 것을 이유로 이 사건 접견불허행위를 정당화하고 있으나, 이는 오히려 피고인의 변호인 접견교통권 보장을 위해 국가가 필요한 시설이나 환경을 마련하지 못한 책임을 오히려 피고인에게 전가하고 있는 것이다. 대상결정의 보충의견에서도 "구속피고인은 변호인과의 접견을 통하여 형사소송절차 내에서 효과적인 방어권을 행사할 수 있게 되고, 특히, 재판 직전 피고인이 재판과 관련하여 긴급하게 변호인과 상담하고 조언을 받는 등 변호인의 조력을 받을 필요가 있을 수도 있다는 점에 비추어 볼 때, 법원 구내라 할지라도 구속피고인과 변호인의 접견교통은 충분히 보장되어야 할 것"이라는 전제 하에, "법원은 법원 구내에 구속피고인을 위한 변호인 접견실을 확보함으로써 구속피고인의 변호인 접견교통권이라는 중요한 기본권을 실질적으로 보장하기 위하여 노력을 기울일 필요가 있다"거나 "현재의 인력과 시설이 허용하는 범위 하에서라도 구속피고인의 변호인 접견교통권을 보장하기 위한 최대한의 배려가 필요할 것이다"라는 의견을 밝히고 있다.

한편, 계호근무준칙 제275조의 정당한 해석에 따르면, 이 사건 접견불허행위는 계호근무준칙 제275조 자체 또한 위반하였다고 볼 수 있다. 계호근무준칙 제275조는 단서에서 출정 중인 수용자에 대해서도 변호인 접견은 허가해야 한다는 취지로 규정하면서, 다만 ① 출정 중 변호인 접견의 신청이 있는 때에는 사전에 담당판사 또는 담당검사에게 통보하고 소장의 허가를 받아 실시하고(제1호), ② 접견은 담당판사 또는 담당검사가 지정한 법원 또는 검찰청 사무실에서 하여야 하고, 구치감 내에서 하여서는 아니된다(제2호)고 규정하고 있을 뿐이다.

그렇다면 이 사안에서 교도관 김○호는 청구인으로부터 변호인 접견 요청을 받았으므로 법정 내에 있는 변호인에게 알리고 그에게 접견 신청 여부를 확인하여 변호인의 신청이 있으면 법정에 있는 담당판사에게 통보한 후 소장의 허가를 받아 변호인 접견을 실시하였어야 할 것이다. 또한 앞서 논한 바와 같이 제2호에 규정된 접견장소의 문제는 피고인의 이익을 위한 것이므로 구치감 이외의 장소에

서 접견을 실시하기 어려웠다고 하더라도 당시 피고인이었던 청구인이나 그 변호인을 상대로 구치감 내에서 다른 피고인들이나 교도관이 들을 수 있는 상태에서라도 접견을 원하는지 그 의사를 물어 변호인 접견 실시 여부를 결정하여야 했다.

결국, 대상결정은 법률에 근거하지 아니한 기본권 제한을 인정한 것일 뿐만 아니라 피고인의 접견교통권을 보장할 수 있는 설비와 환경을 갖추어야 할 책무를 다 하지 아니한 국가의 책임을 오히려 피고인에게 전가하여 국가안전보장·질서유지 또는 공공복리를 위한 필요성이 없이 기본권을 제한하여 위헌임이 명백한 이 사건 접견불허행위를 합헌이라고 판단한 잘못이 있다고 할 것이다.

[후속논의]

피의자 또는 피고인의 변호인접견교통권은 위와 같이 헌법이 보장하는 변호인의 조력을 받을 권리의 가장 핵심적인 부분으로, 그 제한을 최소화하여야 할 필요가 있고, 이러한 관점에서 과거에는 변호인이 구치소 또는 교도소에 수용된 피의자 또는 피고인을 접견할 때 신청서를 팩스 또는 이메일로 접수하면 특별한 사정이 없는 한 제한없이 허용되었고, 당일 오전에 신청서를 접수하고 당일 오후 접견하는 것도 가능하였다. 그러나 코로나19 확산 당시 시설 내 수용자들의 감염방지를 위해 시간대별로 접견 변호인 수를 통제하였고, 그 무렵 법무부에서 변호인접견 신청 방식을 인

터넷 '법무부 온라인민원서비스' 사이트를 통해서만 접수하는 것으로 변경하고 접견 전날 16시까지만 접견 신청이 가능하도록 하였다. 그런데 코로나19 사태가 종료된 이후에도 여전히 위와 같은 시간대별 인원 통제가 유지되고, 접견신청 경로와 시한을 유지하면서 오히려 변호인접견권 보장 수준이 퇴보하였다.

현재의 변호인접견 실태를 점검하고, 그 충분한 보장을 위한 개선방안을 도출하기 위한 논의가 시급하다.

[공일규 변호사(법무법인 오른하늘)]

[03] 미결수용자 휴일 변호인 접견 불허 행위의 위헌 여부

대상	미결수용자 변호인 접견불허 처분 위헌확인 (기각) 헌재 2011. 5. 26. 선고 2009헌마341 전원재판부 결정 (기각) **(2013법원직 / 2019법원직 /** **2022국가7급)**

[사실관계]

청구인은 사기 등의 죄로 불구속 기소되어 공판을 받다가 2009. 5. 1. 선고기일에 불출석하여 구속영장이 발부되고, 5. 27. 서울구치소에 수감되었다. 이에 청구인의 국선변호인으로 선정된 변호사 정○훈은 6. 5. 서울구치소에 청구인에 대한 접견을 신청하였으나, 접견을 희망하는 6. 6.이 현충일로 공휴일이라는 이유로 불허되었다. 청구인은 6. 8. 국선변호인을 접견하였고, 6. 19. 다시 변론이 종결되어, 6. 24. 징역 10월, 집행유예 2년이 선고되자, 법무부장관과 서울구치소장을 상대로, 청구인과 국선변호인 간의 6. 6.자 접견을 불허한 처분이 청구인의 변호인의 조력을 받을 권리를 침해하였다며, 6. 25. 그 위헌확인을 구하는 이 사건 헌법소원심판을 청구하였다.

[결정요지]

[1] 헌법재판소가 91헌마111 결정에서 미결수용자와 변호인과의 접견에 대해 어떠한 명분으로도 제한할 수 없다고 한 것은 구속된 자와 변호인 간의 접견이 실제로 이루어지는 경우에 있어서의 '자유로운 접견', 즉 '대화내용에 대하여 비밀이 완전히 보장되고 어떠한 제한, 영향, 압력 또는 부당한 간섭 없이 자유롭게 대화할 수 있는 접견'을 제한할 수 없다는 것이지, 변호인과의 접견 자체에 대해 아무런 제한도 가할 수 없다는 것을 의미하는 것이 아니므로 미결수용자의 변호인 접견권 역시 국가안전보장·질서유지 또는 공공복리를 위해 필요한 경우에는 법률로써 제한될 수 있음은 당연하다.

[2] 수용자처우법 제84조 제2항에 의해 금지되는 접견시간 제한의 의미는 접견에 관한 일체의 시간적 제한이 금지된다는 것으로 볼 수는 없고, 수용자와 변호인의 접견이 현실적으로 실시되는 경우, 그 접견이 미결수용자와 변호인의 접견인 때에는 미결수용자의 방어권 행사로서의 중요성을 감안하여 자유롭고 충분한 변호인의 조력을 보장하기 위해 접견시간을 양적으로 제한하지 못한다는 의미로 이해하는 것이 타당하므로, 수용자처우법 제84조 제2항에도 불구하고 같은 법 제41조 제4항의 위임에 따라 수용자의 접견이 이루어지

는 일반적인 시간대를 대통령령으로 규정하는 것은 가능하다.

[3] 변호인의 조력을 받을 권리를 보장하는 목적은 피의자 또는 피고인의 방어권 행사를 보장하기 위한 것이므로, 미결수용자 또는 변호인이 원하는 특정한 시점에 접견이 이루어지지 못하였다 하더라도 그것만으로 곧바로 변호인의 조력을 받을 권리가 침해되었다고 단정할 수는 없는 것이고, 변호인의 조력을 받을 권리가 침해되었다고 하기 위해서는 접견이 불허된 특정한 시점을 전후한 수사 또는 재판의 진행 경과에 비추어 보아, 그 시점에 접견이 불허됨으로써 피의자 또는 피고인의 방어권 행사에 어느 정도는 불이익이 초래되었다고 인정할 수 있어야만 하며, 그 시점을 전후한 변호인 접견의 상황이나 수사 또는 재판의 진행 과정에 비추어 미결수용자가 방어권을 행사하기 위해 변호인의 조력을 받을 기회가 충분히 보장되었다고 인정될 수 있는 경우에는, 비록 미결수용자 또는 그 상대방인 변호인이 원하는 특정 시점에는 접견이 이루어지지 못하였다 하더라도 변호인의 조력을 받을 권리가 침해되었다고 할 수 없다.

재판관 조대현, 재판관 이동흡, 재판관 목영준의 보충의견

수용자처우법 시행령 제102조에 의해 접견시간대(평일 공무원의 근무시간대) 이외의 시간대에서도 미결수용자가 변호인과 접견할 수 있는 제도는 마련되어 있으나, 토요일 또는 공휴일이라는 이유만으로 미결수용자와 변호인의 접견을 원칙적으로 불허하고 있는 것이 교정시설의 현재 실무 관행인바, 접견의 시간대를 평일에 비해 단축하거나(예컨대 오전 중에만 실시하거나, 오후에만 실시하는 방법), 그 횟수를 미결수용자별로 제한하는 방법(예컨대 미결수용자별로 토요일이나 공휴일에 접견할 수 있는 총 횟수를 제한하는 방법) 또는 미결수용자가 처음 실시하는 변호인접견에 한하여 원칙적으로 허용해 주고 그 이후에는 필요하다고 인정되는 경우에만 허용해 주는 방법 등을 통해서라도 미결수용자와 변호인의 접견은 특별한 사정이 없는 한 토요일과 공휴일에도 허용해 줄 필요가 있다. 토요일 또는 공휴일이라는 이유만으로 미결수용자와 변호인의 접견을 원칙적으로 불허하고 있는 교정시설의 현재 실무 관행은 시정될 필요가 있다.

[해설]

I. 미결수용자 처우와 무죄추정의 원칙

미결수용은 형사절차의 합리적이고 원활한 진행을 위해서 필요한 불가결한 수단이지만, 피의자나 피고인의 신체의 자유에 대한 중대한 제한을 하기 때문에 헌법상 기본권 보장이라는 차원에서 중요한 문제를 초래한다. 현행 형집행법 제2조 2항은 "미결수용자란 형사피의자 또는 형사피고인으로서 체포되거나 구속영장의 집행을 받은 사람을 말한다"라고 정의하고, 헌법 제27조 4항에서 "형사피고인은 유죄의 판결이 확정될 때까지는 무죄로 추정한다"라고 규정하고 있어 헌법상 미결수용자는 재판에서 유죄가 확정될 때까지 무죄로 추정된다. 따라서 미결수용자에 대하여는 유죄를 전제로 하거나 유죄를 추정하게 하는 처우를 해서는 안 되고, 또한 형이 확정된 수형자의 처우와 동일시되어서도 안 되며, 구금으로 인하여 그의 방어권의 행사가 부당하게 제한받아서도 안 된다. 즉 구금의 필요성 외에는 일반인의 지위와 동일한 대우를 받아야 한다.

미결수용자의 관리와 처우에 있어 가장 중요한 원칙은 그들이 항상 무죄로 간주된다는 것이다. 이를 위해 형집행법 제79조는 미결수용자는 무죄의 추정을 받으며 그에 합당한 처우를 받는다는 것을 명시하고, 수사·재판·국정감사 또는 법률로 정하는 조사 참석시의 사복착용 허용(제82조), 미결수용자가 교정시설 수용 중에 규율위반으로 조사받거나 징벌집행 중인 경우라도 소송서류의 작성, 변호인과의 접견, 서신 수수 등 수사 및 재판과정에서의 권리행사를 보장(제85조)하는 등 미결수용자에 대한 처우상 특례를 규정하고 있다.

II. 미결수용자의 변호인 접견권

무죄추정의 원칙이 제대로 관철되기 위해서는 무엇보다 미결구금 상태에 놓인 수용자들의 외부와의 접견교통권이 철저히 보장되어야 한다. 미결수용자는 무죄로 추정되는 동시에 소송 주체로서의 지위를 가지고 있기 때문에 구금으로 인하여 방어권 행사가 부당하

게 제약되지 않도록 해야 하는데, 미결구금으로 인한 자유박탈 자체가 미결수용자의 방어권 행사에 중대한 제약을 초래할 수 있다는 점을 고려하면 이러한 방어권 보장은 특히 중요한 의미를 갖는다.

체포·구속을 당한 피의자·피고인의 변호인과의 자유로운 접견권은 헌법상 보장되는 권리이다(제12조 제4항). 미결수용자의 변호인 접견권을 기본권으로 보장하는 취지는 신체가 구속된 피의자·피고인의 방어권을 보장하고 인권을 보장하는 데 있다. 구금된 피의자나 피고인은 무죄의 추정을 받으면서도 형사소송 절차의 확보(도주와 증거인멸 방지)를 위해 자유가 제한되고 있는 것이기 때문에 구금의 목적에 반하지 않는 범위 내에서 외부와 의사소통할 수 있는 적극적 권리가 보장되는 것은 피의자나 피고인의 인권과 방어권 확보를 위해 필수 불가결한 것이다. 미결수용자에 대한 변호인의 조력자로서의 기능은 무엇보다도 이들에 대한 조언과 상담을 통하여 이루어진다. 이를 통해 변호인은 이들이 처해있는 상태를 파악하고, 미결수용자는 변호인으로부터 자신이 처한 상황에 대한 파악과 형사절차에 대한 이해와 공소사실이나 피의사실의 의미에 대한 설명을 듣고, 이후 상호 의견을 교환하면서 방어권 행사와 관련된 적절한 대응책 마련과 인권침해를 미연에 방지하게 된다. 이러한 변호인의 조력자로서의 기능이 충분히 보장되기 위해서는, 효과적인 변호의 필수적 전제조건으로서 신체 구속된 피의자·피

고인이 변호인과 자유롭게 접촉하고 조언과 상담을 받을 수 있는 가능성이 보장되어야 한다. 이러한 의미에서 미결수용자의 변호인과의 자유로운 접견교통은 헌법상 변호인의 조력을 받을 권리의 가장 핵심적인 내용으로서 변호 및 방어의 준비를 위하여 필요 불가결한 권리라고 할 수 있다.

III. 미결수용자 변호인 접견권의 제한 가능성

미결수용자의 접견교통권은 원칙적으로 제한될 수 없다. 헌법재판소도 "변호인과의 자유로운 접견은 신체구속을 당한 사람에게 보장된 변호인의 조력을 받을 권리의 가장 중요한 내용이어서 국가안전보장, 질서유지, 공공복리 등 어떠한 명분으로도 제한될 수 있는 성질의 것이 아니다"라고 하여, 접견교통권의 절대성을 강조하고 있다(헌재 1992. 1. 28. 선고 91헌마111 전원재판부 결정). 그러나 변호인과의 접견교통권은 절대적으로 보장되는 것이 아니라 다른 법치국가적 법익과의 비교형량을 통하여 보호되는 것으로 보는 것이 법치국가적 법률유보에 부합한다. 자유권은 절대적으로 보호되는 것이 아니라 국가에 의하여 제한될 수 있다고 하더라도, 자유권의 제한은 헌법적으로 정당화되어야 함은 물론이다. 헌법은 제37조 제2항에서 "국민의 모든 자유와 권리는 국가안전보장·질서유지 또는 공공복리를 위하여 필요한 경우에 한하여 법률로써" 제한할 수 있다고 규정함으로써 입법자에게 자유권의 제한을 정당화해야 할 의무를 명시적으로 부과하고 있다. 이에 따라 자유권의 제한은 공공복리 등의 법익이 다른 방법으로는 달성될 수 없는 경우에 한하여 허용되며, 이 경우에도 자유권의 제한은 최소한의 정도에 그쳐야 한다. 즉, 자유권의 제한은 '반드시 필요한 경우에 한하여 필요한 만큼만' 허용될 수 있는 것이다. 따라서 자유권을 제한하는 법률이 헌법적으로 정당화되는지를 심사하는 기준이 되는 것은 기본권이 공익실현을 위하여 필요한 것 이상으로 과잉으로 제한되어서는 안 된다는 내용의 '과잉금지원칙'이다.

IV. 기본권 제한 정당성의 입증책임

본 결정은 "체포 또는 구속된 자와 변호인 간의 접견은 변호인의 조력을 받을 권리의 필수적인 내용이므로 미결수용자와 변호인 간의 접견은 가능한 한 충분히 보장되어야 함"을 전제로 하면서도 "변호인의 조력을 받을 권리가 침해되었다고 하기 위해서는 접견이 불허된 특정한 시점을 전후한 수사 또는 재판의 진행 경과에 비추어 보아, 그 시점에 접견이 불허됨으로써 피의자 또는 피고인의 방어권 행사에 어느 정도는 불이익이 초래되었다고 인정할 수 있어야만 하며, 그 시점을 전후한 변호인 접견의 상황이나 수사 또는 재판의 진행 과정에 비추어 미결수용자가 방어권을 행사하기 위해 변호인의 조력을 받을 기회가 충분히 보장되었다고 인정될 수 있는 경우에는, 비록 미결수용자 또는 그 상대방인 변호인이 원하는 특정 시점에는 접견이 이루어지지 못하였다 하더라도 변호인의 조력을 받을 권리가 침해되었다고 할 수 없다"라고 하여 미결수용자 변호인 접견불허 처분의 기본권 침해를 인정하지 않았다. 그러나 본결정에서 나타난 헌법재판소의 위헌심사 접근방식은 과잉금지원칙의 적용에 있어 가장 핵심적인 부분인 수단의 적합성과 피해의 최소성 심사에 있어 "청구인은 방어권 행사를 위해 특히 '2009. 6. 6.'이라는 특정한 시점에 변호인과의 접견이 필요하였다거나, 그날 변호인과의 접견이 이루어지지 못해 방어권 행사와 관련하여 어떠한 불이익을 입었는지에 대해 아무런 구체적인 주장도 하지 않고 있다"라고 하여 미결수용자에게 그 입증책임을 부담하도록 하고 있다는 점에서 문제가 있다.

자유권적 성질을 가진 기본권을 제한하는 법률을 심사하기 위해서는 '과잉금지의 원칙'이라는 심사기준을 통해 법률의 위헌 여부를 판단하게 되고, 구체적으로 목적의 정당성, 수단의 적합성, 피해의 최소성, 법익의 균형성의 요건을 갖추어야 위헌을 면할 수 있다. 헌법 제37조 제2항은 일반적 법률유보원칙을 규정하고 있는 것으로서 헌법은 법률로써 제한하는 경우에도 '국가안전보장·질서유지 또는 공공복리를 위하여'라고 규정하고 있다. 이는 국가가 권력으로 개인의 기본권을 제한하는 이유가 되므로 이에 대한 정당성을 국가가 입증하여야 할 것이고, 국가가 개인의 기본권을 제한하는 이유에 대해 정당성을 입증하지 못하면 그 제한은 정당성이 없다는 것을 의미한다.

V. 미결수용자 변호인 접견불허 처분의 기본권 침해 여부

미결수용자와 수형자는 '시설의 안전과 질서유지'를 위하여 필요한 범위 내에서 기본권 제한이 정당화될 수 있다는 점에서는 공통적이지만 양자의 기본권 제한의 정당성에 관한 헌법적 심사는 본질적으로 다른 것이어야 한다. 미결수용자에게는 헌법 제27조 제4항에 따라 무죄추정의 원칙이 적용되기 때문에 미결수용자가 형이 확정된 수형자와는 근본적으로 다른 헌법적 지위를 갖는다는 점은 분명하다. 헌법재판소는 이러한 점을 근거로 무죄추정의 원칙이 미결수용자의 기본권 제한을 수형자의 경우보다 더욱 엄격하게 해야 한다고 하여 미결수용자와 수형자의 지위를 구분하는 논증에서 무죄추정의 원칙을 중요한 판단기준으로 삼고 있다(헌재 2001. 7. 19. 선고 2000헌마546 전원재판부 결정). 헌법재판소의 논증에서 무죄추정의 원칙을 근거로 미결수용자의 기본권 제한을 엄격히 심사하는 경우는 무죄추정의 원칙이 미결수용자의 방어의 이익과 직접적으로 결부되어 있는 경우인데, 이때 무죄추정의 원칙은 미결수용자의 기본권 제한을 수형자의 경우보다 더욱 엄격히 심사함에 있어 기준이 된다. 예컨대, 미결수용자와 변호인간의 접견에 교도관이 참여하는 것을 위헌이라고 한 결정(헌재 1992. 1. 28. 선고 91헌마111 전원재판부 결정)과 미결수용자와 변호인간의 서신에 검열을 요하도록 한 것이 위헌이라는 결정(헌재 1995. 7. 21. 선고 92헌마144 전원재판부 결정)에서 이러한 점을 분명히 하고 있다.

헌법재판소(헌재 2001. 7. 19. 선고 2000헌마546 전원재판부 결정; 헌재 2011. 12. 29. 선고 2009헌마527 전원재판부 결정)가 설시한 바와 같이 "미결수용자들은 구금으로 인해 긴장, 불안, 초조감을 느끼는 등 심리적으로 불안정한 상태에 빠지고 위축되며, 육체적으로도 건강을 해치기 쉽고, 자칫 열악하고 불리한 환경의 영향으로 형사절차에서 보장되어야 할 적정한 방어권 행사에 제약을 받거나 나아가 기본적 인권이 유린되기 쉽다." 특히 본 사안과 같이 불구속 상태에서 공판을 받다가 구속되는 경우 당사자가 느끼는 구금의 충격은 정신적으로나 육체적으로 매우 클 것으로 예상되고 이러한 상황에서 접견을 통한 변호인 조력의 역할은 그 기여하는 바가 매우 크다고 할 수 있다. 그럼에도 불구하고 교정시설의 장은 변호인 접견불허 처분하였는데, 불허 처분의 이유는 '국가공무원 복무규정'에 따른 공무원 근무시간대가 아니라는 것이 실질적인 이유이다. 즉 교정시설 공무원의 편의와 편리, 그리고 이해관계에 의해서 미결수용자의 헌법적 권리가 제한된 것이다. 물론 수용자처우법 시행령 제102조는 소장은 미결수용자의 처우를 위하여 특히 필요하다고 인정하면 제58조 제1항에도 불구하고 접견 시간대 외에도 접견하게 할 수 있다는 규정이 있지만, 이는 미결수용자 변호인 접견권을 보장하는 헌법적 권리를 예외적으로 인정하도록 하는 규정으로서 문제가 있다. 사실 교정시설은 '국가공무원 복무규정' 제12조에 따라 365일 24시간 운영되는 상시근무체제 운영기관이다. 이러한 점을 고려할 때 평일 공무원 근무시간대를 근거로 미결수용자에 대한 변호인 접견권을 제한하는 현 상황은 미결수용자의 방어권 보장에 있어 공휴일이라는 공백이 발생하는 것으로서 과잉금지원칙에 비추어 볼 때 미결수용자의 헌법적 권리를 침해하는 위헌적 상황임을 부인할 수 없다.

미결수용자의 변호인 조력을 받을 권리를 보장하는 목적은 피의자 또는 피고인의 방어권 행사를 보장하기 위한 것으로, 이를 위해서는 당연히 미결수용자가 적절한 시기에 적절한 조언을 받을 수 있음이 전제되어야 하고, 이러한 전제는 피의자의 방어권을 보장하기 위해 필수적이다. 예컨대, 형사사건에서 피의자 체포되어 구금되는 경우에 있어 사실관계에 분쟁이 있는 사건이나 중대한 사안의 경우 체포 직후에 변호인의 조력이 가장 필요한 시점임에도 불구하고, 당일 또는 익일이 공휴일이라는 이유로 피의자의 변호인 접견이 불허된다면, 이는 미결수용자의 방어권 보장에 있어 치명적인 상황을 초래한다. 본 결정은 접견 제한 시점을 전후한 변호인 접견의 상황이나 수사 또는 재판의 진행 과정에 비추어 미결수용자가 방어권을 행사하기 위해 변호인의 조력을 받을 기회가 충분히 보장되었다고 인정될 수 있는 경우에는 미결수용자 또는 변호인이 원하는 특정 시점에 접견이 이루어지지 못하였다 하더라도 변호인의 조력을 받을 권리가 침해되었다고 할 수 없다고 판시하고 있는데, 이러한 논증은 평일 시간이나 시간대 미결수용자의 변호인 접견 제한, 예컨대 교정시설의 장이 월수금에만 접견을 허용한다든지, 또는 평일 오전 10시에서 오후 3시까지만 접견을 허용하더라도 변호인의 조력을 받을 기회가 충분히 보장되었다고 인정될 수 있는 경우라면 그 제한을 가능하게 하는 논증도 될 수 있다는 점에서 타당하지 않다.

[후속논의]

미결수용자와 변호인의 접견은 특별한 사정이 없는 한 토요일과 공휴일에도 접견을 허용하는 것을 원칙으로 하고, 예외적으로 시설 내 질서와 안전의 확보를 위하여 부득이 필요한 경우에만 제한할 수 있는 것으로 하는 것이 타당하다. 교정시설의 운영에 필요한 예산이나 인력 부담의 문제가 헌법적 권리 침해를 정당화할 수 없음은 2016년 헌법재판소 구치소 내 과밀수용행위 위헌확인 결정(헌재 2016. 12. 29. 선고 2013헌마142 전원재판부 결정)에서 확인한 바 있다. 수용자가 취침하는 시간대인 야간에 접견을 허용하는 것은 수용자 처우 목적과 시설 질서와 안전 확보를 위해 제한될 수 있다고 하더라도 공휴일의 변호인 접견을 원칙적으로 제한하는 것은 이러한 목적과 관계없이 이루어지는 것으로 과잉금지원칙에 위배되는 위헌적 상황이 명백함으로 본 결정의 보충설명에서 설시하는 바와 같이 토요일과 공휴일의 접견에 있어서는 그 시간대를 평일에 비해 단축하거나, 그 횟수를 미결수용자별로 제한하는 방법 또는 미결수용자가 처음 실시하는 변호인접견에 한하여 원칙적으로 허용해 주고 그 이후에는 필요하다고 인정되는 경우에만 허용해 주는 방법 등을 강구하여 미결수용자의 토요일과 공휴일 변호인 접견을 보장할 필요가 있다.

[참고문헌]
- 이호중, 헌법재판소 판례로 본 행형과 수용자의 인권―행형에 대한 헌법적 이해, 형사법연구 제22호, 한국형사법학회, 2004.
- 박상기·손동권·이순래, 형사정책(전정판), 한국형사정책연구원, 2021.
- 한수웅, 헌법학(제11판), 법문사, 2021.

[안성훈 선임연구위원(한국형사 · 법무정책연구원)]

대상	접견 녹음파일 송부 요청 취소 (기각)
	헌재 2012. 12. 27. 선고 2010헌마153 전원재판부 결정 (기각) **(2018국가7급 / 2019입법고시)**

[사실관계]

청구인은 2009. 5. 7.경 X범죄를 이유로 구속되어 A구치소에 수용되었고, 같은 달 13. X범죄사실로 공소제기되었다.

A구치소장은 청구인과 배우자 사이의 접견내용을 녹음하였고(이하 '이 사건 녹음행위'라고 한다), 2009. 6. 9. 관할 지방검찰청 검사장의 요구에 따라 청구인에 대한 접견녹음파일을 제공했다(이하 '이 사건 제공행위'라고 한다).

수사기관은 위 녹음파일을 토대로 2009. 11. 26. 별건인 Y범죄로 공소제기하였고, 위파일은 Y범죄에 대한 공판에서 유죄인정의 증거로 사용되었다.

이에 청구인은 A구치소장의 이 사건 녹음 및 제공행위가 청구인의 사생활의 비밀 등 헌법상 기본권을 침해했다는 이유에서 2010. 3. 11. 헌법소원심판을 청구하였다.

[결정요지]

[1] 이 사건 녹음행위는 교정시설 내의 안전과 질서유지에 기여하기 위한 것으로서 그 목적이 정당할 뿐 아니라 수단이 적절하다. 또한, 소장은 미리 접견내용의 녹음 사실 등을 고지하며, 접견기록물의 엄격한 관리를 위한 제도적 장치도 마련되어 있는 점 등을 고려할 때 침해의 최소성 요건도 갖추었고, 이 사건 녹음행위는 미리 고지되어 청구인의 접견내용은 사생활의 비밀로서의 보호가치가 그리 크지 않다고 할 것이므로 법익의 불균형을 인정하기도 어려워, 과잉금지원칙에 위반하여 청구인의 사생활의 비밀과 자유를 침해하였다고 볼 수 없다.

[2] 이 사건 제공행위에 의하여 제공된 접견녹음파일로 특정개인을 식별할 수 있고, 그 대화내용 등은 인격주체성을 특징짓는 사항으로 그 개인의 동일성을 식별할 수 있게 하는 정보이므로, 정보주체인 청구인의 동의 없이 접견녹음파일을 관계기관에 제공하는 것은 청구인의 개인정보자기결정권을 제한하는 것이다. 그런데 이 사건 제공행위는 형사사법의 실체적 진실을 발견하고 이를 통해 형사사법의 적정한 수행을 도모하기 위한 것으로 그 목적이 정당하고, 수단 역시 적합하다. 또한, 접견기록물의 제공은 제한적으로 이루어지고, 제공된 접견내용은 수사와 공소제기 등에 필요한 범위 내에서만 사용하도록 제도적 장

치가 마련되어 있으며, 사적 대화내용을 분리하여 제공하는 것은 그 구분이 실질적으로 불가능하고, 범죄와 관련 있는 대화내용을 쉽게 파악하기 어려워 전체제공이 불가피한 점 등을 고려할 때 침해의 최소성 요건도 갖추고 있다. 나아가 접견내용이 기록된다는 사실이 미리 고지되어 그에 대한 보호가치가 그리 크다고 볼 수 없는 점 등을 고려할 때, 법익의 불균형을 인정하기도 어려우므로, 과잉금지원칙에 위반하여 청구인의 개인정보자기결정권을 침해하였다고 볼 수 없다.

[해설]

I. 관련 규정 및 쟁점

형집행법 제41조 제4항에 따라 소장은 증거인멸우려가 있는 때 등에 해당할 경우 접견내용을 녹음·녹화하게 할 수 있다. 참고로 형집행법 제84조 제1항에 따라 미결수용자와 '변호인' 접견의 경우 내용 청취나 녹취가 금지되나, 대상판례의 경우 미결수용자인 청구인과 변호사가 아닌 자(배우자)의 접견이 문제되었기 때문에 녹음·녹화가 이루어진 것이다.

한편, 형집행법 시행령 제62조 제4항에 따라 법원의 재판업무 수행(1호) 또는 범죄의 수사와 공소의 제기 및 유지(2호)의 목적에서 그 접견 녹음·녹화파일 등을 관계기관에 제공할 수 있다. 또한 개인정보보호법 제18조 제2항에 따라 범죄의 수사와 공소의 제기 및 유지를 위하여 필요한 경우(7호), 법원의 재판업무

수행을 위하여 필요한 경우(8호) 녹음·녹화파일을 다른 공공기관에 제공할 수 있으나, 정보주체 또는 제3자의 이익을 부당하게 침해할 우려가 있는 경우에는 그 제공이 제한된다(구 공공기관의 개인정보보호에 관한 법률 제10조에 있던 내용이 법률 제·개정으로 개인정보보호법으로 통합되었음).

대상판례의 쟁점은 A구치소장의 이 사건 녹음행위 또는 이 사건 제공행위의 위법성 여부이다.

II. 이 사건 녹음행위 관련

1. 형집행법 제41조

형집행법 제41조 제4항은, 접견내용의 녹음·녹화 사유에 관하여 '증거인멸이나 형사 법령에 저촉되는 행위를 할 우려가 있는 때'(1호), '수형자의 교화 또는 건전한 사회복귀를 위하여 필요한 때'(2호), '시설의 안전과 질서 유지를 필요한 때'(3호)라고 하는 포괄적이고 광범위한 사유를 규정하고 있다. 이 때문에 과거 교도소장이 특정 수용자를 그에 대하여 장기간에 걸쳐 일반적이고도 포괄적인 접견제한 조치의 대상자로 지정함으로써 그 수용자의 접견 시에는 언제고 교도관으로 하여금 접견 참여 및 접견내용을 녹음·녹화할 수 있게 하는 등의 일반·포괄적 조치가 이루어지는 경우가 발생하기도 했다(이러한 일반·포괄적 조치가 위법하다는 취지로는, 대전지법 2013. 2. 6. 선고 2012구합2025 판결).

또한 접견내용의 청취·기록·녹화 사유에 대한 형집행법 제41조 제4항의 포괄성·광범위성 때문에 개별 접견과정에서 녹음·녹화가 이루어지는 경우가 상당히 많다. 물론, 이와 같은 녹음행위에 대해 취소소송이 제기될 경우 판례는, 소장이 접견내용을 녹음·녹화하기 위해서 형집행법상 사유가 있다는 사정에 대해 구체적인 주장·증명을 해야 한다고 하여(대법 2014. 2. 13. 선고 2013두20899 판결), 소장의 무차별적인 녹음행위 등에 대한 사법적 통제를 가하고 있기도 하다.

2. 이 사건 녹음행위의 당부

(1) 대상판례의 태도

이 사건 녹음행위와 관련하여 헌법재판소 다수의견의 핵심은 다음과 같다. 형집행법 제41조 제4항에 따라 녹음·녹화 시 수용자 및 그 상대방에게 그 사실을 고지하도록 하기 때문에, 접견대화 내용 등이 가지는 사생활의 비밀로서의 보호가치가 크지 않다는 것이다.

(2) 검토

하지만 대상판례의 태도는 타당하지 않다고 보인다. 녹음·녹화한다는 사실을 '고지'하는 것은 적법절차 준수를 위한 최소한의 조치일 뿐 그것으로 인해 접견당사자들의 기본권의 보호가치가 크지 않다는 결론으로 연결될 수는 없기 때문이다. 녹음·녹화사실을 단순히 '고지'하는 것과, 수용자 및 상대방이 자발적으로 '동의'하는 것은 차원이 다른 문제이

다. 만약 수용자 및 상대방이 자발적으로 '동의'하였다고 한다면 헌법재판소 다수의견이 들고 있듯이, 그 접견당사자들이 가지는 사생활의 비밀로서의 보호가치가 크지 않다고 볼 여지도 있을 것이다. 하지만 이러한 사정도 없이, 단순히 녹음·녹화사실을 사전에 일방적으로 '고지'했다는 사정만으로 접견당사자들이 가지는 기본권의 보호가치를 낮추어버릴 수는 없다. 따라서 형집행법 제41조 제4항의 사유에 해당하는 구체적 사실이 인정되어야 할 것이고, 만약 그렇지 않다면 접견내용의 녹음·녹화행위는 사생활의 비밀을 침해하는 위헌적인 처분이라고 볼 것이다.

III. 이 사건 제공행위 관련

1. 이 사건 제공행위의 근거

이 사건 제공행위의 근거로 생각해볼 수 있는 것은 앞서 보듯이 형집행법 시행령 제62조 제4항 또는 개인정보보호법 제18조 제2항이다. 그런데 녹음·녹화 기록물을 수사기관에 제공할 경우, 그 기록물이 수사기관에게 수사의 단서를 제공하는 등으로 수용자 내지 접견 상대방에게 이익을 부당하게 침해할 우려가 있음이 명백하기 때문에 개인정보보호법 제18조 제2항에 따른 정보제공은 불가하다고 보아야 한다(개인정보보호법 제18조 제2항, 위 대상판례의 1인의 반대의견).

그렇다면 남는 것은 형집행법 시행령 제62조 제4항인데, 기록물의 제공에 의해 수용자

등이 받는 불이익의 정도가 매우 크기 때문에 그 적용범위를 제한시키는 엄격한 해석이 요구된다고 할 것이다. 나아가 형집행법 시행령 제62조 제4항이 개인정보보호법 제18조 제2항 제7호, 제8호와 거의 동일한 정보 제공사유를 규정하면서도 "수용자 또는 그 상대방의 이익을 부당하게 침해할 우려가 있을 때"를 그 제공의 제한 사유로 특별히 언급하고 있지 않은 이유는, 바로 형집행법 시행령 제62조 제4항에서 말하는 재판업무, 수사와 공소의 제기 및 유지라고 하는 것이 '구금의 원인이 된 당해 범죄사건'에 한정되기 때문이라고 보인다(대상판례의 1인의 반대의견도 같은 취지). 만약, 이와 같은 해석을 하지 않는다면 개인정보보호법 제18조 제2항의 정보 제공 제한 사유인 '이익의 부당한 침해 금지' 부분을 형해화시킬 것이다.

2. 이 사건 제공행위의 당부

(1) 대상판례의 태도

이 사건 제공행위에 따라 제공된 파일은 청구인의 구금의 원인이 된 범죄사실(X범죄)에 대한 것이 아니라 별건(Y범죄)에 대한 증거로 사용되었다. 그럼에도 대상판례의 다수의견은 위 제공행위 역시 녹음·녹화사실이 고지된 이상 보호가치가 크지 않다는 점을 주된 이유로 삼으면서 제공행위가 위헌적이지 않다고 결론내리고 있다. 또한 대상판례는 이 사건 제공행위는 직접적으로 물리적 강제력을 행사하는 등 강제처분을 수반하는 것이 아니기 때문에 영장주의가 적용되지 않는다고 하고 있다. 즉, 대상판례는 이 사건 제공행위를 임의수사의 일종으로 파악함으로써, 그에 대한 절차적 통제가 엄격하게 요구되는 것이 아니라고 보는 태도로 이해된다.

(2) 검토

하지만 녹음·녹화사실이 고지되었기 때문에 수용자 등의 접견내용에 관한 보호가치가 크지 않다고 한 대상판례의 태도는, 앞서 이 사건 녹음행위 부분에서 보았듯이 타당하지 않다.

나아가 접견내용을 녹음·녹화하고 그 기록물을 관계 기관에 제공하는 것을 단순히 임의수사라고 볼 것도 아니라고 보인다. 기록물을 수사기관에 제공하는 것은 사생활의 비밀과 자유(내지 개인정보자기결정권)를 매우 제약하는 것이기 때문이다. 따라서 형집행법 시행령에 따라 녹음·녹화 기록물을 수사기관에 제공하는 것은 어디까지나 예외적인 방법으로 활용되어야 하며, 그 요건 역시 엄격하게 해석할 필요가 있다. 그 논리적 귀결로서, 형집행법 시행령에 따라 관계기관에 대한 제공 대상이 되는 것은 '구금의 원인이 된 당해 범죄사건'에 국한되는 것으로 해석해야 할 것이다(대상판례의 1인의 반대의견도 같은 취지). 만약, 접견내용을 녹음·녹화한 기록물을 제한 없이 관계기관에 제공할 수 있도록 할 경우 구금의 원인이 된 범죄사건과 관련도 없는 별건에 관한 증거 획득이, 법원의 영장발부나 판사의 허가 등 적법성 통제 조치 없이 무분별하게 이루어져, 결국 수용자 등에게 심대한 불이익을 입힐 우려를 배제할 수 없을 것이다.

[후속논의]

형집행법과 같은 법 시행령에 따른 접견내용의 녹음·녹화 및 그 기록물의 제공은 수용자 등의 사생활의 비밀 등 기본권을 제한하는 요소가 상당히 크다고 보이는 반면, 그 녹음·녹화 과정이나 제공 절차 등에 있어 충분한 적법성 통제가 이루어지고 있는지 의문이 있다. 대상판례의 반대의견도 기록물을 관계기관에 제공한 경우 그 제공사실이 통지되는 등의 절차적 보장이 없다는 점을 들어 헌법상 적법절차 원칙에 위배된다는 취지로 판단하기도 했다. 따라서 형집행법 및 같은 법 시행령에 대한 입법적 개선이 필요하다고 보이며, 그 방안으로는, (1) 녹음·녹화와 관련하여, 그 사유를 더 구체화하거나 사유를 기재한 서류를 수용자 등에게 제시하도록 하는 것, 다음으로 (2) 정보의 제공과 관련하여, '구금의 원인이 된 범죄사건'과 관련성 있는 부분에 국한된다는 점을 명시하고, 관계기관에 정보 제공시 제공된 기록물의 내역 및 그 요지를 통지하게 하는 것 등을 생각해볼 수 있을 것이다.

[참고문헌]
• 오동석, 통신자료 취득행위의 헌법적 검토, 경찰법연구 제18권 제1호, 한국경찰법학회, 2020.

[김송이 변호사(법무법인(유한) 로고스)]

[05] 수용자 상대 별건에 대한 피의자신문 시 피의사실 및 조사일정 미고지와 방어권

대상	수용자에 대한 부당한 수사접견 (인용)
	국가인권위 2013. 7. 5.자 12진정0676400 결정 (인용)

[사실관계]

○○○○경찰서 수사과 소속 경찰관인 피진정인들은 2012. 7.부터 같은 해 8.까지 구금의 원인이 된 피의사건 이외의 피의사건과 관련하여 수차례 ○○○○구치소에 수용되어 있던 진정인을 수사접견하면서 진정인에게 해당 피의사실과 조사일정을 사전에 고지하지 않았다.

[결정요지]

헌법 제12조는 형사피의자의 진술거부권 및 변호인의 조력을 받을 권리 등 형사피의자의 방어권 보장을 명시하고 있다. 위 방어권 보장을 위한 하나의 장치로서 대통령인 '검사의 사법경찰관리에 대한 수사지휘 및 사법경찰관리의 수사준칙에 관한 규정' 제19조는 사법경찰관이 피의자에게 출석을 요구할 때에는 특정 서식에 따른 출석요구서를 발부하여야 하고, 이 경우 출석요구서에는 출석요구의 취지를 명백하게 적어야 한다고 규정하는바, 위 출석요구서 서식에는 피의사실, 출석일자, 출석장소 등을 명기하도록 하고 있다.

체포 또는 구속된 피의자에 대하여 구금의 원인이 된 피의사실과 관련한 피의자신문을 위해 수사기관이 수사접견을 하는 경우에는 피의사실 및 조사일정 등의 고지가 반드시 필요하다고 할 수는 없다. 체포 또는 구속된 피의자는, 수사기관의 출석요구에 응하지 아니하거나 도주 또는 증거인멸의 우려가 있어 강제로 수사기관과 구금시설에 신병이 인치 또는 유치된 상황이고, 체포 또는 구속 당시 체포 또는 구속의 이유 및 형사절차상의 권리의 고지가 이미 이루어졌기 때문이다. 그러나 이 사건은 피진정인들이 구치소에 수용 중인 진정인에 대하여 구금의 원인이 된 피의사건과는 별건의 피의사건을 조사하기 위해 수사접견을 한 경우이므로 이때 피의사실 및 조사일정 등의 고지가 필요한지 여부를 살펴본다.

위 인정사실과 같이 피진정인들은 진정인이 수용된 구치소에 진정인에 대한 수사접견이 이루어질 수 있도록 협조를 요청하는 공문을 발송하였으나 진정인에게는 별도의 고지를 하지 않았다. 이 경우 구치소에서 진정인에게 미리 위 공문의 내용을 설명하지 않는 한 진정인은 자신의 피의사실에 대해 인지하지 못하고 아무런 사전준비도 하지 못한 채 피의자신문에 응해야 한다. 이는 형사피의자에게 보장된 방어권을 충분히 행사할 수 없게 하는 것일 뿐만 아니라, 현재 구금시설에 수용 중이라는 이유로 수사기관으로부터 출석요구를 받는 일반 피의자에 비해 진정인을 합리적인 이유 없이 불리하게 대우하는 것이라고 할 수 있다. 따라서 피진정인들은 이 사건 관련 수사접견을 하는 과정에서 진정인에 대하여 헌법 제12조가 보장하는 형사피의자의 방어권 및 헌법 제11조가 보장하는 평등권을 침해하였다고 판단된다.

그런데, 이 사건과 같이 구금된 피의자에 대한 수사접견 시 피의사실 및 조사일정을 통지하지 않는 것은, 피진정인들의 개별적인 책임이라기보다는 관련 규정과 절차의 미비로 인해 수사기관에서 관행적으로 발생하는 문제로 보인다. 이에 조치의견으로는, 피진정인들의 감독기관인 경찰청장에게 유사사례의 재발방지를 위하여 향후 이 사건과 같은 수사접견을 하는 경우 피의자에게 해당 피의사실 및 조사일정을 사전에 고지하는 절차를 마련할 것을 권고하는 것이 적절하다고 판단된다.

[해설]

피의자신문은 임의조사방식으로 피의자의 임의성을 내포한 동의에 의해 진행되는 절차이다. 대법원은 "구속영장은 기본적으로 장차 공판정에의 출석이나 형의 집행을 담보하기 위한 것이지만, 수사기관이 구속된 피의자를 조사하는 등 적정한 방법으로 범죄를 수사하는 것도 예정하고 있다"고 판시하여 구속영장에 의해 수용 중인 피의자에 대한 피의자신문을 진행하는 경우 수사기관은 영장의 효력에 의해 피의자 의사에 반하여 신문실까지 구인할 수 있다고 판단한다(대법 2013. 7. 1.자 2013모160 결정). 그러나 피의자의 인신을 본인의 의사에 반하여 일정장소로 구인하기 위한 강제처분의 효력으로 피의자에게 신문에 응하는 것까지 강제할 수는 없으므로 피의자신문은 본질적으로 임의절차이다. 피의자 동의에 의한 신문절차가 적법하기 위해서는 ① 신문장소로 출석하는 것에 대한 동의, ② 신문절차에 응하는 것에 대한 동의, ③ 진술거부권을 행사하지 않고 진술을 하는 것에 대한 동의와 같이 3단계 절차에 대한 임의성있는 동의가 담보되어야 한다. 수사실무상 피의자가 포괄적으로 진술을 거부하겠다는 의사를 밝혀도 신문절차를 중단하지 않고 질문 항목별로 진술거부여부를 확인하는 방식으로 신문이 진행되기 때문에 ②, ③ 단계구분은 실용적 측면에서도 중요하다.

여기서 피의자의 임의성은 형식적으로 피의자의 적극적 거부가 없으면 충족되는 것이 아니라 피의자가 신문절차의 의미와 내용을 충분히 숙지하고 자발적으로 신문에 응할 때 충족될 수 있는 것이므로 수사관의 신문시간과 장소 그리고 피의사실, 진술거부권, 변호인의 조력을 받을 권리 등에 대한 통지를 전제로 한다. 대법원은 실질적으로는 영장 없는 위법한 체포가 피체포자의 적극적 거부가 없었다는 것을 이유로 임의동행으로 둔갑하여 많은 인권침해가 발생했던 수사관행을 통제하기 위해 임의동행으로 인정되기 위해서는 수사관이 동행에 앞서 피의자에게 동행을 거부할 수 있음을 알려 주었거나 동행한 피의자가 언제든지 자유로이 동행과정에서 이탈 또는 동행장소로부터 퇴거할 수 있었음이 인정되는 등 오로지 피의자의 자발적인 의사에 의하여 수사관서 등에의 동행이 이루어졌음이 객관적인 사정에 의하여 명백하게 입증된 경우에 한하여, 그 적법성이 인정되는 것으로 봄이 상당하다고 판시한 바 있다(대법 2006. 7. 6. 선고 2005도6810 판결).

피의자신문이 강압적으로 자백을 얻어내기 위한 수단으로 빈번히 활용되어 온 점을 감안하면 수사기관이 수용 중인 피의자에 대하여 피의자신문을 하고자 할 경우에도 위의 법리가 마땅히 적용되어야 한다. 따라서 피의자신문의 적법성이 인정되기 위해서는 수사관이 피의자에게 피의자신문 전이든 신문 도중이든 언제든지 신문을 거부할 수 있으며 피의자신문 시 진술거부권과 변호인의 조력을 받을 권리가 보장된다는 것 그리고 피의사실 및 조사내용에 대하여 미리 통지한 뒤에 신문에 대한 피의자의 동의를 구해야 한다.

우리나라 형사소송법은 수사기관이 피의자신문을 통해 작성된 피의자신문조서가 전문증거임에도 불구하고 적법한 절차와 방식에 의해 작성되고 피고인이나 변호인이 그 내용에 대하여 인정하면 피신조서의 증거능력을

인정하기 때문에 피의자가 신문에 응하는 임의성을 인정하기 위해서는 엄격한 점검이 필수적이다. 검경수사권조정 후에 마련된 검사와 사법경찰관의 상호협력과 일반적 수사준칙에 관한 규정 제19조(출석요구)는 피의자신문이 임의절차로서 갖는 특성을 반영하여 제2항에서 "검사 또는 사법경찰관은 피의자에게 출석요구를 하려는 경우 피의자와 조사의 일시·장소에 관하여 협의해야"하며 "이 경우 변호인이 있는 경우에는 변호인과도 협의해야"하고 제3항 본문에서 "검사 또는 사법경찰관은 피의자에게 출석요구를 하려는 경우 피의사실의 요지 등 출석요구의 취지를 구체적으로 적은 출석요구서를 발송해야 한다"고 규정하고 있다.

국가인권위원회의 대상결정은 수사기관의 진정인을 상대로 한 피의자신문에 대한 사전 미통지가 적법절차원칙에 위반되는 이유를 "진정인은 자신의 피의사실에 대해 인지하지 못하고 아무런 사전준비도 하지 못한 채 피의자신문에 응해야 한다. 이는 형사피의자에게 보장된 방어권을 충분히 행사할 수 없게 하는 것일 뿐만 아니라, 현재 구금시설에 수용 중이라는 이유로 수사기관으로부터 출석요구를 받는 일반 피의자에 비해 진정인을 합리적인 이유 없이 불리하게 대우하는 것"으로 들고 있으나 이러한 이유 제시는 충분하지 못한 것으로 보인다. 왜냐하면 수사기관이 수용 중인 피의자에게 피의자신문에 대하여 사전고지를 해야 하는 이유는 단순히 "장래에 신문조사를

진행할 테니 미리 알고 준비하고 있어라"를 통지하기 위해서가 아니라 신문절차의 실질적 임의성을 담보하기 위해서이고 신문의 결과물인 피신조서의 적법절차와 방식을 확실히 하기 위해서이기 때문이다. 따라서 통지의무도 구금의 원인이 된 피의사실이 아닌 별건에 대한 피의자신문을 하는 경우에만 발생하는 것이 아니라 구금의 원인이 된 해당사건에 대한 피의자신문을 하는 경우에도 발생한다. 통지절차는 피의사실과 신문일시만이 아니라 피의자신문에 불응할 수 있으며 피의자신문 시 진술거부권과 변호인의 조력을 받을 권리가 있음을 함께 알려주어야 하고 피의자가 신문에 응하겠다는 의사표시를 확인하는 것까지 포함한다.

인권위 결정은 구금의 원인이 된 해당 건에 대하여 피의자신문을 할 경우에는 "수사기관의 출석요구에 응하지 아니하거나 도주 또는 증거인멸의 우려가 있어 강제로 수사기관과 구금시설에 신병이 인치 또는 유치된 상황이고, 체포 또는 구속 당시 체포 또는 구속의 이유 및 형사절차상의 권리의 고지가 이미 이루어졌기 때문"에 피의사실과 조사일정에 대해 사전고지의무가 발생하지 않는다고 하였으나 이러한 논거는 타당하지 않다. 사전고지의무의 발생은 앞에서 언급한 피의자신문의 임의성 확보를 위한다는 측면과 더불어 해당 건에 대한 신문의 경우에도 조사일정을 미리 알려주지 않으면 헌법이 보장하는 변호인의 조력을 받을 권리를 실질적으로 보장받기 어려우

며 피의사실이 수사를 통하여 변경될 수 있으므로 체포구속 당시의 통지받았던 피의사실과 조사시점 당시의 피의사실이 다를 수 있기 때문이다.

인권위의 대상결정은 수용 중인 피의자에 대한 피의자신문절차의 적법성을 제고하기 위한 것임에 틀림없으나 조사절차에 대한 사전미고지의 문제점을 피의자신문절차의 실질적 임의성 확보에 두지 않고 피의자의 방어력 보완에 둠으로써 수용 중인 피의자에 대한 신문절차의 적법성을 개선하는데 절반의 역할에 그친 아쉬움이 있다.

[후속논의]
필자는 박근혜 전 대통령이 구속된 후 구치소에서 검사의 피의자신문을 응하지 않겠다고 한 뉴스가 보도된 후 주변 사람들이 "그럴 수도 있나?"라는 반응을 보여 이를 호기심을 가지고 살펴본 적이 있었다. 인신에 대한 강제처분과 신문에 대한 강제처분이 구분되지 않았기 때문에 구속된 사람이 피의자신문을 거부할 수 있다고 생각을 못한 것이다. 과거에는 한때 구금의 효력이 신문의 강제성까지 포함한다고 생각하던 시절이 있었다. 마치 군사독재시절에 임의동행이 형식적 임의성만 갖추면 영장이 없어도 문제가 없다고 생각했던 것과 비슷한 맥락이었던 것 같다. 적법절차원칙은 태생적으로 실질적 성격을 가지고 있다. 즉 임의성으로 절차의 적법성이 담보되려면 그 임의성이라는 게 대상자의 진심어린

동의여야 하는 것이고 그러기 위해서는 "당신은 이 절차에 불응할 수 있다"라는 것을 반드시 고지해주어야 한다. 피의자신문절차도 마찬가지이다. 이러한 피의자신문절차가 임의절차로서 갖는 본질적 속성을 대중적으로 알게 한 것이 어찌 보면 박근혜 전 대통령이 우리 사회에 남긴 중요한 기여가 아닌가 싶다. 우리 헌법 제12조 제2항은 진술거부권을 보장하고 있고 형사소송법 제244조의3 제1항은 검사와 사법경찰관에게 진술거부권 고지의무를 부과하고 있다. 그러나 피의자신문절차가 피의자의 동의에 의해 진행되는 임의절차이며 신문 도중이라도 언제든지 신문을 거부하여(진술의 거부가 아니라) 신문절차에서 이탈할 수 있음을 고지해야 할 의무가 법정화되어 있지는 않다. 향후 이에 대한 입법화 논의가 필요하다.

[참고문헌]
- 나영민 외, 피의자신문제도의 개선방안에 관한 연구, 한국형사정책연구원, 2006.
- 민주사회를 위한 변호사모임, 쫄지 마, 형사절차!: 수사편, 생각의길, 2015.

[김원규 변호사(이주민법률지원센터 모모)]

[06] 수형자와 헌법소원 사건의 국선대리인인 변호사의 접견내용을 녹음 · 기록한 행위의 위헌 여부

대상	접견교통권방해 등 위헌확인 (인용(위헌확인), 각하) 헌재 2013. 9. 26. 선고 2011헌마398 전원재판부 결정 (인용(위헌확인), 각하) **(2016법무사)**

[사실관계]

청구인은 2003. 12. 31. 대구고법에서 징역 8년을 선고받고 위 형이 확정된 후 교도소에서 수용 중에 헌법재판소에 교도소 내 두발규제에 대한 위헌확인을 구하는 헌법소원심판을 청구하였다. 2011. 2. 1. 변호사 김○○이 국선대리인으로 선정되었다. 변호사 김○○은 2011. 4. 20. 및 2011. 7. 19. 교도소에 접견신청을 하였다. 피청구인(교도소장)은 청구인과 변호사 김○○의 접견내용을 녹음, 기록하였다. 이에 청구인은 접견과정에서 변호사와의 접견내용을 녹음, 기록한 행위에 대한 위헌확인을 구하였다.

[결정요지]

수형자와 변호사와의 접견내용을 녹음, 녹화하게 되면 그로 인해 제3자인 교도소 측에 접견내용이 그대로 노출되므로 수형자와 변호사는 상담과정에서 상당히 위축될 수밖에 없고, 특히 소송의 상대방이 국가나 교도소 등의 구금시설로서 그 내용이 구금시설 등의 부당처우를 다투는 내용일 경우에 접견내용에 대한 녹음, 녹화는 실질적으로 당사자대등

의 원칙에 따른 무기평등을 무력화시킬 수 있다. 변호사는 다른 전문직에 비하여도 더욱 엄격한 직무의 공공성 등이 강조되고 있는 지위에 있으므로, 소송사건의 변호사가 접견을 통하여 수형자와 모의하는 등으로 법령에 저촉되는 행위를 하거나 이에 가담하는 등의 행위를 할 우려는 거의 없다. 또한, 접견의 내용이 소송준비를 위한 상담내용일 수밖에 없는 변호사와의 접견에 있어서 수형자의 교화나 건전한 사회복귀를 위해 접견내용을 녹음, 녹화할 필요성을 생각하는 것도 어렵다. 이 사건에 있어서 청구인과 헌법소원 사건의 국선대리인인 변호사의 접견내용에 대해서는 접견의 목적이나 접견의 상대방 등을 고려할 때 녹음, 기록이 허용되어서는 아니 될 것임에도, 이를 녹음, 기록한 행위는 청구인의 재판을 받을 권리를 침해한다.

[해설]

I. 수형자의 변호사 접견교통권 관련 법률

수형자는 '징역형, 금고형 또는 구류형의 선고를 받아 그 형이 확정된 사람과 벌금 또

는 과료를 완납하지 아니하여 노역장 유치명령을 받은 사람'을 말하며, 이는 형사피의자 또는 형사피고인으로서 체포되거나 구속영장의 집행을 받은 사람을 의미하는 미결수용자와는 구별된다. 수용자란 수형자, 미결수용자, 사형확정자, 그밖에 법률과 적법한 절차에 따라 교도소, 구치소 및 그 지소에 수용된 사람 전부를 의미한다(형집행법 제2조).

1950년 제정되어 시행된 행형법(법률 제105호)은 제17조에서 수형자의 타인에 대한 접견권을 규정한 것 이외에 별도의 변호사 접견교통에 관한 사항을 규정하고 있지 않았다. 일반적인 접견에 대해서는 접견 허가제(제정 행형법에서는 사유에 의한 접견 제한을 규정하였다가 1962년 개정 행형법에서부터는 접견 허가제를 명시함), 교도관의 필요적 참여 및 검열을 규정하였다(행형법 제17조, 이후 제18조로 변경됨). 당시 행형법은 미결수용자에 대해서도 변호인 접견교통권을 규정하지 않은 채 수형자에 대한 규정을 준용하고 있었는데, 헌법재판소는 위와 같은 미결수용자의 준용 규정에 대하여 '미결수용자의 변호인의 조력을 받을 권리'를 침해한 것으로서 위헌이라는 취지의 판시를 반복하여 하였다(헌재 1992. 1. 28. 선고 91헌마111 전원재판부 결정, 헌재 1995. 7. 21. 선고 92헌마144 전원재판부 결정 등). 1995년 개정된 행형법(법률 제4936호)에서는 제66조로 미결수용자의 변호인 접견에 관한 규정을 신설(교도관이 참여하거나 그 내용을 청취 또는 녹취하지 못하되 보이는 거리에서 수용자를 감시할 수 있다는 내용)

하였고, 1999년 개정 행형법(법률 제6038호)에서는 미결수용자와 변호인 사이의 서신에 관한 검열 금지가 규정되었다. 그러나 수형자의 변호사 접견교통과 관련해서는 여전히 별도의 규정을 마련하지 않았다. 따라서 수형자가 소송을 진행하기 위하여 변호사를 선임하였을 때 진행되는 변호사와의 접견교통은 행형법상 일반적으로 인정되는 타인과의 접견교통의 일부로 취급되었다. 1995년 개정 행형법상 수형자의 일반 접견은 허가제로 운영되었고, 교도관의 필요적 접견 참여 및 검열이 규정되어 있었다. 이후 1999년 개정 행형법에서는 교도관의 접견 참여를 재량 사항으로 변경하였다. 수형자의 변호사 접견은 일반 접견권의 하나로 취급되었으므로 횟수·장소 제한, 서신 검열, 접견 불허 등이 유지되었다. 2007년 행형법이 형집행법(법률 제8728호)으로 전면 개정되면서 수형자의 일반 접견권에 대해서도 변화가 생겼다. 형집행법(제8728호) 제41조에서 접견 허가제를 폐지하였고, 교도관의 접견내용 청취, 기록, 녹음 또는 녹화가 가능한 구체적 사유를 설시하였다. 다만, 여전히 수형자와 변호사간 접견에 관하여 별도로 규정하지는 않았고, 수형자의 변호사 접견은 일반 접견의 하나로서 취급되었다. 변호사와의 접견 횟수 및 접견 시간은 일반 접견에 포함하여 제한되었고, 변호인 접견실이 아닌 접촉차단시설이 설치된 일반접견실에서 진행되었으며, 교도관에 의한 접견내용 녹음 및 기록이 이루어지기도 했다. 여기에서의 수형자의 변호사 접견은 수형자가 별개의 형사사건으로 수사나 재판을 받는 경우 피의자로서 변호인과 접견하는 것과는 구별된다(구 형집행법 제88조).

II. 변호인의 조력을 받을 권리 침해 여부

1. 헌법재판소의 태도

헌법재판소는 헌법 제12조 제4항이 보장하고 있는 신체구속을 당한 사람의 변호인의 조력을 받을 권리를 무죄추정을 받고 있는 피의자·피고인에 대하여 신체구속의 상황에서 생기는 여러 가지 폐해를 제거하고 구속이 그 목적의 한도를 초과하여 이용되거나 작용하지 않게끔 보장하기 위한 것이라고 해석한다. 따라서 변호인의 조력을 받을 권리에서의 변호인이란 수사에서부터 형 확정시까지의 좁은 의미의 형사사건에서의 변호인을 의미하고, 변호인의 조력을 받을 권리의 주체는 피의자 또는 피고인이라고 본다. 위와 같은 해석 아래에서는 형사절차가 종료되어 교정시설에 수용 중인 수형자는 미결수용자와 달리 원칙적으로 변호인의 조력을 받을 권리의 주체가 될 수 없다. 대상판례의 사안은 수형자가 교도소 내 두발규제에 대한 헌법소원 사건에서 선임된 국선대리인 변호사와 접견교통을 할 때 받은 제한의 위헌성을 묻는 내용이다. 헌법재판소는 위 사안이 형사사건의 변호인과의 접견교통에 관한 것이 아니므로 청구인의 변호인의 조력을 받을 권리가 제한 내지

침해되지 않았다고 판단했다.

2. 대법원 판례와 학설 소개

대법원은 형사소송법 제34조의 변호인 접견교통권에 관한 규정은 형이 확정되어 집행 중에 있는 수형자에게 적용되지 않는다는 취지로 판시하였다(대법 1998. 4. 28. 선고 96다48831 판결). 학계 다수설의 입장도 이와 같다.

이와 달리 헌법 제12조 제4항의 '체포 또는 구속'을 '구금시설에 수용되는 모든 경우'로 넓게 해석하여 수형자가 형사사건 이외의 사건에서 변호사를 선임한 경우에도 변호인의 조력을 받을 권리를 적용해야 한다는 의견이 유력하게 제기되고 있다(한영수, 이승호, 김종철 등). 자유권규약, 넬슨만델라규칙, 유엔 피구금자보호원칙, 변호사의 역할에 관한 기본 원칙 등 국제인권법을 근거로 변호인의 조력을 받을 권리를 모든 형태의 피구금자가 갖는 변호사로부터 조력을 받을 권리로 해석하여야 한다고 주장하는 견해도 있다(박찬운).

III. 재판을 받을 권리 침해 여부

1. 헌법재판소의 태도

헌법재판소는 수형자를 '변호인의 조력을 받을 권리'의 주체로 인정하지 않았지만(형사사건 변호인과의 접견교통은 예외), 수형자의 헌법소원사건, 민사사건, 행정사건 등에 있어서의 변호사와의 접견교통권을 헌법상 '재판을

받을 권리'의 한 내용 또는 그로부터 파생되는 권리로 인정하였다. 수형자는 신체활동의 자유, 거주이전의 자유, 통신의 자유 등 구금의 목적과 관련된 기본권을 제한받게 되나 그 제한은 형벌의 집행을 위하여 필요한 한도를 초과할 수 없고, 재판을 받을 권리와 같이 구금의 목적과 관련되지 않은 기본권의 경우에는 수형자의 교화, 갱생을 도모하는 것과 구금시설 내부의 규율질서를 유지하여야 한다는 두 가지 목적을 위하여 필요한 경우에 합리적 범위 내에서 제한을 가하는 것만이 허용된다고 판시하였다.

헌법재판소는 위와 같은 전제 아래 형집행기관이 수형자와 변호사간 접견 내용을 녹음, 기록하는 행위가 수형자의 재판을 받을 권리를 침해하는지 여부를 검토하였다. 헌법재판소는, 수형자의 접견내용 녹음, 기록 자체는 구 형집행법(법률 제8728호) 제41조 제2항에 근거한 것으로서 수형자의 신체적 구속 확보 및 교화, 교도소 내 수용질서 및 규율 유지를 위한 행위로 보아 목적의 정당성 및 수단의 적절성을 인정하였다. 그러나 접견내용 녹음, 기록 중 변호사와의 접견 내용 녹음, 기록은 앞서 본 결정요지와 같이 수형자의 재판을 받을 권리를 침해한다고 판단하였다.

2. 학설 소개

대체로 수형자의 재판받을 권리의 실질적 보장이라는 점에서 헌법재판소의 해석을 긍정한다. 다만, 수형자의 변호사 접견권의 보장 정도는 변호사 접견의 계기가 되는 사건의 성격을 고려하여 달리 보아야 한다는 의견이 있다(조성용). 이에 따르면, 형의 집행은 행정작용인 동시에 형사절차의 성격도 갖고 있으므로 형의 집행과 관련 있는 사건(대상판례 사건이 여기에 해당한다)에서의 변호사 접견교통권은 형사사건에서의 변호인의 조력을 받을 권리에 준하여 강하게 보장하여야 하지만, 형의 집행과 관련 없는 사건에서의 변호사 접견교통권은 집행기관의 관점에서 보다 폭넓게 제한할 수 있다고 본다.

IV. 평가 및 의의

대상판례는 수형자와 헌법소원 사건의 국선대리인으로 선임된 변호사간의 접견내용 녹음 및 기록 행위에 대해 위헌확인 결정을 내린 사안이다. 기존 헌법재판소는 미결수용자와는 달리 수형자의 변호사 접견교통권에 대하여는 헌법상 변호인의 조력을 받을 권리 침해가 아니라는 이유로 엄격한 제한을 긍정하고 권리구제에 소극적이었는데, 대상판례에서는 기존 태도에서 벗어나 이를 헌법상 재판을 받을 권리의 내용으로 인정하고, 기본권 제한에 대한 비례심사를 하였다. 이로써 수형자의 변호사 접견교통권의 인정 범위를 넓혀 나갈 기초를 세웠다. 헌법은 기본권을 최대한 보장하는 방향으로 해석되어야 하고, 국제법 존중 원칙과 국제인권조약의 법률적 효력에 비추어 국제인권규범에 합치되는 방향으로 해석되어야 한다. 자유권규약 제14조 제1항은 공정한 재판을 받을 권리를 규정하고 있고, 유엔 자유권규약위원회는 위 권리가 형사사건에 국한되지 않는다고 확인한 바 있다. 이러한 관점에서, 형사사건 이외의 사건에서의 수형자의 변호사 접견교통권을 재판받을 권리에 포섭하여 기본권으로 인정하고, 엄격한 비례원칙 심사를 통해 변호사 접견교통권의 보장 범위를 넓혀가는 헌법재판소의 태도에 동의한다. 한편, 공정한 재판을 받기 위해서는 무기대등의 원칙이 구현되어야 하고, 무기대등의 원칙을 구현하기 위해서는 변호사로부터 충분한 조력을 받는 것이 중요하다는 점에 비추어 볼 때, 변호사로부터 충분한 조력을 받을 권리는 공정한 재판을 받을 권리의 핵심 내용이 될 것인데, 이 경우 변호사 접견교통권의 내용과 헌법 제12조 제4항의 변호인의 조력을 받을 권리의 내용 사이에 과연 어떠한 차이가 발생한다는 것인지 의문이 든다. 나아가 국제인권법은 수형자를 포함한 모든 형태의 피구금자에게 변호사 접견교통권을 인정하는 쪽으로 발전적 해석을 하고 있다. 이러한 점을 고려할 때, 변호인의 조력을 받을 권리를 확정 전 형사사건에서만 적용되는 권리로 한정하는 헌법재판소 및 대법원의 해석은 변경될 필요가 있다고 본다.

[후속논의]

수용자의 접견내용의 청취, 기록, 녹음, 녹화를 규정한 형집행법 시행령 제62조가 2016. 6. 28. 대통령령 제27262호로 개정되어 수용자가 소송사건의 대리인인 변호사와 접견할 경우에는 교도관이 접견내용 청취 및 기록을 위해 참여할 수 없게 되었다. 다만, 이 사건 헌법재판소의 결정에도 불구하고 구 형집행법(법률 제8728호) 제41조 제2항(범죄 증거 인멸 등 특정 사유가 있을 때 교도관이 수용자의 접견내용을 청취, 기록, 녹음, 녹화할 수 있다는 내용)의 내용은 현행 형집행법 제41조 제4항에 그대로 남아있고, 앞서 언급한 형집행법 시행령 제62조는 수용자가 소송사건 대리인인 변호사와 접견할 경우 교도관의 접견내용 청취 및 기록만을 금지하고 있어 수용자의 변호사 접견시 접견내용 녹음, 녹화가 금지되는 것인지 명확하지 않다. 따라서 수용자가 소송사건 대리인인 변호사를 접견할 때에는 형집행기관이 접견내용을 청취, 기록, 녹음, 녹화할 수 없다는 점을 형집행법에 명확히 규정하는 내용으로 법을 개정할 필요가 있다.

[참고문헌]

- 한영수, 행형과 형사사법, 세창출판사, 2000.
- 이승호, 수형자와 변호인의 접견교통, 일감법학 제15호, 건국대학교 법학연구소, 2009.
- 김종철, 헌법과 국선변호−국선변호 확대방안의 헌법적 정당성과 그 효율화 방안을 중심으로−, 법조 제59권 제6호, 법조협회, 2010.
- 박찬운, 수형자의 변호사 접견교통권−헌재 결정의 국제인권법적 검토−, 법학논총 제31권 제2호, 한양대학교 법학연구소, 2014.
- 조성용, 수형자와 변호사 간의 접견내용 녹취행위 −헌법재판소 결정(2011헌마398)에 대한 평석−, 법조 제64권 제5호, 법조협회, 2015.

[류영재 판사(의정부지방법원 남양주지원)]

[07] 접견시 교도관 참여 및 접견내용 청취·기록·녹음·녹화 행위의 위법 여부

대상	손해배상 (원고일부승) [1심] 서울중앙지법 2014. 7. 16. 선고 2013가단81758 판결 (원고일부승) [2심] 서울중앙지법 2015. 6. 30. 선고 2014나61486 판결 (원고일부승) [3심] 대법 2015. 11. 12.자 2015다227826 판결 (심리불속행기각)
참조1	행정처분취소 (원고승) [1심] 대전지법 2013. 2. 6. 선고 2012구합2025 판결 (원고승) [2심] 대전고법 2013. 9. 5. 선고 2013누527 판결 (항소기각) [3심] 대법 2014. 2. 13. 선고 2013두20899 판결 (상고기각)
참조2	접견제한처분에대한취소 (원고승) [1심] 대구지법 2017. 1. 10. 선고 2016구합1822 판결 (원고패) [2심] 대구고법 2017. 9. 22. 선고 2017누4575 판결 (원고승) [3심] 대법 2018. 1. 11.자 2017두63740 판결 (심리불속행기각)

[사실관계]

원고는 특정경제범죄 가중처벌 등에 관한 법률위반(횡령)죄, 공적선거법위반죄, 위조사문서행사죄로 징역형이 확정되어 2009. 7. 24.부터 2011. 7. 14.까지 서울남부교도소, 그 후에는 천안교도소에 수감되어 있었다. 서울남부교도소장은 "이 사람은 C 관련 주가조작 및 공금횡령혐의로 구속 수감된 후, 2007. 12.경 실시된 제17대 대통령선거에서 D 대통령 후보를 낙선시키고 자신의 재판을 유리한 목적으로 이끌어 가기 위해 C가 D후보의 소유라고 주장하며 허위사실을 공표하여 언론에 보도되는 등 관심이 집중된 자로, 접견시 잘못된 내용이 외부에 유출되어 교정행정에 대한 신뢰가 실추될 우려가 있어 이를 미연에 방지하고자 무인접견시 교도관의 참여가 필요하다고 판단되는 자"라고 보고하면서 '수용관리업무지침' 제142조 제1항 제4호 및 제2항에 따라 무인접견시 교도관이 참여하고 녹음·녹화를 실시하겠다는 취지의 담당 교도관의 의견 개진에 따라, 2010. 3. 10.부터 2011. 7. 14.까지 원고를 교도관 접견참여 대상자로 지정함으로써 원고가 제3자와 접견하는 경우에 교도관을 참여시키고 접견내용을 청취·기록·녹음·녹화하는 한편, 원고를 서신검열대상자로 지정하여 다른 사람과 주고받는 서신을 검열하였다.

원고는 휴업일과 야간은 물론 주간에도 독거수용되었고, 서울남부교도소 수감 기간 동안 작업을 하지 않는 미취업 수형자였다.

피고는 이 사건 소에 있어 답변서를 작성·제출하면서 원고의 접견표를 서증으로 제출하였는데, 위 각 접견표에는 원고가 변호사가 나눈 대화, 처와의 이혼 문제를 비롯하여 눈 건강 문제 등 사적인 내용 등이 포함되어 있고, 위 접견표 내용 중 원고의 프라이버시에 해당할 만한 부분을 가리는 등의 조치는 이루어지지 않았다.

[판결요지]

I. 접견제한조치에 관하여

[1] 서울남부교도소장은 "접견시 잘못된 내용이 외부에 유출되어 교정행정에 대한 신뢰가 실추될 우려가 있다"는 이유로 원고를 교도관 접견참여 대상자로 지정하였는데, 이는 구 형집행법 제41조 제2항(현행 형집행법 제41조 제4항과 같은 내용으로, 이하 "구 형집행법 제41조 제2항"으로만 지칭한다)이 수용자의 접견시에 교도관이 참여하고 그 접견내용의 녹음·녹화를 허용하고 있는 예외사유 어디에도 해당하지 않는다. 또한 서울남부교도소장은 원고에 대하여 상시적·일반적으로 교도관으로 하여금 접견에 참여하게 하고 그 접견내용을 청취·기록·녹음·녹화하였는바 이는 형집행법령에서 예정하고 있는 범위를 넘어서 수용자인 원고에 대하여 접견의 자유를 과도하게 제약하는 조치이다. 따라서 피고가 원고에게 2010. 3. 10.자 접견부터 2011. 7. 11.자 접견까지 교도관으로 하여금 참여하게 하고 접견

내용을 녹음·녹화한 각 행위는 형집행법 제41조 제1항에 위배되어 부적법하다.

[2] 서울남부교도소장은 원고가 2009. 7. 29.부터 2010. 3. 10.까지 석연치 않은 사유로 서울중앙지방검찰청을 방문하여 가족 등을 면담하고 2009. 9.경 야당 정치인을 접견하거나 2010. 2.경 주한미국대사관 부영사를 접견한 점 등을 들어 구 형집행법 제41조 제2항 제1호 내지 3호 소정의 예외사유가 존재한다고 주장하나, 위와 같은 사정만으로 접견제한 조치를 취할 수 있는 예외적인 경우에 해당한다고 보기 어렵다.

[3] 접견제한조치로 인한 손해배상채권의 변제기는 불법행위일인 각 접견일이고, 위 각 접견일마다 교도관이 참여하여 원고로서는 교도관의 참여라는 접견제한 상황을 각 접견일마다 알았다고 봄이 상당하므로, 위 각 손해배상채권의 소멸시효는 위 각 접견일부터 각각 진행된다.

II. 서신검열에 관하여

[1] 서울남부교도소장이 2009. 8. 4. 원고를 서신검열대상자로 지정하고 그때부터 원고가 천안교도소로 이감될 때까지 원고의 서신을 모두 검열한 것은 형집행법 제43조 제1항, 제4항 본문에 위배되어 부적법하다.

[2] 법무부예규인 '수용관리 업무지침' 제31조 제8항(공안사범이 주고받는 서신은 교정정보시스템에 수·발신자 등을 상세히 등록하고 형집행법

제43조 제4항 단서에 해당하는 경우 검열하여야 한다)은 서신검열제한의 근거법령이 될 수 없고 위 업무지침에서도 공안사범이라고 하여 당연히 서신을 검열하는 것이 아니라 형집행법 제43조 제4항 단서의 요건을 갖춘 경우에 한하여 서신을 검열할 수 있다고 규정할 수 있을 뿐이므로, 공안관련사범이라는 사정만으로 형집행법 제43조 제4항 제3호에서 정한 사유에 해당한다고 볼 수 없다.

III. 독거수용에 관하여

형집행법 제14조, 그 시행령 제5조에 의하면 수용자는 형집행법 제14조 단서 제1, 2, 3호에서 정한 예외적 혼거수용 사유에 해당하지 않는 한 원칙적으로 독거수용하며, 여기서 독거수용은 처우상 독거수용(주간에는 교육·작업 등의 처우를 위하여 일과에 따른 공동생활을 하게 하고 휴업일과 야간에만 독거수용하는 것)과 계호상 독거수용(사람의 생명·신체의 보호 또는 교정시설의 안전과 질서유지를 위하여 항상 독거수용하고 다른 수용자와의 접촉을 금지하는 것. 다만 수사·재판·실외운동·목욕·접견·진료 등을 위하여 필요한 경우에는 그러하지 아니함)으로 구분된다. 원고는 미취업 수형자였으므로, 원고가 휴업일과 야간은 물론 주간에도 독거수용되었다는 사정만으로 피고가 원고를 상대로 처우상 독거수용이 아니라 계호상 독거수용을 하였다거나 원고로 하여금 독거수용하게 하는 행위 자체가 위법하다는 점을 인정하기 부족하

고, 달리 이를 인정할 증거가 없다.

IV. 접견기록물 누설에 관하여

형집행법 시행령 제62조 제3 내지 5항의 취지에 비추어 보면 피고는 원고의 접견기록물을 필요·최소한의 범위에서 제출하였어야 하나, 피고가 원고가 변호사와 나눈 대화, 처와의 이혼, 눈 건강 문제 등 사적인 내용이 포함되어 있는 접견표를 여과 없이 일체를 복사하여 그대로 제출한 것은 위 형집행법령에 위배되어 부적법하다.

[해설]

수용자는 교정시설 외부에 있는 사람과 접견할 수 있으나, 예외적으로 형사 법령에 저촉되는 행위를 할 우려가 있는 때, 형사소송법이나 그 밖의 법률에 따른 접견금지의 결정이 있는 때, 수형자의 교화 또는 건전한 사회복귀를 해칠 우려가 있는 때, 시설의 안전 또는 질서를 해칠 우려가 있는 때 중 어느 하나에 해당하는 사유가 있으면 그러하지 아니하다(형집행법 제41조 제1항). 소장은 범죄의 증거를 인멸하거나 형사 법령에 저촉되는 행위를 할 우려가 있는 때, 수형자의 교화 또는 건전한 사회복귀를 위하여 필요한 때, 시설의 안전과 질서유지를 위하여 필요한 때 중 어느 하나에 해당하는 사유가 있으면 교도관으로 하여금 수용자의 접견내용을 청취·기록·녹음 또는 녹화하게 할 수 있다(형집행법 제41조

제4항).

대상판례는 교도소장이 수용자를 교도관 접견 참여 및 접견 내용 청취·기록·녹음·녹화 대상자(이하 "접견제한 대상자")로 지정하여 장기간 일반적이고 포괄적인 접견제한조치를 취한 것의 위법 여부에 대한 판단기준을 제시하였다는 점에서 의미가 있다. 어떠한 판단기준을 제시한 것인지에 관하여 관련 판례들을 함께 살펴본 후 종합적으로 살펴보고자 한다.

대상판례의 원고가 천안교도소로 이감된 후 천안교도소장 또한 원고를 접견제한 대상자로 지정하여 위 원고는 위 접견제한 대상자 지정 처분 취소를 구하는 소 또한 제기하였는데, 위 사건에서 대전지법 2013. 2. 6. 선고 2012구합2025 판결, 대전고법 2013. 9. 5. 선고 2013누527 판결은 ① 피고가 원고를 접견제한 조치 수용자로 지정함으로써 원고의 접견시마다 사생활의 비밀 등 권리에 제한을 가하는 교도관의 참여, 접견내용의 청취·기록·녹음·녹화가 이루어졌으므로 이는 피고가 우월적인 지위에서 수형자인 원고에게 일방적으로 강제하는 성격을 가진 공권력적 사실행위의 성격을 갖고 있는 점, ② 위 지정행위는 그 효과가 일회적인 것이 아니라 이 사건 제1심 판결이 선고된 이후인 2013. 2. 13.까지 오랜 기간 동안 지속되어 왔으며, 원고로 하여금 이를 수인할 것을 강제하는 성격도 아울러 가지고 있는 점, ③ 위와 같이 계속성을 갖는 공권력적 사실행위를 취소할 경우 장래에 이루어질지도 모르는 기본권의 침해로부터 수형자들의 기본적 권리를 구제할 실익이 있는 것으로 보이는 점 등을 종합하면 위와 같은 지정행위는 수형자의 구체적 권리의무에 직접적 변동을 초래하는 행정청의 공법상 행위로서 항고소송의 대상이 되는 '처분'에 해당한다고 판시하고, 소송계속 중 피고가 원고를 접견내용 녹음·녹화 및 접견시 교도관 참여 대상자에서 해제하였다고 하더라도, 피고가 앞으로도 원고에게 위와 같은 포괄적 접견제한처분을 할 염려가 있는 것으로 예상되므로 법률상 이익이 있다고 보았으며, 형집행법 및 그 시행령은 소장이 특정 수용자를 장기간에 걸쳐 일반적이고도 포괄적인 접견제한 조치의 대상자로 지정함으로써 그 수용자의 접견시에는 언제든지 교도관으로 하여금 접견 참여 및 접견내용을 청취·기록·녹음·녹화할 수 있도록 허용하는 근거 규정을 두고 있지 아니한 바, 원고를 접견제한 대상자로 지정하고 상시적·일반적으로 교도관으로 하여금 접견에 참여하게 하고 그 접견내용을 청취·기록·녹음·녹화한 것은 원고에 대하여 접견의 자유를 과도하게 제약하는 조치이고 법률상 근거도 없으며, 과거에 기자가 원고를 접견한 뒤 원고의 육성을 뉴스에 공개한 사정만으로는 구 형집행법 제41조 제2항 제3호 소정의 '시설의 안전과 질서유지를 위하여 필요한 때'에 해당한다고 볼 수 없다고 판단하였다. 상고심인 대법 2014. 2. 13. 선고 2013두20899 판결은 처분성과 소의 이익에 관하여는 원심 판결이 타당하다고 보았고, 본안 판단에 관하여는 피고가 이 사건 처분을 함에 있어 형집행법 제41조 각 호의 사정이 있었다는 점이 인정되지 않기 때문에 위법한 처분이라고 판단하면서, 원심의 이 부분 이유 설시에는 다소 부적절한 점은 있으나, 결론은 정당하다고 보아 상고를 기각하였다(문맥상 대법원은 이 사건 처분이 법률상 근거가 없는 것이라는 취지의 원심 판결에 대하여 다소 부적절한 판단이라고 지적한 것으로 보인다).

한편, 대구지법 2017. 1. 10. 선고 2016구합1822 판결은 조직폭력수용자에 대한 접견제한 대상자 지정 처분 취소를 구한 사건에서 원고인 위 수용자가 동료 수감자로 하여금 교도관으로부터 폭행을 당하였다는 내용의 허위 고소장을 작성하여 검찰청에 제출하도록 교사한 점, 교도소 사동 근무자의 손등을 물어 상해를 가한 점, 사동 교대근무자의 지시를 위반하여 거실로 들어가려 하다가 사동근무자에게 항의하는 과정에서 소란을 일으킨 점, 원고가 형집행법 제104조, 같은 법 시행규칙 제194조에 따른 엄중관리대상자에 해당하는 점 등을 들어 구 형집행법 제41조 제2항 제1호 내지 제3호에 따라 접견제한 대상자 지정 처분을 한 것이 적법하다고 판단하였으나, 항소심인 대구고법 2017. 9. 22. 선고 2017누4575 판결은 형집행법 제41조 제2항 각 호는 예외적인 접견제한조치의 허용요건에 관하여 '…우려가 있는 때' 또는 '…위하여 필요한 때'라고 한시적으로 규정하고 있는 점 등을 고려할 때 그 허용요건의 해당 여부는 원칙적

으로 각 접견시마다 접견상대방 등을 고려하여 구체적으로 판단되어야 하고, 그러한 '우려가 있거나 필요한 때'가 어느 정도 지속될 것으로 예상되는 경우라도 일정한 시기마다 그 상태의 지속 여부는 다시 판단되어야 할 것인 점, 형집행법과 그 시행령 어디에도 교도소장이 특정 수용자를 기간 등의 제한 없이 일반적이고도 포괄적인 접견제한처분 대상자로 지정함으로써 그 수용자의 접견시에는 언제든지 접견제한처분이 가능하도록 허용하는 근거 규정은 없다는 점에서 원고에 대한 접견제한 대상자 지정 처분은 법률유보의 원칙을 위배하여 위법하다고 판단하였다. 나아가 원고가 교도소 내에서 여러 번 교도관 폭행, 모욕 등 범법행위를 하였더라도 이는 수형자의 접견과 무관한 교도소 내의 범법행위로서 일반적이고도 포괄적인 접견제한처분의 허용요건으로 인정하기 부족하다고 판단하여, 해당 수용자의 접견을 제한하여야 하는 실질적인 사유가 있어야만 형집행법 제41조 제4항 각 호의 예외를 인정할 수 있다고 판시하였다.

위와 같은 관련 판례들을 종합하여 볼 때, 형집행법 제41조 제4항 각 호에 규정된 예외적으로 접견내용을 청취 · 기록 · 녹음 · 녹화가 가능한 사유(1. 범죄의 증거를 인멸하거나 형사법령에 저촉되는 행위를 할 우려가 있는 때, 2. 수형자의 교화 또는 건전한 사회복귀를 위하여 필요한 때, 3. 시설의 안전과 질서유지를 위하여 필요한 때)는 문언상 다소 포괄적인 요건들로 규정되어 있으나, 판례는 기본적으로 위 예외사유가

존재하는지 여부를 엄격하게 해석할 뿐 아니라, 실질적으로 접견을 제한하여야 할 만한 관련성 내지 구체적 타당성이 있는지 여부를 따져야 한다는 입장으로 보인다. 접견제한 대상자 지정행위를 한 교정당국은 수용자의 규율 위반 행위나 부적절한 행위 일체를 근거로 형집행법 제41조 제4항의 예외 사유가 있었다고 주장하는 경우가 많은데, 접견을 제한하여야 할 만한 직접적 관련성이 있는 사정이어야만 형집행법 제41조 제4항 각 호의 예외 사유로 인정될 수 있을 것으로 보인다. 소장은 수용자가 형사법령에 저촉되는 행위를 하거나 시설의 안전과 질서유지를 위하여 법무부령으로 정하는 규율을 위반하는 등의 행위를 한 수용자에 대하여 징벌을 부과(형집행법 제107조 제1호, 제6호)하는 등 여러 방법으로 수용자의 교화 또는 건전한 사회복귀, 시설의 안전과 질서유지를 도모할 수 있는바, 만약 위와 같은 규율 위반 행위가 있었다는 사정만으로 접견을 제한하게 되면 수용자는 결국 하나의 행위로 이중의 처벌을 받는 결과를 초래할 수도 있으므로, 위와 같은 판례의 태도는 타당해 보인다.

대상판례의 사안과 같이 소장이 수용자에게 접견제한 대상자 지정처분을 하여 해당 수용자의 접견이 포괄적으로 제한되도록 하는 경우, 위와 같은 처분이 그 자체로 법률유보원칙에 위배되는지 여부에 관하여는 앞서 살펴본 하급심 판례들과 대법원의 입장에 다소간의 차이가 있어 보인다. 그런데 수용자는 교정시설의 외부에 있는 사람과 접견할 수 있는 것이 원칙이고(형집행법 제41조 제1항) 다만 예외적으로 특별한 사정이 있는 경우에만 접견을 제한할 수 있는바, 접견을 제한할 수 있는 예외사유에 해당하는지 여부는 원칙적으로 각 접견시마다 접견상대방 등을 고려하여 구체적으로 판단되어야 할 것이고, 형집행법 제41조 제4항은 그러한 전제에서 각 예외사유를 규정한 것으로 보인다. 따라서 특정 수용자에 대하여 일반적·포괄적으로 접견제한 조치를 하는 것은 형집행법령에 근거가 없으므로 법률유보원칙에 위반되는 것이라고 판단하는 것이 타당해 보인다.

[오현정 변호사(법무법인(유한) 대륙아주)]

수형자와 소송대리인인 변호사의 접견을 일반 접견에 포함시켜 시간과 횟수를 제한한 형집행법 시행령 조항의 위헌 여부

대상	변호인접견불허 위헌확인 (헌법불합치) 헌재 2015. 11. 26. 선고 2012헌마858 전원재판부 결정 (헌법불합치) **(2016국회8급)**
참조1	형의 집행 및 수용자의 처우에 관한 법률 제41조 등 위헌확인 (헌법불합치, 각하) 헌재 2013. 8. 29. 선고 2011헌마122 전원재판부 결정 (헌법불합치, 각하) **(2009법원직 / 2011 국가7급 / 2014국회8급)**
참조2	접견교통권방해 등 위헌확인 (인용(위헌확인), 각하) 헌재 2013. 9. 26. 선고 2011헌마398 전원재판부 결정 (인용(위헌확인), 각하) **(2016법무사)**
참조3	형의 집행 및 수용자의 처우에 관한 법률 시행규칙 제29조의2 제1항 제2호 위헌확인 (위헌) 헌재 2021. 10. 28. 선고 2018헌마60 전원재판부 결정 (위헌) **(2022국회8급 · 행시5급)**

[사실관계]

청구인은 2012. 9. 27. 사기미수죄로 징역 1년 형이 확정되어 ○○구치소에 수용되어 있던 사람으로서, 2010. 10. 1. 오○○을 상대로 대여금 지급을 구하는 민사소송을 제기하였으나 패소하자 2012. 5. 11. 항소하였는데, 청구인의 소송대리인인 변호사 박○○이 위 항소심 사건의 상담을 위해서는 일반 접견만으로 충분하지 않다고 생각하여, 항소심 계속 중이던 2012. 10. 16. ○○구치소 변호인 접견실에 접견 신청을 하였으나, 민사소송사건의 대리인인 변호사는 변호인에 해당하지 않는다는 이유로 불허되었다. 이에 청구인은 소송대리인인 변호사와의 접견을 시간은 일반 접견과 동일하게 회당 30분 이내로, 횟수는 다른 일반 접견과 합하여 월 4회로 제한하는 것은 위헌이라고 주장하면서 2012. 10. 23. 이 사건 헌법소원심판을 청구하였다.

[결정요지]

[1] 수형자의 접견 시간 및 횟수를 제한하는 것은 교정시설 내의 수용질서 및 규율을 유지하기 위한 것으로서 목적의 정당성이 인정되고, 소송대리인인 변호사와의 접견을 일반 접견에 포함시켜 그 시간 및 횟수를 제한하는 것은 이러한 입법목적의 달성에 기여하므로 수단의 적절성 또한 인정된다.

[2] 수형자와 소송대리인인 변호사가 접견 이외에 서신, 전화통화를 통해 소송준비를 하는 것이 가능하다고 하더라도, 서신, 전화통화는 검열, 청취 등을 통해 그 내용이 교정시설 측에 노출되어 상담과정에서 위축되거나 공정한 재판을 받을 권리가 훼손될 가능성이 있으며, 서신은 접견에 비해 의견교환이 효율

적이지 않고 전화통화는 시간이 원칙적으로 3분으로 제한되어 있어 소송준비의 주된 수단으로 사용하기에는 한계가 있다. 따라서 수형자의 재판청구권을 실효적으로 보장하기 위해서는 소송대리인인 변호사와의 접견 시간 및 횟수를 적절하게 보장하는 것이 필수적이다.

[3] 변호사 접견 시 접견 시간의 최소한을 정하지 않으면 접견실 사정 등 현실적 문제로 실제 접견 시간이 줄어들 가능성이 있고, 변호사와의 접견 횟수와 가족 등과의 접견 횟수를 합산함으로 인하여 수형자가 필요한 시기에 변호사의 조력을 받지 못할 가능성도 높아진다. 접견의 최소시간을 보장하되 이를 보장하기 어려운 특별한 사정이 있는 경우에는 예외적으로 일정한 범위 내에서 이를 단축할 수 있도록 하고, 횟수 또한 별도로 정하면서 이를 적절히 제한한다면, 교정시설 내의 수용질서 및 규율의 유지를 도모하면서도 수형자의 재판청구권을 실효적으로 보장할 수 있을 것이다.

[4] 심판대상조항들은 법률전문가인 변호사와의 소송상담의 특수성을 고려하지 않고 소송대리인인 변호사와의 접견을 그 성격이 전혀 다른 일반 접견에 포함시켜 접견 시간 및 횟수를 제한함으로써 청구인의 재판청구권을 침해한다.

[해설]

수형자가 변호사를 접견해야 하는 경우는 여러 가지 사유가 있을 수 있다. 수형자도 교정시설 내에 있으면서 민사사건이나 행정사건 혹은 가사사건의 당사자가 된 경우 변호사를 선임할 수 있다. 수형자가 교정시설 내에서 부당한 대우를 받아 이에 대해 헌법소원을 제기할 때도 변호사를 선임할 수 있다. 그뿐만 아니라 수형자가 교정시설 내에서 징계를 받게 될 경우 그 징계절차에서 변호사의 도움을 받을 수도 있다. 이들 경우에서 변호사는 의뢰인인 수형자를 접견함에 있어 형사절차의 변호인 접견과 유사하게 충분한 시간과 편의가 제공되는 가운데서 접견을 할 필요가 있다.

미결수용자의 변호인 접견교통은 무죄추정의 원칙상 유죄로 확정되기까지는 충분하게 보장되어야 한다는 것이 헌법상 기본권이라는 데에는 이론이 없다. 이에 반해 수형자는 이미 유죄로 확정되었기 때문에 무죄추정의 원칙이 적용되지 않고, 그에 따라 변호인의 조력을 받을 권리는 적용될 수 없다는 것이 오랜 기간 정설로 여겨졌다. 그러나 수형자가 교정시설 내에 있으면서 자신의 권리보호를 위해 별도의 사법절차를 밟고자 변호사의 조력이 필요로 할 때, 충분한 편의가 제공되지 않는 상황은 아무리 보아도 납득하기 힘들다. 우리 사법부는 수형자의 변호사 접견이 어느 정도의 수준에서 법의 보호를 받아야 하는지에 관해서 오랫동안 침묵했다. 그러던 중 헌법재판소가 이에 관해 일련의 중요한 사법적 판단을 하였다. 대상결정은 그중 하나다.

헌재 결정의 요지는, 수형자의 소송대리인 변호사가 접견을 요청하는 경우 그 본질은 미결수용자의 변호인 접견이 아닌 일반 접견일 수밖에 없어 횟수와 시간을 제한할 수 있지만, 법률전문가인 변호사와의 소송상담의 특수성에 비추어 소송대리인인 변호사와의 접견을 그 성격이 전혀 다른 일반 접견에 포함시켜 접견 시간 및 횟수를 제한하는 것은 수형자의 재판청구권을 침해한다는 것이다. 이 결정이 있기 전에는 수형자가 그의 소송대리인인 변호사와 접견하는 경우에도 구 형집행법 시행령에 따라 일반접견으로 분류되어, 접견 시간은 회당 30분 이내, 접견 횟수는 매월 4회로 각각 제한되었다. 헌재는 이에 대해 그런 정도의 일반 접견으로는 수형자의 재판청구권을 보장할 수 없다고 판단하고 관련 규정의 위헌을 확인(헌법불합치)한 것이다.

이 결정 이후 형집행법 시행령 제59조의2이 신설(2016. 6. 28)되어 수용자가 소송사건의 대리인인 변호사와 접견할 때 △시간은 회당 60분 △횟수는 월 4회로 하되 일반 접견 횟수에 포함하지 않도록 하고, 소장은 △소송사건의 수 또는 소송내용의 복잡성 등을 고려하여 접견 시간 및 횟수를 늘릴 수 있고 △접견 수요 또는 접견실 사정 등을 고려하여 접견 시간 및 횟수를 늘릴 수 있도록 하였다.

헌재는 이 결정과 같은 취지로 수형자의 재판청구권 보장이라는 차원에서 다른 사건에서도 변호사와의 접견에 대해 일반접견과 다른 처우를 해야 한다는 판단을 한 바 있다. 예컨대, 수형자가 교도소 수감 중 교도소 측 신체검사의 위헌확인을 구하는 헌법소원을 제기하고 그 사건의 국선변호인 변호사와 접견할 때 교도소 측이 변호인접견실이 아닌 접촉차단 시설이 있는 일반접견실을 제공한 사건에서, 헌재는 수용자가 효율적인 재판준비를 하는 것이 곤란하게 되고, 특히 교정시설 내에서의 처우에 대하여 국가 등을 상대로 소송을 하는 경우에는 소송의 상대방에게 소송자료를 그대로 노출하게 되어 무기대등의 원칙이 훼손될 수 있다고 하면서, 이는 관련 조항(구 형집행법 시행령 제58조 제4항)이 과잉금지원칙에 위배하여 청구인의 재판청구권을 지나치게 제한한다고 판단하였다(헌재 2013. 8. 29. 선고 2011헌마122 전원재판부 결정). 또한 수형자인 청구인이 교도소 내의 두발규제에 대해 위헌확인을 구하는 헌법소원을 청구하고 그 사건의 국선대리인과 접견을 하는 과정에서 교도소 측이 녹음 기록을 한 사건에서 헌재는 위 사건과 유사한 이유로 수용자인 청구인의 재판청구권을 침해한다고 판단하였다(헌재 2013. 9. 26. 선고 2011헌마398 전원재판부 결정).

그동안 헌재가 내놓은 결정례를 분석하면, 헌재는 미결수용자의 경우엔 무죄추정의 원칙과 변호인의 조력을 받을 권리에 기초해 변호인 접견교통권이 충분하게 보장되어야 한다는 입장이지만, 수형자의 변호사 접견은 기본적으로 일반 접견의 성격을 갖고 있되, 재판청구권을 침해하지 않도록 적절한 수준에서 다른 일반 접견과 운용방법을 달리해야 한다는 입장을 취하고 있다. 이러한 헌재의 입장은 수형자의 변호사 접견교통권의 내용을 확장한 것으로 볼 수 있지만 미결수용자의 변호사 접견교통권에 비해 제한이 가중될 수 있는 논리로도 통할 수 있다.

그러나 우리 헌법이 보장하는 변호인의 조력을 받을 권리(제12조 제4항)가 미결수용자의 당해 형사사건에서만 적용되고 수형자의 경우에선 전혀 적용될 수 없는 권리라고 보는 것은 국제인권법의 해석상 재고되어야 한다. 헌재가 수형자의 변호사 접견교통권의 근거를 오로지 재판청구권에서만 찾는 것은 국제인권법적 조류에는 미치지 못하는 것이다. 국제인권법의 조류는 수형자의 변호사 접견도 미결수용자의 변호인 접견과 다르지 않은 것으로 보고 있다. 즉 변호사와의 접견교통권을 규정하는 '유엔 피구금자보호원칙' 제18조는 미결수용자와 수형자를 구별하지 않으며, '유엔 변호사의 역할에 관한 기본원칙' 또한 마찬가지다. 수형자의 변호사 접견도 피구금자의 변호사 접견이라는 시각에서 수형자와 미결구금자의 차이를 인정하지 않는 것이다.

한 가지 특기할 만한 것은 변호사가 아직 수형자의 (변호인이나) 소송대리인으로 정식으로 선임 혹은 위임되기 전의 접견이라도 변호사 접견으로서의 처우는 가능하다고 헌재가 판단한 것이다. 즉 '소송사건의 대리인이 되고자 하는 자'의 지위에서 접견을 하는 경우인데, 이 상황에서도 접견차단 시설이 아닌 변호인접견실에서의 접견, 시간 및 횟수 제한의 예외, 녹음 녹화의 예외 등이 인정되어야 한다는 것이다. 즉 헌재는 소송사건의 대리인

이 될 변호사라 하더라도 변호사 접견을 하기 위해서는 소송계속 사실 소명자료를 제출하도록 규정함으로써 이를 제출하지 못하는 변호사는 일반접견을 이용할 수밖에 없게 한 것은 수형자의 재판청구권을 심각하게 재한하며 동시에 변호사의 직업수행의 자유를 침해하는 것이라 판단하였다(헌재 2021. 10. 28. 선고 2018헌마60 전원재판부 결정). 수형자의 인권보장을 위한 전향적 결정이라고 할 수 있다.

[후속논의]

수형자의 변호사 접견교통권의 확대를 위해서는 재판청구권 보장이란 차원을 넘어 일반적인 변호인의 조력을 받을 권리 차원에서 볼 필요가 있다. 이를 위해서는 헌법 제12조 제4항이 규정하는 '체포 또는 구속을 당한 때에는'이라는 문언을 대해 새로운 해석이 필요하다. 이 문언을 피의자 및 피고인인 미결수용자에 한정하지 않고 단지 이러한 지위에 있는 사람들을 특별히 보호해야 한다는 의미로 해석할 수는 없을까. 그렇게 본다면 '체포 또는 구속된 자'를 오로지 수사기관에 의한 신체 구금을 당한 피의자나 재판을 받은 피고인으로 국한할 필요는 없을 것이다. 요컨대, 여기서 '체포 또는 구속'은 형사소송법상의 의미로 좁게 해석할 것이 아니라 '구금시설에 수용되는 모든 경우'로 넓게 해석할 수도 있다는 말이다. 이렇게 해석하는 것이 앞에서 본 '유엔 피구금자보호원칙' 등에서 구금 형태와 관계없이 구금되어 있는 피구금자의 변

호사 접견교통을 보장하는 것과 동일한 내용
으로 접견교통을 보장하는 방법이 될 것이다.
결국 수형자의 변호사 접견교통의 헌법적 근
거는 헌재에서 결정한 재판청구권뿐만 아니
라 변호인의 조력을 받을 권리에서도 찾을 수
있다고 본다. 그렇게 해석하는 것이 국제인권
법에 부합하는 헌법해석이 될 것이다. 이런
점에서 향후 헌재의 입장 변화가 기대된다.

[참고문헌]
• 조성용, 수형자에 대한 형사변호, 교정연구 제55호,
  한국교정학회, 2012.
• 박찬운, 수형자의 변호사 접견교통권-헌재 결정의
  국제인권법적 검토-, 법학논총 제31권 제2호, 한양
  대학교 법학연구소, 2014.
• 성중탁, 수형자의 재판청구권과 변호인 접견권 보
  장 문제-최근 헌법재판소 결정례에 대한 분석을
  중심으로-, 법학논집 제21권 제2호, 이화여자대학
  교 법학연구소, 2016.

[박찬운 교수(한양대학교 법학전문대학원)]

대상	접견실내 CCTV 감시·녹화행위 등 위헌확인 (기각)
	헌재 2016. 4. 28. 선고 2015헌마243 결정 (기각) **(2018변호사)**
참조	형의 집행 및 수용자의 처우에 관한 법률 제110조 위헌확인 등 (기각, 각하)
	헌재 2014. 9. 25. 선고 2012헌마523 전원재판부 결정 (기각, 각하) **(2018서울7급 / 2019국회8급**
	/ 2020국회8급)

[사실관계]

청구인은 2014. 12. 27. 사기 혐의로 구속되어 2015. 1. 2.부터 ○○구치소에 수용되었는데, 2015. 3. 25. 서울중앙지법에서 징역 10월을 선고받고(2015고단61) 항소하였으나, 2015. 6. 12. 서울중앙지법에서 항소가 기각되어(2015노1333) 그 무렵 확정되었다. 청구인은 2015. 2. 9. ○○구치소 변호인접견실에서 위 사건의 국선변호인과 접견했는데, 당시 변호인접견실 천장에는 폐쇄회로 텔레비전(이하 'CCTV'라고 함)이 설치되어 있었다. 변호인은 같은 날 청구인과 접견을 마친 뒤 변호인접견실 근무자에게 청구인으로부터 소송서류를 받은 사실을 말했고, 위 근무자는 변호인으로부터 건네받은 봉투 속에 있는 서류를 확인하고 소송관계서류처리부에 서류의 제목을 기재한 뒤 변호인에게 돌려주었다. 청구인은 변호인접견실에 CCTV를 설치하여 미결수용자와 변호인 간의 접견을 감시하고 녹화한 행위와 미결수용자가 변호인에게 교부한 봉함서류를 개봉하고 서류의 표목을 기재한 행위가 헌법 제12조 제4항이 규정한 변호인의 조력을 받을 권리를 침해하여 위헌이라고 주장하며 2015. 3. 9. 이 사건 헌법소원심판청구를 하였다.

[결정요지]

[1] 형집행법 제94조는 자살·자해·도주·폭행·손괴 및 그 밖에 수용자의 생명·신체를 해하거나 시설의 안전 또는 질서를 해하는 행위를 방지하기 위하여 필요한 범위에서 교도관이 전자장비를 이용하여 수용자 또는 시설을 계호할 수 있도록 하고(제1항), 전자장비의 종류·설치장소·사용방법 및 녹화기록물의 관리 등에 관하여 필요한 사항은 법무부령으로 정하도록 하고 있다(제4항). 이에 따라 형집행법 시행규칙 제160조 제1호 및 제162조 제1항은 영상정보처리기기인 CCTV를 변호인접견실에 설치할 수 있도록 하였다. 이와 같이 이 사건 CCTV 관찰행위는 형집행법 제

94조 제1항과 제4항에 근거를 두고 이루어진 것이므로 법률유보원칙에 위배되지 않는다.

[2] 이 사건 CCTV 관찰행위는 금지물품의 수수나 교정사고를 방지하거나 이에 적절하게 대처하기 위한 것으로서 교도관의 육안에 의한 시선계호를 CCTV 장비에 의한 시선계호로 대체한 것에 불과하므로 그 목적의 정당성과 수단의 적합성이 인정된다. 형집행법 및 형집행법 시행규칙은 수용자가 입게 되는 피해를 최소화하기 위하여 CCTV의 설치·운용에 관한 여러 가지 규정을 두고 있고, 이에 따라 변호인접견실에 설치된 CCTV는 교도관이 CCTV를 통해 미결수용자와 변호인 간의 접견을 관찰하더라도 접견내용의 비밀이 침해되거나 접견교통에 방해가 되지 않도록 조치를 취하고 있는 점, 금지물품의 수수를 적발하거나 교정사고를 효과적으로 방지하고 교정사고가 발생하였을 때 신속하게 대응하기 위해서 CCTV를 통해 관찰하는 방법 외에 더 효과적인 다른 방법을 찾기 어려운 점 등에 비추어 보면, 이 사건 CCTV 관찰행위는 그 목적을 달성하기 위하여 필요한 범위 내의 제한으로 침해의 최소성을 갖추었다. CCTV 관찰행위로 침해되는 법익은 변호인접견 내용의 비밀이 폭로될 수 있다는 막연한 추측과 감시받고 있다는 심리적인 불안 내지 위축으로 법익의 침해가 현실적이고 구체화되어 있다고 보기 어려운 반면, 이를 통하여 구치소 내의 수용질서 및 규율을 유지하고 교정사고를 방지하고자 하는 것은 교정시설의 운영에 꼭 필요하고 중요한 공익이므로 법익의 균형성도 갖추었다. 따라서 이 사건 CCTV 관찰행위가 청구인의 변호인의 조력을 받을 권리를 침해한다고 할 수 없다.

[3] 형집행법 제43조는 소장이 수용자가 주고받는 서신(2020. 2. 4. 단행된 형집행법 개정을 통해 '서신'이라는 용어는 '편지'로 변경됨)에 법령에 따라 금지된 물품이 들어 있는지 확인할 수 있도록 하고(제3항), 서신발송의 횟수, 서신 내용물의 확인방법 및 서신 내용의 검열절차 등에 관하여 필요한 사항은 대통령령으로 정하도록 하고 있다(제8항). 이에 따라 형집행법 시행령 제71조는 교도관이 수용자의 접견, 서신수수, 전화통화 등의 과정에서 수용자의 처우에 특히 참고할 사항을 알게 된 경우에는 그 요지를 수용기록부에 기록하도록 규정하고 있다. 이와 같이 이 사건 서류 확인 및 등재행위는 형집행법 제43조 제3항과 제8항에 근거를 두고 이루어진 것이므로 법률유보원칙에 위배되지 않는다.

[4] 이 사건 서류 확인 및 등재행위는 구금시설의 안전과 질서를 유지하고, 금지물품이 외부로부터 반입 또는 외부로 반출되는 것을 차단하기 위한 것으로서 그 목적이 정당하고, 변호인 접견 시 수수된 서류에 소송서류 외에 제3자 앞으로 보내는 서신과 같은 서류가 포함되어 있는지 또는 금지물품이 서류 속에 숨겨져 있는지 여부를 확인하고 이를 기록하는 것은 위 목적 달성에 적절한 수단이다. 서류 확인 및 등재는 변호인 접견이 종료된 뒤 이루어지고, 교도관은 변호인과 미결수용자가 지켜보는 가운데 서류를 확인하여 그 제목 등

을 소송관계처리부에 기재하여 등재하므로 내용에 대한 검열이 이루어질 수도 없는 점에 비추어 보면 침해의 최소성 요건을 갖추었고, 달성하고자 하는 공익과 제한되는 청구인의 사익 간에 불균형이 발생한다고 볼 수 없으므로 법익의 균형성도 갖추었다. 따라서 이 사건 서류 확인 및 등재행위는 청구인의 변호인의 조력을 받을 권리를 침해한다고 할 수 없다. 구치소장은 청구인이 변호인에게 준 소송서류를 확인한 뒤 '발송일자, 서류의 제목, 수령자' 등의 정보를 수집 및 보관해오고 있고, 이는 청구인이 어느 시점에 어떤 종류의 소송을 수행하고 있는지를 알려주는 정보들이기는 하나, 교도관은 수수한 서류의 내용을 확인하거나 검열을 하는 것이 아니라 단지 소송서류인지 여부만을 확인하고 있고, 등재하는 내용도 서류의 제목에 불과하여 내용적 정보가 아니라 소송서류와 관련된 외형적이고 형식적인 사항들로서 개인의 인격과 밀접하게 연관된 민감한 정보라고 보기도 어렵다고 할 것이므로, 이는 구금시설의 안전과 질서를 유지하기 위하여 필요한 범위 내의 제한이다. 따라서 이 사건 서류 확인 및 등재행위는 청구인의 개인정보자기결정권을 침해하지 아니한다.

[해설]

I. 변호인의 조력을 받을 권리와 변호인 접견교통권

변호인의 조력을 받을 권리란 "국가권력의 일방적인 형벌권 행사에 대항하여 자신에게 부여된 헌법상·소송법상 권리를 효율적이고 독립적으로 행사하기 위하여 변호인의 도움을 얻을 피의자 및 피고인의 권리"를 말한다(헌재 2004. 9. 23. 선고 2000헌마138 전원재판부 결정). 헌법 제12조 제4항은 "누구든지 체포 또는 구속을 당한 때에는 즉시 변호인의 조력을 받을 권리를 가진다"라고 규정하고 있는데, 이때 '변호인의 조력'은 '변호인의 충분한 조력'을 의미한다(헌재 1992. 1. 28. 선고 91헌마111 전원재판부 결정). 신체구속을 당한 사람의 경우 변호인을 만나고 소통할 수 있어야 그 조력을 받을 수 있으므로 변호인과의 접견교통권은 변호인의 조력을 받을 권리의 필수불가결한 핵심적 내용으로 평가된다. 변호인 접견교통권에는 접견 자체는 물론이고 미결수용자와 변호인 간의 서류나 물건의 수수도 포함된다. 한편 헌법 제27조 제4항은 "형사피고인은 유죄의 판결이 확정될 때까지 무죄로 추정된다"고 규정하고 있다. 형사소송절차에서 무죄로 추정되는 피고인의 방어권은 효과적으로 행사되어야 하는바, 재판을 앞둔 피고인이 방어권 행사를 준비하기 위해서는 변호인과의 면접·교섭권이 최대한 보장되어야 한다.

신체구속을 당한 사람은 변호인과의 자유로운 접견이 보장되는데, 이는 변호인의 조력을 받을 권리 중 가장 중요한 내용이기 때문에 국가안전보장이나 질서유지 및 공공복리 등 어떠한 명분으로도 제한될 수 없다(헌재 1992. 1. 28. 선고 91헌마111 전원재판부 결정). 다만 이때 제한될 수 없는 것은 '자유로운 접견'

이지 '접견 그 자체'를 의미하는 것은 아니다. 변호인과의 접견이 실제 이루어지는 경우에 '대화내용에 대하여 비밀이 완전히 보장되고 어떠한 제한, 영향, 압력 또는 부당한 간섭 없이 자유롭게 대화할 수 있는 접견'을 제한할 수 없다는 것이지, 변호인과의 접견 자체에 아무런 제한을 가할 수 없다는 것은 아니다(헌재 2011. 5. 26. 선고 2009헌마341 전원재판부 결정). 요컨대 변호인과의 접견교통권도 국가안전보장·질서유지 또는 공공복리를 위해 필요한 경우에는 법률로써 제한될 수 있다.

II. 변호인 접견시 CCTV 관찰행위

1. 법률유보원칙 위반 여부

형집행법에 의할 때, 교도관은 자살·자해·도주·폭행·손괴, 그 밖에 수용자의 생명·신체를 해하거나 시설의 안전 또는 질서를 해하는 행위를 방지하기 위하여 필요한 범위에서 전자장비를 이용하여 수용자 또는 시설을 계호할 수 있다(형집행법 제94조 제1항 본문). 또한 전자장비의 종류·설치장소·사용방법 및 녹화기록물의 관리 등에 관하여 필요한 사항은 법무부령으로 정한다(동조 제4항). 이에 따라 형집행법 시행규칙 제160조 제1호 및 제162조 제1항은 영상정보처리기기인 CCTV를 변호인접견실에 설치할 수 있도록 규정하고 있는바, 이 사건 CCTV 관찰행위는 형집행법 제94조 제1항과 제4항에 근거를 두고 이루어진 것이므로 법률유보원칙에 위배되지 않는다.

2. 변호인의 조력을 받을 권리 침해 여부

변호인 접견시 CCTV 관찰행위는 변호인의 조력을 받을 권리를 제한하는 측면이 있으므로 필요최소한도로 이루어져야 한다. 교도소나 구치소와 같은 구금시설은 수용자의 신체적 구속을 확보하고 구금시설 내의 수용질서 및 규율이 유지되어야 한다. 이에 마약이나 담배, 라이터 등 시설의 안전이나 질서를 해칠 수 있는 물품 등의 소지가 엄격히 금지되나, 변호인 접견절차를 통해 금지물품이 반입될 우려가 있다. 또한 변호인접견실에서 미결수용자가 자신의 변호인을 폭행하는 일이 벌어지기도 하는바, 금지물품의 수수나 폭행 등을 방지하고, 관련 교정사고에 적절히 대처하기 위해서는 변호인접견실도 계호할 필요가 있다. 이 사건 CCTV 관찰행위는 교도관의 육안에 의한 시선계호가 CCTV 장비를 이용한 시선계호로 대체된 것에 불과하므로, 목적의 정당성과 수단의 적합성이 인정된다.

CCTV를 통한 계호로 인하여 수용자가 입게 될 피해를 최소화하기 위한 규정들도 마련되어 있다. 형집행법은 전자장비에 따라 계호하는 경우에 피계호자의 인권이 침해되지 않도록 유의할 것을 명시하면서(형집행법 제94조 제3항), 전자장비의 종류·설치장소·사용방법 및 녹화기록물의 관리 등과 관련된 필요한 사항을 법무부령으로 정하도록 하였다(동조 제4항). 이에 형집행법 시행규칙은 전자장비의 종류(형집행법 시행규칙 제160조)를 규정하면서 CCTV와 같은 영상정보처리기기를 포함시키고 있다(동조 제1호). 또한 전자장비의 효율적 운용을 위한 중앙통제실의 운용(동 규칙 제161조) 및 영상정보처리기기의 설치(동 규칙 제162조)에 대한 규정도 두고 있다. 이 사건에서 변호인접견실에 설치된 CCTV는 실시간으로 영상만을 촬영할 뿐 영상녹화기능이나 음성수신기능이 활성화되어 있지 않았기 때문에 교도관이 CCTV를 통해 미결수용자와 변호인 간의 접견을 관찰하더라도 접견내용의 비밀이 침해되거나 접견교통에 방해가 되지 않는다고 평가되었다. 한편 변호인접견 전에 미결수용자뿐만 아니라 변호인에 대하여도 검색기 등을 통한 휴대물품이나 신체에 대한 수색이 이루어지고 있으나 금지물품의 수수를 적발하는 데에는 한계가 있고, 변호인접견실에 설치된 비상벨은 폭행 등 교정사고가 발생했을 때 누군가가 누르지 않는 이상 아무런 기능을 할 수 없다. 요컨대 CCTV를 통한 관찰보다 덜 침해적이면서 효과적인 방법을 찾기 어려우므로 이 사건 CCTV 관찰행위는 피해의 최소성 요건을 갖추었다.

나아가 CCTV 관찰에 의해 침해되는 법익은 변호인접견 내용의 비밀이 폭로될 수 있다는 막연한 추측과 감시받고 있다는 심리적 불안인바, 법익 침해가 현실화·구체화되어 있지 않다. 반면 CCTV 관찰을 통해 구치소 내의 수용질서 및 규율을 유지하고 교정사고를 방지하는 것은 교정시설의 운영에 필요하고도 중요한 공익이므로 법익의 균형성도 충족되었다. 따라서 이 사건 CCTV 관찰행위는 변호

인의 조력을 받을 권리를 침해하지 않는다.

III. 소송서류 확인 및 소송관계서류처리부 등재행위

1. 법률유보원칙 위반 여부

형집행법에 의할 때 소장은 수용자가 주고받는 서신에 법령에 따라 금지된 물품이 들어있는지 확인할 수 있고(형집행법 제43조 제3항), 서신발송의 횟수, 서신 내용물의 확인방법 및 서신 내용의 검열절차 등에 관하여 필요한 사항은 대통령령으로 정하도록 되어 있다(동조 제8항). 이에 따라 형집행법 시행령 제71조는 교도관이 수용자의 접견, 서신수수, 전화통화 등의 과정에서 수용자의 처우에 특히 참고할 사항을 알게 된 경우에는 그 요지를 수용기록부에 기록하도록 규정하고 있다. 요컨대 수용자가 주고받는 서류를 확인하고 이를 소송관계서류처리부에 등재한 행위는 법적 근거를 두고 이루어진 것이므로 법률유보원칙에 위배되지 않는다.

2. 변호인의 조력을 받을 권리와 개인정보자기결정권 침해 여부

미결수용자와 변호인 간에 주고받는 소송서류를 확인한 뒤 소송관계서류처리부에 등재하는 행위는 미결수용자의 변호인 접견교통권을 제한한다. 또한 발송일자나 서류의 제목 및 수령자 등 어느 시점에 어떤 종류의 소

송을 수행하는지를 알려주는 정보들을 등재한 행위는 수용자의 개인정보자기결정권도 제한한다(헌재 2014. 9. 25. 선고 2012헌마523 전원재판부 결정).

그러나 변호인 접견시 수수된 서류의 내용물을 확인하고 이를 소송관계서류처리부에 등재하는 것은 구금시설의 안전과 질서를 유지하고, 금지물품이 외부로부터 반입되거나 외부로 반출되는 것을 차단하기 위한 것으로서 목적의 정당성이 인정된다. 이 경우 교도관은 미결수용자와 변호인 간에 주고받은 서류 속에 제3자에게 보내는 서신이나 금지물품이 숨겨져 있는지를 확인하는 것일 뿐 서류에 기재된 내용을 구체적으로 확인하지 않는다. 아울러 소송관계서류처리부에 서류의 제목을 기재하여 등재하는 것은 교도관의 확인에 대한 징표이며 반입·반출된 서류 관리 차원에서 이루어지는 것이므로, 추후 교도소 내에 금지물품이 발견된 경우 그 반입 경위를 추적하는 데 유용한 자료가 될 수 있다. 따라서 이는 교정시설의 안전 및 질서유지라는 목적을 달성하기 위한 적절한 수단이다.

또한 제3자에 대한 서류를 소송서류로 가장하거나 금지물품을 수수하는 방식이 지능화되는 상황에서 교도관이 외관을 만져보거나 물품검색기 등을 이용해서 검사하는 것만으로는 교정시설의 안전 및 질서유지라는 목적을 달성하기에 충분하지 않다. 그에 비해 교도관은 수수한 서류의 내용을 확인 내지는 검열하는 것이 아니라 소송서류인지의 여부만

을 확인한다. 등재되는 내용도 서류의 제목에 불과하므로 개인의 인격과 밀접하게 연관된 민감한 정보라고 볼 수 없다. 그러므로 이 사건 서류 확인 및 등재행위는 구금시설의 안전과 질서 유지라는 목적 달성에 필요한 범위를 넘어서지 않았다. 더구나 이 사건 서류 확인 및 등재행위는 변호인 접견이 종료된 뒤에 이루어지고, 교도관은 변호인과 미결수용자가 지켜보는 가운데 소송서류를 확인하고 서류의 제목 등을 소송관계서류처리부에 기재하여 등재하므로 현실적으로 내용에 대한 검열이 이루어질 수도 없다. 요컨대 이 사건 서류 확인 및 등재행위는 피해의 최소성 요건을 갖추었다.

나아가 교도관이 소송서류의 내용을 검열하거나 청구인에게 불이익을 가할 별도의 목적으로 위 정보들을 남용했다는 증거도 없었기 때문에 이 사건 서류 확인 및 등재행위로 인해 달성하고자 하는 공익과 제한되는 청구인의 사익 간에 불균형이 발생하지 않았다고 평가되었다. 따라서 이 사건 서류 확인 및 등재행위는 청구인의 변호인 접견교통권이나 개인정보자기결정권을 침해하지 않는다.

[후속논의]

변호인 접견시 CCTV 관찰행위와 소송관계서류 확인 및 등재행위는 법적 근거를 두고 이루어진 것으로서 변호인의 조력을 받을 권리나 개인정보자기결정권을 침해하지 않는다. 헌법재판소 결정이 내려진 후 2020. 2. 4.

단행된 형집행법 개정을 통해 '서신'이라는 용어가 '편지'로 변경된 것을 제외하고는 적용 조항들의 내용상 변화도 없다. 다만 이 사건에서 변호인접견실에 설치된 CCTV는 실시간으로 영상만 촬영할 뿐 영상녹화나 음성수신 및 화면확대 기능이 없으며 촬영 영상이 19인치 크기의 모니터에 16개로 분할되어 나타났기 때문에 미결수용자의 표정이나 입 모양 등을 통해 대화내용을 알게 되는 것은 불가능했다는 점이 고려되었다. 그러나 기술의 발전에 따라 영상정보처리기기의 성능이 고도화되는 상황에서 해당 논거가 여전히 유효할지는 의문이다. 향후 대화내용의 비밀이 보장될 수 있도록 변호인접견실에 설치되는 CCTV나 모니터의 기능이나 사양 등이 명시적으로 규정되어야 하는 것이 아닌지 논의될 필요가 있다.

[참고문헌]
• 김영중, 헌법재판소 결정을 통해 본 변호인의 조력을 받을 권리의 의미, 경찰법연구 제16권 제2호, 한국경찰법학회, 2018.
• 손창완, 미국법상 비닉권과 변호사·의뢰인 간 의사교환의 보호, 인권과 정의 제485호, 대한변호사협회, 2019.

[윤지영 선임연구위원(한국형사 · 법무정책연구원)]

대상	형의 집행 및 수용자의 처우에 관한 법률 제41조 제2항 등 위헌소원 (합헌, 각하)
	헌재 2016. 11. 24. 선고 2014헌바401 결정 (합헌, 각하) **(2019지방7급 / 2022입법고시)**

[사실관계]

[1] 청구인은 마약류관리에관한법률위반(향정)죄로 구속되어 2011. 9. 21. 구치소에 수감되었는데, 징역 9년의 형을 선고받아 2013. 4. 11. 판결이 확정되어 구치소에 수용 중이다.

[2] 청구인이 수용되어 있던 각 수용기관의 장은 2011. 9. 21.부터 2013. 5. 16.까지 청구인과 접견인들과의 접견내용을 녹음하였고, □□ 구치소장은 2013. 5. 21. 청구인의 접견내용이 담겨 있는 녹음파일 전부를 수원지방검찰청 검사장에게 제공하였다.

[3] 청구인은 구치소 내에서 접견인들을 이용하여 필로폰을 수입 및 판매하였다는 범죄사실로 2013. 12. 9. 마약류관리에관한법률위반(향정)죄로 다시 기소되었고, 수원지방검찰청 검사는 청구인과 접견인들 사이의 수용자 접견현황 조회자료 및 녹음파일의 녹취록을 증거로 제출하였다.

[4] 청구인은 제1심 재판이 계속 중이던 2014. 2. 26. 수용자의 접견내용의 녹음 또는 녹화에 관하여 규정한 형집행법 제41조 제2항, 제4항이 위헌이라고 주장하면서 위헌법률심판제청신청을 하였으나, 2014. 8. 28. 기각되자, 2014. 9. 22. 이 사건 헌법소원심판을 청구하였다.

[결정요지]

[1] 이 사건 위임조항은 접견내용의 녹음·녹화 등에 관하여 필요한 사항을 포괄적으로 위임하고 있을 뿐 접견기록물을 수사기관에 제공하는 것에 대하여는 구체적으로 위임하고 있지 않고, '접견내용의 녹음·녹화에 필요한 사항'이라는 문구만으로는 접견내용의 녹음·녹화 자체와는 구별되는 독자적인 기본권 제한의 내용인 접견기록물 제공행위를 할 수 있다는 것을 예측할 수도 없다. 따라서 이 사건 위임조항은 교정시설의 장이 '범죄의 수사와 공소의 제기 및 유지에 필요한 때'에 접견기록물을 관계기관에 제공할 수 있도록 규정한 형집행법 시행령 제62조 제4항 제2호의 수권규정이 될 수 없다. 결국 이 사건 위임조항은 당해사건에 적용되는 법률조항이라고 볼 수 없어 당해사건의 재판의 전제가 되지 아니하므로 이 사건 위임조항에 대한 심판청구는 부적법하다.

[2] 이 사건 녹음조항은 수용자의 증거인멸

의 가능성 및 추가범죄의 발생 가능성을 차단하고, 교정시설 내의 안전과 질서유지를 위한 것으로 목적의 정당성이 인정되며, 수용자는 증거인멸 또는 형사 법령 저촉 행위를 할 경우 쉽게 발각될 수 있다는 점을 예상하여 이를 억제하게 될 것이므로 수단의 적합성도 인정된다. 미결수용자는 접견 시 지인 등을 통해 자신의 범죄에 대한 증거를 인멸할 가능성이 있고, 마약류사범의 경우 그 중독성으로 인하여 교정시설 내부로 마약을 반입하여 복용할 위험성도 있으므로 교정시설 내의 안전과 질서를 유지할 필요성은 매우 크다. 또한, 교정시설의 장은 미리 접견내용의 녹음 사실 등을 고지하며, 접견기록물의 엄격한 관리를 위한 제도적 장치도 마련되어 있는 점 등을 고려할 때 침해의 최소성 요건도 갖추고 있다. 나아가 청구인의 접견내용을 녹음·녹화함으로써 증거인멸이나 형사 법령 저촉 행위의 위험을 방지하고, 교정시설 내의 안전과 질서유지에 기여하려는 공익은 미결수용자가 받게 되는 사익의 제한보다 훨씬 크고 중요하므로 법익의 균형성도 인정된다. 따라서 이 사건 녹음조항은 과잉금지원칙에 위배되어 청구인의 사생활의 비밀과 자유 및 통신의 비밀을 침해하지 아니한다.

[3] 이 사건 녹음조항에 따라 접견내용을 녹음·녹화하는 것은 직접적으로 물리적 강제력을 수반하는 강제처분이 아니므로 영장주의가 적용되지 않아 영장주의에 위배된다고 할 수 없다. 또한, 미결수용자와 불구속 피의자·피고인을 본질적으로 동일한 집단이라고 할 수 없고, 불구속 피의자·피고인과는 달리 미결수용자에 대하여 법원의 허가 없이 접견내용을 녹음·녹화하도록 하는 것도 충분히 합리적 이유가 있으므로 이 사건 녹음조항은 평등원칙에 위배되지 않는다.

[해설]

I. 구치소장이 수용자의 접견내용을 녹음한 근거

구치소에 수용된 사람이 외부 사람과 접견할 때, 어떻게 접근할 수 있는지를 정한 법률이 있다. 형집행법이다. 이 법률은 수용자가 교정시설 외부에 있는 사람과 접견할 수 있는 범위와 방법을 정하고 있다. 이 가운데 법률은 교정시설의 소장이 수용자의 접견내용을 "청취·기록·녹음 또는 녹화"할 수 있는 경우를 예정하고 있다. ① 범죄 증거를 인멸하거나 형사 법령에 저촉되는 행위를 할 우려가 있거나, ② 수형자의 교화 또는 건전한 사회복귀를 위하여 필요하거나, ③ 시설의 안전과 질서유지를 위해서 필요한 때, 녹음이나 녹화를 할 수 있다. 이렇게 녹음, 녹화하는 경우에는 이를 사전에 수용자와 상대방에게 알려주어야 한다. 이상이 법률이 직접 정한 접견 녹음에 관한 규정 내용이다.

II. 구치소장이 접견내용 녹음내용을 검찰에 제공한 근거

법률은 접견의 방법을 위와 같이 정하면서

이 내용보다 더 자세한 것을 정할 필요가 있을 것을 예정해서 법률은 접견내용의 청취, 기록, 녹음, 녹화 등에 관하여 자세한 사항들은 대통령령으로 정하도록 입법 위임을 하였다. 이 위임에 따라 형집행법 시행령은 여러 규정을 두었는데, 이 가운데 한 제62조 제4항 제2호에서 "범죄의 수사와 공소의 제기 및 유지에 필요한 때"에는 소장이 접견 녹음과 같은 기록물을 제출할 수 있는 근거를 마련하고 있었다. 이 규정에 근거해서 구치소장은 이 사건 접견내용 녹음파일을 검찰에 제공하였고, 이 녹취록이 증거로 제출된 것이다.

III. 헌법재판소 다수의견의 심판청구 부적법 판단

이 사안에서 헌법재판소는 먼저 청구가 부적법하다는 판단을 내렸다. 청구인이 위헌이라고 주장하는 법률 규정이 이 사건의 재판의 전제가 되지 않는다고 본 것이다. 즉 청구인이 지목한 법률 규정은 녹음 내용을 검찰에 제공할 수 있도록 규정한 시행령에 대하여 위임하는 조항이 아니라는 것이다. 다시 말해, 청구인이 위헌이라고 주장하는 법률 규정은 이 사건에서 구치소장이 녹음파일을 제공한 것의 근거가 되지 않는다고 본 것이다.

그러나 다수의견의 이런 논리에 대해 3인의 재판관이 반대의견을 제시하였다. 파일 제공의 근거가 된 시행령과 법률 규정 간에 위임 관계가 의심된다면, 오히려 위임이 적절하지

않았다는 점, 시행령이 위임도 받지 않은 채법적 내용을 정한 것을 본격적으로 심사하여야 옳다는 것이다.

이 점에 관해서는 행정입법의 관행을 고려하면 반대의견이 타당하다고 판단된다. 우리 헌법은 입법권을 국회에 부여하면서 행정입법권이 법규범을 정할 때에는 입법권으로부터의 위임이 필요한 것으로 규정하고 있다. 이 때문에 행정입법이 법률의 위임 없이 규범을 정한 것은 그 자체로 중요한 헌법적 쟁점이다. 반대의견에서 적절히 지적한 것처럼 이 시행령 규정이 법률의 위임 없이 국민의 권리를 제한하는 내용을 스스로 정한 것이라면, 녹음파일 제공의 법적 근거가 있는지 여부를 본안에서 심사하는 것이 청구인의 기본권 보호를 위해 더욱 타당한 것이라고 할 수 있다.

IV. 접견 녹음조항의 헌법 적합성

법률이 접견내용을 녹음, 녹화할 수 있도록 규정한 것에 대해 청구인은 개인의 사생활 비밀과 자유 및 통신의 비밀을 과도하게 침해한다고 주장하였다. 그러나 헌법재판소는 이런 침해가 있더라도 법률이 이 제도를 통해 얻고자 하는 공익이 훨씬 더 크다고 판단하였다. 그 근거로는 이미 법률이 침해를 최소화하기 위한 조치를 마련하고 있고, 증거 인멸을 막고 교정시설의 안전과 질서를 유지하는 공익이 매우 크다고 본 것이다.

또한 헌법재판소는 접견내용을 녹음·녹화

하는 것이 우리 헌법의 영장주의에 위배되지 않는다고 판단하였다. 그 이유는 접견내용의 녹음·녹화가 물리적 강제력을 수반하는 강제처분이 아니기 때문이라는 것이다. 이에 더하여 헌법재판소는 미결수용자에 대해 접견 녹음을 허용한 법률 규정의 평등원칙 위배 여부에 관하여 위배되지 않는다고 보았다. 미결수용자는 불구속 피의자, 피고인과 달리 접견내용을 녹음·녹화할 충분한 합리적 이유가 있다는 것이다.

이러한 헌법재판소의 견해에는 의문의 여지가 있다. 오늘날 물리적 강제력을 동원하지 않더라도 인신을 구속할 수 있는 수단은 널리 인정될 수 있다. 인물의 사진이나 음성은 온라인상에 유포됨으로써 개인의 인격 자체나 인격에 관한 권리를 심대하게 제한하거나 침해할 수 있다. 그럼에도 불구하고 헌법재판소는 물리적 강제력을 기준으로 영장주의 적용 대상을 판단하였다는 점에서 비판이 가능하다.

[후속논의]

오늘날 우리 일상에서 작동하는 규범의 대부분은 실제로는 행정입법의 형식을 취하고 있다고 말할 수 있다. 법률이 구체적인 내용을 직접 정하기보다는 시행령이나 시행규칙에서 정하는 공권력의 작동 방식이 직접 우리 일상을 규율하는 경우가 더욱 일반적이다. 이러한 현실에서 시행령과 같은 행정입법이 적법한지 또는 헌법에 적합한지를 다툴 수 있는 법적인 방법은 다른 구체적인 공권력 작용과 비교할 때 매우 제한적이다. 이 점을 고려한다면 행정입법의 헌법 적합성을 심사하는 기준으로서 포괄위임금지의 원칙은 매우 중요한 의미를 가진다. 그만큼 엄격하게 심사해야 할 필요가 있다고 할 수 있다. 물론 우리 사회의 규범 정립의 요구와 필요성, 그리고 국회와 정부가 갖는 입법권의 법적, 사실상의 기능을 고려할 때 사법권이 행정입법권을 통제하는 것에는 신중한 접근이 필요한 것이 사실이다. 그럼에도 불구하고, 본 사안에서와 같이 법률의 위임 근거가 명확하지 않은 때에 이러한 시행령 자체가 통제되지 않고, 오히려 위임이 없다는 사실이 심판청구 부적법 판단의 근거가 되는 것은 재검토할 필요성이 크다고 생각된다.

[참고문헌]
- 김해원, 수권법률에 대한 수권방식통제로서 포괄위임금지원칙-기본권심사를 중심으로-, 헌법학연구 제21권 제2호, 한국헌법학회, 2015.
- 김해원, 기본권 심사론, 박영사, 2018.
- 김승태·홍완식, 헌법재판소의 결정을 통해 본 포괄위임입법금지 원칙-입법적 시사점을 중심으로-, 입법학연구 제17집 제1호, 한국입법학회, 2020.
- 이부하, 헌법재판소의 포괄위임금지원칙 심사기준에 관한 고찰, 홍익법학 제21권 제3호, 홍익대학교 법학연구소, 2020.
- 성낙인, 헌법학(제24판), 법문사, 2024.

[전주열 교수(동아대학교 경찰학과)]

대상	변호인 접견불허 위헌확인 등 (인용(위헌확인), 각하)
	헌재 2019. 2. 28. 선고 2015헌마1204 전원재판부 결정 (인용(위헌확인), 각하) **(2019법원직·지방7급 / 2020입법고시 / 2022법원직)**

[사실관계]

변호사인 청구인은 체포영장에 의하여 체포된 피의자의 가족 의뢰를 받아, 사건을 수사 중인 피청구인 ○○지방검찰청 검사(이하 '피청구인 검사'라고 한다)에게 변호인 접견이 가능한지 전화로 문의한 후, 검사실을 방문하여 피청구인 검사에게 변호인 접견신청을 하였다.

위 피의자 호송을 담당한 피청구인 ○○구치소 교도관(이하 '피청구인 교도관'이라고 한다)은 같은 날 17:00경 피청구인 검사실에서 위 피의자를 인계받아 검찰청 내 구치감에 대기시켰다가, 같은 날 19:10경 피청구인 검사로부터 야간 피의자신문을 위한 피의자 소환을 요청받고 위 피의자를 검사실로 인치하였다.

피청구인 검사는 피청구인 교도관에게 청구인의 접견신청이 있었음을 알렸고, 피청구인 교도관은 청구인에게 형집행법 시행령 제58조 제1항에 따라 '국가공무원 복무규정'상 근무시간(09:00~18:00)이 경과하여 변호인 접견을 허용할 수 없다고 통보하였다.

피청구인 검사는 그 후 청구인의 접견신청에 대하여 더 이상의 조치를 취하지 아니하였고, 청구인은 검사실에서 머무르다가 결국 위 피의자를 접견하지 못한 채로 퇴실하였다. 피청구인 검사는 청구인이 퇴실한 이후 위 피의자에 대한 신문을 계속하였으며, 청구인은 위 피의자의 변호인으로 선임되지는 못하였다.

청구인은 위와 같이 변호인 접견신청을 불허한 피청구인들의 행위와 피청구인 교도관이 그 법적 근거로 삼은 형집행법 시행령 제58조 제1항이 자신의 기본권을 침해하였다고 주장하면서, 헌법소원심판을 청구하였다.

[결정요지]

[1] 변호인 선임을 위하여 피의자·피고인(이하 '피의자 등'이라 함)이 가지는 '변호인이 되려는 자'와의 접견교통권은 헌법상 기본권으로 보호되어야 하고, '변호인이 되려는 자'의 접견교통권은 피의자 등이 변호인을 선임하여 그로부터 조력을 받을 권리를 공고히 하기 위한 것으로서, 그것이 보장되지 않으면 피의자 등이 변호인 선임을 통하여 변호인으로부터 충분한 조력을 받는다는 것이 유명무실하게 될 수밖에 없다. 이와 같이 '변호인이

되려는 자'의 접견교통권은 피의자 등을 조력하기 위한 핵심적인 부분으로서, 피의자 등이 가지는 헌법상의 기본권인 '변호인이 되려는 자'와의 접견교통권과 표리의 관계에 있다. 따라서 피의자 등이 가지는 '변호인이 되려는 자'의 조력을 받을 권리가 실질적으로 확보되기 위해서는 '변호인이 되려는 자'의 접견교통권 역시 헌법상 기본권으로서 보장되어야 한다(이하 '변호인'과 '변호인이 되려는 자'를 합하여 '변호인 등'이라 함).

[2] 사건 당일 종료된 이 사건 검사의 접견불허행위에 대하여 청구인이 형사소송법 제417조에 따라 그 취소를 구하는 준항고를 제기할 경우 법원이 법률상 이익이 결여되었다고 볼 것인지 아니면 실체 판단에 나아갈 것인지가 객관적으로 불확실하여 청구인으로 하여금 전심절차를 이행할 것을 기대하기 어려우므로, 청구인의 위 접견불허행위에 대한 심판청구에 대해서는 보충성원칙의 예외가 인정된다.

[3] 이 사건 접견시간 조항은 수용자의 접견을 '국가공무원 복무규정'에 따른 근무시간 내로 한정함으로써 피의자와 변호인 등의 접견교통을 제한하고 있는데, 위 조항은 교도소장·구치소장이 그 허가 여부를 결정하는 변호인 등의 접견신청의 경우에 적용되는 조항으로서, 형사소송법 제243조의2 제1항에 따라 검사 또는 사법경찰관이 그 허가 여부를 결정하는 피의자신문 중 변호인 등의 접견신청의 경우에는 적용된다고 볼 수 없으므로, 위 조항을 근거로 피의자신문 중 변호인 등의 접견신청을 불허하거나 제한할 수도 없다. 따라서 피의자신문 중에 교도관이 '변호인이 되려는 자'의 접견 신청을 허용할 수 없다고 통보하면서 그 근거로 이 사건 접견시간 조항을 제시한 경우, 동 조항에 대하여 기본권 침해의 자기관련성을 인정할 수 없다.

[4] ① 청구인은 피청구인 검사에게 접견신청을 하고 검사실에서 머무르다가 이 사건 검사의 접견불허행위로 인하여 결국 피의자를 접견하지 못하고 검사실에서 퇴실하였으므로, 청구인의 위 피의자에 대한 접견교통권이 제한되었다고 봄이 상당한 점, ② 피의자는 당일 야간에 계속하여 피의자신문을 받을 예정이었으므로 피의자신문에 앞서 검사실 또는 별도로 마련된 변호인 접견실에서 청구인과 위 피의자의 접견교통을 허용하는 조치를 취할 수 있었다고 보이고, 당시 구체적인 시간적·장소적 상황에 비추어 볼 때 변호인이 되려는 청구인이 현실적으로 보장할 수 있는 한계를 벗어나거나 신체구속제도 본래의 취지에서 벗어나 피의자와의 접견교통권 행사를 남용하려고 했다는 사정은 엿보이지 않는 점, ③ 변호인 등의 접견교통권은 헌법으로써는 물론 법률로써도 제한하는 것이 가능하나, 헌법이나 형사소송법은 피의자신문 중 변호인 등의 접견신청이 있는 경우 이를 제한하거나 거부할 수 있는 규정을 두고 있지 아니한 점, ④ 이 사건 접견시간 조항은 검사 또는 사법경찰관이 그 허가 여부를 결정하는 피의자

신문 중 변호인 등의 접견신청의 경우에는 적용되지 않으므로, 위 조항을 근거로 변호인 등의 접견신청을 불허하거나 제한할 수는 없는 점 등을 종합해 볼 때, 청구인의 피의자에 대한 접견신청은 '변호인이 되려는 자'에게 보장된 접견교통권의 행사 범위 내에서 이루어진 것이고, 또한 이 사건 검사의 접견불허 행위는 헌법이나 법률의 근거 없이 이를 제한한 것이므로 청구인의 접견교통권을 침해하였다고 할 것이다.

[해설]

대상판례는 헌법재판소가 변호인이 되려는 자의 체포·구속된 피의자와의 접견교통권을 헌법상의 권리라고 명시적으로 인정한 최초 판례라는 점에서 큰 의의가 있다.

헌법재판소는 과거에는 헌법상 변호인과의 접견교통권은 피의자·피고인에게만 한정되는 신체의 자유에 관한 기본권이고, 변호인 자신의 피의자·피고인과의 접견교통권은 헌법상의 권리라고 볼 수 없다는 입장이었으나(헌재 1991. 7. 8. 선고 89헌마181 전원재판부 결정), 2003. 3. 27. 선고 2000헌마474 전원재판부 결정에 이르러 "피의자 등이 가지는 변호인의 조력을 받을 권리가 실질적으로 확보되기 위해서는, 피의자 등에 대한 변호인의 조력할 권리의 핵심적인 부분은 헌법상 기본권으로서 보호되어야 한다"라고 하여 변호인의 조력할 권리의 핵심적인 부분은 헌법상 기본권으로 인정함으로써 변호인의 접견교통권도 헌법상 기본권으로 판단될 가능성을 열었고(위 2000헌마474 결정의 사안은 접견교통에 관한 것이 아니라, 수사기록 열람등사에 관한 사안임), 그 후 위 대상결정에 이르러서는 변호인이 되려는 자의 접견교통권도 피의자 등을 조력하기 위한 핵심적인 권리로서 헌법상 기본권으로 인정한 것이다.

또한, 헌법소원심판청구는 다른 법률에 구제절차가 있는 경우에는 그 절차를 모두 거친 후가 아니면 청구할 수 없는데(헌법재판소법 제68조 제1항 단서), 헌법재판소는 이 대상결정을 통하여, 접견 신청을 받은 검사의 접견불허행위에 대하여 준항고를 제기하지 않고 곧바로 헌법소원심판을 청구한 것과 관련하여 보충성의 예외를 인정하고, 검사의 접견불허행위가 헌법과 법률의 근거 없이 이루어져 변호인이 되려는 자의 기본권을 침해하여 위헌임을 정면으로 판단함으로써 피의자 등의 변호인으로부터 조력을 받을 권리의 핵심인 변호인 선임권과 표리관계에 있는 변호인이 되려는 자의 접견교통권이 헌법상 보호된다는 것을 명확히 선언하였다.

한편, 이 사안에 대한 재판관 3인의 소수의견은, 변호인이 되려는 자의 접견교통은 그 주된 목적이 자신의 수임활동에 있고, 접견하지 못함으로써 받는 불이익은 형사사건 수임 실패에 따른 불이익으로 간접적, 사실적, 경제적 이해관계에 불과하다고 보면서, 변호인이 되려는 자의 접견교통권은 헌법상 기본권이 아니라 법률상 권리에 불과하다고 보았는

데, 변호인이 되려는 자의 접견교통권이 보장
되지 않으면, 피의자 등의 변호인선임권 역시
유명무실해질 수밖에 없으므로 변호인이 되
려는 자의 접견교통권 역시 헌법상 기본권으
로 인정되어야 하고, 그런 의미에서 대상결정
의 재판관 다수의견이 타당하다고 본다.

[후속논의]

한편, 헌법재판소는 위 대상결정에서, 교도
관의 접견불허행위에 대해서는 공권력 행사
에 해당하지 않는다고 보아 헌법소원 대상이
되지 않는다고 결정하였는데, 교도관에게 접
견 허가 여부를 결정할 권한은 없지만 교도관
의 접견불허행위는 변호인이 되려는 자의 접
견을 사실상 막은 행위인바, 권력적 사실행위
로서 예외적으로 헌법소원 심판 대상에 해당
한다고 볼 여지가 없는지에 대한 판단이 없는
점은 아쉽다.

한편, 대상결정의 재판관 3인의 반대의견에
서는, 위 사안의 경우 검사의 접견불허행위에
대하여 준항고를 제기한다면 법원에서 법률
상 이익이 결여 내지 소멸되었다고 판단할 사
정이 없다고 하였는바, 유사 사안에서 준항고
가 제기된다면, 위 재판관 3인의 반대의견이
법률상 이익 인정에 긍정적으로 참고될 수 있
을 것이다.

[참고문헌]
• 조성용, 변호인이 되려는 자 접견불허행위의 위헌
성-헌재 2019. 2. 28. 2015헌마1204 결정-, 법조
제69권 제2호, 법조협회, 2020.

• 민만기, '변호인이 되려는 자'의 접견교통권과 관련
된 몇 가지 쟁점-헌재 2019. 2. 28. 2015헌마1204
결정 및 대법원 2017. 3. 9. 선고 2013도167162 판결
을 중심으로-, 성균관법학 제33권 제2호, 성균관대
학교 법학연구원, 2021.

[이지윤 변호사(법무법인 자우)]

대상	특정경제범죄가중처벌등에관한법률위반(사기) 등
	[1심a] 서울중앙지법 2019. 2. 18. 선고 2018고단1833등 판결 (유죄, 공소기각)
	[1심b] 서울중앙지법 2019. 1. 29. 선고 2018고합635 판결 (유죄)
	[2심] 서울고법 2020. 12. 17. 선고 2019노578, 2019노1210(병합) 판결 (유죄, 무죄)
	[3심] 대법 2022. 6. 30. 선고 2021도244 판결 (파기환송)
	[환2심] 서울고법 2022노1764 (계류중)

[사실관계]

피고인은 2016. 11. 24. 피고인 운영 회사의 자금 횡령 등으로 법정구속되어 서울구치소에 수감되었고, 2017. 1. 4. 구속집행정지 결정으로 석방된 후 도주하였다가 2017. 4. 21. 재수감되었다.

피고인은 구속된 이후 A 법인 등 회사 직원들에게 매일 오전에 피고인을 접견하도록 하여 그 직원들에게 회사의 업무사항 등을 지시하였다. 또한 회사 직원들이 피고인을 일반 접견하는 경우에는 변호인 접견의 경우와는 달리 접견 횟수, 접견 시간과 장소, 방법 등에 제한이 있고, 서신 수수의 절차와 방법 등에도 차이가 있으므로, 피고인은 A 법인의 비서실 과장인 乙에게 피고인을 접견하기 위한 변호사를 고용하여 변호인 접견을 하도록 하고, 그 접견 과정에서 회사의 업무사항을 비롯한 개인적인 연락업무 등을 피고인에게 보고하고, 피고인으로부터 업무지시 등을 받아 전달하거나 처리하도록 지시하였다.

乙은 피고인의 위와 같은 지시에 따라 6명의 변호사(이하 '이 사건 접견변호사들')과 법률자문계약 등을 체결하거나 변호인 접견에 대한 대가를 지급하기로 하는 계약을 체결한 후, 이 사건 접견변호사들에게 변호인 또는 변호인이 되려는 자로서 피고인을 변호인 접견하도록 하였다.

한편 乙 또는 회사 업무담당자는 이 사건 접견변호사들이 피고인을 변호인 접견하기 전에 회사의 자금 집행, 인사 관리 등 회사 운영에 관한 사항을 비롯하여 피고인의 개인적인 연락사항 및 각종 문건 등 자료를 취합하여 이 사건 접견변호사들에게 이메일 등으로 전달하였다. 이 사건 접견변호사들은 사전에 서울구치소에 변호인 또는 변호인이 되려는 자로서 피고인에 대한 변호인 접견신청서를 제출하고, 피고인을 변호인 접견하면서 乙 등으로부터 전달받은 사항 등을 피고인에게 보고하거나 전달하고, 피고인의 회사의 임직원들에 대한 업무 지시사항과 개인적인 연락사항 등을 메모하거나 컴퓨터를 이용하여 문서파일로 작성하였으며, 문건에 피고인의 지시사항 등을 수기로 받기도 하였다.

이 사건 접견변호사들은 피고인을 변호인 접견하는 과정에서 피고인으로부터 받은 업무지시, 개인적인 연락사항 등을 작성한 메모나 문건, 문서파일 등을 가지고 나온 후, 乙에게 '피고인 전달사항' 또는 '피고인 지시사항' 등 제목으로 이메일로 보내거나, 휴대전화로 촬영한 보고문건 사진 등을 보내는 방법으로 전달하였다. 乙은 이 사건 접견변호사들로부터 받은 피고인의 업무지시, 개인적인 연락사항 등을 처리하거나 회사의 담당자들에게 전달하여 처리하게 하였다.

이 사건 접견변호사들이 피고인을 변호인 접견하는 과정에서, ① D1 변호사는 A 등과 법률자문계약을 체결하거나 피고인에 대한 범인도피교사 사건의 변호인 선임서를 제출하였는데, 위 사건에 대하여 이미 별도로 변호인이 선임되어 소송을 수행하고 있었고, 위 사건의 공판기일에 출석하거나 실제 변론을 한 적이 없었으며, 일부 접견신청서에 피고인에 대한 정보통신사업법위반 사건을 기재하기도 하였으나, 변호인 접견 당시에는 이미 위 사건의 변론이 종결된 상태였고, 실제 피고인과 정식으로 위 사건에 관한 선임계약을 체결하지도 않았으며, ② D2, D3 변호사는 피고인의 B 법인 자금의 횡령, 배임 등 사건에 관한 선임서를 작성하거나 이를 제출하였는데, 위 사건에 대하여 이미 별도로 변호인이

선임되어 소송을 수행하고 있었고, 위 사건의 기록을 검토하거나 또는 공판기일에 출석하여 변론 등을 수행하거나 위 사건의 변호인들과 사건에 관한 협의나 논의를 한 적이 없으며, ③ D4, D5, D6 변호사는 피고인과 관련된 사건에 대하여 사건 기록을 검토하거나 또는 공판에 출석하여 변론 등을 수행하거나 피고인의 사건에 관한 선임서 등을 작성, 제출한 적도 없고, 변호인 접견신청서의 선임 여부에 관하여 '선임'이라고 기재하기도 하였으나 정식으로 선임계약을 체결하지 않았다.

이처럼 피고인은 6명의 집사변호사들을 고용한 다음 구속된 이후인 2016. 12. 22.경부터 2017. 9. 6.경까지 47회에 걸쳐 변호인 접견을 가장하여 개인적인 업무와 심부름을 하게 하고 소송 서류 외의 문서를 수수하였다.

[판결요지]

[1] 변호인 또는 변호인이 되려는 자의 접견교통권은 신체구속제도 본래의 목적을 침해하지 아니하는 범위 내에서 행사되어야 하므로, 변호인 또는 변호인이 되려는 자가 구체적인 시간적·장소적 상황에 비추어 현실적으로 보장할 수 있는 한계를 벗어나 피고인 또는 피의자를 접견하려고 하는 것은 정당한 접견교통권의 행사에 해당하지 아니하여 허용될 수 없다. 다만 접견교통권이 그와 같은 한계를 일탈한 것이어서 허용될 수 없다고 판단함에 있어서는 신체구속을 당한 사람의 헌법상 기본적 권리인 변호인의 조력을 받을 권

리의 본질적인 내용이 침해되는 일이 없도록 신중을 기하여야 한다.

[2] 한편 피고인의 변호인 접견교통권 행사가 그 한계를 일탈한 규율위반행위에 해당하더라도 그 행위가 위계공무집행방해죄의 '위계'에 해당하려면 행위자가 상대방에게 오인, 착각, 부지를 일으키게 하여 그 오인, 착각, 부지를 이용함으로써 상대방이 이에 따라 그릇된 행위나 처분을 하여야만 한다. 만약 그러한 행위가 구체적인 직무집행을 저지하거나 현실적으로 곤란하게 하는 데까지는 이르지 않은 경우에는 위계에 의한 공무집행방해죄로 처벌할 수 없다.

[해설]

I. 미결수용자가 가지는 변호인과의 접견교통권의 의의

헌법 제12조 제4항 본문은 "누구든지 체포 또는 구속을 당한 때에는 즉시 변호인의 조력을 받을 권리를 가진다"라고 규정하고 있고, 형사소송법 제34조는 "변호인 또는 변호인이 되려는 자는 신체구속을 당한 피고인 또는 피의자와 접견할 수 있다"라고 규정하고 있다. 여기서 '신체구속을 당한 피고인 또는 피의자'란 구속영장에 의하여 구속된 피의자 등뿐만 아니라, 체포영장에 의하여 체포되거나 긴급체포·현행범인으로 체포된 피의자 등을 포함하는 의미로서, 형식을 불문하고 신체의 구금을 당한 경우를 전제하고 있다. 따라서 미

결수용자가 가지는 변호인과의 접견교통권은 헌법상 권리라는 데에는 특별한 이견이 없다.

이와 달리 미결수용자는 "관련 법률이 정한 범위에서" "비변호인"과 접견하고 서류나 물건을 수수하며 의사의 진료를 받을 수 있고(형사소송법 제89조), 법원은 도망하거나 범죄의 증거를 인멸할 염려가 있다고 인정할 만한 상당한 이유가 있는 때에는 직권 또는 검사의 청구에 의하여 "결정으로" 비변호인과의 접견을 금지할 수 있고, 서류나 그 밖의 물건을 수수하지 못하게 하거나 검열 또는 압수할 수 있다(형사소송법 제91조). 이처럼 미결수용자의 비변호인과의 접견교통권은 형사소송법 및 관련 법률에 의해 제한될 수 있다.

그리고 이미 형이 확정된 수형자에게도 변호인과의 접견교통권이 보장되는지에 대하여는, 헌법재판소가 "변호인의 조력을 받을 권리는 '형사사건'에서의 변호인의 조력을 받을 권리를 의미한다. 따라서 수형자가 형사사건의 변호인이 아닌 민사사건, 행정사건, 헌법소원사건 등에서 변호사와 접견할 경우에는 원칙적으로 헌법상 변호인의 조력을 받을 권리의 주체가 될 수 없다. 다만 수형자의 민사사건 등에 있어서의 변호사와의 접견교통권은 '헌법상 재판을 받을 권리'의 한 내용 또는 그로부터 파생되는 권리로서 보장될 필요가 있다 할 것"이라고 결정한 바 있고(헌재 1998. 8. 27. 선고 96헌마398 전원재판부 결정 등), 대법원도 "수형자는 자유형의 처벌을 받고 있는 자의 본질적 지위상 미결수용자에 비하여 접

견 등의 빈도가 대폭 제한되어야 하고 그 제한의 정도는 일반적 접견권의 본질적 내용을 침해하지 아니하는 범위 내에서 교도소장 등 관계행정청의 재량에 속한다"고 판시하였다 (대법 1998. 4. 28. 선고 96다48831 판결).

II. 미결수용자가 가지는 변호인과의 접견 교통권의 내용과 한계

미결수용자의 변호인과의 접견교통권은 방해나 감시가 없는 자유로운 접견교통을 본질로 하므로, 접견내용의 비밀이 보장되어야 함은 물론, 접견에 교도관이나 경찰관의 참여가 허용되지도 않고 그 내용을 청취 또는 녹취하지 못한다. 다만 보이는 거리에서 관찰할 수는 있다(형집행법 제84조 제1항). 헌법재판소도 "구속된 자와 변호인의 대화내용에 대하여 비밀이 완전히 보장되고 어떠한 제한, 영향, 압력 또는 부당한 간섭없이 자유롭게 대화할 수 있는 접견을 통하여서만 가능하고 이러한 자유로운 접견은 구속된 자와 변호인의 접견에 교도관이나 수사관 등 관계공무원의 참여가 없어야 가능하고, 법 집행 공무원의 가시거리 (可視距離)내에서 행하여 질 수는 있으나 가청거리(可聽距離)내에서 행하여져서는 아니 된다"고 판시하였다(헌재 1992. 1. 28. 선고 91헌마111 전원재판부 결정). 이는 미결수용자의 비변호인과의 접견의 경우 교도소장이 범죄의 증거를 인멸하거나 형사 법령에 저촉되는 행위를 할 우려가 있는 때, 수형자의 교화 또는 건

전한 사회복귀를 위하여 필요한 때, 시설의 안전과 질서유지를 위하여 필요한 때 교도관으로 하여금 수용자의 접견내용을 청취·기록·녹음 또는 녹화하게 할 수 있도록 제한이 가능한 것(형집행법 제41조 제4항)과 다른 점이다.

한편 미결수용자가 변호인과 접견할 때에는 접촉차단시설도 설치할 수 없으며(구 형집행법 시행령(2014. 6. 25. 개정되기 전의 것) 제58조 제4항, 참고로 위 조항은 미결수용자가 변호인과 접견하는 경우를 제외하고는 접촉차단시설이 설치된 장소에서 접견하도록 하고 있었으나, 헌법재판소는 2013. 8. 29. 2011헌마122 전원재판부 결정으로 수용자가 형사사건이 아닌 민사, 행정, 헌법소송 등 법률적 분쟁과 관련하여 변호사의 도움을 받는 경우에도 접촉차단시설이 설치된 장소에서 접견하도록 하는 것이 수용자의 재판청구권을 침해한다는 이유로 잠정적용 헌법불합치 결정을 하였다. 이후 2014. 6. 25. 개정으로 미결수용자가 변호인과 접견하는 경우뿐 아니라 수용자가 소송사건의 대리인인 변호사와 접견하는 경우로서 교정시설의 안전 또는 질서를 해칠 우려가 없는 경우도 예외적으로 접촉차단시설이 없는 장소에서 접견하도록 개정하였으나, 2019. 10. 22. 개정으로 위 조항이 삭제되었다), 무엇보다 미결수용자와 변호인의 접견은 시간과 횟수가 제한되지 않는다(형집행법 제84조 제2항). 이와 달리 미결수용자와 소송사건의 대리인인 변호사는 원칙적으로 접견 시간은 회당 60분(형집행법 시행령 제59조의2

제1항), 접견 횟수는 월 4회(같은 조 제2항)로 제한되어 있고, 미결수용자와 일반인의 접견 시간은 원칙적으로 회당 30분(형집행법 시행령 제58조 제2항)과 접견 횟수는 매일 1회(형집행법 시행령 제101조 매일 1회)로 엄격히 제한된다(형집행법 시행령 제59조의2 제1항).

그리고 미결수용자와 변호인의 편지는 교정시설에서 상대방이 변호인임을 확인할 수 있는 경우가 아니고는 검열할 수 없다(형집행법 제84조 제3항). 이와 달리 미결수용자와 비변호인과의 편지는 편지의 상대방이 누구인지 확인할 수 없는 때 등 일정한 사유가 있는 경우 검열대상이 될 수 있다(형집행법 제43조 제4항).

이러한 미결수용자의 변호인과의 접견교통권도 한계가 있다. 비록 변호인과의 자유로운 접견은 신체구속을 당한 사람에게 보장된 변호인의 조력을 받을 권리의 가장 중요한 내용이어서 국가안전보장·질서유지 또는 공공복리 등 어떠한 명분으로도 제한될 수 있는 성질의 것이 아니라고 할 것이나, 이는 구속된 자와 변호인 간의 접견이 실제로 이루어지는 경우에 있어서의 '자유로운 접견', 즉 '대화내용에 대하여 비밀이 완전히 보장되고 어떠한 제한, 영향, 압력 또는 부당한 간섭 없이 자유롭게 대화할 수 있는 접견'을 제한할 수 없다는 것이지, 변호인과의 접견 자체에 대해 아무런 제한도 가할 수 없다는 것을 의미하는 것은 아니다(헌재 2011. 5. 26. 선고 2009헌마341 전원재판부 결정). 즉, 변호인의 조력을 받을 권리 역시 다른 모든 헌법상 기본권과 마찬가지로 국가안전보장·질서유지 또는 공공복리를 위하여 필요한 경우에는 법률로써 제한할 수 있는 것이며, 변호인의 조력을 받을 권리의 내용 중 하나인 변호인과의 접견교통권 역시 국가안전보장·질서유지 또는 공공복리를 위해 필요한 경우에는 법률로써 제한될 수 있다(헌재 2016. 4. 28. 선고 2015헌마243 결정).

대법원은 변호인의 접견교통권 행사의 한계에 대하여 "변호인 또는 변호인이 되려는 자의 접견교통권은 '신체구속제도 본래의 목적'을 침해하지 아니하는 범위 내에서 행사되어야 하므로 변호인 또는 변호인이 되려는 자가 구체적인 시간적·장소적 상황에 비추어 현실적으로 보장할 수 있는 한계를 벗어나 피고인 또는 피의자를 접견하려고 하는 것은 정당한 접견교통권의 행사에 해당하지 아니하여 허용될 수 없다고 하면서, 접견교통권이 그와 같은 한계를 일탈한 것이어서 허용될 수 없다고 판단함에 있어서는 신체구속을 당한 사람의 헌법상 기본적 권리인 변호인의 조력을 받을 권리의 본질적인 내용이 침해되는 일이 없도록 신중을 기하여야 한다"는 입장이다(대법 2017. 3. 9. 선고 2013도16162 판결).

이 사안과 같이 미결수용자가 선임된 변호인 또는 정식으로 선임하지 않은 변호사와 접견하면서 형사소송과 무관한 내용으로 소통하거나 소송서류가 아닌 문건을 주고받는 행위가 변호인과의 접견교통권의 한계를 벗어난 것인가?

대상판례에서 대법원은 접견교통권 행사의 한계 일탈 여부는 신중하게 판단하여야 한다고 하면서도 명시적으로 그 일탈 여부를 판단하지는 않았지만 "피고인이 이 사건 접견변호사들에게 지시한 접견이 변호인에 의한 변호활동이라는 외관만을 갖추었을 뿐 실질적으로는 형사사건의 방어권 행사가 아닌 다른 주된 목적이나 의도를 위한 행위로서 접견교통권 행사의 한계를 일탈한 경우에 해당할 수는 있"다는 취지로 판단하였다.

III. 위계에 의한 공무집행방해 성립 여부

변호인 접견교통권의 행사의 주된 목적이나 의도가 형사소송에서의 방어권 행사가 아니라 개인 업무를 처리하기 위한 목적 등에 있어 변호인과의 접견교통권의 한계를 일탈하였거나 남용했다고 평가할 수 있더라도, 이러한 행위를 두고 곧바로 위계에 의한 공무집행방해가 성립한다고 할 수 있는가?

'위계'에 해당하려면 행위자가 상대방에게 오인, 착각, 부지를 일으키게 하여 그 오인, 착각, 부지를 이용함으로써 상대방이 이에 따라 그릇된 행위나 처분을 하여야만 한다. 만약 그러한 행위가 구체적인 직무집행을 저지하거나 현실적으로 곤란하게 하는 데까지는 이르지 않은 경우에는 위계에 의한 공무집행방해죄로 처벌할 수 없다(대법 2009. 4. 23. 선고 2007도1554 판결).

대상판례는 다음과 같은 점을 근거로 위계에 의한 공무집행방해 성립을 부정하였다. 즉 ① 미결수용자의 변호인이 교도관에게 변호인 접견을 신청하는 경우 미결수용자의 형사사건에 관하여 변호인이 구체적으로 어떠한 변호 활동을 하는지, 실제 변호를 할 의사가 있는지 여부 등은 교도관의 심사대상이 되지 않는다. 따라서 이 사건 접견변호사들이 미결수용자의 개인적인 업무나 심부름을 위해 접견신청행위를 하였다는 이유만으로 교도관들에 대한 위계에 해당한다거나 그로 인해 교도관의 직무집행이 구체적이고 현실적으로 방해되었다고 볼 수 없다. ② 미결수용자와 변호인 간의 서신은 교정시설에서 상대방이 변호인임을 확인할 수 없는 경우를 제외하고는 검열할 수 없는바, 그 취지에 비추어 보면 변호인이 접견에서 미결수용자와 어떤 '내용'의 서류를 주고받는지는 교도관의 심사대상에 속하지 않는다. 그렇다면 이 사건 접견변호사들이 피고인과 소송서류 이외의 서류를 주고받은 것이 교도관들에 대한 위계에 해당한다거나 그로 인해 교도관의 직무집행이 방해되었다고 할 수 없다. ③ 형집행법은 수용자와 교정시설의 외부에 있는 사람의 접견 시 일정한 경우 접견내용을 청취·기록·녹음 또는 녹화할 수 있도록 하면서도(구 형집행법 제41조 제2항) 미결수용자와 변호인의 접견에는 교도관의 참여나 접견내용의 청취 또는 녹취를 금지하고 있는바(구 형집행법 제84조 제1항), 미결수용자가 변호인과 접견에서 어떤 대화를 나누는지는 교도관의 감시, 단속의 대상이 아니다. 따라서 이 사건 접견변호사들이 피고인의 개인적인 연락업무 등을 수행한 것이 위계에 해당한다거나 그로 인해 교도관의 직무집행이 방해되었다고 할 수 없다.

교도관은 미결수용자의 변호인이 구체적으로 어떠한 변호 활동을 하는지, 실제 변호를 할 의사가 있는지, 그리고 미결수용자가 변호인이 주고받는 서류가 실제 형사사건에 관한 서류인지 등을 감시하거나 단속할 수 없으므로, 피고인이 위계를 사용하였다고 할 수도 없고 교도관의 업무를 방해했다고 할 수도 없다.

[후속논의]

미결수용자의 변호인과의 접견교통권은 앞서 본 바와 같이 미결수용자의 방어권을 위한 헌법상 권리이므로 법률로써 제한할 때도 비례의 원칙 등을 충족시켜야 하고, 법령에 제한이 없는 한 수사기관의 처분은 물론 법원의 결정으로도 제한할 수 없다. 대상판례와 같이 구체적 법령에 근거하지 않고 '신체구속제도 본래의 목적'이라는 다소 불명확하고 모호한 기준에 의한 한계를 부여하고, 특정한 접견교통권 행사의 주된 목적이나 의도를 파악하여 형사사건의 방어권 행사를 위한 행위인지 아닌지에 따라 한계 일탈 여부를 판단할 수 있는지는 의문이다. 다만, 미결수용자의 변호인과의 접견교통권 보장 내용에 비추어 교도관에게 그 내용까지 감시하거나 단속할 권한이나 의무가 없으므로 위계에 의한 공무집행방해죄가 성립하지 않는다는 결론은 타당하다.

그러나 이 사안과 같은 '집사변호사'를 통한 접견, '황제접견'이 변호인과의 접견교통권 남용 문제를 일으킬 수 있는 만큼 이를 입법적으로 제한할 필요가 있다는 의견도 경청할 만하다. 다만 이러한 제한은 결국 변호 활동이나 접견의 내용까지 평가해야 하는 것이 전제가 될 가능성이 높은 만큼 자칫 변호인과의 접견교통권을 폭넓게 보장한 취지를 훼손될 우려가 있으므로 신중한 검토가 필요하다.

[참고문헌]
● 이순옥, 변호인의 접견교통권에 대한 연구, 형사소송 이론과 실무 제11권 제1호, 한국형사소송법학회, 2019.
● 신이철, 피고인·피의자의 접견교통권에 대한 올바른 해석과 입법적 제언, 형사법의 신동향 통권 제66호, 대검찰청, 2020.

[류경은 교수(고려대학교 법학전문대학원)]

[13] 소송대리인이 되려는 변호사의 접견을 접촉차단시설이 설치된 장소에서 하도록 규정한 형집행법 시행령 조항의 위헌 여부

대상	형의 집행 및 수용자의 처우에 관한 법률 시행령 제58조 제4항 위헌확인 등 (기각, 각하)
	헌재 2022. 2. 24. 선고 2018헌마1010 전원재판부 결정 (기각, 각하)
참조	형의 집행 및 수용자의 처우에 관한 법률 제41조 등 위헌확인 (헌법불합치, 각하)
	헌재 2013. 8. 29. 선고 2011헌마122 전원재판부 결정 (헌법불합치, 각하) **(2009법원직 / 2011 국가7급 / 2014국회8급)**

[사실관계]

甲은 2016. 7.경 A교도소에 수용되어 있다가 B로부터 폭행을 당하여 상처를 입자 2017. 2. 27. B를 상대로 위 폭행과 관련한 손해배상청구소송을 제기하였다.

甲은 변호사인 청구인에게 위 손해배상청구소송의 변호사가 되어 달라는 내용의 서신을 보냈다. 위 서신을 받은 청구인은 2018. 7. 9. 피청구인(A교도소장)에게 '소송대리인 접견신청서'를 제출하면서 접촉차단시설이 설치되지 않은 장소에서의 접견을 신청하였으나, 피청구인은 같은 달 10. 이를 불허했다. 구 형집행법 시행령 제58조 제4항 제2호는 '소송사건'의 경우 그 변호사가 '되려는 사람'에 관해서는 접촉차단시설이 없는 장소에서의 접견을 하도록 하는 규정을 두지 않았기 때문이다.

이에 청구인은 2018. 7. 10. 일반접견을 신청하여 접촉차단시설이 설치된 접견실에서 甲을 접견하였다.

이후 청구인은 ① 소송사건의 대리인'이 되려는' 변호사의 소송대리인 접견신청을 불허한 피청구인의 행위 및 ② 구 형집행법 시행령 제58조 제4항 제2호가, 변호사의 직업수행의 자유를 침해한다는 이유로 2018. 10. 8. 헌법소원심판을 청구하였다.

접견신청을 불허한 피청구인의 행위(위 ①)에 대해서는 이후 청구인이 소송대리인이 되어 소송대리인 접견이 가능하게 되었으므로 권리보호이익이 없다는 이유에서 각하되었다.

아래에서는 구 형집행법 시행령 제58조 제4항 제2호의 위헌여부(위 ②)에 대한 헌법재판소 결정 부분만을 살펴본다. 참고로 대상판례에서 문제되는 사건이 있은 후인 2019년 법률이 개정되어 구 형집행법 시행령 제58조 제4항 제2호는 동일한 내용을 지닌 채 형집행법 제41조 제2항으로 그 위치만 이동되었으므로, 구 형집행법 시행령 제58조 제4항의 위헌여부는 곧 현행 형집행법 제41조 제2항 제2호의 위헌여부의 문제와도 직결된다고 할 수 있다.

[결정요지]

재판관 4인(유남석, 이종석, 문형배, 이미선)의 기각의견

소송대리인이 되려는 변호사의 경우 변호인이 되려는 사람이나 소송사건의 대리인인 변호사와 비교하여 지위, 역할, 접견의 필요성 등에 차이가 있으므로, 접견제도의 운영에 있어 이들과 달리 취급할 필요가 있다. 소송대리인이 되려는 변호사의 접견을 소송대리인인 변호사의 접견과 같은 형태로 허용한다면 소송제기 의사가 진지하지 않은 수용자가 이를 악용할 우려가 있다. 소송대리인 선임 여부를 확정하기 위한 단계에서는 접촉차단시설이 설치된 장소에서 접견하더라도 그 접견의 목적을 수행하는데 필요한 의사소통이 심각하게 저해될 것이라고 보기 어렵다. 따라서 심판대상조항은 변호사인 청구인의 업무를 원하는 방식으로 자유롭게 수행할 수 있는 자유를 침해한다고 할 수 없다.

재판관 5인(이선애, 이석태, 이은애, 이영진, 김기영)의 인용의견

심판대상조항은 소송대리인이 되려는 변호사의 경우 충분한 의사소통 및 소송사건 수임의 비밀유지를 제약하여 수용자는 적시에 효율적인 권리구제를 받지 못할 우려가 있고, 변호사는 그 직무인 소송사건의 수임을 위한 업무활동에 제약을 받을 가능성이 있다. 수용자가 제기하고자 하는 민사소송 등은 수용 중 발생한 사건에 관한 것이거나 교정시설의 장의 조치 기타 자신이 받은 처우에 대하여 국가 또는 교정시설을 상대로 한 소송일 가능성이 있는데, 소송대리인이 되려는 변호사가 접촉차단시설로 인해 직접 수용자에게 서류를 건네줄 수 없어 문서 송부나 반입을 하게 될 경우 교정시설의 검열을 의식하지 않을 수 없고 소송의 상대방이 될 수 있는 교정시설 관련자에게 수용자의 소송수임자료를 그대로 노출하는 것과 동일한 결과가 될 수 있어 비밀유지의 측면에서 바람직하지 않으며 수용자가 소 제기 자체를 포기하는 결과가 발생할 수도 있으므로 접촉차단시설이 설치되지 않은 장소에서 접견할 필요성이 크다. 소송대리인이 되려는 변호사도 원칙적으로 접촉차단시설이 없는 장소에서 접견하도록 하되, 교정시설의 규율 및 질서 유지를 해칠 우려가 있는 경우에 한하여 예외적으로 접촉차단시설이 설치된 장소에서 접견하도록 제한함으로써 변호사접견이 악용될 가능성을 방지할 수 있다. 따라서 심판대상조항은 과잉금지원칙에 반하여 변호사인 청구인의 직업수행의 자유를 침해한다.

인용정족수 미달

기각의견이 4인, 인용의견이 5인으로 인용정족수에 미달(헌법재판소가 인용결정 내지 위헌결정을 하기 위해서는 재판관 6인 이상의 인용의견 내지 위헌의견이 있어야 함)하므로 심판청구를 기각한 사례.

[해설]

I. 관련 규정 및 접촉차단시설

1. 관련 규정

구 형집행법 시행령은 수용자의 접견의 경우, 형사사건에 관한 '미결수용자와 변호인의 접견'을 제외하고는 접촉차단시설이 설치된 장소에서 하도록 하였다. 헌법재판소는, 위 규정이 수용자의 재판청구권이 침해된다는 이유를 들어 헌법불합치 결정을 선고했다(헌재 2013. 8. 29. 선고 2011헌마122 전원재판부 결정). 이에 법무부는 2014. 6. 25. 형집행법 시행령 제58조 제4항을 개정하여, "미결수용자와 변호인(변호인이 되려고 하는 사람을 포함) 접견"(제1호) 외에, "수용자가 소송사건의 대리인인 변호사와 접견하는 경우로서 교정시설의 안전 또는 질서를 해칠 우려가 없는 경우"(제2호)도 접촉차단시설이 없는 장소에서 접견하도록 하였다.

국회는 2019. 4. 법률을 개정하여 위 형집행법 시행령의 내용을 형집행법 제41조 제2항으로 그 위치를 이동시켰다. 단, '미결수용자와 변호인'(1호) 부분에 대해서는 이를 시행령에서 법률로 위치 이동을 하는 개정 과정에서 '변호인이 되려는 사람' 부분이 누락되어 해석상 논란이 발생했다. 그러자 국회는 2022. 12. 다시 법률을 개정하여 '변호인이 되려는 사람'도 포함하는 것으로 명시하였다.

반면, 민사사건, 행정사건, 헌법소송과 같은 '소송사건'과 관련해서는 과거 형집행법 시행령 제58조 제4항 제2호는 물론, 개정된 형집행법 제41조 제2항 제2호 역시 '소송사건의 대리인인 변호사'라고만 규정하였다.

요컨대, 형사사건과 관련해서는 변호인은 물론 변호인이 되려는 사람도 접촉차단시설이 없는 장소에서의 접견을 하게 되는 반면(형집행법 제41조 제2항 제1호), 민사·행정사건 내지 헌법소원 등 소송사건과 관련해서는 오직 '선임된 변호사'만 접촉차단시설이 없는 장소에서의 접견을 하게 되는 상황(같은 항 제2호)이다.

2. 접촉차단시설

접촉차단시설은 통상 스테인리스제 창살을 사이에 두고 양면에 투명강화유리가 설치되어 있는 구조로서 마이크를 이용한 의사전달 자체는 가능하지만 서류 등을 함께 확인하고 자유롭게 의사개진을 하는 것에는 상당한 물리적·현실적 제약이 생긴다.

II. 소송사건의 대리인이 되려는 변호사의 접견방법

1. 대상판례(4인의 기각의견)의 태도

대상판례 중 4인의 기각의견은 소송사건의 대리인이 '되려는' 변호사는 접촉차단시설을 갖춘 장소에서 접견하면 족하다고 본다. 그 논거를 정리하면, 첫째, '형사사건'과 민사, 행정 등 기타 '소송사건'이 본질적으로 다르다는 것이다. 다시 말해, 형사사건의 경우에는 형벌권이라고 하는 중대한 공권력 행사가 예정되어 있으므로 변호인뿐만 아니라 '변호인이 되려는 자'에게도 효율적인 권리구제를 위한 조치로서 접촉차단시설이 없는 장소에서의 접견이 허용되어야 하는 반면, 일반 민사·행정 등 소송사건에서는 변호사가 되려는 자와 굳이 접촉차단시설이 없는 장소에서의 접견까지 허용될 필요는 없다는 것이다. 둘째로, 소송사건의 대리인이 되려는 변호사에게도 접촉차단시설이 없는 장소에서의 접견을 허용하게 되면, 수용자 등이 이를 남용 내지 악용할 우려도 있다는 점이다. 셋째로, 서신수수나 전화통화 방법으로도 충분히 변호사가 되려는 자와의 접견권이 보장된다는 점이다.

2. 검토

(1) 우선, 형사절차상 변호인과 소송사건의 변호사가 달리 취급되어야 한다는 위 4인의 기각의견은 다음과 같은 이유에서 타당하지 않다.

첫째, 접촉차단시설이 설치된 장소에서의 접견을 하게 되면 효율적인 재판준비가 곤란하다. 특히 교정시설 내에서의 처우에 대하여 국가 등을 상대로 소송을 하는 경우 소송자료가 그대로 노출되어 무기대등의 원칙이 심대하게 훼손된다. 이는 대상판례의 5인의 인용의견은 물론, 헌법재판소가 일찍이 지적해온 것이기도 하다(헌재 2013. 8. 29. 선고 2011헌마

122 전원재판부 결정). 만약 교정시설의 처분 등을 문제 삼아 소송이나 헌법소원을 제기함에 있어 소송대리인이 되려는 변호사와의 자유로운 의사소통이 보장되지 못할 경우, 변호사 선임에 위축되는 등으로 인해 수용자가 의욕하는 바가 완전히 좌절될 가능성도 있다. 그에 따른 불이익은, 형사절차를 통해 받을 수 있는 불이익과 비교할 때 작은 것이라 단정할 수 없다.

둘째, 민사사건이나 행정사건, 헌법재판 사건에서도 청구요건, 진행절차, 소요되는 비용 등을 확인하기 위하여 수용자와의 관계에서 자유로운 의사소통이 필요할 여지는 얼마든지 있다. 형집행법 시행령 제59조의2 제5항도 '형사소송법에 따른 상소권회복 또는 재심 청구사건의 대리인이 되려는 변호사'와의 접견시 접촉차단시설이 설치되지 않은 장소에서 접견하도록 하고 있는데, 이러한 접견제한의 완화가 민사, 행정, 헌법사건 등에 있어 부정되어야 할 특별한 이유는 없다고 생각된다.

(2) 다음으로, 소송대리인이 되려는 변호사 접견이 남용·악용될 수 있다는 4인의 기각의견 역시 다음의 이유에서 타당하지 않다.

첫째, 집사 변호사의 문제가 사회적으로 불거지고 있기는 하나, 변호사에 대한 윤리성·사회적 책임성의 강조와 징계제도 활용, 금지물품 반입시 처벌규정 적용(형집행법 제133조 등) 등을 통해 충분히 해결할 수 있는 문제라고 생각된다.

둘째, 소송사건의 대리인이 되려는 사람과

의 접촉차단시설이 없는 장소에서의 접견을 허용함에 있어, 교정시설의 안전 또는 질서를 해칠 우려가 있는 사정이 있다면 그 접견방법을 제한함으로써 얼마든지 남용·악용 사례의 발생을 막을 수 있다.

(3) 마지막으로 서신수수나 전화통화의 방법으로 충분하다는 논거에 대해서도, 그러한 방법만으로 접촉차단시설이 없는 장소에서의 대면접견에 준할 만큼 자유로운 의사소통이 보장될 수 있을지 의문이기 때문에 타당하지 않다.

(4) 결론적으로 대상판례의 5인의 인용의견이 타당하다고 생각된다.

[후속논의]

수용자가 소송사건 진행의 초기단계에서부터 변호사와의 자유로운 의사소통을 함으로써 효율적인 권리구제를 받을 수 있게 하기 위해서는 형집행법 제41조 제2항 제2호를 개정하여 소송사건의 '변호사가 되려는 사람'과도 접촉차단시설이 없는 장소에서의 접견이 이루어지도록 할 필요가 있다고 생각된다.

[참고문헌]
• 박찬운, 수형자의 변호사 접견교통권-헌재 결정의 국제인권법적 검토-, 법학논총 제31권 제2호, 한양대학교 법학연구소, 2014.
• 성중탁, 수형자의 재판청구권과 변호인 접견권 보장 문제-최근 헌법재판소 결정례에 대한 분석을 중심으로-, 법학논집 제21권 제2호, 이화여자대학교 법학연구소, 2016.

[송주용 변호사(법무법인 미션)]

[01] 수용자 서신검열의 위헌 여부

대상	통신의 자유 침해 등 위헌확인 (각하)
	헌재 1998. 8. 27. 선고 96헌마398 전원재판부 결정 (각하) **(2009국회8급 / 2010법원직 / 2013**
	법원직 / 2019변호사 / 2020입법고시 / 2022서울7급 / 2023행시5급)
참조	행형법시행령 제62조 등 위헌확인 (기각, 각하)
	헌재 2001. 11. 29. 선고 99헌마713 전원재판부 결정 (기각, 각하) **(2009국회8급)**

[사실관계]

청구인은 1996. 3. 12. 국가보안법위반죄로 대법원에서 징역 1년이 확정되어 안양교도소와 순천교도소에서 복역하다가 1997. 7. 8. 형기(집행유예실효로 합산된 기간 포함)의 종료로 출소했다. 피청구인은, 청구인이 안양교도소에 수용 중이던 1996. 4. 17. 박○운 변호사에게 보내기 위하여 발송의뢰한 서신과, 같은 달 19. 유○영 변호사에게 보내기 위하여 발송의뢰한 서신을 행형법(이하 "법"이라 한다) 제18조 제3항 본문(행형법(1995. 1. 5. 법률 제4936호로 개정된 것) 제18조(접견과 서신의 수발) ③ 수용자의 접견과 서신수발은 교도관의 참여와 검열을 요한다.(단서 생략))에 따라 검열한 다음 그 발송을 각 거부했다. 청구인은, 피청구인의 위와 같은 서신검열 및 발송거부 행위로 청구인의 기본권(통신의 자유와 변호인의 조력을 받을 권리)이 침해되었고, 아울러 수형자의 서신을 검열하도록 규정한 법 제18조 제3항 본문은 위헌이라고 주장하면서 1996. 12. 5. 이 헌법소원심판청구서를 제출했다.

[결정요지]

[1] 수형자를 구금하는 목적은 자유형의 집행이고, 자유형의 본질상 수형자에게는 외부와의 자유로운 교통·통신에 대한 제한이 수

반된다. 따라서 수형자에게 통신의 자유를 구체적으로 어느 정도 인정할 것인가의 기준은 기본적으로 입법권자의 입법정책에 맡겨져 있다. 수형자의 교화·갱생을 위하여 서신수발의 자유를 허용하는 것이 필요하다고 하더라도, 구금시설은 다수의 수형자를 집단으로 관리하는 시설로서 규율과 질서유지가 필요하므로 수형자의 서신수발의 자유에는 내재적 한계가 있고, 구금의 목적을 달성하기 위하여 수형자의 서신에 대한 검열은 불가피하다. 현행법령과 제도 하에서 수형자가 수발하는 서신에 대한 검열로 인하여 수형자의 통신의 비밀이 일부 제한되는 것은 국가안전보장·질서유지 또는 공공복리라는 정당한 목적을 위하여 부득이할 뿐만 아니라 유효적절한 방법에 의한 최소한의 제한이며 통신의 자유의 본질적 내용을 침해하는 것이 아니다.

[2] 형사절차가 종료되어 교정시설에 수용 중인 수형자는 원칙적으로 변호인의 조력을 받을 권리의 주체가 될 수 없다. 다만, 수형자의 경우에도 재심절차 등에는 변호인 선임을 위한 일반적인 교통·통신이 보장될 수도 있겠으나, 기록에 의하면 청구인은 교도소 내에서의 처우를 왜곡하여 외부인과 연계, 교도소 내의 질서를 해칠 목적으로 변호사에게 이 사건 서신을 발송하려는 것이므로 이와 같은 경우에는 변호인의 조력을 받을 권리가 보장되는 경우에 해당한다고 할 수 없다.

[해설]

I. 수용자의 편지수수(便紙授受)에 대한 허가 및 검열의 변천

1950년 제정되어 시행된 행형법(법률 제105호) 제17조는 수형자의 접견과 서신수발(이하에서는 편지수수, 서신수발, 서신수수를 혼용해서 쓰기로 한다. 단, 조문 및 판결문의 인용시에는 원문을 그대로 사용한다)은 형무관리의 입회 또는 검열을 요하며, 친족 이외의 자와의 접견과 서신수발은 필요한 용무가 있을 때에 한한다고 규정했다. 이에 1962년 시행된 행형법 시행령(각령 제626호)에서는 소장은 재소자가 수발하는 서신을 검열해야 하고(제62조 제1항), 수형자가 발송하는 서신은 봉함을 하지 않고 교도소에 제출하게 하며, 수형자가 수령할 서신은 교도소에서 개피하여 검인을 압날해야 한다고 규정했다(제2항). 또한 수형자의 교도상 부적당하다고 인정되는 서신에 대해서 소장은 그 수발을 허가하지 않는다고 규정했다(제63조). 1995년 개정된 행형법(법률 제4936호)에서는 수용자의 서신수발에 대한 엄격한 제한이 다소 완화되어 동법 제18조는 수용자는 소장의 허가를 받아 타인과 접견하거나 서신을 수발할 수 있고(제1항), 소장은 교화 또는 처우상 특히 부적당한 사유가 없는 한 이를 허가해야 하지만(제2항), 수용자의 접견과 서신수발에서 교도관이 참여하고 검열할 것을 규정했다(제3항). 그러다가 2007년 행형법이 형집행법(법률 제8728호)으로 전면 개정되면서 동법 제43조는 원칙적으로 수용자의 서신수수 허가제를 폐지하고(제1항) 수용자가 주고 받는 서신의 내용검열을 금지하는 것으로 바뀌었다(제4항).

1998년의 96헌마398결정은 서신검열로 인한 수형자의 통신의 자유 및 변호인 조력권의 침해여부에 대한 헌법재판소의 원칙적 태도를 보여주면서 이후 헌법재판소 결정으로 확립되었다는 점에서 의미가 있다. 이하에서는 대상판례를 중심으로 수용자의 서신검열에 대한 위헌성을 검토한다.

II. 통신의 자유와 비밀 침해여부

1. 외부교통권으로서 편지수수의 자유와 그 한계에 대한 헌법재판소의 태도

헌법재판소에 따르면 수용자도 원칙적으로 통신의 자유의 주체가 되지만, 이를 구체적으로 어느 정도 인정할 것인가는 입법권자의 입법정책에 맡겨져 있다. 수형자에게 자유형의 집행내용이자 목적은 일정한 장소에 구금하여 사회로부터 격리시켜 자유를 박탈함과 동시에 교화·갱생을 도모함에 있다. 수형자의 교화·갱생을 위하여 편지수수의 자유를 허용할 필요가 있지만, 구금시설은 규율과 질서유지가 필요하므로 수형자의 편지수수의 자유에는 내재적 한계가 있다. 제한없는 편지수수는 ① 일반 국민들에게 출소 후의 보복 협박, 뒷바라지 강요 등의 해악을 끼칠 수 있고, ② 서신교환의 방법으로 금지물품이 반입될 수도 있으며, ③ 외부 세력과 연결하여 탈주를 기도하거나 ④ 수형자끼리 연락하여 범죄

행위를 준비하는 등 수용질서를 어지럽힐 수 있다. 때문에 구금 목적을 달성하기 위해서 수형자의 서신검열은 불가피하다. 그럼에도 불구하고 통신의 자유를 제한하는 서신검열은 합리적인 방법과 엄격한 기준에 의해야 하며 서신내용의 비밀이 엄수되어야 한다, 교도관집무규칙 제78조와 재소자계호근무준칙 제284조 등에서 서신검열의 기준 및 검열자의 비밀준수의무 등을 규정하고 있기 때문에 국가안전보장·질서유지 또는 공공복리라는 정당한 목적을 위하여 부득이할 뿐만 아니라 유효적절한 방법에 의한 최소한의 제한이며 통신의 자유의 본질적 내용을 침해하지 않는다.

2. 의의와 비판

1995년 헌법재판소는 92헌마144 결정에서 미결수용자와 변호인이 아닌 자 사이의 서신검열이 합헌이라고 하면서도, 원칙적으로 미결수용자와 변호인 사이의 서신검열은 위헌이라고 판단했다. 변호인과의 서신에 국한된 92헌마144 결정과 달리, 1998년 96헌마398 결정은 수용자의 서신일반에 대하여 검열할 수 있는 근거 조항 자체의 위헌 여부를 통신의 자유와 함께 변호인 조력권의 관점에서 판단했다는 점에서 의의가 있다.

이 결정은 수형자의 통신의 자유를 제한하는 것이 입법자의 입법재량이라고 함으로서 수형자의 통신비밀 자유의 법적 성격을 추상적 권리로 판단한 것으로 볼 수 있고, 이에 대한 위헌성 판단에서는 목적의 정당성 외에 보

다 적절한 방법과 보다 덜 제한적인 수단을 고려함으로서 과잉금지 원칙에 의해 판단했다고 할 수 있다. 결국 수형자의 서신검열은 목적이 정당하고 최소한의 수단과 적절한 방법을 통해 통신의 자유에 대한 합헌적인 제한이라는 것이다. 그러나 통신비밀 자유의 핵심은 통신내용이 원하지 않는 사람에게 '공개되지 않는 것'이라는 점에서 당시 행형법(법률 제4936호) 제18조에서 신속한 검열·발송 및 교부(제4항)을 규정하고 당시 교도관집무규칙과 재소자계호근무준칙에서 서신검열의 기준 및 검열자의 비밀준수의무 등을 규정하더라도 이는 불가피한 서신검열의 합헌성에 대한 보충적인 논거일지언정 서신검열 자체의 정당성을 주장하는 주된 논거가 될 수 없다는 주장이 제기된다. 더 나아가 검열 결과 서신을 폐기하거나 석방 시까지 교부를 금지하는 것(동조 제5항)은 통신의 자유에 대한 본질적 내용을 침해한다고도 할 수 있다.

수형자의 서신검열을 합헌으로 본 헌법재판소의 입장 및 논거는 이후 결정에서도 일관되게 반복된다. "이미 종료되어 이에 대해 위헌확인 선언을 하더라도 그로 인한 청구인의 기본권이 회복될 수 없어 주관적 권리보호이익이 소멸"했고, "이미 헌법재판소는 헌재 96헌마398 결정 및 99헌마713 결정 등에서 수차례 수형자에 대한 서신검열이 헌법에 위반되지 않는다고 선언한 바 있고 이 사건에 있어서 특별히 또 다시 헌법적 해명을 해야 할 필요성도 인정되지 아니한다"는 점을 들어 각하하는 경우가 대부분이다.

한편 수용자의 서신검열은 변호인과의 관계에서 변호인 조력권이 또한 쟁점이 된다.

Ⅲ. 변호인의 조력을 받을 권리 침해 여부

1. 수형자의 변호인 조력권에 대한 헌법재판소의 태도

수형자가 변호인 조력권의 권리 주체가 될 수 있는지와 관련하여 헌법재판소는 헌법 제12조 제4항 본문의 취지가 형사절차에서 무기대등을 통해 피고인과 피의자의 인권을 보장하려는 것을 전제로, 형사절차가 종료되어 교정시설에 수용 중인 수형자는 원칙적으로 변호인의 조력권의 주체가 될 수 없다고 한다. 다만, 재심절차 등에는 수형자에게도 변호인 선임을 위한 일반적인 교통·통신이 보장될 수도 있다. 이러한 논증은 이후 헌법재판소 결정에서 반복된다. 특히 2015년 헌법재판소는 형이 확정된 수형자의 민사소송 변호사접견을 일반접견과 동일하게 판단해 횟수와 시간을 제한하는 것은 헌법에 보장된 재판청구권을 침해한다고 하여 수형자의 변호인 조력의 범위를 확장한 듯한 결정을 한 바 있다(헌재 2015. 11. 26. 선고 2012헌마858 전원재판부 결정. 다만, 이 결정은 민사소송에 대한 것이고 수형자의 '재판청구권'에 대한 것이라는 점에서 주의를 요한다).

2. 의의와 비판

헌법 제12조 제4항 본문은 "누구든지 체포

또는 구속을 당한 때에는 즉시 변호인의 조력을 받을 권리를 가진다"고 하고, 형사소송법 제30조 제1항은 "피고인 또는 피의자는 변호인을 선임할 수 있다"고 규정한다. 변호인 조력권에 대한 이들 규정의 취지가(피의자·피고인이 아닌) 수형자를 배척하는 것인지 여부와 관련해서 논쟁이 있다. 헌법재판소는 변호인 조력권은 형사절차에서 피의자 또는 피고인의 방어권을 보장하기 위한 것이므로 형사절차가 종료된 채 교정시설에 수용 중인 자는 헌법상의 변호인의 도움을 받을 권리의 주체가 되지 못한다고 한다고 한다. 그러나 여기서 '체포 또는 구속'은 "구속시설에 수용되는 모든 경우"로 넓게 해석된다는 점을 들어 수형자도 변호인 조력권의 주체가 될 수 있다는 주장 또한 제기된다. 이러한 주장에서는 확정판결과 직·간접적으로 연결되거나 판결로부터 부수적으로 파생하는 절차에서의 변호는 형사소송과 밀접하고 불가분적으로 연결되었다는 점을 들어 수형자에게도 변호인 조력권의 주체성을 부여해야 한다는 논거를 든다. 수형자에 대한 변호인 조력권의 배제는 전면 개정된 형집행법의 취지 및 해석에 비추어 볼 때 더 이상 타당하지 않다고 할 수 있다.

IV. 기타 기본권의 침해 여부, 특히 헌재 2001. 11. 29. 선고 99헌마713 전원 재판부 결정과 관련하여

수형자의 서신검열은 외부교통권으로서 통신의 자유 및 변호인 조력권이 쟁점이지만,

편지를 주고받는 '대상'과 '목적'에 따라 제한되는 기본권이 다양할 수 있다. 96헌마398은 청구인이 교도소에 수용되어 있던 중 교도소 내의 처우에 대해 불만을 가지고 이에 대해 법적으로 다툴 방법을 찾고자 변호사들에게 편지를 발송하였고 교도소에서 이를 검열한 후 발송을 거부한 사안이다. 만약 청구인이 교정시설 내의 인권 침해 등을 고발하기 위한 목적으로 법무부 등 청원기관에 편지를 발송했고 이를 검열했다면 이는 청원권 제한의 문제가 된다. 관련하여 2001년 헌법재판소는 통신비밀의 자유와 청원권 침해 여부를 나누어 판단하면서 "서신을 통한 수용자의 청원을 아무런 제한 없이 허용한다면 수용자가 이를 악용하여 검열 없이 외부에 서신을 발송하는 탈법수단으로 이용할 수 있게 되므로 이에 대한 검열은 수용 목적 달성을 위한 불가피한 것으로서 청원권의 본질적 내용을 침해한다고 할 수 없다"고 했다(헌재 2001. 11. 29. 선고 99헌마713 전원재판부 결정). 헌법재판소의 이러한 입장은 이후 결정에서도 일관되게 유지되고 있다. 그러나 이에 대해서는 수신인이 국가기관임이 명백하다면 탈법수단으로 이용될 가능성이 없다는 점과 함께 국가기관에 보내는 편지가 교정 당국의 부당한 처우나 인권 침해를 호소하기 위한 것이라면, 이러한 내용이 교정 당국의 사전 검열을 통해 발송이 거부되는 등 시정되지 않을 수 있다는 점을 들어 수용자의 국가기관에 대한 청원권을 가급적 최대한 보장해 줄 필요가 있다는 주장이 제기된다.

외국 입법례 또는 판례에서도 수용자가 변

호사나 일정 범위의 국가기관에게 보내는 편지에 대해서는 내용통제를 포함하는 검열을 하지 않는 것이 원칙적 태도며, 내용을 읽고 통제하는 것이 아니라 금지품의 포함여부에 대한 '검사'를 하는 것이 일반적이다. 이러한 점에서 수용자의 국가기관에 대한 청원적 성격의 편지에 대해서는 검열을 하지 않는 것을 원칙으로 함이 타당하다 할 것이다. 참고로 현재 형집행법(법률 제19105호)에서는 수용자가 처우에 불복하여 법무부장관·순회점검공무원 또는 관할 지방교정청장에게 하는 청원서는 소장이 개봉하지 못하도록 규정하고(제117조), 국가인권위원회법에서도 소속공무원 등은 시설수용자가 위원회에 제출할 목적으로 작성한 진정서 또는 서면을 열람할 수 없도록 규정한다(제31조 제7항).

[후속논의]

2000년 개정된 행형법(법률 제6038호)은 수용자의 편지수수에 있어서 허가제와 검열제를 허용하면서(제18조), 교도소등에서 상대방이 변호인임을 확인할 수 없는 경우와 서신에 마약 등 소지금지품이 포함되어 있거나 도주, 증거인멸, 교도소등의 규율과 질서의 파괴 기타 형벌규정에 저촉되는 내용이 기재되어 있다고 의심할 만한 합리적인 이유가 있는 경우를 제외하고는 미결수용자와 변호인과의 서신은 검열할 수 없도록 했다(제66조 제2항). 이는 헌재 1995. 7. 21. 선고 92헌마144 전원재판부 결정에 따른 후속 조치다.

그러다가 2007년 행형법이 형집행법(법률 제8728호)으로 전면 개정되면서 수용자의 편지수수에 대한 허가제와 검열제는 전면적으로 폐지되어 오늘에 이른다(제43조 제1항 및 제4항). 다만 같은 교정시설의 수용자 간에 편지를 주고받으려면 소장의 허가를 받아야 하고(동조 제2항), 소장은 수용자가 주고받는 편지에 법령에 따라 금지된 물품이 들어 있는지 확인할 수 있다(동조 제3항).

한편, 2012년 헌법재판소는 수용자가 밖으로 내보내는 모든 서신을 봉함하지 않은 상태로 교정시설에 제출하도록 규정하고 있는 형집행법 시행령(대통령령 21095호) 제65조 제1항이 청구인의 통신 비밀의 자유를 침해한다고 하여 위헌결정을 했다. 이후 동법 시행령 제65조 제1항은 원칙적으로 "수용자는 편지를 보내려는 경우 해당 편지를 봉함하여 교정시설에 제출"하도록 개정되었다.

[참고문헌]

- 박인수, 수용자의 서신검열과 통신의 자유, 공법학연구 제7권 제2호, 한국비교공법학회, 2006.
- 윤영미, 수형자의 서신검열과 기본권 제한, 법조 제55권 제11호, 법조협회, 2006.
- 노희범, 수용자 서신검열 제도의 위헌성-헌재 2012. 2. 23. 2009헌마333 결정에 대한 평석을 중심으로-, 법학논총 제32권 제2호, 전남대학교 법학연구소, 2012.
- 조성용, 수형자와 변호사 간의 접견내용 녹취행위-헌법재판소 결정(2011헌마398)에 대한 평석-, 법조 제64권 제5호, 법조협회, 2015.

[김대근 박사(한국형사·법무정책연구원)]

[02] 피구금자의 신체활동과 관련된 자유에 대하여 가하는 제한의 허용 범위

대상	손해배상(기) (원고일부승)
	[1심] 대구지법 안동지원 2000. 5. 19. 선고 96가합966 판결 (원고일부승)
	[2심] 대구고법 2001. 8. 8. 선고 2000나4068 판결 (항소기각)
	[3심] 대법 2003. 7. 25. 선고 2001다60392 판결 (상고기각)
참조	손해배상(기) (원고일부승)
	[1심] 대구지법 의성지원 청송군법원 2007. 4. 26. 선고 2006가소998 판결 (원고패)
	[2심] 대구지법 2008. 4. 16. 선고 2007나8783 판결 (원고일부승)
	[3심] 대법 2008. 7. 24. 선고 2008다31621 판결 (상고기각)

[사실관계]

원고는 청송보호감호소에 수감 중이던 1992. 4. 20.부터 1992. 4. 25.까지 교도관의 부당한 처우에 대해 고소장 등을 작성하기 위하여 집필허가신청을 하였는데 보호감호소 측은 정당한 이유 없이 이를 거부하였고, 오히려 원고가 집필허가를 계속 요구한다는 이유로 1994. 4. 25.~26. 원고를 구타하였다. 원고가 교도관들의 구타에 대하여 형사고소하기 위하여 1992. 6. 27.부터 1992. 8. 6.까지 또 다시 집필허가 신청을 하였는데, 보호감호소 측은 위 집필허가도 거부하였다.

원고는 1992. 8. 6. 어머니와 면회하면서 교도관들에게 구타당한 사실을 알리며 변호사를 통해 검찰에 고소해 달라고 요청했다. 그러자 교도관들이 면회를 중지시키고 원고를 강제로 밖으로 끌고 나갔다.

원고는 1996. 6. 25. 교도관들이 원고의 집필권을 침해하고 어머니와의 면회를 강제로 중단시킨 것은 위법하다고 주장하면서 국가를 상대로 손해배상청구 소송을 제기하였다.

[결정요지]

[1] 수용자나 피보호감호자를 교도소나 보호감호소에 수용하면서 신체의 자유를 제한하는 외에 교화목적의 달성과 교정질서의 유지를 위해 피구금자의 신체활동과 관련된 그밖의 자유에 대하여 제한을 가하는 것은 수용조치에 부수되는 제한으로서 허용된다. 다만, 그 제한은 위 목적달성을 위하여 꼭 필요한 경우에 합리적인 범위 내에서만 허용되고, 그 제한이 필요하고 합리적인가 여부는 제한의 필요성의 정도와 제한되는 권리 내지 자유의 내용, 이에 가해진 구체적 제한의 형태와의 비교형량에 의하여 결정된다. 법률의 구체적인 위임에 의하지 아니한 행형법시행령이나

계호근무준칙 등의 규정은 위법성 판단을 함에 있어 참고자료가 될 수는 있겠으나, 그 자체로서 수형자 또는 피보호감호자의 권리 내지 자유를 제한하는 근거가 되거나 그 제한조치의 위법여부를 판단하는 법적 기준이 될 수 없다.

[2] 집필에 관한 권리는 신체의 자유와 표현의 자유의 한 내용으로서 특별히 법률에 의하여 제한되지 않는 한 일반적으로 인정되는 기본권이다. 원고로부터 집필허가신청을 받고도 집필보고문을 작성하여 소장에게 보고하지 않은 것은 부당하게 원고의 집필에 관한 권리를 침해한 것으로 위법하다.

[3] 피고는, "계호근무준칙 제150조, 법무부가 작성한 '재소자 집필제도 운영개선안'에 따라 집필을 할 수 없는 내용에 관한 집필허가신청인지 여부를 확인하기 위하여 원고에게 집필내용의 요지를 문의하였으나 원고가 이에 응하지 아니하여 집필할 수 없는 내용이라고 판단하고 집필보고문을 작성하지 않았다"는 취지로 주장하였다. 그러나 사회보호법(1989. 3. 25. 법률 제4089호) 제42조에 의하여 준용되는 행형법(1980. 12. 22. 법률 제3289호)에서 감호자의 집필에 관한 권리를 제한하는 규정을 두고 있지 않은 이상 법무부가 단순히 내부적인 업무처리지침으로서 발령한 계호근무준칙이나 '재소자 집필제도 운영개선안'에 의하여 감호자의 집필에 관한 권리를 제한할 수 없다.

[4] 행형법 제18조 제1항은 "수형자는 소장의 허가를 받아 타인과 접견하거나 서신을 수발할 수 있다"고 규정하고 있고, 같은 조 제4항은 "접견, 참여, 서신의 검열 및 접견과 서신의 제한에 관하여 필요한 사항은 대통령령으로 정한다"고 규정하고 있으며, 시행령 제54조 내지 제60조는 접견시기나, 장소, 횟수, 접견신청자의 인적사항 기록, 접견시의 용어 등을 제한하고 있을 뿐 접견시의 대화내용에 관하여는 특별히 제한하지 않고 있다. 따라서 원고가 감호소장으로부터 면회 허가를 얻은 이상 대화내용에 제한 받지 않고 자유로이 접견할 수 있다 할 것이므로, 원고가 교도관들로부터 가혹행위를 당했다고 주장하면서 변호사 선임과 고소 등을 요구하였다는 이유로 접견을 중지시킨 것은 원고의 접견권을 침해한 것으로 위법하다.

[해설]

I. 기본권 제한의 원칙

구 사회보호법은 피보호감호자의 처우를 구체적으로 규정하는 대신 행형법의 규정을 준용하였다. 이는 보호감호처분이 구금 위주의 형벌과 다름없다는 점에서 사실상 이중처벌에 해당한다는 근거가 되었다(보호감호처분의 위헌성이 계속해서 제기되자 국회는 2005. 8. 4. 보호감호처분의 법적 근거가 되는 사회보호법을 폐지하였다). 이처럼 피보호감호자에게 행형법 규정이 준용되었는데, 이 사건은 수용자의 기본권 제한을 다룬 초창기의 판례로서 수용자

기본권 제한의 원칙을 명확히 했다는 점에서 상당한 의미가 있다.

이 사건에 적용된 구 행형법(1999. 12. 28. 개정되기 전의 것)은 수용자의 처우를 소장의 허가사항으로 규정하였다. 예를 들어 접견과 서신에 대하여 '수용자는 소장의 허가를 받아 타인과 접견하거나 서신을 수발할 수 있다.'고 규정하였다(제18조 제1항). 이에, 실무에서는 법무부의 내부 규정과 소장의 폭넓은 재량권으로 수용자의 처우가 제한되었고, 법리적으로는 수용자의 기본권 주체성 여부가 문제되었다. 이 사건만 보더라도, 구 행형법에 집필권 제한 규정이 없는데 교도관은 내부 규정을 이유로 원고의 집필권을 제한하였고, 구 행형법에 면회를 제한하는 구체적인 사유가 명시되어 있지 않았는데도 교도관은 내부 규정을 이유로 원고의 면회를 강제로 중단시켰다.

헌법 제37조 제2항은 "국민의 모든 자유와 권리는 국가안전보장·질서유지 또는 공공복리를 위하여 필요한 경우에 한하여 법률로써 제한할 수 있으며, 제한하는 경우에도 자유와 권리의 본질적인 내용을 침해할 수 없다"고 규정함으로써 법률 유보의 원칙과 필요성의 원칙을 명시하고 있는데, 위 원칙이 구 행형법상 수용자에게도 적용될 수 있는지 여부가 쟁점이 되었다. 그런데 법원은 집필에 관한 권리를 신체의 자유, 표현의 자유의 한 내용으로 보고 법률에서 이를 제한하는 규정을 두고 있지 않은 이상 행형법시행령이나 계호근무준칙 등으로 제한할 수 없다고 천명하였다.

접견에 대해서도 법률에서 접견의 내용을 제한하거나 하위법령에 접견의 내용 등을 제한할 수 있는 위임규정을 두지 않은 이상 내부적인 업무처리 지침으로 접견의 내용을 제한할 수 없다고 명시하였다.

이 사건 판결은 수용자 역시 기본권의 주체이며, 형 집행 또는 보호감호 집행의 목적을 위하여 기본권을 제한하더라도 법률유보의 원칙과 필요성의 원칙을 준수해야 한다는 점을 명확히 하였다.

II. 집필의 자유에 대한 변천

1. 앞서 살펴본 바와 같이 이 사건 발생 당시만 하더라도, 구 행형법에서 집필에 관해 별도로 규정하지 않았는데, 행형법시행령과 계호근무준칙 등에 규정된 집필장소, 집필용구, 집필 절차 등의 조항을 통해 수용자들의 집필권을 제한하였다. 1999. 12. 28. 개정 행형법에서 집필 규정을 신설하였는데, ① 교도소등의 안전과 질서를 해칠 우려가 있는 경우와 ② 기타 교화상 부적당한 경우를 집필의 제한 사유로 규정하였다(제33조의3 제1항). 위 법률 개정 이후 선고된 판결에서도, 법원은 "집필에 관한 권리는 신체의 자유, 표현의 자유의 한 내용으로서 특별히 법률에 의하여 제한되지 않는 한 일반적으로 인정되는 기본권이라고 할 것이고, 교도소장은 수용자가 집필할 문서의 내용이 교도소 등의 안전과 질서를 해할 우려가 있는 경우, 기타 교화상 부적당

한 경우(행형법 제33조의3 제1항 제1, 2호)에 해당할 때를 제외하고는 수용자의 집필신청을 허가하여야 할 것이다"라고 판단하였다(대구지법 2008. 4. 16. 선고 2007나8783 판결).

2. 한편, 집필한 문서를 외부에 발송하는 것도 넓은 의미로 집필에 관한 권리에 포함되며, 신체의 자유와 표현의 자유에 해당한다.

집필은 내면의 의사를 종이에 표현하는 것이므로 표현의 자유의 본질적인 내용에 해당한다고 볼 수 있다. 따라서 집필 문서 발송을 제한하는 방향으로 입법이 이루어져야 한다고 생각한다. 그런데, 개정 행형법령은 집필 그 자체에 대한 제한을 통해 집필문서 발송을 제한한 것으로 보인다. 즉, 개정 행형법은 집필 제한 사유만 규정하고 집필 문서 발송의 제한은 행형법시행령에 규정하였는데, 외부 발송 제한 사유를 "법 제33조의3제1항 각호 및 이 영 제62조제3항제1호 내지 제3호에 해당하는 경우"로 규정하였다(행형법시행령 제67조). 행형법 제33조의3 제1항은 "1. 교도소등의 안전과 질서를 해칠 우려가 있는 경우, 2. 기타 교화상 부적당한 경우"로써, 집필 제한 규정과 동일하다.

한편, 2007. 12. 21. 전면 개정된 형집행법은 집필의 제한 사유를 "소장이 시설의 안전 또는 질서를 해칠 명백한 위험이 있다고 인정하는 경우"로 제한하고, 문서 수발신의 제한 사유도 규정하였다. 즉, 서신 수발신의 규정을 준용하였는데 구체적으로 ① 암호·기호 등 이해할 수 없는 특수문자로 작성되어 있는 때, ② 범죄의 증거를 인멸할 우려가 있는 때, ③ 형사 법령에 저촉되는 내용이 기재되어 있는 때, ④ 수용자의 처우 또는 교정시설의 운영에 관하여 명백한 거짓사실을 포함하고 있는 때, ⑤ 사생활의 비밀 또는 자유를 침해할 우려가 있는 때, ⑥ 수형자의 교화 또는 건전한 사회복귀를 해칠 우려가 있는 때, ⑦ 시설의 안전 또는 질서를 해칠 우려가 있는 때를 제한 사유로 규정하였다(법 제49조 제3항).

[후속논의]

헌법재판소는 금치처분의 집행기간 중 집필을 금지한 구 행형법시행령 관련 규정에 대한 헌법소원 심판 사건에서, "공표나 외부 반출 등을 목적으로 하는 경우에도 집필행위 자체는 정신활동과 관계되는 지극히 개인적인 행위로서 교도소의 질서와 안전의 유지에 어떤 위험을 줄 수 있는 행위가 아님은 물론 어떤 면에서는 오히려 수용자의 건전한 정신활동을 촉진하여 그의 교정·교화에 이바지하는 경우도 충분히 있을 수 있다"고 판단하였다(헌재 2005. 2. 24. 선고 2003헌마289 전원재판부 결정).

형집행법 제49조 제1항 단서에서 집필 제한 사유를 규정하고 있다. 그러나 위 헌법재판소 결정의 취지에 따르면 집필은 표현의 자유의 본질적인 내용에 해당하므로, 집필 제한 사유를 규정한 법 제49조 제1항 단서를 삭제할 필요가 있다.

[이상희 변호사(법무법인 지향)]

[03] 서신 수발신 금지 사유 중 '명백한 거짓사실'의 판단기준

대상	서신발송거부취소 (원고승)
	[1심] 서울행법 2011. 1. 28. 선고 2010구합32785 판결 (원고승)
	[2심] 서울고법 2011. 9. 7. 선고 2011누7863 판결 (항소기각)
참조	형의 집행 및 수용자의 처우에 관한 법률 제43조 제5항 제4호 등 위헌소원 (합헌)
	헌재 2016. 5. 26. 선고 2013헌바98 전원재판부 결정 (합헌) **(2016국가7급 / 2022서울7급)**

[사실관계]

원고는 마약류관리법위반(향정)죄로 구속되어 2009. 11. 28. 성동구치소에 미결수용되었다가 2010. 6. 15. 서울구치소로 옮겨져 미결수용되었고, 2010. 8. 19. 위 죄로 징역 2년형이 확정된 사람이다. 원고는 2010. 7. 25. 언론사 기자에게 서울구치소의 부당한 의료처우를 고발하는 내용의 서신(이하 '이 사건 서신')을 작성하여 피고인 서울구치소장에게 발송을 신청하였다.

이 사건 서신의 주요 내용은 다음과 같다.

[1] 서울구치소에서는 의무과의 월, 수, 금 순회진료조차 이루어지지 않고, 순회진료신청을 하여도 신청자 중에서 선별하여 진료를 하기 때문에 진료받기가 어렵다.

[2] 진료받을 기회가 적다는 점에 관하여 불만을 표시하면 대답을 회피하거나 강압적인 말을 하고, 그러다가 서로 인성이 높아지면, 조사, 징벌을 하려고 하거나 계구를 사용한다.

[3] 서울구치소에서 오른발 발등을 다친 후 약 한 달이 다 된 지금까지 통증이 계속되고 잘 걷지 못하여 왼쪽 무릎의 퇴행성 관절염마저 악화되었는데, 두 번의 엑스레이 결과 뼈에는 이상이 없다고 할 뿐 별다른 의료조치가 없다.

[4] 서울구치소의 근무자들에게 상담을 하여도 별다른 조치가 없고, 의무과에서는 원고를 진료조차 하지 않고 방치하고 있다.

[5] 의무행정은 과연 책임과 의무를 다하는지 진료자 선별이 자격이 있는 자들에 의하여 이루어지고 있는지에 관하여 책임을 묻고 싶다. 의무과의 부당한 진료처우에 강력하게 항의하고 싶고 가족들에게 알려지기를 원한다.

서울구치소장은 이 서신이 수용자의 처우 또는 교정시설의 운영에 있어 명백한 허위사실이 포함되어 있다는 이유를 들어 형집행법 제43조 제5항 제4호에 근거하여 발송을 불허하였다(이하 '이 사건 처분'). 원고는 이 사건 서신에는 명백한 허위사실이 포함되어 있지 않으므로 이 사건 처분은 위법하다고 주장하면서 이 사건 처분의 취소를 구하는 행정소송을 제기하였다.

[판결요지]

수용자도 헌법 제18조, 제21조 제1항에 의하여 보장되는 서신발신의 자유를 가지는데, 형집행법 제43조는 수용질서 유지 및 수형자의 교화를 통한 사회방위라는 공익을 위하여 위와 같은 자유를 제한하는 법률 조항이므로, 법 제43조 제5항 각호 소정의 서신 발신·수신금지 사유를 해석함에 있어서 위와 같은 공익과의 관련성을 고려하여야 한다. 특히 미결수용자는 헌법 제27조 제4항에 따라 판결이 확정될 때까지 무죄로 추정되기 때문에 수형자와는 달리 교화의 대상이 아니므로, 이 사건과 같이 미결수용자의 서신발신 제한에 관하여는 수용질서의 유지라는 공익만이 문제된다.

형집행법 제43조 제5항 제4호는 '수용자의 서신에 수용자의 처우 또는 교정시설의 운영에 관하여 명백한 거짓사실을 포함하고 있는 때'를 서신의 발신·수신 금지사유로 규정하고 있다. 미결수용자의 서신과 관련하여서는 위 규정이 보호하고자 하는 공익이 수용질서의 유지라는 점을 고려하면, 위 규정은 수용자가 수용자의 처우 또는 교정시설의 운영에 관하여 명백한 거짓사실이 포함된 서신을 발신하는 방법을 이유로 하여 언론과 같은 외부기관의 힘을 빌려 교정당국을 괴롭힘으로써

수용질서 유지에 위해를 가하는 것을 방지하기 위한 것으로 보인다. 따라서 위 규정 소정의 '명백한 거짓사실'은 수용자의 처우 또는 교정시설의 운영에 관한 중요한 사항에 관하여 진실과 완전히 다른 사실을 의미하고, 수용자의 처우 또는 교정시설의 운영 실상을 과장하거나 그에 대한 의견을 표명하는 것은 이에 포함되지 않는다고 해석함이 상당하다.

이 사건 서신상의 표현 일부는 미결수용자에 대한 의료 처우라는 교정시설의 운영상 중요한 문제에 대한 표현으로서 일견 사실과 다른 것으로 보이나, 이 사건 서신을 전체적으로 보면 진실과 완전히 다른 사실이라고 보기 어렵다. 또한 이 사건 서신의 내용 중 의무행정에 대한 항의 부분은 사실의 적시가 아니라 의견 표명에 불과하다. 그러므로 이 사건 서신은 그 내용에 명백한 거짓사실이 포함되어 있는 것으로 볼 수 없으므로 이 사건의 처분은 처분의 근거되는 사실이 인정되지 아니하므로 위법하다.

[해설]

I. 형집행법상 수용자의 편지수수에 대한 규정의 내용

교정시설에 의한 편지수수에 대한 제한의 방식은 제한의 정도를 기준으로 무개봉에서부터 개봉, 내용물 확인, 편지 내용의 열람, 검열, 수발신의 금지 등으로 나눌 수 있다.

현행 형집행법은 기본적으로는 수형자의

편지수수를 허용한다(제1항 본문). 그러나 여전히 수형자별로, 그리고 개개의 편지별로 다음과 같은 제한이 이루어진다. 수형자에 대하여 편지의 수수 금지 및 압수 결정이 있는 때, 수형자의 개선 또는 시설의 안전을 위하여 필요한 때 등 일정한 사유가 있는 경우 편지의 수발신이 금지될 수 있고(동조 제1항 단서), 같은 교정시설의 수용자 간 편지의 수수는 소장의 허가를 요한다(동조 제2항). 또한 수형자가 주고받는 편지마다 법령에 따른 금지 물품이 편지에 포함되었는지를 확인하기 위하여 편지 내용물의 확인이 이루어지고(동조 제3항), 법령상 예외적인 사유에 해당하는 경우에는 검열이 시행되며(동조 제4항), 내용물의 확인 및 검열의 결과 법률에 규정된 발신 또는 수신 금지사유에 해당하면 발신 또는 수신이 금지될 수 있다(동조 제5항).

대상판례에서 이 사건 처분의 근거는 서신의 내용이 수용자의 처우 또는 교정시설의 운영에 관하여 명백한 거짓사실을 포함하고 있는 때에 해당한다는 것이다(동조 제5항 제4호). 형집행법은 검열이 예외적으로 허용되는 경우로, 서신의 상대방이 누구인지 확인할 수 없는 때, 서신 검열의 결정이 있는 때, 일정 범위의 수용자 간의 서신인 때, 수형자의 교화 또는 건전한 사회복귀를 해칠 우려가 있는 때, 시설의 안전 또는 질서를 해칠 우려가 있는 때를 규정하고 있으며(동조 제3항), 검열 결과 편지의 내용이 암호·기호 등 이해할 수 없는 특수문자로 작성되어 있는 때, 범죄의

증거를 인멸할 우려가 있는 때, 형사 법령에 저촉되는 내용이 기재되어 있는 때, 수용자의 처우 또는 교정시설의 운영에 관하여 명백한 거짓사실을 포함하고 있는 때, 사생활의 비밀 또는 자유를 침해할 우려가 있는 때, 수형자의 교화 또는 건전한 사회복귀를 해칠 우려가 있는 때, 시설의 안전 또는 질서를 해칠 우려가 있는 때에 해당할 경우 수발신을 금지할 수 있다고 규정하고 있다(동조 제5항 각호).

II. 대상판례의 의의

대상판례의 쟁점은 이 사건 처분상의 근거인 '명백한 거짓사실'을 어떻게 해석하는가에 있다. 대상판례는 명백한 거짓사실이란 수용자의 처우 또는 교정시설의 운영에 대한 중요한 사항에 관하여 진실과 완전히 다른 사실을 의미하고, 수용자의 처우 또는 교정시설의 운영 실상을 과장하거나 의견을 표명하는 것은 이에 포함되지 않는다고 해석하여야 한다고 판시하였다. 이러한 해석론을 근거로 대상판례는 이 사건 서신의 내용이 전체적으로 보면 진실과 완전히 다른 사실이라고 보기 어려우며 이 사건 서신의 내용 중 의무행정에 대한 항의 부분은 사실의 적시가 아니라 의견 표명에 불과하다는 이유로 이 사건 처분이 위법하다고 판단하였다. 이러한 해석은 '명백한 거짓사실'을 해석한 선례인 서울지법 2002. 6. 20. 선고 2001나57883 판결의 입장에 따른 것으로 보인다.

편지의 검열 및 수발신 금지와 관련하여 문제가 되는 사안은 언론사 내지 언론사 기자를 수신자로 발송하는 편지의 경우이다. 수용자가 언론사를 수신자로 하여 서신을 발송하는 경우 해당 편지의 검열 및 수발신 금지의 적법 여부가 다투어져 왔다. 교정시설은 수신자가 언론사인 경우 교도소의 안전이나 교도소 직원 등의 명예를 훼손하는 일이 발생할 수 있다는 이유로 사전검열을 통해 이를 예방할 수 있어야 한다고 주장한다. 이를 뒷받침하는 대전지법 2012. 8. 23. 선고 2012나100010 판결, 서울중앙지법 2013. 4. 2. 선고 2012가단293820 판결 등의 하급심 판결이 있으나, 이는 편지의 검열을 원칙적으로 폐지한 형집행법의 개정취지와 검열을 최소한으로 할 것을 요구하는 헌법재판소의 결정에 반한다고 할 것이다. 국가인권위원회도 언론사에 교정시설의 처우에 대해 제보하는 편지를 검열하고, 이 조사과정에서 폭언을 하였다는 이유로 수용자를 징벌한 조치나 방송사 제보를 이유로 한 편지의 검열이 부당하며 인권침해에 해당한다고 결정한 바 있다(국가인권위 2018. 8. 29.자 18진정0214100 결정; 국가인권위 2023. 2. 16.자 22진정0507300 결정 등).

나아가 이 사건 처분의 근거인 "수용자의 처우 또는 교정시설의 운영에 관하여 명백한 거짓사실을 포함하고 있는 때"라고 하는 규정 자체가 수용자의 기본권을 과도하게 침해하는 것은 아닌지에 대하여 검토할 필요가 있

다. 해외 입법례를 보면, 일본의 경우 수형자의 서신에 명백한 거짓사실이 있고 이 때문에 편지의 수신자에게 해가 가해질 우려가 있을 경우에 편지의 발신이 금지될 수 있다고 규정하여 우리보다 편지 수발신 금지의 요건을 엄격하게 하고 있다(형사수용시설법 제129조 제1항 제4호). 이에 비하여 우리 형집행법령은 명백한 거짓사실에 해당하면 수신자에게 어떠한 해가 가해질 지 여부에 대한 판단 없이 그 자체로 수발신이 금지될 수 있다고 규정하고 있는 것이다.

[신은영 박사(고려대학교 법학연구원)]

[04] 수용자 발송 서신 무봉함 제출 강제의 위헌 여부

대상	형의 집행 및 수용자의 처우에 관한 법률 제43조 제3항 등 위헌확인 (위헌, 각하) 헌재 2012. 2. 23. 선고 2009헌마333 전원재판부 결정 (위헌, 각하) **(2013서울7급 / 2014국회8급 / 2016국가7급 / 2017지방7급)**

[사실관계]

청구인은 2007. 4. 23.경 구속되어 징역 3년을 선고받고 교도소에 수용 중 다시 사기죄로 징역 8월을 선고받아 마산교도소에서 형집행 중에 있다가, 허리디스크 치료를 위해서 자비부담으로 외부의사의 진료를 받을 수 있게 해달라고 마산교도소장에게 수차례 요청하였으나 거부당하였다. 이에 청구인은 국민권익위원회 등의 국가기관에 청구인으로 하여금 외부의사의 진료를 받지 못하도록 하는 마산교도소장의 처분이 위법·부당함을 다투고자 청원서를 작성·봉함하여 제출하려고 하였으나, 마산교도소장은 법무부 장관에 대한 청원서를 제외한 다른 서신은 봉함하여 제출할 수 없다고 하였다. 그러자 청구인은 2009. 6. 초순경 법제처에 형집행법 제43조 제3항과 같은 법 시행령 제65조 제1항에 의하여 국가기관에 대한 청원서를 봉함하지 않은 상태로 교정시설에 제출해야 하는지 여부와 관련한 법령해석 질의를 하였고, 2009. 6. 8. 법제처에서 위 질의서를 이송받은 법무부 장관으로부터 법무부 장관에 대한 청원서 이외의 서신은 위 법령조항들에 의거하여 봉함하지 않은 상태로 제출하여야 한다는 회신을 수령하였다. 이에 청구인은 2009. 6. 22. 위 법령조항들이 헌법상 기본권을 침해한다고 주장하며 이 사건 헌법소원심판을 청구하였다.

[결정요지]

이 사건 법률조항은 수용자의 서신에 금지물품이 들어 있는지 여부에 대한 확인을 교도소장의 재량에 맡기고 있으므로 교도소장의 금지물품 확인이라는 구체적인 집행행위를 매개로 하여 수용자인 청구인의 권리에 영향을 미치게 되는바, 위 법률조항이 청구인의 기본권을 직접 침해한다고 할 수 없다.

이 사건 시행령조항은 교정시설의 안전과 질서유지, 수용자의 교화 및 사회복귀를 원활하게 하기 위해 수용자가 밖으로 내보내는 서신을 봉함하지 않은 상태로 제출하도록 한 것이나, 이와 같은 목적은 교도관이 수용자의 면전에서 서신에 금지물품이 들어 있는지를 확인하고 수용자로 하여금 서신을 봉함하게 하는 방법, 봉함된 상태로 제출된 서신을 X-ray 검색기 등으로 확인한 후 의심이 있는 경우에만 개봉하여 확인하는 방법, 서신에 대한 검열이 허용되는 경우에만 무봉함 상태로 제출하도록 하는 방법 등으로도 얼마든지 달성할 수 있다고 할 것인바, 위 시행령조항이 수용자가 보내려는 모든 서신에 대해 무봉함 상태의 제출을 강제함으로써 수용자의 발송서신 모두를 사실상 검열 가능한 상태에 놓이도록 하는 것은 기본권 제한의 최소 침해성 요건을 위반하여 수용자인 청구인의 통신비밀의 자유를 침해하는 것이다.

재판관 이동흡의 이 사건 시행령조항에 대한 한정위헌의견

수용자에 대한 자유형의 본질상 외부와의 자유로운 통신에 대한 제한은 불가피한 것으로 이 사건 시행령조항의 발송서신 무봉함 제출 제도는 수용자의 발송서신에 대하여 우리 법이 취하고 있는 '상대적 검열주의'를 이행하기 위한 효과적 교도행정의 방식일 뿐이어서 수용자의 통신비밀의 자유를 침해한다고 볼 수는 없으나, '미결수용자가 변호인에게 보내는 서신'은 '절대적 검열금지'의 대상으로 이를 무봉함 제출하도록 하는 것은 헌법상 변호인의 조력을 받을 권리를 침해하고, 무죄추정의 원칙에도 위배되므로 이 사건 시행령조항의 무봉함 제출 서신에 미결수용자가 변호인에게 보내는 서신도 포함되는 것으로 해석되는 한도에서 헌법에 위반된다.

[해설]

형의 집행을 받는 수용자는 일반 시민과는 다른 위치에 있는 신분으로서 부득이하게 그의 기본권의 일부를 제한할 수밖에 없다. 그러나 격리된 수형자라고 하더라도 헌법이 보장하는 기본권에 대한 전면적인 제한은 불가하다고 할 것이다. 왜냐하면 교정시설 수용자라고 하더라도 국민으로서의 그 신분을 부인할 수 없고 언젠가는 사회의 구성원으로 다시 복귀할 것이기 때문이다. 그런데 이 사건의 해당 시행령조항은 기본권 가운데 통신의 자유를 보장하는 헌법의 취지와 기본권 제한의 원칙에 정면으로 위배될 뿐 아니라 시행령의 상위규범인 형집행법의 목적과 수용자 처우의 원칙에도 어긋나는 것이라고 볼 수 있다. 대상결정이 통신의 자유와 관련된 현행 헌법 제18조를 명시적으로 거론하지는 않았으나 수용자가 발송하는 서신의 무봉함제도를 사실상의 서신검열행위로 판단하여 적극적으로 위헌결정을 내린 것이라 평가할 수 있다. 과거, 수용자의 서신은 일반적으로 당연한 검열의 대상이 되었고 어떠한 문제도 제기되지 않았으나 2008년, 과거의 행형법에서 형집행법으로 교정의 근거 법률이 전면적으로 개정되면서 이제 서신의 무검열은 법정의 원칙이 되었다. 그러나 이 사건 당시 하위의 법령인 형집행법 시행령은 상위법의 내용을 수용하지 아니한 채 충돌되는 무봉함조항을 그대로 두고 있었던 것이다.

통상의 경우를 생각해 볼 때 누군가의 서신이 미봉함의 상태로 있다면 서신의 내용에 대해 확인하고자 하는 욕구는 도덕관념이 충실한 사람을 제외하고는 누구라도 강하게 드러난다. 하물며 교정시설에 감금된 수용자의 서신은 검열이나 열람의 의도가 없다고 하더라도 손쉽게 그와 같은 행동으로 나갈 수밖에 없다. 특히 국가나 언론기관 등에 수용자가 발송하려는 서신에 대해 교정 당국이 사실상의 검열에 대한 욕구를 포기하기는 어렵다. 왜냐하면 대체로 그것은 곧 교정기관에 대한 악의적 평가와 관련된 문제를 동반하기 때문이다. 설령 서신 무봉함제도의 취지가 금지물품의 동봉 여부만을 확인하고 내용 자체를 읽지 않는다고 하더라도 그와 같은 행위에 대해 수용자는 심리적으로 위축되어 서신을 통해 외부에 전달하려는 자신의 심정을 제대로 표출할 수 없게 되는 것으로 이는 곧 표현의 자유와 통신비밀의 자유에 심각한 제한을 받게 되는 것이다. 아울러 그 서신을 송달받는 수령자의 입장에서 보더라도 통신비밀의 자유에 일정한 침해가 일어날 것이라는 점 역시 분명해 보인다.

그러나 이 사건에 대해 헌법재판소가 서신 검열제도에 대한 위헌결정을 한 것은 아니라는 점에 주목할 필요가 있다. 아울러 심판대상 조문은 형집행법의 조항이 아니라 시행령의 규정이라는 점이다. 다만 서신을 무봉함상태로 제출하는 것은 사실상 서신을 검열하는 행위와 다르지 않고 그와 같은 행위는 헌법의 규정에 반하게 된다는 점을 논리적으로 해석해 본다면 이 결정을 통하여 종전의 수용자에 대한 서신검열행위에 대해 합헌이라는 취지의 입장을 유지해 왔던 헌재의 입장이 폐기된 것으로 판단될 수 있으므로 서신에 대한 검열을 원칙으로 한다는 입법이 재도입되지 않는

한 하위의 법령이나 법집행에서 검열을 행하는 것은 허용되지 않을 것이다. 더욱이 대상결정 이전까지 형집행법 시행령은 "수용자의 서신내용물의 확인을 위해 수용자는 보내려는 서신을 봉함하지 않은 상태로 교정시설에 제출하여야 한다"는 규정을 두고 있었으나(제65조 제1항), 대상결정으로 인하여 해당 조항을 위헌으로 폐기한 후 조문의 내용을 "수용자는 편지를 보내려는 경우 해당 편지를 봉함하여 교정시설에 제출한다. 다만, 소장은 다음 각호의 어느 하나에 해당하는 경우로서 법 제43조 제3항에 따른 금지물품의 확인을 위하여 필요한 경우에는 편지를 봉함하지 않은 상태로 제출하게 할 수 있다"(제65조 제1항)라고 개정하였다.

수용자는 비록 죄를 범하여 교정시설에 감금되어 있는 자이지만 그것이 인권침해를 정당화하거나 권리구제를 등한시해야 하는 이유가 되지는 않는다. 외부에 전달하려는 서신은 수용자에게 있어서 유일한 것은 아니지만 가장 보편적인 의사전달의 수단이며 그의 개선과 교화에 유효한 수단이라는 점은 주지의 사실이다. 서신에 대한 보안검색의 필요성을 부인할 수 없으나 그 필요성만큼 수용자의 개선 교화라는 교정 본연의 목적을 달성하기 위한 관점에서 서신의 무봉함 제출의 문제에 접근할 필요성이 있다. 서신의 무봉함 제출은 사실상의 검열로 이어진다는 점에서 검열을 원칙적으로 금지하는 헌법과 형집행법에 반하는 것이다.

다만 헌재는 대상결정과 관련하여 청원권

침해의 문제에 대하여 그 판단을 유탈한 것은 여러모로 아쉬움이 남는다. 왜냐하면 청원서신에 대한 열람 내지 검열은 청원권 행사에 중대한 제한을 가져오는 것으로 위헌의 소지가 크지만, 헌재가 이와 관련된 내용은 생략한 채 통신의 자유 침해 여부만을 판단한 것이기 때문이다. 나아가 법률유보의 원칙 위배의 문제와 평등권 및 일반적 행동자유권 침해 주장에 대한 판단 역시 생략하고 있는데, 한편으로는 대상결정의 판단이 정당하다고 볼 수 있지만 다른 한편으로 추후 유사한 사례가 헌법재판의 대상이 될 수도 있으리라 생각한다.

[후속논의]

누구라도 예외 없이 통신의 자유를 누리는 주체가 되어야 하며, 설령 형이 확정되어 교정시설에 수용 중인 수용자라 하더라도 역시 이러한 자유권적 기본권을 당연히 누려야 할 것이다. 다만 수용자에게 구체적으로 어느 정도로 이를 인정해야 할 것인지 여부는 입법권자의 입법정책에 맡겨진 문제이기는 하다.

대상결정은 서신검열제 자체를 위헌으로 보지 않았고, 특히 형집행법은 서신검열은 원칙적으로 금지하면서도 교도관에 대해 수용자의 서신 내용을 읽어서는 안 된다는 규정을 두지 않고 있다. 이와 관련하여 예규나 내부지침의 규정이 존재하는 것인지는 알 수 없으나 만일 관련 규정이 존재하거나 혹은 부재하다면 형집행법의 시행규칙이나 그 시행령에 이를 명문으로 규정해 둘 필요가 있을 것이다. 별도로 이와 관련된 규정을 정비해 두지

않으면 또다시 교정실무에서는 언제든지 수용자의 서신 내용이 편의적으로 열람되거나 검열될 가능성은 현존하게 될 것이다. 헌법재판소가 대상결정을 판단한 것은 수용자가 작성한 서신의 내용이 원하지 않는 불특정인에게 읽힐 수 있고 전파될 가능성이 있다면 자유롭게 본인의 감정이나 생각, 의견을 표현하거나 정보를 교환할 수 없게 될 수용자에게 커다란 심리적 위축이 있을 것이고 그것은 결과적으로 통신의 자유를 심각하게 침해하는 위헌이 된다는 평가를 함축하고 있는 것이다.

[참고문헌]
• 윤영미, 수형자의 서신검열과 기본권 제한, 법조 제55권 제11호, 법조협회, 2006.
• 노희범, 수용자 서신검열 제도의 위헌성−헌재 2012. 2. 23. 2009헌마333 결정에 대한 평석을 중심으로−, 법학논총 제32권 제2호, 전남대학교 법학연구소, 2012.
• 조성용, 변호인과 수형자 간의 접견 및 서신 수수, 형사정책연구 제23권 제1호, 한국형사정책연구원, 2012.
• 조성용, 수형자의 서신수수권 제한의 헌법적 문제점과 개선방안, 인권과 정의 제465호, 대한변호사협회, 2017.
• 심유진, 수용자의 서신 수수 제한과 그 한계에 관한 판례 연구−서울고등법원 2017. 11. 29. 선고 2017누34669 판결에 대한 평석을 중심으로−, 법학연구 제19권 제3호, 한국법학회, 2019.
• 최우정, 기본권론(제3판), 준커뮤니케이션즈, 2023.

[이덕인 교수(부산과학기술대학교 경찰행정과)]

[05] 수용자 문예작품 및 서신의 수발신 금지 사유의 위헌 여부

대상	형의 집행 및 수용자의 처우에 관한 법률 제43조 제5항 제4호 등 위헌소원 (합헌) 헌재 2016. 5. 26. 선고 2013헌바98 전원재판부 결정 (합헌) **(2016국가7급 / 2022서울7급)**

[사실관계]

청구인은 살인죄로 사형을 선고받고 그 판결이 확정되어 현재 ○○구치소에 수용 중인데, '어느 사형수의 독백'이라는 제목의 소설 집필문(이하 '이 사건 집필문'이라 한다)을 작성한 뒤 이를 출판하기 위하여 2011. 9. 9. ○○구치소장에게 파주시 교하읍 소재 ○○출판사에 발송하여 줄 것을 의뢰하였다. ○○구치소장은 2011. 9. 29. 이 사건 집필문의 내용이 형집행법 제43조 제5항 제4호 내지 제7호에 해당한다는 이유로 발송을 불허하기로 결정하고 이를 영치하였다(이하 '이 사건 처분'이라 한다).

청구인은 이 사건 처분의 취소를 구하는 소를 제기하였고, 2012. 2. 10. 제1심 법원은 이 사건 처분을 취소한다는 판결을 선고하였으나(부산지법 2011구합5156), ○○구치소장이 항소하여 2012. 8. 29. 항소심 법원은 제1심 판결을 취소하고 청구인의 청구를 기각하였다(부산고법 2012누1082). 청구인은 상고하였으며, 그 소송 계속 중(대법 2012두20243) 위 법률조항들에 대하여 위헌법률심판제청신청을 하였으나 2013. 1. 11. 상고가 기각됨과 동시에 위헌법률심판제청신청도 기각되었다. 이에 청구인은 2013. 3. 18. 이 사건 헌법소원심판을 청구하였다.

[결정요지]

[1] 심판대상조항이 규정하는 상황이 발생할 "우려가 있는 때"는 장래의 가능성과 관련하여 일정 부분 가치개념을 포함한 포괄적이고 추상적인 용어로서 이에 대한 예측 판단은 추상적일 수밖에 없고, 이러한 예측과 판단의 주체인 교정시설의 장은 통상적인 법감정과 직업의식을 가진 경우라면 장기간의 교정행정업무 종사 경험을 바탕으로 어느 경우에 이러한 사유가 발생할 우려가 있는지에 대해 합리적으로 판단할 수 있다. 심판대상조항에서 규정한 제한사유의 의미 역시 해당 사유의 일반적 정의 및 형집행법 내의 관련 조항을 유기적으로 고려하여 객관적인 해석을 도출해낼 수 있으며, 입법목적, 법규범의 체계적 구조 등을 종합적으로 고려하는 해석방법에 의하여 그 의미가 구체화되고 있으므로, 법집행자에 의한 자의적 법해석의 가능성은 크지 않다. 집필문을 작성하는 주체인 수용자의 입장

에서도 어떠한 상황에서 위와 같은 자유의 제한사유가 존재하며 어떠한 경우에 자신이 작성한 집필문의 반출이 금지되어 영치될 것인지에 대해서는 충분히 예측할 수 있다고 할 것이므로 심판대상조항은 명확성 원칙에 위배되지 않는다.

[2] 시설의 안전 또는 질서를 해칠 우려가 있는 때(제7호) 및 수형자의 교화 또는 건전한 사회복귀를 해칠 우려가 있는 때(제6호) 집필문의 외부 반출을 금지하는 심판대상조항은 수형자를 사회로부터 일정기간 시설에 격리하여 교정하고, 이 기간이 지나면 다시 사회로 건전하게 복귀하도록 하는 기본적인 행형목적을 달성하기 위하여 가장 필요하고 최소한도의 범위 내에서 수용자의 통신의 자유를 제한하는 것이다. 또한 수용자가 작성한 집필문을 외부로 반출하는 경우에는 그 영향력의 범위가 구금시설이라는 한정되고 예측 가능한 공간을 넘어 사회 전체까지 확대되므로, 구금시설 내부뿐만 아니라 외부에 미치는 영향력에 대해서도 고려해야 한다. 그런데 수용자의 처우 또는 교정시설의 운영에 관한 거짓사실을 담고 있는 집필문(제4호)이나 타인의 사생활의 비밀 또는 자유를 침해할 가능성이 있는 내용을 담고 있는 집필문(제5호)이 외부로 반출되는 경우 그로 인한 부작용은 예측하기 어려우므로 이를 규제할 필요가 있다. 특히 특정인의 실명을 거론한 집필문이 외부로 반출되어 공개될 경우 당사자의 사생활의 비밀은 무방비 상태로 노출될 수 있으며, 소설 형태의 집필문이라 해도 자전적 소설을 표방한 경우에는 이야기 전개에 따라 당사자의 정체가 밝혀질 가능성이 높아 사생활의 비밀이 침해될 수 있다. 일단 이와 같은 방법으로 사생활의 비밀이 침해된 이후에는 이에 대해 형사처벌을 하거나 손해배상청구를 하는 것만으로는 피해자의 권리를 충분히 구제하기 어려우므로, 이러한 위험을 예방하기 위해서 해당 집필문의 반출을 금지하는 것은 피해자의 권리보호를 위한 가장 효과적인 수단이 될 수 있다. 형집행법상 수용자들의 집필활동은 특별한 사정이 없는 한 자유롭게 허용되고, 작성된 집필문의 외부 반출도 원칙적으로 허용되며, 예외적으로 금지되는 사유도 구체적이고 한정되어 있으므로 그 제한의 정도도 최소한에 그치고 있다. 또한 집필문의 외부반출이 불허되고 영치처분이 내려진 경우에도 수용자는 행정소송 등을 통해 이러한 처분의 취소를 구할 수 있는 등의 불복수단도 마련되어 있으므로, 심판대상조항은 수용자의 통신의 자유를 침해하지 않는다.

[해설]

I. 심판대상조항과 쟁점

심판대상조항인 형집행법(법률 제8728호) 제49조 제3항은 "제1항에 따라 작성 또는 집필한 문서나 도화가 제43조 제5항 각 호의 어느 하나에 해당하면 제43조 제7항을 준용한다"라고 규정되어 있다. 사안에서 청구인인 수형자가 집필한 문서는 형집행법 제43조 제5항 제4호 내지 제7호가 준용될 수 있었는데, 각 호의 내용은 "수용자의 처우 또는 교정시설의 운영에 관하여 명백한 거짓사실을 포함하고 있는 때(제4호), 사생활의 비밀 또는 자유를 침해할 우려가 있는 때(제5호), 수형자의 교화 또는 건전한 사회복귀를 해칠 우려가 있는 때(제6호), 시설의 안전 또는 질서를 해칠 우려가 있는 때(제7호)"이다.

청구인이 심판대상조항에 대하여 위헌이라고 주장한 논거는 크게 세 가지이다. 하나는 심판대상조항 중 형집행법 제43조 제5항 제5호 내지 제7호에 규정된 '우려가 있는 때'라는 개념이 막연한 표현이라는 점을 근거로 하여, 해당 표현이 명확성원칙에 위배된다는 것이다. 다른 하나는 심판대상조항이 과잉금지원칙에 위배되어 청구인의 표현의 자유 및 예술창작의 자유를 과도하게 침해한다는 것이다. 그리고 마지막은 심판대상조항이 헌법 제21조 제2항에서 금지하는 사전검열에 해당하여 사전검열금지원칙에 반한다는 것이다.

II. 명확성원칙 위반 여부

헌법재판소는 명확성원칙에 대해 '법치국가원리의 한 표현으로서 기본권을 제한하는 법규범의 내용은 명확해야 한다는 헌법상의 원칙'이라고 개념정의 내리고 있다(헌재 2004. 2. 26. 선고 2003헌마638 결정). 명확성원칙은 모든 기본권 제한입법에 요구되는 것으로, 법령을 명확한 용어로 규정함으로써 적용대상자인 수범자에게는 그 규제내용을 미리 알 수 있도록 하여 장래의 행동지침을 제공하고, 그와 동시에 법집행자에게는 객관적 판단지침을 주어 차별적이거나 자의적인 법해석 및 집행을 예방하는 역할을 하는 원칙이다(헌재 2010. 10. 28. 선고 2008헌마638 결정). 그러나 모든 법규범의 문언을 순수하게 기술적 개념만으로 구성하는 것은 입법기술적으로 불가능하고 또 바람직하지도 않기에, 어느 정도 가치개념을 포함한 일반적·규범적 개념이 법문언에 사용될 수밖에 없다. 이에 명확성의 원칙은 기본적으로 최대한이 아닌 최소한의 명확성을 요구하게 된다(헌재 1998. 4. 30. 선고 89헌가113 결정). 통상적으로 법률규정은 일반성·추상성을 가지므로 입법기술상 어느 정도의 보편적 내지 일반적 개념의 용어사용은 부득이하므로, 당해 법률이 제정된 목적과 다른 규범과의 연관성을 고려하여 합리적인 해석이 가능한지의 여부에 따라 명확성의 구비 여부가 가려진다고 할 것이다. 당해 법률조항의 입법취지와 전체적 체계 및 내용 등에 비추어 법관의 법 보충작용으로서의 해석을 통하여 그 의미가 분명해질 수 있다면 명확성을 결여하였다고 할 수는 없으며(헌재 2018. 1. 25. 선고 2016헌바208 결정), 이 경우 법관의 보충적 해석이 해석자의 개인적인 취향에 따라 좌우될 가능성이 없다면 명확성의 원칙에 위배된다고 할 수는 없게 된다(헌재 1998. 4. 30. 선고 89헌가113 결정).

명확성의 원칙에서 그 명확성의 정도는 모든 법률에 있어서 동일한 정도로 요구되지 않는다. 개개의 법률이나 법조항의 성격에 따라 요구되는 정도에 차이가 있을 수 있는데, 예컨대 어떠한 규정이 부담적 성격을 가지는 경우에는 수익적 성격을 가지는 경우에 비하여 명확성의 원칙이 더욱 엄격하게 요구될 것이며, 죄형법정주의가 지배하는 형사 관련 법률에서는 명확성의 정도가 강화되어 더 엄격한 기준이 적용될 것이다. 그러나 일반적인 법률에서는 명확성의 정도가 그리 강하게 요구되지 않기 때문에 상대적으로 완화된 기준이 적용될 것이다(헌재 2004. 2. 26. 선고 2003헌바4 결정).

이러한 명확성원칙의 개념정의와 작동원리에 비추어 보았을 때, 2013헌바98 결정에서 문제되는 명확성원칙은 형벌에 대한 것을 규정하는 것은 아니라는 점에서, 명확성의 정도가 상대적으로 강화될 것이 요구되는 규정은 아니라고 볼 수 있을 것이다. 그러나 형벌규정에 비해서 상대적으로 완화된 명확성의 정도가 요구된다는 것을 전제로 하여도, '우려가 있을 때'라는 표현은 장래의 불확실한 가능성에 대한 내용을 지칭한다는 점에서 명확성원칙에 위배된다고 판단할 수도 있다.

그러나 명확성원칙의 판단은 당해 법률이 제정된 목적과 다른 규범과의 연관성을 고려하여 판단되어야 하므로, 사안의 경우에는 교정시절 내·외에서 발생할 수 있는 상황의 다양한 위험, 그에 대처하기 위한 행형수단의 다양성에 상응하는 행형당국의 재량과 판단

여지를 충분히 고려하여 '우려가 있을 때'의 의미를 판단해야 한다. 그리고 그렇게 본다면 사안의 '우려가 있을 때'란 청구인인 수형자가 작성한 집필문을 외부의 특정한 상대방에게 발송했을 때 수형자와 관련된 사건의 당사자(피해자) 또는 이해관계인들의 사생활의 비밀 또는 자유가 침해할 가능성이 높은 경우, 집필문의 외부공개로 인해 수형자의 교화 또는 건전한 사회복귀가 어려울 가능성이 높은 경우 등으로 구체화되어서 해석될 수 있을 것이다. 이렇게 본다면 '우려가 있는 때'라는 어느 정도 포괄적·추상적인 개념을 사용하였다고 해서 이를 명확성 원칙에 위배되었다고 할 수는 없을 것이다.

III. 과잉금지원칙 위반 여부

1. 문제되는 기본권

과잉금지원칙의 위배여부를 판단하기 위해서는 청구인에게 문제되는 기본권이 무엇인지 판단하는 것이 필요하다. 청구인은 통신의 자유와 예술창작의 자유가 침해되었다고 주장하고 있다. 헌법 제18조에 규정된 통신의 자유는 통신수단을 자유로이 이용하여 의사소통할 권리를 말한다. 그리고 헌법 제22조 제1항에 규정된 예술의 자유는 표현의 자유가 예술의 영역으로 구체화 된 것으로, 일반적으로 예술창작·표현의 자유, 예술적 집회 및 결사의 자유 등으로 다시 세분화된다. 그 중 예술창작의 자유는 창작소재, 창작형태 및

창작과정 등에 대한 임의로운 결정권을 포함한 모든 예술창작활동의 자유를 내용으로 한다(헌재 1993. 5. 13. 선고 91헌바17 결정).

사안에서 심판대상조항은 집필문을 창작하거나 표현하는 것을 금지하지 않는다. 만약 이를 문제 삼는다면 예술창작의 자유가 제한된다고 할 수 있으나, 사안에서는 예술창작이라고 볼 수 있는 집필은 자유롭게 허용되므로 예술창작의 자유는 제한되지 않는다. 특히 헌법재판소는 구체적인 전달이나 전파의 상대방이 없는 집필의 단계도 표현의 자유의 보호영역에 속해 있다고 보아, 포괄적인 글쓰기인 집필행위를 표현의 자유로 보장하고 있다(헌재 2005. 2. 24. 선고 2003헌마289 결정). 이러한 헌법재판소의 입장에 근거하면, 심판대상조항에 의해 제한되는 행위는 표현된 집필문을 외부의 특정 상대방에서 발송하는 것이며, 이는 헌법 제18조에서 정하고 있는 통신의 자유의 제한이라고 볼 수 있다. 따라서 사안에서 제한의 정당성 여부가 문제되는 기본권은 통신의 자유이다.

2. 과잉금지원칙

과잉금지원칙은 헌법 제37조 제2항에 따른 기본권제한의 정당성여부를 판단하는 기준으로서, 목적의 정당성, 수단의 적합성, 피해의 최소성, 법익의 균형성으로 구성된다. 목적의 정당성은 기본권을 제한하려는 입법의 목적은 헌법 및 법률의 체계상 정당해야 한다는

것이고, 수단의 적합성은 목적달성을 위한 방법이 효과적이고 적절해야 한다는 것이다. 피해의 최소성은 기본권 제한이 최소화되는 완화된 방법을 모색해야 한다는 것이고, 법익의 균형성은 입법을 통해 보호하려는 공익과 침해되는 사익을 비교형량 시 보호되는 공익이 더 커야 한다는 것이다.

과잉금지원칙에 따라 청구인의 통신의 자유가 침해되었는지를 판단해보면, 심판대상조항은 집필문의 반출로 인해 야기될 수 있는 사회적 혼란과 위험을 사전에 방지하고, 교정시설 내의 규율과 수용질서를 유지하며, 수용자의 교화와 사회복귀를 원활하게 함을 목적으로 한다. 이에 목적의 정당성이 인정된다. 그리고 수형자의 집필문에 대한 외부반출 금지라는 수단을 사용하는 것은 해당 목적을 달성하는 데 있어서 적절하다고 판단된다.

수형자 집필문이 타인의 사생활의 비밀 또는 자유를 침해할 수 있는 내용을 담고 있을 경우, 이것이 외부로 반출되어 야기될 수 있는 부작용과 그 피해정도는 예측하기 어렵다. 특히 수형자가 저지른 범죄와 관련된 내용이 담겨있는 집필문은 경우에 따라서 피해자에게 제2차 가해를 줄 수도 있다. 설령 사생활의 비밀이 침해된 이후 이에 대해 형사처벌을 하거나 손해배상청구를 할 수 있다고 하여도 이는 사후적 구제에 불과하며, 해당 방법만으로는 이미 노출된 피해자의 사생활에 대한 권리를 충분히 구제하기 어렵다. 이에 이러한 위험을 사전에 예방하기 위해서 해당 집필문

의 반출을 금지하는 것은 피해자의 권리보호를 위한 가장 효과적인 수단이라고 할 수 있다. 그리고 심판대상조항에 따르면 작성된 모든 집필문의 외부반출이 금지되는 것이 아니라 예외적인 경우에 한정하여 외부반출이 금지된다는 점에서 통신의 자유에 대한 제한의 정도도 최소한에 그치고 있다고 판단할 수 있다. 따라서 피해의 최소성에 반한다고 보기에는 어려움이 있다.

마지막으로 달성하고자 하는 공익인 교정시설 내의 질서유지 및 집필문과 관련된 자의 사생활의 보호와 침해되는 사익인 청구인의 통신의 자유를 비교형량 시, 달성하고자 하는 공익이 더 크다고 할 수 있으므로 법익의 균형성도 침해되었다고 보기 어렵다.

IV. 사전검열금지원칙 위반 여부

헌법재판소는 헌법 제21조 제2항에 규정된 검열에 대해 "행정권이 주체가 되어 사상이나 의견 등이 발표되기 이전에 예방적 조치로서 그 내용을 심사, 선별하여 발표를 사전에 억제하는, 즉 허가받지 아니한 것의 발표를 금지하는 것을 뜻한다"고 결정한 바 있다. 이에 따르면 사전검열에 해당하기 위해서는 '일반적으로 허가를 받기 위한 표현물의 제출의무, 행정권이 주체가 된 사전심사절차, 허가를 받지 아니한 의사표현의 금지 및 심사절차를 관철할 수 있는 강제수단 등의 요건'이 모두 갖춰져야 한다(헌재 1996. 10. 4. 선고 93헌가13 전

원재판부 결정).

청구인은 사안의 심판대상조항이 헌법 제21조 제2항에 금지하는 사전검열에 해당한다고 주장한다. 그러나 청구인에게 금지된 행위가 사전검열에 해당하기 위해서는 허가를 받지 아니한 의사표현 자체의 금지 등의 요건이 충족되어야 한다. 하지만 심판대상조항인 형집행법 제43조 제5항은 "발신 또는 수신을 금지할 수 있다"고 하여 의사표현 자체를 금지하는 것이 아니라 표현된 의사표현을 외부의 특정인에게 발송하는 것을 제한하는 것이다. 따라서 이는 사전검열의 요건을 충족하기 못하여, 사전검열금지원칙에 반하지 않는다.

[김소연 교수(전북대학교 법학전문대학원)]

[06] 서신 수발신 금지 사유 중 '시설의 안전 또는 질서를 해칠 우려가 있는 때'의 판단기준

대상	금치처분무효확인 등 (원고패)
	[1심] 광주지법 2015. 7. 9. 선고 2015구합233 판결 (원고패)

[사실관계]

원고는 2011. 7. 18. 수원지법 평택지원에서 폭력행위등처벌에관한법률위반(단체 등의 구성·활동)죄로 징역 8년을 선고받고 항소 및 상고가 모두 기각되어 2012. 5. 24. 위 판결이 확정되었다. 확정판결에 따라 대구교도소에 수용 중이던 2013. 12. 17. 광주교도소로 이송되었고, 2014. 11. 28. 다시 홍성교도소로 이송되었다. 원고가 광주교도소에 수감 중이던 2014. 3. 4. B라는 사람 명의로 광주교도소 보안과장에게 원고의 처우를 개선하지 않을 경우 소내에서 발생한 강간사건의 축소·은폐, 교도관의 직무유기 등 각종 비리를 외부기관에 고발하거나 언론에 알려 사회적으로 문제화시킬 것이라는 취지의 서신이 도달하였다. 이에 피고 광주교도소장은 원고를 분리 수용한 후 원고가 이 사건 민원서신에 개입했는지 여부를 조사했고, 징벌위원회 의결을 거쳐 25일간의 금치를 포함하여 처우를 제한하는 징벌을 부과했다. 원고는 지인과 자신의 조카에게 각 서신을 발송하려 했으나 피고로부터 처우 제한에 부수하는 서신 불허처분에 따라 서신이 발송 불허되었다. 이에 따라 원고는 대한민국과 광주교도소장을 피고로 해당 금지처분의 무효 확인을 청구하였다. 원고는 특히 이 사건 각 서신을 발송하려다 피고 광주교도소장이 불허함으로써 기본권을 침해당하였고, 이후 서신작성 시 다시 서신불허처분을 받을지 모른다는 불안감으로 스스로 자신의 서신을 검열하여 작성하는 정신적 피해를 받았으며, 가족, 지인 등과 서신으로 교류할 수 있는 권리를 침해받았다고 주장하였다.

[판결요지]

형집행법 제43조 제4항 제4호, 형집행법 시행령 제66조 제1항 제1호는 '원칙적으로 수용자의 서신 내용은 검열받지 아니하나 형집행법 제104조 제1항에 따른 조직폭력범죄의 수용자의 경우는 그 수용자와 다른 수용자와의 서신을 교도소장이 검열할 수 있다'는 취지로 규정하고 있고, 형집행법 제43조 제5항은 '교도소장이 서신을 검열한 결과 시설의 안전 또는 질서를 해칠 우려가 있는 때(같은 항 제7호)에는 그 발신을 금지할 수 있다'는 취지로 규정하고 있다. 원고가 형집행법 제104조 제1항에 따른 조직폭력사범 수용자임은 앞에서 본 바와 같고 갑 제11호증의 기재에 변론 전체의 취지를 종합하면, 원고가 2014. 3. 9.경 C에게 보내려는 서신에는 '원고 및 지인들이 취재한 광주교도소에서 발생한 불법행위 및 비리에 관하여 감사원에 감사청구를 하고 사회 유력 인사들에게 연락하여 감사원장에게 전화를 할 것, 광주교도소 앞에서 100여 명이 집회한 다는 것을 들었는데 전국장애인협회 회장을 잘 알고 있으니 협조를 받게 되면 광주·전남 장애인 협회 전체가 집회에 참가하게 될 것이니 참고할 것'이라는 내용이 기재되어 있고, 원고가 2014. 8. 10.경 D에게 보내려는 서신에는 '인터넷 사이트에 광주교도소에 있었던 강간사건의 공소장 내용 등과 위 사건과 관련된 광주교도소의 부적절한 대응과 처리, 국가보안법 위반 수형자가 광주교도소에서 받고 있는 특혜 등에 관한 글을 올리고, 국내 모든 언론사에 보내며, 광주교도소, 법무부, 청와대 앞에서 1인 시위를 준비하라'는 취지의 내용이 기재되어 있는 사실을 인정할 수 있다.

위 인정 사실에 의하면 피고 광주교도소장이 조직폭력사범인 원고의 서신을 검열한 것은 형집행법 제43조 제4항 제4호, 형집행법 시행령 제66조 제1항 제1호에 따라 적법하다 할 것이고, 검열을 통해 밝혀진 이 사건 각 서신의 내용은 '장애인단체를 동원한 교도소 앞 시위에 관하여 실행지시를 하고, 광주교도소에서 발생한 사건들과 관련하여 광주교도소 교도관들이 불법행위 및 비리를 저질렀음을 명백히 인정할 근거가 없음에도 불법행위 및

비리에 관하여 사회 전반에 알리라는 지시를 하는 것'으로서 이 사건 각 서신의 내용에 따라 교도소 앞에서 시위가 행해지고, 명확한 근거가 없이 광주교도소 교도관들이 불법행위 및 비리를 저지른 것처럼 사회 전반에 알려지는 경우 광주교도소의 안전 또는 질서를 해칠 우려가 있다 할 것이므로 이는 형집행법 제43조 제5항 제7호의 '시설의 안전 또는 질서를 해칠 우려가 있는 때'에 해당한다고 할 수 있다. 따라서 이 사건 서신불허처분은 적법하므로, 이와 다른 전제에 있는 원고의 이 부분 주장도 이유 없다.

[해설]

대상판례는 피고 광주교도소장의 서신불허처분을 적법한 것으로 판단하여 원고의 주장을 배척하고 있다. 원고는 자신의 처우를 개선해 주지 않을 경우 수감 중인 소내에서 발생한 강간사건의 축소·은폐, 교도관의 직무유기 등 각종 비리를 외부기관에 고발하거나 언론에 알려 사회적으로 문제화시킬 것이라는 취지의 서신을 외부로 발송하려 했다가 피고로부터 관련 처분을 받은 것인데, 피고의 처분행위가 과연 '시설의 안전 또는 질서를 해칠 우려가 있는 때'에 해당하는 것인지가 쟁점이 된다. 이와 관련하여 그 서신의 상대방이 누가 되는지의 문제 그리고 서신의 내용이 '시설의 안전 또는 질서를 해칠 우려가 있는 때'에 해당하는지의 문제가 개별적으로 검토되어야 할 것이다.

먼저 서신의 상대방이 수용자의 배우자 또는 친족 등인 경우, 변호인인 경우 그리고 국가의 청원기관인 경우로 나누어 볼 때, 각 상대방에 대해서 수용자는 자유롭게 서신을 발송할 수 있어야 한다. 다만 외국 입법례로는 서신의 내용이 시설의 운영에 관하여 명백한 거짓 사실을 포함하고 있거나 현저하게 (시설의) 위신을 떨어뜨리는 표현을 포함하고 있는 때 또는 (시설에 대한) 현저한 모욕을 포함하고 있을 때 배우자 등 친족에게 서신 발송을 제한하거나(독일 행형법 제31조 제1항 제3호, 제4호), 수용자의 가족이 아닌 자에 대해서는 서신수수가 수용자에게 유해한 영향을 미치거나 그의 재사회화를 방해할 우려가 있는 때(독일 행형법 제28조 제2항 제2호)에 한하여 서신을 주고받는 행위를 금지하고 있다. 배우자 및 친족과의 서신은 오로지 시설의 안전이나 질서의 위태화를 근거로 해서만 금지할 수 있다. 변호인과 수용자 사이의 서신 교환은 원칙적으로 변호인의 조력을 받을 권리 및 재판청구권이 지니는 헌법적 의의를 고려할 때 어떠한 제한도 가할 수 없다. 이는 다른 여러 국가들의 입법례를 보더라도 보편적인 것이라 할 수 있다. 그러나 이러한 세계적 추세에도 불구하고 우리나라의 형집행법에는 아직 수용자의 접견 및 서신수수와 관련하여 변호인 또는 변호사에 관한 규정을 두지 않고 있다. 따라서 형의 집행과 관련 있는 사건을 처리하는 변호사를 변호인이라는 개념으로 포섭하여 수용자와 변호인 간의 서신수수에 대해서는 검열을 금지한다는 명문의 규정을 둘 필요가 있다. 하지만 수용자와 변호인이 공모하거나 혹은 수용자가 변호인에게 보내는 서신을 탈법의 수단으로 남용하거나 악용할 가능성을 봉쇄하기 위한 최소한의 제도적 장치는 필요할 것이다. 그러므로 수용자와 변호인 간의 서신은 미결수용자와 변호인 간의 서신의 경우와 마찬가지로 교정시설에서 상대방이 변호인임을 확인할 수 없는 경우를 제외하고는 검열할 수 없다는 문구가 포함된 형태의 관련 입법이 필요하다.

수용자의 청원권을 고려하여 시설의 감독기관(법무부 장관) 외에 다른 국가기관에 대한 청원서나 이러한 국가기관이 수형자에게 보내는 서신에 대해서 검열을 금지하는 입법례가 존재하기는 한다(독일 행형법 제29조 제2항, 프랑스 행형규칙 제34조~제40조). 그러나 이들 국가의 입법례를 우리 형집행법에 그대로 수용하기는 어려운데 그 이유는 구체적으로 어떠한 국가기관이 검열 없이 청원할 수 있는 대상인지는 해당 국가기관의 과제나 직무의 성격 그리고 그 나라 고유의 상황이 고려되어야 하기 때문이다. 또한 형집행의 목적이나 시설의 안전 및 질서를 위태롭게 할 위험성이 현저하게 낮을 뿐만 아니라 수용자의 청원권을 보장해야 할 필요성이 높은 국가기관인지 여부도 함께 고려해야 할 사항이다. 수용시설의 감독기관인 법무부 이외에 보편적 인권을 옹호하고자 설립되고 그러한 과제수행을 주된 직무로 하는 국가인권위원회, 국민권익위원회, 헌법재판소와 같은 기관은 원칙적으로 검열 없이 청원할 수 있어야 하므로 이들 기관에 대한 서신 발송은 자유롭게 허용되어야 한다.

서신의 내용이 '시설의 안전 또는 질서를 해칠 우려가 있는 때'에 해당하는지의 문제와 관련하여 대상판례에서 거론된 사실 가운데 소내 강간사건은 실제로 발생했던 것으로 보인다. 원고는 그 처리과정의 문제를 제기했으나 관련자에 대한 처벌 여부는 물론이고 교도관들의 개입 여부가 드러난 것은 아니다. 아울러 원고의 행위 자체는 공익 목적에 근거한 것이라기보다 오히려 이를 통하여 자신의 처우를 개선하려 했다는 사실에도 주목해 본다. 아울러 외부에 이러한 사실을 기재해 발송하려 한 서신의 상대방 역시 자신의 기본권에 직접적인 침해가 있어 이를 호소하기 위한 기관이 아닌 감사원과 언론기관 등이라는 점 역시 고려해야 할 것이다. 따라서 서신의 발송을 금지한 기본권 제한의 전제 사실이 본인과는 전혀 무관한 사건을 이용하여 더구나 허용되지 아니하는 방식으로 수형생활에서 본인의 이익을 취하고자 시도했던 것이다. 결과적으로 원고의 행위는 '시설의 안전 또는 질서를 해칠 우려'에 해당하는 것으로서 이러한 사실들을 종합적으로 고려해서 본다면 대상판례에서 관련된 사안에 대한 법원의 판단은 정당한 것으로 판단된다.

[후속논의]

수용자의 서신 수발신 금지에 관한 현행 법령과 실무 관행은 교정행정의 효율성에 지나치게 무게를 둔 것으로서 구체적 사안에 따라서는 재판청구권 등 기본권 침해의 소지가 있을 수 있다. 특히 서신의 발신 거부가 질서유지나 공공복리와 별 관계가 없음에도 지나치게 자의적으로 해석될 수 있는 부분은 합리적 통제장치와 기준을 제시해야 할 필요가 있다.

현행 형집행법에 따르면 서신의 내용이 '1. 암호·기호 등 이해할 수 없는 특수문자로 작성되어 있는 때, 2. 범죄의 증거를 인멸할 우려가 있는 때, 3. 형사 법령에 저촉되는 내용이 기재되어 있는 때, 4. 수용자의 처우 또는 교정시설의 운영에 관하여 명백한 거짓 사실을 포함하고 있는 때, 5. 사생활의 비밀 또는 자유를 침해할 우려가 있는 때, 6. 수형자의 교화 또는 건전한 사회복귀를 해칠 우려가 있는 때, 7. 시설의 안전 또는 질서를 해칠 우려가 있는 때(제43조 제5항)' 가운데 어느 하나에 해당하면 교도소와 구치소의 소장으로 하여금 서신의 발신 또는 수신을 금지할 수 있도록 규정하고 있다. 그러나 제6호와 제7호의 내용에 대해서는 더욱 구체적인 근거와 유형을 정비하여 정당한 서신 수발신 금지의 법적 기준을 세밀하게 규정해야 할 것으로 생각된다.

[참고문헌]
• 윤영미, 수형자의 서신검열과 기본권 제한, 법조 제55권 제11호, 법조협회, 2006.
• 노희범, 수용자 서신검열 제도의 위헌성─헌재

2012. 2. 23. 2009헌마333 결정에 대한 평석을 중심으로-, 법학논총 제32권 제2호, 전남대학교 법학연구소, 2012.

- 조성용, 변호인과 수형자 간의 접견 및 서신 수수, 형사정책연구 제23권 제1호, 한국형사정책연구원, 2012.
- 조성용, 수형자의 서신수수권 제한의 헌법적 문제점과 개선방안, 인권과 정의 제465호, 대한변호사협회, 2017.
- 심유진, 수용자의 서신 수수 제한과 그 한계에 관한 판례 연구-서울고등법원 2017. 11. 29. 선고 2017누34669 판결에 대한 평석을 중심으로-, 법학연구 제19권 제3호, 한국법학회, 2019.
- 최우정, 기본권론(제3판), 준커뮤니케이션즈, 2023.

[이덕인 교수(부산과학기술대학교 경찰행정과)]

[07] 서신검열대상자 지정 처분의 위법 여부

대상	서신발송불허및검열대상자지정처분취소 (원고일부승) [1심] 서울행법 2017. 1. 10. 선고 2016구합2588 판결 (원고일부승) [2심] 서울고법 2017. 11. 29. 선고 2017누34669 판결 (항소기각) [3심] 대법 2018. 3. 29.자 2017두75231 판결 (심리불속행기각)

[사실관계]

[1] 원고는 2007. 12. 25. 두 명의 초등학생을 성폭행하려고 시도하다가 살인하고 이를 은폐하기 위하여 사체를 토막낸 후 유기한 '안양 초등학생 납치살해 사건'의 범인으로서 수사 과정에서 원고가 2004. 7. 다방 여종업원을 폭행하여 사망에 이르게 한 후 시신을 훼손하고 암매장한 여죄(상해치사죄)까지 밝혀져, 2009. 2. 26. 특정범죄가중처벌등에관한법률위반(영리약취·유인등)죄, 성폭력범죄의처벌및피해자보소등에관한법률(강제추행살인)죄, 사체은닉죄, 상해치사죄로 사형 확정판결(이하 '선행 유죄판결'이라 한다)을 받았다.

[2] 원고는 선행 유죄판결 확정 이후 수사 검사 및 경찰관을 형사 고소하였으나 불기소 처분을 받았고, 이에 대한 재정신청, 항고 또한 기각되었다. 원고는 위 검사, 국가기관을 상대로 손해배상소송을 제기하였으나 모두 패소 확정되었다. 또한, 원고는 선행 유죄판결에 대해서 재심을 신청하였으나 기각되었고, 재항고하였으나 기각되었다. 원고의 위 고소, 민사소송, 재심 등 제기 사유는 모두 검

사가 증거를 조작하고 허위자백을 유도하였고, 검찰·경찰 등 수사기관이 고의로 증거를 은닉하거나 감정 결과를 조작하였다는 것으로 모두 동일하였다.

원고는 재심 청구가 최종적으로 기각되자 이후부터는 관련 기사를 보도한 기자들을 상대로 손해배상소송을 제기하였으나 대부분 패소하였고, 위 기자들을 상대로 한 손해배상소송의 주요 내용은 수사기관의 불법 수사가 있었다는 것으로 동일하였다.

[3] 이후 원고는 다시 재심을 청구할 목적으로 재심 개시 관련 탐사보도로 유명한 A기자에게 지속적으로 서신을 보냈고, 그 내용은 수사기관의 불법 수사로 억울하게 사형판결을 받았다는 것이다. A기자는 "수사기관의 위법한 수사로 인해 수집된 위법한 증거들에 터잡아 법원이 만연히 원고에게 사형판결을 선고하였기 때문에 억울한 사형확정자로서 재심을 준비 중이다"라는 내용으로 기사화하는 것에 관하여 원고의 최종 동의 여부를 구하는 서신을 발송하였다.

[4] 원고는 2016. 2. 1. 기사화에 최종 동의

한다는 서신을 발신하려 하였으나, 서울구치소장은 해당 서신을 검열한 후 형집행법 제43조 제5항을 근거로 위 서신의 발신을 불허하고 형집행법 제43조 제4항 제3호에 따라 원고를 2016. 2. 1.부터 2016. 11. 17.까지 약 15일에서 1개월 간격으로 서신검열대상자(형집행법 개정으로 '서신'이 '편지'로 명칭이 변경되었다. 이하에서는 당시 형집행법을 기준으로 '서신'으로 표기한다)로 지정한 후 원고가 위 기간 동안 주고받는 서신을 모두 검열하도록 하는 처분을 하였다.

[판결요지]

제1심

법원은 원고가 이 사건 선행 유죄판결과 관련하여 수사 검사 등이 무죄의 증거를 제외했고 허위감정을 제시하였으며 진술을 강요하였다는 등 수사 검사나 수사기관의 명예를 훼손할 여지가 있는 내용이 담긴 서신을 기자나 언론사에 발신하려고 하였다는 사실을 인정하였다. 법원은 위 사실 인정을 바탕으로 이 사건 서신검열대상자 지정 처분이 이루어질 당시 기자나 언론사 등을 통하여 수사 검사나 수사기관의 명예를 훼손함으로써 형사법령에 저촉되는 내용이 기재되어 있다고 의심할 만한 상당한 이유가 있었다고 보았고, 형집행법 제43조 제4항 단서, 제3호에 근거하여 피고는 일정기간 동안 원고가 수신·발신하는 서신의 내용을 검열하는 처분을 할 수 있다고 판단하였다.

구체적으로 법원은 ① 형집행법 제43조 제4항 제3호가 서신에 '형사법령에 저촉되는 내용이 기재되어 있다고 의심할 만한 상당한 이유'가 있는 경우이면 수용자가 주고받는 서신의 내용을 검열할 수 있도록 허용하고 있는 이상, 개개의 서신검열 처분을 포괄하여 위와 같은 상당한 이유가 지속된다고 볼 수 있는 일정한 기간을 정하여 그 기간에 수용자가 수신·발신하는 서신을 일괄적으로 검열하는 것 역시 위 법률조항에 근거하여 허용된다고 봄이 타당하고(다만 그 기간 중 위와 같은 상당한 이유가 없어지면 그 이후로는 다른 사정이 없는 한 더는 개별적·구체적인 서신 검열행위를 하지 못하게 될 것이라고 하였다),

② 서신에 '형사 법령에 저촉되는 내용이 기재되어 있다고 의심할 만한 상당한 이유'가 있는지는 그 서신에 담긴 내용을 바탕으로 하여 판단하는 것이 아니라(서신은 검열을 하여야 그 내용을 알 수 있는데 위 '상당한 이유'에 대한 판단은 그러한 검열을 하기 전 단계에서 이루어지므로 애초에 서신의 내용을 바탕으로 이를 판단하는 것이 불가능하다) 그 서신을 수신·발신하려고 하는 수용자의 평소 언행, 수·발신 내역 및 형사법령에 저촉되는 내용의 수·발신 전력 등 주변 사정을 종합적으로 고려하여 판단하는 것으로 반드시 그 판단의 대상이 되는 개개의 서신이 제출되어야만 이를 판단할 수 있는 것이 아니기 때문에, 미리 일정한 기간을 정하여 서신을 일괄적으로 검열하도록 지정

하였다는 것만으로 형집행법 제43조 제4항 등 법령을 위반하였다고 볼 수는 없으며,

③ 형집행법 시행령 제66조 제5항이 "교정시설의 장은 서신의 내용을 검열하였을 때에는 그 사실을 해당 수용자에게 지체 없이 알려주어야 한다"고 규정한 것은 형집행법 제43조 제4항 등에 근거하여 이미 적법하게 서신검열 처분이 이루어지고 난 이후에 사후적으로 그러한 검열 처분이 있었던 사실을 수용자에게 통지하여야 한다는 취지로 해석되므로, 실제로 검열을 실시한 개개 서신에 대하여 그러한 사실의 통지를 누락한 것 때문에 기존에 이미 적법하게 이루어졌던 서신검열대상자 지정 처분이나 서신 검열 처분이 소급하여 위법하게 된다고 보기는 어렵고 판단하였다.

제2심

법원은 ① 교정시설에서 이루어지는 수용자 서신업무의 현실을 고려할 때 상당한 이유가 지속되는 수형자에 대하여 일정한 기간을 정하여 일괄적으로 서신을 검열하는 것을 제한적 범위 내에서 허용할 필요성을 부인하기 어렵고, 이에 대한 교정시설의 장의 합리적 판단 가능성을 인정할 수 있다는 점, ② 법무부 '수용자 서신업무 개선방안(법무부 사회복귀과-7115, 2015. 11. 20.)'에는 "서신검열대상자의 지정은 교도관회의에서 심의하여 결정하고, 모든 서신검열대상자에 대하여 교도관회의에서 매월 1회 정기적으로 범죄 특성, 지정

된 이후의 수용생활 동정 등을 종합적으로 고려하여 해제 여부를 심의하며, 발신금지 사유에 해당하는 서신을 작성할 우려가 해소되었다고 인정할 만한 특별한 사정이 생긴 경우에는 지체 없이 교도관회의로 회부"하도록 규정되어 있는 점, ③ 피고는 매월 1회 교도관회의를 거쳐 위와 같은 우려가 해소되었는지 여부를 심의하여 원고를 서신검열대상자로 재지정하였다는 점, ④ 서울구치소 수용자들 중 서신검열대상자로 지정된 수용자는 극히 일부이고, 지정된 수용자들의 일부는 교도관회의를 통해 지정이 해제되기는 등 서신검열대상자의 지정이 상당히 제한적으로 시행한 것으로 보이는 점 등에 비추어 보면, 피고가 10개월 동안 원고의 서신을 일괄적으로 검열하였다고 하더라도 위법하다고 볼 수는 없다고 판단하였다.

[해설]

I. 수용자의 서신 수발 제한과 관련한 기본권

형집행법은 교정행정의 목적을 달성하기 위해 수용자가 주고받는 서신의 수수를 허가하지 않거나 검열을 할 수 있도록 규정하고 있는데, 이때 수용자는 통신비밀의 자유를 제한받게 된다. 이에 대하여 서신의 발송 목적과 대상에 따라 재판을 받을 권리에 대한 제한, 청원권 등 제한되는 기본권의 종류가 다양할 수 있다는 견해가 존재한다.

헌법재판소는 1998. 8. 27. 선고 96헌마398

전원재판부 결정으로 수형자는 변호인의 조력을 받을 권리를 보장받을 수 없다고 보면서도 예외적으로 재심절차 진행을 위하여 변호인을 선임하고 접견할 수 있는 권리는 인정될 수도 있다고 보았고, 이후 헌재 2013. 9. 26. 선고 2011헌마398 전원재판부 결정에서 "수형자와 변호사 간 접견 내용을 녹음한 행위가 변호인의 조력을 받을 권리를 침해한 것은 아니라는 위 기존 입장"을 밝힘으로써 변호사와 수형자가 주고받는 서신에 대한 검열이 수형자의 재판청구권 침해 여부를 판단하는 근거로 적용될 수 있는 여지를 남기기도 했다.

II. 주요 쟁점

형집행법 제43조 제4항 제3호는 서신에 "형사법령에 저촉되는 내용이 기재되어 있다고 의심할 만한 상당한 이유"가 있는 경우 수용자가 주고받는 서신의 내용을 검열할 수 있도록 규정하고 있고, 형집행법 제43조 제8항은 "편지 내용물의 확인방법 및 편지 내용의 검열 절차 등에 관하여 필요한 사항은 대통령령으로 정한다"고 규정하고 있음에 비추어 볼 때, 소장의 서신 검열 자체는 별도로 문제가 되지 않는다. 그런데, 서신검열을 허용하는 규정을 근거로 '일정기간 동안 수용자가 주고받는 서신을 일괄적으로 검열하도록 지정'하는 것이 법률유보원칙을 위반한 문제가 되었다.

그 밖에도 1997년 이후 20년 이상 사형집행을 하지 않아 '실질적으로 사형을 폐지한 국가'가 된 현 시점에서 미결수도 기결수도 아닌 사형확정자가 수발하는 서신에 대한 검열 사유에 관한 기준은 무엇인지, 청원기관 또는 언론사에 교정당국의 위법한 처우에 관한 청원 또는 신고를 하기 위해 서신을 발신하려 하는 경우 교정기관의 적법한 조치는 어떠한 것인지, 교정시설 수용자의 특수성과 교정행정의 목적 등에 비추어 교정기관이 내린 재량행위에 대하여 사법부는 어떠한 기준을 가지는 것이 적절한지 등이 문제가 되었다.

III. 검토

수용자를 구금하는 목적은 수용자를 일정한 장소에 구금하고 사회로부터 격리시켜 그 자유를 박탈함과 동시에 그의 교화·갱생을 도모함에 있고, 교정시설은 다수의 수용자를 집단으로 관리하는 시설이므로 규율과 질서 유지가 필요하다(헌재 2001. 11. 29. 선고 99헌마713 전원재판부 결정). 서신 검열은 수용자가 발송하는 서신에 대해 발송 전 그 내용을 일일이 살펴 수용질서 유지에 저해되거나 새로운 범죄를 일으킬 가능성이 있는 것에 대해서는 미리 그 발송을 차단함으로써 수용자가 재차 범죄를 저지르는 것을 사전에 방지하고 수용자를 적절하게 교화하고자 하는 제도라 할 수 있다(헌재 2001. 11. 29. 선고 99헌마713 전원재판부 결정).

한편, 법원과 검찰은 형사소송법 제200조의6, 제91조에 따라 일정한 기간 동안(실무적으

로 1개월 또는 공소제기 시까지) 수용자의 서신 등을 검열하고, 접견 및 서신의 수·발신을 금지하는 결정을 하고 있다. 즉, 형사소송법 및 형집행법은 법원 또는 검사가 수용자가 수발하는 서신에 대하여 검열 및 수·발신 일체에 대한 금지 결정을 할 수 있다고 규정하고 있을 뿐, 위 서신 검열 및 수발 금지의 기간에 대해서는 별도로 규정하고 있지 않다. 이와 관련하여 법원의 경우 구체적 타당성을 고려하여 피고인의 서신 검열 및 서신 수발 금지 기간에 대해서 적정한 기간을 정하고 있는데, 통상 그 적정한 기간을 1개월 정도라고 판단하고 있는 것으로 보인다.

원고의 주장처럼 피고가 원고를 서신검열 대상자로 지정하여 1개월 동안 원고가 수발하는 서신을 검열한 것이 법령의 근거가 없어 위법하다면, 법원이 1개월의 기간을 정하여 수용자가 수발하는 서신을 모두 검열 및 압류하고 서신 수발을 전면적으로 금지하는 결정을 한 것 역시 법령에 근거가 없어 모두 위법하다는 결론에 도달할 여지가 있다.

법원은 도주 예방, 죄증인멸, 시설 내 규율과 질서를 위해서 서신 검열이 반드시 필요하나, 일정한 기간을 미리 정하여 수용자가 수발하는 서신 검열 및 수발 금지 결정을 할 수 없다면, 법원 및 검사 또는 교정시설의 장은 수용자가 서신을 수발할 때마다 해당 서신 개개에 대하여 그때그때 검열 및 수·발신 불허 결정(처분)을 하여야 하는데, 이는 사실상으로 불가능하다는 현실적인 측면을 고려한 것으

로 판단된다.

IV. 서신검열대상자 지정의 필요성

1950년 제정된 행형법은 수용자의 서신수발 자체를 금지하고 친족의 경우만 예외적으로 허가하였는데, 예외적으로 허가된 서신의 경우에도 검열을 원칙으로 하였다. 이후 50년 넘게 유지된 서신에 대한 허가주의 및 검열주의는 2007년 폐지되었다. 그런데 서신무검열 원칙의 전면적인 시행은 발신 불허 사유에 해당하는 서신의 외부 반출을 빈번히 발생시켜 사회적 문제가 되었다. 서신무검열 원칙의 전면적인 시행 및 발신 서신의 개봉상태 제출을 규정한 형집행법 시행령 조항에 대한 위헌 결정 이후, 서신을 통한 범죄 공모, 증거 인멸, 피해자·증인 협박 등을 차단하기 매우 어려워졌기 때문이다.

허위사실 내지 일방적인 주장이 담긴 내용이 언론에 보도되어 사회혼란을 야기하고, 수용자의 협박 등의 편지를 견디지 못한 피해자가 자살하기도 하였다. 행정청은 견디다 못한 피해자가 수용자를 고소하여 수사가 개시된 이후에야 뒤늦게 인지하게 되는 사례가 빈번히 발생하였다. 일례로 대한민국을 들썩이게 했던 세칭 '장자연 편지'는 광주교도소에 수용되어 있던 과대망상과 정신분열을 앓고 있던 수용자가 같은 교도소에 수용 중인 동료들의 편지 봉투를 복사한 후 새로운 편지를 위조하여 방송사 및 언론사에 발신하였던 편지

였다.

징역 5년을 선고받고 진주교도소에 수용 중이던 수감자는 "출소하면 죽기로 마음먹은 지 오래 되었다. 다만 저승길을 같이 갈 동반자가 누구며 몇이나 될지 모르겠구나…"라는 내용의 편지를 총 12회에 걸쳐 발송하였고, 보복의 목적 협박이 인정되어 징역 2년의 형을 선고받기도 하였다(창원지법 진주지원 2015. 10. 8. 선고 2015고합95 판결).

수용자의 서신 발신이 아무런 제한 없이 외부로 발송될 경우 발생하는 사회적 해악이 매우 심각하므로 이에 대한 최소한의 제한은 필요불가결하다고 할 것이다. 법원은 형집행법 제43조 제4항 각호에 해당하는 사유가 발생한 경우 수용자가 주고받는 서신의 내용을 검열할 수 있도록 허용하고 있는 이상, 통상적인 법 감정과 직업의식을 가진 소장은 형집행업무의 전문가로서 개개의 서신 검열 처분을 포괄하여 위와 같은 상당한 이유가 지속된다고 볼 수 있는 일정한 기간을 정하여 그 기간에 해당 수용자가 수·발신하는 서신을 검열할 수 있다고 판결하였고, 법률유보원칙 위반이 아니라는 판단을 하였다.

구금의 목적은 수용자를 사회로부터 격리시켜 그 자유를 박탈함과 동시에 그의 교화·갱생을 도모함에 있고, 교정시설은 다수의 수용자를 집단으로 관리하는 시설로서 규율과 질서 유지가 필요하므로, 소장은 수용자의 교정교화 및 사회복귀에 해로운 물질이나 서신의 수발을 허용하여서는 아니 된다. 수용자

는 수사 및 재판과정에서 관련된 고소·고발인, 경찰·검찰 및 법원의 공무원, 피해자, 증인, 감정인 등에 대하여 원망과 분노를 가질 수도 있으므로, 만일 수용자로 하여금 이들에게 서신을 제한 없이 발송할 수 있게 한다면 보복 협박, 교도소 내에 있는 동안 뒷바라지 강요 등 일반 국민들에게 해악을 끼치는 부작용이 생길 수 있고, 이로써 수용시설의 규율과 질서를 어지럽힐 우려가 현저하다 할 것인바, 교정시설 내의 규율과 질서를 유지하여 구금의 목적을 달성하기 위해서는 수용자의 서신에 대한 검열은 불가피한 면이 있다(헌재 1998. 8. 27. 선고 96헌마398 전원재판부 결정, 헌재 2001. 11. 29. 선고 99헌마713 전원재판부 결정).

대상판례는 일정 기간을 정하여 포괄적으로 서신의 내용을 검열할 수 있다는 명시적인 규정이 없다 하더라도 그 법적 근거는 형집행법 제47조 제4항으로부터 도출 가능하며, 법률유보원칙을 위반하였다거나 수용자의 통신비밀의 자유를 침해한 것이 아니라는 점을 사법부가 최초로 인정하였다는 의의가 있다.

[후속논의]

법원의 판단에도 불구하고 형집행법상 명시적인 명문 규정이 없이 일괄적으로 서신검열대상자로 지정된 자가 수발하는 모든 서신을 검열한다는 것은 법률유보원칙에 위배될 가능성은 여전히 상존한다고 할 수 있다. 이에 대상판례에서도 교정당국이 내부적인 행정규칙에 의하여 체계적이고 정기적인 절차

를 마련하여 서신검열대상자 지정 및 해제 여부를 신중하게 판단하고 있다는 전제 하에서 위 기준이 적법하다고 판단한 것으로 보인다. 형집행법 제43조 제8항은 서신 검열절차 등에 관하여 필요한 사항을 대통령에 정하도록 규정하고 있는바, 궁극적으로는 위 조항의 위임범위 내에서 서신검열대상자 지정 절차 등에 관한 규정을 제정하고 규정을 정비할 필요가 있다.

우리나라는 실질적 사형폐지국으로 분류되어 사형확정자는 사실상 가석방 없는 무기징역수와 유사한 위치에 있다고 볼 수 있다. 이러한 사형확정자의 경우 형집행법 제43조(편지수수) 제4항의 서신무검열 원칙이 적용되고 예외적으로 "제1항 제2호 또는 제3호에 해당하는 내용이나 형사법령에 저촉되는 내용이 기재되어 있다고 의심할 만한 상당한 이유가 있는 때"에 한하여 제한적으로 검열할 수 있다. 그런데 형집행법 제43조 제1항 제2호의 사유는 '수형자'의 교화 또는 건전한 사회복귀를 해칠 우려가 있는 때이다. 따라서 법적으로 수형자가 아닌 사형확정자에게 위 제43조 제1항 제2호 사유를 어떻게 적용하여야 할 것이지 여부가 문제가 된다.

그러나 사형확정자라 하더라도 재심, 특별감형 등을 통해 가석방이 된 사례가 있는 만큼 '교화 또는 사회복귀의 여지'가 전혀 없다고 단정할 수 없고, 대상판례 사안에 비추어 볼 때 오히려 서신 검열의 필요성이 더 높을 가능성도 존재한다. 실제로 대상판례는 "사형

확정자의 서신 수수를 제한할 수 있는 규범 기준으로 수형자에게 적용되는 규정으로서는 규율할 수 없다"고 판시하기도 한 바, 형집행법의 개정을 통해 사형확정자에 대한 서신검열 및 수발신 불허 사유에 대한 기준이 명문 규정으로 정립될 필요가 있다.

2019. 10. 24. 개정된 형집행법은 법무부장관으로 하여금 교정행정의 목적을 효율적으로 달성할 수 있도록 법원, 검찰, 경찰 등 관계기관과 협의를 거쳐 수용자의 처우 등과 형의 집행에 관한 기본계획을 수립하고 추진할 의무를 부과하였다. 수용자의 기본권과 인권을 최대한 보장하면서도 수용질서의 확립, 구금 및 교정교화의 목적 달성과 조화로운 법치행정의 길이 모색되도록 유관기관의 협조와 논의가 절실할 것으로 보인다.

[참고문헌]

● 한인섭, 한국교정의 딜레마와 당면과제, 법학 제40권 1호, 서울대학교 법학연구소, 2000.
● 윤영미, 수형자의 서신검열과 기본권 제한, 법조 제55권 제11호, 법조협회, 2006.
● 윤창식, 사형확정자 처우의 이해와 쟁점, 교정담론 제4권 제1호, 아시아교정포럼, 2010.
● 이호중, 사형수의 인권과 처우의 방향, 동아법학 제50권, 동아대학교 법학연구소, 2011.
● 법무부 교정본부, 형집행법 개정자료, 2017. 1.
● 조성용, 수형자의 서신수수권 제한의 헌법적 문제점과 개선방안, 인권과 정의 제465호, 대한변호사협회, 2017.
● 법무부 교정본부, 2018 교정판례집, 2018.
● 심유진, 수용자의 서신 수수 제한과 그 한계에 관한 판례 연구-서울고등법원 2017. 11. 29. 선고 2017누34669 판결에 대한 평석을 중심으로-, 법학연구

제19권 제3호, 한국법학회, 2019.

- 금용명, 교정학: 행형론과 수용자 처우, 박영사, 2021.

[심유진 변호사(법무법인 무한)]

[08] 서신에 동봉된 녹취서 및 사진을 이유로 수신을 금지한 행위의 위헌 여부

대상	수용자 서신 반송처분 위헌확인 등 (기각, 각하) 헌재 2019. 12. 27. 선고 2017헌마413·1161(병합) 전원재판부 결정 (기각, 각하) **(2023법원직)**

[사실관계]

청구인은 1999. 10. 22. 살인죄로 무기징역을 선고받고 그 형이 확정된 자로서, 2016년경 ○○교도소에 입소하여 2019. 12.경 □□교도소로 이감되었다. 청구 외 이□□(이하 '이□□'라 한다)는 사기죄 등으로 징역형을 선고받고 그 형이 확정된 자로, 2016. 10. 27. ○○구치소에 입소하여 2018. 4. 3. 출소하였다. 청구인과 이□□는 단순한 지인으로 혈연관계에 있지 않다.

2017헌마413

청구인은 2017. 3. 27. 청구인이 원고인 부산고법 2015나3907 사건과 관련된 증인 최○○의 증언을 민사소송규칙 제35조에 따라 작성한 녹취서(이하 '이 사건 녹취서'라 한다) 뒷면에 편지를 작성하여 ○○구치소에 수용 중인 이□□에게 발송하였다. 피청구인 ○○구치소장은 2017. 3. 29. 서신 외 녹취서가 동봉되었다는 이유로 청구인의 서신을 반송하였다. 이에 청구인은 위 반송행위가 청구인의 통신의 자유 등을 침해하였다고 주장하며, 2017.

4. 19. 피청구인 ○○구치소장을 상대로 이 사건 헌법소원심판을 청구하였다.

2017헌마1161

청구인은 ○○구치소에 수용 중인 이□□에게 청구인의 얼굴과 상반신이 촬영된 사진(이하 '이 사건 사진'이라 한다)만을 넣은 서신을 발송하였는데, 피청구인 ○○구치소장은 2017. 9. 8. 사진이 동봉되었다는 이유로 청구인의 서신을 반송하였다. 이에 청구인은 위 반송행위 및 법무부예규인 '수용자 교육교화 운영지침' 제19조 본문 후단 부분이 청구인의 통신의 자유 등을 침해하였다고 주장하며, 2017. 10. 17. 피청구인들을 상대로 이 사건 헌법소원심판을 청구하였다.

[결정요지]

[1] ○○교도소에 수용 중인 청구인이 이 사건 녹취서와 이 사건 사진을 서신에 동봉하여 ○○구치소에 수용 중인 이□□에게 발송하였으나 피청구인 ○○구치소장이 ○○구치소에 수용 중인 이□□의 서신수수를 금지하

고 발신자인 청구인에게 서신에 동봉된 이 사건 녹취서와 이 사건 사진을 반송한 것이므로, 제한되는 기본권은 헌법 제18조에서 정하고 있는 통신의 자유이고, 이 사건 반송행위가 법률유보원칙 및 과잉금지원칙에 위반되어 청구인의 통신의 자유를 침해하는지 여부가 문제된다.

[2] 소장은 수용자가 주고받는 서신에 '법령에 따라 금지된 물품'이 들어 있는지 확인할 수 있고(형집행법 제43조 제3항), 수용자가 주고받는 서신을 확인한 결과 수용자의 서신에 '법령으로 금지된 물품'이 들어 있으면 수신을 금지할 수 있는데(형집행법 제43조 제5항), 형집행법 제43조 제5항의 '법령으로 금지된 물품'은 형집행법 제92조에서 정하는 '금지물품'을 포함하는 광의의 개념으로서 형집행법 시행규칙에 의해 금지된 물품도 포함한다. 따라서 형집행법 제43조 제5항의 '법령으로 금지된 물품'에는 형집행법 제92조의 '금지물품'에 해당하지 않더라도 형집행법 시행규칙 제214조 제15호가 금지하는 '허가 없이 수수되는 물품', '허가 없이 반입되는 물품'이 포함된다.

이 사건 녹취서 및 이 사건 사진은 서신 동봉과 관련하여 허가를 받지 않았으므로, 형집행법 시행규칙 제214조 제15호가 금지하는 '허가 없이 수수되는 물품'에 해당한다.

[3] 수형시설에 수용된 자들 사이의 서신에 허가받지 않은 물품인 이 사건 녹취서와 이 사건 사진이 동봉되어 있는 경우 수신인의 서신수수를 금지하고 발신인에게 물품을 반송하는 것은 수용자의 교화·개선에 해로운 영향을 미칠 수 있는 물품의 수신을 금지함으로써 수용자의 건전한 사회복귀를 도모하고, 안전하고 질서 있는 교정환경을 확보하기 위한 것이므로 그 목적이 정당하다. 이 사건 녹취서 반송행위 및 이 사건 사진 반송행위는 위와 같은 목적을 달성할 수 있는 적합한 수단이다. 이 사건 반송행위로 수용자인 청구인이 받게 되는 통신의 자유 제한에 따른 불이익보다는 교정시설의 안전과 질서유지, 수형자의 교화 및 사회복귀를 원활하게 하고자 하는 공익이 더욱 크다고 할 것이므로 법익균형성도 인정된다.

[해설]

I. 수용자의 편지수수에 대한 자유와 제한

2007년 행형법이 형집행법(법률 제8728호)로 전면 개정되면서 동법 제43조는 원칙적으로 수용자의 서신수수 허가제를 폐지하고(제1항) 수용자가 주고받는 서신의 내용검열을 금지하는 것으로 바뀌었다(제4항).

형집행법은 제43조에서 편지수수에 관한 상세한 규정을 두고 있다. 수용자의 편지수수의 자유를 원칙적으로 인정하고(제43조 제1항), 예외적으로 금지하고 있으며(제43조 제1항 단서, 동조 제2항), 소장은 수용자가 주고받는 편지에 법령에 따라 금지된 물품이 들어 있는지 확인할 수 있도록 규정하고 있다.

수용자가 주고받는 편지에 대해서는 원칙적으로 검열이 금지되지만(제43조 제4항), 예외적으로 검열을 허용하고 있다(제43조 제4항 단서).

소장은 확인, 검열 결과에 따라 편지의 발신, 수신을 금지할 수 있고(제43조 제5항), 소장은 발신 또는 수신이 금지된 편지는 그 사유를 알린 후 교정시설에 보관하도록 개정하였다.

이러한 형집행법의 개정은 매우 긍정적이고 비약적인 발전이라는 평가가 지배적이다. 그러나 현행 형집행법은 여전히 서신의 종류나 수신자가 누구인지 묻지 않고 모든 서신을 일률적으로 제한대상으로 하고 있는 문제점을 가지고 있다.

II. 본 결정의 의미와 비판

형집행법이 시행되면서 편지수수에 대한 허가제, 검열제는 폐지되었다. 하지만, 교정시설이 안전과 질서 유지 및 수용자의 교정교화와 건전한 사회복귀 등의 공익필요성에 따라 편지에 대한 허가, 검열은 제한적으로 이루어지고 있다.

헌법재판소는 형집행법 제43조 제5항을 해석하면서, 형집행법 제92조의 금지물품 규정뿐만 아니라, 형집행법 시행규칙 제214조의 규율에 관한 규정까지 근거로 하여 금지물품의 규정을 폭넓게 해석하였다.

형집행법 제92조는 금지물품에 대하여 '1.

마약·총기·도검·폭발물·흉기·독극물, 그 밖에 범죄의 도구로 이용될 우려가 있는 물품, 2. 무인비행장치, 전자·통신기기, 그 밖에 도주나 다른 사람과의 연락에 이용될 우려가 있는 물품 3. 주류·담배·화기·현금·수표, 그 밖에 시설의 안전 또는 질서를 해칠 우려가 있는 물품 4. 음란물, 사행행위에 사용되는 물품, 그 밖에 수형자의 교화 또는 건전한 사회복귀를 해칠 우려가 있는 물품'으로 열거하여, 이 사건 녹취서와 이 사건 사진은 해당하지 않는 것으로 해석된다.

형집행법 시행규칙 제214조는 상벌에 관한 장에서 1호부터 18호까지 수용자의 규율준수 의무를 부과하고 있는데, 헌법재판소는 이에 근거하여 이 사건 녹취서와 이 사건 사진이 금지물품에 해당한다고 판단하였다.

형집행법은 편지수수의 자유를 원칙으로 하고 있으나, 헌법재판소는 교정시설의 안전과 질서유지를 중시하여 본 사건을 판단하였다.

소장은 확인, 검열 결과에 따라 편지의 발신, 수신을 금지할 수 있다(제43조 제5항). 이 사건에서는 편지를 발신한 □□교도소장과 편지를 수신한 ○○구치소장이 입장이 정반대로 달랐다.

이 사건은 청구인이 수감 중이던 □□교도소는 이 사건 녹취서와 이 사건 사진이 있던 편지를 발송하였고, 편지를 받은 ○○구치소장은 이 사건 녹취서와 이 사건 사진을 반송하였다. □□교도소장은 문제가 없다고 판단한 것이고, ○○구치소장은 문제가 있다고 판단한 것이다.

형집행법의 가장 큰 문제점 중의 하나로 과다한 소장의 재량이 지적되고 있다. 본 사안도 이러한 문제점을 그대로 드러내고 있다. 향후 소장의 자의적인 판단에 따라 편지수수의 자유가 침해되는 결과는 발행하지 않아야 할 것이다.

본 사안은 수용자 간의 편지 수발신이어서, 친족, 변호사, 청원기관보다는 제한의 여지가 넓다는 해석도 가능할 것이다.

[참고문헌]
- 조성용, 수형자의 서신수수권 제한의 헌법적 문제점과 개선방안, 인권과 정의 제465호, 대한변호사협회, 2017.
- 심유진, 수용자의 서신 수수 제한과 그 한계에 관한 판례 연구 — 서울고등법원 2017. 11. 29. 선고 2017누34669 판결에 대한 평석을 중심으로 —, 법학연구 제19권 제3호, 한국법학회, 2019.

[김현성 변호사(법무법인 우공)]

[09] 수용자 서신 개봉·열람 행위의 위헌 여부

대상	수용자 서신 개봉·열람 행위 위헌확인 (기각) 헌재 2021. 9. 30. 선고 2019헌마919 전원재판부 결정 (기각) **(2023국회8급·법원직)**

[사실관계]

청구인은 안동교도소 수용 중 교도소의 수용자에 대한 처우 등과 관련한 여러 사안(권력적 사실행위 및 정보비공개결정 등)들에 대하여 취소소송을 제기하고, 변호사와 서신으로 의사소통을 하며 소송을 진행하였다.

피청구인 안동교도소장은 위 소송들과 관련하여 청구인이 대한법률구조공단으로부터 받은 서신 7건과 국가인권위원회가 발송한 서신 1건을 개봉하였고, 안동교도소에 송달된 수원지방검찰청의 정보공개결정통지서와 수원지방법원 판결문 등 문건 5건을 열람하였다. 청구인은 피청구인의 위와 같은 행위가 청구인의 사생활의 비밀과 자유, 통신의 비밀, 공정한 재판을 받을 권리 등을 침해한다고 주장하며 2019. 8. 20. 이 사건 헌법소원심판을 청구하였다.

[결정요지]

[1] 피청구인의 서신개봉행위는 법령상 금지되는 물품을 서신에 동봉하여 반입하는 것을 방지하기 위하여 구 형집행법 제43조 제3항 및 구 형집행법 시행령 제65조 제2항에 근거하여 수용자에게 온 서신의 봉투를 개봉하여 내용물을 확인한 행위로서, 교정시설의 안전과 질서를 유지하고 수용자의 교화 및 사회복귀를 원활하게 하기 위한 것이다.

개봉하는 발신자나 수용자를 한정하거나 엑스레이 기기 등으로 확인하는 방법 등으로는 금지물품 동봉 여부를 정확하게 확인하기 어려워, 입법목적을 같은 정도로 달성하면서, 소장이 서신을 개봉하여 육안으로 확인하는 것보다 덜 침해적인 수단이 있다고 보기 어렵다. 또한 서신을 개봉하더라도 그 내용에 대한 검열은 원칙적으로 금지된다. 따라서 서신개봉행위는 청구인의 통신의 자유를 침해하지 아니한다.

[2] 피청구인의 문서열람행위는 형집행법 시행령 제67조에 근거하여 법원 등 관계기관이 수용자에게 보내온 문서를 열람한 행위로서, 문서 전달 업무에 정확성을 기하고 수용자의 편의를 도모하며 법령상의 기간준수 여부 확인을 위한 공적 자료를 마련하기 위한 것이다.

수용자 스스로 고지하도록 하거나 특별히 엄중한 계호를 요하는 수용자에 한하여 열람하는 등의 방법으로는 목적 달성에 충분하지 않고, 다른 법령에 따라 열람이 금지된 문서는 열람할 수 없으며, 열람한 후에는 본인에게 신속히 전달하여야 하므로, 문서열람행위는 청구인의 통신의 자유를 침해하지 아니한다.

[해설]

I. 들어가며

1. 구금시설에서 수용자가 보내거나 받는 서신을 교정기관이 먼저 개봉해 검열하는 등의 문제와 관련해서는 과거부터 국가인권위원회 진정이나 국가배상청구소송이 여러 차례 있었고, 관련 법령 역시 이를 반영해 개정되어 왔다(2020. 2. 4. 형집행법 개정을 통해 '서신'이라는 용어가 '편지'로 변경되었다. 이하에서는 '서신'과 '편지'를 병용한다). 구 행형법에서는 "소장은 수용자의 서신을 검열할 수 있다"라고 하여 예외적인 경우가 아닌 한 수용자의 서신을 검열할 수 있다고 정하고 있었는데, 무분별한 서신 검열이 수용자들의 통신의 자유 등을 침해한다는 취지의 국가인권위원회의 권고 등이 이어지면서 2007년 개정된 형집행법에서는 예외적인 경우가 아닌 한 "수용자가 주고받는 서신의 내용은 검열받지 아니한다"라고 하여 이른바 '서신무검열원칙'이 채택되었다.

2. 다만 형집행법 제43조 제4항에서는 교도소장 등이 서신을 검열할 수 있는 경우로 몇 가지 사유를 정하고 있는데(1. 서신의 상대방이 누구인지 확인할 수 없는 때 2. 「형사소송법」이나 그 밖의 법률에 따른 서신검열의 결정이 있는 때 3. 제1항제2호 또는 제3호에 해당하는 내용이나 형사법령에 저촉되는 내용이 기재되어 있다고 의심할 만한 상당한 이유가 있는 때 4. 대통령령으로 정하는 수용자 간의 서신인 때), 이에 대한 교정기관의 해석이 일관되지 않아 예측가능성이 떨어진다는 지적 역시 제기된다.

3. 형집행법 제43조 제3항, 제4항 등에 따라 수용자의 서신을 확인한 결과 이 법 제43조 제5항에서 정한 사유에 해당하는 경우 소장은 서신을 주고받는 일 자체를 금지할 수 있다. 이와 관련해, 수용자가 "교도소 음식의 질이 형편없이 떨어졌다", "수용자 번호에 따른 호칭이 문제이다" 등의 내용을 편지에 적은 것을 문제 삼아 서신 발송금지 처분을 받은 사례가 있었는데, 1심 법원은 서신 발송 금지가 위법하다고 하여 국가배상책임을 인정하였지만(울산지법 2012. 9. 11. 선고 2011가소53242 판결), 항소심 법원은 "위 편지 내용이 거짓의 사실을 포함하고 있거나 시설의 질서를 해한다고 판단하여 발송을 금지한 것은 위법하지 않다"는 취지로 판단하였다(울산지법 2013. 1. 17. 선고 2012나4978 판결). 여전히 수용자들이 외부와 서신을 주고받는 데 적지 않는 제약이 있는 것으로 보이고, 법원이나 헌법재판소 역시 '교정시설의 안전과 질서 유지 및 교화 목적' 등을 위해 서신 수수에 일정한 통제가 필요하다는 기관의 입장을 적극적으로 수용하고 있는 것으로 판단된다.

II. 서신 '개봉'과 '열람' 구분의 의의

1. 이 사건 결정에서 헌법재판소는 수용자의 서신을 '개봉'하는 것과 '열람'하는 행위를 구별하고 있다. 법령상 금지되는 물품을 서신에 동봉하여 반입하는 것을 방지하기 위하여 교도소 관계자가 서신을 개봉하더라도 그 내용을 열람하는 것이 허용되어 있지 않으므로 서신 개봉이 위헌이 아니라는 논리다. 헌법재판소가 결정문에서 표현한 것처럼 '개봉'이란 봉투를 열어 단순히 내용물을 확인하는 행위를 의미하는 반면, '열람'이란 개봉에서 더 나아가 구체적 내용의 일부 또는 전부를 지득하는 행위를 의미한다.

2. 그런데 '개봉'과 '열람'이 개념상 구분된다는 점과 별개로, 서신이 실제로 '개봉'되는 경우 그 내용이 '열람'될 가능성이 매우 높아진다는 점은 어렵지 않게 짐작할 수 있다. 그리고 서신을 통해 의사소통을 하는 주체들의 입장에서는 서신이 '열람'될 가능성이 있다는 우려만으로 의사표현이 크게 위축될 수 있고, 서신을 통한 통신의 자유를 크게 제한받을 수밖에 없다.

3. 유사한 쟁점을 다룬 헌법재판소의 다른 사건에서 이석태 재판관은 교정기관이 수용자의 서신을 개봉하는 경우 그것이 내용 열람 내지 검열로 이어질 우려에 대해 언급한 바 있다. 수용자에게 보낸 변호인의 서신을 교도소장이 열람한 데 대하여 수용자가 헌법소원 심판청구를 한 사건에서, 이석태 재판관은 "미결수용자와 변호인과의 서신을 미리 교정기관이 개봉하여 검열이 가능한 상태에 놓이게 한다면, 미결수용자와 변호인과의 서신에 대한 검열이 금지되는지 여부는 오로지 교정기관의 의사에 달려 있다고 볼 수밖에 없으므로 검열 금지 규정의 실효성을 담보할 수 없다. 서신개봉으로 언제든지 서신 검열이 가능할 수 있다는 우려는 결국 미결수용자와 변호인과의 서신 교환에 대한 위축을 가져올 수 있고, 이는 미결수용자의 변호인의 조력을 받을 권리에 대한 침해로 이어지기 마련이다"라는 의견을 밝혔다(헌재 2021. 10. 28. 선고 2019헌마973 전원재판부 결정).

III. 법원 등 관계기관에서 받은 문서 열람 행위의 위법성

1. 이 사건에서 교도소 측이 법원의 소송 관련 서류를 열람한 근거는 형집행법 시행령 제67조이다. 해당 조항에서는 "소장은 법원·경찰관서, 그 밖의 관계기관에서 수용자에게 보내온 문서는 다른 법령에 특별한 규정이 없으면 열람한 후 본인에게 전달하여야 한다"라고 정하고 있는데, 이는 소장이 소송서류의 송달에 대하여는 법정대리인의 지위에 있나는 점(형사소송법 제65조, 민사소송법 제182조 등) 등을 주된 근거로 하고 있다.

2. 수용자 관리 등과 관련한 필요를 인정한다고 하더라도, 모든 수용자들의 모든 소송 관련 서류 등을 교정기관이 먼저 열람한다는 것은 과도한 제한이라는 비판이 제기될 수 있

다. 이 사건에서 청구인이 주장한 바와 같이, 법원 등 관계기관에서 발송한 문서가 교정시설의 수용기록에 필요한 경우 수용자 스스로 이를 고지하도록 하거나, 조직폭력범, 마약범 등과 같이 특별히 엄중한 계호를 요하는 수용자에 한해서만 해당 서류를 교도소장이 열람할 수 있도록 하거나, 수용자 본인 입회하에 열람하는 등 덜 침해적인 방법들을 마련하는 일이 필요할 것으로 보인다.

[후속논의]

기본권으로서 통신의 자유의 가장 핵심 내용은 발신에서 수신까지의 모든 비밀이 침해되지 않도록 하는 데 있다. 교정시설 관리의 측면에서 허용되지 않은 물품 반입 등을 교정당국이 점검하는 것은 필요하지만, 이를 구실로 무분별하게 수용자들의 통신의 자유가 침해되지 않도록 관련 법령을 개정하는 일이 필요하다. 시행령이 아니라 법률에서 서신 개봉이나 검열, 열람이 가능한 경우를 구체적으로 명시하고, '개봉'이 '열람'으로 이어지지 않도록 하기 위한 방법들이 법령에 반영되어야 할 것으로 보인다.

[참고문헌]
- 노희범, 수용자 서신검열 제도의 위헌성-헌재 2012. 2. 23. 2009헌마333 결정에 대한 평석을 중심으로-, 법학논총 제32권 제2호, 전남대학교 법학연구소, 2012.
- 심유진, 수용자의 서신 수수 제한과 그 한계에 관한 판례 연구-서울고등법원 2017. 11. 29. 선고 2017누34669 판결에 대한 평석을 중심으로-, 법학연구 제19권 제3호, 한국법학회, 2019.
- 이호중 외, 교정시설 수용자의 인권 및 처우 개선방안에 대한 연구-「형의 집행 및 수용자의 처우에 관한 법률」 중심으로, 국가인권위원회, 2022.

[정민영 변호사(법무법인 덕수)]

[10] 변호인이 미결수용자에게 보낸 서신을 개봉한 후 교부한 행위의 위헌 여부

대상	형의 집행 및 수용자의 처우에 관한 법률 시행령 제65조 제2항 위헌확인 등 (기각, 각하)
	헌재 2021. 10. 28. 선고 2019헌마973 전원재판부 결정 (기각, 각하)
참조	서신검열 등 위헌확인 (인용(위헌확인), 한정위헌, 기각, 각하)
	헌재 1995. 7. 21. 선고 92헌마144 전원재판부 결정 (인용(위헌확인), 한정위헌, 기각, 각하)
	(2013국회9급 / 2016서울7급 / 2020서울·지방7급)

[사실관계]

형 집행 중인 청구인은 위력으로 교도관의 정당한 직무집행을 방해함과 동시에 교도관인 피해자에게 약 3주간의 치료를 요하는 상해를 가하였다는 범죄사실로 기소되었다. 청구인은 위 사건에서 변호인과 변호인 의견서, 국민참여재판신청서, 사건이송신청서, 증거인부서 등 소송 관련 서신들을 주고받았다. 그런데 교도소장은 금지물품의 동봉 여부를 확인하기 위하여 변호인으로부터 온 위 서신을 개봉한 후 청구인에게 이를 교부하였다(이하 '이 사건 서신개봉행위'). 이에 청구인은 새로 기소된 형사사건의 이해관계인인 교도소장이 그 사건의 피고인이 된 수용자의 변호인으로부터 발송된 소송 관련 서신을 개봉한 후 교부한 행위가 청구인의 기본권을 침해하여 위헌이라고 주장하면서 헌법소원심판을 청구하였다.

[결정요지]

I. 다수의견

교정시설은 다수의 수용자를 집단으로 관리하는 시설로서 구금의 목적을 달성하기 위해서 수용자의 신체적 구속을 확보하여야 하고 교도소 내의 수용질서 및 규율을 유지하여야 할 필요가 있다. 특히, 서신을 우편으로 받는 교정시설 입장에서는 교정환경을 안전하고 질서 있게 유지하기 위해 수용자에게 온 서신에 동봉된 물품의 수수를 통제할 필요가 있다. 이 사건 서신개봉행위는 수용자가 외부로부터 마약·독극물·흉기 등 범죄에 이용될 우려가 있는 물건 및 담배·현금·수표 등 교정시설의 안전 또는 질서를 해칠 우려가 있는 물건, 음란물 등 수형자의 교화 또는 건전한 사회복귀를 해칠 우려가 있는 물건 등 금지물품을 반입하지 못하도록 하여 교정시설의 안전과 질서를 원활하게 유지하기 위한 것이므로 그 목적이 정당하다. 수용자에게 온 서신을 개봉하여 금지물품이 있는지를 확인하는 것은 위와 같은 목적을 달성할 수 있는 적합한 수단이 된다.

이 사건 서신개봉행위로 인하여 미결수용자와 같은 지위에 있는 수형자가 새로운 형사사건 및 형사재판에서 방어권 행사에 불이익이 있었다거나 그 불이익이 예상된다고 보기도 어렵다. 수용자가 주고받는 서신은 원칙적으로 검열의 대상이 아니고, 미결수용자와 변호인 사이의 서신은 예외 없이 검열의 대상이 아니다. 이 사건 서신개봉행위로 피청구인이 형집행법을 위반하여 서신의 내용을 열람·지득하였으리라는 것은 청구인의 추측에 불과하다. 청구인은 사실상의 열람가능성을 주장하나, 새로운 형사사건의 피해자인 교도관들과 서신업무를 담당하는 교도관들은 동일인이 아니고, 업무 조직상으로도 다른 과에 속하며, 서신 수수에 관한 업무현황에 비추어 담당자의 부담이 적지 않은 현실을 보태어 보면, 사실상의 열람가능성도 인정하기 어렵다.

청구인은 이 사건 서신에 발신자가 변호사로 표시되어 있었음을 이유로 들면서 사실상의 열람가능성이 있다고 주장하면서, 이와 같은 경우에 한정하여 다른 방식의 금지물품 확인이 가능하다는 취지로 주장한다. 그러나 발신자가 변호사로 표시되어 있다고 하더라도 실제 변호사인지 여부 및 수용자의 변호인에 해당하는지 여부를 확인하는 것은 불가능하거나 지나친 행정적 부담을 초래한다.

한편, 미결수용자와 같은 지위에 있는 수형자는 접견, 전화통화에 의하여도 새로운 형사사건의 소송준비 또는 소송수행을 할 수 있는 등 그의 변호인접견권이 보장되므로, 이 사건 서신개봉행위와 같이 금지물품이 들어 있는지를 확인하기 위하여 서신을 개봉하는 것만으로는 미결수용자와 같은 지위에 있는 수형자의 변호인의 조력을 받을 권리를 지나치게 제한한 것이라고 보기 어렵다.

II. 재판관 이석태의 반대의견

형집행법 제84조 제3항은 '법 제43조 제4항 단서에도 불구하고 미결수용자와 변호인 간의 편지는 교정시설에서 상대방이 변호인임을 확인할 수 없는 경우를 제외하고는 검열할 수 없다'고 규정하고 있으므로 교정기관은 위와 같은 규정을 조화롭게 해석하여 미결수용자와 변호인 간의 서신교환의 경우에는 서신 내 금지물품이 있는지 확인하여 교정시설의 안전과 질서유지를 보장하면서도 교정기관의 검열을 미연에 방지하여 변호인의 조력을 받을 권리를 아울러 실효적으로 보장할 수 있는 집행방안을 마련해야 한다.

수용자들에 대한 서신 전달은 교도관이 해당 수용자의 거실로 직접 가져갈 수밖에 없다. 따라서 발신인에 변호인의 자격인 '변호사'라는 기재가 있다면, 이를 미리 분류하여 개봉하지 않은 상태로 해당 수용자의 거실로 가지고 간 다음 적어도 수용자가 보고 있는 자리에서 서신을 개봉하여 금지물품이 들어 있는지 확인하는 것이 충분히 가능할 것으로 보인다. 이러한 손쉬운 조치로 얼마든지 교정시설의 안전과 질서유지를 보장하면서도 미결수용자의 변호인의 조력을 받을 권리를 아울러 보호할 수 있는 수단이 존재한다. 따라서 이 사건 서신개봉행위는 침해의 최소성 원칙에 위배된다.

[해설]

I. 수용자의 권리구제를 위한 편지수수의 의의

편지의 수수는 수용자가 외부와 소통을 할 수 있는 중요한 수단 중 하나이다. 수용자는 외부와 격리되어 시설에 수용되어 있으므로 일상적으로 외부와의 접촉이 차단되어 있고 또다른 외부와의 소통 수단인 접견이나 전화통화는 횟수나 시간 면에서 제약이 따른다. 편지수수의 중요한 기능 중 하나는 수용자와 법률전문가를 포함한 자신의 권리구제와 관련한 소통이다. 폐쇄적 공간 내에서 행해지는 국가권력에 의한 통제는 언제든지 개인의 권리를 침해할 수 있고, 대표적인 외부소통수단인 편지는 자신의 권리구제를 실현하기 위한 필수적인 수단이다.

II. 미결수용자와 변호인의 편지수수에 대한 현행 규정의 내용과 본 판결의 태도

편지수수에 대한 교정시설의 제한 방식은 제한의 정도를 기준으로 무개봉에서부터 개봉, 내용물 확인, 편지 내용의 열람, 검열, 수발신의 금지 등으로 나뉜다. 과거 우리 행형법은 모든 편지에 대한 수발신을 검열하도록 하였으나, 2008년 형집행법으로 전면개정되면서 편지의 검열제는 원칙적으로 폐지되었다(형집행법 제43조 제4항). 현행 형집행법은 수형자의 편지수수를 기본적으로 허용한다(동조 제1항 본문). 그러나 여전히 수형자별로, 그리고 편지별로 제한이 이루어지고 있다(동조 제1항 단서, 제2항 내지 제5항). 미결수용자와 변호인 간 편지의 경우에는, 상대방이 변호인임을 확인할 수 없는 경우를 제외하고는 검열할 수 없다고 규정하고 있을 뿐 그 외의 경우에 대해서는 별도의 규정을 두지 않고 있다(형집행법 제84조 제3항). 따라서 검열을 제외한 편지에 대한 형집행법상 개봉과 내용물의 확인이 가능한지 여부가 문제가 될 수 있다. 대상결정의 법정의견은 수형자인 미결수용자가 변호인과의 사이에서 수수하는 편지의 경우 검열은 허용되지 아니하나 이 사건 서신개봉행위와 같은 형집행법상 편지에 대한 일반적인 제한 방식인 개봉과 내용물 확인은 가능하며, 변호인의 조력을 받을 권리를 침해한 것이 아니라고 판단하였다.

III. 해외 법제의 태도와 대상판례에 대한 평가

대상판례의 법정의견과 반대의견의 가장 큰 쟁점은 청구인이 주장하는 바와 같이 변호인과 미결수용자 간의 편지를 미결수용자가 보는 앞에서 개봉하는 등의 규범조화적인 방식이 가능한가라고 할 수 있다. 법정의견은 통계수치를 제시하며 행정적으로 불가능하다고 보고 있는 데 반해, 반대의견은 손쉬운 조치라고 평가하며 가능하다고 보고 있기 때문이다.

이와 관련하여, 우리가 주로 참고하는 해외국가의 입법례와 관행을 살펴보면, 일본은 2006년 전면개정된 형사수용시설법에서 수형자가 자신에 대한 처우에 관하여 변호사와 주고받는 편지에 대해서는 그러한 편지임을 확인하는 한도에서만 검사를 할 수 있도록 하고 있고(형사수용시설법 제127조 제2항), 영국은 수형자와 법률대리인과 주고받는 서신은 원칙적으로 개봉, 열람, 불허되지 않는 것으로 규정하며(형집행규칙 제39조 제1항), 독일은 수형자와 변호인 간의 편지수수는 통제될 수 없다고 규정하고 있다(연방행형법 제29조 제1항). 주목할 부분은 위 국가들의 행형법령상 보호범위가 미결수용자와 변호인 간의 편지로 한정되지 않고, 수형자가 자신이 수용된 교정시설 내의 처우와 관련한 권리구제를 위하여 변호사와 주고받는 편지까지 포함하고 있다는 점이다. 또한 영국의 경우 변호사와 수형자 간 편지의 개봉이 이루어지는 예외적인 경우에도 해당 수용자가 거부하지 않는 한 수형자의 입회하에 이루어져야 한다는 점을 명시하고 있다(형집행규칙 제39조 제4항). 법정의견이 행정적으로 불가능하다고 평가하고 있는 입회하의 개봉방식이 해외에서는 이미 규범으로써 실행되고 있는 것이다.

법정의견에서 말하고 있는 현실적인 문제가 과연 교정시설이 수형자의 기본권을 가능한 한 보장하기 위한 최소한의 조치를 취하지 못하거나 취하지 않아도 되는 타당한 근거가 될 수 있는지에 대하여 다시 생각해 봐야 할 것이다. 이러한 점에서 반대의견이 타당하다고 할 수 있다.

[참고문헌]
● 박인수, 수용자의 서신검열과 통신의 자유, 공법학연구 제7권 제2호, 한국비교공법학회, 2006.
● 윤영미, 수형자의 서신검열과 기본권 제한, 법조 제55권 제11호, 법조협회, 2006.
● 조성용, 수형자의 서신수수권 제한의 헌법적 문제점과 개선방안, 인권과 정의 제465호, 대한변호사협회, 2017.

[신은영 박사(고려대학교 법학연구원)]

[01] 전화통화 불허가 처분의 위법 여부

대상	전화통화불허가처분취소 등 (원고승) [1심] 대전지법 2021. 11. 3. 선고 2020구합1072 판결 (원고승) [2심] 대전고법 2022. 7. 7. 선고 2021누13634 판결 (항소기각)
참조	경비처우 등급에 따른 전화기 사용제한 (인용) 국가인권위원회 2024. 2. 22.자 23진정1031200등 결정 (인용)

[사실관계]

원고는 캐나다 국적의 사람으로서, 2016. 6. 10. 서울고등법원에서 특수상해죄로 징역 8년을 선고받고 형이 확정되어 복역 중 교도소 내에서 다른 수형자에게 상해를 가했다는 범죄사실로 기소되어 2021. 6. 23. 대전지방법원에서 징역 1월을 선고받고 그 판결이 확정되었다. 대전교도소 내에서 '일반경비처우급' 수형자로 분류되어 있는 원고는 자신의 모와 전화통화를 하기 위해 2020. 7. 28. 및 2020. 8. 5. 피고인 대전교도소장에게 가족과의 전화통화를 신청했으나, 피고는 원고에게 매월

전화통화를 허가하여 주는 것은 원고의 처우 등급에 비추어 적절하지 아니하다는 이유를 들어 원고의 신청을 불허했다. 원고는 각 처분일로부터 약 2개월의 기간 동안 전화통화를 하지 못했고, 2020. 7. 3. 모와 전화통화를 한 이후부터 기산하면 전화통화를 하지 못한 기간이 약 3개월에 이른다.

이에 원고는 전화통화 불허처분의 취소를 구하는 행정소송을 제기하여 승소했고(대전지법 2021. 11. 3. 선고 2020구합1072 판결), 대전교도소장이 항소했지만 기각되었다(대전고법 2022. 7. 7. 선고 2021누13634 판결). 한편 법무부는 2020.

3. 23. 각 교정시설에 코로나19 상황에 대응하여 수용자들의 전화통화 처우를 확대하라는 내용의 지시를 했다.

[판결요지]

1심 판결은 "대전교도소 내 공중전화기 시설이 부족하여 수형자들의 전화통화를 제한적으로 허용할 수밖에 없다는 점을 감안하더라도, 코로나19 감염병의 확산으로 접견과 편지 수수가 제한되는 특수한 상황에서 월 2회 이내의 전화통화마저 허용하지 않는 것은 헌법상 보장되는 통신의 자유에 대한 과도한 제한이라고 보인다"고 했다.

2심 판결 또한 "형집행법 시행규칙 제90조 제1항 제3호는 수형자와 가족 사이의 외부교통권 행사를 침해하지 아니하는 한도에서 그 합리성이 충분히 인정된다고 해석할 수 있으므로 헌법에 위반된다고 볼 수 없고, 피고는 해당 규정에 따라 전화통화 신청의 허가 여부를 판단할 때에 수형자와 가족 사이의 외부교통권의 본질적 부분이 보장되어야 한다는 점을 고려하지 아니함으로써 재량권을 일탈·남용하였다고 평가할 수 있다"고 하여 피고의 항소를 기각했다.

[해설]

I. 수형자의 외부교통권으로서 전화통화를 할 권리

1. 수형자의 외부교통권 개관

수형자의 외부교통권은, 수형자가 가족 등 외부와 연결될 수 있는 통로를 적절히 개방하고 유지함으로써 가족 등 타인과 교류하는 인간으로서의 기본적인 생활관계가 인신 구속으로 완전히 단절되어 정신적으로 황폐하게 되는 것을 방지하기 위하여 보장하는 인간으로서의 기본적인 권리다(헌재 2009. 9. 24. 선고 2007헌마738 전원재판부 결정 참조). 수형자의 외부교통권은 인간의 존엄과 가치 및 행복추구권(헌법 제10조)과 통신의 자유(헌법 제18조)에 근거하며, 특히 가족과의 외부교통권은 혼인과 가족생활을 보장하는 헌법 제36조에 의해, 그리고 종교인, 정치단체, 보도기관과의 외부교통권은 종교의 자유와 표현의 자유를 보장하는 헌법 제19조 내지 21조에 의해 한층 두텁게 보장된다.

2. 수형자와 가족 사이의 외부교통권

수형자와 가족 사이의 외부교통권은 수감자의 기본권 중에서도 보장의 필요성이 높은 특별한 지위에 있다. 때문에 넬슨만델라규칙 제58조 제1항과 제106조, 유럽형사시설규칙(The European Prison Rules) 60.4조, 영국의 형집행법(Prison Act) 제4조 제1항 등과 같은 국제규범 및 외국 입법례에서도 가족과의 외부교통권을 강조한다. 수형자와 가족 사이의 원활한 접견교통은 교화·갱생이라는 교정 목적에 부합하므로 그 필요성 또한 크다고 할 수 있다.

3. 수형자 외부교통권의 제한

자유형의 본질상 수형자의 외부교통권은 헌법 제37조 제2항에 따라 법률로써 제한이 가능하고, 그 구체적인 실현은 기본적으로 입법권자의 입법정책에 맡겨져 있다고 할 수 있다. 다만 입법자가 법률로써 외부교통권을 제한하거나 처분청이 입법자로부터 부여받은 권한에 따라 외부교통권을 제한하는 조치를 할 때에도 수형자 외부교통권의 본질적 부분은 침해할 수 없다. 여기서 수형자 외부교통권의 본질적 부분이 침해되었는지 여부는 ① 외부교통권 행사의 상대방과 ② 외부교통권을 실현하는 구체적 수단인 접견, 서신수발, 전화통화의 이용내역을 전체적으로 살펴보고, ③ 이로써 해당 수형자가 인간으로서의 존엄과 가치를 유지할 수 있는지 여부를 검토하여 판단한다. 특히, 외부교통권 행사 수단인, 접견 또는 화상접견, 서신수발, 전화통화의 방법과 관련하여 이 중에서 어느 하나라도 대체할 수 있는 다른 실효적인 외부교통 수단을 보유했는지 여부가 외부교통권의 본질적인 내용을 판단하는데 있어서 관건이다.

II. 수형자 외부교통권의 본질적인 부분 및 침해여부 판단

1. 수형자 외부교통권 행사의 방법과 법적 성격

법으로 구체화된 수형자의 외부교통권은 일반적으로 ① 접견 또는 화상접견, ② 서신수발, ③ 전화통화의 방법을 통하여 실현된다. 먼저 형집행법은 '접견'과 관련하여 "수용자는 교정시설의 외부에 있는 사람과 접견할 수 있다"(제41조 제1항 본문)고 하고, '서신수발'에 관하여 "수용자는 다른 사람과 편지를 주고받을 수 있다"(제43조 제1항 본문)고 하여 구체적 권리성을 인정한다. 그러나 '전화통화'에 관하여는 "수용자는 소장의 허가를 받아 교정시설의 외부에 있는 사람과 전화통화를 할 수 있"(제44조 제1항)고 전화통화의 허가 범위와 통화내용의 청취 및 녹음에 관해 필요한 사항은 법무부령으로 정하도록 규정하여(제44조 제5항) 전화통화의 허가 여부와 허가 범위 및 이미 허가된 전화통화의 중지에 관하여 교도소장 또는 교도관에게 재량을 부여한다. 이러한 이유에서 전화통화를 할 권리는, 수형자의 실체적인 공권이라기보다는, 형식적 공권으로서 하자 없는 재량을 당국에 청구할 수 있는, 이른바 '무하자재량행사청구'를 할 수 있는 권리라고 할 수 있다.

2. 수형자의 전화통화를 할 권리의 우선성과 독자성

서신이 주로 종이에 고착화된 문자나 기호를 매개로 의사를 교환한다는 점에서 상대적으로 간접적이고 시간적 간격을 요하는 의사소통 방식이라면, 전화통화는 육성을 통하여 대화를 나눔으로써 당시의 감정과 기분까지 교환할 수 있으므로 보다 직접적이고 즉각적으로 상호간 의사소통이라는 점에서 교감형성에 보다 유리하다. 이러한 점에서 전화통화는 서신만으로 충족할 수 없는 고유하고도 독자적인 의사소통 수단이라고 할 수 있다. 한편 전화통화는 접견 또는 화상접견과 상호 대체적이다. 접견 또는 화상접견이 상당한 빈도로 이루어진다면 수형자의 외부교통권 보장을 위한 전화통화의 필요성은 낮지만, 반대로 수형자 접견이 거의 이루어지지 않는 경우(감염병 예방을 위해 접견이 제한되는 경우 등), 전화통화의 필요성은 높다. 때문에 수형자와 가족 사이에서도 보다 직접적인 의사소통방법인 전화, 접견, 화상접견이 서신에 우선하는 필수적인 의사소통수단으로서 보장될 필요가 있다.

3. 수형자 외부교통권의 본질적인 부분

인간의 존엄과 가치는 보다 근본적인 자유를 해석하는 판단 기준이자 개별기본권의 구체적 보장내용을 충전하는 해석 기준으로서 모든 기본권의 본질적인 부분이다. 수형자가 사회적 존재로서 최소한의 존엄과 가치를 유지하기 위해서는 수형자와 가족 사이 최소한의 사회적 관계를 유지할 수 있도록 외부교통권이 보장되어야 한다. '서신'은 접견과 전화통화를 대체할 수 없으므로 수형자와 가족 사이에 '접견'이 가능해야 하고, 접견이 가능하지 않은 경우 '전화통화'를 이용하여 접견교통을 할 수 있어야 한다. 미국은 각 주의 교정국(Department of Correction)에서 별도의 전화사용에 관한 규정을 두고 있고, 독일은 전화통화에 대한 허가와는 별도로 연방형집행법(StVollzG)에 의하여 매월 최소한 1시간의 접견을 보장한다. 이처럼 수형자들에게 실질적으로 상당한 범위의 외부교통권을 보장하는 것이 국제 사회의 보편적 규범으로 자리 잡고 있다.

형집행법 제108조와 제109조 제2항에서 징벌집행 중인 수형자에게 외부교통권을 30일(징벌사유가 경합하는 경우 최대 45일) 내에서 제한하는 취지를 살피더라도, 서신을 제외한 나머지 수단으로 장기간 외부교통권을 행사하지 못한다면 이는 과도한 수준의 제한으로서 외부교통권의 침해인 것이다. 더 나아가 오로지 특별한 사유가 있을 경우에만 전화통화를 허용하면 개별 수형자들로 하여금 전화를 통한 외부교통권 행사를 스스로 단념하게 하는 '위축 효과'를 초래하며, 그로 인한 실질적인 외부교통권 제한 효과는 더욱 클 수밖에 없다.

III. 참조결정: 국가인권위원회의 경비처우 등급에 따른 수용인의 전화사용 제한 관련 재도개선 권고(23진정1031200등)

1. 사실관계

법무부는 2022. 6. '수용자 전화사용 확대 개선 방안'을 시범 운영하면서, 전화통화 방식을 기존 전화실 동행 방식에서 운동장, 작업장 등에 설치된 전화기를 자율 이용하는 방식으로 개선한 바 있다. 이후 직원 의견을 조회한 결과 부정적 측면을 고려하여 2023. 9. '수용자 전화사용 확대 개선방안'을 통해 전화사용 횟수 등을 제한·축소했다.

진정인들은 법무부가 위 개선방안을 통해 수용자 처우등급에 따라 전화사용 횟수를 각각 월 5회씩 축소했고, S4급 수형자의 경우 월 5회에서 0회로 아예 전화통화 횟수를 없애고 예외적으로 처우상 필요한 경우 소장 허가에 따라 월 2회 허용하도록 함으로써 S4급의 외부교통권을 중대하게 침해했다며 인권위에 진정을 제기했다.

2. 주문

법무부장관에게, 교정시설 수용자의 외부교통권을 보장하기 위해 접견, 서신 등 다른 외부교통 수단과 마찬가지로 수용자의 전화통화를 원칙적으로 허용하는 방향으로 형집행법 개정안을 마련하여 입법 개선을 추진할 것과, 입법 개선 전이라도 교정행정의 목적 및 교정시설의 질서와 안정을 저해하지 않는 범위 내에서 수용자의 재사회화를 위해 중경비처우급(S4급)을 포함한 수용자의 전화사용을 최대한 확대할 것을 권고한다.

3. 외부교통권으로서 전화통화의 권리 인정 필요성

국가인권위원회도 '전화사용권'이 국제인권 기준 및 대부분의 주요 국가에서 외부교통권

의 한 유형으로 인정되고 있음을 전제로, 형집행법에서 접견·편지수수와는 달리 전화통화를 수용자의 권리가 아니라 소장의 허가 사항으로 정하고 있는 이유가 한정된 수의 전화기를 활용할 수밖에 없는 현실적 여건을 고려한 것으로 파악한다. 그러나 법무부의 '수용자 전화사용 확대 개선 방안'(2022. 6.)에 따라 기존 전화실 동행 방식에서 전화기 자율 이용 방식으로 변경되어 운동장, 작업장 등에 전화기가 설치되었고 계호 인력 문제나 부정사용 문제 등이 어느 정도 해결되었으므로, 전화통화 또한 접견·편지수수와 같이 원칙적으로 수용자의 권리로 인정될 수 있는 여건이 만들어졌음을 강조한다.

이후 법무부는 2023. 9. 1.부터 수용인의 전화통화 횟수를 제한·축소하면서 "시범 운영 결과 이를 악용한 증거인멸·피해자에 대한 보복 및 부정사용 등 부작용이 발생할 우려가 매우 높다"는 점을 든다. 이에 대해 국가인권위원회는 ① 전화통화 제한 조치가 교정행정 편의적 차원에서만 검토되었다는 점, ② 전화통화를 악용한 증거인멸이나 피해자에 대한 구체적 보복은 막연하고 추상적 위험이라는 점, ③ 전화통화를 통한 증거인멸이나 피해자에 대한 보복을 방지하기 위한 다양한 수단을 이미 갖추고 있다는 점, ④ 전화통화 제도 자체를 폐지한 것이 아니라 단지 전화통화 횟수를 줄인 것만으로는 증거인멸이나 피해자에 대한 보복 방지에 효과가 있다고 보기 어렵다는 점, ⑤ 이미 형집행법 시행규칙(제25조 제1

항 및 제27조 제3호)을 통해 우려하는 사항(증거인멸 등의 우려)이 발생하면 해당 개별 수형자를 대상으로 전화통화 제한 조치를 부과할 수 있는 점, ⑥ '처우상 특히 필요한 경우'라는 모호한 요건을 제시함에 따라 가족이 위독하거나 사망하는 극단적인 경우에만 전화통화가 허가될 우려가 있어서 개별 수형자들이 전화를 통한 외부교통권 행사를 스스로 단념하게 하는 '위축효과'를 초래할 수 있다는 점을 들어 법무부의 주장을 반박한다.

더 나아가 중경비처우급(S4) 수형자에 대해서만 전화사용을 "0"으로 한 조치는 다른 수용자와의 형평성 문제가 제기될 수 있으며, 중경비처우급 수형자들을 개별적, 구체적으로 면밀하게 검토하지 않고 일률적으로 부정적인 시각에 근거하여 처우를 결정한 것은 합리적 이유가 없다고 판단한다. 개별 법률에서 중범죄자를 '중경비처우급'. '고위험군수용자' 등으로 규정하고 있지만, 정작 실무상 통일된 기준 없이 보안상 처우 강화에 치중하고 있고 개별 처우 원칙이 제대로 실현되지 않고 있는 점을 고려한다면 이러한 조치는 더더욱 합리성을 찾기 어렵다고 할 수 있다.

이러한 논거를 통해 수형자가 전화통화 등을 통해 외부와 연결되는 것은 수용자를 교정하고 재사회화라는 형 집행의 목적을 달성하는 데 필수적이므로, '필요한 경우'에만 예외적으로 전화통화를 보장할 것이 아니라, 수용자의 교화를 위해 외부교통권을 적극적으로 보장할 필요가 있고, 외부교통권 중에서도 전

화사용이 특히 중요하다는 인식 전환이 필요하다는 결론에 도달한다.

4. 동 결정의 의의

동 결정은 앞서 살펴본 행정소송의 논리를 적극 반영하면서, 수용자가 형벌의 객체가 아니라 권리의 주체임과 동시에, 형 집행 후 사회에 복귀하여 생활해야 할 인격체로 인식해야 함을 전제로 수형자의 효율적인 사회복귀와 재사회화의 중요한 수단으로서 외부교통권의 중요성을 적극 강조한다는 점에서 한층 진일보한 것이라고 평가할 수 있다. 또한 S4 수용인의 전화사용 권리가 아예 부인되고 다른 처우등급 수용인들도 일률적으로 전화사용 횟수를 호혜적으로 늘렸다가 부작용을 우려하여 축소하는 등 교정당국의 자의적 판단에 의해 변동되는 불안정한 상황은 수형자의 재사회화라는 교정 목적을 실현하는 데 미흡하기에, '접견', '서신' 등 다른 외부교통 수단과 마찬가지로 전화통화를 원칙적으로 권리로서 허용하자는 대안을 제시하기에 이른다.

[후속논의]

대상판례인 2020구합1072와 2021누13634 사건의 원고는 수용자의 접견, 편지수수, 전화통화와 관련하여 규정하고 있는 형집행법 및 형집행법 시행규칙 규정 등이 기본권을 침해한다고 주장하며, 2022. 8. 1. 헌법소원심판을 청구했다. 이에 대해 헌법재판소는 형집행법 제41조, 제43조, 제108조에 따른 권리침해

의 우려는 단순히 장래 잠재적으로 나타날 수도 있는 것에 불과하므로, 이 부분 심판청구는 기본권 침해의 현재성을 갖추지 못했다는 점 및 전화통화 제한이라는 기본권의 제한은 형집행법 제44조, 형집행법 시행규칙 제25조, 제90조 조항들 자체에 의하여 생기는 것이 아니라, 교도소장의 전화사용 불허처분이라는 구체적인 집행행위가 있을 때 비로소 발생하게 되어 기본권 침해의 직접성을 결여했다는 점을 들어 부적법 각하했다(헌재 2022. 8. 23.자 2022헌마1117 결정). 수용자 전화사용에 있어서 관련 법령 그 자체에 의하여 기본권의 제한, 의무의 부과, 권리 또는 법적 지위의 박탈이 생기는 것이 아니라, 교도소장의 전화사용 불허처분이라는 구체적인 집행행위에 의해서 기본권 침해의 법률효과가 발생하므로 직접성 요건이 결여되었다는 판단은 헌법재판소의 일관된 입장이라고 할 수 있다(헌재 2004. 1. 20.자 2004헌마14 결정).

한편 2024. 2. 8. 개정 및 시행된 형집행법 시행규칙(법무부령 제1072호)에서는 제25조 제1항 각 호 외의 부분에 단서를 신설했고("다만, 미결수용자에게 전화통화를 허가할 경우 그 허용횟수는 월 2회 이내로 한다."), 같은 조 제3항 중 "3분"을 "5분"으로 개정했다.

[참고문헌]
- 김대근, 중(重)범죄자의 시설 내 처우 현황과 문제점−중범죄자 개념의 한계와 교정의 실천성−, 보호관찰 제21권 제2호, 한국보호관찰학회, 2021.
- 한수웅, 헌법학(제12판), 법문사, 2022.

[김대근 박사(한국형사 · 법무정책연구원)]

제6장

종교와 문화

[01] 일간지구독금지처분 등 위헌확인

대상	일간지구독금지처분 등 위헌확인 (기각, 각하)
	헌재 1998. 10. 29. 선고 98헌마4 전원재판부 결정 (기각, 각하) **(2011법원직)**

[사실관계]

청구인은 1997. 11. 5. 국가보안법위반 혐의로 구속되어 같은 달 12. 서울 영등포구치소에 수용되었고, 같은 달 28. 기소되었다. 청구인은 피청구인에게 '인권하루소식'과 한겨레신문 및 문화일보의 구독을 신청하였으나 피청구인은 1997. 11. 12. 이후 위 '인권하루소식'의 구독을 불허하였고, 위 신문들의 구독을 허용하였으나 수시로 특정기사를 삭제하였다. 청구인은 이에 불복하여 1998. 1. 3. 헌법재판소에, 피청구인의 위 '인권하루소식'을 구독하지 못하게 한 처분과 청구인이 구독하고 있는 한겨레신문 및 문화일보 기사 중 일부기사를 삭제한 처분이 청구인의 알 권리 등을 침해하였다고 하여 이 사건 심판청구를 하였다. 그 후 청구인은 1998. 2. 5. 위 법원의 보석결정으로 영등포구치소에서 출소하였다.

[결정요지]

[1] 수용시설에서의 신문기사 삭제행위에 대해 행정심판이나 행정소송의 대상이 될 수 있을 것이라고 일반 국민이 쉽게 판단하기는 어렵고, 청구인이 구금자로서 활동의 제약을 받고 있었던 점을 아울러 고려할 때 이는 전심절차 이행의 기대가능성이 없어 예외인 경우로 인정된다.

[2] 헌법소원 심판청구 당시에는 권리보호의 이익이 있었으나 그 후 사정변경으로 말미암아 권리보호의 이익이 소멸될 경우에도 당해 사건에 대한 본안판단이 헌법질서의 수호·유지를 위하여 긴요한 사항이어서 그 해명이 헌법적으로 중요한 의미를 지니고 있는 경우이고, 그러한 침해행위가 앞으로도 반복될 위험이 있는 경우 등에는 예외적으로 심판청구의 이익을 인정하여 이미 종료된 침해행위가 위헌이었음을 확인할 필요가 있다. 이 사건에서 수용자가 구독하는 신문의 일부 기사 삭제행위는 국민의 알 권리의 침해 문제와 관련하여 앞으로도 계속될 것으로 보이므로 권리보호의 이익이 있다.

[3] 국민의 알 권리는 정보에의 접근·수집·처리의 자유를 뜻하며 그 자유권적 성질의 측면에서는 일반적으로 정보에 접근하고 수집·처리함에 있어서 국가권력의 방해를 받지 아니한다고 할 것이므로, 개인은 일반적으로 접근 가능한 정보원, 특히 신문, 방송 등 매스

미디어로부터 방해받음이 없이 알 권리를 보장받아야 할 것이다. 미결수용자에게 자비(自費)로 신문을 구독할 수 있도록 한 것은 일반적으로 접근할 수 있는 정보에 대한 능동적 접근에 관한 개인의 행동으로서 이는 알 권리의 행사이다.

[4] 교화상 또는 구금목적에 특히 부적당하다고 인정되는 기사, 조직범죄 등 수용자 관련 범죄기사에 대한 삭제행위는 구치소 내 질서유지와 보안을 위한 것으로, 신문기사 중 탈주에 관한 사항이나 집단단식, 선동 등 구치소 내 단체생활의 질서를 교란하는 내용이 미결수용자에게 전달될 때 과거의 예와 같이 동조 단식이나 선동 등 수용의 내부질서와 규율을 해하는 상황이 전개될 수 있고, 이는 수용자가 과밀하게 수용되어 있는 현 구치소의 실정과 과소한 교도인력을 볼 때 구치소 내의 질서유지와 보안을 어렵게 할 우려가 있다. 이 사건 신문기사의 삭제 내용은 그러한 범위 내에 그치고 있을 뿐 신문기사 중 주요기사 대부분이 삭제된 바 없음이 인정되므로 이는 수용질서를 위한 청구인의 알 권리에 대한 최소한의 제한이라고 볼 수 있으며, 이로써 침해되는 청구인에 대한 수용질서와 관련되는 위 기사들에 대한 정보획득의 방해와 그러한 기사 삭제를 통해 얻을 수 있는 구치소의 질서유지와 보안에 대한 공익을 비교할 때 청구인의 알 권리를 과도하게 침해한 것은 아니다.

[해설]

I. 들어가는 말

헌법재판소가 1998. 10. 29. 일간지 구독금지 및 신문기사 삭제에 대해 합헌으로 판단한 98헌마4 결정은 수용자의 알 권리를 침해하는 결정이라는 점에서 그 근거의 정당성이 쟁점이 된다. 헌법재판소는 본 사안에서 미결수용자의 알 권리와 수용시설의 질서유지 및 보안에 대한 공익을 비교하여 합헌으로 결정하였다. 특히 공익을 판단하면서 과밀수용과 과소한 교도인력을 주요한 기준으로 제시하였다. 그런데 과밀수용과 교도인력의 부족이 헌법이 보장하는 국민의 기본권인 알 권리를 침해할 수 있는가에 대해서는 검토가 필요하다.

법무부는 2012. 10. 4. 보도자료를 통해 교정시설 수용자 구독 신문에 대한 열람제외기사 삭제 제도를 폐지한다고 밝혔다. 신문기사 삭제 제도는 명백한 법률적 근거 없이 단순한 행정규칙으로 수용자의 알 권리를 필요 이상으로 제약하고 있다는 내·외부의 문제 제기를 반영한 것이었다. 법무부는 이러한 문제점을 개선하기로 하고, 향후 수용자가 구독하는 신문의 열람제외기사를 삭제하지 않도록 일선 교정기관에 지시하였으며, 관련 예규는 조속히 개정하기로 하였다고 발표하였다. 그럼에도 현행법뿐 아니라 관련 예규는 현재까지 개정되지 않고 있다. 이에 공익을 근거로 교정실무에서 신문검열이 부활될 수 있다는 우려가 제기되고 있다. 이하에서는 신문검열에 대해 헌법재판소가 제시하고 있는 근거의 부당함과 신문검열을 금지하는 법안 마련의 필요성을 검토한다.

II. 미결수용자의 '알 권리'

미결수용자는 재판에서 유죄가 확정될 때까지 무죄로 추정되는 법적 지위를 가진다. 따라서 미결수용자에 대해서는 구금의 필요성 외에는 일반 국민과 동일한 지위가 보장되어야 한다. 국민이 구속영장에 의하여 제한될 수 있는 권리는 일정한 수용시설에 구속됨으로써 자유를 제한당하는 것에 그쳐야 하고 그 이상의 권리가 제한되어서는 안 된다. 헌법은 제21조 제2항에서 언론·출판에 대한 검열을 금지하고 있다. 또한 제27조 제4항에서는 미결수용자에 대해서는 무죄추정의 원칙이 적용된다고 규정하고 있다. 이에 미결수용자에 대한 기본권 침해는 일반 국민의 지위에서 그 정당성이 논의되어야 한다.

'알 권리'에 대한 개념 정의는 헌법재판소의 90헌마133 결정에서 살펴볼 수 있다. 헌법 제21조가 규정하고 있는 언론·출판의 자유는 자유로운 의사의 형성을 전제로 한다. 자유로운 의사의 형성은 정보에의 접근이 충분히 보장됨으로써 비로소 가능한 것이며, 그러한 의미에서 정보에의 접근·수집·처리의 자유, 즉 알 권리는 자유권적 성질과 청구권적 성질을 공유한다. 자유권적 성질은 일반적으로 정보에 접근하고 수집·처리함에 있어서 국가권력의 방해를 받지 아니한다는 것을 말하며, 청구권적 성질은 의사 형성이나 여론 형성에 필요한 정보를 적극적으로 수집하고 수집을 방해하는 방해제거를 청구할 수 있다는 것을 의미한다. 헌법에 규정된 국민의 알 권리를 충실히 보호하는 것이 국민주권주의(헌법 제1조), 인간의 존엄과 가치(제10조), 인간다운 생활을 할 권리(제34조 제1항)를 신장시키는 결과가 된다. 따라서 개인은 일반적으로 접근 가능한 정보원, 특히 신문, 방송 등 매스미디어로부터 방해받음이 없이 알 권리를 보장받아야 한다. 헌법의 최고 규범성에 입각하여 볼 때 헌법의 하위법들은 인간의 존엄과 가치라는 헌법 이념을 구체화 시켜야 한다. 따라서 하위의 형사소송법은 물론 형집행법에서도 수용자의 기본적 인권의 보장은 최고의 해석지침 기준이 되어야 한다. 특히 형사사건에서 형사절차의 원활한 진행을 확보하기 위한 수단으로서 아직 유죄판결이 확정되지 않은 피의자나 피고인에 대해 자유를 박탈하고 시설 내에서의 일정한 자유와 권리를 제한하는 것을 내용으로 하는 미결수용에서는 헌법의 이념이 엄격하게 적용되어야 하고, 기본권 보장의 내용이 규범화되어야 한다. 2008년 구행형법을 대체하는 형집행법이 제정·시행되었다. 법률명을 변경할 정도의 대폭적인 개정 이유는 교정 관계 법령이 인권존중의 시대적 요구에 미흡하다는 비판에 따른 것이다. 특히 개정 내용 중 미결수용자에 대한 처우 개선, 서신검열의 원칙적인 폐지 등은 수용자의 기본적인 인권 및 외부교통권이 보호되어야 한다는 요청이 반영된 것이다. 이러한 점을 고려할 때 미결수용자에 대한 헌법적 기본권은 일반 국민과 동일한 수준에서 보장되어야 할 것이다.

III. 신문검열을 금지하는 입법의 필요성

헌법재판소가 합헌의 근거로 제시한 구치소의 질서유지와 보안이 수용자의 알 권리를 침해할 수 있는 근거가 될 수는 없다. 과밀수용의 문제는 교정시설의 확충과 현대화로 해결해야 하는 과제이지, 과밀수용을 이유로 수용자의 기본권을 제한할 수는 없다. 적정한 교도인력의 확보 역시 정부가 풀어야 할 과제이지, 과소한 교도인력을 이유로 수용자의 기본권을 제한할 수는 없다. 이러한 점을 고려하여 형집행법은 제6조에 "신설하는 교정시설은 수용인원이 500명 이내의 규모가 되도록 하여야 한다"라는 기본원칙을 세우고, "법무부장관은 수용자에 대한 처우 및 교정시설의 유지·관리를 위한 적정한 인력을 확보하여야 한다"라고 규정하고 있다. 이는 교정시설 및 교도인력의 확충을 정부의 과제로 규정함으로써 이를 근거로 수용자의 기본권을 제한할 수 없으며, 수용자의 인권을 존중하고 처우를 개선해야 한다는 요청이 반영된 것이다. 현행 형집행법 시행규칙에는 위 헌법재판소 결정의 대상이 된 구독할 수 있는 신문 등의 수량에 대해서는 "교정시설의 보관범위 및

수용자가 지닐 수 있는 범위를 벗어나지 않는 범위에서 신문은 월 3종 이내로, 도서(잡지를 포함한다)는 월 10권 이내로" 구독을 신청할 수 있도록 하여 제도를 개선하였다. 헌법재판소가 정의하는 알 권리, 형집행법으로의 명칭 변경 이유, 구독신청이 가능한 신문 등 수량에 대한 시행규칙의 개정 등을 고려할 때 미결수용자에 대한 알 권리를 침해하는 신문검열에 대해서도 명문으로 금지하는 입법안을 마련해야 할 것이다.

[후속논의]

국민의 기본권인 알 권리가 수용시설의 질서유지 및 보안을 위해 침해당하지 않기 위해서는 교정시설이 수용할 수 있는 적정한 인원을 수용하여 개별적, 과학적 처우가 이루어지도록 하는 방안에 대한 연구가 지속적으로 진행되어야 할 것이다. 과밀수용은 처우보다는 보안이 중시될 수밖에 없고, 처우도 획일적이고 비전문적일 수밖에 없다. 처우의 현대화와 과학화를 위해서는 미결수용자의 수가 수용시설의 적정 인원을 초과해서는 안 될 것이다. 미결수용자의 수를 감소시키려면 우선 불구속 수사 및 재판의 원칙이 지켜져야 한다. 미결수용자 수는 2009년 미결수용자에 대한 불구속 수사 및 재판이 확대되면서 그 인원이 다소 감소하다가 2013년부터 증가하기 시작하여 2016년 2만 명대를 넘어 최고치를 기록한 다음 다시 감소하여 2021년에는 18,109명을 기록하였다. 그러나 이 인원도 전체 교정

시설 수용인원의 35% 내외를 차지할 정도의 다수에 이른다. 그런데 구치소는 전체 교정시설 54개 중 11개로 20% 정도에 그치고 있다. 이와 같이 미결수용자에 대한 수용시설이 부족하기 때문에 미결수용자에 대한 관리의 문제는 지속적으로 발생할 수밖에 없다. 이러한 문제를 해결하기 위해서는 구치소의 증설 및 기존시설의 개선을 위한 인적·물적 자원에 대한 확충과 지원도 필요하지만, 미결수용인원을 대폭 감소시킬 수 있는 형사사법의 정착이 더욱 필요하다. 즉 불구속 수사와 재판의 원칙이 형사실무에서 최대한 반영되어야 할 것이다.

[참고문헌]
- 박상기·손동권·이순래, 형사정책(전정판), 한국형사정책연구원, 2021.
- 배종대·홍영기, 형사정책(제2판), 홍문사, 2022.
- 법무연수원, 범죄백서, 2022.

[원혜욱 교수(인하대학교 법학전문대학원)]

[02] 성물(聖物) 소지 불허로 인한 인권침해

대상	성물(聖物) 소지 불허로 인한 인권침해 (인용) 국가인권위 2008. 8. 26.자 08진인494 결정 (인용)

[사실관계]

진정인은 피진정인인 ○○구치소 민원사무과 교정관 ○○○이 진정인에 대해 천주교 기도용 '5단 묵주'와 '천주교 신자수첩'의 소지를 불허함으로써 진정인의 종교의 자유를 침해하고 있다는 취지로 국가인권위원회에 진정을 제기했다.

[결정요지]

[1] 먼저 피진정인이 천주교 신자인 진정인에 대해 '천주교 신자수첩'의 소지를 불허하였다는 진정내용에 대해 살펴본다.

헌법 제20조는 모든 국민에게 종교의 자유를 보장하고 있다. 행형법 제1조의3의 규정에 의하면 소장은 형을 집행함에 있어서는 수용자의 기본적 인권은 최대한으로 존중하도록 하고 있다. 또한 '유엔 피구금자 처우에 관한 최저기준규칙(2015년 넬슨만델라규칙으로 개정되기 전의 것)' 제42조는 모든 피구금자는 교도소 등 구금시설 내에서 자기 종파의 계율서 및 교훈서를 소지함으로써 종교생활의 욕구를 충족할 수 있도록 허용되어야 한다고 규정하고 있다. 따라서 교도소장은 보안상 위험성

이 없는 한도 내에서 수용자가 종교의 자유를 향유할 수 있도록 신앙생활과 관련된 물건의 소지를 허용할 의무가 있다 할 것이다.

위 인정사실에서 보는 바와 같이 '천주교 신자수첩'에는 여러 가지 형식의 기도문이 인쇄되어 있는데, 천주교에서는 신자가 무엇을 위해 기도를 하느냐에 따라서 기도문의 내용이 각각 달라지므로 신자가 많은 종류의 기도문을 모두 암기하기 어려운 점을 감안해 '천주교 신자수첩'을 신자들에게 배부하고 있다. 본 사건관련 '천주교 신자수첩'도 위와 같은 목적에 의해 천주교 신자인 진정인이 입수하게 된 종교용 물품이고, 진정인이 입수한 '천주교 신자수첩'은 종이 재질로 만들어져 있어 자살·자해 및 타인에게 위해를 가할 도구로 사용될 소지가 적으므로 보안상의 위험도가 낮으며, 다른 수용자의 수용생활을 방해할 개연성도 없어 보이는 종교용 물품이라고 할 수 있다.

따라서 피진정인이 '천주교 신자수첩'을 단순한 메모기능을 가진 수첩으로만 파악해 진정인에 대해 위 수첩의 소지를 불허한 행위는 원활한 신앙생활을 충분히 충족시키지 못한

행위로서 진정인의 종교의 자유를 침해한 것으로 판단된다.

진정인은 20××. ×. ×. 위원회에 이 사건 진정을 제기한 이후 같은 해 ×. ×. 형집행정지로 이미 출소하였으므로 진정인 개인에 대한 구제조치를 권고할 실익은 적다. 그러나 향후 동일 또는 유사한 인권침해행위의 재발을 방지하기 위하여 ○○구치소장에게 적절한 조치를 취할 것을 권고할 필요가 있다.

[2] 다음으로 피진정인이 진정인에 대해 천주교 5단 묵주의 소지를 불허하였다는 진정 내용에 대해 살펴본다.

법무부예규인 '수용자신앙생활에관한지침' 제8조의 규정에 의하면, 소장은 수용자의 교화 상 필요하다고 인정할 때에는 휴대용으로 제작된 성물을 소지하게 할 수 있다. 다만 성물을 허가할 때에는 재질·수량·규칙·특징 등을 감안해 보안상의 위험도 및 타 수용자의 수용생활을 방해하지 않는 범위 내에서 결정하도록 되어 있다.

위 인정사실에서 보는 바와 같이 5단 묵주는 종교성물이기는 하지만 줄의 길이가 약 70센티미터에 이르는 등 그 특성상 진정인이 자해도구로 사용하거나 타인에게 위해를 가할 목적으로 사용할 개연성이 있어 보안상 위험한 물건에 해당된다 할 것이다. 따라서 피진정인이 진정인에 대해 '5단 묵주'의 소지를 불허한 행위는 정당한 업무수행으로서 진정인의 인권을 침해한 행위로 보기 어렵다.

[해설]

국가인권위원회의 이 사건 결정은 수용자의 성물소지불허가가 종교의 자유를 침해하는지 여부에 대한 판단이 주요 쟁점이다. 헌법이 보장하고 있는 종교의 자유는 옳고 그름에 대한 판단에서 국가의 독점을 배제하고 인간존엄의 보장을 위해 인간의 내면에 대해 국가가 함부로 개입하는 것을 금지한다는 점에서 양심의 자유와 동일한 맥락에서 기본권목록에 포함되었다.

유럽인권재판소는 Kokkinakis v. Greece judgment 사건(1993. 5. 25. A.N. 14307/88) 결정에서 "유럽인권협약 제9조가 보장하는 사상, 양심, 종교의 자유는 유럽인권협약이 의미하는 민주사회의 기초 중 하나이다. 종교적 차원에서 그것은 신자의 정체성과 삶에 대한 그들의 관념을 고양시키는 가장 핵심적 요소이다. 그러나 그것은 또한 무신론자, 불가지론자, 회의론자 등을 위한 소중한 자산이기도 하다. 수 세기 동안 괄목할만한 성장을 해온 민주사회와 분리될 수 없는 다원주의는 이러한 권리에 의존한다"고 판시하여 종교의 자유가 민주사회의 기초임을 명확히 하였다.

양심의 자유가 양심형성의 자유와 양심실현의 자유로 구분되고 그 보장과 제한가능 정도에 차등을 두듯이 종교의 자유도 내심의 단계에 머무르는 신앙의 자유와 종교적 신념이 대외적으로 표현되는 종교적 행위의 자유로 구분될 수 있고 신앙의 자유와 종교적 행위의 자유는 그 보장과 제한가능 정도에 차등이 존재한다.

그러면 이 사건에서 문제되고 있는 성물소지행위는 신앙의 자유와 종교적 행위의 자유 중 어디에 더 가까울까? 두 자유를 구분하는 기준의 핵심은 종교적 신념이 내면상태에 머물러 있는가 아니면 대외적으로 드러나 타인에게 구체적인 영향을 미치느냐 여부이다. 이러한 기준에 비추어보면 성물소지행위는 소지자의 개인적 영역내에 머무른다면(예를 들면 신자수첩을 소지자가 기도할 때에만 사용하고 평소에 다른 수용자에게 영향을 미치는 방식으로 사용하지 않는다면) 신앙의 자유에 가까운 것으로 보인다. 묵주 또한 그리스도교에서 기도를 할 때 사용하는 도구이며 기도를 반복해서 할 때 그 횟수를 세기 쉽도록 만든 도구이고 소지자의 몸에 착용하는 등 대외적으로 종교적 신념을 드러내기 위한 용도로 제작된 도구가 아니기 때문에 소지자가 기도할 때에만 사용된다면 신앙의 자유에 가까운 것으로 보인다.

이 사건에서 문제되는 성물의 소지신청에 대한 불허가에 대한 헌법적 평가를 할 때에는 성물소지가 타인에게 영향을 미치기 위해 행해지는 종교적 행위의 성격보다는 소지자가 기도할 때 도구로 사용되는 신앙의 자유에 수반되는 행위로서의 성격이 강하다는 점과 우리나라의 수형제도의 목적이 "수형자의 교정교화와 건전한 사회복귀의 도모"(형집행법 제1조)인데 수형자의 내면의 안정과 충실을 도모하기 위한 자기 노력인 기도행위를 할 때 사용되는 두 성물의 소지가 이러한 목적에 긍정

적으로 기여할 수 있다는 점이 고려되어야 한다. 이런 점들을 고려하면 성물소지행위에 대한 제한은 절대적 자유로 평가받는 신앙의 자유에 대한 제한과 유사하게 대단히 엄격한 공익적 필요성이 있을 때에만 허용될 수 있다.

이러한 두 성물소지행위의 인권적 의의를 감안하면 인권위가 신자수첩 불허가처분이 종교의 자유침해라고 인정한 반면에 묵주 불허가처분에 대해서 "5단 묵주는 종교성물이기는 하지만 줄의 길이가 약 70센티미터에 이르는 등 그 특성상 진정인이 자해도구로 사용하거나 타인에게 위해를 가할 목적으로 사용할 개연성이 있어 보안상 위험한 물건에 해당된다 할 것이다. 따라서 피진정인이 진정인에 대해 '5단 묵주'의 소지를 불허한 행위는 정당한 업무수행으로서 진정인의 인권을 침해한 행위로 보기 어렵다"고 판단한 것은 헌법상 기본권최대보장원칙에 부합하는 판단이라고 보기 어렵다.

5단 묵주 소지로 인한 소지자의 신앙의 자유와 교정질서 교란 위험성이라는 두 법익 형량이 기본권최대보장원칙에 합치되는 방향으로 이루어지기 위해서는 5단 묵주소지를 원천적으로 불허가 하는 방식이 아니라 소지허가 신청자가 그리스도교인임을 확인하고 자타해 위험성이 덜한 소재로 제작된 묵주(예를 들면 자·타해 위해도구로 사용되기 어려운 종이와 같은 재질로 만든 구슬과 끈으로 제작된 묵주)를 겉으로 드러나지 않는 방식으로 소지하는 것을 조건으로 허가하는 것 같이 진정인의 종교

의 자유에 대한 덜 침익적인 방안에 대한 검토가 함께 되었어야 했다.

인권위의 이 사건결정은 5단 묵주의 길이가 70㎝라는 이유로 별다른 추가 분석 없이 5단 묵주를 자타해 용도로 사용할 개연성이 있는 보안상 위험한 물건에 해당한다고 평가하고 피진정기관의 소지 불허가처분이 인권침해에 해당하지 않는다고 판단하여 헌법이 요구하는 기본권최대보장원칙에 충실한 태도를 취했다고 보기 어렵다.

[후속논의]

대상결정은 2008년에 나온 결정이다. 15년이 경과한 현 상황은 그때와 많이 다르다. 당시 이 사안에 적용되었던 법무부예규인 '수용자신앙생활에관한지침'은 폐지되고 '수용자 교육교화 운영지침'이 새로 제정되었다. 과거의 감옥소가 현대적 교정기관으로 변화하고 있는 중이다.

현행 '수용자 교육교화 운영지침' 제29조(종교거실 지정) 제1항은 "소장은 수용자의 신앙생활을 돈독히 하기 위하여 필요하다고 인정할 경우에는 종교별 거실을 지정하여 운영할 수 있"도록 규정하고 제2항은 "종교거실에는 신앙생활에 필요하다고 인정되는 해당 종교의 성상, 성물, 성화 및 성구를 비치할 수 있다. 다만, 보안상 유해하거나 다른 수용자의 수용생활에 방해가 되어서는 아니 된다"고 규정하고 있다. 이러한 규정을 보면 성물소지가 이후 상당히 완화되었을 것으로 추정된다.

[참고문헌]

● 김원규, 인권조사관을 위한 헌법 길잡이: 16시간이면 당신도 조사의 달인, 전국공무원노동조합(준) 국가인권위원회 지부, 2012.

[김원규 변호사(이주민법률지원센터 모모)]

[03] 미결수용자 종교행사 등 참석 불허 조치의 위헌 여부

대상	형의 집행 및 수용자의 처우에 관한 법률 제45조 제1항 위헌확인 등 (인용(위헌확인))
	헌재 2011. 12. 29. 선고 2009헌마527 전원재판부 결정 (인용(위헌확인))
참조1	손해배상(기) (원고일부승)
	[1심] 대구지법 2012. 9. 14. 선고 2012가단16763 판결 (원고일부승)
참조2	미결수용자 등 종교집회 참석 불허 위헌확인 (인용(위헌확인))
	헌재 2014. 6. 26. 선고 2012헌마782 전원재판부 결정 (인용(위헌확인)) **(2019법원직)**
참조3	교도소내 부당처우행위 위헌확인 (기각, 각하)
	헌재 2015. 4. 30. 선고 2013헌마190 전원재판부 결정 (기각, 각하) **(2021경찰승진)**
참조4	수형자특별교회청원불허 위헌확인 (각하)
	헌재 2006. 7. 25. 선고 2006헌마806 결정 (각하)
참조5	미결수용자의 종교의 자유 침해 (인용)
	국가인권위 2018. 10. 24.자 17진정0577700 결정 (인용)
참조6	종교의 자유 침해 (인용)
	국가인권위 2011. 11. 24.자 11진정0360300 결정 (인용)

[사실관계]

[1] 청구인은 2009. 6. 1. 사기 등 혐의로 대구구치소에 미결수용되었다가 사기 등 범죄사실로 2009. 7. 22. 대구지법에서 징역 2년을 선고받고 항소하였으나, 2009. 10. 1. 항소기각되어 위 판결은 2009. 10. 9. 확정되었다. 청구인은 2009. 11. 30. 대구교도소로 이감되었으며, 2011. 5. 25. 형의 집행을 종료하여 출소하였다.

[2] 청구인은, 피청구인이 2009. 6. 1.부터 2009. 10. 8.까지 대구구치소 내에서 실시하는 종교의식 또는 행사에 미결수용자인 청구인의 참석을 금지한 행위가 청구인의 종교의 자유 등 기본권을 침해하였다고 주장하면서, 2009. 9. 14. 이 사건 헌법소원심판을 청구하였다.

[3] 한편 피청구인은 미결수용자로서 사건에 서로 관련이 있는 사람은 분리수용하고 서로 간의 접촉을 금지하여 공모를 통한 범죄의 증거인멸을 방지할 필요가 있고, 대구구치소의 종교행사 장소가 매우 협소하다는 등의 이유로 수형자 및 노역장유치자에 대하여만 종교행사 등에의 참석을 허용하고 미결수용자에 대하여는 일괄적으로 종교행사 등에의 참석을 금지하여 왔다.

[결정요지]

[1] 이 사건 종교행사 등 참석불허 처우는 이른바 권력적 사실행위에 해당하므로 행정소송의 대상이 된다고 단정하기 어렵고, 가사 행정소송의 대상이 된다고 하더라도 이미 종료된 행위로서 소의 이익이 부정되어 각하될 가능성이 많은 바, 청구인에게 그에 의한 권리구제절차를 밟을 것을 기대하기는 곤란하므로 보충성원칙의 예외로서 헌법소원의 제기가 가능하다.

[2] 청구인에 대한 이 사건 종교행사 등 참석불허 처우로 인한 기본권 침해상황은 청구인의 신분이 미결수용자에서 수형자로 변동된 2009. 10. 9. 이미 소멸하였으므로 이 사건 심판을 구할 청구인의 주관적인 권리보호이익은 더 이상 존재하지 않으나, 현재에도 피청구인은 과실범을 제외한 대다수 미결수용자에 대하여 종교행사 등에의 참석을 금지하고 있어 이 사건 종교행사 등 참석불허 처우와 동종 또는 유사한 처우로 인한 기본권 침해행위가 미결수용자들에 대하여, 그리고 상당기간 반복적으로 행하여질 것이 예상되고, 이에 대한 헌법적 해명이 이루어진 바도 없어 그 헌법적 해명이 헌법질서의 수호·유지를 위해 중대한 의미를 가지므로 심판의 이익을 인정할 수 있다.

[3] 형집행법 제45조는 종교행사 등에의 참석 대상을 "수용자"로 규정하고 있어 수형자와 미결수용자를 구분하고 있지도 아니하고, 무죄추정의 원칙이 적용되는 미결수용자들에 대한 기본권 제한은 징역형 등의 선고를 받아 그 형이 확정된 수형자의 경우보다는 더 완화되어야 할 것임에도, 피청구인이 수용자 중 미결수용자에 대하여만 일률적으로 종교행사 등에의 참석을 불허한 것은 미결수용자의 종교의 자유를 나머지 수용자의 종교의 자유보다 더욱 엄격하게 제한한 것이다. 나아가 공범 등이 없는 경우 내지 공범 등이 있는 경우라도 공범이나 동일사건 관련자를 분리하여 종교행사 등에의 참석을 허용하는 등의 방법으로 미결수용자의 기본권을 덜 침해하는 수단이 존재함에도 불구하고 이를 전혀 고려하지 아니하였으므로 이 사건 종교행사 등 참석불허 처우는 침해의 최소성 요건을 충족하였다고 보기 어렵다. 그리고, 이 사건 종교행사 등 참석불허 처우로 얻어질 공익의 정도가 무죄추정의 원칙이 적용되는 미결수용자들이 종교행사 등에 참석을 하지 못함으로써 입게 되는 종교의 자유의 제한이라는 불이익에 비하여 결코 크다고 단정하기 어려우므로 법익의 균형성 요건 또한 충족하였다고 할 수 없다. 따라서, 이 사건 종교행사 등 참석불허 처우는 과잉금지원칙을 위반하여 청구인의 종교의 자유를 침해하였다.

[해설]

I. 종교의 자유의 내용 및 제한원리

종교의 자유는 일반적으로 신앙의 자유, 종교적 행위의 자유 및 종교적 집회·결사의 자유의 3요소로 구성된다(헌재 2001. 9. 27. 선고 2000헌마159 전원재판부 결정).

먼저 신앙의 자유에는 종교선택·개종·무종교의 자유와 신앙고백의 자유가 포함된다. 신앙의 자유는 신과 피안 또는 내세에 대한 인간의 내적 확신에 대한 자유를 말하는 것으로서 이러한 신앙의 자유는 그 자체가 내심의 자유의 핵심이기 때문에 법률로써도 이를 침해할 수 없으며, 어떠한 이유로도 제한될 수 없는 절대적 자유이다.

종교적 행위란 신앙을 외부에 표현하는 의식(세례, 수계, 영세 등), 축전(예배, 법회, 미사 등)을 말한다. 그리고 종교적 행위의 자유는 종교상의 의식·예배 등 종교적 행위를 각 개인이 임의로 할 수 있는 등 종교적인 확신에 따라 행동하고 교리에 따라 생활할 수 있는 자유와 소극적으로는 자신의 종교적인 확신에 반하는 행위를 강요당하지 않을 자유 그리고 선교의 자유, 종교교육의 자유 등이 포함된다. 종교적 집회·결사의 자유는 종교적 목적으로 같은 신자들이 집회하거나 종교단체를 결성할 자유를 말한다. 종교적 집회·결사의 자유는 일반적인 집회·결사의 자유에 대한 특별한 보호를 받으며, 집회 및 시위에 관한 법률은 종교집회에 대해 옥외집회 및 시위의 신고제를 적용하지 아니한다(동법 제15조). 이러한 종교적 행위의 자유와 종교적 집회·결사의 자유는 신앙의 자유와는 달리 절대적 자유가 아니므로 헌법 제37조 제2항에 의거하여 질서유지, 공공복리 등을 위해서 제한할 수 있는데, 그러한 제한은 비례의 원칙이나 종교의 자유의 본질적 내용을 침해해서는 안 된다(헌재 2001. 9. 27. 선고 2000헌마159 전원재판부 결정).

II. 미결수용자의 법적 지위와 기본권 제한

미결수용자는 헌법이 보장하는 무죄추정의 원칙(헌법 제27조 제4항)에 따라 구속에 따른 일정한 제한 이외에 일반인과 동등한 법적 지위를 가진다. 형집행법은 "미결수용자는 무죄의 추정을 받으며 그에 합당한 처우를 받는다"(제79조)라고 규정하여 헌법원칙을 실천하고 있다. 그러나 미결수용자는 격리된 시설에서 강제적 공동생활을 하므로 구금목적의 달성, 즉 도주·증거인멸의 방지와 규율 및 안전 유지를 위한 통제의 결과 헌법이 보장하는 신체의 자유 등 기본권에 대한 제한을 받는 것이 불가피하다. 그러나 이러한 기본권의 제한은 헌법 제37조 제2항에서 규정한 국가안전보장·질서유지 또는 공공복리를 위하여 필요한 경우에 한하여 법률로써 할 수 있으며, 제한하는 경우에도 자유와 권리의 본질적인 내용을 침해할 수 없다. 무죄가 추정되는 미결수용자의 자유와 권리에 대한 제한은 구금의 목적인 도망·증거인멸의 방지와 시설 내의 규율 및 안전 유지를 위한 필요최소한의 합리적인 범위를 벗어나서는 아니 된다(헌재 1999. 5. 27. 선고 97헌마137 등 전원재판부 결정; 헌재 2001. 7. 19. 선고 2000헌마546 전원재판부 결정).

그리고 미결구금은 수사 및 재판 등의 절차 확보를 위해 불가피한 것이기는 하나 실질적으로 형의 집행에 유사한 자유의 제한을 초래하는 폐단이 있다는 것은 널리 인식되어 있는 사실이다. 미결수용자는 구금으로 인해 긴장, 불안, 초조감을 느끼는 등 심리적으로 불안정한 상태에 빠지고 위축되며, 육체적으로도 건강을 해치기 쉽고, 자칫 열악하고 불리한 환경의 영향으로 형사절차에서 보장되어야 할 적정한 방어권 행사에 제약을 받거나 나아가 기본적 인권이 유린되기 쉽다. 그러므로 구금 자체의 폐단을 최소화하고 필요 이상으로 자유와 권리가 제한되는 것을 피하기 위해서, 그리고 이들의 형사절차상 방어권의 실질적 보장을 위해서는 규율수단의 선택에 있어 충돌되는 이익들 간의 신중한 비교교량을 요하며, 통제의 효율성에만 비중이 두어져서는 아니 된다. 나아가 무죄추정의 원칙이 적용되는 미결수용자들에 대한 기본권 제한은 징역형 등의 선고를 받아 그 형이 확정된 수형자의 경우와는 달리 더 완화되어야 할 것이며, 이들의 권리는 가능한 한 더욱 보호됨이 바람직하다(헌재 2001. 7. 19. 선고 2000헌마546 전원재판부 결정).

III. 종교의 자유와 미결수용자의 종교행사 등 참석

1. 보충성의 원칙에 대한 판단

헌법재판소는 보충성의 원칙과 관련하여 2006. 7. 25. 수형자 특별교회 청원 불허 위헌확인 사건(2006헌마806)에서 청구인이 피청구인에게 이슬람교회를 개설해 줄 것을 청원하였으나 피청구인이 이를 거부하였으며, 이 사건 거부처분은 행정소송의 대상이 되는 "행정청이 행하는 구체적 사실에 대한 법집행으로서의 공권력의 행사 또는 그 거부"(행정소송법 제2조 제1항 제1호)에 해당하므로, 이 사건 거부처분에 대하여 헌법소원심판청구를 하기 위하여서는 먼저 행정소송을 통해 구제를 도모하여야 할 것임에도 청구인은 행정소송을 제기하지 아니하고 바로 이 사건 헌법소원심판을 청구하였고 달리 이 사건 심판청구가 보충성의 예외에 해당한다고 볼 만한 사유도 없다고 판시하여 각하한 바 있다. 그러나 2011. 12. 29. 미결수용자의 종교행사 등에의 참석 금지 사건(2009헌마527)에서는 "종교행사 등 참석불허 처우는 이른바 권력적 사실행위에 해당하므로 행정소송의 대상이 된다고 단정하기 어렵고, 가사 행정소송의 대상이 된다고 하더라도 이미 종료된 행위로서 소의 이익이 부정되어 각하될 가능성이 많은바, 청구인에게 그에 의한 권리구제절차를 밟을 것을 기대하기는 곤란하므로 보충성원칙의 예외로서 헌법소원의 제기가 가능하다"고 판시하였다.

그 이후의 미결수용자의 종교행사 참석과 관련하여 헌법재판소는 보충성의 원칙을 인정하고, 본안심리를 통해 교정기관의 조치에 대해 적극적인 판단을 하고 있다.

2. 종교행사 참석 불허에 대한 판단

미결수용자에 대한 종교행사 참석 불허의 이유는 현 교정시설의 여건 및 수용관리의 적정성을 기하기 위한 것으로서 시설 내의 규율 및 질서유지, 도망·증거인멸의 방지 그리고 종교집회를 할 수 있는 장소가 협소한 것 등이다.

시설 내의 규율 및 질서유지와 관련하여 헌법재판소는 종교는 구속된 자들에게 심적 위안뿐만 아니라 자신과 타인에 대한 증오를 극복할 수 있는 정신적 해결책을 제시해 주는 등 수용자의 안정된 정신건강을 지원하는 순기능이 있는바, 갑자기 사회와 격리되어 심리적으로 불안정하고 위축되어 있는 미결수용자에게 종교행사 등에의 참석을 보장해 주는 것이 오히려 자살 등과 같은 교정사고를 미연에 방지할 수 있어 교정시설의 안전과 질서유지에 기여하는 바가 크다고 판단하였다. 도망·증거인멸의 방지와 관련하여 피청구인은 공범이나 동일사건 관련자가 있는지 여부를 불문하고 미결수용자에 대하여 일률적으로 종교행사 등에의 참석을 불허하였는바, 공범 등이 없는 경우 내지 공범 등이 있는 경우라도 공범이나 동일사건 관련자를 분리하여 종교행사 등에의 참석을 허용하거나 수형자용 종교집회실을 시간을 달리하여 운영하는 등의 방법으로 미결수용자의 기본권을 덜 침해하는 수단이 존재함에도 불구하고 이를 전혀 고려하지 아니하였다. 따라서 이 사건 종교행사 등 참석불허 처우는 침해의 최소성 요건을 충족하였다고 보기 어렵다고 판단하였다.

또한, 현 교정시설의 여건 및 수용관리의 적정성을 기하기 위한 것으로 미결수용자에 대한 종교행사 참석 제약요인으로 작용하는 직원부족, 공간의 협소 또는 없음 등은 기본권 제한의 일반적 사유에 해당하는 헌법 제37조 제2항에 의거하여 질서유지, 공공복리 등을 위해서 제한에 해당하지 아니한다. 헌법재판소는 무죄추정의 원칙이 적용되는 미결수용자에 대한 기본권 제한은 징역형 등의 선고를 받아 그 형이 확정된 수형자의 경우보다는 더 완화되어야 할 것임에도, 수용자 중 미결수용자에 대하여만 일률적으로 종교행사 등에의 참석을 불허한 것은 미결수용자의 종교의 자유를 나머지 수용자의 종교의 자유보다 거꾸로 더욱 엄격하게 제한한 것으로 판단하고 있다. 그뿐만 아니라 헌법재판소는 2014. 6. 26. 선고 2012헌마782 전원재판부 결정에서 "수형자 중 출력수에 대하여는 그 인원이 미결수용자와 미지정 수형자에 비하여 1/8정도임에도 불구하고 매월 3~4회의 참석기회를 주고, 미결수용자와 미지정 수형자에 대하여는 매월 1회의 기회밖에 주지 않고, 그것도 미결수용자 및 미지정 수형자의 인원의 많음을 이유로 수용동별로 돌아가며 실시하여 미결수용자 및 미지정 수형자에게는 연간 1회정도의 종교집회 참석기회가 주어졌다. 이는 미결수용자 및 미지정 수형자의 구금기간을 고려하면 사실상 종교집회 참석 기회가 거의 보장되지 않는 결과를 초래할 수도 있어, 부산구치소의 열악한 시설을 감안하더라도 종교의 자유를 과도하게 제한한다고 할 것이다. 나아가 피청구인은 현재의 시설 여건 하에서도 종교집회의 실시 회수를 출력수와 출력수

외의 수용자의 종교의 자유를 보장하는 범위 내에서 적절히 배분하는 방법, 공범이나 동일사건 관련자가 있는 경우에 한하여 이를 분리하여 종교집회 참석을 허용하는 방법, 미지정수형자의 경우 추가사건의 공범이나 동일사건 관련자가 없는 때에는 출력수와 함께 종교집회를 실시하는 등의 방법으로 청구인의 기본권을 덜 침해하는 수단이 있음에도 불구하고 이를 전혀 고려하지 아니하였다"고 판시하였다.

종교집회 등 종교행사의 순기능이 미결수용자에게 미치는 영향이 상당한 점, 무죄추정의 원칙상 미결수용자의 종교의 자유에 대한 제한은 수형자보다 완화되어야 한다는 점 등에 비추어 보면, 이 사건 종교행사 등 참석불허 처우로 얻어질 공익의 정도가 무죄추정의 원칙이 적용되는 미결수용자들이 종교행사 등에 참석을 하지 못함으로써 입게 되는 종교의 자유의 제한이라는 불이익에 비하여 결코 크다고 하기 어렵다.

3. 형집행법상 종교와 헌법상 종교의 자유

종교의 자유와 관련하여 구 행형법은 '교회'에서 "수형자가 그가 신봉하고 있는 종파의 교의에 의한 특별교회를 청원할 때는 당해 소장은 그 종파에 위촉하여 교회를 할 수 있다"(제31조 제2항)라고 규정하여 수형자에게 종교의 자유를 보장하는 차원보다 종교가 정신적 교화의 중요한 수단이라는 점을 부각하였다. 형집행법은 '종교와 문화'의 장에서 "수용자는 교정시설 안에서 실시하는 종교의식 또는 행사에 참석할 수 있으며, 개별적인 종교상담을 받을 수 있다"(제45조 제1항)라고 규정하여 종교의 자유에 대한 보장을 충실하게 하였다. 넬슨만델라규칙은 "모든 수용자는 실제적으로 가능한 한 교정시설 내에서 거행되는 종교행사에 참석하고 또한 자기 종파의 계율서 및 교훈서를 소지함으로써 종교생활의 욕구를 충족할 수 있도록 허용되어야 한다"(제66조)라고 규정하고 있다.

종교가 수형자의 재사회화와 사회복귀에 유용한 수단이 되는 것은 사실이지만 중요한 것은 교정에서 종교를 통한 재사회화라는 교정처우와 수형자에게 종교의 자유를 실질적으로 보장하는 것을 구별하는 것이다.

IV. 본 결정 이후 헌법재판소의 결정에 대한 검토

미결수용자를 대상으로 한 개신교 종교행사를 4주에 1회, 일요일이 아닌 평일에 실시한 행위에 대해 헌법재판소는 2015. 4. 30. 선고 2013헌마190 결정에서 "형집행법 시행규칙 제32조 제1호에 의하면 '종교행사용 시설의 부족 등 여건이 충분하지 아니할 때' 소장은 수용자의 종교행사 참석을 제한할 수 있다. ○○구치소의 경우 종교행사를 실시할 수 있는 공간이 1개뿐이고, 종교행사를 종교, 수형자와 미결수용자, 성별, 수용동 별로 구분하여 진행하고 있다. ○○구치소에는 미결수용자의 비율이 높은데, 미결수용자의 경우 공범이나 동일사건 관련자가 있는 경우 이들을 분리하고 서로 간의 접촉을 금지해야 할 필요가 있다. 그 결과 수형자는 매주 1회, 미결수용자는 4주 1회 정도의 종교행사 참석 기회를 갖게 되었다. 위와 같은 사정을 고려하면 피청구인이 미결수용자에 대한 개신교 종교행사를 매주 하지 않고 4주에 1회 실시한 것이 침해의 최소성에 반한다고 보기 어렵다"고 하며 기본권제한의 범위 내에서 이루어진 것이므로 청구인의 종교의 자유를 침해하지 아니한다고 판시하였다.

미결수용자가 구금기간 동안 자신이 신봉하는 종교와 관련한 종교행사 참석 기회를 제공하지 아니한 데 대해서는 종교의 자유를 침해하였다고 한 결정과 4주에 1회 정도의 종교행사 참석 기회를 가지게 된 데 대해서는 종교의 자유를 침해하지 않았다고 하는 결정은 구치소 등에 수용되어 있는 미결수용자에 대한 종교행사 참석 기회에 대한 실무상 기준으로 작용하고 있다. 앞으로 미결수용자에 대해서도 수형자에게 제공되는 횟수 정도의 종교행사에의 참석기회를 제공하고 그 밖에 교리지도, 종교가와의 상담 등을 통한 종교의 자유를 보장하도록 하는 제도적, 시설적 등 실효적인 조치를 마련함으로써 수용자에 대해 헌법상 보장된 종교의 자유를 보장하도록 노력해야 한다.

[후속논의]

교정기관에는 기독교, 천주교, 불교 등을 중심으로 교리지도, 종교행사 참석, 시설 및 설비, 종교관련 물품 등을 갖추고 있지만 그 밖의 종교에 대해서도 종교가와의 만남, 종교행사 참석, 시설 및 설비, 종교관련 물품 등을 갖춤으로써 수용자에 대한 종교의 자유를 충실하게 보장을 하도록 해야 한다(국가인권위 2011. 11. 24.자 11진정0360300 결정).

그리고 우리나라는 형집행법을 수형자와 미결수용자 등 모든 수용자에게 적용하고 있으며, 미결수용자와 수형자에게 공통으로 적용되는 조문과 수형자에게만 적용되는 조문 등이 혼재함으로써 현장에서 수용자 처우를 담당하고 있는 교정공무원은 물론 일반국민들이 미결수용자의 법적 지위에 대한 혼란을 가져오고 있다. 무죄추정의 원칙의 충실한 실천을 위해서는 미결구금법(가칭)과 형집행법을 분리하는 형집행법 체계의 이원화를 검토하는 것이 바람직하다.

[참고문헌]
• 이호중, 행형에서 종교의 자유─교정처우로서의 교회와 기본권으로서의 종교의 자유의 구별─, 월간교정 2003년 9월호, 법무부 교정본부, 2003.
• 성중탁, 수용자의 종교적 기본권 행사 보장 문제, 법조신문, 2017. 4. 10.
• 금용명, 교정학: 행형론과 수용자 처우, 박영사, 2021.
• 성낙인, 헌법학(제24판), 법문사, 2024.

[금용명 소장(교도소연구소, 전 안동교도소장)]

[04] 수용자의 재판청구권 보장을 위한 교도소장의 의무

대상	변호인의 조력을 받을 권리 침해 등 위헌확인 (각하)
	헌재 2013. 8. 29. 선고 2012헌마886 전원재판부 결정 (각하)

[사실관계]

청구인은 2011. 9. 30. 성폭력범죄의처벌등에관한특례법위반(강간등상해)죄 등으로 징역 12년 등을 선고받고 2012. 7. 12. 위 판결이 확정된 이후인 2012. 7.말경 ○○구치소 수용 당시 구치소 측에 재심 및 헌법소원심판 청구를 위하여 변호사 선임에 필요한 조치를 취해 줄 것을 요구하였다. 청구인은 ○○교도소로 이감된 후 2012. 9. 20. 1년간의 독거실 사용을 요청하였으나 고충처리팀 직원으로부터 시설부족 등을 이유로 독거처우가 어렵다는 취지의 답변을 들었고, 이에 독거실 보유현황 등 관련 정보공개를 신청하였으나 비공개결정을 받았다. 청구인은 재심 준비를 위하여 2012. 9. 24. ○○교도소에 비치된 '소법전', '재심·시효·인권', '명예훼손법', '형법총론'의 총 4권에 대한 도서열람신청을 하였으나, 한 달이 넘도록 대여받지 못하였다. 이에 청구인은 그의 ① 변호사 선임조치 요구에도 이에 응하지 않은 ○○구치소장의 부작위, ② ○○교도소장의 독거수용 거부 및 ③ 도서대여 부작위로 인하여 재판청구권, 알 권리, 사생활의 비밀과 자유 등을 침해받았다고 주장하면서 2012. 11. 2. 이 사건 헌법소원심판을 청구하였다.

[결정요지]

[1] 청구인은 재심 및 헌법소원과 관련한 상담요청을 하여 대한법률구조공단 공익법무관으로부터 법률상담을 받았고, 그 후 헌법소원심판 청구를 위한 변호사 선임조치를 요구하여 담당 교도관으로부터 헌법소원 절차 및 국선대리인 신청방법 등이 나와 있는 헌법재판소 홈페이지 게시물 인쇄본을 받았다. 또한 헌법소원심판을 위한 국선대리인 선임신청서는 반드시 정형화된 양식을 사용할 필요가 없고 수용자가 직접 작성하여 헌법재판소에 제출하면 되는 점에 비추어 볼 때, 구치소장은 청구인이 헌법소원심판을 청구하고 이를 위한 국선대리인 선임신청을 할 수 있도록 충분한 조력을 제공하였다고 봄이 상당하다. 따라서 구치소장의 변호사 선임조치 부작위라는 공권력 불행사 자체가 존재한다고 볼 수 없다.

[2] 수용거실의 지정은 교도소장의 재량적 판단사항이며 수용자에게 수용거실의 변경을 신청할 권리 내지 특정 수용거실에 대한 신청

권이 있다고 볼 수 없다. 따라서 교도소장의 독거수용 거부는 헌법소원심판의 대상이 되는 공권력의 행사에 해당하지 아니한다.

[3] 헌법 및 법령으로부터 '교도소장이 수용자의 열람신청이 있는 도서에 대하여 반드시 일정한 기간 내에 대여해 주어야 한다거나 분실도서를 구입하여 대여해 주어야 할 작위의무'가 도출된다고 보기는 어렵다. 다만 수용자들의 경우 증거자료 수집, 변호사 선임과 접견, 재판 관련 정보에의 접근, 재판 참석 및 변론 등 재판청구권 실현에 현실적인 어려움이 있을 수밖에 없으므로 교도소장으로서는 '수용자가 재판 준비와 진행에 어려움이 없도록 도움을 주어야 할 의무'가 있고, 이는 헌법 제27조 제1항의 재판청구권으로부터 도출되는 헌법상 작위의무라고 볼 수 있다.

그러나 구체적으로 어떠한 방법으로 도움을 줄 것인지에 관한 문제는 수용시설의 장이 다양한 제도의 장·단점과 각 수용시설 내부의 사정 등 제반 여건을 종합적으로 고려하여 판단할 사항이며, 어떠한 방법이든 전체적인 관점에서 수용자의 재판청구권을 실질적으로 보장하는 수준에 이르는 한, 반드시 법률서적의 열람제공에 의하여만 작위의무의 이행이 이루어져야 하는 것은 아니다.

이 사건 기록에 의하면, 교도소장은 급히 필요한 재판 자료임을 소명하면 인터넷 출력 및 타 도서 복사 등을 통하여 해당 정보를 제공받을 수 있도록 하고, 법률상담제도를 운영하고 있으므로, 도서대여가 지체된 기간 동안 다른 방법으로 청구인의 재판 준비에 어려움이 없도록 적절하고 실질적인 도움을 제공하였다고 봄이 상당하다. 따라서 교도소장인 피청구인이 '수용자의 재판 준비에 도움을 주어야 할 헌법상 작위의무'를 해태하였다고 볼 수 없다.

[해설]

I. 수용자의 재판청구권과 교도소장의 의무

헌법 제27조 제1항은 "모든 국민은 헌법과 법률이 정한 법관에 의하여 법률에 의한 재판을 받을 권리를 가진다"고 규정하여 재판청구권을 보장하고 있다. 1215년 영국의 대헌장에서 처음으로 재판을 받을 권리를 보장한 이래로 1628년 권리청원, 1789년 프랑스의 인권선언과 1791년 헌법, 1798년 미국의 연방수정헌법, 1919년 독일의 바이마르헌법 등 각국의 헌법뿐만 아니라 세계인권선언 제10조와 우리나라가 가입·비준하여 헌법 제6조 제1항에 따라 국내법과 같은 효력을 가진 유엔 자유권규약 제14조 제1항에서도 모든 사람의 '공정한 재판을 받을 권리'를 규정하고 있다. 대상결정은 헌법상 재판청구권으로부터 교도소장의 '수용자가 재판 준비와 진행에 어려움이 없도록 도움을 주어야 할 작위의무'가 도출된다고 보았다. 이는 헌법재판소가 증거자료 수집, 변호사 선임과 접견, 재판 관련 정보에의 접근, 재판 참석 및 변론 등 재판청구권 실현에 현실적인 어려움이 있을 수밖에 없는 수용자의 상황을 고려하여 판단한 것으로, 과거 헌법재판소가 수형자가 자신의 재판에 참석할 권리 및 변호사를 접견할 권리 등을 헌법상 재판청구권으로서 보장된다고 본 데에서 나아가 재판 준비와 진행을 재판청구권으로서 보장받아야 한다고 본 것이다. 다만 대상결정은 구체적으로 어떠한 방법으로 수용자의 재판 준비와 진행에 어려움이 없도록 도움을 줄지는 수용자의 재판청구권을 실질적으로 보장하는 수준에 이르는 한 수용시설의 장이 다양한 제도의 장·단점과 각 수용시설 내부의 사정 등 제반 여건을 종합적으로 고려하여 판단할 재량사항이라고 보았다. 대상결정은 수용자가 원하는 법률서적 대여가 상당기간 지체되었으나 교도소장이 재판 관련 정보 등 급히 필요한 자료임을 소명하면 인터넷 출력 및 타 도서 복사 등을 통하여 해당 정보를 제공하고 수용자 대상 법률상담제를 운영하고 있다는 점 등을 고려하여 피청구인 교도소장이 '수용자의 재판 준비에 도움을 주어야 할 헌법상 작위의무'를 해태하였다고 볼 수 없다고 판단하였다.

한편 대상결정은 청구인의 변호사 선임조치 요구에 관하여는 구치소 교도관이 청구인에게 수용자 출장 법률상담제를 안내해주고 헌법소원 절차 및 국선대리인 신청방법 등이 나와 있는 헌법재판소 홈페이지의 게시물을 인쇄하여 제공한 것과 헌법소원심판을 위한 국선대리인 선임신청서는 반드시 정형화된 양식을 사용하지 않고 수용자가 직접 작성하여 헌법재판소에 제출하면 충분하다는 점을 이유로 구치소장이 청구인의 헌법소원심판 청구 및 이를 위한 국선대리인 선임신청을 위한 충분한 조력을 제공하였다고 보아 수용자의 재판청구권과 관련된 검토로 나아가지 않고 구치소장의 청구인에 대한 변호사 선임조치 부작위라는 공권력 불행사 자체가 존재하지 않는다고 판단하였다.

II. 수용자의 수용거실 지정에 대한 권리

대상결정은 형집행법 제15조에서 "소장은 수용자의 거실을 지정하는 경우에는 죄명·형기·죄질·성격·범죄전력·나이·경력 및 수용생활 태도, 그 밖에 수용자의 개인적 특성을 고려하여야 한다"라고 규정하고 있는바, 수용자가 어느 거실을 지정받게 되는지는 교도소장의 재량적 판단사항이고 수용자가 수용거실의 변경이나 특정 수용거실의 사용을 신청할 권리가 없다고 보아 청구인에 대한 독거수용 거부는 헌법소원심판의 대상이 되는 공권력의 행사에 해당하지 않는다고 보았다.

[후속논의]

대상결정은 수용자의 재판 준비와 진행에 어려움이 없도록 도움을 줄 수용시설의 장의 작위의무를 인정하고 있기는 하나 그 실질에서는 법률구조공단 공익법무관과 한 차례 법률상담 및 헌법재판소 홈페이지 게시물 인쇄본 제공만으로도 충분한 조력이 이루어졌다고 보았다. 넬슨만델라규칙 제61조 제3항은 "피구금자는 효과적인 법률구조를 받을 수 있어야 한다"라고 규정하고, 자유권규약 제14조에 대한 일반논평 제32호는 "사법집행 접근권은 어떠한 경우에도 개인이 절차적 측면에서 재판청구권을 박탈당하지 않도록 효과적으로 보장되어야 한다"라고 설시하고 있는바, 위와 같은 정보 제공만으로 수용자에게 충분한 법률 조력이 이루어졌다고 판단할 수 있는지는 논의의 여지가 있다. 헌법소원은 변호사 강제주의를 채택하고 있는데, 이는 그만큼 헌법소원의 전문성과 일상생활과의 거리감을 보여준다고 할 것이다. 미국 연방대법원의 경우 판례를 통하여 법원접근권(access to the courts)을 헌법상 기본권으로 인정하여 보호하면서 법률자료검색, 소송서류 집필 등 소송을 준비하는 권리도 재판청구권에 포섭하여 보장하고 있다. 수용자의 재판청구권을 실질적으로 보장하기 위해서는 수용자가 물리적으로 사회와 격리되어 있다는 점을 보다 적극적으로 고려하여 제도의 보완을 고려해볼 필요가 있다.

또한, 독거수용 거부와 관련하여, 형집행법 제14조는 독거수용을 원칙으로 하고 △시설 여건 부족, △수용자 보호, △수용자 교화와 사회 복귀를 위해 필요할 때 등 예외적 경우에만 혼거수용을 허용하고 있는바, 수용거실의 지정이 교도소장의 재량사항이라 할지라도 수용자를 합리적으로 처우하기 위해서는 교정시설의 수용 능력과 처우 기준에 대한 논의가 필요하다.

[참고문헌]

● 조수혜, 재판청구권의 실질적 보장을 위한 소고 - 수용자의 경우를 중심으로 한국과 미국의 논의 비교 -, 홍익법학 제14권 제3호, 홍익대학교 법학연구소, 2013.

● 박찬운, 수형자의 변호사 접견교통권 - 헌재 결정의 국제인권법적 검토 -, 법학논총 제31권 제2호, 한양대학교 법학연구소, 2014.

● 성중탁, 수형자의 재판청구권과 변호인 접견권 보장 문제 - 최근 헌법재판소 결정례에 대한 분석을 중심으로 -, 법학논집 제21권 제2호, 이화여자대학교 법학연구소, 2016.

[류다솔 변호사(민주사회를 위한 변호사모임)]

대상	형의 집행 및 수용자의 처우에 관한 법률 제48조 제3항 등 위헌확인 (기각, 각하) 헌재 2019. 4. 11. 선고 2017헌마736 전원재판부 결정 (기각, 각하)

[사실관계]

청구인은 징역형의 집행을 위하여 2017. 4. 3.부터 ○○교도소 등에서 수용생활을 하던 중 제19대 대통령 선거 정책토론방송을 거의 시청하지 못하게 되자, '수형자는 지정된 채널을 통하여 텔레비전을 시청하여야 한다'고 규정하고 있는 형집행법 시행규칙 제41조 제1항(이하 '채널지정조항')이 청구인의 알 권리, 선거권, 평등권 등을 침해한다고 주장하면서 2017. 7. 3. 이 사건 헌법소원심판을 청구하였다.

[결정요지]

[1] 청구인이 대통령 선거 정책토론방송을 거의 시청하지 못한 것은 선거권 행사 자체에 관한 문제라기보다는 선거정보에의 접근이 자유롭게 이루어지지 못한 것이다. 선거정보에의 자유로운 접근은 선거권을 올바르게 행사하기 위하여 전제가 되는 '알 권리'라고 볼 수 있으므로, 알 권리 침해 여부를 판단하면서 선거정보에의 접근 문제를 함께 판단함이 상당하고, 선거권의 침해 여부에 대해서는 별도로 판단하지 않는다. 그렇다면 이 사건의 쟁점은, 수형자로 하여금 지정된 채널을 통하여 텔레비전을 시청하도록 규정한 채널지정조항이 청구인의 알 권리, 평등권을 침해하는지 여부이다.

[2] 지상파의 모든 프로그램을 생방송으로 여과 없이 송출할 경우 수용질서를 문란케 하는 내용 등이 그대로 수형자에게 노출될 수 있으므로, 채널지정조항이 교정시설의 안전과 질서유지를 위하여 지정된 채널을 통하여만 텔레비전 시청을 하도록 하는 것은 그 목적의 정당성이 인정되고 수단 또한 적정하다. 채널지정조항으로 인하여 수형자에게 선거정보를 비롯하여 일반적으로 접근할 수 있는 뉴스나 정보 등이 제공되고 있으므로 수형자가 원하는 지상파 방송을 자유롭게 생방송으로 시청할 수 없는 불이익은 중대하다고 보기 어려운 반면, 교정시설의 질서와 안전의 유지 및 수형자의 교정교화라는 공익은 매우 크다. 채널지정조항은 과잉금지원칙에 반하여 청구인의 알 권리를 침해한다고 볼 수 없다.

[3] 일반인, 영내거주군인, 국·공립 병원에 입원한 환자, 하나원에 거주하는 북한이탈주민은, 텔레비전의 시청방법의 측면에서 형을 집행하기 위하여 강제로 수용된 수형자와 본

질적으로 동일한 비교집단이 된다고 볼 수 없으므로, 채널지정조항으로 인한 평등권 침해 문제가 발생한다고 보기 어렵다.

[해설]

I. 수용자의 텔레비전 시청 관련 제한되는 기본권

1. 사례

수용자는 원칙적으로 자신이 원하는 텔레비전 프로그램을 시청하지 못하고 통합방송을 시청하여야 하며(형집행법 제37조 제2항). 방송 프로그램 편성에 관한 권한은 교정시설의 장에게 유보되어 있다(같은 규칙 제39조, 제40조).

① 이 사건 청구인은 수형자로서 대통령선거 정책토론회를 시청하고자 하나 이를 시청하지 못하자 헌법소원을 청구하였다. 이와 유사한 사례로, ② 남성인 사형확정자에게 통합방송 가운데 일반방송(채널 4)만을 제공하고 여성 수용자에게만 여성방송(채널 9)을 시청할 수 있도록 제한하는 행위에 관한 헌법소원이 있었다(헌재 2013. 5. 30. 선고 2012헌마463 전원재판부 결정).

텔레비전은 아니지만 라디오 송출에 관하여도, ③ 교도소장이 매 평일 7시부터 8시까지 및 12시부터 13시까지 수용거실에 라디오 방송을 송출하여 청취하도록 한 행위가 일반적 행동자유권을 침해하는지 여부를 심사한 사례가 있다(헌재 2023. 2. 23. 선고 2020헌마90 전원재판부 결정).

2. 검토

수용자의 텔레비전 시청과 라디오 청취 여부 및 프로그램 선택권을 제한하는 형집행법 조항이 어떠한 기본권을 제한하는지를 검토함에 있어서는, 청구인의 주장과 객관적인 상황을 고려하여 기본권이 제한되는 국면을 종합적으로 살펴야 한다.

헌법재판소는 ③과 같이 청구인이 원치 않는 텔레비전 또는 라디오 프로그램을 시청·청취하게 함으로써 휴식을 방해한다고 주장하는 경우에는 일반적 행동자유권 침해 여부를 판단하는 반면, ①과 ②처럼 청구인이 채널선택권이 제한됨으로써 원하는 프로그램을 시청하지 못하였다고 주장하는 경우에는 알권리와 평등권 침해 여부를 심사하는 경향을 보이고 있다.

II. 알 권리 침해 여부

1. 목적의 정당성 및 수단의 적정성

헌법재판소는, 형집행법 입법목적의 가장 기초적인 전제는 구금 또는 수용시설의 안전과 질서의 유지이므로, 교정시설은 징역형 등의 형이 확정되어 그 집행을 위한 강제적인 수용 및 그에 따른 집단생활을 하는 곳이라는 특수성에 비추어 보면 시설과 인력의 안전은 물론 수용자들의 안전을 위해서라도 일상생활에 있어 엄격한 규율이 불가피하다고 본다(헌재 2016. 5. 26. 선고 2014헌마45 전원재판부 결정). 이는 수용자의 생활에 관한 제한규범에 관한 판단에서 일반적인 법리처럼 통용되고 있는 것으로 보이나, 목적의 정당성을 판단하는 범위를 벗어나는 설시로써 오히려 법익의 균형성에서 공익의 중대성을 뒷받침하는 논거로 봄이 타당하므로, 이를 서두에 설시하는 것은 지양하는 것이 바람직하다.

나아가 헌법재판소는, 지상파 방송의 일부 프로그램의 경우 범법자들의 행위를 영웅시하고 미화하여 수용자들을 현혹시키거나, 폭력적이거나 선정적 장면, 범죄행위를 범하는 장면 등 수형자의 교정교화에 부적당한 내용이 포함될 수 있으므로, 채널지정조항이 교정시설의 안전과 질서유지를 위하여 지정된 채널을 통하여만 텔레비전 시청을 하도록 하는 것은 수단의 적합성이 인정된다고 보았다.

2. 침해의 최소성

헌법재판소는 다음과 같은 이유로 채널지정조항이 침해의 최소성을 준수하였다고 보았다. 통합방송을 실시함에 있어서 수형자의 교화와 건전한 사회복귀를 도모하면서도 수형자의 알 권리를 충족시키는 양질의 방송프로그램을 송출하기 위한 제도적·규범적 장치가 마련되어 있다. 평일에는 총 7시간, 주말에는 총 11시간 30분 정도의 통합방송이 실시되고 있고, 특히 지상파 저녁뉴스의 경우 매일 생방송으로 통합방송을 실시하고 있다. 수용자는 자신의 비용으로 다양한 종류의 신문·잡지 또는 도서의 구독을 신청할 수 있어

알 권리를 보장하기 위한 다양한 정보원들이 제공되고 있다. 청구인은 제19대 대통령 선거와 관련하여 중앙선거관리위원회로부터 후보자의 학력, 경력, 정책, 정견, 비전 등이 게재된 선거공보를 받아 열람하였고 교도소에서 거소투표를 실시하였다. 선거정보란 선거권을 실질적으로 행사하기 위하여 필수적으로 요구되는 정보이기는 하나 반드시 생방송의 형태로 실시간으로 획득되어야 하는 정보라고는 볼 수 없고, 제19대 대통령선거와 관련하여 중앙선거방송토론위원회 주관 대담·토론회의 내용은 당일 저녁뉴스나 다음 날 신문을 통하여 상세히 보도되었다.

3. 법익의 균형성

수형자에게는 텔레비전 생방송 뉴스, 신문, 잡지, 도서 등 일반적으로 접근 가능한 정보를 얻을 수 있는 다양한 정보원이 있으므로 채널지정조항으로 인하여 수형자가 원하는 지상파 방송을 자유롭게 생방송으로 시청할 수 없는 불이익은 중대하다고 보기 어려운 반면, 수형자는 형의 집행 등을 위해 강제적인 집단생활을 하는 자로서 교정시설의 질서와 안전의 유지 및 수형자의 교정교화라는 공익은 매우 크다. 따라서 채널지정조항은 법익의 균형성도 갖추었다고 판단하였다.

III. 평등권 침해 여부

청구인은 채널지정조항이 교정시설 외부에서 생활하는 일반인, 영내거주군인, 국·공립병원에 입원한 환자, 하나원에 거주하는 북한이탈주민들과 비교하여 수형자를 합리적인 이유 없이 차별 취급하는 것으로서 청구인의 평등권을 침해한다고 주장하였으나, 청구인이 주장하는 비교집단은 텔레비전의 시청방법의 측면에서 수형자와 본질적으로 동일한 비교집단이 된다고 볼 수 없다. 따라서 평등권이 제한되지 않는다고 보았다.

[유경민 판사(수원지방법원)]

대상	형의 집행 및 수용자의 처우에 관한 법률 제48조 등 위헌확인 (기각, 각하) 헌재 2023. 2. 23. 선고 2020헌마90 전원재판부 결정 (기각, 각하)

[사실관계]

청구인은 사기 등 혐의로 구속되어 서울남부구치소에 수용된 사람으로, 서울남부구치소장이 매 평일 7시부터 8시까지, 12시부터 13시까지 수용거실에 '함께 만드는 희망이야기' 등 라디오방송을 송출하여 청취하도록 한 행위가 인간의 존엄과 가치 등을 침해한다고 주장하며 헌법소원심판을 청구하였고 이후, 이송된 서울남부교도소에서 교도소장이 동일한 방식으로 라디오방송을 송출하여 청취하도록 한 행위에 대해서도 추가로 헌법소원심판을 청구하였다.

[결정요지]

[1] 교도소 라디오송출행위는 청구인이 스스로 음량이나 전원을 조작하지 못하고 송출되는 내용을 그대로 청취하도록 하는 것은 청구인의 일반적 행동자유권을 제한한 것이다.

[2] 교도소 라디오송출행위는 형집행법과 같은 법 시행령, 시행규칙에 근거를 두고 있는 것으로 법률유보원칙에 위배되지 않는다.

[3] 교도소 라디오송출행위는 수용자의 정서안정 및 교양습득은 물론 교정·교화에도 도움이 될 수 있어 목적의 정당성이 인정되고 목적달성에 기여하는 적합한 수단이다. 수용자들의 일과시간은 일괄적으로 정해질 수밖에 없고 교화방송의 일방적인 송출에 대하여 평가하는 장치가 마련되어 있어 침해의 최소성이 인정된다. 교도소 라디오송출행위는 청구인에게 식사나 휴식을 위하여 보장된 시간을 박탈하는 것이 아니라 본래 정해진 일과시간표를 따르는 중에 방송을 송출하는 것에 불과하므로, 청구인의 불이익은 중대하다고 보기 어려운 반면에 교정시설의 질서와 안전의 유지 및 수용자의 교정·교화라는 공익은 매우 중대하므로, 법익의 균형성도 인정된다. 따라서 교도소 라디오송출행위는 과잉금지원칙에 위반되어 청구인의 일반적 행동자유권을 침해하지 아니한다.

[해설]

I. 라디오 청취와 텔레비전 시청에 대한 규정

형집행법 제48조에 수용자의 정서안정 및 교양습득을 위하여 라디오 청취와 텔레비전의 시청이 가능함을 밝히고, 방송과 관련한 구체적 사항은 법무부령에 위임하고 있다. 시행령은 제73조에 이를 교정시설에 설치된 방송설비를 통해 할 수 있음을 규정하고 있고, 시행규칙 제39, 40, 41조에서 방송시간, 방송프로그램, 수용자 준수사항 등을 규정하고 있으며, 구 '수용자 교육교화 운영지침'(2017. 1. 4. 법무부예규 제1138호로 개정되고, 2022. 2. 3. 법무부예규 제1288호로 개정되기 전의 것) 제50조에서 방송시간을 정하고 있다. 이에 대해 헌법재판소는 법률유보의 원칙을 준수하고 있다고 보았다.

II. 라디오청취 강제에 대한 판단

헌법재판소는 결정을 통해 신청인의 신청내용이 라디오청취를 강제적으로 하게 되는 부분에 대하여 수용자의 일반적 행동자유권을 제한하나 법률유보원칙에 위배되지 않으며 과잉금지원칙에 위배되지 않는다고 판단하였다.

청구인은 음량조절장치나 전원장치가 없는 수용거실에서 교화방송을 송출하는 것이 인간의 존엄과 가치 및 휴식권이 침해된다고 주장하였으나, 헌법재판소는 일반적 행동자유권 침해여부를 심사하는 것으로 함께 살펴볼 수 있다고 보았다.

헌법재판소는 수용자의 취침시간을 일괄적으로 정한 형집행법 규정에 대한 헌법소원에서, 수용자의 경우 격리된 구금시설에서 강제적인 공동생활을 하게 되므로 헌법이 보장하는 일반적 행동자유권 등 기본권이 어느 정도 제한되는 것은 불가피하다고 보았으며, 교도소의 질서유지를 위하여 수용자들의 일과시간은 일괄적으로 정해질 수밖에 없다고 보았다(헌재 2016. 6. 30. 선고 2015헌마36 결정).

또한 형집행법 시행규칙 제41조 제1항 본문중 "수형자는 지정된 채널을 통하여 텔레비전을 시청하여야 한다" 부분에 대한 위헌성 여부를 다툰 헌재 2019. 4. 11. 선고 2017헌마736 전원재판부 결정에서 지상파 방송의 일부 프로그램의 경우 범법자들의 행위를 영웅시하고 미화하여 수용자들을 현혹시키거나, 폭력적이거나 선정적 장면, 범죄행위를 범하는 장면 등 수형자의 교정교화에 부적당한 내용이 포함될 수 있다며, 채널지정조항이 교정시설의 안전과 질서유지를 위하여 지정된 채널을 통하여만 텔레비전 시청을 하도록 하는 것에 합헌 결정을 내린 것을 근거로 하여 라디오 방송의 송출내용 또한 교정시설의 장이 일괄적으로 지정할 필요가 있다고 보았다.

희망자에 한하여 청취하도록 하려면 수용거실별로 희망 여부를 조사하여 희망하는 수용거실에만 송출하거나, 라디오가 송출되는 시간 동안 청취희망자와 비희망자를 분리하여 수용하여야 하는데, 이 경우 교도업무가 가중될 뿐만 아니라, 중앙 방송설비를 이용하여 송출하는 경우 수용거실별로 송출 여부를 전부 달리하기가 까다로울 수 있고, 같은 수용거실 내 수용자들 간 의견충돌로 분쟁이 발생할 우려가 있는 등 교정질서 유지의 목적을 동일한 정도로 달성하기 어렵다고 보았다.

[후속논의]

라디오 청취와 텔레비전 시청에 대한 규정은 1995년 개정된 구 행형법(1995. 1. 5. 개정 법률 제4936호)에서 처음으로 신설되었다. 그 내용은 "소장은 수형자에게 대통령령이 정하는 바에 의하여 라디오 청취와 텔레비전 시청을 하게 할 수 있다"고 규정하여(제33조의2) 임의적이고 시혜적으로 규정되었다. 이에 비해 현행 형집행법은 제48조에 수용자를 주체로 설정하여 "수용자는 정서안정 및 교양습득을 위하여 라디오 청취와 텔레비전 시청을 할 수 있다"고 규정하여 수용자의 권리로서 규정한 것으로 보인다. 라디오 청취와 텔레비전 시청은 밀폐된 공간에서 알 권리, 정보접근권, 문화향유권 등의 실현수단으로서 중요한 의미를 갖는다는 점에서 구법에 비하여 현행법의 규정은 타당하다.

한편 형집행법은 방송설비 · 방송프로그램 · 방송시간 등에 관하여 필요한 사항은 법무부령에 위임하고 있다(법 제48조 제3항). 이에 방송편성시간은 소장이 수용자의 건강과 일과시간 등을 고려하여 1일 6시간 이내에서 정하되, 토요일 · 공휴일, 작업 · 교육실태 및 수용자의 특성을 고려하여 방송편성시간을 조정할 수 있으며(규칙 제39조), 수용자는 소장이 지정한 장소에서 지정된 채널을 통하여 텔레비전을 시청하거나 라디오를 청취하여야 한다(규칙 제41조)고 규정하고 있다.

이상과 같이 라디오청취에 대해 현행 형집행법은 수용자의 권리로 규정하고 있으나, 시행령 및 시행규칙에서 방송의 내용 및 편성시간에 대한 부분 등은 소장이 규율하는 것으로 규정되어 있다. 따라서 현재의 교화방송은 권리로 규정되어 있음에도 특히 라디오에 대하여 방송의 선택권 등이 전혀 보장되지 않고 있는 등, 현실적인 운영형태는 권리의 성격이 전혀 반영되고 있지 않은 문제가 있다.

해외 교정시설의 경우, 개인에게 청취 가능한 라디오수신기를 제공하는 경우도 있으며, 텔레비전의 경우는 교도소의 성격에 따라 자유롭게 시청할 수 있게 구별하는 등, 일률적으로 규율하여 통제하는 방향으로 접근하지는 않고 있다. 최근 라디오 수신기는 개별적으로 지급하여도 재정적으로 큰 부담이 되지 않을 정도로 낮은 가격으로 유통되므로 전체 수용자에게 공통적으로 송출되는 교화방송뿐 아니라, 개인적인 라디오의 청취가 가능하도록 검토할 필요도 있는 것으로 보인다.

또한 헌법재판소는 교도소 라디오송출행위에 대해 수용자의 정서안정 및 교양습득은 물론 교정 · 교화에 도움이 될 수 있다고 판시하고 있으나 교화방송의 필요성과 그 효과에 대한 연구 · 평가되고 있는 것으로 보이지 않는다.

현재 교도소에서 송출되는 라디오 방송은 법무부에서 운영하는 보라미 방송 하나이다. 한국정책방송원이 운영하는 KTV에서는 보라미 방송에 대해 '청취율 100% 라디오 방송'이라고 소개하고 있다. 이렇듯 수용자들에게는 방송 청취에서 선택의 다양성이 전혀 보장되지 않고 있고 그 방송 제작 또한 법무부의 교화방송센터에서 일률적으로 이뤄지고 있다.

수용자 교화방송 지침(법무부예규 제574호, 2003. 1. 25. 제정) 제8조에서 소장이 설문서 등을 통하여 방송의 교화효과를 측정해야 한다고 규정되어 있으나 이에 대해 구체적인 정보를 찾기는 어려운 상황이다.

이상과 같이 라디오 교화방송의 강제적 청취는 현행 법규정의 권리적 성격에 대치되고 있다. 헌법재판소는 형집행법이 방송시청 및 청취에 대해 권리로 규정되어 있는 점을 크게 고려하지 않은 채 수용자에 대한 일률적 관리가 필요하다는 이유로 신청을 기각하였다.

그러나 특히 라디오의 경우 개별적인 수신이 현실적으로 불가능하지 않으므로 향후 방송 송출 방식과 내용 등에서 수용자의 권리적 성격을 높이기 위한 하위 법령 등의 개정이 필요할 것으로 보인다.

[참고문헌]
● 강소혜·김연각·문선경·임효준·홍지의, 교도소 수용자에 대한 텔레비전 시청 제한의 현황과 개선방안, 공익과 인권 14권, 서울대학교 공익인권법센터, 2014.
● 천정환, 교정시설 교화방송의 개선방안, 교정복지연구 제61호, 한국교정복지학회, 2019.
● 이호중 외, 교정시설 수용자의 인권 및 처우 개선방안에 대한 연구 -「형의 집행 및 수용자의 처우에 관한 법률」 중심으로, 국가인권위원회, 2022.

[최석군(민주사회를 위한 변호사모임
공익인권변론센터)]

[07] '청소년유해간행물' 지정 잡지 교부 불허 처분의 위법 여부

대상	영치품사용불허처분등취소 (원고일부승)
	[1심] 대구지법 2018. 1. 16. 선고 2017구합1546 판결 (원고일부승)
	[2심] 대구고법 2018. 5. 18. 선고 2018누2293 판결 (항소기각)

[사실관계]

[1] 원고는 성폭력범죄의처벌등에관한특례법(강간등상해) 위반으로 징역 13년의 형이 확정된 사람이고 2011. 7. 13.부터 ○○교도소에 수용 중인 수형자이다. 원고(성인)는 2017. 4. 18. 피고(○○교도소장)에게 외부에서 택배로 원고에게 배송되어 온 잡지인 '누드스토리(NUDE STORY, ◎◎ 발간)' 2017년 5월호(이하 '이 사건 잡지'라 한다)와 '맥심'의 교부신청을 하였다. 이 사건 잡지에는 여성의 나체 사진(단, 음모 노출은 없음)과 남녀 간의 성교행위를 묘사한 내용의 글이 다수 게재되어 있다.

[2] 피고는 2017. 4. 18. 원고에게 그중 맥심 잡지만 교부하고, 이 사건 잡지에 대하여는 "수용자 교정교화에 적합하지 않은 음란한 내용이 다수 포함되어 있다"는 이유로 형집행법 제26조 제1항, 제27조 제1항, 제92조, 같은 법 시행규칙 제22조 제3항에 따라 원고의 교부신청을 불허하였다(이하 '이 사건 처분'이라 한다). 이 잡지는 출판문화산업진흥법에 따른 유해간행물은 아니나 청소년유해간행물로 지정되었다.

[3] 원고는 대구지법에 이 사건 처분의 취소를 구하는 소를 제기하였고, 대구지법은 이 사건 처분을 취소하는 내용의 판결을 선고하였다. 피고는 선정성과 음란성이 심한 잡지의 경우 '수형자의 교화 또는 건전한 사회복귀를 해칠 우려가 있는 때' 또는 '시설의 안전 또는 질서를 해칠 우려가 있는 때'에 해당하므로 교도소장은 형집행법 제27조 등에 따라 이를 규제할 수 있다는 사유로 항소하였다. 대구고법은 피고의 항소를 기각하였으며, 피고의 상고 제기 없이 확정되었다.

[판결요지]

[1] 수형자의 기본권 제한에 대한 구체적인 한계는 헌법 제37조 제2항에 따라 법률에 의하여 설정하게 되는데, 수용 시설 내의 안전과 질서를 유지하기 위하여 이들 기본권의 일부 제한이 불가피하다 하더라도 그 본질적인 내용을 침해하거나, 목적의 정당성, 방법의 적정성, 피해의 최소성 및 법익의 균형성 등을 의미하는 과잉금지의 원칙에 위배되어서는 안 된다.

형집행법 제27조 제1항은, 교도소장은 수용자 외의 사람이 수용자에게 금품을 교부하려고 신청하는 경우, 수형자의 교화 또는 건전한 사회복귀를 해할 우려가 있는 때(제1호), 시설의 안전 또는 질서를 해칠 우려가 있는 때(제2호)에는 금품교부를 불허가할 수 있고, 그 외에는 이를 허가하여야 한다고 규정하고 있다. 그 시행에 필요한 사항을 규정한 형집행법 시행규칙 제22조 제3항은, 교도소장은 수용자 외의 사람이 수용자에게 음식물 외의 물품을 교부하려고 신청하는 경우, '음란하거나 현란한 그림·무늬가 포함된 물품'(제2호), '그 밖에 수형자의 교화 또는 건전한 사회복귀를 해칠 우려가 있거나 교정시설의 안전 또는 질서를 해칠 우려가 있는 물품'(제6호) 등에 해당하지 아니하면 법무부장관이 정하는 교정시설의 보관범위 및 수용자의 소지범위에서 이를 허가한다고 규정하고 있다.

위와 같은 관계 법령의 취지 및 내용에 비추어 보면, 형집행법상 수용자의 금품교부 신청에 대하여 허가 여부를 결정하는 것은 교도소장의 재량행위라고 할 것이지만, 그 불허가 결정에는 기본권 제한의 한계를 준수하여야 한다.

[2] 형집행법 제47조는 수용자가 자신의 비용으로 신문·잡지 또는 도서의 구독을 신청할 수 있고(제1항), 소장은 수용자가 구독을 신청한 신문·잡지 또는 도서가 출판문화산업진흥법에 따른 유해간행물인 경우를 제외하고는 구독을 허가하여야 하며(제2항), 구독을 신청할 수 있는 신문·잡지 또는 도서의 범위 및 수량은 법무부령으로 정한다(제3항)고 규정하고 있다. 그 위임에 따른 형집행법 시행규칙 제35조는, 수용자가 구독을 신청할 수 있는 신문·잡지 또는 도서는 교정시설의 보관범위 및 수용자의 소지범위를 벗어나지 아니하는 범위에서 신문은 월 3종 이내로, 도서(잡지를 포함한다)는 월 10권 이내로 한다고 규정하고 있다.

위와 같이 형집행법은 수용자가 구독을 신청할 수 있는 잡지 등의 범위와 수량을 법무부령에 위임하였을 뿐, 구독을 신청할 수 있는 잡지의 내용이나 종류 등을 법무부령에 위임한 바는 없으므로, 하위 법령이나 지침 등으로 수용자가 구독 신청할 수 있는 잡지(유해간행물 제외)의 내용이나 종류를 제한하는 것은 상위 법령의 위임 범위를 벗어나는 것으로서 무효이다.

[3] 교도소장은 수용자의 금품(돈과 물품을 아울러 이르는 말로서, 이 사건 잡지는 물품에 해당한다) 교부신청에 대하여 형집행법 제26조, 제27조, 제92조 등에 따라 이를 불허할 수 있으므로, 같은 종류의 신문·잡지 또는 도서의 교부신청에 대하여도 위 조항들에 따라 이를 불허하는 경우와 형집행법 제47조의 구독신청에 따라 이를 허가하는 경우가 달라질 수는 있다. 그러나 위와 같이 교도소장의 허부결정이 달라질 수 있는 경우는 "교부신청된 신문·잡지 또는 도서가 마약류 등 소지금지물품의 반입을 위한 도구로 이용될 가능성이 있는"

등 물품의 형상이나 반입경로 등을 이유로 형집행법 제26조, 제27조, 제92조 등에 따라 이를 불허할 경우로 한정될 뿐, 형집행법 제47조와의 균형상 그 내용의 음란성을 이유로 하는 경우까지 그 허부결정이 달라질 수는 없다.

[4] 형집행법 제47조가 신문·잡지 또는 도서의 구독신청에 대하여 다른 물품보다 허가범위를 넓히고 있는 것은, 신문·잡지 또는 도서에 대한 접근 권리가 헌법 제21조 제1항에서 규정하고 있는 언론·출판의 자유 등에 의하여 보장되는 알 권리에 해당하고, 그러한 자유는 단순한 소극적 방어권에 그치는 것이 아니라 민주주의를 실현하는 객관적 가치질서로서의 성격을 아울러 가지는 것으로서 최대한 보장되어야 하는 권리에 해당하기 때문이다. 이러한 취지는 형집행법 제26조, 제27조, 제92조 등 다른 규정의 해석에도 참작되어야 한다.

[5] 따라서 교도소장은 출판문화산업 진흥법에 따른 유해간행물에 해당하지 않는 잡지에 대하여는 함부로 형집행법 시행규칙 제22조 등에 따른 내용의 음란성을 이유로 수용자의 잡지 구독신청을 불허할 수 없다고 할 것이다.

[해설]

법원은 선정적인 또는 음란한 내용이 포함된 이 사건 잡지(청소년유해간행물)의 교부 불허 처분에 대하여 기본권 제한의 한계를 준수하였는지, 직접 관련성 있는 법률이 적용되었

는지를 고려하여 이 사건 처분의 위법성을 판단한 것으로 보인다.

I. 기본권 제한의 한계

형집행법 제47조 제1항은 "수용자는 자신의 비용으로 신문·잡지 또는 도서(이하 "신문 등"이라 한다)의 구독을 신청할 수 있다"고 규정하여 일반적인 허용을 인정하고 있고, 같은 조 제2항은 "소장은 제1항에 따라 구독을 신청한 신문 등이 출판문화산업진흥법에 따른 유해간행물인 경우를 제외하고는 구독을 허가하여야 한다"고 규정함으로써 신청에 따른 교부(유해간행물 제외)를 기속행위로 규정하고 있다. 따라서 선정적인 또는 음란한 간행물이라 하더라도 출판문화산업진흥법에 따른 유해간행물 결정을 받지 않았다면, 교부 허가를 하여야 함은 형집행법 제47조의 구조상 비교적 명확해 보인다.

다만, 형집행법 시행규칙 제22조 제3항 제3호는 소장에게 "음란하거나 현란한 그림·무늬가 포함된 물품"의 교부·소지를 금지할 수 있다는 재량을 부여하고 있어 문제가 될 수 있으나, 법원은 위 시행규칙이 제한하는 음란하거나 현란한 그림·무늬가 포함된 간행물의 교부를 제한하는 것은 법률에 규정되지 않은 제한이라고 판단하였다. 법원은 명시적인 법률 규정 없이 형집행법 시행규칙 제22조 제3항 제3호에 따라 선정적인 또는 음란한 간행물을 교부를 제한하는 것은 법률 유보의 원칙

에 위배되고 위임입법의 한계를 일탈하였다고 판단한 것으로 보인다.

Ⅱ. 직접 관련성 있는 법률의 적용

행정청은 형집행법 제26조, 제27조, 제92조와 같은 수용자의 보관·소지 금지 규정을 근거로 선정적인 또는 음란한 내용을 담은 간행물은 '수형자의 교화 또는 건전한 사회복귀를 우려를 해할 우려가 있는 물품'에 해당하여 교부를 불허할 수 있다고 주장하였으나, 법원은 형집행법 제47조와의 균형상 위 형집행법 제26조, 제27조, 제92조에 의한 교부 불허는 간행물이 소지금지물품의 반입을 위한 도구로 이용될 가능성이 있는 등 물품의 형상이나 반입경로 등을 이유로 한 것으로 한정하여 해석하였다. 간행물에 관하여 명시적·직접적으로 규율하고 있는 규정은 형집행법 제47조이므로, 법원은 위 형집행법 제47조를 일반법적 성격을 가진 형집행법 제26조, 제27조, 제92조의 소지 제한 규정의 특별법적 성격을 가진 조항으로 판단한 것으로 보인다. 법원은 위와 같은 판단 및 수용자의 간행물 구독이 언론·출판의 자유 등에 의하여 보장되는 알 권리에 해당함을 종합하여, 형집행법 제26조, 제27조, 제92조의 규정을 근거로 우회적으로 형집행법 제47조의 취지를 잠탈하는 것을 인정하지 않았다.

[후속논의]

헌법재판소는 2009. 5. 28. 선고 2006헌바109등 전원재판부 사건에서 음란표현은 헌법 제21조가 규정하는 언론·출판의 자유의 보호영역 내에 있다고 볼 것인바, 종전에 이와 견해를 달리하여 음란표현은 헌법 제21조가 규정하는 언론·출판의 자유의 보호영역에 해당하지 아니한다는 취지로 판시한 우리 재판소의 의견(헌재 1998. 4. 30. 선고 95헌가16 전원재판부 결정)을 변경한다고 결정하였다.

따라서 수용자의 신분이라 하더라도 선정적인 또는 음란한 내용을 담은 간행물에 대한 접근이 원칙적으로 보장되어야 하고, 이를 제한하더라도 반드시 법률에 의하여야 할 것이며, 기본권 제한의 한계가 반드시 준수되어야 할 것이다.

출판문화산업진흥법 제2조 제8호는 유해간행물을 "국가의 안전이나 공공질서 또는 인간의 존엄성을 뚜렷이 해치는 등 반국가적·반사회적·반윤리적인 내용의 유해한 간행물"이라 정의하고 있고, "음란한 내용을 노골적으로 묘사하여 사회의 건전한 성도덕을 뚜렷이 해치는 것"의 경우 출판문화산업진흥법 제19조 제1항 제2호에 따라 유해간행물로 결정하여야 한다.

반면, 출판문화산업진흥법 제19조 제2항은 위 같은 조 제1항의 유해간행물 결정과 별도로 간행물이 청소년보호법 제9조 제1항 각호에 해당하면 청소년유해간행물로 결정하여야 한다고 규정하고 있고, "청소년에게 성적인 욕구를 자극하는 선정적인 것이거나 음란한 것"은 청소년보호법 제9조 제1항 제1호에 따라 청소년유해간행물로 지정되어야 한다. 선정적인 또는 음란한 간행물이 음란한 내용을 '노골적'으로 묘사하여 사회의 건전한 성도덕을 '뚜렷이' 해치는 정도에 이르지 않는다 하더라도 청소년의 성적인 욕구를 자극하는 정도의 선정성·음란성을 내용으로 할 수 있으며, 소위 성인물 출판물(청소년유해간행물)의 경우 수용자(성인)의 접근을 제한하여야 할 것인지에 관하여는 논란이 있다.

간행물이 출판문화산업진흥법에 따른 유해간행물로 지정되어 있지는 않으나 청소년유해간행물로 지정되어 있는 경우, 청소년유해간행물 수준의 선정성·음란성만으로도 수형자의 교화 또는 건전한 사회복귀에 지장을 줄 수 있을지 여부를 쉽사리 단정하기는 어렵다. 그럼에도 불구하고 교정 정책적 필요성이 인정된다면, 결국 이는 형집행법의 개정으로 해결하여야 할 것이지 시행규칙 적용이나 일반규정의 해석으로 해결할 사안은 아니라고 할 것이다.

[참고문헌]
• 홍강훈, 「기본권 제한 입법의 이원적 통제이론」에 따른 헌법 제21조 언론·출판의 자유에 대한 허가 및 검열금지의 법적 의미, 한국공법학회 제48집 제4호, 2020.

[최용기 변호사(K&B 법률사무소)]

제7장

작업과 직업훈련

대상	보호감호행정부작위 위헌확인 (각하) 헌재 2005. 9. 29. 선고 2003헌마343 전원재판부 결정 (각하)
참조1	사회보호법 폐지법률 부칙 제2조 위헌확인 (각하) 헌재 2012. 9. 25. 선고 2012헌마756 결정 (각하)
참조2	노역행위 부작위 위헌확인 (각하) 헌재 2013. 6. 4. 선고 2013헌마295 결정 (각하)

[사실관계]

청구인은 징역2년과 보호감호를 선고받고 청송교도소에서 형을 종료한 후 청송제2보호감호소에 수용되어 있던 중, 청송제2보호감호소장과 면담을 하면서 교정시설 주변 휴경지 경작 작업을 비롯하여 감호소 밖으로 나가서 하는 근로작업을 실시해줄 것을 요청하였으나 받아들여지지 않았다.

이에 대해 청구인은 다음과 같은 이유로 헌법소원심판을 청구하였다.

[1] 보호감호처분은 피보호감호자들을 교육 개선하여 사회에 복귀하도록 하는 데 그 목적이 있고 사회보호법에 근거하여 제정된 '피보호감호자분류처우규칙(2001. 7. 20. 법무부훈령 제447호)'과 '피보호감호자외부출장근로규정(1990. 5. 21. 예규작업 제353호)'은 사회복지 프로그램의 하나로 피보호감호자에 대한 외부출장 근로를 규정하고 있음에도 불구하고 행정 편의적 이유만으로 사회보호법이 제정된 이래 현재까지 피보호감호자 외부출장근로를 시행하지 않은 채 형식적 감호만을 실시하는 것은 청구인의 인간으로서의 존엄과 가치 및 행복추구권 등 기본권을 침해하는 것이고 동시에 이중처벌로서 위헌이다.

[2] 사회보호법 제42조에 의해 보호감호처분에 준용되는 행형법 제35조 제2항 및 제3항은 수형자에게 "사회복귀와 기술습득을 위하여 필요하다고 인정되는 경우 외부기업체 등에 통근작업하게 할 수 있으며 통근작업에 관하여 필요한 사항은 법무부장관이 정하도록"하고 있다(행형법 제35조 제2항, 제3항). 이를 근거로 제정된 '외부통근작업운영규칙(2002. 5. 6. 예규작업 제602호로 개정된 것)'에 의하면, 수형자는 사회복귀와 기술습득을 촉진하기 위하여 외부기업체나 기업체 입주 구외공장 등에 교도소 또는 기업체의 차량을 이용하여 통근하며 작업하도록 하고 있고(제15조), 직업훈련에 유용하고 산업기술을 습득할 수 있는 우

량기업체를 수형자들이 작업하게 될 기업체로 선정하도록 되어 있다(제26조 제1항). 위와 같은 법령에 따른다면 행형법 제35조의 수형자에 대한 외부통근규정은 사회보호법의 목적에도 부합하는 것으로 피보호감호자에게도 적용하는 것이 타당함에도 불구하고 보호감호소장이 사회보호법 시행이후 단 한 번의 외부통근근로를 시행하지 않은 부작위는 헌법에 위반된다.

[결정요지]

사회보호법상 보호감호처분은 장래 행위자의 재범에 대한 위험성을 형벌만으로 제거하기 어려운 경우 사회방위와 행위자의 사회복귀라는 목적을 달성하기 위해 마련된 제도로서 비록 형벌과 같이 신체의 자유를 박탈하는 수용처분이라는 점에서는 집행상 뚜렷한 구분이 존재한다고 할 수는 없으나 그 본질, 추구하는 목적과 기능면에서 볼 때 형벌과는 다른 별개의 제도라 할 수 있다. 특히 사회보호법 제7조 제1항은 "보호감호의 선고를 받은 자(이하 "피보호감호자"라 한다)에 대하여는 보호감호시설에 수용하여 감호·교화하고, 사회복귀에 필요한 직업훈련과 근로를 과할 수 있다. 다만, 근로는 피보호감호자의 동의가 있는 때에 한한다"고 규정하고 있으며, 동법 시행령 제3조 제1항 역시 "피보호감호자에 대하여는 법 제7조 제1항의 규정에 의한 보호감호시설(이하 "보호감호소"라 한다)에 수용하여 교화 및 사회복귀에 필요한 심신단련과 기술교

육 및 직업훈련을 과한다"고 규정하고 있다. 이는 보호감호처분의 내용과 방법이 피보호감호자들을 감호시설에 단순히 수용·감호함으로써 사회로부터 격리시키는 것에만 그쳐서는 안 되고, 직업훈련과 교육 등을 통해 이들의 사회복귀를 촉진하여야 한다는 것을 의미한다 할 것이다.

그러나 이와 같은 사회보호법 및 같은 법 시행령 규정은 피보호감호자들에게 직업훈련 및 교육의 시행근거만을 제시할 뿐이며 이와 관련하여 어떤 종류의 훈련 및 교육을 어떠한 절차와 방법에 따라 시행하여야 하는지 그 구체적 집행내용 및 방법에 관해서는 훈령, 예규 등 행정규칙을 통해 규정하고 있다.

외부출장근로에 대해서도 위 법령에서 그 시행여부와 방법을 규정하지는 않았다. 다만 법무부 훈령으로 제정된 '피보호감호자분류처우규칙(2001. 7. 30. 법무부훈령 제447호)'제72조, 그리고 이를 근거로 제정된 '피보호감호자외부출장근로규정(1990. 5. 21. 예규작업 제353호)'에 관계규정이 있으나 위와 같은 외부출장근로에 대한 법률규정이 없으므로 이러한 행정규칙이 법률의 집행의무를 구체화하기 위한 것이라고 할 수는 없다.

행형법 제35조 제1항은 "작업은 수형자의 연령, 형기, 건강, 기술, 성격, 취미, 직업과 장래의 생계 기타 사정을 참작하여 과한다"고 하면서 제2항에서 "수형자의 사회복귀와 기술습득을 촉진하기 위하여 필요하다고 인정되는 경우에는 외부기업체등에 통근작업하게

할 수 있다"고 규정하여 수형자의 외부기업체 통근작업을 명시하고 있다. 같은 규정 역시 수형자의 모든 사정을 참작하여 그 필요성이 인정되는 경우 외부통근작업을 시행할 수 있도록 하는 근거규정이지 수형자에게 반드시 외부통근작업을 시행하도록 의무를 지우는 필요적 의무규정이라고 보기는 어려우므로 같은 규정을 준용하여야 하는지 여부를 떠나 위 행형법 규정이 청구인이 주장하는 작위의무의 근거가 될 수 없다.

[해설]

헌법소원은 공권력의 불행사를 대상으로 할 수 있으나, 행정권력의 부작위에 대한 헌법소원은 공권력의 주체에게 헌법에서 유래하는 작위의무, 즉 헌법의 명문규정으로부터 혹은 헌법해석상 도출되는 작위의무가 특별히 인정되어 기본권의 주체가 행정행위를 청구할 수 있음에도 공권력의 주체가 그 의무를 해태하는 경우에 허용된다(헌재 1991. 9. 16. 선고 89헌마163 전원재판부 결정; 헌재 2013. 2. 5. 선고 2013헌마6 결정 등).

대상결정은 구 사회보호법의 규정이 보호감호처분의 내용과 방법이 피보호감호자들을 감호시설에 단순히 수용·감호함으로써 사회로부터 격리시키는 것에만 그쳐서는 안 되고, 직업훈련과 교육 등을 통해 이들의 사회복귀를 촉진하여야 한다는 것을 의미한다고 하면서도, 행형법 등 관련 법령의 해석상 소장에게 피보호감호자에 대한 외부출장 근로를 하

도록 할 작위의무가 있다고 볼 수 없다고 판단하였다.

이후에도 헌법재판소는 수형자(또는 피보호감호자)에 대한 직업훈련은 수형자의 교정교화와 건전한 사회복귀 등의 목적에 따라 구체적인 사항을 참작하여 교정시설의 장(소장)이 재량으로 결정할 사항이며, 현행 헌법이나 형집행법, 같은 법 시행령 등 어디에도 수형자에게 직업훈련 교육 등을 신청할 권리를 부여하고 있지는 않다고 밝혔다(헌재 2012. 9. 25. 선고 2012헌마756 결정; 헌재 2013. 2. 5. 선고 2013헌마6 결정 등).

참고로 현행 형집행법 제68조 제1항은 "소장은 수형자의 건전한 사회복귀와 기술습득을 촉진하기 위하여 필요하면 외부기업체 등에 통근 작업하게 하거나 교정시설의 안에 설치된 외부기업체의 작업장에서 작업하게 할 수 있다"고 규정하고, 형집행법 시행규칙 제120조는 외부기업체에 통근하며 작업하는 수형자의 선정요건을 명시하면서(제1항), 소장이 작업 부과 또는 교화를 위하여 특히 필요하다고 인정하는 경우에는 선정기준을 갖추지 못한 수형자에 대하여도 외부통근자로 선정할 수 있도록 재량권을 부여하고 있다(제3항). 또한, 형집행법 제69조 제1항은 "소장은 수형자의 건전한 사회복귀를 위하여 기술 습득 및 향상을 위한 직업능력개발훈련(이하 "직업훈련"이라 한다)을 실시할 수 있다"고 규정하여 직업훈련의 실시 근거를 마련하면서, 대상자 선정의 구체적인 기준 등은 형집행법 시행규

칙 제124조부터 제128조에서 정하고 있다.

[후속논의]

헌재 2013. 6. 4. 선고 2013헌마295 결정 사안에서는 노역장에서 작업을 수행하지 못한 것이 헌법상 근로의 자유를 침해한 것인지 여부가 문제되었는데, 헌법재판소는 교도소장이나 구치소장이 노역장유치자인 청구인에게 작업을 부과하지 않아 청구인이 노역장에서 작업을 수행하지 못하였다고 하더라도, 그로 인하여 청구인이 주장하는 바와 같은 사회적 기본권으로서 국가에 대하여 직접 일자리를 청구할 수 있는 권리가 아니라 고용증진을 위한 사회적·경제적 정책을 요구할 수 있는 권리에 그치는 근로의 권리가 침해되는 것은 아니며, 달리 청구인의 기본권이 현실적으로 침해되었다거나 법적 지위의 변동이 초래되었다는 등의 사정을 찾아볼 수 없다는 이유로 청구를 각하하였다.

[참고문헌]
● 박영규, 교도작업의 개선방안, 법학연구 제24권 제1호, 연세대학교 법학연구원, 2014.

[박승진 변호사(법무법인 지평)]

[02] 벌금미납자 노역장유치의 위헌 여부

대상	형법 제69조 제2항 등 위헌소원 (합헌)
	헌재 2011. 9. 29. 선고 2010헌바188등 전원재판부 결정 (합헌)

[사실관계]

2010헌바188

청구인은 2008. 5. 6. 업무상횡령죄로 벌금 200만 원 및 위 벌금을 납입하지 아니하는 경우 5만 원을 1일로 환산한 기간 노역장에 유치한다는 약식명령을 고지받아 같은 해 7. 24. 위 약식명령이 확정되었다. 그 후 청구인은 위 벌금을 납입하지 아니하고 있다가 2008. 12. 27. 공문서위조죄 등으로 구속되자 검사는 같은 달 29. 청구인에 대하여 노역장유치 집행지휘를 하였고, 청구인은 위 공문서위조죄 등으로 인한 징역형의 집행을 마친 후 2010. 3. 22. 노역장에 유치되었다. 이에 청구인은 2010. 4. 6. 검사의 노역장유치 집행처분에 대하여 이의를 신청하면서(서울중앙지법 2010초기1423) 노역장유치에 관한 형법 제69조 제2항, 제70조에 대하여 위헌법률심판제청신청을 하였으나 같은 달 13. 기각되자, 같은 달 21. 이 사건 헌법소원심판을 청구하였다.

2011헌바91

청구인은 2010. 7. 30. 사기죄로 벌금 100만 원 및 위 벌금을 납입하지 아니하는 경우 5만 원을 1일로 환산한 기간 노역장에 유치한다는 약식명령을 고지받자 법원에 정식재판을 청구하여 그 소송 계속 중이던 2011. 1. 25. 노역장유치에 관한 형법 제69조 제2항, 제70조에 대하여 위헌법률심판제청신청을 하였으나 같은 해 4. 7. 기각되자, 2011. 5. 4. 이 사건 헌법소원심판을 청구하였다.

2011헌바151

청구인은 2010. 2. 11. 절도죄 등으로 벌금 600만 원 및 위 벌금을 납입하지 아니하는 경우 5만 원을 1일로 환산한 기간 노역장에 유치한다는 내용의 판결을 선고받아 2010. 7. 24. 그 판결이 확정되었다. 그 후 검사는 2010. 12. 24. 청구인이 벌금을 납입하지 않는다는 이유로 노역장유치 집행지휘를 하였다. 청구인은 2011. 1. 19. 검사의 노역장유치 집행처분에 대하여 이의를 신청하면서(서울중앙지법 2011초기228), 노역장유치에 관한 형법 제69조 제2항, 제70조에 대하여 위헌법률심판제청신청을 하였으나 같은 해 7. 4. 기각되자, 같은 달 19. 이 사건 헌법소원심판을 청구하였다.

[결정요지]

[1] 이 사건 법률조항들은 벌금의 철저한 징수를 통하여 벌금형의 형벌효과를 유지, 확보하기 위한 것으로서 입법목적의 정당성이 인정되며, 벌금을 납입하지 아니할 경우 자유박탈을 내용으로 하는 노역장유치는 벌금납입을 대체 혹은 강제할 수 있는 유효한 수단이라는 점에서 수단의 적합성도 갖추었다. 또한 사회봉사특례법의 일정한 요건을 충족할 때에는 노역장유치를 사회봉사명령으로 대신하여 집행할 수 있고, 집행사무규칙에 의하여 벌금의 분납·연기신청이 가능하며, 노역장유치기간이 제한되어 있는 점 등을 감안하면 피해의 최소성 원칙에 반한다고 볼 수 없다. 마지막으로 노역장유치를 통하여 벌금형의 집행율을 제고하고 형벌의 목적을 달성하려는 공익은 노역장유치자가 입게 되는 불이익에 비하여 현저히 작다고 할 수 없으므로 법익균형성에 위배된다고도 할 수 없어 이 사건 법률조항들은 과잉금지원칙에 위배되지 아니한다.

[2] 노역장유치는 경제적 능력의 유무와는 상관없이 모든 벌금미납자에게 적용되므로 이 사건 법률조항들이 경제적 능력이 없는 자를 경제적 능력이 있는 자와 차별하기 위한 것이라고 보기는 어렵고, 1일 환산금액은 법원이 벌금 총액 및 피고인의 경제적 능력 등을 고려하여 결정하는 것이므로 이 사건 법률

조항들에 의하여 1일 환산금액에 따른 차별이 발생하는 것이 아니며, 노역장유치처분을 받은 벌금미납자가 실형이 선고된 수형자와 동일하게 신체구금을 당하게 된다고 하더라도, 앞에서 본 바와 같은 합리적 이유가 있으므로, 이 사건 법률조항들은 평등원칙에도 위배되지 않는다.

[해설]

I. 들어가는 말

헌법재판소는 2011. 9. 29. 노역장유치 위헌소원 사건들에 대해 벌금형의 형벌효과를 유지, 확보하기 위한 노역장유치가 과잉금지원칙 및 평등원칙에 위반하지 않는다고 결정하였다. 현행법은 "벌금을 납입하지 아니한 자는 노역장에 유치하여 작업에 복무하게 한다. 유치기간은 1일 이상 3년 이하의 기간으로 하며, 벌금을 선고할 때에는 납입하지 아니하는 경우의 유치기간을 정하여 형의 선고와 동시에 판결로써 선고하여야 한다. 노역장유치자는 징역형이 선고된 수형자와 함께 교도소에 수감되어 정역에 복무하게 한다"(형법 제67조, 형집행법 제2조 제1호, 같은 법률 시행령 제9조)라고 규정하고 있다. 그런데 벌금미납자가 노역장에 유치되는 경우 징역형의 수형자가 수감되어 있는 교도소에 구금되기 때문에 벌금형이 단기자유형의 집행으로 인한 폐해를 방지하기 위한 형벌이면서 비교적 경한 범죄에 대해 활용된다는 점에서 노역장유치의 적정성

에 대한 검토가 필요하다.

II. 벌금형의 의의

벌금형은 자유가 박탈되는 자유형의 폐해를 방지하면서 현대 사회에서 자유형에 상응하는 형벌효과를 가져올 수 있다는 점에서 비교적 경한 범죄에 부과되는 단기자유형의 대체방안으로 활용되고 있다. 벌금형은 배상금 혹은 속죄금의 성격을 가지다가, 중세 후기에 들어서 국가형벌권이 확립되면서 피해자에 대한 민사상 손해배상과는 구별되는 오늘날 의미의 벌금형 제도가 확립되었다. 최근에는 벌금형이 자유형과 병과되거나 선택형으로 부과되면서 그 활용범위가 점차 확대되고 있다. 벌금형이 확대되는 이유는 자유형처럼 범죄자의 자유를 구속하지 않으므로 권리침해가 자유형보다 상대적으로 덜 하며, 사회생활의 중단과 이에 의한 실직 및 가정파탄, 혼거수용에 따른 범죄오염 등의 폐해를 방지할 수 있기 때문이다.

III. 노역장유치제도의 문제점

벌금형의 집행이 제대로 이루어지지 않을 경우 형벌의 목적을 달성할 수 없고 국가형벌권과 법질서에 대한 경시풍조가 발생할 수 있기 때문에 벌금형의 효율적인 집행을 위한 방안이 필요하게 되었다. 노역장유치는 범죄자가 벌금을 납입하지 않는 경우 노역장에 유치하여 작업에 복무하게 함으로써 벌금의 납입을 대체하기 위한 수단이다. 벌금미납자에 대한 환형처분으로 일정기간 노역장에 유치하기 때문에 '대체자유형'이라고도 한다. 노역장유치의 법적 성격은 벌금미납자가 노역장에 유치되는 순간 유치일수만큼 벌금액이 상쇄되므로 원칙적으로 벌금 납입의 대체수단으로서의 성격을 가지지만, 벌금미납자에게 벌금 납입에 대한 강한 심리적 압박을 가한다는 점에서 납입 강제의 성격도 함께 지닌다. 이에 노역장유치제도에 대해서는 자유형을 대체하여야 할 재산형이 벌금 납입을 강제하기 위해 자유형으로 다시 환원된다는 비판이 제기된다. 자유형은 수형자를 사회로부터 격리시키는 것을 집행의 내용으로 하기 때문에 벌금형의 목적이라고 할 수 있는 외부 사회와의 단절로 인한 경제적·사회적 문제 등을 예방하는 효과를 기대하기 어렵다. 노역장유치는 노역임금의 불균형이라는 문제도 야기한다. 과거 기업의 대표가 상당한 고액의 벌금을 납부하지 않고 환형처분을 받게 되어 책정된 하루 노역금이 수억 원이 넘는 소위 '황제노역'에 대한 문제가 제기되기도 하였다. 이에 형법 제70조에 "선고하는 벌금이 1억원 이상 5억원 미만인 경우에는 300일 이상, 5억원 이상 50억원 미만인 경우에는 500일 이상, 50억원 이상인 경우에는 1천일 이상의 노역장유치기간을 정하여야 한다"라고 규정하여 이러한 문제를 해결하고자 하였으나, 노역임금의 불균형 문제가 근본적으로 해결된 것은 아니다. 더욱이 벌금의 액수가 1억 원 미만인 경우에는 노역일수에 대한 제한이 없기 때문에 노역임금의 불균형 문제는 그대로 남아 있다.

노역임금 불균형의 문제를 해결하기 위해 독일 형법은 제43조에서 "징수할 수 없는 벌금은 자유형으로 대체된다. 1일의 자유형은 1일의 일수벌금에 상당한다. 대체자유형의 최저한도는 1일이다"라고 규정하고 있다. 여기서 독일은 일수벌금제도를 도입·시행하고 있다는 점에서 독일의 규정을 총액벌금형제도를 취하고 있는 우리나라에서 제기되고 있는 노역임금 불균형의 문제를 해결하기 위해 직접 도입하기는 어렵다. 그러나 독일은 벌금형과 벌금형을 대체하는 자유형을 부과받는 범죄자 누구에게도 형벌의 불균형이 발생하지 않도록 규정을 정비하고 있다는 점에서 우리나라에 시사하는 바가 크다고 할 것이다.

IV. 노역장유치를 대체할 수 있는 제도의 우선적 활용

위 헌법재판소 결정은 벌금형의 형벌효과를 달성하기 위해 벌금미납자에 대해 노역장유치를 집행하는 것은 합헌이라고 판단하였다. 그런데 벌금형 집행의 확보는 벌금의 분납·연납, 사회봉사로도 가능하기 때문에 벌금미납자를 바로 노역장에 유치하는 것은 적정하지 않다.

벌금의 연납과 분납은 벌금의 일시납부가 곤란한 경우에 활용되는 제도이다. 우리나라는 벌금의 연납·분납뿐 아니라 기관을 통한 납부(신용카드 납부) 등이 가능하도록 규정하고 있다(형사소송법 제477조 제6항). 이 제도의 장점은 양정된 벌금을 일시에 납부하기 어려운 경우에 합리적으로 벌금을 징수할 수 있다는 데 있다. 벌금 전액의 일시납부에 어려운 사정이 있음에도 바로 강제징수나 노역장유치를 하는 것은 벌금의 납입 자체를 어렵게 하는 것이므로 오히려 벌금형의 집행확보를 위해서는 적정하지 않다. 따라서 연납과 분납을 적극적으로 활용하는 것이 필요하다. 최근에는 형법개정으로 500만 원 이하의 벌금형에 대해서는 집행유예 선고가 가능하게 되었으므로(형법 제62조) 500만 원 이하의 벌금형에 대해서는 집행유예를 적극적으로 활용하는 것도 필요하다.

2009년 제정·시행 중인 사회봉사특례법은 경제적인 이유로 벌금을 낼 수 없는 사람의 노역장유치로 인한 구금을 최소화하고, 노역장유치에 따른 범죄 학습, 가족관계 단절 등의 문제점을 해소하거나 최소화하는 동시에 벌금 미납자에 대한 편익을 도모하며, 경제적 능력이 없는 벌금 미납자에게 노역장유치에 앞서 사회봉사로 대체하여 집행할 수 있도록 사회봉사명령제도를 규정하고 있다. 동법 시행령에 따르면 중한 범죄로 고액의 벌금형을 선고받은 사람에 대해서까지 미납벌금을 사회봉사로 대체할 수 없도록 사회봉사 신청이 가능한 벌금을 500만 원 이하로 규정함으로써 사회봉사가 악용되지 않도록 금액을 제한하고 있다. 위 헌법재판소의 결정에서 사회봉사를 신청할 수 있는 사안에 대해서까지 노역장에 유치하는 것은 사회봉사특례법의 입법취지에 위배된다고 할 것이다. 벌금형의 액수가 500만 원 이하인 경우에는 사회봉사를 적극적으로 활용해야 할 것이다.

[후속논의]

벌금형의 형벌효과를 위해 노역장유치와 같은 제도를 활용할 것이 아니라 벌금형 자체의 형벌효과를 확보하는 방안이 논의되어야 할 것이다. 벌금형 자체의 형벌효과를 위해 제안되고 있는 방안으로는 일수벌금제도의 도입을 들 수 있다. 일수벌금제는 1921년 핀란드 형법에 처음 도입되었고, 이후 독일과 오스트리아 형법에 도입·시행되고 있다. 일수벌금제도의 정책적 의미는 범행 자체에 대한 평가를 분명히 하면서 범죄자가 받는 불이익의 내용에 대해 실질적 평등을 기한다는 점에 있다. 일수는 일반적 양형규정에 따라 행위자의 불법과 책임을 표시하여 전통적인 방식으로 계산하는 한편, 일수정액은 피고인의 경제사정을 고려하여 결정함으로써 합리적이고 정당한 벌금형을 정할 수 있다는 장점이 있다. 일수벌금제에 대해서는 전체 벌금액수가 책임 정도에 따라 결정되어야 한다는 원칙의 예외를 만들게 되고, 범죄자의 경제상태를 실제로 조사한다는 것이 쉬운 일이 아니어서 자의적 계산이 가능하다는 비판이 제기되기도 한다. 우리나라 형법이 채택하고 있는 총액벌금형 제도에 대해서도 벌금액의 산정에 경제사정을 고려할 것을 강제할 수 없으므로 경제적 약자에게는 노역장유치에 의하여 자유형으로의 환원을 강제하고 경제적 강자에게는 형벌의 목적이 달성될 수 없다는 비판이 제기된다. 그러나 일수벌금제에 대한 비판에도 불구하고 행위자의 불법과 책임을 반영하고 노역장유치로 인하여 발생하는 불평등의 문제도 해결할 수 있는 일수벌금제의 도입에 대한 논의가 진행되어야 할 것이다.

노역장 유치자의 1일 평균 수용인원이 2012년 1,854명이었는데, 2021년에는 711명으로 대폭 감소하였다. 이와 같은 감소는 노역장유치로 인하여 발생하는 다양한 문제들이 반영된 결과일 것이다. 이에 노역장유치제도를 폐지하거나, 500만 원 이상의 벌금형에 대해서만 노역장유치가 가능하도록 규정을 개정하는 방안에 대한 논의도 진행되어야 할 것이다.

[참고문헌]
- 박상기·손동권·이순래, 형사정책(전정판), 한국형사정책연구원, 2021.
- 배종대·홍영기, 형사정책(제2판), 홍문사, 2022.

[원혜욱 교수(인하대학교 법학전문대학원)]

[03] 징역형 수형자에게 정역의무를 부과하는 형법 조항의 위헌 여부

대상	형의 집행 및 수용자의 처우에 관한 법률 제66조 위헌확인 (기각) 헌재 2012. 11. 29. 선고 2011헌마318 전원재판부 결정 (기각)

[사실관계]

청구인은 2010. 5. 12. 부산고법에서 성폭력 범죄의 처벌 및 피해자보호 등에 관한 법률 위반(강간등상해)죄 등으로 징역 13년을 선고받아 2011. 4. 18.부터 공주교도소에서 형법 제67조 및 형집행법 제66조에 따라 부과된 작업을 수행하여 오고 있다. 청구인은 2011. 6. 10. 형집행법 제66조가 징역형 수형자에게 일률적으로 작업의무를 부과하는 것이 청구인의 인격권과 행복추구권, 신체의 자유를 침해한다고 주장하고, 또 작업의무가 법률로 부과되지 아니한 금고형 수형자에 비하여 뚜렷하고 객관적 차이 없이 징역형 수형자를 차별하고 있으므로 청구인의 평등권을 침해한다고 주장하며 그 위헌확인을 구하는 이 사건 헌법소원심판을 청구하였다.

(심판 대상의 변경: 청구인은 심판의 대상으로 수형자의 작업의무를 규정하고 있는 형집행법 제66조를 들고 있다. 그러나 청구인은 징역형 수형자에게만 의무적으로 정역을 부과하는 것을 다투고 있는데, 형집행법 제66조는 징역형뿐만 아니라 금고·구류형을 받은 사람도 모두 포괄하는 '수형자'를 수범자로 하고 있고, 청구인의 작업의무는 징역형이라

는 형벌의 내용으로 이미 예정되어 있던 것이다. 따라서 이 사건 심판의 대상을 징역형 수형자의 작업의무에 대한 직접적인 근거가 되는 형법 제67조로 변경한다.)

[결정요지]

[1] 이 사건 법률조항은 수형자의 교정교화와 건전한 사회복귀를 도모하고, 노동의 강제를 통하여 범죄에 대한 응보 및 일반예방에 기여하기 위한 것으로서 그 목적이 정당하고, 수단의 적합성도 인정된다. 또한 관련조항에 의하면 교도소에서의 작업시간 및 그 강도 등이 과중하다고 볼 수 없고, 생산성 없이 육체적 고통만 부과하는 내용의 작업은 배제되고 기술을 습득할 수 있는 직업 훈련을 통하여 재사회화를 위한 실질적인 교육이 이루어지며, 일정 정도의 작업장려금을 지급받아 노동의 가치를 인정받을 수 있다는 점 등에 비추어 볼 때, 신체의 자유에 대한 제한을 최소화하는 방식으로 집행되고 있다. 나아가 이 사건 법률조항으로 말미암아 작업이 강제됨으로써 제한되는 수형자의 개인적 이익에 비하여 징역형 수형자 개개인에 대한 재사회화와

이를 통한 사회질서 유지 및 공공복리라는 공익이 더 크므로 법익의 균형성도 인정되므로, 이 사건 법률조항은 신체의 자유를 침해하지 아니한다.

[2] 이 사건 법률조항은 징역형의 집행방법으로 구금과 의무적인 작업을 규정하고 있을 뿐, 징역형 수형자를 금고형 수형자에 비하여 차별하려는 의도로 만들어진 것이 아니고, 결과적으로 징역형 수형자에게만 작업의무를 부과한다는 점에서 차별이 있다 하더라도 이는 책임에 따른 형벌의 개별화를 실현하려는 입법자의 의사가 반영된 것으로 그 차별에 합리적 이유도 인정되므로, 청구인의 평등권을 침해하지 아니한다.

[3] 이 사건 법률조항이 청구인의 신체의 자유나 평등권을 침해하지 아니하고, 징역형 수형자에 대한 작업의무 부과가 수형자의 교정교화와 사회복귀를 위한 것이며, 부과되는 작업의 강도가 일반사회에서의 근로자의 노동 강도보다 높지 아니하고, 일정한 사유가 있으면 작업의무가 폭넓게 면제될 수 있으므로, 청구인의 인격권이나 행복추구권을 침해하지 아니한다.

[해설]

I. 징역수형자에게 정역 의무를 부과하는 것이 신체의 자유를 침해하는지 여부

다른 기본권행사의 전제조건이자 근거로서의 신체의 자유의 중요성에 비추어, 신체의 자유에 대한 제한은 형식적 법률에 근거해야 하고 과잉금지원칙을 엄격하게 준수해야 한다. 헌법은 신체의 자유에 대한 제한의 전형적 예로서, 체포·구속·압수·수색·심문 및 처벌·보안처분·강제노역을 들고 있는데, 이러한 신체의 자유에 대한 제한은 법률과 적법절차에 의해서만 가능하다고 규정하고 있다 (제12조 제1항). 어떠한 목적을 위하여 신체의 자유를 제한할 수 있는가의 문제는 원칙적으로 입법자가 자유롭게 결정할 문제이므로 입법자는 기본권의 제한을 정당화하는 공익을 스스로 결정할 수 있지만, 신체의 자유는 매우 중대한 법익이기 때문에 이에 상응하여 공익이 신체의 자유에 대한 제한을 필수적으로 요청하는 경우에만 제한될 수 있다.

본 결정은 징역수형자에게 일률적으로 정역 의무를 부과하고 있는 형법 제67조의 기본권 침해 여부 판단과 관련하여 크게 세 부분으로 구분하여 판단하고 있다. 첫 번째는 신체의 자유의 침해 여부에 대한 판단으로 과잉금지원칙에 입각한 입법목적의 확인과 수단의 적합성, 수단의 최소침해성, 법익균형성에 대한 판단이고, 두 번째는 평등권 침해 여부, 세 번째는 인격권과 행복추구권 침해 여부에 대한 판단이다. 먼저 첫 번째 쟁점과 관련하여서는 징역형의 내용으로서 작업의무 부과는 수형자의 교정교화와 건전한 사회복귀를 도모하고, 노동의 강제를 통하여 범죄에 대한 응보 및 일반예방에 기여하기 위한 것으로서 그 목적이 정당하고, 수단의 적합성도 인정된다고 보았다. 또한, 교도소에서의 작업시간 및 그 강도 등이 근로기준법상 근로시간에 비추어볼 때 과중하다고 볼 수 없고, 생산성 없이 육체적 고통만 부과하는 내용의 작업은 배제되고 기술을 습득할 수 있는 직업훈련을 통하여 재사회화를 위한 실질적인 교육이 이루어지고 있는 점 등에 비추어 볼 때, 신체의 자유에 대한 제한을 최소화하는 방식으로 집행되고 있다고 보았다. 법익의 균형성과 관련하여서도 작업이 강제됨으로써 제한되는 수형자의 개인적 이익에 비하여 징역형 수형자 개개인에 대한 재사회화와 이를 통한 사회질서 유지 및 공공복리라는 공익이 더 크기 때문에 법익의 균형성이 인정된다고 보아 신체의 자유를 침해하지 않는다고 판단하였다. 두 번째 쟁점과 관련하여서는 현행 작업을 중심으로 한 징역형과 금고형의 구분은 징역형 수형자를 금고형 수형자에 비하여 차별하려는 의도로 만들어진 것이 아니고 형벌의 집행방법을 달리함으로써 책임에 따른 형벌의 개별화를 실현하고자 하는 입법자의 의사가 반영된 것으로 입법자의 이러한 판단에 합리적인 이유가 있어 평등권을 침해하지 않는다고 보았다. 세 번째 쟁점에 관련하여서는 징역수형자에 대한 일률적인 정역 의무 부과가 신체의 자유와 평등권을 침해하지 않고, 그 목적이 수형자의 교정교화와 재사회화에 있고, 작업의 강도가 일반사회에서의 근로자의 노동 강도보다 높지 않은 점, 일정한 사유가 있으면 작업 의무가 폭넓게 면제되는 점 등을 종합하여 볼

때 인격권이나 행복추구권을 침해하지 않는다고 판단하였다.

II. 징역형에서의 정역의 의미와 목적

본 결정은 정역의 의의 및 목적이 수형자의 교정교화와 사회복귀에 있다는 점을 분명히 하고 있다는 점에서 의의가 있지만, 여전히 징역형의 집행으로서 부과되는 정역의 목적으로 노동의 강제를 통한 처벌로서의 성격을 함께 언급하고 있다는 점에서 문제가 있다.

징역은 수형자를 교도소 내에 구치하여 정해진 노역(정역)에 복무하게 하는 형벌이다(형법 제67조). 이에 따라 징역형을 선고받은 수형자는 형벌의 내용으로써 교정시설에서 정해진 노역에 복무하여야 한다. 자유형의 하나인 금고(제68조) 또한 수형자를 교정시설에 수용하여 집행하지만, 정해진 노역에 복무하게 하지 않는다는 점에서 징역과 구별된다. 이러한 점에서 징역수형자는 형벌의 내용으로서 구금과 노동이라는 이중의 의무를 지게 된다.

징역수형자가 구체적으로 어떻게 정역에 복무하는가는 형집행의 영역에 속하는 문제로, 형집행법에서는 형법상 정해진 노역을 작업이라는 용어로 규율하고 있다. 징역수형자에게 형법을 근거로 교도소에 구치하여 사회로부터 격리하는 조치와 함께 정역으로서 작업의무를 부과하는 이상 그 작업을 통해 어떤 목적을 실현해야 하는지에 대해서는 형집행법에서 규정하고 있는데, 형집행법 제65조 제

1항은 "수형자에게 부과하는 작업은 건전한 사회복귀를 위하여 기술을 습득하고 근로의 욕을 고취하는 데에 적합한 것이어야 한다"라고 규정하여, 작업이 강제노역과는 달리 고통을 부과하는 것이 아니라 건전한 사회복귀(재사회화)를 위한 것이어야 한다는 점을 명시하고 있다. 따라서 작업은 형식적으로는 교정시설에서 수형자에게 정해진 노역에 복무하게 한다고 하는 형벌 집행으로서의 목적을 가지지만, 그 목적이 수형자를 교정·교화하여 건전한 사회의 일원으로 복귀시키고자 하는 것(형집행법 제1조)이 명백한 이상 작업의 궁극적인 목적은 작업을 통하여 교정교화를 도모하여 수형자의 재사회화라고 하는 처우 목적에 있다고 보는 것이 타당하다(형집행법 제55조). 따라서 정역의 개념을 확대해석해서 수형자의 재사회화와 무관하게 응보로서 작업 이외의 고통을 주는 강제적인 노역을 부과하는 것은 허용되지 않는다.

연혁적으로 금고는 명예구금이라 하여 사상범, 정치범, 확신범 등이나 과실범과 같은 비파렴치범에게 그의 명예를 존중해 줄 목적으로 정역의 복무를 면제시켜 주는 형벌로, 반면에 징역형은 파렴치범에게 부과되는 형벌로 이해하였는데, 이와 같이 정역을 중심으로 한 형종의 구별은 종래의 사상이 노동을 천하고 고통스러운 것이라고 보아, 파렴치범들에게는 이와 같이 천하고 고통스러운 노동을 과해야 한다고 보았기 때문이다. 오늘날 이러한 의미에서의 정역은 인정받을 수 없음

은 분명하다. 형집행법이 작업 이외의 다양한 개별처우를 보장하고 이를 통해 수형자의 재사회화를 지향하고 있는 점을 고려할 때 정역의 처벌적 기능은 더 이상 독자적인 목적이나 기능이라고 보기 어렵다. 물론 현행 형법이 자유형 가운데 징역형에 대해서만 정역을 강제함으로써 작업이 실질적으로는 형집행을 가중하는 성격을 가지고 있다는 점에서 작업의 처벌적 기능을 부정하기 어려운 측면이 있지만 앞서 지적한 바와 같이 수형자에게 해악·고통으로서의 작업을 강제한다는 것은 인간 존엄과 인권보장을 지향하는 오늘날의 인도주의 형사정책적 요청에 비추어 인정될 수 없다. 넬슨만델라규칙 제97조 제1항이 "교도작업은 성질상 고통을 주는 것이어서는 안 된다"라고 규정한 것도 이러한 취지를 나타낸 것이라고 할 수 있다.

[후속논의]

현행 형법에서 노동을 중심으로 징역형과 금고형을 분류한 것은 노동을 천시하였던 구 사상의 잔재에 불과하다. 노동은 인간을 인간답게 만드는 인류 보편의 도덕적 의무로서 모든 국민은 근로의 의무를 진다(헌법 제32조 제2항). 오늘날 수형자에게 부과되는 정역은 수형자의 교정교화와 재사회화를 위한 교정처우의 수단으로 기능하는 것이지 고통을 주기 위한 처벌적 기능을 하는 것이 아니다. 따라서 자유형을 정해진 노역에 복무하는가에 따라 구별하는 것은 더 이상 의미가 없으므로

징역형과 금고형의 구분을 폐지하고 자유형
으로 단일화하는 것이 타당하며, 작업은 교정
처우의 일환으로 자리매김하는 것이 바람직
하다.

[참고문헌]
• 신양균, 형집행법, 화산미디어, 2012.
• 허주욱, 교정학(증보판), 박영사, 2013.
• 한수웅, 헌법학(제11판), 법문사, 2021.

[안성훈 선임연구위원(한국형사 · 법무정책연구원)]

[04] 작업 및 직업훈련에 관한 수형자의 신청권과 소장의 재량권

대상	작업·교육지정거부부당확인 (원고승)
	[1심] 대전지법 2015. 2. 4. 선고 2014구합573 판결 (원고승)
	[2심] 대전고법 2015. 7. 16. 선고 2015누10702 판결 (항소기각)

[사실관계]

원고는 무기징역형을 선고받아 대전교도소에 수감 중이었는데 출소자로부터 솜베개, 망사티셔츠, 온수담요 등을 받아 보관하였고, 페트병에 물을 담아 운동기구를 만들어 작업장에서 발목운동을 해오고 있었다. 그러던 중 위 부정물품의 소지·은닉과 작업장 내에서 빨래 및 샤워의 특혜를 받았다는 사실이 적발되어 교도소장(피고)으로부터 징벌을 대신하여 작업을 취소하는 처분(이하 이 사건 '작업취소 처분'이라 한다)을 받았다. 이에 원고는 작업지정을 신청하였으나 피고는 이러한 원고의 신청을 거부하였다(이하 이 사건 '작업신청 거부처분'이라 한다). 그러자 원고는 이 사건 작업취소 처분은 법령상 근거가 없어서 중대·명백한 하자가 있으므로 무효라고 주장하면서 그 취소를 구하는 행정소송을 제기하였다.

[판결요지]

법원은 먼저 징역형 수형자에게는 작업신청권 내지 작업할 권리가 인정된다고 하였다. 행형법의 관련 규정들이 수형자에게 부과하는 '작업'을 교정교화, 사회복귀 및 원만한 수용생활 등을 위한 수단으로 보고 수형자를 처우함에 있어 수형자의 개별적 특성을 고려하여 이를 부과하도록 하고 있고, 형이 아주 경한 구류형 수형자뿐만 아니라 형이 가장 중한 사형확정자에게까지도 작업신청권을 부여하고 있으며, 수형자에게 처우에 관하여 불복하는 경우 면담 및 청원할 수 있는 권리를 부여하고 있는 점, 만약 수용자의 작업이 '의무'의 성격만을 가질 뿐 '권리'의 성격을 갖지 않는다면 '작업정지'는 수용자의 의무만을 면제하는 혜택을 주는 것이 되어 징벌의 본질에 반한다는 점 등을 고려하면, 징역형 수형자에게도 작업신청권 내지 작업할 권리가 인정된다고 하였다. 행형법 제66조에서 수형자는 자신에게 부과된 작업과 노역을 수행하여야 할 의무가 있다고 규정하고, 그 외 작업신청권에 관한 규정이 없다고 하더라도 이것만으로 징역형 수형자의 작업신청권 내지 작업할 권리가 부인되지 않는다고 하였다. 그리고 징벌의 종류로 작업의 정지는 규정하나 작업의 취소는 규정하지 않고 형집행법 시행규칙 제93조에 수형자가 작업을 취소를 요청하는 경우에 수형자의 의사, 건강, 교도관의 의견 등을 고려하여 작업을 취소할 수 있다는 규정만이 있으므로 교도소장은 징역형 수형자에 대하여 그 의사에 반하여 작업할 권리를 제한하기 위해서는 징벌위원회의 의결을 거쳐 형집행법에 규정된 징벌로 제한하여야 하고 작업취소 처분은 수형자의 의사에 반하여 할 수 없다고 하였다. 그러함에도 징벌위원회 의결도 없이 행한 형집행법에 규정되어 있지도 않은 이 사건 작업취소처분은 위법하고 그 하자는 중대하고 명백하여 당연무효라고 하였다.

이 사건 작업지정신청 거부처분에 대해서도 징역형 수형자인 원고의 작업할 권리를 침해하는 것이어서 위법하고 아무런 사유도 제시하지 않은 채 이루어진 처분이어서 그 하자가 중대·명백하여 당연무효라고 하였다. 징역형 수형자에게도 작업 부과를 요구할 권리가 있고, 이를 제한하는 것은 수형자의 신체 및 직업의 자유 등의 기본권을 제한하는 조치이므로 교도소장은 형집행법에 정한 작업 면제, 형집행법에 정한 징벌 및 징벌대상자 조사를 위한 작업 제한 기타 불가피한 경우 등을 제외하고는 징역형 수형자의 작업신청을 거부할 수 없다는 것이다.

[해설]

우리나라는 법치주의 국가이므로 형벌의 부과 등 국가가 국민에게 불이익한 행위를 하기 위해서는 법률에 근거가 있어야 한다. 따라서 수형자의 작업취소도 만약 이것이 수형자의 권리를 침해하는 등 수형자에게 불이익한 처분이라면 법에 근거가 있어야 한다. 그런데 형사소송법상의 형벌 중 징역형이 금고형보다 더 무거운 것이고 이 두 형의 차이는 노역이 강제되는지에 있다. 즉 강제노역은 불이익을 부과하는 방법으로 행해진 것이었는데 현실적으로는 거의 모든 금고형 수형자나 구류형 수형자가 노역을 원하고 있다. 오히려 이러한 노역을 부과하지 않는 것이 불이익한 처분으로 인정될 수 있게 된 것이다. 이 판례는 하급심이기는 하나 법원에서도 수용자의 작업신청권을 권리로서 인정하였고, 수용자에 대한 작업취소는 수용자에 대한 불이익처분으로 인정받게 되었다는 점에서 의미가 있다. 행형법에는 징벌의 종류로 작업의 정지는 규정하고 있지만 작업의 취소에 관해서는 규정하고 있지 않다. 따라서 교도소장은 수형자가 작업의 취소에 동의하지 않으면 법률에 근거가 없으므로 징벌로 작업의 취소를 할 수 없는 것이다.

한편 수형자가 작업을 신청하였는데 교도소장이 이를 거부하면 수형자는 행정심판이나 행정소송을 통하여 구제받고자 할 것이다. 하지만 이러한 거부처분에 대해 행정소송 등을 제기하기 위해서는 국민에게 해당 신청을 할 수 있는 법규상 또는 조리상 신청권이 인정되어야 한다(대법 2009. 9. 10. 선고 2007두20638 판결 등). 이 사건의 경우 위에서 살펴본 것처럼 법원이 수형자에게 작업신청권이 있다고 인정하였으므로 수형자의 작업신청에 대해 교도소장이 거부하면 이 거부처분에 대하여 행정심판이나 행정소송을 제기하여 다툴 수 있는 것이다.

[후속논의]

일본에서는 징역형과 금고형을 '구금형'이라는 형으로 통합하려고 한다(한국일보, "일, 징역·금고형을 '구금형'으로 통일키로… 115년 만에 형 종류 변경", 2021. 12 27.자). 구금형 수형자에 대해서는 노역을 의무로 부과하는 것이 아니라 개선·갱생을 도모하기 위해 필요한 작업이나 지도를 실시할 수 있도록 하는 것이다. 이는 징역형과 금고형을 구분할 실익이 없어지는 반면 노역을 하기 어려운 고령의 징역형 수형자가 증가하고, 노역 시간으로 인해 재범방지를 위한 교육시간이 줄어드는 문제를 해결하기 위한 것이라고 한다. 우리나라도 노인범죄의 급증으로 고령의 징역형 수형자가 늘고 있고, 징역형과 금고형의 구분 실익이 없다는 점 등에서 유사한 상황에 있으므로 이를 적극적으로 고려할 필요가 있겠다. 이러한 구금형이 실시된다면 작업신청권은 수용자에게 더 큰 의미를 가지게 될 것으로 보인다. 한편 만약 작업을 부과하지 않는 것이 수형자에게 불이익을 주는 것이고, 수용시설의 질서 유지를 위해 행형상 불이익 처분으로서 작업 부과를 제한하거나 작업 취소를 할 필요가 있다면 이에 대하여 징벌의 종류로 규정할 필요가 있겠다.

[참고문헌]

● 한국일보, "일, 징역·금고형을 '구금형'으로 통일키로… 115년 만에 형 종류 변경", 2021. 12. 27.

[주영달 변호사(법률사무소 교우)]

대상	형법 부칙 제2조 제1항 위헌소원 등 (위헌, 합헌)
	헌재 2017. 10. 26. 선고 2015헌바239등 결정 (위헌, 합헌) **(2020법원직 / 2023입법고시)**

[사실관계]

청구인1은 "2012. 7. 25. 및 2013. 1. 25.경 부가가치세 확정신고를 함에 있어 합계 197억 원 상당의 허위의 세금계산서합계표를 제출하였다"는 범죄사실로 2014. 6. 26. 공소제기되었다. 1심 법원은 2014. 12. 19. "청구인1을 징역 1년 6월 및 벌금 20억 원에 처하고, 벌금을 납입하지 아니하는 경우 400만 원을 1일로 환산한 기간 노역장에 유치한다"는 내용의 판결을 선고하였으며, 이에 대한 항소는 모두 기각되었다.

청구인2는 "영리의 목적으로, 2006. 10. 25., 2007. 1. 25., 2007. 4. 25. 세 차례에 걸쳐 합계 약 624억 원의 허위의 매입처별세금계산서합계표를, 2007. 1. 25., 2007. 4. 25. 두 차례에 걸쳐 합계 약 410억 원의 허위의 매출처별세금계산서합계표를 각 작성하여 정부에 제출하는 등 약 8억 원의 조세를 포탈하였다"는 범죄사실로 2015. 6. 11. 공소제기되었다. 1심 법원은 2015. 9. 11. "청구인2를 징역 2년 6월 및 벌금 120억 원에 처하고, 벌금을 납입하지 아니하는 경우 1,200만 원을 1일로 환산한 기간 노역장에 유치한다"는 내용의 판결을 선고하였다. 청구인2는 이에 불복하여 항소하였으나, 2016. 4. 7. 징역형만 2년으로 감경되었다.

청구인들의 범행 이후인 2014. 5. 14. 형법 제70조 제2항이 신설되어 5억 원 이상 50억 원 미만의 벌금형을 선고하는 경우 500일 이상의 노역장유치기간을 정하도록 하였고, 형법 부칙 제2조 제1항은 위와 같은 내용의 형법 제70조 제2항을 위 조항의 시행일인 2014. 5. 14. 이후 최초로 공소가 제기되는 경우부터 적용하도록 하였다. 이에 청구인들은 형법 제70조 제2항 및 형법 부칙 제2조 제1항에 대하여 각 위헌법률심판제청신청을 하였으나, 그 신청이 기각되자 헌법소원심판을 각 청구하였다.

[결정요지]

[1] 벌금에 비해 노역장유치기간이 지나치게 짧게 정해지면 경제적 자력이 충분함에도 고액의 벌금 납입을 회피할 목적으로 복역하는 자들이 있을 수 있으므로, 벌금 납입을 심리적으로 강제할 수 있는 최소한의 유치기간을 정할 필요가 있다. 또한 고액 벌금에 대한

유치기간의 하한을 법률로 정해두면 1일 환형유치금액 간에 발생하는 불균형을 최소화할 수 있다. 노역장유치조항은 주로 특별형법상 경제범죄 등에 적용되는데, 이러한 범죄들은 범죄수익의 박탈과 함께 막대한 경제적 손실을 가하지 않으면 범죄의 발생을 막기 어렵다. 노역장유치조항은 벌금 액수에 따라 유치기간의 하한이 증가하도록 하여 범죄의 경중이나 죄질에 따른 형평성을 도모하고 있고, 노역장유치기간의 상한이 3년인 점과 선고되는 벌금 액수를 고려하면 그 하한이 지나치게 장기라고 보기 어렵다. 또한 노역장유치조항은 유치기간의 하한을 정하고 있을 뿐이므로 법관은 그 범위 내에서 다양한 양형요소들을 고려하여 1일 환형유치금액과 노역장유치기간을 정할 수 있다.

이러한 점들을 종합하면 노역장유치조항은 과잉금지원칙에 반하여 청구인들의 신체의 자유를 침해한다고 볼 수 없다.

[2] 형벌불소급원칙에서 의미하는 '처벌'은 형법에 규정되어 있는 형식적 의미의 형벌 유형에 국한되지 않으며, 범죄행위에 따른 제재의 내용이나 실제적 효과가 형벌적 성격이 강하여 신체의 자유를 박탈하거나 이에 준하는 정도로 신체의 자유를 제한하는 경우에는 형벌불소급원칙이 적용되어야 한다. 노역장유치는 그 실질이 신체의 자유를 박탈하는 것으로서 징역형과 유사한 형벌적 성격을 가지고 있으므로 형벌불소급원칙의 적용대상이 된다.

노역장유치조항은 1억 원 이상의 벌금형을 선고받는 자에 대하여 유치기간의 하한을 중하게 변경시킨 것이므로, 이 조항 시행 전에 행한 범죄행위에 대해서는 범죄행위 당시에 존재하였던 법률을 적용하여야 한다. 그런데 부칙조항은 노역장유치조항의 시행 전에 행해진 범죄행위에 대해서도 공소제기의 시기가 노역장유치조항의 시행 이후이면 이를 적용하도록 하고 있으므로, 이는 범죄행위 당시 보다 불이익한 법률을 소급 적용하도록 하는 것으로서 헌법상 형벌불소급원칙에 위반된다.

[해설]

I. 형법 제70조 제2항 신설 경위 및 노역장 유치기간 하한 설정의 위헌 여부

벌금은 형법이 정하고 있는 9가지의 형벌 중 하나로 재산형의 일종인데, 판결확정일로부터 30일 이내에 납입하여야 한다. 확정된 벌금을 납입하지 않을 때는 1일 이상 3년 이하의 범위 내에서 벌금미납자를 노역장에 유치하여 작업에 복무하게 하며, 이를 '노역장유치'라고 하고(형법 제69조, 제70조), 벌금형이 노역장유치로 변경되었다는 의미에서 '환형유치(換刑留置)'라는 용어로도 사용된다.

노역장유치는 벌금형의 선고와 동시에 판결로 선고되는데(형법 제70조, 형사소송법 제321조 제2항), 구 형법(2014. 5. 14. 개정 전)은 노역장유치 1일 환산금액의 산정에 대해서는 특별한 제한이 없어 법관의 재량으로 하고 있었다. 이에 법원은 보통 1일 환산금액을 10만원으로 정하여 선고하여 왔으나, 고액 벌금형을 선고하게 될 경우 10만 원으로 정하게 되면 노역장유치 기간이 3년을 초과하게 되는 문제가 있어 10만 원 이상으로 정하게 되는 사례들이 있었다. 그런데 벌금 245억 원을 선고받은 대기업 회장이 벌금을 납부하지 않은 채 노역장에 유치돼 1일 5억 원의 노역을 한다는 사실이 언론에 보도되어, 재판의 공정성과 형평성 논란, 이른바 '황제노역' 논란이 일게 되었다. 이에 과거 법관의 재량으로 하고 있었던 유치기간 산정에 일정한 제한을 가하는 여러 의견이 있었고, 그중 선고되는 벌금 액수에 따라 최소 유치기간을 법으로 정하는 규정을 신설하게 되었다. 신설된 형법 제70조 제2항에 의하면, 법 선고하는 벌금이 1억 원 이상 5억 원 미만인 경우에는 300일 이상, 5억 원 이상 50억 원 미만인 경우에는 500일 이상, 50억 원 이상인 경우에는 1,000일 이상의 유치기간을 정하여야 한다.

이처럼 고액 벌금형의 경우 그 금액에 따라 노역장유치기간의 하한을 설정한 것이 과잉금지원칙에 위반되는지가 문제되었다. 헌법재판소는 ① 벌금 납입을 심리적으로 강제할 수 있는 최소한의 유치기간을 정할 필요가 있는 점, ② 1일 환형유치금액 간에 발생하는 불균형을 최소화할 수 있는 점, ③ 노역장유치조항은 주로 특별형법상 경제범죄 등에 적용되는데, 이러한 범죄들은 범죄수익의 박탈과 함께 막대한 경제적 손실을 가하지 않으면 범죄의 발생을 막기 어려운 점, ④ 노역장유치기간의 상한이 3년이고 선고되는 벌금 액수를 고려하면 그 하한이 지나치게 장기라고 보기 어려운 점, ⑤ 법관이 일정 범위에서 다양한 양형요소들을 고려하여 1일 환형유치금액과 노역장유치기간을 정할 수 있는 재량이 있는 점을 이유로 과잉금지원칙에 위반되지 않는다고 판단하였다.

다만, 재판관 안창호의 보충의견에서 적절히 지적한 것처럼, 고액의 벌금형을 필요적으로 병과하는 특별형법 규정이 노역장유치조항과 결합하여 그 범죄자에게 과도한 제재가 될 수 있다. 즉, 노역장유치조항은 주로 특별형법상 '범죄이익의 일정 배수 이상'을 벌금형의 하한으로 규정하고 있는 경제범죄나 식품·보건·환경범죄 등이 그 대상이 되고, 이러한 범죄들은 대부분 징역형과 함께 벌금형의 필요적 병과로 규정되어 있다. 여기에 범죄행위로 인하여 획득한 금전적 이익에 대하여 필요적 몰수·추징에 의한 박탈이 예정되어 있는 경우에는, 고액 벌금형을 필요적으로 병과하는 것은 범죄자에게 이중으로 경제적 고통을 안겨줄 수 있다. 특히 공범 중에는 경제적 수익이 없거나 경미한 경우가 있을 수 있는데, 이러한 경우에도 모든 공범에 대해 고액의 벌금형을 필요적으로 병과하는 것은 과중한 형벌이 될 수 있다. 또한 징역형에 대해 집행유예를 선고하면서, 경제적인 이유 등으로 병과되는 벌금을 납입하지 못했다는 이유만으로 상당기간 동안 노역장에 유치하여 작업에 복무하게 할 수 있도록 하는 것이 적절하지 않을 수 있고, 징역형은 벌금형보다 무거운 형이므로, 벌금형에 부수적으로 부과되는 환형처분인 노역장유치기간이 징역형보다 장기화되는 것은 바람직하지 않는 측면이 있다.

II. 부칙 조항이 형벌불소급원칙에 위반되는지 여부

한편, 개정 형법은 부칙 제2조에서 신설된 제70조 제2항을 법 시행 후 최초로 공소가 제기되는 경우부터 적용한다고 규정하고 있어, 법 시행 전 범행을 저지르고 법 시행 이후 공소가 제기된 자들에게도 적용되게 되므로 형벌불소급원칙에 위반되는지 문제된다.

헌법 제13조 제1항 전단은 "모든 국민은 행위시의 법률에 의하여 범죄를 구성하지 아니하는 행위로 소추되지 아니하며…"라고 규정하고 있고, 형법 제1조 제1항은 "범죄의 성립과 처벌은 행위시의 법률에 따른다"고 규정하고 있으므로, '범죄의 성립'과 '처벌'에 한하여 소급효가 금지된다. 그렇다면 노역장유치도 소급효가 금지되는 '처벌'에 포함된다고 할 수 있는가? 종래 헌법재판소는 "노역장유치는 벌금 납입의 대체수단이지만 납입강제의 기능도 수행한다고 보는 것이 일반적이며, 환형처분이라는 점에서 노역형, 즉 강제노동 자체를 내용으로 하는 형벌과는 구별된다"고 하여 형벌과 노역장 유치를 구별하는 입장을 취하고 있었다(헌재 2011. 9. 29. 선고 2010헌바

188등 전원재판부 결정; 헌재 2017. 10. 26. 선고 2015헌바239등 결정). 한편, 불이익변경금지의 원칙과 관련하여 대법원도 항소심에서 벌금형이 감액되었으나 노역장유치기간이 길어진 경우 등은 불이익변경이 아니라는 입장이다(대법 2000. 11. 24. 선고 2000도3945 판결 등). 만약 이러한 입장을 그대로 관철한다면 노역장유치는 형벌이 아니므로 형벌불소급원칙이 적용되지 않는다고 판단하여야 할 것이다.

그런데 헌법재판소는 대상결정에서 형벌불소급원칙에서 의미하는 '처벌'은 형법에 규정되어 있는 형식적 의미의 형벌 유형에 국한되지 않고, 범죄행위에 따른 제재의 내용이나 실제적 효과가 형벌적 성격이 강하여 신체의 자유를 박탈하거나 이에 준하는 정도로 신체의 자유를 제한하는 경우에는 형벌불소급원칙이 적용되어야 한다고 하여, 형벌불소급원칙의 적용대상을 이른바 '실질적 형벌'에까지 확장하였다. 그리고 노역장유치는 벌금형에 대한 집행방법으로 그 자체가 독립된 형벌이 아니지만 벌금형에 부수적으로 부과되는 환형처분으로, 노역장유치의 집행에는 형의 집행에 관한 규정이 준용되고(형사소송법 제492조), 노역장유치의 명령을 받은 자는 징역형이 선고된 수형자와 함께 교도소에 수감되어 정역에 복무하는 등(형법 제67조, 형집행법 제2조 제2호), 노역장유치는 집행방법이 징역형과 동일하며, 판결선고 전의 구금일수 전부를 유치기간에 산입하고, 구금일수의 1일을 유치기간의 1일로 계산하는 등(형법 제57조), 노역장

유치의 실질을 징역형과 같은 것으로 규정하고 있으므로, 그 '실질'이 신체의 자유를 박탈하는 것으로서 징역형과 유사한 형벌적 성격을 가지고 있으므로 형벌불소급원칙의 적용대상이 된다는 것이다.

그러므로 사안에서 노역장유치조항은 1억원 이상의 벌금형을 선고받는 자에 대하여 유치기간의 하한을 중하게 변경시킨 것이므로, 이 조항 시행 전에 행한 범죄행위에 대해서는 범죄행위 당시에 존재하였던 법률을 적용하여야 함에도, 부칙조항은 노역장유치조항의 시행 전에 행해진 범죄행위에 대해서도 공소제기의 시기가 노역장유치조항의 시행 이후이면 이를 적용하도록 하고 있으므로, 이는 범죄행위 당시보다 불이익한 법률을 소급 적용하도록 하는 것으로서 헌법상 형벌불소급원칙에 위반된다는 것이다.

그런데 재판관 강일원, 재판관 조용호의 별개의견에서 적절히 지적한 바와 같이, 이러한 사후 입법이 헌법적으로 용인될 수 있는가의 문제와 형벌불소급의 원칙이 적용되는 영역인지의 문제는 다른 차원의 것이다. 즉, 노역장유치는 벌금형 및 과료형의 집행과 관련하여 벌금 등을 완납할 때까지 노역장에 유치하여 작업에 복무하게 하는 것으로서 벌금납입의 대체수단이자 납입강제기능을 갖는 벌금형의 집행방법으로 노역형, 즉 강제노동 자체를 내용으로 하는 형벌과는 구별된다. 따라서 신설된 형법 제70조 제2항은 벌금형을 대체하는 집행방법을 강화한 것에 불과하고 부칙조항은 그 시행에 관한 경과규정이므로 형벌불소급의 문제가 발생한다고 보기는 어렵다. 또한 다수의견은 "징역형과 유사한 형벌적 성격"이라는 표현으로 '형벌'의 개념을 확장하고 있는 위험성이 있다. 다만 별개의견도 부칙 조항이 형벌불소급원칙이 아니라 '소급입법금지원칙'에 위반된다고 판단하여 그 결론에 있어서는 다수의견과 같다.

III. 대상결정의 의의와 비판

대상결정은 ① 고액 벌금형의 경우 그 금액에 따라 노역장유치기간의 하한을 설정한 것은 그 입법목적에서나 하한의 기간 등을 고려할 때 과잉금지원칙에 위반되지 않으나, ② 형벌불소급원칙은 형식적 형벌 유형에 국한되지 않고 형벌적 성격이 강한 경우에도 적용대상이 될 수 있으며, 따라서 형벌이 아닌 노역장유치도 미납 시 겪게 되는 구금이라는 측면에서 형벌적 성격을 가지므로 형벌불소급원칙이 적용된다고 판단하였다.

다만 벌금형이 필요적 병과로 부과되는 특별형벌에서는 하한을 정한 노역장유치가 과중한 형벌이 될 수 있는 측면이 있고, 형벌이나 보안처분이 아닌 벌금형의 집행방법인 노역장유치를 두고 '실질적 형벌'이라고 평가하여 형벌불소급원칙을 적용할 수 있는지는 의문이 있을 수 있고, 과연 어떤 제도가 '실질적 형벌'인지를 판단하는 기준이 명확하지 않을 수 있다는 비판도 있을 수 있다.

[후속논의]

개정 형법 제70조 제2항은 이른바 황제노역 논란에 따른 문제점을 해결하고자 신설된 것으로, 현행의 '총액벌금형제도'가 가진 한계로 인하여 '일수벌금형제도'를 도입 논의는 지속적으로 있어 왔다. 일수벌금형제도는 피고인의 경제적 사정에 맞게 벌금형을 부과하기 때문에 빈부격차에 관계 없이 실질적으로 동등한 형벌 효과를 달성할 수 있다는 측면에서 매우 매력적으로 다가온다. 다만 범죄의 불법이나 행위자 불법적인 요소보다 경제적 효과를 중시한다는 측면이 책임원칙에 반할 수 있고, 피고인의 경제적 능력을 객관적으로 평가하기 어렵다는 현실적 문제가 존재하는 만큼 좀더 깊이 있고 신중한 논의가 필요할 것이다.

또한 대상결정이 명시적으로 형벌불소급원칙 적용대상이 형식적 의미의 형벌에 국한되지 않고 제재의 내용이나 실제적 효과가 형벌적 성격이 강하여 신체의 자유 박탈이나 이에 준하는 정도로 제한하는 경우에까지 확장된다고 판단하였는데 그 기준이 다소 불명확하다고 여겨질 수 있는 만큼 각종 보안처분의 도입여부와 시행시기를 결정함에 있어 보다 신중한 검토가 필요하다.

[참고문헌]

- 이혜미, 벌금형에 대한 환형유치제도의 문제점과 개선방안, 이슈와 논점 제826호, 국회입법조사처, 2014.
- 양랑해, 노역장유치기간의 변경과 형벌 불소급원칙 —헌법재판소 2017. 10. 26. 선고 2015헌바239, 2016헌바177 결정 및 대법원 2018. 2. 13. 선고 2017도17809 판결—, 동북아법연구 제16권 제1호, 전북대학교 동북아법연구소, 2022.

[류경은 교수(고려대학교 법학전문대학원)]

대상	손해배상(국) (원고일부승)
	[1심] 서울중앙지법 2019. 7. 12. 선고 2018가단5201309 판결 (원고일부승)
	[2심] 서울중앙지법 2019. 11. 7. 선고 2019나42480 판결 (항소기각)
참조1	현처우 유지 결정 취소의 소 (소취하)
	[1심] 대구지법 2018. 5. 9. 선고 2017구합22055 판결 (원고승)
참조2	형의 집행 및 수용자의 처우에 관한 법률 시행규칙 제77조 위헌확인 등 (각하)
	헌재 2012. 7. 24. 선고 2012헌마601 결정 (각하)
참조3	손해배상(국) (원고일부승)
	[1심] 서울중앙지법 2018. 5. 24. 선고 2017가단5128827 판결 (원고일부승)
	[2심] 서울중앙지법 2018. 11. 27. 선고 2018나37191 판결 (항소기각)

[사실관계]

원고는 2013. 2. 8. 국가보안법위반죄로 대법원에서 징역 7년이 확정되어 대구교도소에서 복역하였다. 대구교도소는 대부분의 수형자에게 작업·교육을 부과하지만, 원고에 대해서는 작업·교육을 부과하지 아니하였다. 피고는 2017. 6. 12. 이루어진 개별처우계획에 대한 정기재심사 결과 원고의 평정소득점수(10점 만점으로 평가되며, 수형생활 태도 항목과 작업·교육 점수 항목이 각각 5점 만점으로 평가된다)가 7점 이상을 충족하지 못하였다는 이유로 기존과 동일한 일반경비처우급(S3)으로 유지하는 결정(이하 "이 사건 결정")을 하였다. 이에 원고는 피고가 원고가 공안사범이라는 이유로 작업 또는 교육을 부과하지 않고, 이를 이유로 이 사건 결정을 한 것은 위법하다는 취지의 국가배상청구를 하였다.

[판결요지]

[1] 경비처우급 등급에 따라 수용장소, 작업기준 등에 차이가 발생하는 점, 형집행법 제59조 제2항, 같은 법 시행규칙 제66조 제1항에 따른 분류심사의 정기재심사는 같은 법 시행규칙 제68조에 따라 교도소장이 그 사유가 발생한 달의 다음 달까지 실시해야 하고, 이에 따라 수형자의 경비처우급을 다시 조정하게 되는 점, 원고의 형기가 6분의 5에 도달한 때 이루어지는 정기재심사에서 원고에 대한 경비처우급은 종전의 S3등급을 유지하는 것으로 결정되었고, 그에 따라 원고는 높은 수준의 처우등급을 받은 수형자보다 더 제한된 수용장소, 작업기준 등의 환경에 놓이게 되었으며, 원고에 대한 처우등급은 형기를 마칠 때까지 그대로 유지된 점 등을 종합하면, 처우등급분류심사는 대구교도소장이 공권력

의 주체로서 원고의 경비처우급을 정하는 것이고, 그로 인하여 원고에 대한 수용시설, 계호, 중간처우 등이 결정되므로 원고의 법률상 지위에 직접적으로 영향을 미친다.

[2] 대구교도소장이 원고에게 작업·교육을 아예 부과하지 않거나 이를 면제한 것이 원고의 입장에서 오로지 수혜적인 측면만 있다고 할 수는 없고, 오히려 원고에게 개별적 특성에 알맞은 작업 또는 교육, 직업훈련 등의 처우를 하는 것이 원고의 교정교화를 돕고, 향후 사회생활에서 적응할 수 있는 능력을 함양시키는 데에 반드시 필요하다고 할 것인 점, 원고는 작업·교육을 받을 의사가 있다는 점을 여러 차례 표시한 점, 대구교도소는 대부분의 수형자들에게 작업을 부과하면서도 국가보안법 위반 수형자에게는 작업을 부과한 적이 없으며, 원고와 마찬가지로 국가보안법 위반죄로 징역형을 선고받고 2015. 3. 2.부터 대구교도소에서 수형생활 한 B 역시 작업을 신청하였음에도 부과 받지 못하고, 낮은 작업·교육성적을 부여받은 점에 비추어 보면 대구교도소장은 원고가 공안사범이라는 이유로 작업과 교육을 부과하지 않은 것으로 보이는 점, 대구교도소장의 내부 지침에서 공안사범을 다른 수용자에 우선하여 독거수용하도록 규정하고 있다거나 교정시설의 안정 등을 해칠 우려가 있다는 등의 사정만으로 공안사범의 작업 및 교육 받을 기회 자체를 박탈하는 것은 정당한 이유가 될 수 없다는 점, 공안사범이라는 이유만으로 의료, 징벌 등의 사유로 작업을 하지 못하거나 교육을 받을 수 없는 경우와 마찬가지로 작업과 교육에서 배제하

는 것은 처우등급 상향 기회를 사실상 원천적으로 박탈하는 결과가 되는 점을 종합하면, 대구교도소장은 원고가 공안사범이라는 이유만으로 작업과 교육에서 배제하여 처우등급을 향상시킬 기회를 박탈하였다고 봄이 타당하고, 이는 헌법상 평등의 원칙과 비례의 원칙을 위반하여 재량권을 현저하게 일탈·남용한 위법행위이다.

[해설]

I. 서론

법리적인 관점에서 볼 때, 대상판례는 ① 교도소장의 정기재심사에 따른 경비처우급 결정이 원고의 법률상 지위에 직접적으로 영향을 미치는 행정처분이라고 판단한 점, ② 교도소장이 수형자가 국가보안법위반죄로 수감된 '공안사범'이라는 이유만으로 교도작업에서 배제하고, 이에 따라 경비처우급이 낮게 유지되었다는 점을 인정하고 이것이 위법하다고 판단하여 국가배상책임을 인정한 점에서 주목할 만하다(한편, 서울중앙지법 2018. 5. 24. 선고 2017가단5128827 판결, 서울중앙지법 2018. 11. 27. 선고 2018나37191 판결 또한 유사한 사실관계에서 거의 같은 내용으로 판단하였다).

II. 교도소장의 정기재심사에 따른 경비처우급 결정이 원고의 법률상 지위에 직접적으로 영향을 미치는 행정처분이라고 판단한 점에 관하여

수형자에 대하여는 교육·교화프로그램, 작

업, 직업훈련 등을 통하여 교정교화를 도모하고 사회생활에 적응하는 능력을 함양하도록 처우하여야 한다(형집행법 제55조). 소장은 수형자에 대한 개별처우계획을 합리적으로 수립하고 조정하기 위하여 수형자의 인성, 행동특성 및 자질 등을 과학적으로 조사·측정·평가(이하 "분류심사"라 한다)하여야 하고(형집행법 제59조 제1항 1문), 수형자는 제59조의 분류심사의 결과에 따라 그에 적합한 교정시설에 수용되며, 개별처우계획에 따라 그 특성에 알맞은 처우를 받는다(형집행법 제57조 제1항). 도주방지 등을 위한 수용설비 및 계호의 정도를 '경비등급'이라고 하는데, '개방시설', '완화경비시설', '일반경비시설', '중(重)경비시설'의 네 가지 등급으로 나누어지고(형집행법 제57조 제2항), 경비처우급 또한 위와 같은 경비등급에 상응하는데, 개방시설에 수용되어 가장 높은 수준의 처우가 필요한 수형자는 '개방처우급', 통상적인 수준보다 높은 수준의 처우가 필요한 수형자는 '완화경비처우급', 일반경비시설에 수용되어 통상적인 수준의 처우가 필요한 수형자는 '일반경비처우급', 중(重)경비시설에 수용되어 기본적인 처우가 필요한 수형자는 '중(重)경비처우급'으로 분류된다. 경비처우급에 따라 수용 교정시설(형집행법 제57조 제1, 2항), 작업기준(형집행법 시행규칙 제74조 제2항), 물품지급, 접견, 가족만남의 날 행사, 전화통화, 경기 또는 오락회 개최 등 교정시설 내부에서의 전반적인 처우, 사회견학·봉사, 종교행사 참석·문화공연 관람 등의 사회적 처우 및 사회적응에 필요한 교육과 취업지원 등의 중간처우 등이 달라진다(형집행법 시행규칙 제84조 내지 제93조). 소장은 정기재심사 및 부정기재심사 시 소득점수를 평정하여 경비처우급을 조정할 것인지를 고려하여야 한다(형집행법 시행규칙 제80조). 소득점수는 수형생활 태도를 5점 이내, 작업 또는 교육 성적을 5점 이내로 평가하는데(형집행법 시행규칙 제77조), 수형생활 태도의 경우 품행·책임감 및 협동심의 정도에 따라 매우 양호(수, 5점)·양호(우, 4점)·보통(미, 3점)·개선요망(양, 2점)·불량(가, 1점)으로 구분하여 채점하고, 작업 또는 교육 성적의 경우 형집행법 제63조·제65조에 따라 부과된 작업·교육의 실적 정도와 근면성 등에 따라 매우우수(수, 5점)·우수(우, 4점)·보통(미, 3점)·노력요망(양, 2점)·불량(가, 1점)으로 구분하여 채점하며, 작업 숙련도, 기술력, 작업기간, 교육태도, 시험성적 등을 고려할 수 있다(형집행법 시행규칙 제78조). 소득점수가 8점 이상인 경우 경비처우급을 상향 조정, 5점 이하일 경우 하향 조정할 수 있다(형집행법 시행규칙 제81조).

위와 같이 수형자에 대한 경비처우급 결정은 수형생활에서의 처우 전반에 영향을 미치는바, 대상판례를 비롯하여 다수의 하급심 판례들을 종합하여 보면 경비처우급 결정이 수형자의 권리·의무에 직접적인 영향을 미치는 행정처분에 해당한다는 것은 확립된 법리에 해당하는 것으로 보인다(한편, 세부적인 개별 처우의 허용 여부에 대해서는 수형자의 법규상 또는 조리상 신청권이 없다고 보는 경우가 많아 수형자의 입장에서 다투기 어려운 경우가 많다. 예컨대 대구지법 2015. 4. 3. 선고 2014누6570 판결은 수용자인 원고가 가족만남의 집 이용 불허처분 취소를 구한 사건에서 가족만남의 집 이용제도는 수용자의 교화나 사회복귀지원 등을 위해 교정당국이 일정한 요건을 갖춘 수용자에 대한 포상으로 행하는 시혜적 제도로 봄이 타당하므로 수용자인 원고에게 가족만남의 집 이용에 대한 법규상 또는 조리상 신청권이 있다고 할 수 없다고 보아 소 각하 판결을 한 바 있다). 대상판례는 경비처우급을 현재 수준으로 유지하는 현처우 유지결정 또한 대구교도소장이 공권력의 주체로서 원고의 경비처우급을 정하는 것이고, 그로 인하여 원고에 대한 수용시설, 계호, 중간처우 등이 결정되므로 원고의 법률상 지위에 직접적으로 영향을 미친다고 보아 행정처분에 해당한다고 판시하였는데, 대상판례의 원고가 동일한 사실관계를 바탕으로 제기한 '현처우 유지 결정 취소의 소'에 대한 1심 판결(대구지법 2018. 5. 9. 선고 2017구합22055 판결)을 살펴보면 그러한 판결 취지를 더욱 명확하게 알 수 있다. 위 판결은 대상판례와 같은 취지로 판단하여 원고의 경비처우급을 동일하게 일반처우등급으로 유지하는 이른바 '현처우 유지 결정'의 처분성을 인정하고, 위와 같은 처분이 위법하다는 판단으로까지 나아갔다. 해당 사건은 1심 판결 선고 후 피고가 항소하였고, 항소심 계속 중 위 사건 원고가 출소함에 따라 해당 사건은 소의 이익이 결여되어 취하로 종결되었으나, 신속한 항고소송 제기 및 소송 진행을 통하여 소장의 경비처우급에 관한 결정을 취소하는 판결이 확정되면, 위와 같은 판결은 행정청을 기속하는바(행정소송법 제30조 제1항) 소장은 판결 취지에 따라 경비처우급을 조정하여야 하므로, 실효적인 권리구제가 이루어질 여지가 있다.

한편, 헌법재판소는 청구인이 형집행법 시행규칙 제77조, 제78조, 제80조, 제81조에 대하여 징벌유예처분을 이유로 그 기간 동안 작업을 부과 받지 못한 자에게 소득점수 산정 및 추후 경비처우급 상향에 있어 차별적 불이익을 가하는 조항으로서 평등원칙 등에 위반됨을 주장한 사건에서, 위 심판대상조항은 수형자에 대한 교도소장의 경비처우급 조정의 근거자료가 되는 소득점수의 산정기준을 정한 조항으로서, 이는 결국 교도소장의 경비처우급 조정이라는 별도의 구체적 집행행위를 매개로 하고 있으므로 직접성이 결여되었다고 보고, 교도관의 소득점수 채점행위에 대해서는 그 자체로 직접적으로 청구인의 권리의무에 영향을 미치지 아니하고 추후 수형자의 경비처우급 조정의 판단자료가 되는 것일 뿐이므로 이는 공권력 작용의 준비행위 또는 부수적 행위로서 비권력적 사실행위에 불과하여 헌법소원 심판청구의 대상이 되는 헌법재판소법 제68조 제1항 소정의 공권력의 행사에 포함된다고 볼 수 없다고 판단한 바 있다(헌재 2012. 7. 24. 선고 2012헌마601 결정). 위 헌법재판소 결정 또한 소장의 경비처우급 조정

행위는 청구인의 권리의무에 직접적인 영향을 미치는 행정처분 내지 공권력의 행사에 해당한다는 점을 전제로 판단하고 있는 것으로 보인다. 다만 소득점수의 산정 기준에 대한 형집행법 시행규칙 조항의 해석이나 소득점수 채점행위의 위법 여부는 경비처우급 조정 결정에 대한 취소소송 내지 국가배상청구소송에서 다투어야 할 것이다. 관련하여 수용자가 소득점수 평가행위의 취소를 구한 사건에서 서울행법 2018. 9. 19. 선고 2018구합1078 판결 또한 수형자의 권리·의무에 직접적인 영향을 미치는 것은 소득점수 등을 자료로 하여 이루어진 분류심사에 기초하여 한 구체적인 개별처우나 처우등급결정이지 소득점수 평가행위는 교정시설 내부의 의사결정에 불과하다고 보아 소를 각하하였는데, 이 또한 위 헌법재판소 결정과 같은 취지로 보인다. 즉, 소득점수 등 산정행위는 행정소송의 대상이 되지 못하며, 소득점수 등 산정에 잘못이 있다면 경비처우급 조정 결정 처분에 관한 항고소송이나 국가배상 소송에서 다투어야 한다.

III. 교도소장이 수형자가 국가보안법위반죄로 수감된 '공안사범'이라는 이유만으로 교도작업에서 배제하고, 이에 따라 경비처우급이 낮게 유지되었다는 점을 인정하고 이것이 위법하다고 판단하여 국가배상책임을 인정한 점에 관하여

형집행법령은 수용자의 처우 등에 있어 '공안사범(대통령 훈령인 공안사범자료관리규정 제2조 제2호는 형법상 내란, 국가보안법 위반 등 별표에 정한 범한 사람이라고 정의하고 있다)'을 특별히 달리 취급하는 취지의 조항을 두고 있지 않다. 그럼에도 교도행정 현장에서는 '공안사범'을 다른 수용자들과 달리 취급하는 관행이 존재하는데, '공안사범'에 대해서는 교도작업에서 배제하는 것도 그러한 관행 중 하나이다. 대상판례 사안에서 피고는 원고에게 작업을 부과하지 않은 것은 원고가 작업을 신청하지 않았기 때문이지 원고가 '공안사범'이기 때문은 아니었다고 주장했으나, 대상판례는 원고가 작업·교육을 받을 의사가 있다는 점을 여러 차례 표시한 점, 대구교도소는 대부분의 수형자들에게 작업을 부과하면서도 국가보안법 위반 수형자에게는 작업을 부과한 적이 없으며, 원고와 마찬가지로 국가보안법 위반죄로 징역형을 선고받고 2015. 3. 2.부터 같은 교도소에서 수형생활 한 B 역시 작업을 신청하였음에도 부과 받지 못하고, 낮은 작업·교육성적을 부여받은 점 등을 종합하여 피고가 원고가 '공안사범'이라는 이유만으로 교도작업에서 배제되었다고 판단하였다. 이는 교도소 내에서 실제 작업이 수행되고, 관리되는 방식에 비추어 해당 사건의 사실관계를 실질적으로 판단한 결과라고 할 것이다.

또한 징역형을 선고받은 수용자에게는 정역의 의무가 있으나, 형집행법상 작업·교육은 수형자의 교정 교화를 위한 것임은 물론 향후 사회생활에서 적응할 수 있는 능력을 함양시키는 측면이 있으며, 작업·교육은 경비처우급 조정 여부에 영향을 미침으로써 처우 전반을 향상시킬 수 있는 기회가 되기도 하므로, 작업·교육에서의 차별 또한 평등의 원칙에 위배될 수 있다고 밝힌 것은 형집행법상 작업·교육의 의미에 대해 시사하는 바가 크다.

나아가 대상판례는 원고가 위와 같이 작업·교육에서 배제되어 낮은 작업·교육성적을 부여받았고, 그 결과 경비처우급 상향이 이루어지지 않은 것이라고 보고 이는 헌법상 평등의 원칙과 비례의 원칙을 위반하여 재량권을 현저하게 일탈·남용한 위법행위라고 판단하였다. 이는 작업·교육의 부과와 이를 바탕으로 한 소득점수의 채점, 소득점수를 근거로 하는 경비처우급 결정이라는 일련의 과정에서 헌법상 평등의 원칙과 비례의 원칙이 지켜져야 한다는 점을 명시적으로 판시한 것으로, 행정편의나 국가보안법위반죄 등 특정 범죄에 대한 당국의 편견 내지는 차별적 관점에 기초하여 이루어지는 교도 행정의 관행들의 위헌·위법성을 지적하였다는 점에서 그 의의가 깊다.

꼭 '공안사범'에 관한 사안이 아니더라도, 수용자가 작업·교육에 대한 의지가 있음에도 불구하고 교정당국이 합리적 이유 없이 작업·교육을 부과하지 않고, 그 결과 낮은 소득점수를 받아 경비처우급이 상향되지 않는 결과가 발생하였다면, 경비처우급 결정행위에 대한 취소청구 내지 국가배상청구가 가능할 것이다.

[후속논의]

대상판례의 현처우 유지 결정 후 2017. 8. 17. 법무부예규 제1161호로 개정된 '분류처우 업무지침' 제69조 제1항에 의하면, 질병, 장애, 고령 등의 사유로 작업 또는 교육을 감당할 수 없는 경우에는 10점 만점의 평정소득점수로 고려하지 않고, 수형생활 태도 점수만으로 산정한 별도의 재심사 지표(재범가능성, 교정처우 성과, 형집행 기간, 수형생활 태도, 문제행동 가능성, 징벌관련 사항, 장애 등 개별처우 고려요소를 각 평가항목으로 하여 1~5점 사이의 점수를 부여하여 총점을 평가한 것을 기준으로 한다)에 따라 경비처우급을 조정할 수 있다. 대상판례는 위와 같은 '분류처우 업무지침' 개정은 원고뿐만 아니라 여러 가지 다양한 이유로 작업·교육 성적을 부여받지 못한 수형자의 경우 사실상 처우등급의 상향 기회를 박탈하는 것과 같은 문제가 발생하는 데에 대한 반성적 고려에서 기인한 것이라고 해석하였다. 그러나 교도소의 방침상 '공안사범'이라는 이유로 작업·교육을 부과 받지 못한 사정 또한 위 규정에서 정한 '질병, 장애, 고령 등의 사유'에 해당하는 것으로 볼 수 있을지, 위와 같이 보아 처우등급의 상향 기회를 부여하는 것만으로 작업·교육에 있어서의 차별이 전부 시정되는 것이라고 볼 수 있는지에 대해서는 나아가 고민이 필요할 것으로 보인다.

[오현정 변호사(법무법인(유한) 대륙아주)]

[07] 교정시설 작업장 참관에 따른 인격권 침해 여부

대상	교정시설 참관에 따른 인격권 침해 (기각, 의견표명) 국가인권위 2019. 7. 8.자 19진정0003400 결정 (기각, 의견표명)

[사실관계]

진정인은 피진정교도소에 수용되어 여성개방작업장에서 작업 중 어린 학생들이 사전에 어떠한 고지 없이 견학을 와서, 손가락질하고 웃고 떠들며 한참을 바라보고 사진을 찍어 치욕스러움과 수치심을 느꼈다면서 국가인권위원회에 진정하였다.

[결정요지]

[1] 일반참관은 현대화된 형의 집행 및 교정 행정에 대한 이해를 돕고 교도관의 사회적 역할에 대하여 알기 위한 것으로, 그 목적이 일반인에게 교정시설의 기능과 역할을 알리는 데 있어 목적의 정당성이 인정된다.

[2] 수용자들의 관점에서는 교정시설의 홍보를 위해 자신들이 이용된다는 감정, 참관인들에게 구경거리가 되는 것과 같은 주관적인 감정을 느낄 수 있다고 판단되나, 이 사건에서 교도소의 작업장은 사적인 공간이 아니기에 참관으로 인해 진정인의 사생활이 침해되었다고 볼 수 없고, 진정인의 신원이 참관인들에게 노출된 사실이 없어 신상이 노출되었다고 볼 수 없으며, 교정시설에 카메라, 휴대전화 등을 가지고 들어올 수 없다는 점으로 미루어 보아 학생들이 진정인의 초상권을 침해하였다고도 볼 수 없다. 결국, 참관으로 인해 진정인이 불쾌한 감정을 느낄 수는 있으나 인간으로서의 존엄성이 훼손할 정도에 이르렀다고 보기는 어렵다고 보아 진정을 기각한다.

[3] 그러나 인권위는 교도소 참관제도 운영과 관련하여 수용자의 입장도 고려하고 존중하여, 위와 같이 참관 대상자와 참관 목적의 구체화 및 기준 마련, 참관 장소의 수용자에게 참관일 이전에 참관일정 문서 게시 등 적절한 통지, 마스크 제공 등 수용자 모습의 최소한의 노출 등, 참관제도가 인권친화적으로 운영되는 것이 바람직하다는 의견을 표명한다.

[해설]

I. 진정사건에 대한 판단

이 사건의 참관 목적은 '현대화된 형의 집행 및 교정 행정에 대한 이해를 돕고 교도관의 사회적 역할에 대하여 알기 위함'으로, 이는 목적이 일반인에게 교정시설의 기능과 역할을 알리는 데 있기에 '수용관리 및 계호업무 등에 관한 지침'에 의거, 그 목적의 정당성이 인정된다고 보았다.

참관제도의 운영은 교정시설의 입장이며, 수용자들의 관점에서는 교정시설의 홍보를 위해 자신들이 이용된다는 감정, 참관인들에게 구경거리가 되는 것과 같은 주관적인 감정을 느낄 수 있다고 판단하였으나, 교도소의 작업장은 사적인 공간이 아니기에 참관으로 인해 진정인의 사생활이 침해되었다고 볼 수 없고, 진정인의 신원이 참관인들에게 노출된 사실이 없어 신상이 노출되었다고 볼 수 없으며, 교정시설에 카메라, 휴대전화 등을 가지고 들어올 수 없다는 점으로 미루어 보아 학생들이 진정인의 초상권을 침해하였다고도 볼 수 없다고 보고, 진정인이 불쾌한 감정을 느낄 수는 있으나 인간으로서의 존엄성이 훼손할 정도에 이르렀다고 보기는 어렵다고 하여 기각하였다.

II. 법무부장관에 대한 의견 표명

형집행법은 판·검사 외의 사람이 교정시설을 참관하려면 학술연구 등 정당한 이유를 명시하여 교정시설의 장의 허가를 받도록 하고 있으며(제9조 제2항), 같은 법 시행령은 판·검사 외의 사람이 참관을 신청한 경우에 소장은 성명·직업·주소·나이·성별 및 참관 목적을 확인한 후 허가 여부를 결정하도록 하고 있다(제3조 제1항). '수용관리 및 계호 업무 등에 관한 지침'은 일반참관제도를 명시하여, 평일

'국가공무원 복무규정'에 따른 근무시간 내에서 수용동, 작업장 등 교정행정에 대한 이해를 높일 수 있는 장소를 견학할 수 있도록 하고 있다(제486조 제1호). 참관 장소는 구체적으로 각 과 사무실, 종교수용동, 모범수형자 수용동, 작업훈련장, 강당, 각종 교육실, 작업장 등이며('수용관리 및 계호 업무 등에 관한 지침' 제493조), 참관 장소 근무자는 특별한 사유가 없는 한 참관 중 수용자 작업·교육·훈련 등은 중단하지 말고 계속 진행하여야 한다('수용관리및 계호 업무 등에 관한 지침' 제492조 제1항 제3호)고 규정하고 있는데, 일반참관은 교도소장의 재량사항으로 참관인의 인적사항과 참관 목적만 확인되면 이를 허가할 수 있으나, 참관대상이 되는 수용자의 사정이 고려되지는 않는다고 보았다.

위 결정에서 인권위는 행정의 입장에서 운영하고 있는 참관제도를 수용자의 처지도 고려한 인권친화적 참관제도로 개선하는 것이 필요하다고 설시하며 구체적으로 다음과 같은 의견을 표명하였다. 먼저 참관인의 인적사항과 참관 목적 확인만으로 참관을 허가할 수 있는 소장의 폭넓은 재량을 축소하고, 참관의 대상과 목적을 구체적으로 규율할 필요가 있고, 참관일에는 참관 장소에 있는 수용자들에게 외부에서 참관하러 온다는 사실을 사전에 알려 나름의 준비를 할 수 있게 하는 것이 바람직하며 참관일정에 대한 사전 구두 공지 외에 참관 장소에 일정 기간 동안 문서로 게시하는 등, 적절한 방법으로 고지하여,

수용자들이 참관에 관한 정보를 충분히 인지할 수 있도록 제대로 알릴 필요가 있고, 참관인들에게 수용자의 모습이 최소한으로 드러나도록 노력하고, 특히 수용자의 얼굴 노출에 세심하게 주의하여 마스크 제공이나 수용자 뒷모습이 보이게 하는 등으로 참관인이 수용자를 식별할 수 없도록 하는 것이 바람직할 것이라는 의견을 표명하였다.

[후속논의]

그간 참관에 대하여 많은 연구가 존재하는 것은 아닌 것으로 보인다. 참관에 대하여 수용자에 대한 교정의 효과를 높이는 방향으로의 연구 등은 존재하나, 미결수용자에 대해서는 무죄추정의 원칙에 따라 참관을 금지하고 있는 것과 같이 참관이라는 제도가 인격권에 대한 침해를 가져올 여지가 있음에도 기결수용자의 경우에 대한 참관에서 그러한 점에 대한 많은 고민이 있었던 것은 아니다. 수용자의 입장에서 규정된 부분이라고는 '수용관리 및 계호 업무 등에 관한 지침' 제486조 1항 참관에 대한 주의사항에서 "수용자의 명예를 훼손하는 행위를 하거나 비어·속어 등을 사용하여서는 아니 된다는 사실"을 참관 전 주의사항으로 알려야 한다는 정도가 있을 뿐이다.

이 사건 결정은 참관으로 인하여 사생활이나 초상권이 침해되어 인간의 존엄성을 훼손되었다고 보기는 어렵다고 판단하였으나, 일반인들에게 형의 집행 및 교정행정에 대한 이해를 높이기 위한 참관이라는 제도가 수용자에 따라서 불쾌감, 수치심, 모욕감 등 부정적 감정이 발생할 수 있다는 점을 인정한 것에는 의미가 있다고 볼 수 있다.

인권위는 법무부에 참관 대상자와 참관 목적의 구체화 및 기준 마련, 참관 장소의 수용자에게 참관일 이전에 참관일정 문서 게시 등 적절한 통지, 마스크 제공 등 수용자 모습의 최소한의 노출 등의 참관제도가 인권친화적으로 운영되기 위한 구체적인 의견을 제시하였고 이는 충분히 고려해 볼 만한 대안으로 보인다. 법무부의 적극적인 후속조치가 필요할 것이다.

[참고문헌]
- 최영신 외, 재범방지를 위한 교정보호의 선진화 방안 연구(III)－교정처우의 국제규범 이행실태와 개선방안, 한국형사정책연구원, 2014.

[최석군(민주사회를 위한 변호사모임
공익인권변론센터)]

[08] 위탁작업 중 사고에 대한 국가와 위탁업체의 배상 책임

대상	손해배상(기) (원고일부승) [1심] 대구지법 2020. 3. 27. 선고 2018가단120411 판결 (원고일부승) [2심] 대구지법 2021. 4. 14. 선고 2020나306837 판결 (원고일부승)

[사실관계]

수형자인 원고는 2015. 9. 8.경부터 대구교도소에 설치된 작업장에서 교도작업을 하였다. 대구교도소장은 형집행법, 교도작업의 운영 및 특별회계에 관한 법률(이하 "교도작업법")에 따라 2015. 12. 10. 피고 회사와 대구교도소 내 작업장에서 공업용 마대자루를 위탁생산하는 위탁작업계약을 체결하였다. 원고는 2016. 5. 26. 9:10경 위 작업장에서 화물트럭의 적재함에 마대자루를 적재하는 상차작업을 하던 중, 화물트럭에 적재된 마대자루를 고정시키기 위하여 피고 회사에서 제공한 슬링벨트를 양손으로 잡고 당기는 순간 슬링벨트가 끊어지면서 그 충격으로 트럭 적재함에서 지상으로 추락하였고, 이로 인하여 우측 주관절 요골 골두 골절 등의 상해를 입었다(이하 "이 사건 사고").

[판결요지]

[1] 피고 회사는 원고와 직접적인 고용계약을 체결하지는 않았지만 원고와 피고 대한민국 사이의 수용관계 및 피고들 사이의 위탁작업계약이 개재된 법률관계에 의하여 원고의 노무를 지배·관리할 수 있었고, 이러한 양자의 관계는 수용관계 및 위탁작업계약을 매개로 한 실질적인 사용자, 피용자의 관계라고 봄이 상당하므로, 피고 회사는 원고에 대하여 사용자로서의 안전배려의무가 있다.

[2] 시설관리자는 피구금자의 생명과 안전을 확보할 의무가 있으므로, 교도작업을 지도·감독하는 교정공무원은 작업개시 및 종료 시에는 작업에 사용할 시설이나 장비 또는 기계와 기구 및 도구를 점검하여야 하고, 작업 전에 안전사고 방지를 위해 안전수칙을 교육하고, 작업 중에도 수용자가 안전수칙을 지키도록 보호·감독할 의무가 있다.

[해설]

I. 쟁점의 소재

대상판례는 대구교도소에 수용된 수형자였던 원고가 위 교도소 내 작업장에서 위탁작업에 취업하던 중, 위탁자인 피고 회사가 제공한 슬링벨트의 결함으로 트럭 적재함에서 지상으로 추락하여 우측 주관절 요골 골두 골절 등의 상해를 당하자, 위탁자인 피고 회사와 대한민국을 상대로 손해배상을 청구한 사건에 관한 판결이다. 대상판례에서 주로 다투어진 법적 쟁점은 ① 원고와 직접적인 근로계약관계가 없는 피고 회사에 사용자의 안전배려의무가 인정되는가와 ② 교도작업에 관한 국가의 보호감독의무의 내용은 무엇인가이다.

II. 근로계약을 체결하지 않는 '실질적' 사용자의 안전배려의무

1. 사용자의 안전배려의무

안전배려의무란 근로자의 안전에 관한 사용자의 주의의무라고 할 수 있다. 종래 판례는 "사용자는 근로계약에 수반되는 신의칙상의 부수적 의무로서 피용자가 노무를 제공하는 과정에서 생명, 신체, 건강을 해치는 일이 없도록 인적·물적 환경을 정비하는 등 필요한 조치를 강구하여야 할 보호의무를 부담하고, 이러한 보호의무를 위반함으로써 피용자가 손해를 입은 경우 이를 배상할 책임이 있다"라고 하여(대법 2000. 5. 16. 선고 99다47129 판결), 안전배려의무의 법적 성격을 근로계약에 수반하는 신의칙상 의무로 이해하고 있다.

한편, 형식적으로 근로관계를 맺고 있지 않더라도, 근로관계와 동일시할 수 있는 관계에 있는 경우에서의 실질적인 사용자도 안전배려의무를 부담하는가에 관하여, 대법원은 "건축공사의 일부분을 하도급받은 자가 구체적인 지휘·감독권을 유보한 채 재료와 설비는 자신이 공급하면서 시공 부분만을 시공기술자에게 재하도급하는 경우와 같은 노무도급의 경우에, 그 도급인과 수급인의 관계는 실질적으로 사용자와 피용자의 관계와 다를 바가 없으므로, 그 도급인은 수급인이 노무를 제공하는 과정에서 생명·신체·건강을 해치는 일이 없도록 물적 환경을 정비하고 필요한 조치를 강구할 보호의무를 부담하며, 이러한 보호의무는 실질적인 고용계약의 특수성을 고려하여 신의칙상 인정되는 부수적 의무로서… 만일 실질적인 사용관계에 있는 노무도급인이 고의 또는 과실로 이러한 보호의무를 위반함으로써 그 노무수급인의 생명·신체·건강을 침해하여 손해를 입힌 경우 그 노무도급인은 노무도급계약상의 채무불이행책임과 경합하여 불법행위로 인한 손해배상책임을 부담한다"라는 견해를 제시한 바 있다(대법 1997. 4. 25. 선고 96다53086 판결).

2. 위탁작업 시 위탁자의 안전배려의무

교도작업법 제6조 제1항은 법무부장관은 형집행법 제68조에 따라 수형자가 외부기업체 등에 통근 작업하거나 교정시설의 안에 설치된 외부기업체의 작업장에서 작업할 수 있도록 민간기업을 참여하게 하여 교도작업을 운영할 수 있다고 규정하고 있고, 동법 시행규칙 제6조 제1항 제2호는 위탁작업을 "(교도작업법) 제6조에 따라 교도작업에 참여한 민간기업을 통하여 교도작업제품을 생산하는 작업"으로 정의하고 있다. 한편, 2010년 개정 전의 구 교도작업운영지침(2009. 8. 28. 일부개정 법무부예규 제883호) 제4조 제2항에서는 위탁작업을 "위탁자로부터 작업에 사용할 시설·기계·기구 및 재료의 전부 또는 일부를 제공받아 물건 및 자재를 생산·가공 또는 수선하여 위탁자에게 교부하고 그 대가를 받는 작업을 말한다"라고 규정하고 있었다. 이들 규정을 종합하면, 위탁작업은 민간기업인 위탁자로부터 작업에 사용할 시설, 기계, 기구 및 재료의 전부 또는 일부를 제공받아 물건 및 자재를 생산·가공 또는 수선하여 위탁자에게 교부하고 그 대가를 받는 작업을 말하는 것으로 이해된다. 한편, 현행 교도작업운영지침은 제3장(제42조 내지 제55조)에서 위탁작업에 관한 상세한 규정을 두고 있다.

이러한 위탁작업의 구조상, 위탁자(민간기업)와 위탁작업에 취업하는 수형자 사이에는 어떠한 직접적인 '계약관계'가 성립하지 않는다. 따라서 사용자의 안전배려의무를 '근로계약에 수반되는 신의칙상의 부수적 의무'라고 제한적으로 이해할 경우 위탁작업에 취업한 수형자에 대한 위탁자의 안전배려의무는 인정되기 어렵다. 그러나 근로계약을 체결하지 않은 '실질적' 사용자에게도 안전배려의무를 긍정한 대법 1997. 4. 25. 선고 96다53086 판결의 취지를 고려할 때, 위탁자와 위탁작업에 취업한 수형자 사이에 근로계약 관계와 동일시할 수 있는 경제적·사회적 관계가 인정되

는 경우에는 위탁자는 수형자에 대해 안전배려의무를 부담한다고 볼 수 있을 것이다. 대상판례도 이러한 입장에 서서 "피고들의 계약관계, 노무제공 형태 및 사고경위 등을 종합하여 보면, 비록 피고 회사는 원고와 직접적인 고용계약을 체결하지는 않았지만 원고와 피고 대한민국 사이의 수용관계 및 피고들 사이의 위탁작업계약이 개재된 법률관계에 의하여 원고의 노무를 지배·관리할 수 있었고, 이러한 양자의 관계는 수용관계 및 위탁작업계약을 매개로 한 실질적인 사용자, 피용자의 관계라고 봄이 상당하므로, 피고 회사는 원고에 대하여 사용자로서의 안전배려의무가 있다"라고 판단한 것으로 생각된다.

III. 교도작업에 관한 국가의 보호감독의무

형집행법을 집행하는 때에는 수형자의 인권은 최대한 존중되어야 한다(형집행법 제4조). 특히, 교도소 등의 구금시설에 수용된 피구금자는 스스로의 의사에 의하여 시설로부터 나갈 수 없고 행동의 자유도 박탈되어 있으므로, 그 시설의 관리자는 피구금자의 생명, 신체의 안전을 확보할 의무가 있다(대법 2000. 2. 25. 선고 99다25136 판결). 한편, 교도작업운영지침에 따라 작업장담당자는 작업개시 및 종료 시에는 작업에 사용한 시설이나 장비 또는 기계와 기구 및 도구를 점검하여야 하고(제13조), 위탁작업 시 직업훈련과장은 위탁자로부터 당해 작업에 사용할 시설·기계·기구 또

는 재료 등의 제공이 있을 때에는 작업담당자 및 작업기술담당자의 입회하에 검사공무원의 검사를 마친 후 교도작업운영지침 소정의 검사부에 기록하여야 한다(제45조 제1항). 따라서 피고 대한민국은 지휘, 감독 하에 교도작업을 하는 수용자가 교도작업을 수행하는 과정에서 생명, 신체, 건강을 해치는 일이 없도록 사전에 작업에 사용될 장비의 상태를 점검하여 작업자를 보호할 의무를 부담한다고 보아야 할 것이다.

대상판례는 이러한 입장에서 "교도작업을 지도·감독하는 교정공무원은 작업개시 및 종료 시에는 작업에 사용할 시설이나 장비 또는 기계와 기구 및 도구를 점검하여야 하고, 작업 전에 안전사고 방지를 위해 안전수칙을 교육하고, 작업 중에도 수용자가 안전수칙을 지키도록 보호·감독할 의무가 있"음을 전제로, 이 사건에서 원고가 적재함 위에 올라가 작업할 경우 추락사고의 위험성이 있으므로 대구교도소의 교정공무원은 적재함 위에 올라가지 않고 아래에서 마대자루나 슬링벨트의 위치를 교정하도록 하고, 혹시 올라가서 작업을 하더라도 추락사고가 일어나지 않도록 슬링벨트의 상태를 미리 점검하였어야 한다고 판단하였다.

Ⅳ. 대상판례의 의의

대상판례는 위탁작업에 취업한 수형자가 위탁작업 과정에서 위탁자가 제공한 작업에 필요한 재료 및 기구의 결함으로 상해를 입은 사안에서 위탁자와 국가의 손해배상책임을 인정한 사례이다. 대상판례는 특히 수형자와 근로계약 관계에 있지 않은 위탁자가 '실질적' 사용자의 지위에서 수형자에게 직접 안전배려의무를 부담한다는 점을 명확히 하였다는 점에서 의의가 있다.

[후속논의]

위탁작업 시 위탁자에게 안전배려의무가 인정되더라도 작업 중 사고로 상해를 입거나, 질병에 걸린 수형자가 위탁자나 국가를 상대로 손해배상을 청구하기 위해서는 피해자 측에서 안전배려의무의 위반 사실을 증명할 책임을 부담한다. 그런데, 수형자가 이러한 점을 증명할 증거에 접근하는 것은 용이하지 않다. 따라서 교도작업으로 인한 상해나 질병에 대해서는 일반 근로자에 대한 업무상 재해에 대한 보상과 같은 무과실책임을 도입할 필요가 있다.

한편, 일본의 경우에는 1975년 최고재판소가 육상자위대 사건(最三小判 1975. 2. 25.) 판결에서 '어떠한 법률관계에 기반하여 특별한 사회적 접촉 관계에 있는 당사자 사이에 있어서, 당사자는 당해 법률관계의 부수의무로서 신의칙상 상대방의 생명과 건강을 배려해야 할 의무를 부담하는 것'을 일반적으로 인정하였고, 그 후 1984년 카와기(川義) 사건 판결(最三小判 1984. 4. 10.)에서 근로계약 관계에서의 사용자의 안전배려의무를 명확히 하였다. 현재는 일본 노동계약법 제5조에 "사용자는 근로계약에 따라 근로자가 생명, 신체 등의 안전을 확보하면서 근로할 수 있도록 필요한 배려를 하여야 한다"라고 규정하여 이러한 의무를 실정법으로 명시하고 있다.

한편, 최근 일본에서 교도작업 중이던 수형자가 정상적으로 인쇄되지 않은 종이를 제거하기 위해 인쇄기 안에 손을 넣었다가 다른 수형자가 인쇄기를 작동시켜 상해를 입은 사고에 대하여 교도소 직원들의 안전지도의무(安全指導義務) 위반을 인정하여 국가배상책임이 긍정된 사례가 있다(仙台高判 2022. 8. 31. 令和 3 年(ネ)第143号).

[참고문헌]
- 장규원, 교도작업의 발전방향에 관한 연구, 형사정책연구 제18권 제3호, 한국형사정책연구원, 2007.
- 탁희성 외, 교도작업의 개선방안 연구—교도작업의 법적 지위—, 한국형사정책연구원, 2010.
- 허경미, 교도소 수용자노동의 쟁점에 관한 연구, 교정연구 제26권 제4호, 한국교정학회, 2016.
- 권오성, 교도소 위탁작업과 수형자에 대한 안전배려의무, 사회보장법학 제13권 제1호, 한국사회보장법학회, 2024.

[권오성 교수(연세대학교 법학전문대학원)]

제8장

분류심사 · 귀휴 · 가석방

대상	형법 제72조 제1항 위헌확인 (각하)
	헌재 1995. 3. 23. 선고 93헌마12 전원재판부 결정 (각하)

[사실관계]

청구인은 ① 폭력행위등처벌에관한법률위반죄, ② 공갈죄, ③ 공문서위조죄와 (추가적인) 공갈죄의 경합범으로 기소되었는데, 법원에서 3개의 사건이 병합 심리되어 1개의 판결에서 ① 폭력행위등처벌에관한법률위반죄에 대해서는 징역 5년, ② 공갈죄에 대해서는 징역 1년, ③ 공문서위조죄와 (추가적인) 공갈죄의 경합범에 대해서는 징역 1년이 각 선고되어 확정(대법 1992. 2. 11. 선고 91도2876 판결)되었다. 2개 이상의 형을 선고받은 경우는 무거운 형부터 집행되는데(형사소송법 제462조), 위와 같이 1개의 판결에서 다수의 징역형을 선고받은 청구인에 대해서는 폭력행위등처벌에관한법률위반죄에 대한 징역 5년, 공갈죄에 대한 징역 1년, 공문서위조죄와 (다른) 공갈죄의 경합범에 대한 징역 1년의 순으로 형의 집행이 이루어진다.

"유기형은 형기의 3분의 1이 지난 후 행정처분으로 가석방을 할 수 있다"고 규정(형법 제72조 제1항)되어 있는데, 청구인은 이러한 가석방의 요건과 관련해서 가석방의 주관 부서인 법무부가 1개의 판결로 다수의 징역형을 선고받은 청구인에게 가석방 요건을 해석·적용함에 있어서 최종적으로 집행되는 형기를 기준으로 하는 경우, 자신은 형법 제72조 제1항으로 인하여 헌법상의 평등권과 행복추구권이 침해된다고 주장하면서 1993. 1. 20. 헌법소원심판을 청구하였다.

[결정요지]

[1] 형법 제72조 제1항에서의 "형기"라 함은 1개의 판결로 수개의 형이 확정된 수형자의 경우에도 "각형의 형기를 합산한 형기"나 "최종적으로 집행되는 형의 형기"를 의미하는 것이 아니라 언제나 "각형의 형기"를 의미하고, 그 당연한 귀결로서 수개의 형이 확정된 수형자에 대하여는 각형의 형기를 모두 3분의 1 이상씩 경과한 후가 아니면 가석방이 불가능하게 되는 것이다.

[2] 형법 제72조 제1항은 동 규정에 따른 요건이 갖추어지면 법률상 당연히 가석방을 하도록 정하고 있는 것이 아니고, 수형자의 연령 등 제반 사정을 참작하여 재량적인 행정처분으로써 가석방을 할 수 있도록 하는 가석방제도의 원칙을 정하고 있는 규정에 불과하

여, 동 규정이 그 자체로서 가석방이라는 구체적인 행정처분을 기다리지 않고 직접 수형자인 청구인의 기본권을 침해하고 있다고는 볼 수 없으므로 기본권침해의 직접관련성이 결여되었다고 할 것이다.

[해설]

I. 가석방의 본질

가석방 제도의 본질에 대해서는 여러 가지 시각이 존재하는데, ① 모범적인 수형자에게 국가가 내리는 시혜적인 조치라고 보는 '은사·포상설'의 시각, ② 사회적응 가능성이 인정되는 수형자에 대해 행정처분으로 조기에 출소시켜 사회복귀를 촉진한다는 '행정처분설'의 시각, ③ 수형자의 원만한 사회복귀를 위해서 존재하는 자유형 자체의 탄력적 집행의 특성이라는 '행형제도설'의 시각이 있다. 그리고 ④ 이러한 성격 모두를 포함한다는 '종합설'의 시각도 존재한다. 가석방의 본질을 은사·포상으로 보는 견해는 19세기 중반 입헌군주국가의 배경에서 성립된 특별권력관계이론의 시각에서 주장되었고 특별권력관계인 수형자에게 가석방심사의 신청권을 인정할 수 없다고 보지만, 가석방을 자유형 자체에 내재된 것으로 보는 행형제도설의 시각에서는 수형자에게 사회복귀를 위한 가석방심사의 신청권을 인정할 수 있다고 본다.

대상판례에서 헌법재판소는, 가석방은 "갱생한 수형자에 대한 무용한 구금을 피하고 수형자의 윤리적 자기형성을 촉진하고자 하는 의미에서 취해지는 형사정책적 행정처분"이며 "행형기관의 교정정책 혹은 형사정책적 판단에 따라 수형자에게 주어지는 은혜적 조치일 뿐"이라고 보면서, 수형자가 형법 제72조 제1항의 요건을 갖추었더라도 가석방을 요구할 주관적 권리를 취득하거나 행형당국이 수형자를 가석방하여야 할 법률상의 의무를 부담하지 않는다고 밝혔다. 이러한 시각에서는 가석방 요건과 관련해서 수형자에게 기본권 침해의 직접관련성을 인정하지 않고 헌법소원의 대상으로 인정하지 않게 된다. 대상판례에서 헌법재판소는 가석방의 본질을 판단하였지만, 실제로는 현행 형법의 가석방 규정에 대한 해석론을 밝힌 것이라고 보인다. 헌법재판소는 대상판례에서 가석방의 요건을 규정한 형법 문언과 형의 집행을 규정한 형사소송법 문언을 근거로 하여 가석방의 의미를 판단했기 때문이다.

가석방 제도에 대한 해석론과 입법론은 구별되어야 한다. 해석상으로 보면, 문언에서 가석방을 행정처분으로 명시하고 있고(형법 제72조 제1항) 보호관찰의 부과 여부를 행정기관의 재량에 맡기고 있으므로(형법 제73조의2 제2항 단서), 수형자에게 가석방을 요구할 주관적 권리를 인정할 수는 없을 것이다. 그런데 특정 제도의 본질은 법률 문언에 한정해서 이해되어야만 하는 것은 아니므로, 입법상으로는 가석방의 본질을 단순히 은사·포상적이라고 이해해야 하는 것은 아니다. 가석방 제도의 역사적 발전과정을 보면, 은사적 제도로부터 수형자에게 권한적 성질을 인정하는 방향성을 나타내고 있다. 또한 가석방의 본질을 모든 자유형 수형자에 대한 형 집행 방식의 일환으로 보고, 가석방자에 대해서 석방 기간 중 일정한 조건이 부과되는 동시에 행정기관의 보호관찰이 재량적이 아니라 필요적으로 부과되도록 법률을 개정하면 되는 것이다. 아무튼 현행 형법의 해석상으로는 수형자에게 가석방심사 신청권 등의 권한을 인정하기는 어렵다.

II. 가석방 요건인 "형기"에 대한 해석의 대립

형법 제72조 제1항에서는 가석방의 요건을 "형기의 3분의 1을 경과한 후"라고 규정하고 있는데, 이때 형기는 법정형이 아니라 선고형을 의미하고 사면 등에 의하여 감형된 때에는 감형된 형을 형기로 본다. 형기와 관련하여 1개의 판결에서 다수의 형이 선고되는 경우 형기의 해석·적용을 어떻게 할 것인지, 즉 다수의 형을 종합하여 판단할 것인지, 각 형을 분리하여 판단할 것인지, 최종적으로 집행되는 형을 기준으로 판단할 것인지가 논란이 된다.

청구인은 1개의 판결에서 다수의 형이 선고되는 때에 최종적으로 집행되는 형을 기준으로 하여 가석방 요건이 인정되는 것은 수 개의 범죄를 범한 때에 1개의 판결에서 1개의 형만이 선고된 경우와 비교할 때 불합리한 차별이 발생한다고 주장하였다. 학계 다수설도 수형자의 시설 내에서의 생활 태도를 긍정적인 방향으로 선도하고 수형자의 조속한 사회 복귀를 돕는다는 가석방 제도의 형사정책적 목표에 비추어 수 개의 형을 종합한 형기의 ⅓을 가석방 요건으로 본다. 그러나 대상판례에서 헌법재판소는 "수개의 형이 확정된 수형자에 대하여는 각형의 형기를 모두 3분의 1 이상씩 경과"하여야 한다고 견해를 밝혔다. 헌법재판소 입장은 형 집행의 순서를 규정한 형사소송법 제462조에서 형 집행은 확정된 각 형을 기준으로 하고 있다는 점을 근거로 하고 있다. 다수의 형을 선고받은 수형자가 1개의 형을 선고받은 수형자에 비해서 불이익할 수 있다는 청구인의 주장에 대해서, 헌법재판소는 형사소송법 제462조 단서에 따라 검사가 형 집행의 순서를 변경하는 경우 종합한 형기의 ⅓이 경과한 시점에서 각 형에 대하여 동시에 가석방할 수 있어 불이익하지 않을 수 있다고 본다.

해석론상 이와 같은 가석방 요건 중 형기에 대한 헌법재판소의 해석은 타당하다. 형법 제72조 제1항에서는 "형기의 3분의 1이 지난 후"라고만 기술하고 있어서 비록 문법적 해석으로는 수 개의 형을 합산하여 계산할 수도 있고 각 형을 분리하여 계산할 수도 있다. 하지만 이때 체계적 해석방법을 통하여 형사소송법의 형 집행 관련 규정(제462조)을 보면 형은 개별적으로 집행하게 되어 있으며, 그리고 목적론적 해석으로 가석방의 취지를 고려하더라도 입법자가 수형자에게 가석방 신청권을 부여하지 않고 형 집행기관에게 가석방 허가에 대한 재량을 부여하고 있으므로 수형자에게 불이익하지 않을 수만 있다면 각 형을 분리하여 계산하는 해석은 타당하게 된다.

이처럼 1개의 판결에서 다수의 범죄사실에 대해서 다수의 형이 선고된 경우는 각 형의 형기가 ⅓ 이상씩 경과한 후에 가석방의 요건이 충족되는 것으로 해석된다면, 수형자의 가석방에 있어서 실질적으로 중요한 점은 먼저 집행되는 형의 형기 중 ⅓이 경과되면 바로 다음 형의 집행이 이루어질 수 있게 하는 것이다.

III. 형 집행의 순서

1. 중형선집행의 원칙

형 집행의 순서를 규정한 형사소송법 제462조에서는 "2이상의 형을 집행하는 경우에 자격상실, 자격정지, 벌금, 과료와 몰수 외에는 무거운 형을 먼저 집행한다"고 하여, '중형선집행의 원칙'을 선언하면서, "다만, 검사는 소속 장관의 허가를 얻어 무거운 형의 집행을 정지하고 다른 형의 집행을 할 수 있다"고 예외를 인정한다.

중형선집행의 원칙을 규정한 형사소송법 제462조는 2개 이상의 형을 동시에 집행하는 경우 그 집행의 순서를 정한 것이지, 이미 검사가 이미 집행지휘를 한 2개 이상의 형의 경우나 집행지휘를 한 형과 새로 집행지휘를 하

는 형의 경우에는 적용되지 않는다. 그리고 동시에 2개 이상의 형을 집행할 때 무거운 형을 먼저 집행한다는 것은, 확정된 형은 개별적으로 집행되어야 함을 전제로 한 것이며, 자격상실·자격정지·벌금·과료·몰수는 성질상 자유형과 동시에 집행할 수 있으므로 형사소송법 제462조에서 제외되어 있다. 집행상 무거운 형은 형법 제50조에 규정된 법정형의 경중에 따라 판단하게 되는데, 형의 종류에 따라 사형, 무기징역, 무기금고, 유기징역, 유기금고, 구류의 순서로 무거운 형으로 보며(형법 제50조 제1항), 형의 종류가 동일한 경우는 장기가 긴 것을 무거운 형으로 본다(형법 제50조 제2항).

2. 예외적 집행순서의 변경

재판의 집행은 재판한 법원에 대응한 검찰청 검사가 지휘하는데(형사소송법 제460조 제1항), 검사는 중형선집행에 대해서 예외적으로 소속 장관의 허가를 얻어 형의 집행순서를 변경할 수 있다(형사소송법 제462조 단서). 검찰청법 제11조에 따라 형 집행사무의 방식과 절차 등을 규정한 자유형등에 관한 검찰집행사무규칙(법무부령) 제38조에서는 수형자의 수용시설 소재지 관할청의 검사가 형 집행순서 변경을 담당하고, 이를 하고자 할 때는 소속 장관인 법무부장관이 아니라 소속 검찰청의 장의 허가를 받도록 하고 있다.

형 집행순서의 변경은 수형자가 가석방의

요건을 빨리 구비할 수 있도록 하려는 취지에서 둔 것이다(대법 2003. 11. 17.자 2003모347 결정). 무거운 형의 가석방 기간이 경과된 후에 그 형의 집행을 정지하고 가벼운 형의 집행에 착수하면 가벼운 형의 가석방 기간이 경과될 때 양자의 형에 대해 동시에 가석방을 인정할 수 있기 때문이다. 즉 중형선집행의 원칙에 따라 무거운 형을 먼저 집행하여 그에 대한 가석방 요건(형기의 $\frac{1}{3}$)을 충족시킨 다음, 그 형의 집행을 정지하고 그보다 가벼운 형의 집행에 착수하여 그에 대한 가석방 요건(형기의 $\frac{1}{3}$)을 충족시키는 것이다.

한편 형사소송법 제462조에서는 중형선집행 순서의 변경에 대한 장관의 허가라는 절차적 요건만을 규정할 뿐 실체적 요건을 규정하지 않고 있어서, 형 집행순서 변경의 판단은 검사의 재량에 따른다고 해석된다. 다만 검사의 형 집행에 관한 처분에 대해서는 불복수단이 존재하는데, 수형자·법정대리인·배우자는 재판을 선고한 법원에 이의신청할 수 있으며(형사소송법 제489조) 이의신청의 결정에 대해서는 즉시항고가 가능하다(형사소송법 제491조).

형 집행순서 변경 신청은 교정시설의 장, 수형자 또는 수형자의 가족 등이 할 수 있는데, 수형자나 그 가족이 검찰청에 직접 형 집행순서의 변경을 신청하면 검사는 수형자가 복역하고 있는 교정시설의 장에게 신청서 등을 송부하여 교정시설의 장이 신청여부를 결정하도록 하고, 수형자나 그 가족이 교정시설의 장에게 신청한 형 집행순서 변경이 거부된

후 검찰청에 형 집행순서의 변경을 신청한 경우는 관할청 검사가 직접 변경 허가 여부를 결정한다(대검찰청 형집행순서 변경 업무처리지침 제3조). 관할 검찰청 검사는 교정시설의 장으로부터 형 집행순서 변경의 신청을 받은 때에는 형기의 $\frac{1}{3}$을 경과하지 않거나 재판계속 중인 추가사건이 있는 경우, 형집행순서변경 불허 결정 후 사정변경 없이 재신청한 경우, 그 외 형 집행순서를 변경하는 것이 부적절한 경우 등이 아닌 한 원칙적으로 변경신청에 대해서 허가 결정을 하여야 한다(대검찰청 형집행순서 변경 업무처리지침 제6조).

[후속논의]

자유형 집행 중 수형자의 자발적이고 적극적인 개선 의지를 촉진하고 형 집행 기간을 단축하여 수형자의 사회복귀를 앞당길 수 있는 가석방 제도를 은사·포상설의 시각에서 벗어나 행형제도의 일환으로 이해하고 가석방 제도에 단순한 형벌의 의미뿐 아니라 수형자의 석방 후 사회에서의 원활한 복귀를 위한 처우의 의미까지도 부여되는 것으로 본다면, 가석방의 필요적 심사 및 더 나아가 필요적 가석방의 도입 필요성까지도 제기되며 이에 대한 진지한 논의가 필요하다. 그리고 가석방 결정의 주체를 사법기관으로 할 것인지 현행처럼 행정기관으로 할 것인지에 대한 논의도 함께 계속되어야 한다. 독일의 경우는 2개월 이상의 형이 선고된 수형자가 형기의 $\frac{2}{3}$ 이상을 복역하면 법원이 가석방을 필요적으로 심

사하고 있다(독일형법 제57조 제1항 제1호).

[참고문헌]
- 박재윤(편), 주석 형법: 총칙 2(제2판), 한국사법행정학회, 2012.
- 이용식, 수형자의 인권, 교정연구 제28권 제2호, 한국교정학회, 2018.
- 박상기·전지연, 형법학(제5판), 집현재, 2021.
- 김환권, 형집행 순서에 대한 소고—자유형과 노역장 유치의 집행 순서를 중심으로—, 고려법학 제109호, 고려대학교 법학연구원, 2023.
- 이은모·김정환, 형사소송법(제9판), 박영사, 2023.

[김정환 교수(연세대학교 법학전문대학원)]

[02] 가석방 심사에서 준법서약서 제출 의무 등의 위헌 여부

대상	준법서약제 등 위헌확인, 가석방심사등에관한규칙 제14조 제2항 위헌확인 (기각, 각하)
	헌재 2002. 4. 25. 선고 98헌마425등 결정 (기각, 각하) **(2010지방7급 / 2011국가7급)**

[사실관계]

청구인들은 각 국가보안법위반으로 징역형을 선고받고 복역하던 중 당국의 준법서약서 제출요구를 거절하여 1998. 8. 15. 또는 1999. 2. 15. 각 단행된 가석방에서 제외되었다. 이에 청구인들은 국가보안법위반 등의 수형자에 대한 가석방심사시 준법서약서를 요구하는 가석방심사등에관한규칙 제14조 제2항은 청구인의 양심의 자유, 행복추구권, 평등권 등을 침해한다는 이유로 헌법소원심판을 청구하였다.

심판의 대상

가석방심사등에관한규칙(1998. 10. 10. 법무부령 제467호로 개정된 것) 제14조 제2항(이하 "이 사건 규칙조항"이라 한다)

심사규칙 제14조(심사상의 주의) ② 국가보안법위반, 집회및시위에관한법률위반 등의 수형자에 대하여는 가석방 결정 전에 출소 후 대한민국의 국법질서를 준수하겠다는 준법서약서를 제출하게 하여 준법의지가 있는지 여부를 확인하여야 한다.

[결정요지]

I. 다수의견

[1] 단순히 국법질서나 헌법체제를 준수하겠다는 취지의 서약을 할 것을 요구하는 준법서약은 국민이 부담하는 일반적 의무를 장래를 향하여 확인하는 것에 불과하며, 어떠한 가정적 혹은 실제적 상황하에서 특정의 사유(思惟)를 하거나 특별한 행동을 할 것을 새로이 요구하는 것이 아니다. 따라서 이 사건 준법서약은 어떤 구체적이거나 적극적인 내용을 담지 않은 채 단순한 헌법적 의무의 확인·서약에 불과하다 할 것이어서 양심의 영역을 건드리는 것이 아니다.

[2] 양심의 자유는 내심에서 우러나오는 윤리적 확신과 이에 반하는 외부적 법질서의 요구가 서로 회피할 수 없는 상태로 충돌할 때에만 침해될 수 있다. 그러므로 당해 실정법이 특정의 행위를 금지하거나 명령하는 것이 아니라 단지 특별한 혜택을 부여하거나 권고 내지 허용하고 있는 데에 불과하다면, 수범자는 수혜를 스스로 포기하거나 권고를 거부함으로써 법질서와 충돌하지 아니한 채 자신의

양심을 유지, 보존할 수 있으므로 양심의 자유에 대한 침해가 된다 할 수 없다.

이 사건 규칙조항에 의해 준법서약서의 제출이 반드시 법적으로 강제되어 있는 것이 아니고, 또한 가석방은 수형자에게 주는 은혜적 조치일 뿐이고 수형자에게 주어지는 권리가 아니어서, 준법서약서의 제출을 거부하는 당해 수형자는 결국 위 규칙조항에 의하여 가석방의 혜택을 받을 수 없게 될 것이지만, 단지 그것뿐이며 더 이상 법적 지위가 불안해지거나 법적 상태가 악화되지 아니한다. 따라서 심판대상조항은 당해 수형자의 양심의 자유를 침해하는 것이 아니다.

[3] 남북관계의 특수성에 비추어 대한민국의 자유민주적 기본질서를 침해하거나 붕괴시키려는 세력의 위법행위는 그 행위의 성격상 주로 국가보안법위반죄 또는 집회및시위에관한법률위반죄를 통하여 처단하여온 것이 현재 우리의 법적 현실이므로 당해 수형자들에게 그 가석방 여부를 심사함에 있어서 다른 범죄의 수형자들에게 일반적으로 적용되는 심사방법을 공히 적용하는 외에, 국민의 일반적 의무인 '국법질서 준수의 확인절차'를 더 거치도록 하는 것은 당해 수형자들이 지니는 차별적 상황을 합리적으로 감안한 것으로서 그 정책수단으로서의 적합성이 인정된다고 할 것이다. 준법서약제는 당해 수형자의 타 수형자에 대한 차별취급의 목적이 분명하고 비중이 큼에 비하여, 차별취급의 수단은 기본권침해의 문제가 없는 국민의 일반적 의무사항의 확인 내지 서약에 불과하다고 할 것이므로 그 차별취급의 비례성이 유지되고 있음이 명백하다고 할 것이고, 결국 이 사건 규칙조항은 헌법상 평등의 원칙에 위배되지 아니한다.

II. 재판관 김효종, 재판관 주선회의 위헌의견

[1] 헌법 제19조에서 말하는 양심이란, 개인의 인격형성에 관계되는 내심에 있어서의 가치적·윤리적 판단뿐만 아니라 세계관·인생관·주의·신조 등을 포함한다(다수의견은 이러한 선례를 고려하지 않고 양심의 범위를 도덕적 양심에 국한시키면서, 개인의 윤리적 정체성에 관한 절박하고 구체적인 양심에 한정시켜 이 사건을 판단하고 있는바, 이는 명백히 종래의 판례취지를 축소 내지 변경하는 것이다).

[2] 폭력적 방법으로 정부를 전복할 권리는 누구에게도 보장되어 있지 않지만, 그러한 사고가 개인의 내면에 머무는 한 이를 고백하게 하거나 변경하게 하는 것은 양심의 자유를 침해하는 것이다. 그들의 "행위"를 법적으로 처벌할 수는 있어도, 그들로 하여금 여하한 직·간접적인 강제수단을 동원하여 자신의 신념을 번복하게 하거나, 자신의 신념과 어긋나게 대한민국 법의 준수의사를 강요하거나 고백시키게 해서는 안 될 것이다. 준법서약서제도는 과거의 사상전향서제도와는 형식적으로 다른 형태로서 국법질서를 준수하겠다는 서약서이지만, 그 실질에 있어서는 오랜 기간

공산주의에 대한 신조를 지닌 국가보안법 위반자 등으로 하여금 그러한 신조를 변경하겠다는 것을 표명하게 하고, 그럼으로써 같은 신조를 지닌 자들과 격리하게 되는 효과를 도모하는 점에서 유사하다. 다수의견의 판시와 같은 양심 개념을 차용한다고 하더라도, 양심의 자유나 표현의 자유와 같은 기본권은 국가에 의한 중요한 혜택의 배제시에도 제한될 수 있다고 보아야 한다. 무엇이 그러한 혜택에 포함될 것인지는 개별적으로 논해야 할 것이나, 적어도 장기수에 있어 가석방의 배제는 그의 일생 일대의 중요한 문제로서 이에 포함시켜 보아야 할 문제이다. 따라서 준법서약서제도는 헌법 제19조의 양심의 자유의 보호영역 내에 포섭되어야 마땅하다.

[3] 준법서약서제도는 "개인의 세계관·인생관·주의·신조 등이나 내심에 있어서의 윤리적 판단"을 그 대상으로 하고 있다는 점에서 내심의 자유를 직접 제한하는 것이라고 볼 수 있다. 비록 준법서약서라는 '표현된 행위'가 매개가 되지만 이는, 국가가 개인의 내심의 신조를 사실상 강요하여 고백시키게 한다는 점에서, 양심실현 행위의 측면이라기 보다는, 내심의 신조를 사실상 강요하는 것에 다름 아니다. 또한, 준법서약서제도는 어느 법률에서도 이를 직접 규정하고 있지 않으며 또한 이를 하위법령에 위임하는 근거규정도 없다. 그러므로 더 나아가 볼 것 없이 국민의 자유와 권리는 "법률로써" 제한할 수 있도록 한 헌법 제37조 제2항에 위반된다. 이 사건 규칙

조항이 수형자의 재범 가능성을 판단하기 위하여 향후의 준법의사를 파악한다는 관점에서 입법목적상 정당하다고 하더라도, 준법서약서를 제출하였다고 하여 향후 재범의 가능성이 없는 것인지, 제출하지 않은 경우 가석방하면 재범의 위험성이 높은 것인지는 명확하지 않다는 점에서, 이 사건 규칙이 입법목적 달성을 위한 효과적인 방법인 것인지는 의문이 있다. 한편 재범의 가능성에 대한 판단이 제도의 목적이라면 면접 등 다른 일반 수형자의 가석방 심사 방법으로도 충분히 그 목적을 달성할 수 있음에도, 이 사건 규칙은 필요 이상으로 양심의 자유를 제한한다. 나아가 준법서약서제도로 인하여 개인이 겪게 되는 양심상의 갈등, 즉 가석방을 얻어내기 위하여 자신의 근본적 신조를 변경하겠다는 표현을 하거나 혹은 침묵을 통해 신조의 불변을 나타내는 것에 대한 내면적 갈등의 심각성은, 재범의 위험성의 한 판단자료라는 공익과 대비시킬 때, 법익간의 균형성이 심각하게 훼손되고 있는 것이다.

[해설]

I. 서론

대상결정의 법정의견은 "헌법이 보호하고자 하는 양심은 어떤 일의 옳고 그름을 판단함에 있어서 그렇게 행동하지 않고는 자신의 인격적 존재가치가 파멸되고 말 것이라는 강력하고 진지한 마음의 소리로서의 절박하고

구체적인 양심을 말한다. 따라서 막연하고 추상적인 개념으로서의 양심이 아니다"라고 판시하면서 이 사건 규칙조항이 요구하는 준법서약의 내용은 '대한민국 국법을 준수하겠다'는 것이고, 이는 헌법상 명백한 국민의 일반적 의무로 국민이 부담하는 일반적 의무를 장래를 향하여 확인하는 것에 불과하고, 어떤 가정적 혹은 실제적 상황 하에서 특정의 사유를 하거나 특정한 행동을 새로이 요구하는 것이 아니므로, 양심의 영역을 제한하지 아니한다고 판단하였다. 또한, 이 사건 규칙조항에 의한 준법서약서 제출은 법적으로 강제되어 있는 것 아니고, 나아가 가석방은 은혜적 조치일 뿐이므로 준법서약서의 제출을 거부하는 수형자는 가석방의 혜택을 받을 수 없게 되더라도 단지 그것뿐이며 더 이상 법적 지위가 불안해지거나 악화되지 아니한다고 판시하였다.

그러나 양심의 자유라는 정신적 자유권의 근본을 이루는 중요한 기본권의 보호범위(보호영역)를 위와 같이 좁게 해석하면, 예컨대 우리 헌법이 명문규정을 두고 있지 아니한 사상의 자유 등 윤리적 양심에 해당하지 않는 내심의 자유는 과잉금지원칙에 의한 심사조차도 받지 못하게 되어 공권력에 의한 기본권 제한의 정당성 심사에서 제외되는 결과를 야기할 수도 있다.

한편 헌법재판소는 대상결정 이후 양심의 개념을 넓게 인정하는 다수의 결정을 한 바 있고, 다른 한편으로 사건에 따라 양심의 개념의 대상결정과 같이 좁게 해석하기도 하는 등 양심의 개념에 대해 사건에 따라 동요하고 있다.

'기본권의 보호범위(보호영역) – 제한의 유무 – 제한의 정당성 여부'의 3단계로 기본권 제한 법률의 위헌 여부를 심사한다는 현재의 확립된 위헌심사방법에 비추어 볼 때, 양심의 자유라는 극히 중요한 기본권의 보호범위를 대상결정과 같이 좁게 해석하는 것은 재고를 요한다. 대상결정의 다수의견은 준법서약서를 제출하게 하는 것이 양심의 자유 보호범위에 포함되지 않는다고 보면서도 한편으로는 과잉금지원칙에 위배되지 않는다는 취지로 판단하였고, 반대의견은 과잉금지원칙에 위배된다고 판단하여 양심의 자유에 대한 이 사건 규칙조항에 의한 정당화 여부에 관하여도 의견을 달리하였으나, 본고에서는 양심의 자유의 보호범위에 관한 논의를 중점으로 살펴본다.

II. 양심의 자유에 의해 보호되는 양심의 개념에 관한 논의

1. 학계의 논의

학계에서는 양심의 의미에 관하여 인간의 내심의 자유 중 윤리적 성격만 지칭한다는 견해(윤리적 양심설, 협의설), 윤리적 성격에 국한되지 않고 널리 사회적 양심으로서 사상의 자유를 포괄하는 내심의 자유를 의미한다는 견해(사회적 양심설, 광의설)가 논의되고 있다.

2. 헌법재판소의 견해

헌법재판소는, 사죄광고의 위헌 여부가 문제된 1991. 4. 1. 선고 89헌마160 결정에서 "양심이란 세계관·인생관·주의·신조 등은 물론, 이에 이르지 아니하여도 보다 널리 개인의 인격형성에 관계되는 내심에 있어서의 가치적·윤리적 판단도 포함된다고 볼 것이다. 그러므로 양심의 자유에는 널리 사물의 시시비비나 선악과 같은 윤리적 판단에 국가가 개입해서는 안 되는 내심적 자유는 물론, 이와 같은 윤리적 판단을 국가권력에 의하여 외부에 표명하도록 강제받지 않는 자유, 즉 윤리적 판단사항에 관한 침묵의 자유까지 포괄한다고 할 것이다. 이와 같이 해석하는 것이 다른 나라의 헌법과 달리 양심의 자유를 신앙의 자유와도 구별하고 사상의 자유에 포함시키지 않은 채 별개의 조항으로 독립시킨 우리 헌법의 취지에 부합할 것"이라고 판시하였다. 즉 양심의 개념을 넓게 이해하였다.

이같이 양심의 개념을 이해하여 기본권 보호범위를 넓게 인정해 오던 입장이 계속되었고(대표적으로 국가보안법위반으로 형집행을 종료한 자에게 보안관찰을 부가하는 보안관찰법 제2조 등에 관한 헌재 1997. 11. 27. 선고 92헌바28 전원재판부 결정, 불고지죄에 관한 헌재 1998. 7. 15. 선고 96헌바35 전원재판부 결정, 법위반자로 하여금 위반사실을 공표하도록 하는 독점규제 및 공정거래에 관한 법률 제27조에 관한 헌재 2002. 1. 31. 선고 2001헌바43 전원재판부 결정, 주민등록증을 발급받을 경우 열 손가락 지문을 모두 날인하도록 한 주민등록법 시행령 조항에 관한 헌재 2005. 5. 26. 선고 99헌마513등 전원재판부 결정, 재산명시의무위반 채무자를 감치할 수 있도록 한 민사집행법 조항에 관한 헌재 2014. 9. 25. 선고 2013헌마11 전원재판부 결정 등이다) 경우에 따라 넓은 의미의 양심의 개념과 함께, 양심의 개념을 좁게 이해하는 판시, 즉 "요컨대 양심이란 인간의 윤리적·도덕적 내심영역의 문제이고, 헌법이 보호하려는 양심은 어떤 일의 옳고 그름을 판단함에 있어서 그렇게 행동하지 아니하고는 자신의 인격적인 존재가치가 허물어지고 말 것이라는 강력하고 진지한 마음의 소리이지, 막연하고 추상적인 개념으로서의 양심이 아니다"라고 판시하기도 하였다(음주측정 불응시 처벌조항에 관한 헌재 1997. 3. 27. 선고 96헌가11 전원재판부 결정, 공직선거법상 허용된 경우를 제외한 선거운동을 제한하는 조항에 관한 헌재 2001. 8. 30. 선고 99헌바92등 전원재판부 결정, 좌석 안전띠 착용의무에 관한 헌재 2003. 10. 30. 선고 2002헌마518 전원재판부 결정 등이 있다). 대상결정의 다수의견은 양심의 개념을 좁게 설시하였고, 이후의 일부 결정에서도 같은 취지로 결정하였다(양심적 병역거부에 관한 세 번의 결정(헌재 2004. 8. 26. 선고 2002헌가1 전원재판부 결정, 헌재 2011. 8. 30. 선고 2008헌가22등 전원재판부 결정 및 같은 날 선고된 2007헌가12등 전원재판부 결정, 헌재 2018. 6. 28. 선고 2011헌바379등 전원재판부 결정) 등이다).

그런데 그 뒤에도 헌재 2005. 5. 26. 선고 99헌마513등 전원재판부 결정(지문날인을 의무화한 주민등록법 시행령 조항이 문제된 사건), 헌재 2008. 10. 30. 선고 2006헌마1401등 전원재판부 결정(연말정산 간소화를 위해 의료기관에게 환자들의 의료비 내역에 관한 정보를 국세청에 제출하도록 의무를 부과하는 조항이 문제된 사건)에서도 "양심에는 세계관·인생관·주의·신조 등은 물론, 이에 이르지 아니하여도 보다 널리 개인의 인격형성에 관계되는 내심에 있어서의 가치적·윤리적 판단도 포함될 수 있다"고 하여 다시 광의의 양심 개념을 설시하는 등 양심의 자유라는 중요한 기본권의 보호범위에 관한 판시가 여전히 확립되었다고 할 수 없다는 평가도 가능하다.

3. 소결(사견)

(1) "'양심의 자유'가 보장하고자 하는 '양심'은 민주적 다수의 사고나 가치관과 일치하는 것이 아니라, 개인적 현상으로서 지극히 주관적인 것이다. 양심은 그 대상이나 내용 또는 동기에 의하여 판단될 수 없으며, 특히 양심상의 결정이 이성적·합리적인가, 타당한가 또는 법질서나 사회규범, 도덕률과 일치하는가 하는 관점은 양심의 존재를 판단하는 기준이 될 수 없"다(양심적 병역거부에 대한 처벌조항에 대한 첫 번째 결정인 헌재 2004. 8. 26. 선고 2002헌가1 전원재판부 결정). 이처럼 협의의 양심 개념에 의하더라도 양심의 자유가 주관적이고 구체적인 상황 하에서만 문제되고, 보호되는 양심인지는 진지한 내심의 결정인지가

오히려 핵심적인 판단대상이 되어야 하는 점등을 고려한다면, 기본권 주체에게 내면화된 가치가 구속력을 가지고, 내심의 결정이 그러한 구속력에 따른 것이라면, 진지성을 구비하고 있다고 보아야 할 것이므로, 내심의 진지성이 아니라 준법서약서 제출 여부에 따른 법적 불이익의 존재 여부를 따지는 등의 다른 사유로 준법서약서 제출 거부행위를 양심의 영역을 건드리는 것이 아니라고 본 대상결정의 다수의견에는 동의하기 어렵다.

(2) 위에서 본 바와 같이 헌법재판소는, 의료기관 등에게 의료비 증빙서류를 제출하도록 한 위 2006헌마1401등 결정을 제외하고는, 양심의 개념에 관하여 별다른 이론적 일관성 또는 정합성에 관한 논증이나 개념 변경의 필요성에 관하여 명시적인 판시 내용 없이 개별 사건에 따라 광의의 개념과 협의의 개념을 혼용하고 있다.

다만 지금까지의 헌법재판소 결정들에 의하더라도 단순한 사실관계 확인이나 사실에 대한 고지의무 등을 부과하는 법률조항, 인간의 윤리적 내심영역에서의 가치적, 윤리적 판단과는 직접적인 관련이 없는 법률조항 등은 양심의 자유를 제한하지 않는다고 판단될 것이다. 특히 양심적 병역거부에 관한 세 번의 결정 등이 판시한 '양심상 결정'의 정의에 비추어 보면, '심각한 양심상의 갈등 없이는 그에 반하여 행동할 수 없는 경우'여야 헌법 제19조의 보호범위에 포함된다고 볼 것이다.

(3) 헌법재판소가 양심의 자유의 기능을

'개인의 윤리적 정체성'이라고 보고, 양심의 개념을 '윤리적 선악의 범주에 관한 진지한 결정'이라고 좁게 해석하는 것은 독일 연방헌법재판소의 결정례를 따른 것으로 보인다(BVerfGE 12, 45(55), 48, 127(173). 다만 독일 연방헌법재판소도 "양심적 병역거부자의 양심상 결정에 대한 법원의 심사는 양심상 결정의 배후에 있는 양심의 실질적인 평가에까지 확장될 수 없고, 양심적 병역거부자가 진지한 양심적 결정을 내렸는지를 확인하는 범위 내에서만 허용될 뿐"이라고 판시하였다). 이는 독일 기본법이 제2조 제1항이 규정한 일반적 행동의 자유가 원칙적으로 개별 기본권의 보호대상이 되는 모든 행위를 보호하고 있기 때문에 굳이 사상의 자유를 양심의 자유의 보호영역으로 둘 필요가 없기 때문이라고 한다. 독일은 일반적 행동의 자유권을 포괄적 기본권으로 명시하고 있을 뿐만 아니라, 독일 기본법 제4조 제1항은 양심의 자유와 나란히 종교의 자유는 물론 사상의 자유를 포함하는 '세계관적 고백의 자유'를 기본권으로 보장하고 있기 때문에, 양심의 자유를 윤리적 개념으로 한정지어도, 진지한 윤리적 결정에는 포함되지 않는 철학적 확신이나 신념, 사상 등과 관련된 기본권을 보장하는 데 공백이 생길 가능성이 없지만, 사상의 자유를 따로 기본권으로 명시하지 않고 있는 우리 헌법의 해석상으로는 양심에 세계관, 주의, 신조 등을 포함하는 넓은 개념으로 보는 것이 타당하다고 생각한다. 이러한 견해가 헌법학계의 다수설이라 할 수 있다.

(4) 헌법재판소가 인정하는 넓은 의미의 양심 개념에 따르면, 첫째, '세계관·인생관·주의·신조 등'도 양심의 보호범위에 포함되고, 둘째, '세계관·인생관·주의·신조에 이르지 아니하여도 보다 널리 개인의 인격형성에 관계되는 내심에 있어서의 가치적·윤리적 판단'도 양심의 개념에 포섭된다. 따라서 국가보안법위반으로 무기징역형을 선고받아 약 20년간의 형 집행을 받거나, '사상범'에 해당하여 유죄판결을 받아 형 집행 중이었던 청구인들이 자신들이 옳다고 믿는 사상이나 신조 또는 신념에 따라 준법서약서를 거부한 것은 양심의 자유의 보호범위 내로 포섭된다고 보아야 할 것이다.

양심의 개념을 어떻게 확정하는지에 따라 헌법 제19조의 보호범위 내인지가 달라지고, 그에 따라 기본권을 제한하는 공권력의 헌법적 정당화를 심사하는 확립된 기준인 과잉금지원칙의 적용 여부 및 그 과정에서의 사실적 및 규범적 평가의 강도 등이 달라 질 수 있다. 즉 보호범위의 확정은 정신적 기본권의 기초라 할 수 있는 매우 중요한 기본권인 양심의 자유에 대한 제한의 위헌심사에서 중요한 부분이라 아니할 수 없다. 따라서 헌법 제19조가 말하는 양심의 개념에 관하여 가급적 넓게 해석하는 것이 타당하다. 다만 양심적 병역거부와 관련하여 병역종류조항에 대하여 헌법불합치결정을 한 헌재 2018. 6. 28. 선고 2011헌바379등 전원재판부 결정은 "특정한 내적인 확신 또는 신념이 양심으로 형성된 이상 그 내용 여하를 떠나 양심의 자유에 의해 보호되는 양심이 될 수 있으므로, 헌법상 양심의 자유에 의해 보호받는 '양심'으로 인정할 것인지의 판단은 그것이 깊고, 확고하며, 진실된 것인지 여부에 따르게 된다"라고 판시하였다. 이러한 입장은 양심의 개념에 관한 협의설이나 광의설 중 어느 하나를 채택한 것이라기보다는, 내심의 결정이 깊고 확고하며 진실된 것인지 여부에 따라 실질적으로 판단하겠다는 취지로 보이고, 결론적으로는 양심의 자유의 보호범위를 넓게 인정하는 결과가 될 것으로 보인다.

III. 양심의 자유가 침해되었는지 판단하는 전제조건에 관한 결정이유에 대한 검토

대상결정은 "헌법상 그 침해로부터 보호되는 양심은 첫째 문제된 당해 실정법의 내용이 양심의 영역과 관련되는 사항을 규율하는 것이어야 하고, 둘째 이에 위반하는 경우 이행강제, 처벌 또는 법적 불이익의 부과 등 법적 강제가 따라야 하며, 셋째 그 위반이 양심상의 명령에 따른 것이어야 한다"는 요건을 설시하였다. 즉 실정법적 제약이나 불이익이 있는 경우에만 양심의 자유가 침해된다고 판단하였다.

이를 전제로 대상결정은, 앞서 본 바와 같이 가석방은 일종의 특별한 혜택이고, 수범자는 수혜를 스스로 포기하거나 권고를 거부함으로써 자신의 양심을 유지, 보존할 수 있으므로 양심의 자유에 대한 침해가 된다 할 수 없고, 준법서약서 제출 거부는 가석방이라는 은혜적 조치를 받지 않겠다는 것에 불과하여 당해 수형자의 법적 지위가 불안해지거나 법적 상태가 악화되는 것이 아니라 원래의 형기대로 복역하는 수형생활에 아무런 변화가 없기 되기 때문에 양심의 자유를 침해하지 아니한다고 보았다.

그러나 국법질서를 준수하겠다는 내용일 뿐인 준법서약서라고 하더라도, 그것의 제출을 거부하였다고 하여 길게는 이미 약 20년간의 형 집행을 받은 비전향장기수가 포함된 대상결정의 청구인들을 가석방에서 제외하는 효과를 단순히 은혜적 조치를 자신의 임의적 의사에 의하여 거부하기로 선택하였으므로 양심의 자유를 제한하는 것이 아니라고 보는 것은 지나치게 형식적인 판단이라 아니할 수 없다. 즉 청구인들이 가석방의 혜택을 받기 위하여 자신의 양심이나 신념 혹은 사상에 반하는 준법서약서를 제출하는 것은 자신의 양심이나 신념 혹은 사상이 아닌 것을 외부적으로 그것인 것처럼 표현하도록 사실상 강제하는 것이라고 보아, 실질적으로 양심의 자유라는 기본권을 제한하는 것이라고 보는 것이 타당하다.

IV. 결론

양심의 자유를 비롯한 자유권은 보호범위 또는 보호영역을 가지고 있다. 개인의 행위가 기본권의 보호범위에 속한다는 것은 개인의 행위가 일단 헌법적으로 보호되고 허용되는 것으로 추정된다는 것을 의미한다. 이는 당해 행위가 헌법상 원칙적으로 허용됨을 전제로 그것을 제한하는 국가행위의 허용 여부, 즉 정당화할 의무를 국가에 지우는 것이다. 우리 헌법 제37조 제2항은 모든 기본권을 법률로써 제한할 수 있다고 규정하여, 이른바 권리 논증의 두 가지 단계를 예상하고 있다고 할 수 있다. 즉 헌법 제37조 제2항은 법률로써만 기본권을 제한할 수 있도록 함과 아울러 '필요한 경우'에만 제한할 수 있다는 비례원칙 내지 과잉금지원칙에 의한 정당화 의무를 국가에 지움으로써 기본권 제한의 정당화 단계 이전부터 해석이나 이익형량을 통해 기본권의 보호범위를 제한하는 것을 간접적으로 부정하고 있다고 보아야 한다.

이런 점을 고려하면, 양심의 자유의 보호범위를 좁게 해석하여 애초에 특정한 행위를 양심의 자유의 보호에서 배제하는 대상결정은 재고될 필요가 있고, 나아가 양심의 자유에서 말하는 양심의 개념에 대해 사건에 따라 일관되지 못한 헌법재판소의 견해는, 기본권의 보호범위의 확정 문제에서 기본권 제한의 정당화 여부로 무게 중심이 이동한 국내외 헌법학계 또는 국제인권법의 경향에 맞게 재확립될 필요가 있다.

[참고문헌]
• 박종보, 양심의 자유의 규범구조와 보호범위−준법서약제를 중심으로−, 헌법실무연구 제3권, 헌법실무연구회, 2002.
• 이경주, 준법서약서제 등 위헌확인, 민주사회를 위한 변론 46호, 민주사회를 위한 변호사모임, 2002.
• 김승대, 준법서약제 등 위헌확인, 가석방심사등에관한규칙 제14조 제2항 위헌확인−준법서약제와 양심의 자유−, 헌법재판소결정해설집(2002년), 헌법재판소, 2003.
• 노희범, 소득세법 제165조 제1항 등 위헌확인 등−의료기관의 진료정보 제출과 개인정보보호−, 헌법재판소결정해설집(2008년), 헌법재판소, 2009.
• 윤영미, 양심의 자유, 헌법재판 주요선례연구 1, 헌법재판연구원, 2012.
• 권형준, 양심의 자유에 관한 고찰, 현대헌법학의 이론적 전개와 조망−금석 권형준 교수 정년기념논문집, 박영사, 2013.
• 강재원, 사죄광고와 준법서약서: 헌법재판소 1991. 4. 1. 89헌마160 결정, 헌법재판소 2002. 4. 25. 98헌마425 등 결정, 인권판례평석, 박영사, 2017.
• 강재원, 양심의 자유에 관한 헌법재판소 결정에 대한 비판적 검토, 인권의 창, 헌법의 길: 인권으로 본 헌법재판 30년, 경인문화사, 2018.

[강재원 판사(서울행정법원)]

대상	가석방처분불행사 위헌확인 (각하) 헌재 2003. 12. 23. 선고 2003헌마875 결정 (각하)

[사실관계]

청구인은 가석방의 대상이 됨에도 불구하고 가석방을 해주지 않는 공권력의 불행사로 인하여 평등권이 침해되었다고 주장하면서 그 위헌확인을 구하기 위하여 이 사건 헌법소원심판을 청구하였다. 청구인이 가석방의 대상이 된다고 주장하는 근거는 가석방 기간 중 가석방이 실효되어 다시 무기형을 집행하는 경우와 같이 가석방심사기준에 관한 규정이 없는 경우에는 교정사례에 따라야 할 것이고, 1997년 마산교도소에서 가석방으로 출소한 청구외 이○석의 교정사례에 비추어 볼 때 청구인도 충분히 가석방의 대상이 된다는 것이었다.

[결정요지]

헌법재판소는 이 사건 헌법소원 심판청구는 단순한 공권력의 불행사를 대상으로 한 것으로서 부적법하므로 헌법재판소법 제72조 제3항 제4호에 따라 이를 각하한다고 재판관 전원의 일치된 의견으로 결정하였다. 그 이유는 다음과 같다. ① 공권력의 불행사에 대한 헌법소원은 공권력의 주체에게 헌법에서 유래하는 작위의무가 특별히 구체적으로 규정되어 이에 의거하여 기본권의 주체가 행정행위를 청구할 수 있음에도 공권력의 주체가 그 의무를 해태하는 경우에 허용된다고 할 것이고, 그렇지 아니한 경우에 단순한 공권력의 불행사에 대하여는 헌법소원심판청구를 할 수 없는 것이다(헌재 1996. 11. 28. 선고 92헌마237 전원재판부 결정). ② 구 행형법 제51조·제52조에 의하면 가석방은 소장이 가석방심사위원회에 가석방심사를 신청하여 가석방심사위원회가 가석방적격 결정을 한 때 법무부장관에게 그 허가의 신청을 하고, 법무부장관이 그 신청이 정당하다고 인정하여 허가함으로써 이루어진다. ③ 가석방은 수형자의 개별적인 요청이나 희망에 따라 행하여지는 것이 아니라 행형기관의 교정정책 혹은 형사정책적 판단에 따라 수형자에게 주어지는 은혜적 조치일 뿐이므로, 어떤 수형자가 형법 제72조 제1항에 규정된 요건을 갖추었다고 하더라도 그것만으로 행형당국에 대하여 가석방을 요구할 주관적 권리를 취득하거나 행형당국이 그에게 가석방을 하여야 할 법률상의 의무를 부담하게 되는 것이 아니다. 수형자는 동조에 근거한 행형당국의 가석방이라는 구체적인 행정처분이 있을 때 비로소 형기만료 전 석방이라는 사실상의 이익을 얻게 될 뿐이다(헌재 1995. 3. 23. 선고 93헌마12 전원재판부 결정).

[해설]

I. 관련 법령

형법 제72조는 징역이나 금고의 집행 중에 있는 사람이 행상(行狀)이 양호하여 뉘우침이 뚜렷한 때에는 무기형은 20년, 유기형은 형기의 3분의 1이 지난 후 행정처분으로 가석방을 할 수 있다고 규정하고 있다. 그리고 2007. 12. 21. 형집행법으로 전부 개정되기 전의 구 행형법은 형법 제72조제1항의 기간을 경과한 수형자가 행형성적이 우수하고 재범의 위험성이 없다고 인정되는 때에는 구금시설의 소장이 법무부령이 정하는 바에 따라 심사위원회에 가석방심사를 신청하여야 한다고 규정하였다(제51조 제1항).

II. 가석방의 본질

헌법재판소는 이 사건에서 청구인의 청구를 각하하는 이유로 가석방이 수형자에게 주어지는 은혜적 조치이고, 그렇기 때문에 현행법에 수형자의 가석방 신청권이 없기 때문이라고 한다. 그러나 가석방의 본질이 행정기관의 은혜적, 은사적 조치에 불과하다는 헌법재판소의 입장은 근대 국가 이후 변화된 국가관과 법치국가의 원칙에 비추어보면 지나치게 권위적인 국가관을 드러낸 것이다. 헌법재판소는 가석방의 본질에 대한 다른 견해는 검토하지도 않은 채 '국가의 은혜'라는 시대착오적인 견해를 그대로 수용하고 있다.

가석방의 본질에 대해서는 헌법재판소가 주장하는 이른바 '은사설(恩赦說)' 외에 행정처분설, 사회방위설, 행형제도설 등의 견해가 대립한다. '행정처분설'은 가석방을 폐쇄된 시설 내 처우의 폐해를 피하고 수형자의 사회복귀라는 행형목적을 조기에 달성하기 위한 사회 내 처우의 한 형태로 파악한다. '사회방위설'은 가석방을 사회방위의 한 수단으로서 바라보는 견해이다. 수형자의 사회복귀를 앞당겨 사회에 적응함으로써 새로운 범죄를 예방하고, 이를 통해 결국 사회방위에 기여하는 제도라는 것이다. 다만 가석방 후 보호관찰의 중요성을 강조하고, 가석방자가 사회적응력이 불충분한 것으로 판단되면 사회방위 차원에서 가석방을 취소하고 다시 수용해야 한다고 주장한다. '행형제도설'은 가석방을 단계적 교정처우의 일환으로 누진처우제도의 최종단계에서 이루어지는 처분으로 자유형의 탄력적 집행의 결과라고 이해하면서 시설 외에서의 갱생을 도모하기 위한 행형제도의 한 형태라고 한다. 폐쇄적인 시설 내 처우의 폐해를 이른 시기에 피하도록 함으로써 형식적 정의보다는 수형자의 사회복귀라는 구체적이고 실질적인 합목적성을 실현하는 것이 가석방의 목적이라고 하는 견해이다.

가석방을 국가의 은혜적 조치라고 하는 견해는 가석방의 예측불가능성과 불공정성을 생산하는 토대가 되고 있다. 그렇기 때문에 은사설을 제외한 세 견해는 가석방을 수형자의 사회복귀를 위한 적극적인 프로그램으로 이해한다. 이들 견해에 의하면 가석방은 수형생활 중 수형자의 사회복귀를 위한 자발적인 참여와 노력을 장려하며, 수형자의 사회복귀를 앞당겨 사회내 처우를 시행함으로써 사회로부터의 단절을 최소한으로 하려는 특별예방 프로그램의 하나이다. 형집행법 제1조는 "수형자의 교정교화와 건전한 사회복귀를 도모"하는 것을 형집행의 목적으로 명시하고 있다. 가석방을 단지 국가 또는 심지어 행정기관의 은사라고 하는 사고는 형집행법이 정한 행형의 목적에 부합하는 것이라고 할 수 없다. 재사회화를 위한 프로그램은 국가의 은사로 시행되는 프로그램이 아니기 때문이다.

III. 수형자의 가석방 심사 참여권과 가석방 신청권

가석방을 국가의 은사가 아닌 형집행법이 형집행의 목적으로 명시한 재사회화 프로그램의 하나로 파악하면 가장 필요한 것은 수형자의 참여 기회이다. 현대적 의미의 재사회화는 국가의 강제적 교육이나 국가의 시혜가 아니라 수형자의 참여를 전제로 하는 프로그램이기 때문이다. 수형자가 가석방의 프로그램에 참여하기 위해서는 수형자에게 가석방을 신청하는 권한을 인정해야 하며, 가석방 심사과정에 참여할 기회를 보장해야 한다. 주요 국가의 입법례를 살펴보면 수형자에게 가석방 신청권과 가석방 심사 참여권을 모두 보장하지 않는 국가는 한국뿐이다. 가석방을 행정처분으로 정하고 수형자에게 신청권을 인정하지 않는 제도는 일본의 제도를 본뜬 것이다. 그런데 일본에서는 가석방 신청권은 없지만 가석방 심사에 참여하는 절차는 보장하고 있다. 미국, 독일 등에서 가석방의 심사절차에 수형자가 의견을 진술하는 절차가 보장되어 있음은 물론이다. 그런데 한국에서는 오직 구금시설의 소장이 가석방을 신청하도록 규정되어 있기 때문에 수형자 본인이 가석방 심사 대상인지도 알 수 없고, 따라서 가석방심사위원회의 심사에 수형자가 의견을 제출할 기회는 생각도 할 수 없다. 이러한 가석방 제도의 실태는 수형자의 사회복귀를 목적으로 한다는 형집행의 목적에 정면으로 반하는 것이다. 따라서 일차적으로 가석방심사에서 수형자의 진술기회를 보장하는 제도개선이 이루어져야 한다. 그리고 수형자가 가석방 심사에어 의견을 진술할 기회를 보장한다는 것은 결국 수형자의 가석방 신청권을 인정한다는 것으로 나아가야 한다. 신청의 권한이 없는데 의견을 진술할 기회만 보장하는 입법례는 매우 드물고, 그러한 절차는 가석방이 사회복귀 프로그램으로 운영되어야 한다는 본질에 모순되기 때문이다.

한편, 이 사건 당시의 구 행형법 제51조는

물론 현재의 형집행법 제121조는 형기의 3분의 1이 지난 수형자에 대해 교정시설의 소장이 가석방 적격심사를 "신청하여야 한다"고 규정하고 있다. 따라서 법문에 충실하기 위해서는 소장이 형기의 3분의 1이 지난 모든 수형자에 대해 필요적으로 가석방 심사를 신청해야 한다. 그러나 형집행법 시행령 제245조는 가석방 적격심사 신청 대상자를 일정한 기준에 따라 선정하도록 규정하고 있기 때문에, 현실에서 가석방 심사 대상이 되는 수형자는 매우 드물다. 그런데 법원이 가석방 여부를 직권으로 심사하는 독일에서는 형기 이수의 요건을 충족한 모든 수형자에 대해 심사가 이루어진다. 가석방이 수형자의 사회복귀를 위한 프로그램으로 기능하기 위해서는 가석방의 형식적 요건을 갖춘 모든 수형자에 대해 가석방 여부를 직권으로 심사하거나 수형자에게 가석방 심사 요청권을 보장해야 한다. 지금처럼 가석방이 극히 일부의 수형자들, 특히 정치·경제 영역의 이른바 사회지도층에게만 특혜를 부여하는 수단이 되어서는 안 될 것이다.

[후속논의]

이 사건에 대한 결정 이후에도 헌법재판소는 가석방의 신청이 수형자의 권리가 아니라는 입장을 견지하고 있다. 예를 들어 헌재 2010. 12. 28. 선고 2009헌마70 전원재판부 결정에서 헌법재판소는 "소장은 교정시설의 장으로서, 이 사건 법률조항에 따라 일정한 수형자가 가석방 적격심사 대상자로 인정될 수 있는지 여부를 판단하여 가석방심사위원회에 가석방 적격심사를 신청할 의무를 지고 있을 뿐이므로, 수형자에게 가석방 적격심사를 신청할 주관적 권리가 있다고 볼 수도 없다"고 판시하였다. 2009헌마70 결정에서 청구인은 "알코올 중독에 의한 정신병적 증세를 겪던 중 술에 취해 사물을 변별할 능력이나 의사를 결정할 능력이 미약한 상태에서 2004. 10. 18. 피해자를 살해하였고, 재범의 위험성이 있다"는 이유로 1심 재판을 거쳐 2005. 9. 13. 항소심인 서울고법에서 징역 10년 및 치료감호에 처한다는 판결을 선고받고, 이에 대한 청구인의 상고가 2005. 11. 10. 기각되어 위 형 및 치료감호가 확정되었다. 이후 청구인은 2005. 11. 10.부터 2006. 10. 27.까지 치료감호를 받고 이후 징역형을 복역하여 위 징역형의 복역 형기가 3분의 1을 경과한 후인 2009. 2. 4. "구 행형법 제51조는 가석방심사 신청권한을 소장에게만 제한적으로 인정하고, 구 행형법 시행령 제153조 제1호는 가석방심사 대상자를 행형성적심사결과 누진계급이 최상급에 속하는 자로 한정하여 청구인의 평등권 등 기본권을 침해한다"고 주장하면서, 위 구 행형법 및 그 시행령의 각 규정에 대하여 위헌확인을 구하는 이 사건 헌법소원심판을 청구하였다. 그러나 헌법재판소는 위와 같이 청구인의 청구를 각하한 것이다.

그뿐만 아니라 헌법재판소는 최근까지 같은 내용의 헌법소원 심판사건에서 모두 청구인의 청구를 각하하고 있다(헌재 2020. 7. 7. 선고 2020헌마843 결정; 헌재 2021. 2. 9. 선고 2021헌마80 결정; 헌재 2023. 5. 2. 선고 2023헌마576 결정 등). 가석방의 본질과 실태에 대한 면밀한 검토 없이 기존의 입장을 되풀이하고 있는 유감스러운 상황이다. 한편, 2007년 형집행법 전부 개정에 앞서 제출된 2005년의 행형법 개정시안에서는 소장의 신청이 없는 경우 수형자가 소장을 경유하여 가석방심사를 신청할 수 있도록 간접적 신청권을 규정하였지만, 이 또한 최종 입법으로 이어지지 않았다.

이러한 상황에서 가석방의 운영 실태를 개선하기 위해서는 근본적으로 가석방을 행정처분이 아닌 사법처분으로 전환해야 한다는 주장도 제기되고 있다. 가석방은 형집행의 방법을 변경하는 것에 불과하다거나, 그렇기 때문에 형집행 당국의 은혜적 조치라는 인식의 전환이 필요하고, 프랑스, 독일, 오스트리아 등 법관이 가석방을 결정하는 국가가 많기 때문이다. 스위스에서도 가석방의 취소 등 가석방에 대한 일부 결정을 법관이 한다. 가석방은 형을 선고한 법원의 입장에서 보면 양형기준에 따라 선고한 형벌의 본질적인 부분을 변경하는 것이다. 따라서 어떤 형태로든 법원의 관여가 필요하다. 독일에서 법관이 가석방을 결정하고, 가석방의 요건을 갖춘 모든 수형자에 대해 법관이 직권으로 가석방 여부를 심사하며, 예외적으로 수형자에게 가석방의 신청권까지 인정하는 것은 바로 그런 이유에서이다. 따라서 가석방의 사법처분화도 제도개선

의 검토대상이 되어야 하며, 형기의 3분의 1이 지난 모든 수형자에 대한 가석방 직권심사가 현실적으로 불가능하다면 수형자에게 가석방 신청권을 보장해주어야 한다. 최소한 현행 제도에서 가석방 심사대상이 된 수형자의 의견진술 기회를 보장하는 정도의 제도 개선은 반드시 이루어져야 한다.

[참고문헌]
- 이보영, 가석방제도의 실태와 활성화 방안, 교정연구 제5호, 한국교정학회, 1995.
- 강영철, 가석방제도의 개선방안, 교정연구 제21호, 한국교정학회, 2003.
- 한영수, 현행 가석방 심사체계의 문제점, 형사정책 제15권 제1호, 한국형사정책학회, 2003.
- 신양균 외, 행형법개정시안, 전북대학교 연구용역보고서, 2005.
- 정승환·신은영, 가석방의 사법처분화 방안 연구, 형사정책 제23권 제2호, 한국형사정책학회, 2011.
- 강동범·이강민, 가석방 활성화를 위한 체계적 정비 방안, 교정연구 제27권 제2호, 한국교정학회, 2017.

[정승환 교수(고려대학교 법학전문대학원)]

[04] 사형판결 확정 후 무기징역형으로 감형된 자의 사형집행 대기기간을 무기수의 가석방 형집행 요건기간인 10년에 산입하는 규정을 두지 않은 것의 위헌 여부

대상	형법 제73조 위헌확인 (기각)
	헌재 2009. 10. 29. 선고 2008헌마230 전원재판부 결정 (기각)
참조	재판의 집행에 관한 이의 (기각)
	[재판의 집행에 관한 이의] 서울고법 1990. 10. 10.자 89초40 결정 (기각)
	[재판집행에관한이의기각결정에대한재항고] 대법 1991. 3. 4.자 90모59 결정 (기각)

[사실관계]

청구인은 1996. 12. 13. ○○고법에서 강도살인 등의 죄로 사형판결을 선고받았고, 위 판결은 1997. 3. 25. 대법원의 상고기각 판결로써 확정되었다. 청구인은 위 판결 확정일부터 ○○구치소에 사형집행 대기를 위하여 수용된 지 10년 9개월가량 지난 2008. 1. 1. 사면법에 의한 대통령의 특별감형으로 무기징역형으로 감형되었고, 당시 청구인과 함께 무기징역형으로 특별감형된 다른 5명의 사형확정자들 또한 10년을 초과하여 사형집행 대기하였다. 청구인은 형법 제73조 제1항이, "형기에 산입된 판결선고 전 구금의 일수는 가석방에 있어서 집행을 경과한 기간에 산입한다"라고만 규정하고 사형이 무기징역형으로 감형된 경우 판결선고 '후' 구금의 일수를 산입한다는 규정은 두지 아니함으로써, 10년 9개월가량 동안의 구금기간이 무기수형자의 가석방 형집행 요건기간인 10년에 산입되지 못하는 불이익을 입었다며, 이 사건 헌법소원심판을 청구하였다.

[결정요지]

가석방의 형집행 요건기간에 무기징역형으로 감형된 사형확정자의 사형집행 대기기간을 산입할지, 아니면 차별을 둘지는 입법자가 무기수형자와 사형확정자의 형사책임에 상응하여 필요한 처벌과 교정교화의 정도, 그 교정처우의 실태와 방향의 수립, 강력범죄 발생의 추이 및 억제를 위한 형사정책적 판단, 무기수형자 또는 무기징역형으로 감형된 사형확정자의 가석방 후 재범 발생의 추이와 사회 내 처우를 통한 교화의 실태 등 여러 사정을 종합적으로 살펴 광범위한 재량을 가지고 정할 사항으로서, 그 입법적인 판단은 마땅히 존중되어야 할 영역에 속한다 할 것이다.

사형확정자의 수용시설에의 수용과 처우는 형의 집행이라고 할 수 없을 뿐만 아니라 사형집행 대기기간 동안에는 사형이라는 집행형의 성질상 건전한 사회복귀보다는 원만한 수용생활의 도모에 교정처우의 목적이 있다고 할 것이므로, 가석방의 대상이 되는 무기징역형의 수형자에 대하여 그 형 집행의 일환으로서 행하여지는 교정교화 및 가석방시 사회복귀를 위한 수용 및 처우와 본질적인 부분까지 같다고 할 수 없는 것이다.

가석방의 요건으로 무기에 있어서 10년, 유기에 있어서 형기의 3분의 1을 경과한 후를 요구하고 있는 것은, 그 선고형의 가볍고 무거움에 따라 책임과 비난가능성에 상응하는 형집행의 경과에 따른 고통의 차이 및 교정교화·사회복귀준비의 기간에 차이를 두겠다는 것이므로, 사형확정자가 무기징역형으로 감형된 경우와 처음부터 무기징역형의 선고를 받은 자와 사이에 필요하고도 합리적인 범위 내에서 가석방에 필요한 구금기간의 차이를 두는 것은 허용된다고 보아야 한다.

또한 특별감형은 범죄의 정상, 본인의 성행, 수형중의 행장, 장래의 생계 기타 참고될 사항을 조사하여 이루어지는 것으로서(사면법 제14조) 사형의 경우 그 집행 대기기간은 이에 참작될 요소이므로, 입법자에게 이 기간을 처음부터 무기징역형을 선고받은 경우와 동일하게 가석방의 형집행 요건기간에 다시 산입하도록 할 입법의무는 없다고 할 것이다.

사형집행 대기기간이 가석방 형집행 요건기간에 산입되지 아니한 결과, 무기징역형으로 감형된 자가 그때까지 구금의 일수를 가석방 형집행 요건기간에 산입받지 못하는 사실상의 불이익을 입는다고 하더라도, 위와 같은 가석방 제도의 취지, 사면법에 따른 특별감형의 법적 효과, 선고형에 따라 교정시설에서 시행되어야 할 개별적 처우의 특성을 비롯한 가석방 제도에 대한 입법자의 형사정책적 판단을 감안하면, 위와 같은 사실상 불이익으로 인한 차별적 결과가 발생하였다고 하더라도 이를 두고 불합리한 차별 입법을 하였다고 보기는 어려우므로, 심판대상조항이 사형집행 대기기간을 산입하는 규정을 두지 아니하였다고 하여 청구인의 평등권을 침해하였다고 할 수 없다.

[해설]

대상결정은 이 사건의 쟁점을 심판대상조항이 "형기에 산입된 판결선고 전 구금의 일수는 가석방에 있어서 집행을 경과한 기간에 산입한다"라고 규정하면서 사형판결 확정 후 무기징역형으로 감형된 자의 사형집행 대기기간을 무기수의 가석방 형집행 요건기간인 10년에 산입하는 규정을 두지 않은 것이 청구인의 평등권을 침해하였는지 여부로 보았다. 이에 따라 헌법 제10조 전문의 행복추구권에 대해서는 독자적으로 판단하지 않았다.

한편 대상결정은 실제 유사한 기간 구금되어 있었다는 점에서 비교집단으로 원래 무기형을 선고받아 10년 이상 자유형의 집행을 받은 경우를 설정하였다.

대상결정은 가석방제도가 효율적인 교정교화와 과밀수용해소 등 형사정책적 목적을 실현하기 위한 것이기 때문에, 사형집행 대기기간을 가석방기간에 산입할지 여부에 대해 입법자는 광범위한 재량을 가지고 있고 이에 대한 입법자의 판단이 존중되어야 한다고 판시하였다.

사형확정자의 대기기간 동안 수용과 처우는 건전한 사회복귀 등을 위한 형의 집행이라고 할 수 없고 형집행법에서도 사회복귀를 전제로 하는 처우 대상에서 제외하고 있으며, 선고형의 경중에 따라 가석방이 가능한 기간 요건에 차이를 두고 있는 점 등을 고려해 보더라도 심판대상조항이 청구인을 불합리하게 차별하고 있다고 보기는 어렵다고 판단하였다.

대법원 역시 1991. 3. 4.자 90모59 결정에서 "사형집행을 위한 구금은 미결구금도 아니고 형의 집행기간도 아니며 이 사건과 같은 특별감형은 형을 변경하는 효과만 있을 뿐이고 이로 인하여 형의 선고에 의한 기성의 효과는 변경되지 아니하므로, 특별감형이 있다 하여 사형의 판결확정일에 소급해서 무기징역형이 확정된 것으로 보아 무기징역형의 형기기산일을 사형의 확정판결일로 인정할 수도 없고 시형집행 대기기간이 미결구금이나 형의 집행기간으로 변경된다고 볼 여지도 없다"고 판시한 바 있고, 대상결정 역시 위 대법원 결정을 이유에서 언급하고 있다.

[후속논의]

사형 대기기간의 가석방기간 산입에 관한 뚜렷한 후속논의가 발견되지는 않는다. 다만 이 사건 결정 전후에 사형제의 대안으로 가석방, 사면, 감형, 복권 등에 의하여 형의 집행이 면제되거나 감경되지 않는 무기징역형, 즉 절대적 종신형을 도입해야 한다는 주장이 대두되었고, 최근에도 이에 대한 논의가 활발하게 이루어지고 있다. 특히 사형폐지론자들은 절대적 종신형이 사형과 무기징역의 간극을 어느 정도 해소하고, 국민감정상 사형제 폐지의 대안으로 가장 유력하게 받아들여질 수 있기 때문에 궁극적인 또는 과도기적 대안으로 주장하고 있다.

이와 같은 절대적 종신형에 관한 후속논의 등에 비추어 보면, 사형 대기기간이 무기징역형의 집행과 같다고 볼 수 없고, 사형확정 후 감형된 경우와 처음부터 무기징역형이 선고된 경우 구금기간의 가석방기간 산입에서 차등을 둔다고 하여 이를 불합리한 차별로 볼 수는 없다는 대상결정 취지가 여전히 유지될 것으로 보인다.

[참고문헌]
● 박찬걸, 사형제도의 합리적 대안에 관한 연구, 법학논총 제29집 제1호, 한양대학교 법학연구소, 2012.

[김진하 판사(서울고등법원)]

[05] 가석방 심사대상 불포함 행위의 헌법소원심판 대상 여부

대상	가석방대상 제외 위헌확인 등 (각하)
	헌재 2012. 6. 12. 선고 2012헌마360 결정 (각하)

[사실관계]

청구인은 2009. 4. 30. 서울고법에서 특정경제가중처벌등에관한법률위반(횡령)죄 등으로 징역 4년을 선고받아(서울고법 2008노550) 2009. 7. 9. 그 판결이 확정되었으며, 현재 서울남부구치소에 수용 중인 자이다. 청구인은 서울남부구치소장이 청구인을 가석방 심사대상에 포함시키지 아니한 행위와 청구인의 처우등급을 상향 조정하지 아니한 행위 및 검사가 청구인의 형집행 순서 변경신청을 거부한 행위를 다투면서 2012. 4. 9. 이 사건 헌법소원심판을 청구하였다.

[결정요지]

[1] 가석방 심사대상에 포함시키지 아니한 행위에 관한 판단

청구인이 형법 제72조 제1항, 형집행법(이하 '이 사건 법률'이라 한다) 제121조 제1항, 같은 법 시행규칙(이하 '이 사건 시행규칙'이라 한다) 제245조 제1항에 따라 '일정한 기간을 경과한 수형자로서 교정성적이 우수하고 뉘우치는 빛이 뚜렷하여 재범의 위험성이 없는 자'에 해당하여 가석방 심사대상자로 인정될 수 있는지 여부는 교정시설 장의 재량적 판단에 달려 있고, 청구인에게 가석방 심사를 청구할 권리가 있는 것이 아니다. 따라서 서울남부구치소장이 청구인을 가석방 심사대상에 포함시키지 않았다고 하더라도 청구인의 법적 지위를 불리하게 변경하는 것이라고 할 수 없으므로, 이 부분 심판대상 행위는 헌법소원심판의 대상이 되는 공권력의 행사 또는 불행사라고 볼 수 없다(헌재 2007. 7. 26. 선고 2006헌마298 결정).

[2] 처우등급을 상향 조정하지 아니한 행위에 관한 판단

이 사건 법률 제57조, 제59조, 같은 법 시행령 제84조 등에 의하면 수형자의 처우등급은 수용생활 태도, 상벌유무, 교육 및 작업의 성과 등을 종합적으로 고려하여 그 교정성적에 따라 조정될 수 있는 것이다. 즉, 수형자 처우등급의 상향 조정은 수형자의 개별적인 요청이나 희망에 따라 행하여지는 것이 아니라, 각 수형자의 개별처우에 적합하도록 행형기관의 재량적 판단에 의하여 이루어지는 것으로서 수형자에게 처우등급의 상향 조정을 요구할 주관적 권리가 있는 것이 아니다. 따라서 청구인의 처우등급을 상향 조정하지 않았다고 하더라도 청구인의 법적 지위를 불리하게 변경하는 것이라고 할 수 없고, 따라서 이 부분 심판대상 행위는 헌법소원심판의 대상이 되는 공권력의 행사 또는 불행사라고 볼 수 없다.

[3] 형집행 순서 변경신청에 대한 거부행위에 관한 판단

헌법재판소법 제68조 제1항에 의하면, 공권력의 행사 또는 불행사로 인하여 헌법상 보장된 기본권을 침해받은 자는 헌법소원심판을 청구할 수 있으나, 다른 법률에 의한 구제절차가 있는 경우에는 그 절차를 모두 거친 후가 아니면 청구할 수 없다고 규정하고 있다. 살피건대, 형사소송법에 의하면 형사재판에서 확정된 형의 집행은 검사가 지휘하고(형사소송법 제460조 제1항), 재판의 집행을 받은 자 등은 형의 집행에 관한 검사의 처분이 부당함을 이유로 재판을 선고한 법원에 이의신청을 할 수 있으며(형사소송법 제489조), 그 이의신청에 대한 법원의 결정에 대해서도 즉시항고를 할 수 있다(형사소송법 제491조 제2항). 그런데 청구인은 위와 같은 구제절차를 거치지 아니한 채 곧바로 위 거부행위에 대하여 이 사건 헌법소원심판을 청구하였으므로 보충성

원칙에 위반되어 부적법하다.

[해설]

I. 가석방, 처우등급 상향 요청의 헌법소원 심판 대상 여부

가석방은 자유형의 집행 중에 있는 사람이 행상이 양호하여 개전의 정이 현저하다고 인정되는 때에 일정한 조건부로 형기종료일 전에 석방하고 그것이 취소되거나 실효되지 않고 가석방 기간이 경과한 때에는 형의 집행을 종료한 것으로 간주하는 제도를 말한다. 가석방제도는 불필요한 형집행기간을 단축하여 재범의 위험성이 없는 수형자의 사회복귀를 촉진하고, 형집행에 있어 수형자의 자발적 사회복귀 의지를 촉구하여 교정효과를 증진시키는 기능을 한다. 우리나라 현행 가석방 제도는 형집행법 제119조 내지 제122조에 따라 교정시설의 장이 가석방심사위원회에 가석방 적격심사를 신청하여 가석방심사위원회가 가석방적격결정을 한 때 법무부장관에게 그 허가의 신청을 하고, 법무부장관이 그 신청이 정당하다고 인정하여 허가함으로써 이루어진다.

가석방 제도의 법적 성격에 관하여 형법 제72조 제1항은 "징역이나 금고의 집행 중에 있는 사람이 행상(行狀)이 양호하여 뉘우침이 뚜렷한 때에는 무기형은 20년, 유기형은 형기의 3분의 1이 지난 후 행정처분으로 가석방을 할 수 있다"라고 규정하고 있어 명문으로 가석방이 '행정처분'임을 규정하고 있다. 또한, 헌재

2003. 12. 23. 선고 2003헌마875 결정 및 헌재 2007. 7. 26. 선고 2006헌마298 결정에 따르면, 가석방은 "수형자의 개별적인 요청이나 희망에 따라 행하여지는 것이 아니라 행형기관의 교정정책 혹은 형사정책적 판단에 따라 이루어지는 재량적 조치"이므로, 어떤 수형자가 "형법 제72조 제1항에 규정된 요건을 갖추었다고 하더라도 그것만으로 행형당국에 대하여 가석방을 요구할 주관적 권리를 취득하거나 행형당국이 그에게 가석방을 하여야 할 법률상의 의무를 부담하게 되는 것이 아니다." 수형자는 "행형당국의 가석방이라는 구체적인 행정처분이 있을 때 비로소 형기만료 전 석방이라는 사실상의 이익"을 얻게 될 뿐이다.

대상판례에서도 이전 헌법재판소의 결정과 마찬가지로 형법 등 관련 법령에 따라 가석방 심사대상자로 인정될 수 있는지 여부는 교정시설의 장의 재량적 판단에 달려 있고 수형자에게 가석방 심사를 청구할 권리는 인정되지 않는다는 점을 재확인하였다. 따라서 교도소장이 청구인을 가석방 심사대상에 포함시키지 않았다고 하더라도 청구인의 법적 지위를 불리하게 변경하는 것이라고 할 수 없으며, 교도소장이 청구인을 가석방 심사대상에 포함시키지 아니한 행위는 헌법재판소법 제68조 제1항이 정하는 헌법소원의 대상이 되는 공권력의 행사 또는 불행사라고 볼 수 없다. 대상판례와 사실관계가 유사한 헌재 2007. 7. 26. 선고 2006헌마298 결정에서 헌법재판소는 청구인이 교정시설에 자신을 가석방 대상자로 심사하여 줄 것을 구술요청하였고 교도소장이 이를 거부하였다고 하더라도, 결론이 달라지지 않는다고 보았다.

가석방 제도와 마찬가지로 수형자 처우등급은 수용생활 태도, 상벌유무, 교육 및 작업의 성과 등을 종합적으로 고려하여 그 교정성적에 따라 조정될 수 있으며, 처우등급의 상향 조정은 행형기관의 재량적 판단에 의하여 이루어지는 것이다. 형집행법 제57조(처우) 제1항에 따르면, 수형자는 동법 제59조에서 규정하고 있는 분류심사의 결과에 따라 그에 적합한 교정시설에 수용되며, 개별처우계획에 따라 그 특성에 알맞은 처우를 받는다. 또한 동조 제3항에 따르면, "수형자에 대한 처우는 교화 또는 건전한 사회복귀를 위하여 교정성적에 따라 상향 조정될 수 있으며, 특히 그 성적이 우수한 수형자는 개방시설에 수용되어 사회생활에 필요한 적정한 처우를 받을 수 있다."

대상판례에서는 수형자에게 처우등급의 상향 조정을 요청할 주관적 권리가 없으며, 행형기관에서 청구인의 처우등급을 상향 조정하지 않았다고 하더라도 청구인의 법적 지위를 불리하게 변경하는 것이라고 할 수 없으며, 따라서 구치소장이 청구인의 처우등급을 상향 조정하지 아니한 행위는 헌법재판소법 제68조 제1항이 정하는 헌법소원의 대상이 되는 공권력의 행사 또는 불행사라고 볼 수 없다고 판시하였다.

II. 형집행 순서 변경신청에 대한 수형자의 대응방안

대상판례에서 청구인을 가석방 심사대상에 포함시키지 않은 행위와 처우등급을 상향조정하지 않은 행위는 모두 헌법소원 심판 대상이 되지 않는다고 보았던 반면, 검사가 청구인의 형집행 순서 변경신청을 거부한 행위에 대해서는 다른 법률의 구제절차가 있음에도 이를 경유하지 않아 보충성 원칙에 위배된다고 보았다. 헌법재판소법 제68조 제1항 단서에서는 "다만 다른 법률에 구제절차가 있는 경우에는 그 절차를 모두 거친 후에 청구할 수 있다"고 규정하고 있다. 보충성 원칙에 따르면, 헌법소원은 기본권 침해에 대한 최후의 구제수단으로 공권력의 행사나 불행사로 기본권이 침해된 경우 다른 법률이 정한 권리구제 수단을 모두 강구하였음에도 기본권침해가 남아있는 때, 비로소 제기되어야 한다는 것이다. 이때, 보충성원칙이 요구하는 권리구제절차란 공권력의 행사·불행사를 직접 대상으로 하여 그 효력을 다툴 수 있는 절차를 말하고 이러한 구제절차는 적법하게 거쳐야 한다. 다만, 권리구제절차가 존재하지만 통상의 권리구제절차를 거칠 경우, 권리구제의 기대가능성이 거의 없거나, 청구인의 정당한 이유 있는 착오로 구제절차를 밟지 않거나, 권리구체절차가 허용되는지 여부가 객관적으로 불확실한 경우에는 보충성의 예외가 인정된다.

검사가 청구인의 형집행 순서 변경신청을 거부한 행위에 대해서, 형사소송법 제460조 제1항에 의하면 재판의 집행은 그 재판을 한 법원에 대응한 검찰청검사가 지휘하고 형사소송법 제489조(이의신청)에서는 "재판의 집행을 받은 자 또는 그 법정대리인이나 배우자는 집행에 관한 검사의 처분이 부당함을 이유로 재판을 선고한 법원에 이의신청을 할 수 있다"고 규정하고 있다. 또한, 이의신청에 대한 법원에 결정에 대해서 제491조 제2항에 따라 즉시항고를 할 수 있다. 즉, 대상판례에서 청구인은 형사소송법에서 정하고 있는 이의신청 및 즉시항고의 권리구제절차를 적법하게 모두 거친 다음에도 기본권 침해가 남아있는 경우, 헌법소원심판을 청구할 수 있다.

[참고문헌]
- 박미랑, 가석방 심사에 있어서 재량권과 평가기준에 대한 고찰, 교정연구 제67호, 한국교정학회, 2015.
- 이희정, 가석방제도의 운영 및 발전방향에 대한 비판적 검토, 교정연구 제31권 제1호, 한국교정학회, 2021.

[송영진 박사(성균관대학교 과학수사학과)]

대상	형법 부칙 제2항 위헌확인 (기각)
	헌재 2013. 8. 29. 선고 2011헌마408 전원재판부 결정 (기각)

[사실관계]

청구인은 무기징역형이 확정되어 집행 중에 있는 자로서 2010. 10. 16. 기준 13년 이상 복역 중이었다. 형법(2010. 4. 15. 법률 제10259호 개정되어 동년 10. 16. 시행) 제72조 제1항은 무기징역의 집행 중에 있는 자의 가석방 요건을 종전의 '10년 이상'에서 '20년 이상' 형의 집행을 경과할 것으로 강화하였고, 부칙 제2항은 법 시행 당시에 이미 수용 중인 사람에 대하여도 개정된 조항을 적용하도록 규정하였다.

청구인은 부칙 제2항이 가석방 기회가 있다는 청구인의 신뢰를 박탈하여 신체의 자유와 평등권과 행복추구권을 침해한다고 주장하면서 2011. 7. 25. 이 사건 헌법소원심판을 청구하였다.

[결정요지]

수형자가 형법에 규정된 형 집행경과기간 요건을 갖춘 것만으로 가석방을 요구할 권리를 취득하는 것은 아니므로, 10년간 수용되어 있으면 가석방 적격심사 대상자로 선정될 수 있었던 구 형법(1953. 9. 18. 법률 제293호로 제정되고, 2010. 4. 15. 법률 제10259호로 개정되기 전의 것, 이하 '구 형법'이라 한다) 제72조 제1항에 대한 청구인의 신뢰를 헌법상 권리로 보호할 필요성이 있다고 할 수 없다. 가석방 제도의 실제 운용에 있어서도 구 형법 제72조 제1항이 정한 10년보다 장기간의 형 집행 이후에 가석방을 해 왔고, 무기징역형을 선고받은 수형자에 대하여 가석방을 한 예가 많지 않으며, 2002년 이후에는 20년 미만의 집행기간을 경과한 무기징역형 수형자가 가석방된 사례가 없으므로, 청구인의 신뢰가 손상된 정도도 크지 아니하다. 그렇다면 죄질이 더 무거운 무기징역형을 선고받은 수형자를 가석방할 수 있는 형 집행 경과기간이 개정 형법 시행 후에 유기징역형을 선고받은 수형자의 경우와 같거나 오히려 더 짧게 되는 불합리한 결과를 방지하고, 사회를 방위하기 위한 이 사건 부칙 조항이 신뢰보호원칙에 위배되어 청구인의 신체의 자유를 침해한다고 볼 수 없다.

▎재판관 이진성, 재판관 강일원의 반대의견

가석방의 요건을 정한 구 형법 제72조 제1항은 56년 이상 동일하게 유지되어, 10년 이상 무기징역형의 집행을 받으면 가석방 적격 심사 대상자가 될 수 있다는 청구인의 신뢰 형성의 근거가 되었다. 구 형법 제72조 제1항 시행 당시 18년에서 20년 무기징역형의 집행을 받은 자들이 가석방된 사례가 많이 있었던 점, 짧게는 14년 무기징역형의 집행을 받고 가석방된 경우도 있었던 점 등을 고려하면, 청구인의 신뢰가 손상되는 정도도 상당하다.

반면 구 형법 제72조 제1항이 요구하는 가석방을 위한 최소 형집행기간을 이미 경과하고 건전한 사회의 일원으로 복귀할 준비가 된 것으로 평가되는 수형자에게 가석방을 허용하지 않는다고 하여 사회방위라는 공익이 더 증진된다고 보기 어렵고, 개정 형법 시행 이후에 유기징역형을 선고받은 수형자와 개정 형법 시행 이전에 무기징역형을 선고받은 수형자들이 가석방을 위한 최소 형 집행경과기간의 균형을 달성하여야 할 비교 대상이라고 볼 수도 없다. 따라서 이 사건 부칙조항은 신뢰보호원칙에 위배되어 청구인의 신체의 자유를 침해한다.

경우 25년에서 50년으로 상향 조정하였다. 이에 따라 유기징역형의 상한을 선고받은 수형자의 경우 그 형기의 3분의 1인 10년(가중의 경우 16년 8개월)을 경과하여야 가석방 적격심사 대상자가 될 수 있다. 그러나 기존의 가석방 요건에 따르면 죄질이 더 무거운 무기징역형의 집행 중에 있는 자의 가석방에 요건이 '10년 이상'에 불과하므로, 개정 이후 유기징역형을 선고받은 수형자의 경우와 같거나 오히려 더 짧게 되는 불합리한 결과가 발생할 우려가 있다. 또한 무기징역형의 선고에도 불구하고 10년 뒤 가석방 될 수 있다는 것이 국민의 법감정과 부합하지 않으며, 1953년 형법 제정시에 비하여 늘어난 평균연령에 비추어 볼 때 가석방 요건으로서 10년의 형집행기간은 너무 짧다는 비판을 받았다. 이에 입법자는 형집행의 균형을 위하여 유기징역형의 상한을 늘리며 개정 형법 제72조 제1항의 무기징역의 집행 중에 있는 자의 가석방 요건도 '20년 이상'으로 상향하였고, 부칙 제2항에 따라 가중된 가석방 요건을 이미 수용 중인 사람에 대하여도 소급 적용하기로 하였다.

[해설]

I. 가석방 요건 강화 및 소급적용의 배경

2010년 개정 형법 제72조 제1항 가석방 요건 강화는 다수의 강력범죄의 발생으로 중벌주의에 대한 사회적 요구가 컸던 시대적 배경을 바탕으로 한다. 개정 형법 제42조는 유기징역형의 상한을 15년에서 30년으로, 가중의

II. 신뢰보호원칙에 대한 논의

1. 신뢰보호원칙의 의의

본 결정은 2010년 형법 개정에 따라 강화된 가석방 요건을 이미 수용 중인 자에게 소급적용하는 것이 신뢰보호원칙에 위배되는지 여부가 주된 쟁점이 되었다. 신뢰보호원칙이란

기존 법적 상태를 신뢰하여 일정한 법적 지위를 형성한 경우 국가는 국민의 신뢰이익을 보호하여야 한다는 것으로, 법률의 개폐로 인하여 기존에 존재하던 이익이나 권리가 박탈됨으로써 그 법률을 신뢰한 국민이 불리한 상태에 놓이게 되는 경우 신뢰보호원칙이 적용된다. 그러나 사회환경이나 경제여건의 변화에 따라 법률은 신축적으로 변화할 수밖에 없고, 변경된 새로운 법질서와 기존의 법질서 사이에는 이해관계의 상충이 불가피하다는 점을 고려할 때 국민이 가지는 모든 기대 내지 신뢰가 헌법상 권리로 보호될 수는 없다. 이와 관련하여 헌법재판소는 침해받은 이익의 보호가치, 침해의 경중, 신뢰가 손상된 정도, 신뢰침해의 방법, 새 입법을 통하여 실현하고자 하는 공익적 목적을 종합적으로 형량하여 신뢰보호원칙의 위배 여부를 판단한다. 결국 신뢰보호원칙은 이익형량의 문제로 귀결된다.

서 청구인의 신뢰를 헌법상 권리로 보호할 가치가 없는 점, ② 가석방은 사실상 이익일 뿐이므로 가석방 혜택을 받을 수 없게 된 수형자의 자유 제한 정도가 크지 아니한 점, ③ 무기징역형을 선고받은 수형자에 대한 가석방 심사 실제 운용 사례에 비추어 보아 신뢰 손상 정도가 크지 아니한 점, ④ 가석방 요건 중 형집행기간을 어떻게 규정한 것인지는 입법자가 광범위한 재량을 가진 것으로 경과규정을 두지 아니하였더라도 전혀 예상하지 못한 침해 방법이 아니라는 점, ⑤ 부칙조항을 통해 실현하고자 하는 공익은 유기징역형을 선고받은 수형자의 형집행기간과의 불합리한 결과를 방지하고 강력범죄에 엄정하게 대응하며 사회를 방위하기 위한 것이라는 점에서 타당하다는 점을 고려하여 이 사건 부칙조항이 신뢰원칙에 위배되지 아니한다고 판단하였다.

2. 신뢰보호원칙 위배여부에 대한 헌법재판소의 태도

무기징역의 집행 중에 있는 자의 가석방 요건을 강화한 개정 형법 조항을 이미 수용 중인 자에게도 적용하는 형법 부칙조항의 신뢰보호원칙 위배여부에 관하여 헌법재판소의 다수의견은 ① 수형자가 '형집행기간의 경과'라는 요건을 갖춘 것만으로 교정당국에 가석방을 요구할 권리를 취득하거나 교정당국이 법률상 의무를 부담하는 것이 아니라는 점에

3. 반대의견과 비교검토

헌법재판소의 다수의견과 2인의 반대의견은 강화된 가석방 요건의 소급적용에 관하여 신뢰의 보호가치, 새 입법을 통하여 실현하고자 하는 공익과의 비교형량을 중심으로 상충된다. 헌법재판소의 다수의견은 가석방은 수형자의 사회복귀를 촉진하기 위한 형집행 방법의 일종으로 형사정책적 행정처분이라 판단한다. 가석방의 요건 등은 교정교화의 정도, 재범발생의 추이 등 여러 사정을 입법자

가 종합적으로 살펴 광범위한 재량을 가지고 정할 사항이며, 가석방도 행형당국의 판단에 따라 수형자가 받는 사실상의 이익에 불과하므로, 가석방 기회에 관한 신뢰는 헌법상 권리로 보호할 필요성이 인정되지 아니한다. 이에 관하여 2인의 반대의견은 가석방의 요건을 갖추었다고 하여 수형자에게 가석방을 요구할 권리가 주어지는 것은 아니나, △형법 제정 이래 가석방의 요건은 56년 이상 변화 없이 유지되어왔다는 점에서 신뢰 형성의 근거를 제공하였고, △가석방이 사회복귀에 대한 기대를 이용하여 수형자의 성실한 수형생활을 유도하는 제도라는 점을 미루어 보아 일정한 행위기준을 제시한 것이므로 청구인의 신뢰의 보호가치를 인정하였다. 다수의견과 반대의견 모두 수형자에게 가석방을 요구할 권리는 인정하지 아니하나, 국가의 가석방제도 운영에 따라 형성된 신뢰의 보호가치성이 달리 판단되었다고 할 수 있다.

한편 헌법재판소의 다수의견은 가석방 요건을 강화한 새 입법이 구체적 정의에 부합하는 형집행을 통해 강력범죄에 임정하세 대응하고 사회방위의 공익을 증진시키는 것이 타당하다고 판단하였다. 당시 무기징역형을 10년 이상 집행받으면 가석방 적격심사 대상자가 될 수 있었던 구 형법 제72조 제1항이 국민의 법감정에 부합하지 아니하였고, 새 입법을 소급적용하지 않을 경우, 개정 후 유기징역형을 선고받은 수형자의 경우와 형집행기간이 같거나 오히려 더 짧게 되는 불합리한 결과가 발생하기 때문이다. 이에 2인의 반대의견은 개정의 배경이 된 중형주의가 사회방위를 위한 최선의 수단인지에 관한 형사정책적 논란을 지적하며, 가석방 요건을 갖추고 건전한 사회인으로 복귀할 준비가 된 것으로 평가되는 수형자에게 가석방을 허용하지 않는 점이 사회방위의 공익이 증진된다고 보기 어렵다고 판단하였다. 아울러 형법 개정 이전에 무기징역형을 선고받은 사람과 개정 이후 유기징역형을 선고받은 사람은 동일 비교대상이 아니라 판단하였다.

III. 소결

가석방제도는 수형자의 교화와 개선을 촉진하기 위해 형사정책상 도입된 행정처분으로 가석방 기회에 대한 신뢰가 헌법상 권리로 보호되기는 어렵다. 그러나 법치국가원리에 따라 법률이 존속될 것이라는 국민의 신뢰는 두텁게 보호받아야 할 것이며, 가석방제도는 신체의 자유 회복 및 사회복귀에 대한 기대를 이용하여 성실한 수형생활을 유도한다는 점에서 가석방 기회에 대한 신뢰는 유인된 신뢰에 가깝다. 또한 국민이 입법자의 재량에 따라 언제나 새로운 입법 가능성을 예측하여야 한다는 것도 신뢰보호원칙의 핵과 상충한다. 이에 가석방 제도의 목적과 신뢰보호원칙을 고려하며, 가석방에 대한 수형자의 신뢰를 최대한 보호할 수 있는 입법적 검토가 요청되는 바이다.

[후속논의]

1953년 법률 제293호로 공포되어 시행된 형법 이래 56년 만에 변경된 가석방의 요건은 2010년 개정 이후 계속 적용 중이다. 다만 가석방제도와 관련하여 사형 폐지시 대체형벌로 가석방 없는 종신형의 도입이 지속적으로 논의되고 있다. 또한 2023년 법무부는 엄벌주의적 관점에 입각하여 사형 폐지 논의와 별론으로 독자적인 가석방 없는 종신형의 도입을 추진하였다.

[참고문헌]
- 이부하, 헌법상 신뢰보호원칙의 재정립-헌법재판소 결정을 분석하며-, 법학연구 제21집 제2호, 인하대학교 법학연구소, 2018.

[권지혜 교수(수원대학교 법행정학부)]

대상	경비처우급하향조정처분 (원고승)
	[집행정지] 대전지법 2016. 2. 4.자 2015아322 결정 (인용)
	[항고] 대전고법 2016. 5. 31.자 2016루307 결정 (항고기각)
	[1심] 대전지법 2016. 7. 7. 선고 2015구합2590 판결 (원고승)
	[2심] 대전고법 2016. 10. 20. 선고 2016누11771 판결 (항소기각)
	[3심] 대법 2016두57441 (2016. 11. 8. 상고취하)

[사실관계]

원고는 2009. 2. 5. 서울고법 병합사건에서 경제범죄가중처벌등에관한법률위반(횡령)죄 등으로 징역 7년, 징역 1년 및 벌금 100억 원(벌금 미납시 2,000만 원을 1일로 환산한 기간 노역장 유치) 등을 선고받았고, 이에 대해 대법원 2009도1446호로 상고하였으나 그 상고가 2009. 5. 28. 기각되어 그 무렵 위 판결이 확정되었다.

원고는 서울남부교도소 등지에 수용되어 있다가 2011. 7. 14.부터 천안교도소에 수용되었다. 원고에 대한 이 사건 판결에 따른 징역형의 집행은 2015. 11. 23. 종료되었고(그 징역형 집행 도중에 벌금형에 대한 시효 중단을 위한 형집행순서변경에 따라 수일간의 노역장유치 집행이 몇 차례 이루어졌다), 2015. 11. 24.부터 벌금형에 따른 노역장유치 집행이 이루어졌다. 원고에 대한 경비처우급은 원고에 대한 징역형 집행종료 무렵 개방처우급(S1)이었는데, 2015. 12. 10. 분류처우위원회는 부정기재심사를 거쳐 "노역장유치 180일 이상 집행에 해당한다"

는 사유로 원고에 대한 경비처우급을 개방처우급(S1)에서 완화경비처우급(S2)으로 변경하는 처분을 하였다. 그러자 원고는 "당시 징역형 수형자가 아니고, 노역장 유치명령에 따른 벌금형 수형자이므로, 법령에 따르면 원고는 분류심사 대상이 아니어서 원고에 대해서는 분류심사를 하지 않아야 하는데, 분류심사를 통해 경비처우급이 부당하게 변경되었고, 징역형 집행 당시의 경비처우급이 유지되어야 한다고 주장"하며 소송을 제기하고, 집행정지를 신청하였다.

이에 대해 1심 법원은 "주문 기재 처분(경비처우급하향조정처분)으로 인하여 신청인에게 생길 회복하기 어려운 손해를 예방하기 위하여 긴급한 필요가 있다고 인정되고, 달리 효력정지로 인하여 공공복리에 중대한 영향을 미칠 우려가 있다고 볼만한 자료가 없다"고 인용 결정하였다(대전지법 2016. 2. 4.자 2015아322 결정).

이에 대해 2심 법원 역시 "신청취지 기재 처분(경비처우급하향조정처분)으로 인하여 신청인에게 생길 회복하기 어려운 손해를 예방하기 위한 긴급한 필요가 있다고 인정되고, 달리 위 처분의 효력정지로 인하여 공공복리에 중대한 영향을 미칠 우려가 있다고 볼만한 자료도 없다"며, "신청인의 이 사건 신청은 이유 있어 인용할 것인바, 제1심 결정은 이와 결론을 같이하여 정당하다"며 피신청인의 항고를 기각 결정하였다(대전고법 2016. 5. 31.자 2016루307 결정).

[판결요지]

1심 판결은 "원고는 이 사건 처분 당시 징역형 수형자가 아니고, 노역장 유치명령에 따른 벌금형 수형자이므로, 법령에 따르면 원고는 분류심사 대상이 아니어서 원고에 대해서는 분류심사를 하지 않아야 한다. 비록 원고가 노역장 유치명령에 따른 벌금형 집행 이전에 징역형 수형자로서 분류심사를 거쳐 경비처우급을 부여받은 상태였다는 사정이 있다고 하더라도 징역형 집행종료로 당연히 소멸되는 것에 불과하다"고 하였다.

2심 판결은 "이 사건 처분 당시 원고에게 형집행법 시행규칙 제67조 각호가 정한 부정기재심사의 사유가 있었다고 볼만한 자료가 없을 뿐만 아니라 이 사건 처분은 노역장 유치명령을 받은 사람을 분류심사 대상에서 제외한 형집행법 시행규칙 제62조 제1항 3호에 반한 것으로서 위법하다"고 하였다.

[해설]

형집행법 제57조 제1항에서는 "수형자는 제59조의 분류심사의 결과에 따라 그에 적합한 교정시설에 수용되며, 개별처우계획에 따라 그 특성에 알맞은 처우를 받는다"라고 규정하고 있으며, 동조 제2항에서는 경비등급에 따른 교정시설(개방시설, 완화경비시설, 일반경비시설, 중(重)경비시설)로 구분 등을 규정하고 있다. 그리고 형집행법 제59조 제5항은 분류심사에 관하여 필요한 사항에 대하여 법무부령에 위임하고 있다.

형집행법 시행령 제84조 제2항에서는 "교도소장은 수형자의 처우수준을 개별처우계획의 시행에 적합하게 정하거나 조정하기 위하여 교정성적에 따라 처우등급을 부여할 수 있다"라고 규정하고, 동조 제3항에서는 수형자에게 부여하는 처우등급에 관하여 필요한 사항을 법무부령에 위임하고 있다.

이와 같은 위임에 따라 형집행법 시행규칙 제63조는 분류심사에서 수형자의 처우등급에 관한 사항 등을 심사하도록 규정하고 있는데, 처우등급은 기본수용급, 경비처우급, 개별처우급으로 구분되며(형집행법 시행규칙 제72조), 경비처우급은 다시 개방처우급, 완화경비처우급, 일반경비처우급, 중경비처우급으로 구분된다(형집행법 시행규칙 제74조). 분류심사는 일정한 형기에 도달한 경우 개별처우계획 조정에 관한 정기재심사가 이루어지고(형집행법 시행규칙 제66조), 상벌 또는 그 밖의 사유가 발생한 경우 부정기재심사가 이루어진다(형집행법 시행규칙 제67조).

이 사건 당시 법원은 "형집행법 제59조 제1항 단서에서는 "다만, 집행할 형기가 짧거나 그 밖의 특별한 사정이 있는 경우에는 예외로 할 수 있다"고 규정하고 있고, 형집행법 제59조 제5항의 위임에 따른 동법 시행규칙 제62조 제1항 제3호(2017. 8. 22. 삭제)에서는 "노역장 유치명령을 받은 사람에 대해서는 분류심사를 하지 아니한다"라고 규정하고 있으므로, "노역장 유치명령을 받은 사람에 대하여 분류심사를 하지 않아야 한다""고 하였다. 그리고 법원은 "분류처우 업무지침은 징역 또는 금고형 수형자에 대하여 수형자로서의 처우가 시작된 때부터 석방될 때까지 수형자의 분류와 처우에 관련된 사항을 규정한다는 취지로, 분류처우 업무지침 역시 노역장 유치명령을 받은 사람은 그 적용대상으로 상정하고 있지 않는다"고 하였다.

또한 법원은 "원고는 이 사건 처분 당시 징역형 수형자가 아니고, 노역장 유치명령에 따른 벌금형 수형자이므로, 법령에 따르면 원고는 분류심사의 대상이 아니어서 원고에 대하여는 분류심사를 하지 않아야 한다"고 하면서, "비록 원고가 노역장 유치명령에 따른 벌금형 집행 이전에 징역형 수형자로서 분류심사를 거쳐 경비처우급을 부여받은 상태였다는 사정이 있다고 하더라도 이는 징역형 집행 종료로 당연히 소멸되는 것에 불과하다"고 하였다. 그리고 법원은 "원고는 징역형 집행 당시의 경비처우급이 유지되어야 한다고도 주

장하나, 징역형의 집행과 준별되는 노역장 유치명령에 따른 벌금형 집행에 원고 주장과 같은 사정이 고려되어야 할 아무런 법적 근거도 없다"고 하면서, "원고에 대하여 분류심사에 해당하는 재심사를 하여 경비처우급을 결정한 이 사건 처분은 위법하다"고 판시하였다.

다만, 여기서 주의할 점은 위 판결의 영향으로 2017. 8. 22. 형집행법 시행규칙 일부개정(법무부령 제907호)에 의해 제62조의 분류심사 제외 및 유예 대상에서 '노역장 유치명령을 받은 사람'이 삭제되었다. 이에 대해 형집행법 시행규칙 개정 이유에서는 "노역장 유치명령을 받은 사람에 대해서도 분류심사를 실시하여 처우등급에 따른 적절한 처우 및 처우 상향의 기회를 부여하기 위한 것"이라고 밝히고 있다.

이에 따라 '분류처우 업무지침'도 개정되어, 노역일수 180일을 기준으로 노역일수가 180일 이상인 수형자에 대하여 분류심사를 실시할 수 있도록 하였다.

[후속논의]

이 판결 이후 개정된 '분류처우 업무지침'에 의하면, 제7조(분류심사 대상자)에서 "소장은 제8조의 분류심사 제외자를 제외한 수형자를 대상으로 분류심사를 실시한다. 다만, 노역수형자의 경우 단일건으로 집행할 노역일수가 180일 이상인 수형자를 대상으로 실시한다"고 하고, 제8조(분류심사 제외자)에서 분류심사 제외자로 "집행할 형기 3개월 미만자, 구류형

수형자, 집행할 노역일수가 180일 미만인 노역수형자"를 규정하고 있다. 즉, 노역장유치자의 경우 유치기간 180일 미만에 대해서는 분류심사를 제외하고, 유치기간 180일 이상에 대해서는 분류심사를 실시하여 그 결과에 따라 처우를 하고 있다.

한편, '분류처우 업무지침' 제23조에 의하면, "노역수형자 분류심사에 오류가 있음이 발견된 때, 노역수형자를 징벌하기로 의결한 때, 그 밖에 노역수형자의 수용 또는 처우에 조정이 필요한 때" 부정기 재심사를 실시할 수 있다.

이 사건 판결에서는 당시 규정에 따라 노역수형자에 대한 부정기분류심사 자체가 인정되지 않았다. 그러나 개정된 규정에 의하면 부정기 재심사를 통해 노역수형자의 경비등급이 높아질 수도 있고, 반대로 경비등급이 낮아질 수 있다. 이와 같이 노역수형자에 대한 부정기 재심사의 결과 노역수형자에게 불이익한 처우가 실시될 수 있는데, 그 사유에 대해서는 지침이 아니라 법령에 근거를 두는 것이 바람직하다.

[참고문헌]
- 금용명, 교정학: 행형론과 수용자 처우, 박영사, 2021.

[권수진 연구위원(한국형사 · 법무정책연구원)]

대상	분류처우개선신청 거부처분 취소 (원고승) [1심] 대전지법 2018. 1. 10. 선고 2017구합104216 판결 (원고승) [2심] 대전고법 2018. 5. 24. 선고 2018누10215 판결 (항소기각)
참조1	조직폭력수용자 지정해제 신청에 대한 거부처분 취소 (원고승) [1심] 대구지법 2018. 4. 18. 선고 2017구합22673 판결 (원고패) [2심] 대구고법 2018. 9. 14. 선고 2018누3074 판결 (원고승) [3심] 대법 2018두59632 판결 (2019. 1. 17. 심리불속행기각)
참조2	조직폭력수용자 지정해제 거부처분 취소 (원고패) [1심] 전주지법 2020. 10. 15. 선고 2020구합1411 판결 (원고패) [2심] 광주고법(전주) 2021. 3. 24. 선고 2020누1778 판결 (항소기각) [3심] 대법 2021두36912 판결 (2021. 6. 24. 심리불속행기각)
참조3	분류처우개선신청 거부처분 취소 (화해권고결정) [1심] 서울행법 2017. 4. 27. 선고 2016구합80366 판결 (원고승) [2심] 서울고법 2017. 9. 8.자 2017누48682 결정 (화해권고결정)

[사실관계]

대상판례

원고는 무기징역형을 선고받고 수용된 사람으로, ○○교도소장을 피고로 하여 조직폭력수용자 지정해제 신청에 대한 거부처분에 대하여 그 거부처분의 취소를 구하는 행정소송을 제기하였다.

참조판례1

원고는 2014. 9. 20.경부터 2014. 9. 21.경까지의 강도상해, 흉기휴대 협박, 도박 등의 범죄로 수용되었고, 2002.경 1년 동안 '○○파' 폭력조직의 조직원으로 활동한 바 있었으나 위 수용의 원인이 된 범죄의 기간 동안에는 폭력조직의 조직원으로 활동한 바 없었다. 원고는 피고 ○○교도소장을 상대로 제소기간 내 조직폭력수용자의 지정대상에 해당한다는 처분에 대하여 다툰 바 없으나 이후 그 지정해제 신청을 하였고 피고는 이를 거부하여 그 거부처분의 취소를 구하는 행정소송을 제기하였다.

참조판례2

피고 ○○ 교도소장은 원고의 공범이나 피해자가 아닌 A에 대한 판결에 원고가 조직폭력사범으로 명시되어 있다는 이유로 조직폭력수용자 지정처분을 하였고, 그 후 원고에 대한 공갈죄 부분에 대해서는 원고가 무죄를 선고받았으나 횡령죄 부분에서는 조직폭력 활동을 하였다는 내용이 기재되어 있었으므로 조직폭력수용자 지정사유가 해소되지 않았다고 하면서 원고의 조직폭력수용자 지정해제 신청을 거부하여, 원고는 그 거부처분의 취소를 구하는 행정소송을 제기하였다.

참조판례3

원고의 체포영장, 구속영장에는 조직폭력배 조직원으로 기재되어 있기는 하였으나 1심과 항소심 판결문에는 위와 같은 기재가 빠져있고, ○○경찰서장은 현재 ○○경찰서에서 원고를 조직폭력원으로 관리하고 있지 않다고 하였음에도 피고 ○○구치소장은 조직폭력수용자 지정해제 신청을 거부하여, 원고는 그 거부처분의 취소를 구하는 행정소송을 제기하였다.

[판결요지]

대상판례

원고는 무기징역형을 선고받고 수용 중이므로 가석방이나 사면 등으로 수용이 종료되지 않는 이상 조직폭력 수용자 지정으로 인한 불이익을 평생 받아야 하는데, 조직폭력수용자 지정이나 지정해제에 대한 거부에 관하여 항고소송의 방법으로 다툴 수조차 없다고 보게 되면 수용자의 인권을 최대한으로 존중하도록 규정한 형집행법 제4조나 수용자는 합리적인 이유 없이 성별, 종교, 장애, 나이, 사회적 신분, 출신지역, 출신국가, 출신 민족, 용모 등 신체조건, 병력(病歷), 혼인 여부, 정치적 의견 및 성적(性的) 지향 등을 이유로 차별받지 아니한다고 규정한 형집행법 제5조의 취지에도 어긋난다. 형집행법 시행규칙 제198조의 조직폭력수용자 지정 대상인 '조직폭력사범'이란 수용자의 수용 원인이 된 당해 범죄가 조직폭력범죄에 해당하거나, 수용자가 당해 범죄의 실행 당시 폭력조직에 가담 중이었던 경우를 전제로 하는 것으로 제한적으로 해석하여야 한다.

참조판례1

원고는 2002년경 약 1년 동안 '○○○○○파' 폭력조직의 조직원으로 활동하였을 뿐, 수용원인이 된 당해 범죄(강도상해, 흉기 휴대 협박, 도박)의 범행 당시인 2014. 9. 20. ~ 2014. 9. 21.경에는 폭력조직에 소속되어 있지 않았던 사정을 알 수 있다. 이와 같은 사정을 앞서 본 조직폭력수용자 지정대상의 범위 해석에 비추어 보면, 원고의 수용 원인이 된 당해 범죄가 조직폭력범죄에 해당하거나, 원고가 당해 범죄의 실행 당시 폭력조직에 가담 중이었다는 점이나, 달리 원고가 조직폭력사범으로서 형집행법 시행규칙 제198조 각 호 내지 제199조 제1항에서 정한 조직폭력수용자의 지정대상에 해당한다는 점을 인정하기에 부족하므로, 이를 전제로 하는 이 사건 지정처분은 당초부터 처분사유가 존재하지 아니하여 위법하다. 원고가 형집행법 시행규칙에서 정한 조직폭력수용자 지정사유에 해당하지 아니함에도 불구하고 피고가 이 사건 지정처분을 한 것은 위법하나, 원고에게 위 조항에서 정한 형식상 조직폭력수용자 지정해제사유인 '공소장 변경 또는 재판 확정에 따라 지정사유가 해소되었다고 인정되는 경우'가 생긴 것은 아니다. 그러나 형집행법 및 그 시행규칙이 규정하고 있는 조직폭력수용자 지정 취지가 주로 교정시설의 안전과 질서유지를 위한 것임에 비추어 보면, 그 지정해제사유를 반드시 형식적으로 위 조항에서 정한 사유인 '공소장 변경 또는 재판 확정에 따라 해소되는 경우'로 한정할 것은 아니다. 이 사건과 같이 처음부터 조직폭력수용자 지정대상에 해당되지 않는 원고를 조직폭력수용자로 잘못 지정한 경우는, 당연히 위 조항에서 정한 조직폭력수용자 지정해제사유에 포함되고, 원고는 이를 이유로 피고에게 그 지정해제신청을 할 수 있다고 보아야 할 것이다. 설령 피고 주장과 같이, 당초의 조직폭력수용자 지정처분에 대하여 그 제소기간 내에 불복하지 않은 경우 그 지정처분의 하자를 이유로

지정해제신청을 할 수 없다고 보더라도, 처음부터 조직폭력수용자 지정대상이 아닌 원고를 조직폭력수용자로 잘못 지정한 이 사건 지정처분은 위법하고 그 하자가 중대하고 명백하여 당연무효라고 할 것이므로, 원고는 당초의 이 사건 지정처분이 당연무효임을 이유로 그 지정해제신청을 할 수 있다고 할 것이다. 따라서 원고의 지정해제신청을 거부한 이 사건 거부처분은 역시 위법하다. 앞서 본 바와 같이, 형집행법 시행규칙 제198조 제1호가 정한 조직폭력수용자 지정대상은 '체포영장, 구속영장, 공소장 또는 재판서에 조직폭력사범으로 명시된 수용자'라야 하는데, 원고에 대한 구속영장, 공소장 및 재판서에는 과거형인 '조직원으로 활동한 사람'으로 기재되어 있을 뿐, 현재형인 '조직원으로 활동하고 있는 사람', '조직원으로 활동 중인 사람' 등과 같이 명시되어 있지 아니하므로, 원고는 그 지정대상에 해당하지 않는다. 그런데 피고가 이를 간과하고 원고를 조직폭력수용자로 지정한 것은 형집행법 및 그 시행규칙의 중요한 부분을 위반한 것으로, 수용자의 기본권을 침해한 하자가 중대한 것임은 물론, 앞서 본 바와 같은 조직폭력사범의 지정 취지 및 과거형을 포함하지 않고 있는 위 조항의 문언 등을 종합하여 보면, 과거 한때에 조직폭력사범이었을 뿐인 수용자는 위 조항의 조직폭력사범 지정대상에 포함되지 않는다는 것을 비교적 분명하게 알 수 있으므로, 이를 잘못 해석한 하자는 객관적으로 명백하다고 할 것이다.

참조판례2

규정의 문언이 '공범 등'으로 되어 있음에도 그 문언보다 축소하여 조직폭력수용자 지정의 원인이 된 재판서 등에 그 대상자가 명시적·직접적으로 공범이라고 기재되어 있어야 한다거나, 조직폭력사범의 기재가 범행의 경위사실에 해당할 경우 지정대상이 아니라고 해석하는 것은, 교정시설의 안전과 질서유지를 위한 교도소장의 권한을 과도하게 제한하여 형집행법의 목적에 반하는 것으로 허용될 수 없다. 형집행법 시행규칙 제198조의 문언에 비추어 재판서 등에 조직폭력사범으로 명시되어 있으면 조직폭력수용자 지정대상에 해당하는 것이므로, 소장이 재판서 등에 조직폭력사범으로 명시되어 있음을 확인하는 것을 넘어 수용자가 실제로 폭력조직에 가담하였는지 여부를 심사하여야 할 의무는 없다고 할 것이므로 원고의 이 부분 주장은 이유 없다. 설령 피고에게 심사의무가 있다고 하더라도 위에서 살핀 바와 같이 원고가 이 사건 제1심판결 및 항소심판결에서 유죄로 판단된 특정경제범죄가중처벌등에관한법률위반(횡령)죄 범행 당시 폭력조직에 가담하였음이 인정되므로 이 사건 지정처분이나 이 사건 거부처분이 위법하다고 볼 수 없다.

참조판례3

피고는 원고가 2016. 3. 24. 서울구치소에 입소할 당시 체포영장에 조직폭력배 조직원으로 기재된 것을 확인한 것 외에 원고가 조직폭력사범인지 아닌지 여부를 확인한 사실은 없는 점, 원고에 대한 한국마사회법위반 등 혐의의 체포영장과 구속영장에는 범죄사실 첫머리에 원고가 'ㅇㅇ파 부두목급 조직원'이라는 기재가 있었으나, 2016. 7. 15. 선고된 1심 판결문, 2016. 10. 13. 선고된 항소심 판결문에는 위와 같은 기재가 빠져있는 점, 이 사건 소송 계속 중 ㅁㅁ경찰서장은 2017. 1. 31. '원고를 현재 ㅁㅁ경찰서가 조직폭력원으로 관리하고 있는지 여부'에 대한 사실조회 촉탁에 대하여 'ㅁㅁ경찰서 조직폭력배 관리대상자에 해당사항 없음'으로 회신한 점 등을 종합하면, 원고는 형집행법 제104조, 형집행법 시행규칙 제198조에서 정하는 조직폭력수용자 지정대상이 아니라고 할 것이다(형집행법 시행규칙 제198조 제1호에서 체포영장·구속영장에 조직폭력사범으로 명시된 수용자를 조직폭력수용자 지정대상으로 규정하고 있다고 하더라도, 수용자가 조직폭력배 관리대상자가 아니라는 점이 밝혀진 이 사건과 같은 경우에는 위 조항을 문언 그대로 적용하여 단지 체포영장·구속영장에 조직폭력사범으로 기재되었다는 이유만으로 수용자를 조직폭력수용자로 지정하는 것은 허용되지 아니한다).

[해설]

조직폭력사범에 대하여 시설의 안전과 질서유지를 위하여 필요한 범위에서 다른 수용자와의 접촉을 차단하거나 계호를 엄중히 하는 등 다른 수용자와 달리 관리할 수 있다고 정하고 있으며(형집행법 제104조 제1항), 그에 따라 형집행법 시행규칙 제200조 이하에 의하여 수용자를 대표하는 직책 부여 금지 등의 불이익한 처우를 정하고 있다. 다만 이러한 경우에도 기본적인 처우를 제한해서는 아니된다(형집행법 제104조 제2항). 따라서 조직폭력사범으로 지정되면 위와 같은 불이익과 함께, 이익되는 처우에서 배제되고, 번호표 및 거실표의 색상도 달리 지정되어(형집행법 시행규칙 제194조, 제195조), 인격적 이익도 침해받게 된다.

한편 조직폭력수용자로 지정된 사람에 대하여는 석방할 때까지 지정을 해제할 수 없고, 공소장변경 또는 재판확정에 따라 지정사유가 해소되었다고 인정되는 경우 교도관회의의 심의 또는 분류처우위원회의 의결을 거쳐 지정을 해제한다(형집행법 시행규칙 제199조 제2항). 문언적으로는 조직폭력수용자 지정해제 사유가 제한적으로 되어 있고 그 사유는 공소장변경이나 재판확정이므로, 결국 수용자에 대한 혐의가 형사재판에서 조직폭력수용자 지정사유에 해당하지 않음이 밝혀진 경우에 한정되고, 그러한 사유가 없으면 석방 때까지 지정이 해제되지 않게 되므로, 수용자 입장에서는 가혹한 결과가 될 수 있다. 따라서 지정사유는 엄격하게 보아야 하며, 이와 같은 해석이 형집행법 제4조(수용자 인권의 최대한 존중), 제5조(차별금지)의 취지에 부합하고, 제104조에서 '시설의 안전과 질서유지를 위하여 필요한 범위'를 정하고 있는 것도 엄격한 요건 해석의 필요성을 뒷받침하는 것이라고 생각된다.

대상판례는 조직폭력수용자 지정 대상인 '조직폭력사범'은 수용 원인이 된 당해 범죄가 조직폭력범죄에 해당하거나, 수용자가 당해 범죄의 실행 당시 폭력조직에 가담 중이었던 경우를 전제로 하는 것으로 제한적으로 해석해야 한다는 입장이고, 참조판례1은 대상판례가 설시한 내용과 같이 지정사유를 제한적으로 엄격하게 해석해야 한다고 하면서, 지정 당시 이와 같은 사유가 없었음에도 지정이 된 경우에는 당연히 '해제사유'에 해당하게 된다고 하였다. 해제사유는 형집행법 시행규칙 제199조 제2항에 의하여 공소장변경 또는 재판확정에 따라 지정사유가 해소된 경우에 한정되지만, 이는 지정 자체가 적법한 것을 전제로 한 것이고 만약 지정이 적법하지 않았던 경우라면 공소장변경이나 재판확정이 아니더라도 지정해제 사유에 해당한다고 밝히고 있다. 형집행법 시행규칙 제198조, 제199조의 내용은, 체포영장 등에서 조직폭력사범으로 명시된 경우에 일단 조직폭력수용자로 지정토록 하고 그 후 재판 진행 중 공소장변경이나 재판확정에 의하여 조직폭력사범이 아닌 것으로 밝혀지게 되면 해제토록 하되, 그 이외의 사유는 해제사유로 열거되어 있지 않은 것이므로, 만약 지정 자체에 대한 불복을 못한 경우라면 추후 해제사유에 해당함을 근거로 해제거부에 대한 취소소송을 제기하기 어려운 사정이 생기게 된다. 특히 지정처분에 대하여 짧은 제소기간이 정해져 있고, 헌법소원 역시 헌법재판소법 제69조 제1항에 의하여 불복기간이 짧은데(헌재 2013. 4. 16. 선고 2013헌마155 결정), 피의자나 피고인 신분에서는 해당 형사사건에 대한 심리에 집중하게 되고 조직폭력수용자 지정에 대해서는 다툴 여력이 없는 점에 비추어 보면, 지정해제 사유에서 지정 자체의 하자를 다툴 수 있도록 할 필요가 있고, 참조판례1에서는 이러한 취지를 반영하여 지정 자체의 하자가 중대명백하여 당연무효라는 입장을 취하고 있다.

참조판례3은 조직폭력수용자로 지정하는 것이 허용되지 않는다고 하였으나 참조판례1의 취지에 비추어 보면 지정 자체를 다투지 않더라도 지정해제 신청에서 지정 자체의 하자를 주장할 수 있을 것으로 보인다. 다만 체포영장과 구속영장에 조직폭력사범에 해당하는 표현이 명시되어 있으므로, 참조판례3 사안은 지정 자체의 문제라기보다는 해제사유에 해당한다고 보아도 무방할 것으로 생각된다. 피고 입장에서는 이미 체포영장과 구속영장에 명시된 내용이 있어서 조직폭력수용자로 지정하였을 것이므로, 이러한 경우까지 지정 자체에 중대명백한 하자가 있어서 당연무효라고 볼 수 있는지 의문이 있다.

참조판례2는 형집행법 시행규칙 제198조 제3호의 '공범, 피해자 등' 규정 중 '등'의 의미에 관하여 공범도 피해자도 아닌 사람까지 포함된다고 보았고, 조직폭력사범으로 명시된 부분의 기재내용이 범죄사실의 구성요건이거나 명시된 내용으로 처벌받아야 한다고

제한적으로 해석할 수 없다고 하였다. 그러나 형집행법 시행규칙 제198조의 지정요건은 동 제199조의 해제요건(공소장변경 또는 재판확정에 따라 지정사유가 해소되었다고 인정되는 경우)과 연결해서 검토해야 하는데, 공범도 피해자도 아닌 사람도 포함되고 구성요건이거나 그 명시된 내용으로 처벌받지 않는 경우도 포함된다고 해석하게 되면, 수용자 입장에서는 그 해제사유에 해당되는 내용을 밝혀내서 해제신청을 할 수 없게 되는 결과가 될 우려가 있다. 범행의 경위사실에 해당하는 내용이 공소장에 기재되어 판결문에 적시되는 경우, 해당 형사재판의 핵심적인 내용이 아니어서 그 기재부분을 다투지 못하게 될 수 있는데 그런 경우까지 해제사유에 해당될 가능성을 봉쇄하는 결과가 되고, 공범도 피해자도 아닌 사람의 재판서 등에 기재된 경우도 지정사유에 포함되면 이 역시 수용자 입장에서는 그 기재내용을 불복할 방법이 없는 경우가 많을 것으로 본다. 결국 형집행법 시행규칙 제198조의 지정요건은 동 제199조의 해제사유로서 해소될 수 있는 경우로 제한적으로 이해하는 것이 타당하고, 그러한 점에서 참조판례3은 재검토가 필요하다고 생각된다.

[후속논의]

형집행법 시행규칙 제198조의 지정요건과 제199조의 지정해제 요건은 상호 연결된 것이므로 지정요건이 해제요건에서 해소될 수 있도록 요건을 엄격하게 해석할 필요가 있다.

한편 형집행법이나 동 시행령만 보아서는 조직폭력수용자의 지정해제의 사유가 매우 제한적으로 규정되어 있는지 예측하기 힘든데, 하위규범인 그 시행규칙에서 이와 같이 제한적인 내용을 정하는 것이 타당한 것인가, 이와 같은 포괄적인 위임은 가능한 것인가 여부에 관하여 논의가 필요할 것으로 생각된다. 또한 동 시행규칙 제204조, 제205조에서 정하고 있는 마약류수용자의 지정해제 사유와 조직폭력수용자의 해제사유가 그 허용 폭이 다르게 되어 있는 점에 관하여도 검토가 필요하다.

[이순욱 교수(전남대학교 법학전문대학원)]

[09] 경비처우급 심사결과와 알 권리

대상	수용자에 대한 부당한 경비처우급 결정 (인용, 기각) 국가인권위 2019. 6. 19.자 19진정0166700 결정 (인용, 기각)

[사실관계]

진정인은 ○○구치소 분류심사과에서 서면 검사와 대면상담을 통해 경비처우급 S4(중경비처우급)로 구두 통보받았다. 진정인은 S4급 지정사유와 심사항목, 진정인의 심사점수를 문의하였으나 자세한 내용을 듣지 못하고, S3(일반경비처우급) 승급을 위해서는 6점의 행동평가 점수가 필요하다는 답변을 받았다. 이에 진정인은 "심사 항목과 점수, 최종 등급 지정의 기준이 된 등급별 점수는 비공개로 하고, 근거나 규정이 없는 '재범 우려'의 판단을 교도관이 임의로 하여 투명성과 객관성에 문제가 있고, 교정당국이 설정한 기준에 따라 수용자의 개별 처우 등 불이익이 주어지고 있어 공정성에 문제가 있다"며 국가인권위원회에 진정을 제기하였다.

이에 더해 진정인은 경비처우급과 관련하여 구체적인 법령이 없음에도 6개월 경과 시점에 재분류 심사를 일률적으로 하는 것은 교정기관의 행정 편의이며, 승급을 위한 점수 충족이 되었다 하더라도 그 기간 동안 면회 횟수 제한이나 중구금시설 수용, 직업 훈련 신청 등이 제약되는 문제가 발생하므로, 평등권과 행복추구권 위반 소지가 있다고 하였다.

이에 대해 피진정인(○○구치소장)은 "형집행법 제59조 및 형집행법 시행규칙에 따라 분류심사를 하며, '분류처우 업무지침'의 '경비처우급 분류지표'에 기재된 정량지표와 정성지표 포함 항목별 점수에 따라 경비등급을 결정하였다. 이때 분류심사 전 수용자에게 경비처우급의 판정 과정과 요소에 대하여 충분히 설명하고, 경비등급이 결정되면 '분류처우 업무지침' 제71조에 따라 결과를 수용자에게 고지한 후 서명을 받고 있다. 이의신청 제도는 없으나 결과에 대한 의구심이 있는 수용자는 면담을 통해 해소하고 있는데, 진정인도 심사 전후에 면담하여 의구심을 해소할 수 있도록 노력하였다"고 하였다. 그러면서, "'경비처우급 분류지표' 및 '교정재범 예측지표'의 각 항목들은 수용자가 왜곡하여 답변할 가능성이 있는 사항으로, 공개할 경우 본인에게 유리한 심사기준에 적합한 정보만 제공하고 방어적인 기제로 사용될 수 있어, 수용자의 적정 관리와 교정교화의 효율적인 직무수행에 장애를 줄 개연성이 있다. 그러므로, '공공기관의 정보공개에 관한 법률' 제9조(비공개대상 정보)

제1항 4호, 5호에 의거, 수용자에게 공개되기에는 수용관리와 교정교화의 목적을 달성하기 곤란한 정보이므로 공개하지 않는 것이 적절하다"고 하였다. 또한 "총점만 공개한다고 해도 수용자들이 정량평가 결과를 감안하여 정성평가 점수를 유추할 수 있으므로, 이에 대한 수용자들의 반발로 인해 업무상 부담이 발생할 수 있으며, 현재도 상담을 통해 관련 문제들을 해결하고 있으므로, 별도의 불복절차가 필요하다고 보기 어렵다"고 하였다.

이에 대해 교정본부도 "경비처우급은 대외 공개되어 있는 '경비처우급 분류지표'에 의해 판정하고 있으며 객관적인 자료와 수형자와의 상담을 통해 취득한 정보를 통해 점수가 산정되는데, 일부 재수감되는 수형자는 내역별 점수 공개시 과거 경험을 바탕으로 판결문에 적시된 객관적인 자료를 부정하거나 상담시 취득정보를 번복할 수도 있으며, 정성평가 결과물에는 심리검사 결과 및 상담 결과물이 포함되어 있으므로, 내역별 점수 공개 시 수용자의 의도에 따라 불리한 부분은 상담 거부와 거짓 주장 등으로 왜곡될 소지가 있다"고 하였다. 그러면서, "현재 전국 교정기관에서는 분류심사 관련 수용자의 상담 신청이 있는 경우, 분류지표를 가지고 수용자가 이해할 수 있도록 항목별로 설명하고 있다. 또한, 판정 결과와 함께 경비처우급 결정에 따른 이송, 심리치료프로그램 이수, 작업·직업훈련 여부, 향후 경비처우급 상향조정 시기 등이 상담 신청에 포함되므로, 해당 수용자와 분류심사 담당자의 개별적 상담을 통해 이러한 사항 등을 종합적으로 함께 안내하는 것이 가장 바람직하다"고 하였다.

[결정요지]

이에 대해 국가인권위원회는 법무부장관에게 "분류심사 후 경비처우급 심사결과에 대해 수용자의 요청이 있을 경우 분류지표 점수 중 최소한 정량지표에 대한 점수를 공개하는 방안을 마련할 것"을 권고하였다. 이와 같은 결정 이유에 대해 국가인권위원회는 "수용자의 알 권리를 과도하게 제한하지 않는 방안을 모색하지 않고, 수용자에게 경비처우급 판정결과만 제공한 행위는 헌법 제21조에서 보장한 수용자의 알 권리를 침해한 것"이라고 하면서, "교정기관의 정성평가 관련 재량권은 인정하더라도 심사결과 공개 범위를 정하는 경우에 수용자의 알 권리 제한은 필요최소한이 되어야 한다. 정량지표 점수 공개를 고려할 수 있고, 이러한 일정부분 점수 공개를 통해 교정기관은 경비처우급 심사를 더욱 신중하게 할 수 있을 것이고 심사의 공정성에 대한 수용자의 신뢰도를 높이는 계기가 될 것"이라고 설명하였다.

이에 더해 재분류 심사가 6개월 이후에 진행되는 것은 법률적인 근거 없이 행정 편의를 위한 것이라는 진정인의 주장에 대해, 국가인권위원회는 형집행법의 위임에 따라 형집행법 시행규칙 및 '분류처우 업무지침'에 관련 내용이 포함되어 있고, 교정행정 차원에서 수용자의 교정교화 시간 확보가 필요한 측면이 있으므로 인권침해라고 할 수 없다"며 이 부분은 기각하였다.

[해설]

'분류심사'란 수형자 개인에 대한 다양한 정보를 기초로 하여 개별처우계획을 합리적으로 수립하고 조정하기 위하여 수형자의 인성, 행동특성 및 자질 등을 과학적으로 조사·측정·평가하는 것을 말한다(형집행법 제59조 제1항). 분류심사의 목적은 합리적 분류기법으로 수형자 개인의 특성에 맞는 수용 및 처우 기준을 정하여 시행함으로써 수형자 스스로 개선하고, 보다 빨리 사회에 복귀할 수 있도록 하는 데 있다(금용명).

분류심사사항은 ① 처우등급에 관한 사항, ② 작업, 직업훈련, 교육 및 교화프로그램 등의 처우방침에 관한 사항으로 수형자 개인의 교육력이나 직업력 등, ③ 보안상의 위험도 측정 및 거실 지정 등에 관한 사항으로 개인특성, 성장과정, 범죄경력, 인성 등, ④ 보건 및 위생관리에 관한 사항으로 수형자 개인의 병력, 생활상태 등, ⑤ 이송에 관한 사항으로 이송을 위해 처우등급별 판정에 필요한 사항, ⑥ 가석방 및 귀휴심사에 관한 사항으로 보호관계, 교정성적 및 개선정도 등, ⑦ 석방 후의 생활계획에 관한 사항으로 보호자, 가족사항, 석방 후 생활대책 등, ⑧ 그 밖에 수형자의 처우 및 관리에 관한 사항이다(형집행법 시행규칙 제63조).

수형자는 분류심사 결과에 따라 그에 적합한 경비등급에 해당되는 교정시설에 수용되며, 개별처우계획에 따라 그 특성에 알맞은 처우를 받는다(형집행법 제57조 제1항). 경비처우급은 수용자에게 보안 및 계호형태, 거실형태, 외부교통(접견 및 전화 등), 가석방 신청, 교도작업 및 직업훈련, 시설 이용, 여가활동, 사회적 처우(귀휴, 사회견학 및 사회봉사 등) 등 수용생활 전반에 큰 영향을 미친다. 이에 수용자에게 경비처우급의 결정은 매우 중요한 사항으로 수용자는 이에 대해 알 권리가 있다.

알 권리는 헌법에 명문의 규정은 없지만, 이를 헌법적 기본권으로 이해하는 데는 이론이 없다. 헌법 제10조는 모든 국민의 인간으로서의 존엄과 가치, 행복추구권을 보장하고 있다. 또한, 헌법 제21조는 국민의 알 권리에 대해 규정하고 있으며, 헌법재판소도 ""알 권리"는 표현의 자유에 당연히 포함되는 것으로 보아야 하며 인권에 관한 세계선언 제19조도 "알 권리"를 명시적으로 보장하고 있다"고 하였다. "헌법상 입법의 공개(제50조 제1항), 재판의 공개(제109조)와는 달리 행정의 공개에 대하여서는 명문규정을 두고 있지 않지만, "알 권리"의 생성기반을 살펴볼 때 이 권리의 핵심은 정부가 보유하고 있는 정보에 대한 국민의 "알 권리", 즉 국민의 정부에 대한 일반적 정보공개를 구할 권리(청구권적 기본권)라고 할 것이며, 이러한 "알 권리"의 실현은 법률의 제정이 뒤따라 이를 구체화시키는 것이 충실하고도 바람직하지만, 그러한 법률이 제정되어 있지 않다고 하더라도 불가능한 것은 아니고 헌법 제21조에 의해 직접 보장될 수 있다"고 하는 것이 헌법재판소의 확립된 판례이다(헌재 1991. 5. 13 선고 90헌마133 전원재판부 결정). 다만, 이러한 알 권리 역시 헌법 유보조항(제21조 4항)과 법률 유보조항(제37조 제2항)에 의해 '국가안전보장', '질서유지', '공공복리'를 위해 제한될 수 있다.

현재 수용자에 대한 경비처우급의 판정은 객관화된 분류지표에 따라 점수화되어 산정되는데, 이러한 과정과 결과는 안내되고 있으나, 구체적으로 경비처우급 판정 총점, 지표 내역별 점수에 대해서는 안내되지 않고 있다. 이에 대해 교정당국은 지표 내역별 점수가 공개되면 재범 수용자의 거짓정보 제공 등으로 연결되어 정확한 점수 산정을 어렵게 만들 수 있다고 한다. 그러나 이는 수용자의 헌법상 기본권인 알 권리를 제한한 것인데, 헌법 제37조 제2항에서 명시한 기본권 제한 사유인 '국가안전보장', '질서유지', '공공복리'에 해당한다고 보기 어렵다.

분류심사를 통한 수용자의 처우 결정이 수용자의 수용생활에 미치는 영향이 매우 크다는 점을 고려할 때, 교정기관의 정성평가에 대한 재량권은 인정하더라도 수용자의 알 권리의 제한은 필요최소한에 그쳐야 한다. 따라서 경비처우급 심사 과정에서 수용자의 거짓정보 제공 등으로 점수 산정을 어렵게 만드는 경우를 제외하더라도 최소한의 정량지표의 내역별 점수 등은 공개하여 수용자의 알 권리

는 보장해야 한다.

이러한 이유로 국가인권위원회는 피진정인(법무부)이 수용자의 알 권리를 과도하게 제한하지 않는 방안을 모색하지 않고, 수용자에게 경비처우급 판정 결과만을 제공한 행위는 헌법 제21조에서 보장한 수용자의 알 권리를 침해한 것으로 판단하였고, 법무부 장관에게 분류심사 후 경비처우급 심사 결과에 대해 수용자의 요청이 있을 경우 분류지표 점수 중 최소한의 정량지표에 대한 점수를 공개하는 방안 등을 마련할 것을 권고하였다.

[후속논의]

분류심사를 통한 수용자의 처우 결정이 수용자의 수용생활 전반에 미치는 영향이 매우 크다는 점을 고려할 때, 교정당국에서는 수용자의 알 권리를 과도하게 제한하지 않도록 경비처우급 심사 결과 관련 정량지표 점수 공개 기준 및 범위, 이의 절차 등을 마련하는 것이 바람직하다.

[참고문헌]
- 성낙인, 헌법학(제20판), 법문사, 2020.
- 금용명, 교정학: 행형론과 수용자 처우, 박영사, 2021.

[권수진 연구위원(한국형사 · 법무정책연구원)]

제3부

안전과 질서

제9장

신체검사 등

[01] 유치장 알몸신체검사의 위법 여부

대상	위자료 (원고일부승)
	[1심] 서울중앙지법 2000. 11. 10. 선고 2000가합35295 판결 (원고일부승)
	[2심] 서울고법 2001. 7. 6. 선고 2000나59403 판결 (원고패)
	[3심] 대법 2001. 10. 26. 선고 2001다51466 판결 (파기환송)
	[환2심] 서울고법 2002. 5. 21. 선고 2001나66996 판결 (항소기각)
참조	신체과잉수색행위 위헌확인 (인용(위헌확인))
	헌재 2002. 7. 18. 선고 2000헌마327 전원재판부 결정 (인용(위헌확인))

[사실관계]

원고 A, B, C는 2000. 3. 20. 00:20경 선거운동원으로 등록하지 아니하고 배포가 금지된 인쇄물을 배포한 혐의로 공직선거및선거부정방지법위반죄의 현행범으로 체포되어 성남남부경찰서에서 조사를 받았다. 조사 이후 원고들은 신체검사실에서 아래 속옷을 제외한 옷을 벗고 신체를 더듬는 방법으로 간단하게 신체검사를 받고 유치장에 수용되었다.

원고들은 같은 날 13:30경 변호인 접견실에서 변호인을 접견하였다. 당시 원고를 포함한 7-8명의 피의자들이 함께 접견실을 사용하여 해당 공간은 매우 비좁은 상태였다. 접견을 마친 후 유치장에 재수용되는 과정에서 담당 여자 경찰공무원은 흉기 등 위험물 및 반입금지물품의 소지·은닉 여부 등의 확인을 위하여 신체검사를 요구하였다. 원고들은 이를 거부하였지만, 결국 뒤를 돌아서서 등을 보인 채 상의와 속옷을 겨드랑이까지 올리고 하의를 무릎까지 내린 상태에서 3회에 걸쳐 앉았다 일어서는 방법으로 정밀신체검사를 받았다. 이에 원고들은 유치장 신체검사에 대한 위자료를 청구하였다.

[판결요지]

[1] 행형법에서 유치장에 수용되는 피체포자에 대한 신체검사를 허용하는 것은 유치의 목적을 달성하고, 수용자의 자살, 자해 등의 사고를 미연에 방지하며, 유치장 내의 질서를 유지하기 위한 것인 점에 비추어 보면, 이러한 신체검사는 무제한적으로 허용되는 것이 아니라 위와 같은 목적 달성을 위하여 필요한 최소한도의 범위 내에서 또한 수용자의 명예나 수치심을 포함한 기본권이 부당하게 침해되는 일이 없도록 충분히 배려한 상당한 방법으로 행하여져야만 할 것이고, 특히 수용자의 옷을 전부 벗긴 상태에서 앉았다 일어서기를 반복하게 하는 것과 같은 방법의 신체검사는

수용자의 명예나 수치심을 심하게 손상하므로 수용자가 신체의 은밀한 부위에 흉기 등 반입이나 소지가 금지된 물품을 은닉하고 있어서 다른 방법(외부로부터의 관찰, 촉진에 의한 검사, 겉옷을 벗고 가운 등을 걸치게 한 상태에서 속옷을 벗어서 제출하게 하는 등)으로는 은닉한 물품을 찾아내기 어렵다고 볼 만한 합리적인 이유가 있는 경우에 한하여 허용된다고 할 것이다.

[2] 수용자들이 공직선거및선거부정방지법상 배포가 금지된 인쇄물을 배포한 혐의로 현행범으로 체포된 여자들로서, 체포될 당시 신체의 은밀한 부위에 흉기 등 반입 또는 소지가 금지되어 있는 물품을 은닉하고 있었을 가능성은 극히 낮았다고 할 것이고, 그 후 변호인 접견시 변호인이나 다른 피의자들로부터 흉기 등을 건네 받을 수도 있었다고 의심할 만한 상황이 발생하였기는 하나, 변호인 접견 절차 및 접견실의 구조 등에 비추어, 가사 수용자들이 흉기 등을 건네 받았다고 하더라도 유치장에 다시 수감되기 전에 이를 신체의 은밀한 부위에 은닉할 수 있었을 가능성은 극히 낮다고 할 것이어서, 신체검사 당시 다른 방법으로는 은닉한 물품을 찾아내기 어렵다고 볼 만한 합리적인 이유가 있었다고 할 수 없으므로, 수용자들의 옷을 전부 벗긴 상태에서 앉았다 일어서기를 반복하게 한 신체검사는 그 한계를 일탈한 위법한 것이다.

[해설]

I. 들어가며

대법 2001. 10. 26. 선고 2001다51466 판결은 유치장에서의 과잉 알몸신체검사가 기본권을 침해하는 것임을 인정한 것으로, 유치장 수용자에 대한 신체검사에 관하여 시사한 바가 크다. 그동안 유치장에서는 경찰청 훈령 제62호 피의자유치 및 호송규칙 제8조에 의거 형사피의자 대부분에 대하여 특별한 제한 없이 옷을 벗기고 신체를 수색하는 알몸신체검사가 관행적으로 이루어져 왔다. 그러나 본 판결과 헌법재판소의 위헌결정(헌재 2002. 7. 18. 선고 2000헌마327 전원재판부 결정)은 무차별적인 알몸신체검사의 위법성을 인정하며, 유치장 수용자에 대한 신체검사가 허용되는 범위를 제시하였다.

II. 유치장 수용자에 대한 신체검사의 법적 근거와 허용범위

1. 법적 근거

대법원과 헌법재판소는 본 사건의 신체검사가 현행범으로 체포되어 유치장에 수용된 원고들에게 행하여진 것이므로, 구 행형법 등에 근거하였다고 판단하였다. 구 행형법 제68조 및 경찰관직무집행법 제9조에 의거 수사기관에 의해 체포·구속되거나 구속된 피고인, 신체의 자유를 제한하는 판결 또는 처분을 받은 사람은 유치장에 수용될 수 있다. 따라서 수사의 강제처분인 수색 내지 검색의 일종으로 행하여진 것과는 다르므로 영장주의에 위배되지 아니한다고 보았다.

구 행형법 제10조는 유치장에 수용된 사람에 대한 신체검사에 관하여 신입자에 대하여는 필요적으로(제1항), 수용자에 대하여는 당해 소장이 필요하다고 인정할 경우에 한하여 이루어진다(제2항)고 규정하였다. 구체적인 신체검사 방법에 관하여는 '피의자유치및호송규칙(경찰청 훈령 제258호)' 제8조에 따른다. 당시 규칙은 "신체에 흉기 등의 은닉소지 여부를 철저히 검사"하고, "두발을 비롯한 신체의 각 부분과 의복 및 양말의 속까지 면밀한 검사를 실시"함을 규정할 뿐 신체검사에 대한 제한규정은 부존재하였다.

2. 허용범위

대법원과 헌법재판소는 유치장 수용자에 대한 신체검사를 허용하는 것은 유치의 목적을 달성하고, 수용자의 자살 등의 사고를 미연에 방지하며, 유치장 내 질서 유지를 위한 것임을 인정하며 일정한 범위 내에서 신체검사의 필요성과 타당성을 인정하였다. 그러나 이러한 신체검사가 무제한적으로 허용되는 것이 아니라 ① 목적 달성을 위하여 필요최소한도에 그치고, ② 수용자의 명예나 수치심이 부당하게 침해되지 않도록 상당한 방법으로 행하여야 하며, ③ 특히 수용자의 명예나 수치심을 심하게 손상하는 방식은 다른 방법으로는 은닉한 물품을 찾아내기 어렵다고 볼 만한 합리적인 이유가 있는 경우에만 허용된다고 판단하였다.

이와 관련하여 1심은 재차 신체검사를 하여야 할 필요성이 인정되지 아니함에도 탈의 후 앉았다 일어서기를 반복하게 한 것은 필요한 도를 현저히 넘은 위법한 조치로서 국가의 손해배상책임을 인정하였다. 다만 당시 관행이 었던 점 등을 고려하여 담당 경찰공무원이 위법한 직무수행을 함에 있어 고의 또는 중과실은 인정되지 아니하였다. 반면 2심은 적법한 절차에 따른 정당한 신체검사라 판단하였다.

대법원은 위의 기준을 바탕으로 본 사건의 원고들은 △현행범 체포될 당시 신체의 은밀한 부위에 금지 물품을 은닉하였을 가능성이 극히 낮다는 점, △변호인 접견실 구조 및 상황을 미루어 보아 다시 수감되기 전 신체의 은밀한 부위에 은닉할 수 있었을 가능성이 극히 낮다는 점을 고려하여 다른 방법으로 신체검사를 할 합리적 이유가 없다고 판단하였다. 따라서 원고들의 옷을 전부 벗긴 상태에서 앉았다 일어서기를 반복하게 한 신체검사는 한계를 일탈한 위법한 것이라 판시하였으며, 헌법재판소도 동일한 논거에서 본 사건의 신체검사가 헌법 제10조의 인간의 존엄과 가치로부터 유래하는 인격권 및 제12조의 신체의 자유를 침해하는 정도에 이르렀다고 판단하였다.

[후속논의]

본 판결을 비롯하여 교정관계 법령이 인권

존중의 시대적 요구에 미흡하다는 비판 아래 2008년 행형법은 형집행법으로 전면 개정되었다. 개정된 규정에 따르면 신체검사는 '시설의 안전과 질서유지'를 위하여 필요한 경우에 할 수 있으며, 신체검사시 불필요한 고통이나 수치심을 느끼지 아니하도록 유의하여야 하며, 특히 신체를 면밀하게 검사할 필요가 있으면 다른 수용자가 볼 수 없는 차단된 장소에서 하여야 한다(제93조).

경찰의 피의자유치 및 호송규칙도 개정되었다. 본 사건을 계기로 2000. 10. 피의자유치 및 호송규칙 제8조를 개정하여 신체검사는 일반적으로 간이검사로 이루어지고 ① 구속영장발부자, ② 살인, 강도, 강간, 방화, 마약류 범죄, 조직폭력 등 죄질이 중한 사범, ③ 반입금지물품 휴대의심자, ④ 기타 자해우려가 있다고 판단되는 자의 경우에만 알몸신체검사에 해당하는 '정밀신체검사'를 계속 시행하도록 하였다. 본 판결 이후 2003. 1. 동조항의 신체, 의복, 소지품 검사는 다시 외표검사, 간이검사, 정밀검사 3단계로 세분화되었다. ① 일반적인 유치인은 탈의막 안에서 속옷은 벗지 않고 신체검사의를 착용(유치인의 의사에 따른다)하도록 한 상태에서 위험물 등의 은닉여부를 검사하는 간이검사를 시행하며, ② 죄질이 경미하고 동작과 언행에 특이사항이 없으며 위험물 등을 은닉하고 있지 않다고 판단되는 유치인에 대하여는 신체 등의 외부를 눈으로 확인하고 손으로 가볍게 두드려 만지는 외표검사만 시행토록 한다. ③ 그러나 알몸신체검사에 해당하는 정밀검사의 대상자 범위가 유지되었으며, 검사방법도 구체적으로 명시되지 아니한 채 "정밀하게 위험물 등의 은닉여부를 검사"한다고 규정하여 허용범위가 명확하지 않다.

본 판결로 인권침해 가능성을 최소화하기 위하여 유치장 수용자의 신체검사에 대한 법적 근거, 요건, 방식, 한계 등에 관한 다양한 연구가 진행되었다. 그러나 현행 형집행법에서 여전히 알몸신체검사에 해당하는 정밀검사에 대한 규정이 부존재하며, 현행 피의자유치 및 호송규칙 제8조는 △정밀검사의 대상을 '죄질이 중하거나' '타인에 대한 위해나 자해의 우려'가 있는 경우로 하고, △구체적 방법을 명시하지 아니한 채 '정밀하게 위험물 등의 은닉여부를 검사'하는 방식을 유지하고 있다는 점에서, 인권침해 가능성을 최소화하는 신체검사 허용범위에 관한 연구가 꾸준히 요청되는 바이다.

[참고문헌]
• 조국, 경찰서 유치장에 수용된 형사피의자에 대한 신체 검사, 형사정책연구 통권 제44호, 한국형사정책연구원, 2000.
• 김태명, 미결구금시설로서의 경찰서 유치장제도, 형사정책연구 통권 제59호, 한국형사정책연구원, 2004.
• 이영돈, 유치장 신체검사의 법적 근거에 관한 고찰 −영국 PACE상 신체수색과의 비교를 중심으로−, 법학논총 제19권 제2호, 조선대학교 법학연구원, 2012.

[권지혜 교수(수원대학교 법행정학부)]

대상	소변강제채취 위헌확인 (기각, 각하)
	헌재 2006. 7. 27. 선고 2005헌마277 전원재판부 결정 (기각, 각하) **(2011국회8급 / 2013서울7급**
	/ 2015국회8급 / 2022서울7급)

[사실관계]

원고는 2004. 6. 초경 마약류관리법위반(향정) 혐의로 구속기소되어 2004. 9. 23. 대구지방법원에서 징역 10월을 선고받고 2004. 11. 27. 그 형이 확정되었고, 2005. 3. 31. 그 형기를 마치고 대구교도소에서 출소하였다. 원고는 2004. 6. 9., 2004. 10. 26., 2004. 11. 23. 대구구치소에서, 2004. 12. 24. 대구교도소에서 각각 마약류반응검사(T.B.P.E. 검사, 검사대상자로부터 종이컵에 소변을 받아 제출하도록 하여 T.B.P.E. 시약을 떨어뜨려 반응(붉은색으로 변하면 양성)을 살피는 검사)를 받았는데, 각 음성으로 판정되었다. 이에 2005. 1. 6. 국선대리인 선임신청을 하고, 선임된 국선대리인을 통하여, 2005. 3. 16. 헌법소원심판을 청구하면서, 피청구인들이 2004. 12. 24. 마약류반응검사를 위하여 소변을 제출하게 한 행위(이를 '이 사건 소변채취'라고 한다)는 헌법에 의하여 보장되는 인간의 존엄성과 행복추구권, 신체의 자유를 침해하고, 영장주의에 반하는 것이며, 장래에도 매월 1회씩 마약류반응검사를 위해 소변강제채취가 계속될 것이므로 그 위헌확인을 구한다고 주장하였다.

[결정요지]

[1] 교도소 수형자에게 소변을 받아 제출하게 한 것은, 형을 집행하는 우월적인 지위에서 외부와 격리된 채 형의 집행에 관한 지시, 명령을 복종하여야 할 관계에 있는 자에게 행해진 것으로서 그 목적 또한 교도소 내의 안전과 질서유지를 위하여 실시하였고, 일방적으로 강제하는 측면이 존재하며, 응하지 않을 경우 직접적인 징벌 등의 제재는 없다고 하여도 불리한 처우를 받을 수 있다는 심리적 압박이 존재하리라는 것을 충분히 예상할 수 있는 점에 비추어, 권력적 사실행위로서 헌법재판소법 제68조 제1항의 공권력의 행사에 해당한다.

[2] 청구인이 출소하여 소변채취의 침해행위가 종료되었다고 하더라도, 마약류 수형자에 대한 정기적인 소변채취는 현재 및 앞으로 계속하여 반복적으로 행하여질 것이므로, 헌법적으로 그 해명이 중대한 의미를 가지고 있어 심판청구의 이익을 인정할 수 있다.

[3] 헌법 제12조 제3항의 영장주의는 법관이 발부한 영장에 의하지 아니하고는 수사에 필요한 강제처분을 하지 못한다는 원칙으로 소변을 받아 제출하도록 한 것은 교도소의 안전과 질서유지를 위한 것으로 수사에 필요한 처분이 아닐 뿐만 아니라 검사대상자들의 협력이 필수적이어서 강제처분이라고 할 수도 없어 영장주의의 원칙이 적용되지 않는다.

[4] 마약류는 중독성 등으로 교정시설로 반입되어 수용자가 복용할 위험성이 상존하고, 수용자가 마약류를 복용할 경우 그 수용자의 수용목적이 근본적으로 훼멸될 뿐만 아니라 다른 수용자들에 대한 위해로 인한 사고로 이어질 수 있으므로, 소변채취를 통한 마약류반응검사가 월 1회씩 정기적으로 행하여진다 하여도 이는 마약류의 반입 및 복용사실을 조기에 발견하고 마약류의 반입시도를 사전에 차단함으로써 교정시설 내의 안전과 질서유지를 위하여 필요하고, 마약의 복용 여부는 외부관찰 등에 의해서는 발견될 수 없으며, 징벌 등 제재처분 없이 자발적으로 소변을 받아 제출하도록 한 후, 3분 내의 짧은 시간에, 시약을 떨어뜨리는 간단한 방법으로 실시되므로, 대상자가 소변을 받아 제출하는 하기 싫은 일을 하여야 하고 자신의 신체의 배출물에 대한 자기결정권이 다소 제한된다고 하여도, 그것만으로는 소변채취의 목적 및 검사방법 등에 비추어 과잉금지의 원칙에 반한다고 할 수 없다.

[해설]

I. 소변채취의 헌법적 한계

법률상 근거 없이 의무도 없는 소변채취를 강요당하였다면 헌법 제10조의 인간의 존엄과 가치 및 행복추구권에 의하여 보장되는 일반적인 행동의 자유권(하기 싫은 일을 하지 않을 자유, 자기 신체상태나 정보에 대하여 외부에 알리지 않을 자유)과 헌법 제12조에 의하여 보장되는 신체의 자유의 침해 여부가 문제가 된다고 할 것이다.

헌법 제12조 제3항은 체포·구속·압수 또는 수색을 할 때에는 적법한 절차에 따라 검사의 신청에 의하여 법관이 발부한 영장을 제시하도록 함으로써 영장주의를 헌법적 차원에서 보장하고 있고, 이 영장주의는 법관이 발부한 영장에 의하지 아니하고는 수사에 필요한 강제처분을 하지 못한다는 원칙을 말한다(헌재 1997. 3. 27. 선고 96헌가11 전원재판부 결정). 소변채취는 교정시설의 안전과 질서유지를 위한 목적에서 행하는 것으로 수사에 필요한 처분이 아닐 뿐만 아니라 청구인과 같은 검사대상자에게 소변을 종이컵에 채취하여 제출하도록 한 것으로서 당사자의 협력이 불가피하므로 이를 두고 강제처분이라고 할 수도 없을 것이다(헌재 1997. 3. 27. 선고 96헌가11 전원재판부 결정). 헌법재판소는 "이 사건 소변채취를 법관의 영장을 필요로 하는 강제처분이라고 할 수 없어 구치소 등 교정시설 내에서 위와 같은 방법에 의한 소변채취가 법관의 영장이 없이 실시되었다고 하여 헌법 제12조 제3항의 영장주의에 위배하였다고 할 수는 없다"고 판단하고 있다.

II. 마약류사범에 대한 강화된 기본권 제한 조치

헌법재판소는 마약류사범에 대해 일반 수용자와 다른 처우는 마약류에 대한 중독성 및 높은 재범률 등 마약류사범의 특성에 대한 전문적 이해를 필요로 하므로 하위 법령에 위임할 필요성이 인정되고, 그 요건으로서 '시설의 안전과 질서유지를 위하여 필요한 범위'라 함은 마약류사범에 의한 교정시설 내 마약류 반입 및 이로 인한 교정사고의 발생을 차단하기 위한 범위를 의미하며, 그 방법으로서 '다른 수용자와의 접촉을 차단하거나 계호를 엄중히 하는 등'이란 다른 수용자와의 대면 또는 서신수수의 제한, 물품교부의 원칙적 금지 등 강화된 기본권 제한 조치는 물론 마약류사범의 특성을 고려한 재활교육, 치료 등의 조치를 의미함을 충분히 예측할 수 있다고 판단하고 있다(헌재 2013. 7. 25. 선고 2012헌바63 전원재판부 결정).

III. 마약류사범인 미결수용자와 무죄추정원칙

무죄가 추정되는 미결수용자의 자유와 권리에 대한 제한은 구금의 목적인 도망·증거

인멸의 방지와 시설 내의 규율 및 안전 유지를 위한 필요최소한의 합리적인 범위를 벗어나서는 아니 된다(헌재 1999. 5. 27. 선고 97헌마137등 전원재판부 결정 등; 헌재 2001. 7. 19. 선고 2000헌마546 전원재판부 결정). 헌법재판소는 형집행법 제104조 제1항에 대해 "마약류사범인 수용자에 대하여서는 그가 미결수용자인지 또는 수형자인지 여부를 불문하고 마약류에 대한 중독성 및 높은 재범률 등 마약류사범의 특성을 고려한 처우를 할 수 있음을 규정한 것일 뿐, 마약류사범인 미결수용자에 대하여 범죄사실의 인정 또는 유죄판결을 전제로 불이익을 가하는 것이 아니므로 무죄추정원칙에 위반되지 아니하고, 이 사건 법률조항이 마약류사범을 다른 수용자와 달리 관리할 수 있도록 한 것은 마약류사범의 특성을 고려한 것으로서 합리적인 이유가 있다"고 판단하였다(헌재 2013. 7. 25. 선고 2012헌바63 전원재판부 결정).

IV. 본 결정 이후 헌법재판소의 결정에 대한 검토

형집행법령상 마약류사범에 대해 다른 수용자와 달리 처우하도록 하는 요건으로서 '시설의 안전과 질서유지를 위하여 필요한 범위'와 관련하여 헌법재판소는 이러한 법률조항이 "마약류사범인 수용자를 다른 수용자와 달리 처우함으로써 마약류사범인 수용자와 다른 수용자 사이에 차별이 있다고 할 것"이나

"마약류에 대한 중독성 및 그로 인한 높은 재범률이라는 마약류사범의 일반적 특성상 교정시설 내부로 마약이 반입될 위험성이 항상 존재하고, 그 경우 당해 수용자에 대한 교정의 목적이 근본적으로 훼손될 뿐만 아니라 다른 수용자들에 대한 위해로 인하여 또 다른 교정사고가 발생할 가능성이 있으므로, 이 사건 법률조항이 마약류사범인 수용자를 다른 수용자와 달리 관리할 수 있도록 규정한 것은 합리적 이유가 있다"(헌재 2013. 7. 25. 선고 2012헌바63 전원재판부 결정)라고 하면서 합헌이라고 판단하였다.

마약류사범에 대한 처우제한의 요건인 '시설의 안전과 질서유지를 위하여 필요한 범위'는 추상적인 내용으로 확장해석 또는 행정편의주의적인 해석으로 사용될 가능성이 높다고 할 수 있다. 마약류사범에는 투약, 판매, 제조 등이 있으며 각각 범죄의 성격이 전혀 다르다고 할 수 있으며, 투약자에 대해서는 처벌과 함께 치료의 대상으로 보고 교정시설 내에서는 마약류의 반입과 관련된 최소한의 처우를 제한하는 방향으로 운영해야 할 것이다.

[후속논의]

형집행법의 구성상 '안전과 질서'의 장에서 소장은 마약류사범에 대해 시설의 안전과 질서유지를 위하여 필요한 범위에서 다른 수용자와의 접촉을 차단하거나 계호를 엄중히 하는 등 법무부령으로 정하는 바에 따라 다른 수용자와 달리 관리할 수 있으며 이 경우에도

기본적인 처우를 제한하여서는 아니 된다(제104조)라고 규정하고 있다. 일반 수용자의 처우와 다른 마약류사범에 대한 각종 처우가 교정시설 내의 안전과 질서유지를 위하여 불가피하다고 하더라도, 기본권의 본질적인 내용을 침해하거나, 목적의 정당성, 방법의 적정성, 피해의 최소성 및 법익의 균형성 등을 의미하는 과잉금지의 원칙에 위배되어서는 아니 된다. 교정시설의 질서와 안전을 위해 마약류사범에 대한 헌법상 기본권을 제한할 수 있는 한계에 대해서는 형집행법령상 보다 세분화된 규정을 마련하는 것이 필요하다.

[참고문헌]
● 금용명, 교정학: 행형론과 수용자 처우, 박영사, 2021.
● 성낙인, 헌법학(제24판), 법문사, 2024.

[금용명 소장(교도소연구소, 전 안동교도소장)]

[03] 항문검사의 위헌 여부

대상	수용자 신체검사 위헌확인 (기각, 각하)
	헌재 2011. 5. 26. 선고 2010헌마775 전원재판부 결정 (기각, 각하) **(2020법원직)**
참조	항문내 검사 위헌확인 (기각)
	헌재 2006. 6. 29. 선고 2004헌마826 전원재판부 결정 (기각) **(2010법원직 / 2019지방7급)**

[사실관계]

청구인은 2010. 2. 25. 부산구치소에 수용되었다가 10. 6. 경북북부제2교도소로 이송되고, 다시 12. 8. 공주교도소로 이송되어 현재 수용 중이다. 청구인은 위 구치소 및 교도소에 수용되는 과정에서 알몸 상태로 가운만 입고 전자영상장비에 의한 신체검사기(이하 '전자영상 검사기'라 한다)에 올라가 다리를 벌리고 용변을 보는 자세로 쪼그려 앉아 항문 부위에 대한 검사(이하 '전자영상 신체검사'라 한다)를 받았다. 각 교도소 소장은 이 사건 신체검사를 하기 전에 청구인에게 검사의 목적과 방법을 설명하고, 전자영상 검사기에 의한 검사를 거부하는 경우에는 교도관이 육안으로 검사할 것임을 고지하였다. 신체검사는 신입자 대기실 내에 다른 수용자가 볼 수 없도록 칸막이가 된 별도의 공간에서 알몸 상태에서 가운만 입은 채 맨발로 전자영상 검사기에 올라가 다리를 벌리고 용변을 보는 자세로 쪼그려 앉아 검사기에 장착된 카메라에 항문 부위를 2-3초간 보이게 하고, 검사실에 마주한 통제실에서 전담 교도관 1인으로 하여금 검사기에 연결된 모니터에 출력된 항문 부위의 영상을 육안으로 관찰하게 하는 방법으로 실시하였다. 청구인은 위와 같은 전자영상 신체검사가 수용시설의 목적 달성을 넘어 지나친 것일 뿐 아니라, 청구인의 명예나 수치심을 포함하여 신체의 자유 등 기본권을 침해한다며, 2010. 12. 23. 그 위헌확인을 구하는 이 사건 헌법소원심판을 청구하였다.

[결정요지]

이 사건 신체검사는 교정시설의 안전과 질서를 유지하기 위한 것으로 그 목적이 정당하고, 항문 부위에 대한 금지물품의 은닉여부를 효과적으로 확인할 수 있는 적합한 검사방법으로 그 수단이 적절하다. 교정시설을 이감·수용할 때마다 전자영상 신체검사를 실시하는 것은, 수용자가 금지물품을 취득하여 소지·은닉하고 있을 가능성을 배제할 수 없고, 외부관찰 등의 방법으로는 쉽게 확인할 수 없기 때문이다. 이 사건 신체검사는 사전에 검사의 목적과 방법을 고지한 후, 다른 사람이 볼 수 없는 차단된 장소에서 실시하는 등 검사받는 사람의 모욕감 내지 수치심 유발을 최소화하는 방법으로 실시하였는바, 기본권 침해의 최소성 요건을 충족하였다. 또한 이 사건 신체검사로 인하여 수용자가 느끼는 모욕감이나 수치심이 결코 작다고 할 수는 없지만, 흉기 기타 위험물이나 금지물품을 교정시설 내로 반입하는 것을 차단함으로써 수용자 및 교정시설 종사자들의 생명·신체의 안전과 교정시설 내의 질서를 유지한다는 공적인 이익이 훨씬 크다 할 것이므로, 법익의 균형성 요건 또한 충족된다. 이 사건 신체검사는 필요한 최소한도를 벗어나 과잉금지원칙에 위배되어 청구인의 인격권 내지 신체의 자유를 침해한다고 볼 수 없다.

[해설]

I. 전자영상 신체검사기 도입 배경과 운용

헌법재판소는 구금 및 수용시설에 수용되는 자에 대하여 실시하는 신체검사와 관련하여 수용자의 생명·신체에 대한 위해를 방지하고 수용시설 내의 안전과 질서를 유지하기 위하여 흉기 등 위험물이나 마약 등 반입금지물의 소지·은닉 여부를 조사하는 것으로서, 일정한 범위 내에서의 신체수색의 필요성과 타당성은 인정되므로, 인격권과 신체의 자유에 대한 제한은 불가피하지만 그 본질적인 내용을 침해하거나, 목적의 정당성, 방법의 적정성, 피해의 최소성 및 법익 균형성 등을 의미하는 과잉금지의 원칙에 위배되어서는 아니 된다(헌재 2002. 7. 18. 선고 2000헌마327 전원재판부 결정)고 판시하였다.

항문검사와 관련하여 같은 성별의 교도관과 1 대 1의 상황에서 짧은 시간 내에 손가락이나 도구를 사용하지 않고 시각적으로 항문의 내부를 보이게 하는 방법에 대해 헌법재판소는 기본권을 침해하지 아니한다고 판단하였으나(헌재 2006. 6. 29. 선고 2004헌마826 전원재판부 결정), 수용자는 물론 검사하는 교도관의 권리보장을 위해 법무부는 2009. 12. 22. '전자영상 신체검사기 설치·운영 기준'(보안과−7829)을 마련하였다. 신체검사기는 발판, 카메라, 모니터, 본체로 구성되며 전자영상으로 신체를 관찰한다. 특히 피검사자의 인격을 보호하기 위해 무녹음, 무녹화를 하고 있으며 발판에 녹음·녹화되지 않는다는 문구를 표시하고 있다. 검사 전 수용자에게 검사의 이유와 방법에 대해서 고지하고, 검사기와 검사실에 "본 장비에 의한 검사를 거부하는 사람은 근무자의 육안에 의한 검사를 실시합니다"라는 안내문을 설치하고 있으며 전담직원 외에는 사용을 제한하고 있다.

II. 전자영상 검사기에 의한 수용자 항문검사

1. 항문검사와 신체의 자유

수용자에 대한 항문검사는 신체의 자유(헌

법 제12조)와 밀접한 관련이 있으며 헌법재판소는 항문검사의 목적이 정당하고, 전자영상 검사기에 의한 수용자 항문 검사방법이 적합하다고 판시하였다. 즉 수용자 및 교정시설 종사자의 생명·신체에 대한 위해를 방지하고 교정시설의 안전과 질서유지를 위하여 수용자의 신체 및 휴대품을 검사하는 것은 반드시 필요하고, 특히 수용자가 흉기 기타 위험물이나 금지물품을 교정시설 내로 반입하는 것을 원천적으로 차단하기 위해서는 교정시설에 입소하는 수용자에 대해보다 세밀한 검사가 요구되며, 신체검사는 수용자를 교정시설에 수용하는 과정에서 교정시설 내로 반입이 금지된 물품을 소지·은닉하였는지 여부를 조사하여 이를 차단함으로써 교정시설의 안전과 질서를 유지하기 위한 것으로 그 목적이 정당하다고 판단하였다.

2. 전자영상 검사기를 이용한 신체검사와 인격권

수용자에 대한 신체검사는 인간의 존엄과 가치(헌법 제10조)로부터 파생되는 인격권과 밀접한 관련이 있다. 일반적 인격권은 첫째, 인간의 자기정체성에 기초하여 인격을 스스로 구현할 수 있는 인격의 자유로운 형성에 관한 권리, 둘째, 외부의 간섭을 배제할 수 있는 인격의 자유로운 유지에 관한 권리, 셋째, 인격의 형성과 유지에 기초하여 인격의 자유로운 표현을 할 수 있는 권리를 보장한다.

전자영상 검사기를 이용한 신체검사는 교도관이 수용자를 대면하여 수용자의 항문 부위를 눈으로 직접 관찰하던 종래의 육안검사 방식이 수용자의 인격권 등을 침해할 소지가 있다는 이유로 이를 개선하여 수용자의 수치심 유발을 줄이고 인격권 등의 침해를 최소화하기 위하여 도입한 것이다. 이와 같은 방법에 의한 신체검사는 사전에 검사의 목적과 방법을 고지한 후, 다른 수용자가 볼 수 없는 차단된 장소에서 영상검사기에 올라가 검사기에 장착된 카메라에 짧은 시간 항문 부위를 보이도록 하고, 검사실과 분리된 통제실에서 전담 교도관 1인만이 다른 사람이 볼 수 없도록 모니터 주변에 가림막을 설치하고 출력된 영상정보로 은닉물의 존재 여부만을 관찰하며, 영상정보를 녹음·녹화할 수 없도록 하는 등 가능한 한 청구인의 모욕감 내지 수치심 유발을 최소화하고, 개인정보가 남용·유출될 수 없도록 하는 방법으로 실시하고 있으므로, 기본권 침해의 최소성 요건을 충족하였다고 판단하였다.

3. 다른 교정시설로부터 이입된 수용자에 대한 검사

헌법재판소는 신입수용자에 비해 금지물품을 취득하여 소지·은닉할 가능성이 상대적으로 낮은 교정시설로부터 이감·수용되는 경우라도 그 과정에서 금지물품을 취득하여 소지·은닉하고 있을 가능성을 배제할 수 없고, 금지물품을 항문 부위에 은닉하는 경우 외부관찰 등의 방법으로는 쉽게 확인할 수 없어 교정시설의 안전과 질서유지를 위해서는 간접적으로나마 항문 부위에 대한 시각적인 관찰이 필요하며, 이를 생략하거나 단순히 외부관찰 등 좀 더 간이한 검사방법으로 대체하는 것은 금지물품의 반입을 차단하는 데 충분하지 않은 것으로 보고 헌법위반이 아니라고 판단하였다. 뿐만 아니라 비록 금지물품을 소지·은닉한 전력이나 성향이 없다 하더라도 불특정 다수의 수용자를 일상적으로 인수하는 교정시설의 장에게 매번 수용자별로 전력, 성향 및 수형태도 등 개인정보를 일일이 습득·확인하여 선별적으로 검사할 것을 요구하는 것은 시간적으로나 인력운용상 기대하기 어렵다 할 것이고, 설사 선별적 검사가 가능하다 하더라도 그것만으로는 금지물품의 차단이라는 목적을 달성하기에 충분하다고 할 수 없다고 판단하였다.

[후속논의]

현재 모든 교정기관에서 전자영상 검사기에 의한 수용자 항문검사를 신입수용자는 물론 다른 교정시설로부터 이입되는 모든 수용자를 대상으로 실시하고 있다. 특히 X-선 검사방법으로는 찾을 수 없는 마약, 담배 등에 대해서는 이와 같은 방법이 효과적이라고 할 수 있다. 그러나 헌법재판소도 신체검사로 인하여 수용자가 느끼는 모욕감이나 수치심이 결코 작다고 할 수는 없다는 점에 대해서는

적시하고 있다. 따라서 교정시설에 처음으로 입소하는 수용자에 대해서는 전자영상 검사기에 의한 항문검사를 실시하되, 다른 교정시설로부터 이입되는 수용자에 대해서는 금지물품과 관련된 규율위반의 전력이 있는 수용자, 마약류수용자 등 대상자의 범위를 제한적으로 운영함이 바람직하다.

[참고문헌]
● 금용명, 교정학: 행형론과 수용자 처우, 박영사, 2021.
● 성낙인, 헌법학(제24판), 법문사, 2024.

[금용명 소장(교도소연구소, 전 안동교도소장)]

대상	계호업무지침 제60조 등 위헌확인 (기각, 각하)
	헌재 2011. 10. 25. 선고 2009헌마691 전원재판부 결정 (기각, 각하) **(2018서울7급 / 2020국가**
	7급 / 2020법무사)

[사실관계]

청구인은 살인죄로 징역 10년 및 치료감호 판결을 선고받고 2005. 11. 10. 위 판결이 확정된 자로서, 치료감호 집행을 받은 후 여주교도소에서 복역하다가 2009. 9. 4. 춘천교도소로 이송되어 수용 중 피청구인은 2009. 9. 7.경 청구인이 없는 상태에서 청구인의 거실에 대한 검사를 실시하고, 같은 해 11. 6. 야간에 청구인이 없는 상태에서 청구인의 작업장에 대한 검사를 실시하였다.

[결정요지]

[1] 이 사건 훈령조항은 거실 및 작업장 검사를 할 수 있는 시기와 방법 등을 정해 놓은 것으로서, 교도관에게 '가급적' 수용자가 없는 상태에서 거실 또는 작업장 검사를 할 수 있도록 하고 있을 뿐 상황에 따라 수용자가 거실이나 작업장에 있을 때에도 검사할 수 있게 하는 재량의 여지를 주고 있어서, 교도관의 구체적인 검사행위 없이 이 사건 훈령조항 자체가 바로 청구인의 기본권을 직접 제한하고 있다고 보기 어려우므로, 이 사건 훈령조항에 대한 심판청구는 기본권침해의 직접성 요건을 결여하여 부적법하다.

[2] 이 사건 검사행위는 교도소의 안전과 질서를 유지하고, 수형자의 교화·개선에 지장을 초래할 수 있는 물품을 차단하기 위한 것으로서 그 목적이 정당하고, 수단도 적절하며, 검사의 실효성을 확보하기 위한 최소한의 조치로 보이고, 달리 덜 제한적인 대체수단을 찾기 어려운 점 등에 비추어 보면 이 사건 검사행위가 과잉금지원칙에 위배하여 사생활의 비밀 및 자유를 침해하였다고 할 수 없다.

[3] 이 사건 검사행위가 추구하는 목적의 중대성, 검사행위의 불가피성과 은밀성이 요구되는 특성, 이에 비하여 수형자의 부담이 크지 아니한 점, 수형자의 이의나 불복이 있을 경우 그 구제를 위해 일정한 절차적 장치를 두고 있는 점 등을 종합해 볼 때 이 사건 검사행위는 적법절차원칙에 위배되지 아니한다.

[해설]

형집행법 제93조 제1항은 "시설의 안전과 질서유지를 위하여 필요하면" 거실 등의 검사를 행할 수 있도록 규정하고 있다. 또한 이에 근거한 이 사건 훈령조항은 정기적으로 월 1회 이상 거실 및 작업장 검사를 하도록 하고 있고, 거실 및 작업장 검사 시 가급적 수용자가 없는 상태에서 실시하는 것을 원칙으로 하고 있다. 청구인은 이 사건 훈령조항과 이에 근거하여 피청구인이 행한 이 사건 검사행위는 수용자의 물건에서 금지물품이 발견되는지에 대하여 직접 눈으로 확인할 기회와 변명의 기회를 주지 않고 수용자가 없는 상태에서 비밀리에 검사함으로써 적법절차원칙에 위배되고, 과잉금지원칙에 위배하여 청구인의 사생활의 비밀과 자유, 재산권, 행복추구권을 침해하고, 일반인과 비교할 때 평등원칙에도 위배된다며 헌법소원심판을 청구하였다. 이에 대하여 헌법재판소는 ① 수용자가 있는 상태에서 불시에 검사를 실시하는 방법도 고려해 볼 수 있겠으나, 거실이나 작업장은 수용자들이 집단생활을 하는 곳으로 수용자가 있는 상태에서 검사를 하게 되면 수용자에게 검사장소와 검사방법을 노출시켜 추후 효율적으로 검사하는 데 어려움을 주게 되며, 검사 도중에도 수용자들 사이에서 금지물품을 빼돌리거나 검사를 하는 교도관과 검사를 받는 수형자들 간에 물리적인 마찰이 발생해 수용질서를 어지럽힐 우려가 있다. 그리고 거실이나 작업장의 검사시간은 통상 30분 내외로 길지 아니할 뿐 아니라, 이러한 검사는 금지물품이 있는지 여부를 확인하는 최소한의 조치로서 수용자의 사생활을 파악하기 위한 것도

아니다. ② 교도소 내의 안전과 질서유지를 위해 불가피하게 청구인이 없는 상태에서 검사행위가 이루어진 것으로서 검사방법과 검사장소가 노출되지 않도록 할 필요성이 크고, 검사행위로 인하여 수형자에게 부과되는 부담의 정도는 크지 않다. ③ 거실이나 작업장 검사 결과 금지물품이 발견된 경우에는 징벌을 받을 수 있으나(형집행법 제107조 제4호), 수형자에게 징벌을 부과하기 위하여는 외부인사가 포함된 징벌위원회의 의결이 있어야 하고, 징벌대상자는 징벌위원회에 출석하여 자기에게 유리한 사실을 진술하거나 증거를 제출할 수 있으며(동법 제111조), 수형자는 그 처우에 관하여 불복하는 경우 법무부장관·순회점검공무원 또는 관할 지방교정청장에게 청원할 수 있다(동법 제117조)며 적법절차원칙에 위배되지 아니한다고 하였다.

즉 헌법재판소는 교도소는 형벌의 집행을 위하여 범죄를 저지른 수용자를 일정기간 강제로 구금시켜 집단생활을 하는 시설로서 수용자들이 작업이나 운동, 다른 수용자와의 교류 등을 통해 타인에게 위해를 가하거나 자해 또는 탈주를 하는 데 사용될 수 있는 물품을 소지할 가능성이 있으므로 교도소의 시설과 인력의 안전은 물론 수용자들의 안전과 질서유지를 위해서 검사방법과 검사장소가 노출되지 않도록 하는 것이 중요하다고 보았고 금지물품이 발견된 수용자의 경우 징벌위원회에서 자신에게 유리한 진술과 증거를 제출하여 징벌부과가 의결되지 않을 수 있도록 할

수 있고 징벌부과가 의결되더라도 법무부장관 등에 대한 청원제도에 의해서 구제될 수 있다고 보았다.

[후속논의]

위와 같은 결정 내용을 보면 검사방법과 검사장소의 은밀성을 가장 중요하게 보고 있는데 수용자의 물건에서 금지물품이 발견되어 징벌이 부과되는 경우에 수용자가 규정된 절차에서 징벌부과가 부당함을 다툴 수 있도록 하기 위해서는 당연히 검사방법과 검사장소를 수용자에게 알려줘야 할 것으로 결국 검사장소와 검사방법은 노출될 수밖에 없다. 수용자의 물건에서 금지물품이 발견되어 징벌이 부과될 상황에 놓였음에도 검사방법과 검사장소를 비밀로 유지한다면 헌법재판소가 적법절차원칙에 위배되지 않는다고 제시한 징벌위원회에서의 유리한 진술과 증거제출과 법무부장관 등에 청원과 같은 이의 절차는 무의미하다.

엄격하게 통제된 생활을 하고 있는 수용자의 입장에서 수용자의 물건에서 금지물품이 발견되는지에 대해서 직접 눈으로 확인할 기회와 변명의 기회를 즉각적으로 주지 않아서 수용자 자신의 물건이 아닌 금지물품이 발견되는 경우, 즉 제3자가 수용자 몰래 수용자가 인식할 수 없는 방식으로 수용자의 물건에 금지물품을 두어 수용자의 물건에서 금지물품이 발견되는 경우 등에 청구인이 금지물품이 발견되는 방법과 장소를 직접 눈으로 확인하

였다면 그 금지물품이 본인의 물건이 아니라는 것을 즉각적으로 변명하여 추후에 이루어질 징벌 부과를 위한 이의절차에 자신이 목격한 상황을 설명하는 등의 유리한 진술이 가능하나 검사방법과 검사장소조차 알지 못하는 상황에서, 즉 금지물품이 수용자의 물건에서 발견되었다는 것 이외에 다른 정보가 충분히 제공되지 않는 상황에서의 수용자가 징벌위원회에서 무력하게 금지물품이 자신의 물건이 아니라는 말 이외에는 할 수 있는 말이 없다.

또한 헌법재판소는 검사행위로 인하여 수형자에게 부과되는 부담의 정도는 크지 않다고 보았지만 징벌이 부과될 수 있기에 자신이 금지물품을 소지하지 않고 있었음에도 억울하게 징벌을 부과받는 상황이 발생할 수 있고 징벌이 부과된 경우 정보의 불균형으로 인하여 징벌부과를 다투어 징벌부과를 취소하는 것은 매우 어렵기에 수용자에게 부과되는 부담의 정도는 매우 크다.

헌법재판소는 검사 도중에도 수용자들 사이에서 금지물품을 빼돌리거나 검사를 하는 교도관과 검사를 받는 수형자들 간에 물리적인 마찰이 발생해 수용질서를 어지럽힐 우려가 있다며 수용자 부재시 검사행위를 할 수밖에 없는 이유를 제시하고 있으나 위와 같은 상황을 충분히 방지하면서도 수용자가 억울하게 징계 부과를 받지 않도록 하는 방안을 충분히 고려해 볼 필요가 있다.

[박인숙 변호사(법률사무소 청년)]

[05] 유치장 입감시 브래지어 탈의를 요구하여 제출받은 행위의 위법 여부

대상	위자료 (원고일부승)
	[1심] 서울중앙지법 2012. 5. 30. 선고 2011가단290916 판결 (원고일부승)
	[2심] 서울중앙지법 2012. 12. 13. 선고 2012나26151 판결 (항소기각)
	[3심] 대법 2013. 5. 9. 선고 2013다200438 판결 (상고기각)

[사실관계]

원고들은 2008. 8. 15. 서울에서 열린 미국산 쇠고기 수입 반대 촛불집회에 참석하였다가 집회 및 시위에 관한 법률 위반 등 혐의로 현행범 체포되어 서울 소재 여러 경찰서 유치장에 인치되었다.

원고들은 각 경찰서 유치장 입감을 위한 신체검사를 받는 과정에 해당 경찰서 소속 여성 경찰관으로부터 브래지어 탈의를 요구받고 속옷을 탈의하여 교부하였다.

원고들은 경찰들의 브래지어 탈의조치는 관련 법령을 위반하고 재량권을 남용함으로써 이루어졌고, 이로 인하여 원고들은 인격권 등 기본권을 과도하게 침해당하여 정신적 고통을 입었으므로, 피고는 원고들에게 위자료를 지급함으로써 정신적 고통을 위자할 의무가 있다고 주장하였다.

이에 대하여 피고는 '피의자 유치 및 호송규칙(경찰청 훈령 제604호, 2010. 10. 26. 개정)' 제9조 및 이에 근거한 경찰업무편람(유치장 사고 및 피의자 도주사고 방지)에 따른 자살·자해 예방조치였다고 주장하였다.

[판결요지]

행형법에서 유치장에 수용되는 피체포자에 대한 신체검사를 허용하는 것은 유치의 목적을 달성하고, 수용자의 자살, 자해 등의 사고를 미연에 방지하며, 유치장 내의 질서를 유지하기 위한 것인 점에 비추어 보면, 이러한 신체검사는 무제한적으로 허용되는 것이 아니라 위와 같은 목적 달성을 위하여 필요한 최소한도의 범위 내에서 또한 수용자의 명예나 수치심을 포함한 기본권이 부당하게 침해되는 일이 없도록 충분히 배려한 상당한 방법으로 행하여져야만 할 것이고, 피의자 유치 및 호송규칙은 경찰청장이 관련 행정기관 및 그 직원에 대하여 그 직무권한행사의 지침을 발한 행정조직 내부에 있어서의 행정명령의 성질을 가지는 것에 불과하고 법규명령의 성질을 가진 것이라고는 볼 수 없으므로, 이에 따른 처분이라고 하여 당연히 적법한 처분이라고는 할 수 없다(대법 2001. 10. 26. 선고 2001다51466 판결).

앞서 인정한 바와 같이 경찰업무편람은 브래지어가 자살·자해에 이용될 수 있어 유치인에게 이를 설명하고 제출받는 것으로 규정하고 있으나 위 편람은 위에서 본 바와 같이 법규명령이라고 볼 수 없는 점, 또한 '피의자 유치 및 호송규칙'(위 규칙 역시 위에서 본 바와 같이 행정명령에 불과하여 법규명령의 성질을 지니고 있지 않으나 피고 소속 공무원의 직무행위가 적법한지 여부를 가림에 있어 일응 기준이 될 수 있으므로 이를 검토한다) 제8조 제4항에서 죄질이 경미하고 동작과 언행에 특이사항이 없으며 위험물 등을 은닉하고 있지 않다고 판단되는 유치인에 대하여는 신체 등의 외부를 눈으로 확인하고 손으로 가볍게 두드려 만져 검사하는 방식의 외표검사를 실시하도록 하고, 일반적인 경우에는 탈의막 안에서 속옷은 벗지 않고 신체검사의를 착용(유치인의 의사에 따른다)하도록 한 상태에서 위험물 등의 은닉여부를 검사하는 간이검사를 실시하며, 살인, 강도, 절도, 강간, 방화, 마약류, 조직폭력 등 죄질이 중하거나 근무자 및 다른 유치인에 대한 위해 또는 자해할 우려가 있다고 판단되는 유치인에 한하여 탈의막 안에서 속옷을 벗고 신체검사의로 갈아입도록 한 후 정밀하게 위험물 등의 은닉여부를 검사하는 정밀검사를 실시하도록 하는 이유는 유치인에게 특별한 경우에만 속옷을 탈의한 후 유치인보호관의 검사에 임하게 하여 같은 조 제6항에서 선언하는 바와 같이 유치인에게 불필요한 고통과 수치심을 주지 않도록 하기 위해서인 것으로 보이는데, 만약 원고들이 착용한 브래지어를 위 규칙 제9조 제1호 소정의 혁대, 넥타이, 금속물 기타 자살에 공용될 우려가 있는 물건, 즉 위험물로 보고 언제든지 이를 제출하도록 한 후 이를 보관할 수 있게 한다면 이는 위에서 본 바와 같이 신체검사의 유형을 세분화하여 유치인에게 불필요한 수치심을 주지 않으려는 취지를 몰각시킬 우려가 있는 점(위와 같이 정밀검사를 실시한 이후에도 그 착용 속옷은 돌려주고 있다), 갑 제12호증의 기재에 따르면 현재 법무부 소속 교정시설 내 여성 수용자들은 1인당 3개의 범위 내에서 브래지어 소지가 허용되는 사실이 인정되는바, 경찰서 유치장내 여성 수용자들을 위 법무부 소속 교정시설 내 여성 수용자들과 달리 처우할 이유가 없는 점(이에 대하여 피고는, 체포 직후의 유치인에게는 급작스러운 상황의 변화에 따른 자살충동 등이 발생할 수 있으므로 위와 같은 심리적 특수성을 고려하여 이 사건 조치를 평가하여야 한다는 취지로 주장하나, 위 법무부 소속 교정시설 내에도 체포 직후의 여성 유치인들이 존재하고 있는 점 등을 고려하면 그 설득력이 떨어진다), 물론 을 제13호증의 기재에 따르면 유치인들이 착용하고 있던 브래지어를 사용하여 자살에 이르는 것이 물리적으로 불가능한 것은 아니나(다만, 기록에 따르면 현재까지 우리나라에서는 이와 같은 사례는 없다), 그러한 사정만으로 피고 소속 공무원들이 유치인들의 자살 예방을 위하여 이들을 보다 세밀히 관찰하는 등 이들에게 피해가 덜 가는 수단을 강구하지 아니한 채 브래지어 탈의를 요구하는 것은 과잉금지의 원칙에 반한다고 보이는 점 등에 비추어 보면, 이 사건 조치는 원고들의 자살 예방 목적 달성을 위하여 필요한 최소한도의 범위 내에서 이루어지거나 원고들의 명예나 수치심을 포함한 기본권이 부당하게 침해되는 일이 없도록 충분히 배려한 상당한 방법으로 이루어지지 않아 당시 원고들에게 자살의 징후가 포착되었는지 여부(물론 증인 김○○의 증언만으로는 원고들에게 위와 같은 징후가 있었다고 인정하기에 부족하다)와 원고들의 동의가 있었는지 여부에 관계없이 위법하다고 판단된다.

따라서 피고는 원고들에게 위와 같은 불법행위로 말미암아 원고들이 입은 정신적 고통을 금전적으로나마 위자할 의무가 있다.

[해설]

이 사건이 발생하기 훨씬 이전부터 피고의 브래지어 탈의 조치는 일부 경찰들의 자의적인 행사로 인하여 여성의 인권을 유린하는 등 많은 문제를 노출해왔다. 이에 2003년경 경찰은 집회시위가담자로 체포된 여성피의자에 대하여 브래지어를 벗게 하는 조치가 신체검사의 합목적성과 필요성에서 벗어난다고 판단하여 이를 예방하는 차원에서 겉옷을 입은 상태로 신체검사를 하는 '외표검사'를 도입하였다. 그럼에도 불구하고 피고는 경찰업무편람(유치장 사고 및 피의자 도주사고 방지)에 브래지어가 자살·자해 용품으로 규정되어 있다는 이유로 촛불집회에서 연행된 수십 명의 여성 중 원고들을 포함한 일부 여성에게만 자의적으로 유치장 규정을 언급하며 브래지어를 탈의시킨 것이다. 집회에 참가한 여성들에게 성적 수치심을 느끼게 하고 모욕을 주고자 한 조치로밖에 볼 수 없다.

법원이 2013년 유치인에게 피해가 덜 가는 수단을 강구하지 아니한 채 무조건 브래지어 탈의를 요구하는 것은 과잉금지의 원칙에 반한다며 국가배상책임이 인정된다고 최종 판결한 후 경찰은 경찰업무편람을 개정하여 자살·자해사고 유형에서 브래지어를 삭제했다. 또한 브래지어의 착용(소지)을 원칙적으로 허용하되 자살 등의 우려가 큰 유치인에 한해서 브래지어를 탈의 조치하고 스포츠 브래지어를 지급하라는 지침을 일선에 내렸다. 다만 브래지어 탈의 전 이유를 충분히 설명하고 동의를 얻어 탈의 조치하되, 유치인이 거부할 경우 강제 탈의를 금지했다(경찰청 정보공개 결정통지서(수사기획과-12772), 2013. 7. 26.).

[후속논의]

대법원의 국가배상 판결과 경찰청 지침 개정 후 사라진 듯했던 브래지어 탈의는 2014년 다시 문제가 됐다. 2014. 5. 18. 세월호 참사를 추모하는 '가만히 있으라' 침묵행진에서 연행된 여성들이 동대문경찰서 유치장 수감 시 브래지어를 강제로 탈의 당하는 일이 발생하였다.

파문이 커지자 동대문경찰서장은 홈페이지에 게시한 사과문을 통해 "여성 피의자에 대한 신체검사 시 자살 또는 자해방지를 위해 속옷(브래지어)을 탈의해 달라고 요청한 사실이 있다"며 "규정을 지키지 않은 부분이 발견되었으므로 향후 재발방지를 약속드린다"고 밝혔고 경찰청장도 "우리 직원이 분명 잘못한 것"이라며 사과했다.

위 집회 당시 브래지어 강제 탈의를 당한 피해 여성들은 2013년 대법원 확정판결이 있는 사안을 가지고 다시 국가배상청구 소송을 제기하였고, 2018. 10. 법원은 (대법원 판례와 경찰청 수사국의 지침 변경에도 불구하고) 만연히 과거의 업무관행에 의존하여 원고들에게 브래지어 등을 강제로 탈의하도록 조치하였다며 국가의 배상책임을 인정하는 판결을 하였고, 피고 대한민국이 항소를 포기해 판결은 확정됐다. 이를 통해 2008년 촛불집회로부터 시작된 유치장 수감 시 브래지어 강제 탈의 인권침해 논란은 이제는 일단락된 것으로 보인다.

경찰서 내 유치장 수감은 여러 가지 이유로 이루어진다. 그러나 분명한 것은 유치장에 수감된 사람들은 죄가 확정된 사람이 아니라는 것이다. 그런데 현실은 죄가 확정되어 교도소에 수감된 수형자들보다 훨씬 심각한 인권침해를 받고 있었으며, 여성에 대한 브래지어 강제 탈의는 가장 심각한 침해 중 하나였다. 유치장 시설을 현대화하여 인권침해를 최소화할 필요가 있겠다.

[허윤정 변호사(법무법인 지엘)]

제10장

보호장비

[01] 계구사용의 요건과 한계

대상	계구사용행위 위헌확인 (인용(위헌확인), 각하)
	헌재 2003. 12. 18. 선고 2001헌마163 전원재판부 결정 (인용(위헌확인), 각하)

[사실관계]

[1] 청구인은 1999. 11. 5. 향정신성의약품 관리법 위반혐의로 구속되어 광주교도소에 수감되었고 특정범죄가중처벌등에관한법률위반(강도)죄 등으로 추가기소되어 2000. 2. 24. 광주지법 201호 법정에서 재판을 받던 중 공범 2명과 합동하여 미리 준비한 흉기로 법정 계호 근무중인 교도관을 찌르고 도주하였다가 같은 해 3. 7. 체포되어 위 교도소에 재수감되었다.

[2] 청구인은 광주교도소에서 위 도주를 이유로 금치 2월의 징벌을 부과받고 징벌방에 수용되었는데, 재수감된 직후 금속수갑 2개가 채워지고 같은 달 11. 부터는 가죽수갑 1개가 추가로 채워졌으며 징벌이 종료된 후에도 해제되지 않았고 목포교도소로 이감되는 2001. 4. 2.까지 계속하여 위 계구들을 착용하였다. 위 계구는 이감된 목포교도소에서 같은 해 6. 18. 해제되었다.

[3] 이에 청구인은 계구를 착용하고 있던 중인 2001. 3. 7. 위와 같은 계구사용 행위에 의하여 헌법상 보장된 청구인의 인간의 존엄과 가치 및 신체의 자유 등 기본권을 침해당했다고 주장하면서 피청구인 광주교도소장의 위 계구사용행위와 그 근거규정인 '계구의 제식과 사용절차에 관한 규칙(이하 '계구규칙')' 제2조 제1항 제2호 및 제5조 제2항 제2호에 대한 위헌확인을 구하는 이 사건 헌법소원심판을 청구하였고, 같은 해 10. 30. 헌법소원심판청구 정정신청서를 제출하여 추가로 목포교도소장의 위 계구사용행위에 대한 위헌확인을 구하였다.

[결정요지]

헌법재판소는 [1] 먼저 이 사건 계구규칙의 조항은 가죽수갑을 계구의 한 종류로 들고 있으면서 그 사용요건을 정해 놓은 것에 불과하여 교도소장과 교도관들의 구체적인 사용행위 없이 그 자체만으로는 청구인의 어떠한 기본권을 제한하고 있는 것으로 볼 수 없으므로, 이에 대한 심판청구는 직접성을 결여하여 부적법하다고 하였다. 규칙의 조항 자체가 문제되는 것이 아니라 교소소장 등의 사용행위가 문제될 수 있을 뿐이라는 것이다.

[2] 다음으로 계구사용의 요건과 한계에 대해 헌법재판소는 "계구는 수용자에 대한 직접

강제로 작용하므로 이것이 사용되면 수용자는 팔·다리 등 신체의 움직임에 큰 지장을 받게 되고 육체적·정신적 건강을 해칠 가능성이 높다"고 전제한 후, 계구의 사용은 무엇보다 수용자들의 육체적·정신적 건강 상태가 유지되는 범위 내에서 이루어져야 하고 시설의 안전과 구금생활의 질서에 대한 구체적이고 분명한 위험이 임박한 상황에서 이를 제거하기 위하여 제한적으로 필요한 만큼만 이루어져야 한다고 판시하였다. 또한 그 경우에도 가능한 한 인간으로서의 기본적인 품위를 유지할 수 있도록 하여야 한다고 하였다.

[3] 그리고 이 사건의 계구사용에 대해서는, 피청구인이 수용시설의 안전과 질서유지를 책임지는 교도소의 소장으로서 청구인의 도주 및 자살, 자해 등을 막기 위하여 수갑 등의 계구를 사용한 목적이 정당하고 이 사건 계구사용행위가 이를 위한 적합한 수단이라 볼 수 있지만, 이 사건 계구사용행위는 기본권제한의 한계를 넘어 필요 이상으로 장기간, 그리고 과도하게 청구인의 신체거동의 자유를 제한하고 최소한의 인간적인 생활을 불가능하도록 하여 청구인의 신체의 자유를 침해하고, 나아가 인간의 존엄성을 침해한 것이라고 판단하였다. 그 이유는 다음과 같다. ① 청구인은 1년이 넘는 기간 동안 일주일에 1회 내지 많으면 수회, 각 약 30분 내지 2시간 동안 탄원서나 소송서류의 작성, 목욕, 세탁 등을 위해 일시적으로 해제된 것을 제외하고는 항상 이중금속수갑과 가죽수갑을 착용하여 두 팔이 몸에 고정된 상태에서 생활하였고 이와 같은 상태에서 식사, 용변, 취침을 함으로써 일상생활을 정상적으로 수행할 수 없었으므로 그로 인하여 신체적, 정신적으로 건강에 해를 입었을 가능성이 높고 인간으로서 최소한의 품위유지조차 어려운 생활을 장기간 강요당했다. ② 기본적인 생리현상을 해결할 수 있도록 일시적으로 계구를 해제하거나 그 사용을 완화하는 조치가 불가능하였다고 볼 수도 없고, 청구인에게 도주의 경력이나 정신적 불안과 갈등으로 인하여 자살, 자해의 위험이 있었다 하더라도 그러한 전력과 성향이 1년 이상의 교도소 수용기간 동안 상시적으로 양 팔을 몸통에 완전히 고정시켜둘 정도의 계구사용을 정당화 할 만큼 분명하고 구체적인 사유가 된다고 할 수 없다.

[해설]

I. 관련 법령의 변화

이 사건 당시의 구 행형법 제14조 제1항은 "교도관은 수용자의 도주·폭행·소요 또는 자살의 방지 기타 교도소 등의 안전과 질서유지를 위하여 필요한 경우에는 계구를 사용할 수 있다"고 규정하고, 제2항에서 계구의 종류를 포승, 수갑, 사슬, 안면보호구로 규정하였다. 그리고 제3항에서 "계구는 징벌의 수단으로 사용하여서는 아니된다"고 명시하였다. 또한 당시의 계구규칙은 1995. 5. 3. 법무부훈령 제333호로 제정된 '계구의 제식과 사용절차에 관한 규칙'으로서, 제2조 제1항 제2호에 "수갑은 금속수갑과 가죽수갑으로 구분한다"고 규정하였고, 제5조 제2항에서 금속수갑은 "수용자의 호송시 또는 교정사고의 예방을 위하여 필요한 때"에 사용할 수 있으며, 가죽수갑은 "정신이상자·중범자 등 충동적·우발적 교정사고의 위험성이 큰 수용자에게 장기간 계속하여 계구를 사용할 필요가 있을 때" 사용할 수 있다고 규정하였다.

현행 형집행법은 '계구'를 '보호장비'라고 명칭을 변경하였고, 제98조에서 수갑 등 8가지의 보호장비를 규정하였다. 그리고 제97조에서 보호장비의 사용요건을 "1. 이송·출정, 그 밖에 교정시설 밖의 장소로 수용자를 호송하는 때, 2. 도주·자살·자해 또는 다른 사람에 대한 위해의 우려가 큰 때, 3. 위력으로 교도관의 정당한 직무집행을 방해하는 때, 4. 교정시설의 설비·기구 등을 손괴하거나 그 밖에 시설의 안전 또는 질서를 해칠 우려가 큰 때"의 네 가지로 규정하였다. 또한 제99조는 "① 교도관은 필요한 최소한의 범위에서 보호장비를 사용하여야 하며, 그 사유가 없어지면 사용을 지체 없이 중단하여야 한다. ② 보호장비는 징벌의 수단으로 사용되어서는 아니 된다"라고 규정하고 있다.

형집행법 시행령에서는 제120조부터 제124조까지 보호장비의 사용과 사용중지, 수용자에 대한 보호장비 사용사유 고지, 보호장비 사용의 감독 등에 대해 규정하고 있으며, 형집행법 시행규칙은 제169조부터 제185조까지

보호장비의 구체적 종류와 각 보호장비별 사용방법, 보호장비 착용 수용자의 관찰 등에 대해 자세히 규정하고 있다.

II. 형집행에서 계호 또는 '질서유지'와 계구 또는 '보호장비'의 사용의 한계

현재의 형집행법에서 '안전과 질서유지'라고 규정하는 사항은 과거의 행형법에서는 '계호'라고 하였으며, 계호는 '경계와 보호'를 뜻한다고 하였다. 용어만 달라졌을 뿐 의미는 달라진 것이 없다. 독일 행형법은 계호 또는 안전조치를 일반 안전조치와 특별 안전조치로 구별한다. 일반 안전조치는 구체적 위험의 존재와 상관없이 수용자 모두에 대해 일반적으로 이루어지는 안전을 위한 조치들인데, 재소자의 몸이나 거실, 소지품에 대한 검색과 지문채취·사진촬영 등 신원확인을 위한 조치들을 예로 들 수 있다. 특별 안전조치는 구체적 위험이 있어 개별 수용자에 대해 특별한 권리의 제한이 필요한 경우에 취해지는 조치로서, 위험한 물건의 압수 또는 박탈, 격리 수용, 실외활동의 금지 또는 제한, 안정실 수용, 계구 또는 보호장비를 사용한 결박 등이 그 예이다. 이렇게 구별해 보면 계구 또는 보호장비의 사용은 구금시설의 안전과 질서를 확보하기 위한 여러 조치들 중에서 특별한 위험이 존재할 때 이행되는 조치의 하나에 해당한다. 말하자면 계구의 사용은 구금시설의 안전조치 중에서 최후의 수단이 되어야 한다는 것

이다.

헌법재판소는 이 사건에 대한 판단에서 "수용시설 내의 질서 및 안전 유지를 위하여 행해지는 규율과 징계를 통한 기본권의 제한은 단지 공동생활의 유지를 위하여 수용자에게 구금과는 별도로 부가적으로 가해지는 고통으로서 다른 방법으로는 그 목적을 달성할 수 없는 경우에만 예외적으로 허용되어야 할 것이다"라고 하여 안전조치의 보충성과 최후수단성을 확인하고 있다. 특히 계구의 사용과 같은 강제력의 행사는 위험이 임박한 상황에서 극히 제한적으로, 그리고 필요한 만큼만 이루어져야 하며, 명백한 필요성이 계속하여 존재하지 않는 경우에는 이를 즉시 해제하여야 한다고 판시하였다. 그런데 이 사건의 경우 계구사용으로 보호되는 공익은 제한적으로 인정될 뿐이며, 청구인의 기본권을 덜 제한하는 다른 방법이 없었던 것도 아니기 때문에 계구사용의 한계를 벗어난 것이라고 헌법재판소는 판단하였다. 곧, 청구인이 징벌기간 동안 이중 출입문으로 봉쇄되어 있는 특별 독거실에 수용되어 있었고 허리 디스크와 오른쪽 새끼발가락 골절상으로 거동이 불편한 상황이었기 때문에 계구를 항상 사용할 필요가 없었다는 점, 그리고 수용거실에 수용 중인 기간에 무려 466일 동안 양팔을 사용할 수 없는 정도의 계구를 계속 착용하게 한 것은 위험방지와 공익보호를 위해 필요한 정도를 훨씬 넘은 과도한 조치였다는 점 등을 고려하면 이 사건 계구 사용은 신체의 자유와 인간의 존엄을 침해한 것이 분명하다는 것이다. 구행형법은 물론 현행 형집행법에서도 계구의 사용이 징벌의 수단이 되어서는 안 된다고 못박고 있지만, 이 사건의 계구사용은 재판 도중 교도관을 흉기로 찌르고 도주한 청구인에 대한 징벌 또는 보복의 수단이었던 것이다.

III. 계구사용의 요건과 비례성원칙

이와 같이 이 사건에 대한 헌법재판소의 결정은 ① 구금시설의 질서와 안전이라는 공익과 계구의 사용으로 침해되는 기본권 사이의 법익균형성, ② 계구 사용의 보충성과 최후수단성이 계구사용의 요건과 한계임을 분명히 확인한 것이다. 이러한 요건과 한계는 비례성원칙에 근거한 것이라 할 수 있다. 독일 행형법은 계구 사용의 요건과 한계로 비례성원칙을 분명하게 규정하고 있다. 곧, 독일 행형법 제81조 제2항은 "행형시설의 안전 또는 질서를 유지하기 위해 수형자에게 의무를 부과하거나 권리를 제한할 때에는 그 목적에 비례하며 필요한 것보다 더하거나 더 길게 수형자의 권리를 침해하지 않는 방법이 선택되어야 한다"고 규정하고 있다. 또한 제96조 제1항은 "직접강제의 여러 가지 가능하고 적합한 처분들 중에서 개인이나 일반을 가장 적게 침해하는 처분이 선택되어야 한다"고 선언하고 있으며, 제2항에서는 "직접강제에 의해 야기될 침해가 그것을 통해 달성하려는 목적과 비례관계에 있지 않음이 명백할 때에는 직접강제를 사용하지 못한다"고 비례성원칙을 명시하고 있다. 2007. 12. 21. 구 행형법을 형집행법으로 전부 개정하면서 '보호장비' 사용의 요건과 방법을 자세히 규정한 것은 그 나름으로 의미 있는 성과라고 할 수 있다. 하지만 이 사건에 대한 헌법재판소의 결정이 법 개정 이전에 있었음에도 불구하고 형집행법에 계구 사용의 원칙과 요건에 대한 기본규정을 두지 않은 것은 아쉬운 일이다. 형식적 요건만 갖추면 계구 사용의 목적과 원칙을 고려하지 않고 계구를 사용해도 되는 것처럼 보여질 수 있기 때문이다. 앞으로 법개정을 통해 형집행법 제11장 '안전과 질서유지'의 조문들 앞에 '안전과 질서유지'를 위한 조치 시행의 목적과 원칙에 대해 분명히 규정할 필요가 있다.

IV. '보호장비'의 사용과 재사회화의 목적

'안전과 질서유지'를 위한 조치 시행의 목적과 원칙을 분명히 하기 위해서는 '안전과 질서유지'가 형집행의 목적인 재사회화와 어떤 관계에 있는지를 확인할 필요가 있다. 형집행법은 재사회화가 형집행의 목적임을 분명히 하고 있다. 따라서 '안전과 질서유지'가 형집행의 목적이 될 수는 없다. '안전과 질서유지'는 재사회화의 목적을 위한 수단 또는 재사회와 목적을 실현하기 위한 최소한의 조건으로 인식되어야 한다. 그러나 현실에서 구금시설의 담당자들은 안전과 질서유지를 최우선의 목적으로 삼고 있다. 재사회화의 목적

과 '안전과 질서유지'의 목적, 곧 보안의 목적이 충돌할 때 현실은 언제나 보안이 우선되는 것이다. '보안' 때문에 수용자들은 하루 종일 비좁은 거실에서 생활하면서 그 안에서 식사해야 하고 좁고 비위생적인 화장실에서 식기 세척과 세면, 빨래를 해야만 한다. '보안' 때문에 하루에 한 번뿐인 운동시간도 불과 30분에 불과하고, '보안' 때문에 보통의 수형자에게 외부병원에서의 치료는 그림의 떡에 불과하다. '보안' 때문에 수형자들은 교도소 외부로의 외출과 휴가를 꿈도 꾸지 말아야 한다. 구금시설 교정공무원의 구성에서도 '보안' 관련 직원의 비율이 절대다수이며 서열과 승진에서도 언제나 '보안' 계통의 교정공무원이 우선이다. 수형자의 교정교화를 위한 교회직, 분류직의 직원은 그 수도 턱없이 부족하고 소관업무를 수행할 때에도 '보안'의 문제를 먼저 생각해야 한다. 교회직 직원이 수용자를 상담하고자 할 때에도 먼저 보안과의 허락을 받아야만 하는 것이다.

이와 같은 보안 위주의 이른바 '보안행형'에서 수형자의 재사회화라는 형집행의 목적은 발붙일 곳이 없다. 그렇기 때문에 출소자의 재범률은 낮아지지 않고 있으며, 과도한 보안 위주의 행형은 계구의 빈번한 사용과 그로 인한 인권침해의 문제를 야기하고 있다. 그래서 형집행과 관련한 판례가 많지 않음에도 불구하고 이 사건과 더불어 판례에서 계구 사용의 문제가 자주 지적되었다. 예를 들어 대법원은 교도관의 멱살을 잡는 등 소란행위

를 하고 있는 수감자에 대하여 수갑과 포승 등 계구를 사용한 조치는 적법하지만, 수감자가 소란행위를 종료하고 독거실에 수용된 이후 별다른 소란행위 없이 단식하고 있는 상태에서 계속하여 계구를 사용한 것은 위법한 행위라고 판시하였으며(대법 1998. 1. 20. 선고 96다18922 판결), 교도관이 소년인 미결수용자에 대하여 27시간 동안 수갑과 포승의 계구를 사용하여 독거실에 격리 수용하였는데, 이 소년이 포승을 이용하여 자살한 사례에 대해 이러한 계구 사용이 위법하다는 이유로 국가배상책임을 인정한 바 있다(대법 1998. 11. 27. 선고 98다17374 판결).

계구의 사용에서 이러한 문제를 없애기 위해서는 '보안행형'에서 벗어나 '재사회화행형'으로 나아가야 하고, 계구를 사용할 때에도 보안의 목적에 앞서 재사회화의 목적을 고려하는 인식의 전환이 필요하다. 형집행법 제1조에 따라 형집행을 위한 모든 조치들에서 재사회화의 목적이 가장 상위에 위치해야 하며, 보안의 목적은 그 아래 위치해야 하고, '안전과 질서유지'를 위한 조치들은 그 아래에, 그리고 계구 또는 보호장비의 사용은 그중에서도 보충적이며 최후에 이루어지는 조치로 각각 자리 잡아야 한다. 이러한 위상이 흔들릴 때 계구 또는 보호장비의 사용으로 인한 인권침해는 계속 발생할 수밖에 없다.

[참고문헌]

• 노호래, 계구사용(戒具使用)의 효율화 방안, 교정연구 제23권, 한국교정학회, 2004.
• 정승환, 행형법에서 계호의 체계적 지위와 계구사용의 요건, 형사정책연구 제16권 제1호, 한국형사정책연구원, 2005.
• 이호중, 수용자의 권리제한: 보안조치와 징벌-행형법 개정안에 대하여-, 형사정책 제18권 제1호, 한국형사정책학회, 2006.
• 박영규, 『형의 집행 및 처우에 관한 법률』상 『질서유지』의 문제점과 개선방안, 교정연구 제50권, 한국교정학회, 2011.

[정승환 교수(고려대학교 법학전문대학원)]

[02] 위법한 보호장비 사용의 국가배상책임

대상	손해배상(기) (원고일부승)
	[1심] 서울중앙지법 2004. 6. 2. 선고 2001가단191010 판결 (원고일부승)
	[2심] 서울중앙지법 2004. 10. 13. 선고 2004나19417 판결 (항소기각)
참조	손해배상(기) (원고승)
	[1심] 수원지법 1995. 7. 26. 선고 94가단38263 판결 (원고패)
	[2심] 수원지법 1996. 3. 29. 선고 95나7250 판결 (원고승)
	[3심] 대법 1998. 1. 20. 선고 96다18922 판결 (상고기각)

[사실관계]

원고는 광주교도소에 수감된 상태였는데, 2000. 2. 24. 법정에서 재판을 받던 중 공범 2명과 합동하여 흉기로 법정 계호 근무 중인 교도관을 찌르고 도주하였다가, 2000. 3. 7. 체포되어 다음날 광주교도소에 재수감되었다. 광주교도소 징벌위원회는 도주를 이유로 원고에게 금치 2월의 징벌을 부과하였고, 원고는 2000. 3. 8.부터 징벌방에 수용되었다.

원고는 2000. 3. 7. 체포되어 조사를 받기 시작하면서 손목에 금속수갑 2개가 채워졌고, 2000. 3. 11.부터 가죽수갑(혁대와 손목걸이 부분으로 구성되어 있어 이를 착용할 경우 양팔이 몸의 허리 부분에 고정됨) 1개가 추가로 채워졌다. 원고는 하루 1, 2시간 정도 탄원서 등의 소송서류 작성이나 목욕 및 세탁 등을 위하여 일시적으로 해제된 것을 제외하고는 계속 위 계구들을 착용한 상태에서 식사, 취침, 용변 등의 일상생활을 영위하였다. 원고는 2001. 4.

2. 목포교도소로 이감되었고, 금속수갑 착용 후 468일이 경과한 2001. 6. 18. 위 계구들의 착용이 해제되었다.

한편 헌법재판소는, 원고가 2000. 3. 7.부터 2001. 4. 2.까지 광주교도소에서 이루어진 계구사용행위에 대하여 2001헌마163호로 기본권침해를 이유로 헌법소원심판을 청구하자, 2003. 12. 18. 위 계구사용행위가 원고의 신체의 자유와 인간의 존엄성을 침해한 행위로서 위헌임을 확인하였다.

이후 원고는 피고 대한민국을 상대로 광주교도소장, 목포교도소장의 직무집행상 불법행위에 대한 손해배상을 청구하였다.

[판결요지]

제1심은 광주교도소장, 목포교도소장의 원고에 대한 계구사용행위는 신체의 자유와 인간의 존엄성을 침해한 행위로서 직무집행 중 고의 또는 과실에 의하여 이루어진 위법한 가해행위이고 이로 인해 원고가 상당한 정신적 고통을 겪었다고 봄이 상당하다고 인정하였다. 나아가 원고가 입은 정신적 고통에 대하여 10,000,000원을 위자료로 정하였다.

원고와 피고가 각 항소하였으나, 항소심은 원고와 피고의 항소를 모두 기각하였다. 항소심은 "계구의 사용은 사용 목적과 필요성, 그 사용으로 인한 기본권의 침해 정도, 목적 달성을 위한 다른 방법의 유무 등 제반 사정에 비추어 상당한 이유가 있는 경우에 한하여 그 목적 달성에 필요한 최소한의 범위 내에서만 허용된다고 봄이 상당하다"라는 대법 1998. 1. 20. 선고 96다18922 판결의 법리를 인용하였다. 아울러 원고가 법정에서 재판을 받던 중 흉기로 교도관을 찌르고 도주한 전력이 있고, 재수감 등으로 인하여 심한 정신적 불안과 갈등 증상을 보이는 등 도주, 폭행, 소요 또는 자살의 위험이 현저히 높아 이의 방지를 위해 계구를 사용하는 것이 필요하였다 할지라도, 그러한 사유만으로는 2중의 금속수갑 및 가죽수갑을 468일(가죽수갑은 464일)이라는 장기간 동안 상시적으로 착용시킨 계구사용행위를 정당화시킬 수 없다고 판단하였다.

따라서 광주교도소와 목포교도소에서 원고에게 행한 계구사용행위는 행형법을 위반한 위법한 계구사용으로써 직무집행상의 불법행위에 대한 손해배상책임이 발생한다고 판결하였다. 제1심이 정한 위자료 금액을 그대로 인정한 위 항소심판결은 2004. 11. 4. 확정되었다.

[해설]

계구(戒具)는 교도소의 안전과 질서유지를 일컫는 '계호'를 위한 도구이다. 구 행형법(1999. 12. 28. 법률 제6038호로 개정되기 전의 것) 제14조 제2항은 계구의 종류를 포승, 수갑, 사슬, 안면보호구로 정하고 있었다. 이러한 계구의 사용은 수용자의 신체에 대한 직접적인 결박으로서 신체의 자유에 대한 제한의 정도가 매우 높고 신체의 속박으로 인하여 상당한 인격적 모멸감을 야기하여 인간의 존엄성을 침해하게 될 우려도 크다. 따라서 계구의 사용요건과 사용기간을 엄격하게 한정하고 준수하는 것이 반드시 필요하다. 그러나 이 사건 당시 행형법 제14조 제1항은 "수용자의 도주, 폭행, 소요 또는 자살의 방지, 기타 필요한 경우에는 계구를 사용할 수 있다"라는 간단한 규정만을 두고 있었다.

이에 대법 1998. 1. 20. 선고 96다18922 판결은, "계구의 사용은 사용 목적과 필요성, 그 사용으로 인한 기본권의 침해 정도, 목적 달성을 위한 다른 방법의 유무 등 제반 사정에 비추어 상당한 이유가 있는 경우에 한하여 그 목적 달성에 필요한 최소한의 범위 내에서만 허용된다"고 판시했던 것이다. 위 대법원 판결은 원고가 소란행위를 함에 따라 수갑과 포승 등을 사용한 다음, 원고가 소란행위를 종료하고 독거실에 수용되어 별다른 소란행위 없이 단식하고 있는 상태에서 9일이 경과한 후에야 비로소 수갑과 포승을 풀어 준 사건에 관한 것으로서, 대법원은 처음 계구를 사용한 것 자체가 적법하더라도 그 사용기간이 필요한 범위를 넘어서면 위법하다고 보았다.

대상판례는 위 대법원 판결을 인용하면서 더 나아가 계구의 유형과 기간에 있어서 모두 필요한 범위를 준수해야 함을 강조하였다. 대상판례는 헌법의 기본 정신과 최소침해의 원칙을 근거로 교정시설의 장은 수용자에 대하여 꼭 필요한 계구를 꼭 필요한 기간 동안만 사용하여야 함을 알았거나 알 수 있었다고 설시하였다. 그러므로 수용자에게 계구 중 일부만을 사용하거나 계구 사용의 필요성이 없어진 것으로 판단될 때 즉시 계구를 해제하여 주는 등의 조치를 취하는 것이 필요하다고 판시하였다. 대상판례는 계구 사용의 필요성에 관한 판단이 지속적으로 이루어지고 재검토되어야 한다는 점과 오직 필요성이 인정되는 기간 동안에만 계구의 사용이 허용될 수 있다는 점을 명확하게 밝힌 것이다.

이러한 태도는 '유엔 피구금자 처우에 관한 최저기준규칙(Standard Minimum Rules for the Treatment of Prisoners, 2015년 넬슨만델라규칙으로 개정되기 전의 것. 이하 '유엔 최저기준규칙'이라 한다)'에 합치되는 것이다. 유엔 최저기준규칙 제33조 제1문은 "수갑, 사슬, 발목수갑 및 구속복 등 보호장비는 결코 징벌의 수단으로 사용되어서는 안 된다"라고 규정하고 있고, 제34조는 "보호장비는 필요한 최소 시간을 경과하여 사용되어서는 안 된다"는 원칙을 선언하고 있다. 대상판례는 이러한 기준을 명시적으로 언급하고 있지는 않지만, 계구 사용에 관

하여 국제인권규범에 부합하는 일정한 기준을 제시함으로써 수용자의 인권 보장 수준을 끌어올렸다는 점에 상당한 의의가 있다. 또한 이후의 개선 입법으로 향하는 징검다리의 역할도 했다고 볼 수 있다.

[후속논의]

이 사건 직전인 1999. 12. 28. 행형법은 법률 제6038호로 개정되었고 개정된 행형법은 2000. 3. 29.부터 시행되었다. 개정된 행형법 제14조 제3항에는 "계구는 징벌의 수단으로 사용하여서는 아니된다"라는 규정이 신설되었고, 같은 조 제4항에는 계구의 종류별 사용요건 및 사용절차에 관한 사항은 대통령령으로 정하도록 하는 부분이 추가되었다. 그러나 행형법시행령 제46조의 계구의 종류별 사용요건 등에 관한 규정은 법률개정 전후로 별다른 변화가 없었다.

이후 행형법은 2007. 12. 21. 수용자의 기본적인 인권 및 외부교통권을 보호한다는 취지에서 형집행법(법률 제8728호)으로 전부개정되었다. 형집행법 제97조는 '계구'라는 표현을 '보호장비'로 대체하면서, 이송·출정, 그 밖에 교정시설 밖의 장소로 수용자를 호송하는 때(제1호), 도주·자살·자해 또는 다른 사람에 대한 위해의 우려가 큰 때(제2호), 위력으로 교도관등의 정당한 직무집행을 방해하는 때(제3호), 교정시설의 설비·기구 등을 손괴하거나 그 밖에 시설의 안전 또는 질서를 해칠 우려가 큰 때(제4호) 중 어느 하나에 해당하면

보호장비를 사용할 수 있도록 규정하였다.

그리고 형집행법 제98조에는 보호장비의 종류에 관한 규정을 두어, 종전의 포승, 수갑, 사슬, 안면보호구 중 '사슬'을 제외하고 안면보호구를 머리보호장비로 변경하였으며 비교적 현대적인 보호장비인 발목보호장비·보호대·보호의자·보호침대·보호복을 보호장비에 추가하였다(제1항). 사슬은 비인도적 계구로서 유엔 최저기준규칙 제33조에서 사용을 금지하고 있고, 국가인권위원회도 2003. 7. 14. 02진인126 등 결정으로 사슬을 계구의 종류에서 삭제할 것을 권고했었기에 긍정적인 변화라고 평가할 수 있다. 또한 형집행법 제98조는 보호장비의 종류별 사용요건을 종전보다 상세히 법률로 규정하면서(제2항), 보호장비의 사용절차 등에 관하여 필요한 사항은 대통령령으로 정하도록 하였다(제3항).

아울러 형집행법 제99조에는 '보호장비 남용 금지'를 규정하면서, 보호장비를 필요한 최소한의 범위에서 사용하되, 그 사유가 소멸하면 지체 없이 사용을 중단하도록 하였다(제1항). 기존 행형법에 도입되었던 바와 같이 "보호장비는 징벌의 수단으로 사용되어서는 아니 된다"는 원칙도 계속 명시되었다(제2항).

다만 개정 형집행법에서 규정된 보호장비의 경우에도 사용방법에 따라 신체속박의 정도가 크고 담당자의 필요성 판단에 따라 보호장비가 비인도적으로 장기간 사용될 가능성도 여전히 남아있으므로, 이에 대한 지속적인 점검이 필요할 것이다.

[참고문헌]
- 신양균, 계구(戒具)와 수용자(收容者)의 인권(人權), 국가인권위원회 편, 구금시설내 계구사용과 수용자의 인권, 2003.
- 정승환, 행형법에서 계호의 체계적 지위와 계구사용의 요건, 형사정책연구 제16권 제1호, 한국형사정책연구원, 2005.
- 이호중, 수용자의 권리제한: 보안조치와 징벌-행형법 개정안에 대하여-, 형사정책 제18권 제1호, 한국형사정책학회, 2006.
- 법무부 교정본부, 교정관계 국제규약집, 2015.

[공두현 교수(서울대학교 법학전문대학원)]

[03] 검사조사실 조사 중 보호장비 사용의 위헌 여부

대상	수갑 및 포승 시용(施用) 위헌확인 (인용(위헌확인))
	헌재 2005. 5. 26. 선고 2001헌마728 전원재판부 결정 (인용(위헌확인)) **(2011법원직)**

[사실관계]

청구인은 2001학년도 ○○대학교 총학생회장으로 활동하던 중 2001. 9. 21. 서울경찰청 보안수사 2대에 의하여 국가보안법위반혐의로 구속된 후, 같은 달 28. 서울지방검찰청 동부지청(2004. 2. 1.부터 서울동부지방검찰청으로 승격됨)에 송치되면서 성동구치소에 수용되었다.

청구인은 2001. 9. 28., 9. 29., 10. 4., 10. 5. 등 일자에 위 동부지청 308호 검사조사실에 소환된 후, 성동구치소 계호교도관에 의하여 포승으로 팔과 상반신이 묶이고 양손에 수갑이 채워진 상태에서 조사를 받던 중 계호교도관 및 수사검사에게 수갑과 포승에 의해 결박당하지 않은 자유로운 상태에서 진술하고 싶다며 계구(戒具)를 해제하여 달라고 요구하였고, 이에 대해 수사검사가 위 교도관에게 도주우려가 없는 것 같으니 풀어주라고 요청하였으나 위 교도관은 법무부훈령인 계호근무준칙 제298조 제1호 및 제2호의 규정에 따라 검사조사실에서는 계구를 해제할 수 없다며 청구인과 검사의 요구를 거절하였다.

이에 청구인은 2001. 10. 18. 위와 같이 계구를 사용하도록 한 것은 헌법 제37조 제2항의 과잉금지원칙에 위반하여 인간으로서의 존엄과 가치 및 행복추구권(헌법 제10조), 신체의 자유(헌법 제12조 제1항), 무죄로 추정될 권리(헌법 제27조 제4항) 등 청구인의 헌법상 기본권을 침해한 것이라고 주장하면서 이 사건 헌법소원심판을 청구하였다.

[결정요지]

[1] 구속된 피의자가 검사조사실에서 수갑 및 포승을 시용한 상태로 피의자신문을 받도록 한 이 사건 수갑 및 포승 사용행위는 이미 종료된 권력적 사실행위로서 행정심판이나 행정소송의 대상으로 인정되기 어려워 헌법소원심판을 청구하는 외에 달리 효과적인 구제방법이 없으므로 보충성의 원칙에 대한 예외에 해당한다.

[2] 청구인에 대한 검사의 조사가 끝난 상태이고 또 청구인은 이미 2001. 11. 9. 출소하였기 때문에 청구인에 대한 이 사건 기본권침해는 종료하였다. 그러나 이 사건 계구사용행위는 법무부훈령인 계호근무준칙에 의거한 점에서 앞으로도 반복될 것이 확실시될 뿐만 아니라 헌법질서의 수호·유지를 위하여 그

해명이 중요한 의미를 가지고 있으므로 심판청구의 이익을 인정할 수 있다.

[3] 형사피고인뿐만 아니라 피의자에게도 무죄추정의 원칙과 방어권보장의 원칙이 적용되므로, 피의자에 대한 계구사용은 도주 또는 증거인멸의 우려가 있거나 검사조사실 내의 안전과 질서를 유지하기 위하여 꼭 필요한 목적을 위하여만 허용될 수 있다. 당시 청구인은 만 23세의 대학생으로서, ○○대학교 총학생회장 및 한국대학생총연합회 산하 서울동부지구총학생회연합 의장의 신분이었기 때문에 소위 이적단체인 한총련에 가입하여 활동하고 국가보안법 철폐를 위한 집회 및 시위에 참여하였다는 이유로 국가보안법위반, 일반교통방해, 집회및시위에관한법률위반죄로 구속되어 조사를 받게 되었는바, 기록상 경찰조사 단계에서나 검찰조사 단계에서도 자해나 소란 등 특이한 행동을 보인 정황이 엿보이지 아니하고 혐의사실을 대부분 시인하였으며 다만 시위를 주도하거나 돌을 던지는 등 과격한 행위를 한 사실은 없다고 진술하였다. 그렇다면 당시 청구인은 도주·폭행·소요 또는 자해 등의 우려가 없었다고 판단되고, 수사검사도 이러한 사정 및 당시 검사조사실의 정황을 종합적으로 고려하여 청구인에 대한 계구의 해제를 요청하였던 것으로 보인다. 그럼에도 불구하고 피청구인 소속 계호교도관이 이를 거절하고 청구인으로 하여금 수갑 및 포승을 계속 사용한 채 피의자조사를 받도록 하였는바, 이로 말미암아 청구인은 신체의 자유를 과도하게 제한당하였고 이와 같은 계구의 사용은 무죄추정원칙 및 방어권행사 보장원칙의 근본취지에도 반한다고 할 것이다.

재판관 송인준, 재판관 주선회의 반대의견 (3항 관련)

이 사건에서 청구인에게 사용된 포승 및 수갑은 국가보안법위반의 범죄혐의를 받고 있는 피의자의 폭행, 소요와 도주 및 자해와 같은 돌발적인 상황을 사전에 예방하고 사후 진압함에 있어 적절하고 효과적인 방식이 될 수 있다. 따라서 검사조사실의 열악한 인적·물적 계호시설과 수감이후 청구인을 관찰하고 계호해 온 피청구인의 입장에서 포승이나 수갑 중 어느 한 가지만으로는 계호목적을 위하여 충분하지 않다고 보아 이 두 가지를 병행 사용한 판단이 명백히 잘못되었다거나 계호목적을 달성하기 위하여 필요한 방법 이상의 과잉한 수단을 선택하였다고는 볼 수 없다. 결론적으로, 검사조사실에서의 이 사건 계구사용행위는 행형법 제14조 제1항, 동법시행령 제46조 제1항 등 법령에 근거한 정당한 계호목적을 위하여 불가피한 최소한의 조치로 볼 수 있고, 따라서 이로 말미암아 청구인의 기본권이 제한되었다고 하더라도 이를 두고 무죄추정의 원칙 및 방어권행사의 관점에서 그 위헌 여부를 논의하거나 과잉금지원칙에 어긋난 위헌적인 공권력행사라고는 볼 수 없다.

I. 미결수용자에 대한 신체의 자유 보장과 그 제한의 근거 및 한계

헌법 제12조 제1항은 "모든 국민은 신체의 자유를 가진다. 누구든지 법률에 의하지 아니하고는 체포·구속·압수·수색 또는 심문을 받지 아니하며, 법률과 적법한 절차에 의하지 아니하고는 처벌·보안처분 또는 강제노역을 받지 아니한다"고 하여 국민의 기본권 중 하나로 '신체의 자유'를 규정하고 있다. 또한 헌법 제37조 제2항은 기본권 제한의 근거와 한계에 관해 "국민의 모든 자유와 권리는 국가안전보장·질서유지 또는 공공복리를 위하여 필요한 경우에 한하여 법률로써 제한할 수 있으며, 제한하는 경우에도 자유와 권리의 본질적인 내용을 침해할 수 없다"고 규정하고 있다.

미결수용자는 이미 '구속'이라는 처분을 통해 신체의 자유를 제한당하고 있고, 그것이 형사소송법에 정해진 적법절차 및 영장주의를 위반하지 않는 한 그 제한은 헌법에 위반되지 않는다. 다만, 미결수용자에 대한 계구의 사용은 그 신체의 자유를 제한하는 별개의 처분으로 '구속' 자체와는 별개로 그에 따른 기본권 제한의 헌법 위반 여부를 따져볼 필요가 있다.

국민의 기본권에 대한 제한이 헌법상 정당화되려면 국회가 제정한 '법률'에 근거하여야 하고, 국가안전보장·질서유지 또는 공공복리를 위하여 필요함이 인정되어야 한다. 나아가 그러한 필요성이 인정되려면 그 제한의 목적이 정당하여야 할 뿐만 아니라 수단이 상당하여야 하고, 침해되는 권리와 그에 따라 실현하려는 공익 사이에 균형이 있어야 한다.

II. 대상결정의 검토

1. 대상결정의 취지

대상결정은 피고인뿐만 아니라 피의자에게도 무죄추정의 원칙과 방어권보장의 원칙이 적용된다는 것을 전제한 후, 청구인에게 적용된 혐의의 내용과 청구인이 수사 과정에서 보인 모습 등을 고려할 때 청구인은 도주·폭행·소요 또는 자해 등의 우려가 없었다고 판단되고, 수사검사도 이러한 사정 및 당시 검사조사실의 정황을 종합적으로 고려하여 청구인에 대한 계구의 해제를 요청하였던 것으로 보인다고 설시하면서, 피청구인 소속 계호교도관이 이를 거절하고 청구인으로 하여금 수갑 및 포승을 계속 사용한 채 피의자조사를 받도록 함으로써 청구인은 신체의 자유를 과도하게 제한당하였고 이와 같은 계구의 사용은 무죄추정원칙 및 방어권행사 보장원칙의 근본취지에도 반한다고 판단하였다.

2. 계구 사용으로 인한 청구인의 신체의 자유 침해 여부

이 사건에서 포승과 수갑의 사용은 구속피의자인 청구인의 도주·자살·자해·폭동 등을 예방하기 위한 것으로 그 목적은 정당하다고 할 것이고, 포승과 수갑을 사용한 것은 위와 같은 목적을 달성하기 위한 적절한 방법이었던 것으로 볼 수 있다.

그러나 앞뒤의 정황을 고려하였을 때, 청구인이 검사실에서 조사를 받는 동안 성동구치소장이 청구인에게 계구를 사용한 것은 그로 인해 달성될 공익의 정도와 침해되는 청구인의 사익의 정도를 비교할 때, 침해되는 청구인의 사익이 훨씬 더 큰 것으로서 그 균형을 잃은 것이라 할 것이다.

계구를 사용함으로써 달성될 공익은 검사실 내 질서유지와 청구인의 도주나 자해방지인데, 이는 당시 청구인이 대학생으로서 국가보안법 철폐를 위한 집회 및 시위에 참여한 이유로 구속되었는데 그 집회 및 시위 당시 과격한 행동을 하지 않았고 수사 과정에서 자해나 소란 등의 특이행동을 한 사실이 없다는 점을 고려하면 당시 계구 사용 이외에 교도관들이 시행할 수 있는 통상적인 수준의 계호활동만으로도 검사실 내 질서유지와 청구인의 도주나 자해의 방지라는 목적을 달성할 수 있었다는 점에서 그로 인해 달성될 공익의 정도는 그리 크지 않았다.

반면에, 피의자는 포승과 수갑으로 결박당하여 양팔과 양손을 전혀 움직일 수 없는 상태였는바, 조사를 받는 과정에 자신이 조사관으로부터 들은 내용이나 자신이 진술한 내용 또는 방어를 위해 준비해야 할 사항을 메모하는 것이나 검사나 수사관이 조사와 관련하여 제시하는 자료를 손으로 들고 충분히 검토하는 것이 불가능하고, 조사 도중 물을 마시거나 몸을 이완하는 등의 기본적인 신체활동조차 불가능하였을 것으로 보인다. 결국, 계구 사용으로 침해된 청구인의 사익은 매우 중대하다.

따라서 이 사건에서 수갑과 포승 사용은 그로 인해 달성된 공익과 침해된 사익 사이의 균형을 잃은 것으로 청구인의 신체의 자유가 침해되었다고 할 것이고, 나아가 수갑과 포승의 사용으로 인해 심신이 위축되어 청구인이 자신의 입장을 충분하고 적절하게 진술하지 못하였을 개연성이 높아 그 방어권 또한 심각하게 침해되었다는 점까지 고려하면 수갑과 포승의 사용으로 인해 청구인의 기본권은 중대하게 침해되었다.

이러한 점에서 대상결정의 결론에 찬성한다.

3. 계호근무준칙 제296조의 지위 및 효력

계호근무준칙(2000. 3. 29. 법무부훈령 제422호로 개정된 것)은 행정규칙의 하나인 법무부 훈령으로 제정되었는데, 국민의 기본권을 제한하려면 법률에 근거하여야 하고, 행정규칙이 법적 구속력을 가지려면 법률 등 상위법령의 적법한 위임에 근거한 것이어야 한다.

계호근무준칙 제296조는 검사조사실 계호근무자의 유의사항을 규정하면서, ① 계구를 사용한 채 조사실 안에서 근접계호를 하여야 하고(제1호), ② 검사로부터 조사상 필요에 따라 계호근무자의 퇴실 또는 계구의 해제를 요청 받았을 때에는 이를 거절하여야 한다(제2호)고 규정하였고, 당시 피청구인은 이를 근거로 검사의 청구인에 대한 계구 해제요청을 거부하였다.

행형법은 제14조에서 계구에 관해 규정하면서, "계구의 종류별 사용요건 및 사용절차에 관한 사항은 대통령령으로 정하되, 계구의 모양·규격 및 사용방법 등에 관한 사항은 법무부장관이 정한다"고 하였고(제4항), 이에 따르면 계구의 사용요건은 대통령령인 행형법 시행령에서 정할 수 있고, 법무부장관이 이를 정하는 것은 행형법 시행령에서 그 위임을 받은 경우에만 가능하다. 그런데, 행형법 시행령은 제45조 및 제46조 등에서 계구를 사용할 수 있는 요건을 규정하고 있으나, 그 어디에서도 법무부장관에게 그 구체적인 사항을 정하도록 위임하고 있지 않다.

그럼에도 계호근무준칙 제296조는 검사조사실에서 조사를 받는 미결수용자에게 계구를 사용하도록 규정하여 상위법령의 위임 없이 계구의 사용요건에 대해 규정하고 있는바, 이는 법률에 의하지 않고 기본권을 제한하는 것으로 위 계호근무준칙 제296조는 법규적 효력, 즉 대외적 구속력을 가질 수 없을 뿐만 아니라 헌법에 위반된다.

헌법재판소가 위와 같이 피청구인이 법규적 효력도 없고 헌법에 위반되는 규정에 근거하여 청구인의 신체의 자유를 제한하였다는 점을 분명히 지적하지 않은 점은 아쉽다.

[후속논의]

대상결정은 청구인에 대한 계구 사용이 위헌임을 확인하면서 그것이 헌법 제27조 제4항에 규정된 무죄추정의 원칙을 위반하였을 뿐만 아니라 방어권보장의 원칙을 위반하였다고 판단하였는데, 그 구체적인 내용을 보면 방어권보장의 원칙을 헌법상 국민의 기본권 중 하나로 보겠다는 것인지가 명확하지 않고, 또 방어권보장의 원칙이 어디에서 도출되는 것인지에 대해서도 명확히 밝히지 않고 있다.

방어권보장의 원칙은 헌법 제12조 제1항의 적법절차 원칙, 제27조 제3항의 형사피고인의 신속한 공개재판을 받을 권리, 제27조 제4항의 무죄추정의 원칙을 종합적인 근거로 하여 인정되는 헌법상의 원칙이자 기본권이라고 봄이 타당한 바, 이러한 측면에서 방어권보장의 원칙의 지위와 그 도출근거 등에 대한 구체적인 논의가 필요할 것으로 보인다.

[공일규 변호사(법무법인 오른하늘)]

[04] 엄중격리대상자 이동 시 계구 사용 행위의 위헌 여부

대상	계구사용행위 등 위헌확인 등 (기각, 각하)
	헌재 2008. 5. 29. 선고 2005헌마137등 전원재판부 결정 (기각, 각하) **(2009국회8급 / 2011법원직 / 2020국가7급)**

[사실관계]

2004. 7.경 수형자가 교도관을 살해하는 사건이 발생하자, 법무부는 2004. 11. 16. '특별관리대상자 수용관리계획'을 수립하여 시행하게 한 뒤, 2005. 8. 17. 법무부예규 제731호로 '특별관리대상자 관리지침'을 제정하여 시행하였다. '특별관리대상자 관리지침'은 합리적이고 효율적인 수용관리를 통하여 교정시설의 안전과 질서를 유지하기 위하여 수용자 중에서 조직폭력사범, 마약류사범, 중점관리대상자, 엄중격리대상자를 특별관리대상자로 지정하여 특별처우를 하려는 것이었다. '특별관리대상자 관리지침'은 2008. 12. 22.에 폐지되었는데, 그 조문에 따르면, 분류처우회의 심의를 거쳐 지정되는 엄중격리대상자는 엄중경비시설로 이송되며, 독거실에 1년 이내의 기간 수용되고, 독거실에 CCTV를 설치할 수 있으며, 이동 중에는 손목에 수갑을 채우고, 2인 이상 교도관의 계호를 받으며, 운동도 분리되어 5.5평 정도로 구획된 운동장에서 혼자하게 된다. 이 사건 청구인들은 엄중격리대상자로 선정되어 지침에 의한 엄중격리처우를 받게 되자 자신들의 기본권이 침해되었다고 주장하면서 헌법소원심판을 청구하였다.

[결정요지]

수형자는 형벌의 집행을 위하여 격리된 구금시설에서 강제적인 공동생활을 하게 되므로 헌법이 보장하는 신체활동의 자유 등 기본권이 제한되기 마련이나, 제한되는 기본권은 형의 집행과 도망의 방지라는 구금의 목적과 관련된 기본권에 한정되어야 하고, 특히 수용시설 내의 질서 및 안전 유지를 위하여 행해지는 기본권의 제한은 다른 방법으로는 그 목적을 달성할 수 없는 경우에만 예외적으로 허용되어야 한다. 청구인들은 상습적으로 교정질서를 문란케 하는 등 교정사고의 위험성이 높은 엄중격리대상자들인바, 이들에 대한 계구사용행위, 동행계호행위 및 1인 운동장을 사용하게 하는 처우는 그 목적의 정당성 및 수단의 적정성이 인정되며, 필요한 때에만 부득이한 범위 내에서 실시되고 있다고 할 것이고, 이로 인하여 수형자가 입게 되는 자유 제한보다 교정사고를 예방하고 교도소 내의 안전과 질서를 확보하는 공익이 더 크다고 할 것이다.

[해설]

2005. 8. 17.에 제정되어 2008. 12. 22.까지 시행된 '특별관리대상자 관리지침' 제55조 제2항은 "엄중격리대상자를 동행할 경우에는 거실 내에서 계구(금속수갑)를 착용한 후 목적지까지 동행하고 목적지에 도착하면 사용 중인 계구를 해제할 수 있다"라고 규정하고 있었다. 대상판례는, 그와 같이 교도소 내 엄중격리대상자에 대하여 이동 시 계구를 사용하고 교도관이 동행계호하는 등의 처우가 신체의 자유를 과도하게 제한하는 것인지에 관한 것이다. 이 사건에서 헌법재판소는, 이 사건 계구사용행위 및 동행계호행위가 청구인들의 기본권을 부당하게 침해한다고 보기 어렵다는 결정을 내렸다.

이 사건에서 청구인들은, 당시의 법령이 법무부장관에게 계구사용 요건에 관하여 위임한 바 없는데도 '특별관리대상자 관리지침'이 계구사용 요건에 관하여 규정하여 수형자들의 기본권을 제한하고 있으므로 위임입법의 한계를 벗어난 것이라고 주장하였다. 이에 대하여 헌법재판소는, '특별관리대상자 관리지침'은 수용자에 대한 계구사용의 일반적 요건 및 범위에 관하여 규정하고 있는 당시의 행형법 제14조 및 행형법 시행령 제46조에 따라 수용자에 대하여 계구사용을 실시함에 있어 그 재량권 행사의 지침을 규정한 것에 불과하

므로, 교도관 등에 의한 계구사용행위라는 구체적인 집행행위 때문에 기본권침해 여부의 문제가 발생할 수 있을 뿐, '특별관리대상자 관리지침' 자체에 의하여 청구인의 기본권이 직접 침해된다고 볼 수는 없다고 판단했다. 한편, 청구인들은, 수갑 등 계구의 사용이나 수형자에 대한 유형력의 행사는 교정사고의 발생을 방지하는 데 필요한 최소한도에 그쳐야 할 것임에도 불구하고, 피청구인(당시의 청송제2교도소장)은 청구인이 운동·접견 기타 여하한 사유로든 수용거실에서 나가야 할 경우에는 항상 출입문 아래쪽의 작은 창밖으로 양손을 내밀게 하여 수갑을 채운 후 문을 열어 이동하게 하고, 용무가 끝나면 다시 수갑을 채운 상태로 수용거실까지 이동하게 함과 아울러 그와 같이 이동할 때 항상 교도관 2인이 청구인의 양팔을 붙잡아 끌고 갔는바, 피청구인의 그와 같은 행위는 필요한 범위를 넘어 청구인이 가지는 인간으로서의 존엄과 가치 및 신체의 자유 등을 과도하게 침해한 것이라고 주장하였다. 이에 대하여 헌법재판소는, 범죄자를 교정·교화시키는 형벌의 목적을 달성하기 위해서는 수형자에게 법과 질서를 준수하도록 훈련해야 하므로 수용질서의 확보가 긴요한 점에서 당시의 행형법이 수용시설의 안전과 구금생활의 질서를 유지하는 데 필요한 경우에는 계구를 사용하거나 강제력을 행사할 수 있도록 하고, 나아가 무기의 사용까지 허용하고 있었던 점을 전제로 해서, 교도관이나 동료 수용자를 폭행하거나 흉기를

만들거나 도주 또는 자해를 시도하거나 기물을 손괴하거나 소란을 피우는 등 수용질서를 위반하여 징벌을 많이 받는 등 교정사고의 위험성이 높은 엄중격리대상자로 선정된 청구인들에 대해서는 교정사고를 예방하고 다른 수용자 또는 교도관의 생명·신체를 보호하기 위하여 계구사용행위 및 동행계호행위를 실시할 필요가 크다고 판단했다. 헌법재판소는 또한, 청구인들이 상습적으로 교정질서 문란행위를 저질러 엄중격리대상자로 선정된 점, 계구사용행위 및 동행계호행위는 엄중격리대상자가 장소를 이동하는 경우에만 실시되고 다른 일상생활을 할 경우에는 실시되지 않는 점, 엄중격리대상자에게 사용되는 계구는 상대적으로 신체구속이 덜한 금속수갑이 사용되고 계구사용시간도 하루 평균 10분 내외에 불과한 점, 엄중격리대상자가 3개월 동안 엄중격리처우를 받으면서 규율을 위반하지 않으면 계구사용의 실시를 중단하고 있는 점 등을 종합해 보면, 이 사건 계구사용행위 및 동행계호행위는 엄중한 이동계호가 필요한 경우에 한하여 부득이한 범위 내에서 실시되고 있고, 이로 인하여 수형자가 입게 되는 자유제한에 비하여 교정사고를 예방하고 교도소 내의 안전과 질서를 확보하는 공익이 더 크다고 보았다.

[후속논의]

형집행법 제104조 제1항에 따르면, 교정시설의 장은 마약류사범·조직폭력사범 등 법무부령으로 정하는 수용자에 대하여는 시설의 안전과 질서유지를 위하여 필요한 범위에서 다른 수용자와의 접촉을 차단하거나 계호를 엄중히 하는 등 법무부령으로 정하는 바에 따라 다른 수용자와 달리 관리할 수 있다. 이에 따라 형집행법 시행규칙 제194조는, 교정시설의 안전과 질서유지를 위하여 다른 수용자와의 접촉을 차단하거나 계호를 엄중히 하여야 하는 수용자로서의 '엄중관리대상자'를 조직폭력수용자, 마약류수용자, 관심대상수용자로 구분하고 있다. 한편, 형집행법 제97조는 교도관이 수갑·포승 등의 보호장비를 사용할 수 있는 경우로서, '이송·출정, 그 밖에 교정시설 밖의 장소로 수용자를 호송하는 때', '수용자의 도주·자살·자해 또는 다른 사람에 대한 위해의 우려가 큰 때', '위력으로 교도관의 정당한 직무집행을 방해하는 때' 및 '교정시설의 설비·기구 등을 손괴하거나 그 밖에 시설의 안전 또는 질서를 해칠 우려가 큰 때'를 들고 있다.

형집행법이 정하고 있는 엄중관리대상자의 성격에 비추어보면, 교정시설의 안전과 질서유지를 위하여 계호를 엄중히 할 필요가 있는 것은 사실이다. 그렇지만 형집행법 제104조가 제1항에서 조직폭력수용자, 마약류수용자 및 관심대상수용자에 대한 엄중관리를 가능하게 하면서도, 제2항에서, 그 경우에도 기본적인 처우를 제한할 수 없도록 하고 있는 점, 형집행법 제99조 제1항이 같은 법률 제97조에 따른 보호장비의 사용에 관하여, "교도관은 필요한 최소한의 범위에서 보호장비를 사용하여야 하며, 그 사유가 없어지면 사용을 지체 없이 중단하여야 한다"라고 규정함으로써 보호장비 남용의 금지를 명시하고 있는 점 등에 비추어보면, 계구 사용에 관하여 엄중관리대상자를 일률적으로 취급하기보다는 계호의 보충성 및 합리성이 도모되어야 할 것이다. 계구의 사용도 어디까지나 일종의 강제력 행사에 해당하는 것인 점에서 보면, 계구의 사용에 관해서도 형집행법이 정하고 있는 강제력 행사의 요건이 적용될 필요가 있지 않을까 생각된다.

[김성규 교수(한국외국어대학교 법학전문대학원)]

[05] 이송시 보호장비 사용 행위의 위헌 여부

대상	형의 집행 및 수용자의 처우에 관한 법률 제97조 제1항 등 위헌확인 (기각, 각하) 헌재 2012. 7. 26. 선고 2011헌마426 전원재판부 결정 (기각, 각하) **(2014변호사 / 2020국회8급)**

[사실관계]

청구인은 2010. 5. 12. 부산고법에서 흉기를 휴대하여 피해자에게 강간상해를 가하였다는 범죄사실 등으로 징역 13년을 선고받아 형집행 중인 수형자로서, 2011. 7. 13. 공주교도소에서 경북북부제1교도소로 이송되었는데, 이송 당시 상체승의 포승과 앞으로 수갑 2개가 채워진 상태에서 4시간 정도에 걸쳐 이송되었다.

그러자 청구인은 포승이나 수갑 같은 보호장비의 사용이 지나치다며 공주교도소장이 위와 같이 청구인을 경북북부제1교도소로 이송함에 있어 4시간 정도에 걸쳐 상체승의 포승과 앞으로 수갑 2개를 채운 보호장비의 사용행위 및 보호장비를 사용할 수 있는 근거법령인 형집행법 제97조 제1항, 제98조 제1, 2항, 형집행법 시행규칙 제172조 제1항, 제179조 제1항, 계호업무지침 제209조가 청구인의 신체의 자유 및 인격권을 침해한다며 2011. 8. 1. 이 사건 헌법소원심판을 청구하였다.

[결정요지]

[1] 이 사건 보호장비 사용행위는 도주 등의 교정사고를 예방하기 위한 것으로서 그 목적이 정당하고, 상체승의 포승과 앞으로 사용한 수갑은 이송하는 경우의 보호장비로서 적절하다. 그리고 피청구인은 청구인에 대하여 이동 시간에 해당하는 시간 동안에만 보호장비를 사용하였고, 수형자를 장거리 호송하는 경우에는 도주 등 교정사고 발생 가능성이 높아지는 만큼 포승이나 수갑 등 어느 하나의 보호장비만으로는 계호에 불충분하며, 장시간 호송하는 경우에 수형자가 수갑을 끊거나 푸는 것을 최대한 늦추거나 어렵게 하기 위하여 수갑 2개를 채운 행위가 과하다고 보기 어렵고, 청구인과 같이 강력범죄를 범하고 중한 형을 선고받았으며 선고형량에 비하여 형집행이 얼마 안 된 수형자의 경우에는 좀 더 엄중한 계호가 요구된다고 보이므로, 최소한의 범위 내에서 보호장비가 사용되었다고 할 수 있다. 또한 이 사건 보호장비 사용행위로 인하여 제한되는 신체의 자유 등에 비하여 도주 등의 교정사고를 예방함으로써 수형자를 이송함에 있어 안전과 질서를 보호할 수 있는 공익이 더 크다 할 것이므로 법익의 균형성도 갖추었다.

[2] 이 사건 근거조항들은, 보호장비 사용 여부에 대한 교도관의 재량적인 판단을 인정하고 있거나, 교도관의 구체적인 보호장비 사용행위라는 집행행위의 매개 없이 그 자체 규정만으로 청구인의 기본권을 직접 제한하거나 침해하고 있는 것으로 볼 수 없어 기본권 침해의 직접성을 결여하였다.

[해설]

I. 서설

형집행법 제97조 제1항 제1호에 따르면 교도관은 이송·출정, 그 밖에 교정시설 밖의 장소로 수용자를 호송하는 때에 해당하면 보호장비를 사용할 수 있다. 동조 제2항에 따르면 보호장비를 사용하는 경우에는 수용자의 나이, 건강상태 및 수용생활 태도 등을 고려하여야 한다. 보호장비의 종류에는 수갑, 머리보호장비, 발목보호장비, 보호대, 보호의자 등이 있으나 본 사안과 관련된 보호장비는 수갑과 포승이었다. 형집행법 제98조 제2항에 따르면 이송·출정, 그 밖에 교정시설 밖의 장소로 수용자를 호송하는 때에는 보호장비 중 수갑·포승을 사용하며, 그 사용절차에 대해서는 대통령령으로 정하고 있다. 피청구인은 공주교도소에서 경북북부제1교도소로 이송되었는데, 이 과정에서 4시간 정도에 걸쳐 상체승의 포승과 앞으로 수갑 2개를 채운 보호장비의 사용행위에 대하여 헌법소원심판을 청구하였다. 청구인은 자신에게 도주, 폭행, 자해, 자살 등의 위험성에 대한 분명하고 구체적인 근거가 없음에도 불구하고 보호장비를 사용한 것이 자신의 기본권을 침해하였다고 주장하였다.

II. 수형자와 보호장비

1. 수형자의 법적 지위와 그 기본권 제한

형집행법 제2조 제1호에 따르면 '수형자'란 징역형·금고형 또는 구류형의 선고를 받아 그 형이 확정된 사람과 벌금 또는 과료를 완납하지 아니하여 노역장 유치명령을 받은 사람을 의미한다. 이러한 수형자는 형벌 등의 집행을 위하여 격리된 구금시설에서 강제적인 공동생활을 하게 되므로 헌법이 보장하는 신체활동의 자유 등 기본권이 제한될 수밖에 없다. 그러나 수형자라 하여 모든 기본권을 전면적으로 제한받는 것이 아니라, 제한되는 기본권은 형의 집행과 도망의 방지라는 구금의 목적과 관련된 기본권(신체의 자유, 거주이전의 자유, 통신의 자유 등)에 한정되어야 하고, 그역시 형벌의 집행을 위하여 필요한 한도를 벗어날 수 없다(헌재 2008. 5. 29. 선고 2005헌마137 등 전원재판부 결정). 특히 수용시설 내의 질서 및 안전 유지를 위하여 행해지는 기본권의 제한은 수형자에게 구금과는 별도로 부가적으로 가해지는 고통으로서 다른 방법으로는 그 목적을 달성할 수 없는 경우에만 예외적으로 허용되어야 할 것이다(헌재 2003. 12. 18. 선고 2001헌마163 전원재판부 결정).

2. 보호장비 사용의 법적 근거

모든 조직적, 집단적 생활은 일정한 질서와 규율을 필요로 하며, 특히 수형자의 경우 공동생활이 자발적 의사가 아닌 공권력의 강제명령에 의하여 이루어진 것이므로 시설의 안전과 구금생활의 질서를 유지하기 위하여 일정한 강제조치가 불가피한 경우가 발생할 수 있다. 이에 따라 형집행법은 일정한 사유가 있는 경우 보호장비를 사용(제97조)하거나 강제력을 행사(제100조)할 수 있도록 하고 있고, 나아가 무기의 사용(제101조)까지 허용하고 있다. 형집행법은 제97조, 제98조에서 보호장비의 사용요건과 종류 등을 규정하고 있고, 형집행법의 시행령과 시행규칙은 이를 더 구체화하고 있다.

형집행법에서 인정되는 보호장비에는 수갑, 머리보호장비, 발목보호장비, 보호대, 보호의자, 보호침대, 보호복, 포승이 있고(이 사건 법률 제98조 제1항), 교도관은 ① 이송·출정, 그 밖에 교정시설 밖의 장소로 수용자를 호송하는 때, ② 도주·자살·자해 또는 다른 사람에 대한 위해의 우려가 큰 때, ③ 위력으로 교도관 등의 정당한 직무집행을 방해하는 때, ④ 교정시설의 설비·기구 등을 손괴하거나 그 밖에 시설의 안전 또는 질서를 해칠 우려가 큰 때에 보호장비를 사용할 수 있으며(같은 법 제97조 제1항), 보호장비는 원칙적으로 당해 소장의 명령에 따라 사용하여야 하나 소장의 명령을 받을 시간적 여유가 없는 경우에는 사용 후 소장에게 즉시 보고하여야 한다(형집행

법 시행령 제120조). 소장은 보호장비 사용을 명령하거나 승인하는 때에 보호장비의 종류 및 사용방법을 구체적으로 지정하여야 한다(형집행법 시행규칙 제171조).

사용되는 보호장비 중 수갑에는 양손수갑, 일회용수갑, 한손수갑이 있는데, 구체적 상황에 적합한 종류를 선택하여 사용할 수 있고, 사용방법으로는 통상의 경우에는 수갑을 앞으로 사용하고, 수갑을 앞으로 사용하여서는 사용목적을 달성할 수 없다고 인정되는 경우에는 수갑을 뒤로 사용한다(형집행법 시행규칙 제169조, 제172조).

한편, 포승에는 일반포승, 개인포승이 있는데, 개인포승은 일시적으로 사용하여야 하고, 계속하여 사용할 필요가 있는 경우에는 일반포승이 사용되며, 수용자를 호송하는 경우의 사용방법으로는 고령자·환자 등 도주의 위험성이 크지 아니하다고 판단되는 수용자는 간이승을, 그 외의 경우에는 상체승을 사용한다(형집행법 시행규칙 제169조, 제179조).

수용자를 이송하는 경우에는 수갑과 포승을 모두 사용할 수 있다(형집행법 제98조 제2항 제1호).

III. 이송 시 보호장비 사용행위의 위헌 여부

1. 보호장비는 수형자에 대한 직접강제로 작용하여, 이것이 사용되면 수용자는 팔·다리 등 신체의 움직임에 큰 지장을 받게 될 뿐만 아니라 종종 심리적 위축까지 수반하여 장

시간 계속될 경우 심신에 고통을 주거나 나아가 건강에 악영향을 끼치고, 사용하는 방법에 따라서는 인간으로서의 품위에까지 손상을 줄 수도 있으므로, 이 사건 보호장비 사용행위가 수형자에 대한 정당한 기본권의 제한을 넘어서서 헌법 제10조에 의하여 보장되는 인격권 및 제12조에 의하여 보장되는 신체의 자유를 침해하였는지 여부가 문제된다.

2. 수형자를 다른 교도소로 이송하는 경우에는 도주 등 교정사고의 우려가 높아지기 때문에 교정시설 안에서의 계호보다 높은 수준의 계호가 요구된다. 이에 피청구인이 도주 등의 교정사고를 예방하기 위하여 이 사건 보호장비 사용행위를 한 것은 그 목적이 정당하고, 상체승의 포승과 앞으로 사용한 수갑은 이송하는 경우의 보호장비로서 적절하다.

청구인은 이송수단의 출입문을 시정하고 여러 명의 교도관이 동행하는 방법으로 보호장비를 대체할 수 있다고 주장하나, 교도인력만으로 수형자를 호송하려고 한다면 많은 인력을 필요로 하고 많은 인력이 호송 업무를 수행한다고 하더라도 보호장비를 사용하는 것보다 교정사고 예방에 효율적이라고 할 수 없기에 여러 명의 교도관이 동행하는 방법만으로는 위와 같은 목적을 달성하기 어렵다.

그리고 피청구인은 청구인에 대하여 공주교도소에서 경북북부제1교도소까지의 이동시간에 해당하는 시간 동안에만 보호장비를 사용하였고, 이 사건과 같이 수형자를 교도소 밖으로 장거리 호송하는 경우에는 도주 등 교

정사고 발생 가능성이 높아지는 만큼 포승이나 수갑 등 어느 하나의 보호장비만으로는 계호에 불충분하며, 장시간 호송하는 경우에 수형자가 수갑을 끊거나 푸는 것을 최대한 늦추거나 어렵게 하기 위하여 수갑 2개를 채운 행위가 과하다고 보기 어렵고, 청구인과 같이 강력범죄를 범하고 중한 형을 선고받았으며 선고형량에 비하여 형집행이 얼마 안 된 수형자의 경우에는 좀 더 엄중한 계호가 요구된다고 보이므로, 상체승의 포승과 앞으로 사용한 수갑 2개는 이송 도중 도주 등의 교정사고를 예방하기 위한 최소한의 보호장비라 할 것이어서 최소한의 범위 내에서 보호장비가 사용되었다고 할 수 있다. 또한 이 사건 보호장비 사용행위로 인하여 제한되는 신체의 자유 등에 비하여 도주 등의 교정사고를 예방함으로써 수형자를 이송함에 있어 안전과 질서를 보호할 수 있는 공익이 더 크다 할 것이므로 법익의 균형성도 갖추었다.

따라서 이 사건 보호장비 사용행위는 그 기본권제한의 범위 내에서 이루어진 것이므로 청구인의 인격권과 신체의 자유를 침해하지 않는다.

[최호진 교수(단국대학교 법학과)]

[06] 호송시 포승의 연승 사용 행위의 위헌 여부

대상	영치품반입 제한 위헌확인 등 (기각, 각하)
	헌재 2014. 5. 29. 선고 2013헌마280 전원재판부 결정 (기각, 각하) **(2010법원직 / 2017국회8급)**
참조	경찰의 호송시 포승사용에 대한 보호 미조치 등 (인용)
	국가인권위 2023. 4. 25.자 22진정0991000 결정 (인용)

[사실관계]

청구인은 마약류관리에 관한 법률위반(향정)죄로 징역 2년의 유죄판결을 받은 사람으로 2012. 2. 16.부터 2013. 7. 10.까지 ○○구치소에 수용되었다.

피청구인은 2013. 1. 9.부터 2013. 4. 8.까지 총 10회에 걸쳐 청구인을 서울북부지방검찰청으로 호송함에 있어 상체승의 포승과 수갑을 채우고, 별도의 포승으로 다른 수용자와 함께 연결하여 연승하였다.

청구인은 수용자를 호송함에 있어 수갑, 포승을 채우고 다른 수용자와 연승하는 조치는 매우 제한적으로 이루어져야 함에도, 청구인을 위와 같은 방법으로 호송한 것은 신체의 자유 및 인간의 존엄과 가치를 침해한다고 주장하며 2013. 5. 1. 헌법소원심판을 청구하였다.

[결정요지]

이 사건 호송행위는 교정시설 안에서보다 높은 수준의 계호가 요구되는 호송과정에서 교정사고와 타인에 대한 위해를 예방하기 위

한 것이다. 교도인력만으로 수형자를 호송한다면 많은 인력을 필요로 하고, 그것이 교정사고 예방에 효과적이라 단정할 수도 없으며, 이 사건에서 보호장비가 사용된 시간과 일반에 공개된 시간이 최소한도로 제한되었으며, 최근 그 동선이 일반에의 공개를 최소화하는 구조로 설계되는 추세에 있다. 교정사고의 예방 등을 통한 공익이 수형자가 입게 되는 자유 제한보다 훨씬 크므로, 이 사건 호송행위는 청구인의 인격권 내지 신체의 자유를 침해하지 아니한다.

[해설]

I. 문제의 제기

교도관은 무기와 보안장비 외에도 보호장비를 사용할 수 있는데 교정의 보호장비란 수용자의 도주·자살·자해 또는 다른 사람에 대한 위해의 방지, 시설의 안전과 질서유지 등을 목적으로 수용자의 신체를 속박하여 자유로운 행동을 제한하는 실력강제의 도구를

말하며 수갑, 머리보호장비, 발목보호장비, 보호대, 보호의자, 보호침대, 보호복, 포승의 8가지 종류가 있다. 과거에는 사슬도 사용되었으나 보호대, 보호의자, 보호침대, 보호복 등의 현대적 장비가 대신 도입되었으며, 넬슨만델라규칙도 본질적으로 악화 또는 고통을 주는 사슬, 발목수갑 또는 보호장비의 사용은 금지되어야 한다고 규정하고 있다.

보호장비는 보호의 목적이라고는 하지만 신체의 자유를 제한하는 것이기 때문에 엄격한 요건 하에 신중하게 사용되어야 한다. 더구나 교정기관은 경찰 등 다른 기관에 비하여 많은 종류의 보호장비를 갖추고 있을 뿐만 아니라 장기간 사용할 수도 있기 때문에 남용의 가능성이 매우 크다. 형집행법 제99조는 보호장비를 징벌의 수단으로 사용해서는 안된다고 규정하고 있으며 사용할 경우에도 필요한 최소한의 범위에서 사용하고 사유가 소멸하면 사용을 지체 없이 중단하도록 규정하고 있다. 나아가 형집행법 시행규칙은 보호장비의 규격과 사용방법을 구체적으로 규정하고 있는데 예를 들어 수갑은 양손수갑, 일회용수갑, 한손수갑으로, 포승은 일반포승, 벨트형 포승, 조끼형 포승으로 구분되며 종류별 사용요건도 각각 다르다.

일반적으로 목적과 필요성, 사용으로 인한 기본권의 침해 정도, 목적달성을 위한 다른 방법의 유무 등 제반사정에 비추어 상당한 이유가 있는 경우에 한하여 그 목적달성에 필요한 최소한의 범위 내에서만 보호장비를 사용

해야 하는데(대법 1998. 1. 20. 선고 96다18922 판결), 본건은 교정시설 밖에서 보호장비가 사용된 것으로 형집행법은 오로지 수갑 및 포승의 사용만을 허용하고 있다.

보호장비는 교정시설 안은 물론 교정시설 밖에서도 사용되는데 병원에 입원한 수용자는 물론 검찰청과 법원 등에 호송하는 경우에도 사용한다. 그런데 교정시설 밖으로 수용자를 호송하는 경우 도주 등 교정사고의 우려가 높아지기 때문에 교정시설 안보다 높은 수준의 계호가 요구되고 효과적인 계호를 위하여 신체의 자유로운 움직임을 제한해야 할 필요가 발생한다.

본건에서 청구인은 수갑뿐만 아니라 상체승의 포승이 채워졌으며 별도의 포승으로 다른 수용자와 연승하여 호송되었다. 형집행법 시행규칙 제179조는 도주의 위험성이 크지 아니하다고 판단되는 경우 외에는 2명 이상 호송하는 경우 연승할 수 있다고 규정하고 있고 고령자·환자 등 도주의 위험성이 크지 아니하다고 판단되는 경우 외에는 상체승의 포승을 사용하도록 규정하고 있다. 따라서 위와 같은 보호장비 사용은 규정상 허용된다.

남은 문제는 이러한 호송행위가 청구인의 인격권 내지 신체의 자유를 허용범위 이상으로 침해하는 것은 아닌지이다.

II. 호송행위와 신체의 자유 침해의 한계

보호장비는 대상자에게 팔·다리 등 신체의

움직임에 큰 지장을 줄 뿐만 아니라 장시간 계속될 경우 심신에 고통을 주거나 나아가 건강에 악영향을 줄 우려가 있다. 그러나 관련 규정은 장시간의 사용을 매우 엄격하게 제한하고 있으며 본건에서도 호송에 약 50분이 소요되었다.

나아가 헌법재판소는 보호장비의 사용 없이 또는 수형자를 서로 연승하지 않고 수형자 한 명을 한 명 이상의 교도관이 동행 계호하는 것보다 보호장비를 사용하는 것이 효과적이라고 평가하고 있다(헌재 2012. 7. 26. 선고 2011헌마426 전원재판부 결정).

또한 이러한 연승이 오히려 신체의 자유를 덜 제한할 수 있게 한다고 보고 있는데 1 대 1 계호를 하는 경우 도주의 위험성을 차단하기 위하여 하체 부분을 구속하는 다른 수단을 강구할 여지가 있다는 점을 지적하고 있으며 형집행법 시행규칙 제179조는 상체승의 포승으로도 사용목적을 달성할 수 없다고 인정되면 하체승의 포승을 할 수 있다고 규정하고 있다.

즉 본건에서 청구인은 하체승의 포승이 채워지지 않았기 때문에 상대적으로 하체 부분에 대한 구속이 덜한 상태였으며 수형자를 교정시설 밖의 장소로 호송하는 경우에는 도주 등 교정사고의 우려가 높아진다는 점을 고려하면 수갑 및 신체승의 포승과 연승이 신체의 자유를 지나치게 제한한다고 보기는 어렵다. 그 목적이 정당하고, 적절한 수단에 해당한다고 본 헌법재판소의 판단은 타당하다.

III. 호송행위와 인격권 침해의 한계

그러나 수갑 및 상체승의 포승, 그리고 연승이 청구인에게 주는 인격권 침해는 신체의 자유 침해와는 별개의 문제이다. 헌법재판소는 보호장비의 사용으로 인한 신체 자유의 침해가 종종 심리적 위축까지 수반하며 사용하는 방법에 따라서는 인간으로서의 품위에까지 손상을 줄 수 있다고 지적하고 있다.

이 중에서도 청구인이 보호장비 사용으로 느끼게 되는 수치심이 가장 문제되는데 헌법재판소는 보호장비가 사용된 시간은 교정시설에서 목적지에 다다를 때까지로 한정되고, 교도관이나 다른 수용자가 아닌 일반인에게 그러한 모습이 공개될 수 있는 시간은 청구인이 버스 등 이동수단에서 하차하여 검찰청의 내부로 이동하는 동안의 짧은 시간으로 제한된다는 점을 들어 보호장비 사용을 정당화하고 있다.

그러나 최근 들어 일반인에게 노출이 최소화되도록 동선을 설계하여 운용하고 있다고는 하지만 노출의 가능성은 여전히 존재하며 노출로 인해 발생할 수 있는 인격권 침해의 정도는 매우 심각하다.

국가인권위원회도 최근 구속된 피의자가 병원 진료를 받는 과정에서 포승에 묶인 모습이 외부에 노출된 사안에서 비록 수갑 가리개가 사용되었으나 포승줄이 그대로 노출되어 일반인에게 노출되었을 가능성이 있고, 병원 진료실이 있는 1층에도 다른 환자와 가족 등 일반인이 다수 있었다는 점에서, 인격권을 침해한 행위라고 판단하였다(국가인권위 2023. 4. 25.자 22진정0991000 결정).

따라서 수갑 및 포승을 사용하더라도 이러한 보호장비가 외부로 노출되지 않도록 최대한의 조치가 필요하고 아울러 수갑 및 포승을 사용하지 않는 것에 대해서도 적극적 검토가 요구된다. 일본의 '형사수용시설 및 피수용자 등의 처우에 관한 법률 시행규칙' 제37조는 호송중인 경우 특별한 경우를 제외하고는 구속성이 강한 제2종 수갑을 사용하지 못하도록 하고 있는데 그 이유로 외부 일반인의 눈에 띄는 경우가 많다는 점을 들고 있으며 훈령으로 외래환자 등이 있는 병원의 통로, 그 밖에 일반인이 있는 장소를 보행시킬 때는 수건과 상의 등으로 수갑 본체를 덮고, 포승을 상의 속에 사용하는 방법으로 가능한 한 일반인에게 포승 또는 수갑이 잘 보이지 않도록 조치할 것을 규정하고 있다.

다만 이러한 문제를 개선하기 위하여 최근 조끼형 포승과 벨트형 포승이 개발되어 사용되고 있음을 고려한다면 문제는 연승과 함께 오히려 수갑 및 포승 사용의 세분화이다. 예를 들어 경찰청 훈령인 '피의자 유치 및 호송 규칙'은 "구류선고 및 감치명령을 받은 자와 미성년자, 고령자, 장애인, 임산부 및 환자 중 주거와 신분이 확실하고 도주의 우려가 없는 자에 대하여는 수갑 또는 수갑·포승을 채우지 아니한다"고 규정하고 있어 형집행법 시행규칙은 물론 '나이, 건강상태 및 수용생활 태도 등'을 고려하도록 한 형집행법보다 더 구체적이다.

헌법재판소도 분명하고 구체적인 위험이 있는 상태에서 이를 제거하기 위해 필요한 만큼만 보호장비를 사용해야 하고(헌재 2003. 12. 18. 선고 2001헌마163 전원재판부 결정), 특히 미결수용자의 경우 무죄추정원칙에도 불구하고 수사나 재판의 필요성 때문에 불가피하게 구금한 것이므로 그 자유제한은 불가피한 정도에 그칠 필요성이 더욱 요구된다고 지적하고 있다(헌재 2005. 5. 26. 선고 2004헌마49 전원재판부 결정). 법무부도 2021년 보호소년 등의 처우에 관한 법률 시행규칙을 개정하여 소년원 수용자들의 이송과정에서 보호장비의 사용을 최소화하였다.

다만 현 시점에서 연승의 대체장비는 개발되지 않았는데 연승으로 인한 포승의 보완효과를 고려한다면 연승을 대체할 새로운 장비 등을 먼저 개발할 필요가 있다.

[후속논의]

청구인은 징역 2년의 유죄판결을 받은 자로 2012. 2. 16.부터 2013. 7. 10.까지 구치소에 수용된 상태에서 2013. 1. 9.부터 2013. 4. 8.까지 3개월 동안 10회에 걸쳐 서울북부지방검찰청으로 호송되었다. 따라서 서울북부지방검찰청으로 오가는 과정에서의 인권침해도 중요하지만 조사과정에서 발생할 수 있는 인권침해도 중요한 문제이다.

이와 관련 과거에는 조사 과정에서의 수갑과 포승 사용이 문제되었는데 최근에는 부당한 조사도 문제되고 있다. 물론 증인은 물론 피고인의 신문도 임의수사이며 피고인에게는 묵비권 등 절차적 권리가 보장된다. 그러나 증언을 마친 증인을 검사가 소환한 후 피고인에게 유리한 증언을 번복시키는 경우가 있었을 뿐만 아니라(대법 2000. 6. 15. 선고 99도1108 전원합의체 판결), 최근 판례는 증인신문 전의 면담에 대해서도 회유나 압박 등이 없었다는 사정을 증명하도록 요구하고 있다(대법 2021. 6. 10. 선고 2020도15891 판결).

[참고문헌]
- 신양균, 형집행법, 화산미디어, 2012.
- 하야시 마코토·키타무라 아츠시·나토리 토시야 저/안성훈·금용명 역, 일본행형법, 한국형사정책연구원, 2016.
- 금용명, 교정학: 행형론과 수용자 처우, 박영사, 2021.

[장응혁 교수(계명대학교 경찰행정학과)]

대상	손해배상 (원고패)
	[1심] 부산지법 2016. 4. 27. 선고 2015가소126541 판결 (원고패)
	[2심] 부산지법 2016. 9. 30. 선고 2016나43978 판결 (항소기각)

[사실관계]

원고는 살인죄로 징역 15년을 선고받고 부산교도소에서 복역하던 중 2015. 10. 6. 독거수용을 요구하고 입실을 거부하여 조사거실에 수용되었다. 원고는 2015. 10. 8. 16:30경 다른 수용자와 혼거생활을 할 수 없다는 이유로 조사거실 전실 요청을 하였다가 거부당하자 불만을 품고 조사거실 출입문을 3회 발로 걷어찼다. 부산교도소장은 원고의 심리 상태가 불안정하여 자살 또는 자해를 할 우려가 있다는 이유로 2015. 10. 8. 16:45경부터 2015. 10. 9. 10:10경까지 사이에 원고에게 금속보호대를 사용하였다.

금속보호대는 형집행법 제98조 제1항 제4호, 같은 법 시행규칙 제169조 제4호에 규정된 보호장비로서 위 시행규칙 별표 12에 따른 모양과 사용방법은 아래의 그림과 같다.

원고는 2015. 9. 25.경 및 2015. 10. 8.경 교도관과 상담을 할 때 건강상태가 매우 나쁘다고 진술하였음에도 보호장비 사용에 이러한 사정이 고려되지 아니하였고, 원고가 보호장비를 착용하는 동안 의무관의 건강검진도 실

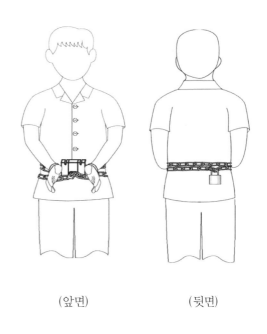

(앞면)　　　　　　(뒷면)

시되지 아니하였으므로, 이는 형집행법을 위반한 불법행위에 해당한다고 주장하면서 위자료 1,000원을 청구하는 소를 제기하였다. 제1심은 소액사건으로 소액사건심판법 제11조의2 제3항 본문에 따라 판결서에 이유를 기재하지 않고 원고의 청구를 기각하는 판결을 선고하였고, 원고는 항소하였다.

[판결요지]

형집행법 제97조 제2항은 "보호장비를 사

용하는 경우에는 수용자의 나이, 건강상태 및 수용생활 태도 등을 고려하여야 한다", 같은 조 제3항은 "교도관이 교정시설의 안에서 수용자에 대하여 보호장비를 사용한 경우 의무관은 그 수용자의 건강상태를 수시로 확인하여야 한다"라고 규정하고 있다.

항소심의 대상판례는 먼저 형집행법 제97조 제2항 위반 여부를 검토한다. 항소심은 부산교도소에서 이 사건 이전에 매주 원고에 대하여 건강상태 검진을 실시하였고 특이사항이 발견되지 아니한 사실 등을 인정한 다음, 원고에 대한 보호장비의 사용 전에 수시로 원고의 건강상태 확인이 이루어졌고, 이러한 원고의 건강상태는 보호장비의 사용에 있어 충분히 고려되었다고 봄이 상당하며, 달리 보호장비 사용이 불가능할 정도로 원고의 건강상태가 좋지 않았다는 점을 인정할 증거가 없다고 판단하였다.

다음으로 대상판례는 형집행법 제97조 제3항 위반 여부를 검토한다. 대상판례는 형집행법 시행령 제121조 제2항, 제119조 제2항에 따라, 의무관이 출장·휴가, 그 밖의 부득이한 사유로 형집행법 제97조 제3항의 직무를 수행할 수 없을 때에는 그 교정시설에 근무하는 의료관계 직원에게 그 직무를 대행하게 할 수 있음을 설명하고, 교도소의 의료관계 직원들이 법정공휴일에 의무관의 직무를 대행하여 원고의 건강상태를 수시로 확인한 사실을 인정하였다.

항소심은 위와 같은 이유로 원고의 주장들을 모두 배척하고 항소를 기각하였다. 원고는 다시 상고하였으나 상고가 각하되어 위 판결이 확정되었다.

[해설]

형집행법은 2007. 12. 21. 수용자의 인권 보장 등을 위해 과거의 행형법을 전부개정한 법률이다. 형집행법 제97조는 '계구'라는 표현을 '보호장비'로 대체하면서, 보호장비를 사용하는 경우, 수용자의 나이, 건강상태 및 수용생활 태도 등을 고려하여야 한다는 조항(제2항)과 교도관이 교정시설의 안에서 수용자에 대하여 보호장비를 사용한 경우 의무관은 그 수용자의 건강상태를 수시로 확인하여야 한다는 조항(제3항)을 신설하였다.

피구금자에게 보건의료 서비스를 제공하는 것은 국가의 의무이다. 수용자에게 제공되어야 할 보건의료서비스에 대해서는 넬슨만델라규칙에 상세한 규정이 존재한다. 특히 넬슨만델라규칙 제31조는 "의사가 피구금자의 신체적 및 정신적인 건강을 돌보아야 하고, 환자와 질병을 호소하는 자 및 특히 주의를 끄는 자 전원을 매일 진찰하여야 한다"라고 규정한다. 또한 제33조는 "의사는 피구금자의 신체적 또는 정신적 건강이 계속된 구금으로 인하거나 또는 구금에 수반된 상황에 의해서 손상되었거나 또는 손상되리라고 판단하는 때는 언제든지 소장에게 보고하여야 한다"고 강조하였다.

형집행법 제97조 제2항, 제3항은 이러한 국

제인권규범의 취지를 반영하여 보호장비 사용시의 건강상태 확인 의무를 명확하게 제시하였는데, 대상판례는 그 의무의 구체적인 내용을 설시하고 있다.

대상판례는 형집행법 제97조 제2항의 '건강상태 고려 의무'에 관해서, 원고가 2014. 5. 26. 및 2015. 5. 19. 매년 정기적으로 실시되는 외부기관 건강검진을 스스로 거부한 사실, 부산교도소에서는 2015. 9. 17., 2015. 9. 19., 2015. 9. 24. 원고에 대하여 건강상태 검진을 실시하였고, 특이사항은 발견되지 아니한 사실, 원고는 2015. 9. 25. 징벌자 생활지도 상담에서 교도관으로부터 건강상태에 관한 질문을 받자 "몸 여러 부분에 알 수 없는 통증이 있어 생활이 힘들다"고 답변하였고, 이에 교도관이 의료과 진료를 받아 보았느냐고 물어보자 "이미 진료는 받아보았으나 약을 복용하지 않고 견디어 보겠다"고 말한 사실을 인정하였다. 대상판례는 이러한 사실들에 비추어, 원고에 대한 보호장비의 사용 전에 수시로 원고의 건강상태 확인이 이루어졌음을 인정하였다. 또한 이처럼 건강상태 확인이 수시로 이루어졌고, 달리 보호장비 사용이 불가능할 정도로 원고의 건강상태가 좋지 않았다는 점을 인정할 증거가 없다면, 보호장비의 사용에 있어 건강상태가 충분히 고려되었다고 봄이 상당하다고 판시했다. 즉 보호장비 사용에 고려되는 건강상태의 고려는 주기적인 건강상태 확인을 통해 해당 보호장비의 사용으로 인해 건강이 악화될 것이 우려되는 특이사항의

존재 여부가 발견되었는지에 따라 판단되는 것이고, 수용자가 주관적으로 통증을 호소할 뿐 객관적인 진료를 거부한 경우에는 인정하기 어렵다는 것이다. 다만 사건의 결론에 영향을 미치지는 않더라도 대상판례의 태도에는 다소 미진한 부분이 있다. 수용자가 건강검진 내지 진료를 거부하더라도 건강상태 검진을 통해 의심스러운 증상이 드러났다면 가급적 전문적인 진찰을 통해 질병 유무 등을 더 검사하는 것이 바람직할 것이므로, 수용자의 검진 거부 내지 진료 불희망 자체는 형집행법 제97조 제2항의 의무 위반 여부와 직접적인 관련이 없다고 보아야 할 것이다.

다음으로 대상판례는 형집행법 제97조 제3항의 '의무관의 건강상태 수시 확인'에 관하여 살핀다. 대상판례는 원고가 보호장비를 착용한 기간 중인 2015. 10. 9.이 법정공휴일에 해당하여 의무관이 원고의 건강상태를 수시로 확인할 수 없는 상황이었지만, 관련 규정에 의해 의료관계 직원들이 의무관의 직무를 대행하여 원고의 수용거실 앞에서 원고의 건강상태를 수시로 확인하고, 보호장비 사용심사부에 "건강상 특이사항 없음"이라고 기재한 사실을 인정하였다. 이러한 사실을 근거로 보호장비 사용 기간 동안 건강상태 확인이 이루어지지 않았다는 원고의 주장을 배척하였다. 또한 건강상태 확인을 위해서는 체중, 체온, 혈압 측정 등을 포함하는 건강진단이 수시로 이루어질 필요가 있다는 주장도 받아들이지 않았다. 형집행법 제97조 제3항의 건강

상태 수시 확인은 그 문언상 정밀한 검진을 동반하는 건강진단과는 차이가 있다고 본 것이다.

대상판례는 현재 교도소 의료처우의 한 단면을 보여주면서, 보호장비 사용의 경우에 요구되는 건강상태 고려 의무와 건강상태 수시 확인의 의미를 구체적으로 해석·적용한 판결이다. 다만 교도소 의료 체계의 현실적인 상황을 고려한 완화된 기준을 적용하고 있어 더 정교하고 엄격한 법리로 발전될 여지를 남겨두고 있다.

[후속논의]

현행 형집행법은 제4장에서 위생과 의료에 관한 사항을 규율하고 있다. 하지만 실제 구금기관 건강권 실태조사 등에 의하면 몸이 아픈 경우에도 의무과 진료방문이 어렵고, 특히 야간·공휴일에는 의료진 면담이 더욱 힘들어 의료처우에 일정한 한계를 보이는 것이 현실이다. 구금시설 의무관의 부족 등으로 인한 열악한 의료환경 속에서 특히 중증질환, HIV/AIDS 등의 전문적인 치료나, 노인, 여성, 정신질환 수용자 등에 필요한 의료처우는 더 어려운 상황에 놓이게 된다. 이에 유엔 고문방지위원회는 2018. 5. 교정의료처우의 문제점을 지적하였고, 국가인권위원회도 2018. 8. 법무부에 수용자 건강권 개선을 요구하였다. 수용자에 대한 의료처우에 관하여 추상적인 규정을 두는 데에서 나아가 관련 법령에 교정시설 의료인프라에 대한 일정한 기준을 규정할 필요가 있다.

[참고문헌]
- 법무부 교정본부, 교정관계 국제규약집, 2015.
- 한민경, 교정시설 수용자의 의료처우 평가와 그 영향요인 분석, 교정연구 제28권 제3호, 한국교정학회, 2018.
- 허경미, 교정시설 중증질환 수용자의 인권적 의료처우, 한국공안행정학회보 제27권 제1호, 한국공안행정학회, 2018.
- 허경미, 국제인권법상 수용자 의료처우 준칙 및 형집행법령 개정방향, 교정연구 제29권 제4호, 한국교정학회, 2019.
- 홍진영, 피구금자의 권리에 관한 국제인권규범과 한국의 실행, 인권법평론 제31호, 전남대학교 법학연구소 공익인권법센터, 2023.

[공두현 교수(서울대학교 법학전문대학원)]

[08] 도주방지를 위한 위치추적전자장치 부착행위의 위헌 여부

대상	전자발찌 부착 등 위헌확인 등 (기각, 각하)
	헌재 2018. 5. 31. 선고 2016헌마191등 전원재판부 결정 (기각, 각하) **(2020국회8급)**

[사실관계]

청구인들은 유죄 판결이 확정되어 교도소나 구치소에 수용된 사람들로서, 형집행법 시행규칙 제210조 제8호, 제13호에 따라 관심대상수용자로 지정되었다.

담당교도관은 청구인들이 관심대상수용자에 해당하여 도주 우려가 있다는 이유로 교정시설 외부로 출정하여 환소할 때까지 청구인들의 발목에 전자장치를 부착(이하 '부착행위')하였다.

청구인들은 교도소장이나 구치소장인 피청구인들이 자신들에게 전자장치를 부착하도록 한 행위는 신체의 자유 등 기본권을 침해하고, 부착행위의 근거가 된 '수용자 도주방지를 위한 위치추적전자장치 운영방안(교정본부 2015. 11. 13.자 공문)'(이하 '운영방안')은 헌법에 위반된다며 헌법소원심판을 청구하였다.

논의에 앞서 용어를 정리할 필요가 있다. 형집행법, 전자장치부착법을 비롯하여 본건 헌법재판소 결정은 전자장비, 전자발찌, 전자경보기, 전자장치 등 다양한 용어를 사용하고 있다. 형집행법은 전자장비(제94조), 시행규칙은 전자경보기를 사용하고 있다(제160조 제3호). 전자장치부착법은 전자장치를 사용하는데 그 의미가 형집행법의 전자경보기와 동일하다(제2조 제4호). 여기에 2024년부터 형집행법상 전자경보기가 전자장치부착법에서 사용하는 전자장치로 대체되면서 동일한 기기가 보급되어 혼선이 커지고 있다. 이하에서는 법령의 규정을 제외하고는 전자장비, 전자경보기, 전자발찌를 통일하여 전자장치로 사용하고자 한다.

〈수용자 도주방지를 위한 위치추적전자장치 운영방안〉
Ⅴ. 수용자 위치추적 전자장치 운영계획
1 시범운영 및 부착대상
□ 부착대상 수용자
◆ 2단계: 외부병원, 출정수용자 등(1개월, 1단계 대상자 포함)
○ 1·2단계: 형집행법 시행규칙 제210조(관심대상수용자) 7호·8호·13호 해당 수용자

[결정요지]

[1] 운영방안은 법무부 교정본부가 교도소장에게 발송한 공문으로 형집행 법령에서 정하고 있는 '전자장비를 이용한 계호 제도'를 시범운영할 교정기관의 범위와 시행 계획 등을 정하고 있는 행정기관 내부의 행위 또는

단순한 시행 방침에 불과하고, 대외적인 효력이 있는 명령이나 지시가 아니다. 국민의 권리와 의무에 대하여 법률효과를 발생시키지 않기 때문에 헌법재판소법 제68조 제1항에서 헌법소원의 대상으로 정하고 있는 공권력의 행사에 해당한다고 볼 수 없다.

[2] 부착행위는 교정시설 밖에서 계호할 때 수용자가 계호 범위 내에 있는지, 교도관과 일정한 거리를 유지하고 있는지 등을 확인하여 도주를 방지하기 위한 것으로, 형집행법 제94조 제1항, 제4항, 같은법 시행규칙 제160조 제3호, 제165조에 근거를 두고 있어 법률유보원칙에 위반되어 수용자인 청구인들의 인격권과 신체의 자유를 침해하지 아니한다.

[3] 부착행위는 '특정범죄자에 대한 보호관찰 및 전자장치 부착 등에 관한 법률'(이 법률은 적용 범위가 확대되면서 2020. 2. 4. 전부개정을 통해 '전자장치 부착 등에 관한 법률'(시행 2020. 8. 5.)로 개정되었다. 이하에서 구법과 신법을 모두 포함하여 '전자장치부착법'으로 명명하고자 한다)에 의한 위치추적 전자장치 부착과는 달리 교정시설에서의 안전과 질서유지를 위해 형집행법에 따라 수용자들을 대상으로 이루어진 것이므로 법원의 명령이 필요한 것이 아니다. 수용자는 교정시설의 안전과 구금생활의 질서유지를 위하여 신체의 자유 등 기본권 제한이 어느 정도 불가피한 점, 행형 관계 법령에 따른 사항에 대하여는 의견청취·의견제출 등에 관한 행정절차법(제3조 제2항 제6호)이 적용되지 않는 점, 전자장치 부착은 도주 우려 등의 사유가 있어 관심대상수용자로 지정된 수용자를 대상으로 하는 점, 형집행법(제116조, 제117조)에서 소장에 대한 면담 신청이나 법무부장관 등에 대한 청원 절차가 마련되어 있는 점을 종합하면 부착행위는 적법절차원칙에 위반되어 수용자인 청구인들의 인격권과 신체의 자유를 침해하지 아니한다.

[4] 부착행위는 외부 의료시설 입원, 이송·출정, 그 밖의 사유로 교정시설 밖으로 나가는 수용자에 대하여 전자장치를 부착함으로써 교정시설 밖에서 발생할 수 있는 수용자의 도주를 방지하고, 도주 수용자에 대한 신속한 대응 및 검거를 가능하게 한다. 일반 국민의 안전을 보장하기 위한 것으로 목적의 정당성과 수단의 적절성이 인정된다. 전자장치가 부착된 상황에서 수용자가 도주하는 경우 곧바로 교도관이 도주사실을 인지하고 신속하게 검거에 나설 수 있고, 도주 후 일정한 거리를 벗어나지 않은 상황에서 도주자를 추격하여 체포할 수 있으므로 전자장치는 수용자의 도주 방지를 위한 용이한 수단이고, 대체할 만한 다른 수단을 상정하기 어렵다. 부착행위는 관심대상수용자 중에서도 도주 우려 등이 있다고 인정되는 수용자를 대상으로 제한적으로 이루어지며, 해당 수용자가 교정시설 외부로 이동할 필요가 있을 경우 일시적으로 취해지는 조치인 점, 교도관이 전자장치를 사용하는 경우 호송계획서나 수용기록부에 그에 관한 사항을 기록하도록 함으로써 전자장치 부착이 남용되지 않도록 통제하고 있는 점, 부

착행위를 통하여 수용자의 도주 사고를 미연에 방지하고, 도주 사고가 발생한 경우에도 신속하게 검거할 수 있도록 함으로써 일반국민의 안전을 확보할 수 있다는 점을 고려하면 전자장치 부착을 통하여 달성하고자 하는 공익은 수용자가 수인해야 하는 기본권 제한의 정도에 비하여 크다고 할 것이다. 종합하면 부착행위는 과잉금지원칙에 위반되어 수용자인 청구인들의 인격권과 신체의 자유를 침해하지 아니한다.

[해설]

I. 수용자 전자장치 부착제도 개괄

1. 도입현황

수용자에 대한 전자장비 계호 제도는 2017년에 형집행법을 전부개정하면서 처음으로 도입되었다(제94조). 당시 시행규칙에 전자장비에 대해 전자경보기 등 총 6가지를 규정하여 오늘에 이르고 있다(제160조). 초기 전자장비는 교도관은 휴대장치, 수용자는 부착장치를 각 소지하는 분리형으로 양자 간 감응거리가 5~7미터를 이탈할 경우 휴대장치에 진동이 울리도록 설계되었다. 하지만 수용자가 도주할 경우 위치를 파악할 수 없는 한계가 있었다. 법무부는 수용자의 도주 문제를 해결하기 위해 2024년 전자장치부착법에서 사용하는 것과 동일한 전자장치를 보급(일체형)하였고, 현재는 법무부 위치추적관제센터에서 수용자의 위치를 모니터링하고 있다.

2. 주요 내용

교도관은 자살·자해·도주·폭행·손괴, 그 밖에 수용자의 생명·신체를 해하거나 시설의 안전 또는 질서를 해하는 행위를 방지하기 위하여 필요한 범위에서 전자장비를 이용하여 수용자 또는 시설을 계호할 수 있다(형집행법 제94조 제1항). 교도관은 피계호자의 인권을 침해하지 않도록 유의하여야 한다(형집행법 제94조 제3항). 전자장비의 종류·설치장소·사용방법 등에 관하여 필요한 사항은 법무부령에서 규정하고 있다(형집행법 제94조 제4항). 교도관이 수용자 또는 시설을 계호하는 경우 전자감지기, 전자경보기 등 6가지의 전자장비를 사용할 수 있다(형집행법 시행규칙 제160조). 전자감지기는 교정시설의 주벽·울타리, 그 밖에 수용자의 도주 및 외부로부터의 침입을 방지하기 위한 것(형집행법 시행규칙 제164조)으로 전자경보기와는 다르다. 교도관은 외부 의료시설 입원, 이송·출정, 그 밖의 사유로 교정시설 밖에서 수용자를 계호하는 경우 보호장비나 수용자의 팔목 등에 전자경보기를 부착할 수 있다(형집행법 시행규칙 제165조). 교도소장은 전자장비의 효율적인 운용을 위해 각종 전자장비를 통합적으로 관리할 수 있도록 중앙통제실을 운영하고, 필요한 사항은 법무부장관이 정하도록 규정하고 있다(형집행법 시행규칙 제161조). 교도소장은 특별한 관리가 필요한 경우 수용자에 대해서 분류처우위원회의 의결을 거쳐 관심대상수용자로 지정한다(형집행법 시행규칙 제211조). 관심대상수용자는 총 13가지 항목에 해당하는 자로 정의하고 있다(형집행법 시행규칙 제210조). 그리고 운영방안은 13가지 중 7호 "도주(음모, 예비 또는 미수에 그친 경우를 포함한다)한 전력이 있는 사람으로서 도주의 우려가 있는 수용자", 8호 "중형선고 등에 따른 심적 불안으로 수용생활에 적응하기 곤란하다고 인정되는 수용자", 13호 "그 밖에 교정시설의 안전과 질서유지를 위하여 엄중한 관리가 필요하다고 인정되는 수용자"에 대해서 전자장치를 부착하겠다고 규정하였다.

3. 보호관찰 전자장치 부착제도와 비교

전자장치부착법은 형사절차내 적용 단계에 따라 ① 형기종료 후 보안처분으로서 전자장치 부착(제2장), 판결 후 형기 종료 전의 경우에는 ② 가석방·가종료·가출소(제3장), ③ 형집행의 변형인 집행유예시 부과처분(제4장), ④ 판결 전 단계에서는 보석 조건(제5장), 수사단계에서는 ⑤ 스토킹에 대한 잠정조치(제5장의2)로서 전자장치를 활용하고 있다. 전자장치 부착명령은 검사가 청구하여 법원이 명령하고(제5조, 제9조), 검사의 지휘를 받아 보호관찰관이 집행한다(제12조). 법무부장관은 피부착자의 위치를 확인하고 이동경로를 탐지하며, 전자장치로부터 발신되는 전자파를 수신한 자료를 보존·사용·폐기하는 업무를 지원하기 위하여 위치추적 관제센터를 설치하여 운영할 수 있다(제16조의3). 한편, 2023년

스토킹범죄의 처벌 등에 관한 법률이 개정되면서 잠정조치의 유형으로 전자장치 부착이 신설되어 전자장치부착법에서 관련내용을 규율하고 있다(제31조의6 내지 제31조의8). 보호관찰 전자장치는 재범방지를 위하여 대부분 판사의 부착명령에 의하여 집행하지만, 수용자 전자장치는 도주방지를 위하여 교도소 내의 의사결정 과정을 거쳐 집행하고 있다는 차이가 있다.

II. 수용자 전자장치 계호 제도 주요 쟁점

1. '수용자 도주방지를 위한 위치추적 전자장치 운영방안'이 헌법소원의 심판대상인 공권력의 행사에 해당하는지

공권력의 행사는 국민의 권리와 의무에 대해 직접적인 법률효과를 발생시키고, 청구인의 법적 지위를 불리하게 변화시키는 경우를 말한다(헌재 2003. 7. 24. 선고 2002헌마508 전원재판부 결정). 헌법재판소는 국가기관 간의 내부 행위나 행정청의 지침, 행정규칙 등은 법적 구속력이나 외부효과가 결여되어 있어 공권력의 행사로 보고 있지 않다(헌재 2003. 2. 27. 선고 2002헌마106 전원재판부 결정). 운영방안은 형집행법 시행규칙 제210조 제7호·제8호·제13호에 따라 관심대상수용자로 지정된 수용자들이 외부병원 외출이나 출정을 하는 경우 도주방지를 위해 전자장치를 부착하는 것을 내용으로 하고 있다. 교정본부가 교도소장에게 발송한 공문으로 형집행법령에서 규

정하고 있는 '전자장비를 이용한 계호 제도'를 시범운영할 교정기관의 범위와 시행계획 등을 정하고 있다. 헌법재판소는 운영방안은 국민의 권리와 의무에 대하여 법률효과를 발생시키지 아니하기 때문에 헌법소원의 대상인 공권력의 행사에 해당하지 않는다고 보았다. 다만, 대외적 구속력이 있는지를 불문하고 행정권의 고권적 작용이라면 헌법소원의 대상이 될 수 있다는 별개의견(이때에도 운영방안이 헌법소원의 대상이 되더라도 수용자는 운영방안이 아닌 전자장치 부착행위로 인하여 기본권을 제한받은 것으로 운영방안이 청구인의 기본권을 직접 침해했다고 볼 수 없다고 보았다)도 있었다.

2. 전자장치 부착이 수용자의 인격권, 신체 자유와 공정한 재판을 받을 권리를 침해하는지

수용자에 대한 강제적인 전자장치 부착은 신체의 거동을 불편하게 하고, 심리적 위축을 가져오기 때문에 헌법 제10조 인격권과 제12조 신체의 자유를 침해하는지가 쟁점이 되었다. 신체의 자유는 신체를 임의적·자율적으로 할 수 있는 자유와 신체의 안정성이 외부의 물리적 힘이나 정신적 위험으로부터 침해당하지 아니할 자유를 포함한다(헌재 1992. 12. 24. 선고 92헌가8 전원재판부 결정). 헌법재판소는 전자장치 계호 제도에 대해서 법률에 근거를 두고 있고, 관심대상수용자만을 대상으로 집행하고 있으며 이미 구금이 결정된 자들이기 때문에 인격권이나 신체 거동의 자유를 침해하였다고 보기 어렵다고 보았다. 수용자는 교도관의 의사에 반하여 이동동선을 결정할 수 있는 지위에 있지 않다. 청구인들은 이미 유죄가 확정된 수용자로서, 민사재판에서 전자장치를 부착했다는 이유로 법관에게 불리한 심증을 형성하거나 불공정한 재판을 받을 우려도 없어 보인다. 나아가 수용자 중에서 도주 우려 등이 있는 자들을 대상으로 전자장치를 부착하는 만큼 다른 수용자들과 동일한 상황이라고 할 수 없어 평등권을 침해했다고 보기 어렵다고 결정하였다. 헌법재판소가 수용자에 대한 전자장치 부착행위에 대해서 신체의 자유, 공정한 재판을 받을 권리, 평등권 등을 침해하지 않았다는 결정은 적절하다고 판단된다.

3. 부착행위가 법률유보원칙을 위반하여 인격권과 신체의 자유를 침해하는지

부착행위가 법률유보원칙을 위반하였는지가 쟁점이 되었다. 형집행법은 전자장치를 이용하여 수용자를 계호할 수 있다고 규정하고 있다(제94조 제1항, 제4항). 형집행법 시행규칙은 외부 의료시설 입원, 이송·출정, 그 밖의 사유로 교정시설 밖에서 수용자를 계호하는 경우 전자장치를 부착할 수 있고(제160조 제3호, 제165조), 전자장치를 관리하는 중앙통제실을 운영하도록 규정하고 있다(제161조). 따라서 헌법재판소는 형집행법과 시행규칙의 근거를 바탕으로 법률유보원칙을 위반하였다고 판단하지 않았다.

헌법재판소의 결정의 취지와 같이 전자장치 부착행위는 형집행법과 시행규칙에서 관련근거를 마련하고 있어 법률유보원칙을 위반했다고 보기 어렵다. 다만, 2024년부터 수용자에 대한 전자장치가 전자장치부착법에서 사용하는 전자장치와 동일한 기기를 사용하면서 법무부의 위치추적관제센터가 수용자에 대한 위치정보를 모니터링하고 있는데, 이에 대한 법적 근거가 미흡하다. 형집행법에서 규정하고 있는 중앙통제실을 위치추적 관제센터로 해석할 수 있을지도 애매하다. 향후 수용자의 전자장치 부착에 따른 위치정보 수집을 법무부 위치추적관제센터에서 할 수 있도록 형집행법(또는 전자장치부착법)에 근거규정을 마련하는 것이 필요하다.

4. 부착행위가 적법절차 원칙을 위반하여 인격권과 신체의 자유를 침해하는지

전자장치 부착행위가 적법절차를 위반했는지가 쟁점이 되었다. 헌법재판소는 청구인들이 형집행법의 절차에 따라 전자장치 부착에 대해 충분히 청원할 수 있는 절차가 마련되어 있어 적법절차원칙을 위반하여 인격권과 신체의 자유를 침해하였다고 보기 어렵다고 결정하였다. 사실 교정행정은 교정시설의 안전과 구금생활의 질서 유지 등을 위하여 처분여부나 방법 등을 신속하게 결정하기 때문에 수용자에게 의견 진술 기회를 제공하기 어렵다. 행정절차법에서도 처분의 사전통지, 의견

청취, 의견제출 등에 관한 일반적인 조항을 두면서도 형사, 행형 및 보안처분 관계 법령에 따라 행하는 사항에 대해서는 그 적용을 배제하고 있다(제3조 제2항 제6호). 관심대상수용자에게 의견진술의 기회를 완전히 박탈하는 것도 아니다. 형집행법은 수용자가 처우에 관하여 소장에게 면담을 신청할 수 있고, 소장은 특별한 사유가 없는 한 면담에 응하도록 규정하고 있다(제116조). 수용자는 처우에 불복이 있는 경우 법무부장관·순회점검공무원 또는 관할 지방교정청장에게 청원할 수 있도록 보장하고 있다(제117조). 형집행법은 교정시설에서의 안전과 질서유지 등을 위해 수용자들을 대상으로 전자장치를 부착하는 것에 법원의 부착명령을 요구하고 있지 않다.

5. 부착행위가 과잉금지원칙 위반으로 인격권과 신체의 자유를 침해하는지

전자장치 부착행위가 과잉금지원칙을 위반한 것이 아닌지가 쟁점이 되었다. 부착행위가 과잉금지에 해당하는지는 목적의 정당성, 수단의 적합성, 피해의 최소성, 법익의 균형성으로 판단할 수 있다. 헌법재판소는 부착행위가 과잉금지원칙 위반으로 인격권과 신체의 자유를 침해하지 않는다고 보았다. 헌법재판소는 교정시설 밖으로 이동하는 수용자에게 전자장치를 부착하여 도주를 방지하고, 도주하면 신속하게 검거하여 국민의 안전을 확보하고자 한 것으로 목적의 정당성이 인정된다

고 보았다. 수용자의 이동이나 활동에 지장을 초래하지 않도록 위치추적 기능을 내장한 전자장치를 부착하는 것으로 수단의 적합성도 인정된다고 보았다. GPS로 대표되는 위치추적 기술은 국내외적으로 정확성이 검증된 기술로 수용자에게 실시간으로 감시되고 있다는 사실을 주지시켜 도주 의지를 약화시키고, 실시간으로 도주위치를 확인할 수 있는 적절한 수단이라고 본 것이다. 전자장치는 신체의 움직임에 제한적인 지장만 초래하고, 교정시설로 복귀하면 즉시 제거하며, 바지의 끝단에 감출 수 있어 심신 고통, 건강 악영향, 심리적 위축감, 수치심, 불안감 등을 최소화할 수 있는 계호 방법으로 피해의 최소성도 인정된다고 보았다. 마지막으로 부착행위는 도주 사고를 미연에 방지하고, 발생한 경우 신속하게 검거하여 일반국민의 안전을 확보하는 것으로 전자장치 부착을 통하여 달성하고자 하는 공익이 수용자가 수인해야 하는 기본권 제한의 정도에 비하여 크다고 하여 법익 균형성도 갖추고 있다고 보았다. 나아가 수용자가 도주할 경우 막대한 인적·물적 비용이 투입되고, 사회적 불안과 재범에 대한 우려가 커지기 때문에 과잉금지원칙을 위반하였다고 보기 어렵다. 헌법재판소가 과잉금지원칙을 위반하지 않았다는 판단을 충분히 수긍할 수 있다. 다만, 피해의 최소성을 고려하여 기술적으로 극복이 가능한 전자장치의 경량화, 착용감 개선, 노출 최소화 등에 대한 검토를 계속하면 법집행의 수용성을 높일 수 있을 것이다.

[참고문헌]
- 황태정, 전자장치 부착요건의 해석범위와 한계, 형사판례연구 제20권, 한국형사판례연구회, 2012.
- 이의석, 전자발찌 부착 등 위헌확인 등, 헌법재판소 결정해설집(2018년), 헌법재판소, 2019.
- 장진환, 전자장치 부착 등에 관한 법률에 대한 판례의 과잉금지원칙심사의 논증과정 분석-미국 및 독일과의 비교법적 검토를 중심으로-, 형사정책 제33권 제2호, 한국형사정책학회, 2021.
- 김대근, 스토킹행위자에 대한 전자감독제도 도입에 따른 법리적 쟁점과 개선방안, 입법학연구 제21집 제1호, 한국입법학회, 2024.

[김기범 교수(성균관대학교 과학수사학과)]

[09] 민사법정 내 보호장비 사용행위의 위헌 여부

대상	공권력 행사 등 위헌확인 (기각, 각하)
	헌재 2018. 6. 28. 선고 2017헌마181 전원재판부 결정 (기각, 각하)
참조1	형의 집행 및 수용자의 처우에 관한 법률 시행규칙 제210조 제7호 위헌확인 등 (각하)
	헌재 2020. 7. 16. 선고 2018헌마89 전원재판부 결정 (각하)
참조2	법정 내 보호장비 착용행위 등 위헌확인 (기각)
	헌재 2018. 7. 26. 선고 2017헌마1238 전원재판부 결정 (기각) **(2020국회8급)**
참조3	손해배상(기) (원고패)
	[1심] 서울중앙지법 2015. 2. 12. 선고 2013가단299771 판결 (원고일부승)
	[2심] 서울중앙지법 2015. 11. 3. 선고 2015나16575 판결 (원고패)
	[3심] 대법 2016. 3. 24.자 2015다252839 판결 (심리불속행기각)
참조4	위자료 (원고패)
	[1심] 창원지법 진주지원 2020. 7. 2. 선고 2019가단2809 판결 (원고패)
	[2심] 창원지법 2021. 6. 10. 선고 2020나60649 판결 (항소기각)
	[3심] 대법 2021. 11. 25.자 2021다267894 판결 (심리불속행기각)

[사실관계]

청구인은 1990. 10. 26. 강도살인죄로 무기징역형이 확정되어 여러 교도소에 수용되던 중 2016. 12. 6.부터 ○○교도소에 수용 중이었고, 피청구인은 형집행법 제104조에 근거하여 청구인을 관심대상수용자로 관리하고 있었다. 청구인은 대한민국을 상대로 손해배상청구소송을 제기하여 변론기일에 출정하였는데, 이때 피청구인은 위 각 출정 시 청구인의 도주방지를 위하여 청구인에게 가랑이 아래쪽 부분을 15cm 박음질한 형태의 남자 수용자의 평상복 겨울용 하의(이하 '도주방지복'이라 한다)를 착용하도록 하였다. 또한 피청구인은 위 변론기일에 재판장에게 "본 수형자는 무기징역형(6범)을 선고받고 직원폭행폭언, 싸움 등 수용생활문란으로 인해 19회의 징벌처분을 받은 자로서, 위 수형자의 법정 형태를 보면 갑작스러운 돌발행동(법정 소란, 난동, 도망 등)으로 법정질서를 현저히 저해할 우려가 있으므로 위 수형자를 보호하고 법정질서를 유지하고자 부득이 별도의 지시가 있을 때까지 보호장비(수갑, 포승)를 사용하고자 하오니 허가하여 주시기 바랍니다"라고 신청하여 허가를 받은 다음, 민사법정 내에서 청구인으로 하여금 양손수갑 2개를 앞으로 사용하고 상체승을 한 상태에서 변론을 하도록 하였다.

이에 청구인은 피청구인이 도주방지복 착용을 강제하고, 민사법정 내에서 양손수갑 2개를 앞으로 사용하고 상체승을 한 상태에서 변론하도록 한 행위가 자신의 인격권, 신체의 자유 등을 침해한다고 주장하면서, 2017. 2. 28. 이 사건 헌법소원심판을 청구하였다.

[결정요지]

[1] 출정 시 도주방지복 착용 강제행위로 인한 기본권 침해는 2016. 12. 7. 종료되었으므로 권리보호이익이 없다. 법무부장관은 '수용자 피복관리 및 제작·운용에 관한 지침'상 도주방지복의 근거가 명확하지 않다는 등의 이유로 2018. 6. 1. 도주방지복 사용 중지를 지시하였으므로, 출정 시 도주방지복 착용 강제행위는 앞으로 별도의 법령 근거 없이는 반복될 위험이 없고, 헌법적 해명의 필요성 또한 인정할 수 없어 심판의 이익도 인정되지 아니한다.

[2] 민사법정 내 보호장비 사용행위는 법정에서 계호업무를 수행하는 교도관으로 하여금 수용자가 도주 등 돌발행동으로 교정사고를 일으키고 법정질서를 문란하게 할 우려가 있는 때에 교정사고를 예방하고 법정질서 유지에 협력하기 위하여 수용자에게 수갑, 포승을 사용할 수 있도록 한 것으로, 형집행법 제97조 제1항, 제98조, 같은 법 시행령 제120조 제2항, 같은 법 시행규칙 제172조 제1항, 제179조 제1항, 제180조 등에 근거를 두고 있으므로, 법률유보원칙에 위반되어 청구인의 인격권과 신체의 자유를 침해하지 아니한다.

[3] 민사법정 내 보호장비 사용행위는 출정기회를 이용한 도주 등 교정사고를 예방하고 법정질서 유지에 협력하기 위한 적합한 수단이다. 민사법정에서는 구금기능이 취약해질 수 있는데 청구인이 무기징역형을 선고받고 관심대상수용자로 관리되어 엄중한 계호가 요구되는 사람임을 감안하면 포승, 양손수갑 중 어느 하나의 보호장비만으로는 계호에 불충분하다. 이에 피청구인은 양손수갑 2개와 포승을 사용할 것을 신청하였고 재판장은 선고형, 전과, 징벌처분 등을 고려하여 그 사용을 허가하였다. 또한 교도관만으로 충분한 계호가 이루어진다고 볼 수 없으므로 여러 명의 교도관이 계호하는 방법으로 보호장비 사용을 대체할 수도 없다. 출정 시 수용자 의류를 입고 교도관과 동행하였으며 재판 시작 전까지 보호장비를 사용하였던 청구인이 민사법정 내에서 보호장비를 사용하게 되어 영향을 받는 인격권, 신체의 자유 정도는 제한적인 반면, 민사법정 내 교정사고를 예방하고 법정질서 유지에 협력하고자 하는 공익은 매우 중요하다. 따라서 민사법정 내 보호장비 사용행위는 과잉금지원칙에 위반되어 청구인의 인격권과 신체의 자유를 침해하지 아니한다.

[해설]

I. 들어가며

대상판례는 민사법정 내에서 보호장비를

사용한 행위가 청구인의 인격권, 신체의 자유 등을 침해하여 위헌인지 여부가 문제된 사례이다. 청구인이 기본권침해로 주장한 피청구인의 행위는 ① 출정 시 도주방지복 착용을 강제한 행위와 ② 민사법정 내에서 수갑, 포승 등 보호장비를 사용한 행위 두 가지이다. 헌법재판소는 ① 출정 시 도주방지복 착용 강제행위는 별도의 법령 근거 없이는 반복될 위험이 없고, 헌법적 해명의 필요성 또한 인정할 수 없어 심판의 이익이 인정되지 않는다며 청구를 각하하였다. 또한 ② 민사법정 내 보호장비 사용행위에 대해서는 법률유보원칙이나 과잉금지원칙에 위반되지 않으므로 청구인의 기본권을 침해하지 않는다며 청구를 기각하였다.

이하에서는 형집행법을 중심으로 보호장비의 사용과 관련된 법리를 살펴보고, 위 두 가지 행위에 대한 헌법재판소의 판단을 구체적으로 검토해 본다.

II. 보호장비 사용 관련 법리

형집행법 제97조 제1항은 이송·출정, 그 밖에 교정시설 밖의 장소로 수용자를 호송하는 때(제1호), 도주·자살·자해 또는 다른 사람에 대한 위해의 우려가 큰 때(제2호) 보호장비를 사용할 수 있도록 하고 있고, 같은 법 제98조에서 정한 보호장비의 종류는 8가지로 수갑과 포승 등이 포함되나 도주방지복은 포함되어 있지 않다. 같은 법 제99조는 "교도관

은 필요한 최소한의 범위에서 보호장비를 사용하여야 하며, 그 사유가 없어지면 사용을 지체 없이 중단하여야 한다"(제1항)라고 규정하고 있다. 형집행법 시행령 제120조 제2항은 형집행법 및 시행령에 규정된 사항 외에 보호장비의 규격과 사용방법 등에 관하여 필요한 사항은 법무부령에 정하도록 재위임하고 있다. 형집행법 시행규칙 제172조 제1항은 수갑의 사용 방법에 대하여, 제179조 제1항은 포승의 사용방법에 대하여, 제180조는 둘 이상의 보호장비를 함께 사용할 수 있도록 각각 규정하고 있다.

한편, 헌법재판소는 "보호장비는 수형자에 대한 직접강제로 작용하여, 이것이 사용되면 수형자는 팔·다리 등 신체의 움직임에 큰 지장을 받게 될 뿐만 아니라 종종 심리적 위축까지 수반하여 장시간 계속될 경우 심신에 고통을 주거나 나아가 건강에 악영향을 끼치고, 사용하는 방법에 따라서는 인간으로서의 품위에까지 손상을 줄 수도 있"다며 보호장비 사용행위가 헌법 제10조에 의하여 보장되는 인격권 및 제12조에 의하여 보장되는 신체의 자유를 제한한다고 판단하였다(헌재 2012. 7. 26. 선고 2011헌마426 전원재판부 결정 등).

따라서 보호장비의 사용이 필요한 경우라 하더라도 법령에서 정한 보호장비에 한하여 적법한 사용 방법에 따라 최소한으로 사용하는 것이 마땅하다. 법에서 규정하지 않은 보호장비를 사용하거나, 정해진 절차를 지키지 않거나, 정해진 사용방식을 따르지 않은 경우

기본권 침해가 문제된다. 대상판례에서도 법에서 정하지 않은 도주방지복의 착용을 강제한 것이 문제되었다.

III. 대상판례에 관한 비판

1. 도주방지복 착용 강제 부분에 관하여

출정시 도주방지복 착용 강제는 형집행법이나 시행령, 시행규칙 등에서 정한 보호장비는 아니었으나, 2016년 '수용자 도주방치 종합대책 시달(법무부 보안과23172(2016. 8. 25.))'에 근거하여 이루어졌다. 그러나 2018년 법무부장관은 '수용자 피복관리 및 제작·운용에 관한 지침'상 도주방지복의 근거가 명확하지 않다는 점, 수용자가 도주방지복을 착용하고 걸을 경우 부상 우려가 있다는 점, 도주방지복이 교도관의 계호업무에 오히려 부담이 된다는 점을 고려하여, 피청구인을 포함한 교정기관 등에 대하여 2018. 6. 1.부터 도주방지복 사용 중지(폐지)를 지시하였다. 이에 따라 출정시 도주방지복 착용 강제는 더 이상 이루어지지 않았다. 헌법재판소는 이 같은 사정을 두고 앞으로 별도의 법령 근거 없이 도주방지복 착용 강제가 반복될 위험이 없고, 헌법적 해명의 필요성 또한 인정할 수 없어 심판의 이익이 없다며 이 부분 청구를 부적법 각하하였다.

도주방지복에 한정해서 판단한다면 도주방지복의 착용이 강제될 가능성은 낮다. 그러나 도주방지복이 아니라 하더라도 여전히 형집행법에 규정되지 않은 임의의 보호장비가 계호 필요성이라는 명목 하에 도입될 가능성은 충분하다. 임의의 보호장비에 대한 법률유보원칙 위반 여부는 앞으로도 쟁점이 될 수 있으므로 이에 대해서는 헌법적 해명이 반드시 필요한데, 대상판례에서 도주방지복에 대한 법률유보원칙 위반 여부가 다루어지지 않은 점은 매우 아쉽다. 법무부장관이 스스로 도주방지복이 법률에 근거하지 않았다는 점, 수용자의 부상 우려나 계호 업무에 오히려 부담이 된다는 점을 고려하여 도주방지복 사용 중지를 지시한 것은 오히려 도주방지복 착용 강제의 위헌성을 시사하는 것이다. 그럼에도 불구하고 이 부분에 대한 헌법적 판단이 내려지지 않은 것은 법에 근거하지 않은 보호장비가 계속해서 사용되는 실태에 대한 이해가 부족한 것에서 비롯한 것으로 보인다.

2. 민사법정 내 보호장비 착용 부분에 관하여

한편, 헌법재판소는 민사법정 내에서 양손수갑과 포승을 사용한 행위에 대해서는 법률유보원칙과 과잉금지원칙 위반 여부를 판단하였다. 민사법정 내에서 위 보호장비를 사용한 것은 형집행법, 같은 법 시행령, 같은 법 시행규칙, 교도관직무규칙, 계호업무지침 등 관련법령 조항들에 근거한 것으로서 법률유보원칙에 위반되지 않는다고 판단하였다. 또한 민사법정 내 보호장비 사용은 교정사고를 예방하고 법정질서를 유지하기 위한 것으로서 그 사용행위가 불필요하거나 과도한 제한이 아니었다는 등의 근거를 들어 과잉금지원칙 위반도 아니라고 판단하였다.

청구인에게 민사법정 내 보호장비를 착용하도록 한 행위의 위헌성은 도주방지복 착용 강제에 비해서는 크지 않았던 것으로 보인다. 향후 유사한 사례가 반복될 수 있는데, 각 사안에서 보호장비 착용의 필요성, 침해최소성 등 비례원칙을 위반하였는지 여부를 개별적으로 판단하여야 할 것이다.

[후속논의]

2016년 도입된 도주방지복은 법무부장관이 2018년 하달한 지침에 따라 더 이상 사용되지 않았다. 그러나 여전히 형집행법에 규정되지 않은 임의의 보호장비가 도입될 가능성이 있다. 신체의 자유를 직접적으로 제한하는 보호장비의 사용은 반드시 법에서 정한 종류와 절차, 방법에 따라야 한다. 그렇지 않은 경우에는 법률유보원칙을 위반한 위헌적 행위가 될 수 있으며, 향후 문제 사례가 발생할 가능성이 충분하다. 이에 대해서 헌법적 해명이 반드시 필요하다 하겠다.

[최초록 변호사(공익법단체 두루)]

[10] 출정시 보호장비 착용에 따른 보호조치를 취할 국가의 의무

대상	위자료등 손해배상 (원고일부승)
	[1심] 수원지법 2021. 6. 22. 선고 2019가소33654 판결 (원고일부승)
	[2심] 수원지법 2022. 5. 25. 선고 2021나78008 판결 (항소기각)
참조1	손해배상(기) (원고패)
	[1심] 대전지법 천안지원 2011. 9. 5. 선고 2011가소22221 판결 (원고패)
	[2심] 대전지법 2012. 4. 17. 선고 2011나16194 판결 (항소기각)
	[3심] 대법 2012. 8. 30. 선고 2012다200264 판결 (상고기각)
참조2	수용자의 얼굴노출 등에 의한 인권침해 (인용, 기각)
	국가인권위 2009. 3. 9.자 08진인3784 결정 (인용, 기각)
참조3	노동위원회 출석 시 보호장비 착용 외부 노출 등에 의한 인권침해 (인용, 각하)
	국가인권위 2018. 2. 23.자 17진정0519400 결정 (인용, 각하)

[사실관계]

원고는 수원구치소에 수용 중이던 2016. 6. 1. 중앙노동위원회 부당해고 구제 재심신청 사건 심판에 출석하였다. 당시 중앙노동위원장이 피고 소속 교도관들에게 원고에 대한 포승과 수갑을 해제할 것을 요구하였는데도 공무원들은 해제하지 않았다. 원고가 중앙노동위원회 건물로 이동하는 과정에서 피고 소속 교도관들은 포승과 수갑 등 보호장비를 가려주지 않아 다른 사람들에게 원고가 보호장비를 착용한 모습을 보여주었다. 위와 같은 피고 소속 교도관들의 위법한 직무집행으로 인하여 원고가 정신적 고통을 입었으므로 위자료 배상을 구하였다.

[판결요지]

[1] 원고가 제출한 증거만으로는 중앙노동위원장이 피고 소속 교도관들에게 원고에 대한 포승과 수갑 등 보호장비의 해제를 요구하였다고 인정하기에 부족하다. 설령 중앙노동위원장이 보호장비의 해제를 요구하였다 하더라도, 원고에 대한 수용정보사항 등에 비추어 계호업무지침에 따라 원고에게 보호장비를 해야 할 필요성이 있었다고 보이고, 달리 피고 소속 교도관들이 보호장비 해제 여부와 관련하여 지침 등 준수사항을 위반하였다고 볼 만한 자료가 없는 점 등을 고려하면, 보호장비를 해제하지 않은 행위가 위법하다고 보기 어렵다.

[2] 다만, 수갑가리개 등 보호용품을 착용

하도록 하지 않은 부분에 대하여는, 수원구치소에 수감 중이던 원고가 피고 소속 교도관들의 호송에 따라 중앙노동위원회에서 부당해고 등 구제신청 심판을 받기 위하여 심판정에 출정할 당시 포승과 수갑을 차고 있었고, 포승과 수갑, 얼굴을 가릴 수 있는 수갑가리개, 마스크 등 보호용품을 착용하지 않은 채 이동한 사실, 원고의 모습이 민원인 등 일반인과 중앙노동위원회 직원 등 공무원에게 노출될 수 있는 주차장, 도로, 로비, 복도 등을 통하여 이동한 사실이 인정되며, 이는 수용자의 인권보호를 위하여 필요한 경우 마스크 등 보호용품을 사전 준비하여 사용하도록 규정한 계호업무지침에 위반한 행위에 해당한다. 계호업무지침은 교도관의 계호업무에 관한 기본지침으로서 교도관들은 이를 숙지하고 준수할 의무가 있으므로, 당시 보호용품 사용에 소극적인 업무관행이 있었다 하더라도 교도관들의 위법행위에 대한 과실을 인정할 수 있고, 포승과 수갑 등 보호장비를 착용한 모습이 일반에 공개됨으로써 원고가 수치심을 느꼈을 것으로 추인되므로 특별한 사정이 없는 한 피고는 국가배상법 제2조 제1항에 따라 소속 교도관들의 과실에 의한 위법행위로 원고가 입은 정신적 손해를 배상할 의무가 있다.

[해설]

I. 호송시 보호장비의 사용에 대한 규정

현행 형집행법 제97조 제1항 제1호에 따라 "이송·출정, 그 밖에 교정시설 밖의 장소로 수용자를 호송하는 때"에 교도관은 보호장비를 사용할 수 있다. 또한 동법 시행령 제120조 제1항은 "교도관은 소장의 명령 없이 수용자에게 보호장비를 사용하여서는 아니 된다. 다만, 소장의 명령을 받을 시간적 여유가 없는 경우에는 사용 후 소장에게 즉시 보고하여야 한다"라고 규정하고 있다. 형집행법상 보호장비로는 수갑, 머리보호장비, 발목보호장비, 보호대, 보호의자, 보호침대, 보호복, 포승이 있는데(제98조 제1항). 이 중 이송, 출정, 호송시 사용하는 보호장비는 수갑과 포승이다.

1950. 3. 2. 제정된 행형법 제13조는 수형자 도주, 폭행, 소요 또는 자살의 우려가 있을 때에는 계구를 사용할 수 있고, 계구의 종류에는 포승, 수갑, 연쇄, 방성구가 있다. 1995. 1. 5. 본 조항의 개정으로 방성구가 안면 보호구로 바뀌었고, 1999. 12. 28. 개정에 따라 "징벌의 수단으로 계구를 사용하여서는 아니된다"는 규정이 신설되었다(제14조 제3항). 2007. 12. 21. 구 행형법이 전부개정되면서 형집행법으로 법률명이 개정되고, 계구가 '보호장비'로 바뀌었으며 사슬은 비인도적이라는 비판에 따라 이를 보호장비에서 제외하는 대신, 수용자의 신체압박을 최소화하면서 필요한 신체부위에만 사용할 수 있는 보호장비를 추가하였다.

'위해성 경찰장비의 사용기준 등에 관한 규정(대통령령 제31380호, 2021. 1. 5. 시행)'제4조는 "경찰관은 체포·구속영장을 집행하거나 신체의 자유를 제한하는 판결 또는 처분을 받은 자를 법률이 정한 절차에 따라 호송하거나 수용하기 위하여 필요한 때에는 최소한의 범위 안에서 수갑·포승 또는 호송용포승을 사용할 수 있다"라고 규정하고 있다. 또한 경찰청 훈령인 '피의자 유치 및 호송 규칙(제1101호, 2023. 10. 4. 시행)'에 따라 "호송에 사용되는 경찰차량에는 커튼 등을 설치하여 피호송자의 신분이 외부에 노출되지 않도록 하여야" 하며(제55조 제4항), "호송관은 호송시에는 호송하는 모습이 가급적 타인에게 노출되지 않도록 유의하여야" 한다(제62조 제8호). 대검찰청예규인 '체포·호송 등 장비 사용에 관한 지침' 제4조 제2항에서도 수갑을 사용하는 경우 과도한 사용으로 상대방에게 상해를 입히지 않도록 주의하고, 특별한 사유가 없는 한 수갑 착용 모습이 일반 대중에게 노출되지 않도록 필요한 조치를 하여야 함을 규정하고 있다.

II. 국제기준에서의 출정시 보호장비 착용

피구금자 처우에 관한 최저기준규칙(1955년 8월 30일, 제1회 국제연합 범죄방지 및 범죄자처우회의에서 채택됨. 1957년 7월 31일 국제연합 경제사회이사회 결의 663 C(24)로서 승인됨. 이를 넬슨 만델라규칙이라고 하며, 여기에서는 이하 "규칙"이라 한다) 제43조는 결박장치를 규율위반의 징벌수단으로 사용하는 것을 전면 금지하고 있다. 즉, "2. 규율위반에 대한 처벌로 결박장치를 사용해서는 안 된다." 또한 규칙 제47조는

"1. 굴욕적 또는 고통을 주는 쇠사슬, 발목수갑 또는 보호장비의 사용은 기본적으로 금지" 하고 있으며, 호송 중 도주에 대한 예방책으로 사용되는 때와 같은 매우 제한된 범위에서 한정된 목적을 위해서만 보호장비 사용을 허용하고 있다. 다만, 이 경우에도 사법 또는 행정당국에 출석할 때에는 보호장비를 해제하여야 한다. 주목할 만한 점은 이 규칙조항들이 사법 또는 행정당국에 출석하는 피구금자에 대해 보호장비 사용을 금지한다는 사실이다. 피구금자들이 수갑과 사슬에 묶인 채로 법정에 출석하는 일은 매우 흔하게 일어난다. 최저기준규칙은 이것을 금지하고 있으며, 보호장비를 징벌수단으로 사용하는 것을 금지한 1999. 12. 28. 개정은 이 최저기준규칙에 따른 것이라고 할 수 있다.

한편 규칙 제73조는 ① 수용자를 이송할 때에는 가급적 공중의 면전에 드러나지 아니하도록 하여야 하며 모욕, 호기심 및 공표의 대상이 되지 않도록 적절한 보호조치를 취하여야 한다, ② 환기나 조명이 불충분한 교통수단에 의하거나 불필요한 육체적 고통을 주는 방법으로 수용자를 이송하는 것은 금지되어야 한다고 규정하고 있다.

III. 수용자 외부 호송시 보호장비 착용 노출 문제

국가인권위원회는 본 사건의 수용자가 중앙노동위원회 부당해고 구제 재심 신청사건

심판에 출석하기 위해 이동하는 과정에서 포승과 수갑 가리개 등 보호장비를 사용하지 않은 채 사건 당사자 등 여러 사람들을 보게 돼 상당한 수치심을 느꼈다며 진정한 사건에 대하여, '유엔 피구금자 처우에 관한 최저기준규칙'과 법무부훈령인 '계호업무지침'에 따라 특별한 사유가 없는 한 수용자의 인권보호를 위해 필요한 경우 마스크 등 보호용품을 사전에 준비, 사용하도록 하고 있고 이와 같은 법령의 취지는 호송교도관이 이송이나 출정, 병원 등 수용자를 외부로 호송할 때 이들이 일반대중에게 노출돼 모욕, 호기심 및 공표의 대상이 되지 않도록 주의해야 한다는 것으로, 진정인이 수갑가리개나 마스크 사용을 요구하지 않아 조치하지 않았다는 구치소 주장은 이유 없다고 판단하였다. 또한 중앙노동위원회는 노동관계법 위반과 관련해 불특정 다수인이 출입하는 행정기관으로, 진정인의 모습이 일반인들에게 노출된다는 것을 호송교도관들이 인식하지 못했다 볼 수 없으며, 구치소 주장대로 보호용품이 호송차량에 비치돼 많은 시간이나 노력 없이도 진정인의 얼굴이나 수갑을 찬 상태를 가려줄 수 있었다고 봤다. 국가인권위원회는 본 진정내용이 계호업무지침이 규정하는 호송교도관의 주의의무를 위반해 진정인이 모욕, 호기심 및 공표의 대상이 되도록 노출시킨 행위로, 헌법에서 보장하는 인격권을 침해한 것이라고 판단하였으며, 호송교도관들의 소극적인 업무관행 개선을 위해 '보호용품 사용에 관한 구체적인 기준'을 마련하고 호송교도관들에게 관련 직무교육을 실시할 것을 권고하였다(17진정0519400).

보호장비는 수형자에 대한 직접강제로 작용하여, 이것이 사용되면 수형자는 팔·다리 등 신체의 움직임에 큰 지장을 받게 될 뿐만 아니라 종종 심리적 위축까지 수반하여 장시간 계속될 경우 심신에 고통을 주거나 나아가 건강에 악영향을 끼치고, 사용하는 방법에 따라서는 인간으로서의 품위에까지 손상을 줄 수도 있다. 따라서 보호장비 사용행위는 헌법 제10조에 의하여 보장되는 인격권 및 제12조에 의하여 보장되는 신체의 자유를 제한한다(헌재 2012. 7. 26. 선고 2011헌마426 전원재판부 결정 등). 그러나 법원은 일반적으로 형사법정을 제외한 출정이나 다른 행정기관 출석 시에는 별도의 출입구가 마련되어 있지 않고, 법정내 교정사고를 예방하기 위한 공익의 중요성에 따라 보호장비 사용행위가 과잉금지원칙을 위반하는 것은 아니라고 판단하고 있다(헌재 2018. 7. 26. 선고 2017헌마1238 전원재판부 결정). 그럼에도 불구하고 도주·폭행·소요의 우려 등이 있을 경우를 제외하고는 유연하고 탄력적으로 보호장비 사용여부를 판단하여 최소화할 필요가 있고, 특히 중앙노동위원회와 같은 행정기관에 출석할 경우에는 수용자의 인격권을 적극적으로 고려하여 보호장비를 해제하고 심리 등 절차가 진행될 수 있도록 기준을 마련할 필요가 있어 보인다.

[후속논의]

이 사건 이후의 진정사건에서 국가인권위원회는 2023. 5. 22. 경찰청장에게 피의자에 대한 포승 사용 시 인격권 침해가 발생하는 것을 방지하기 위하여 ① 포승을 사용하는 모습이 외부에 노출되지 않도록 수갑 등 사용지침 등 관련 규정을 보완할 것과 ② 보완된 관련 규정을 각 지방경찰청 및 경찰서에 하달하고 직무교육을 시행할 것을 권고하였다(22진정 0991000). 진정인은 배우자인 피해자가 2022. 11.경 구속영장이 발부되어 경찰서 유치장에 구금되어 있던 중 병원 진료를 받게 되었는데, 병원 호송과정 및 진료과정에서 포승이 묶인 모습이 외부에 노출됨으로써 인권침해를 당했다며 인권위에 진정을 제기하였다. 피진정인(경찰서 지능범죄팀 경사)은 피해자 호송 당시 번화가에 위치한 병원의 지리적 특성과 진료실·검사실이 위치한 1층이 앞뒤로 모두 개방되어 있는 현장 상황 등을 종합적으로 고려하여 피해자에게 수갑과 포승을 사용하였는데, 이는 유치인의 도주 및 자해 방지를 위해 필요한 조치였다고 답변하였다. 그러나 수갑가리개를 사용하면서도 포승줄은 그대로 노출되는 등 보호 조치가 미흡했던 것은 사실이며, 이에 해당 규칙·지시사항의 구체적 명문화와 함께 장비 개선도 병행될 필요가 있다는 의견을 인권위는 밝혔다. 헌법은 '인간의 존엄과 가치 및 인격권'(제10조), '사생활의 비밀과 자유'(제17조)를 보장하고 있으며, '피의자 유치 및 호송규칙' 제62조는 피의자의 "호송시에는 호송하는 모습이 가급적 타인에게 노출되지 않도록 유의하여야 한다"라고 규정하고 있다. 이에 대하여 경찰청장은 권고를 수용한다는 뜻을 밝히며, 이미 피의자 유치 및 호송 규칙과 수갑 등 사용지침에 따라, 피의자를 호송하는 모습 및 수갑 등이 가급적 외부에 노출되지 않도록 하고 있다고 회신하였다. 또한 2023. 2.부터 외관상 거부감을 최소화한 벨트형 포승을 도입하여 확대하는 중이고, 향후 호송과정에서 벨트형 포승을 우선적으로 사용하도록 할 예정이며, 벨트형 포승이 부족하거나 사용이 적절치 않은 경우에만 밧줄 포승을 사용하도록 하는 등의 기준을 수갑 등 사용지침에 반영하고, 호송하는 모습이 가급적 제3자에게 노출되지 않도록 주의하겠다고 밝혔다. 다만, '포승줄 가리개' 신설에 대해서는, 피의자의 상체 등을 덮는 형태의 물품을 사용할 경우, 호송과정에서 포승 상태 및 신체 이상 유무, 위험물 은닉 여부 등의 확인이 어렵다는 지적이 있을 수 있어 외국의 사례, 현장 전문가 및 관련 기관의 다양한 의견 등을 참고하여 신중히 검토할 필요성이 있다고 하였다. 인권위는 이에 대하여 ① 인권위 권고의 취지는 헌법 제10조와 제17조 및 관련 법령을 근거로 "포승 사용시 그 모습이 외부에 노출되지 않도록 수갑 등 사용지침 등 관련 규정을 보완함으로써 인격권 침해가 발생하지 않도록 하라"는 것이고, ② 경찰청의 회신 내용은 '외관상의 거부감'을 줄여 유치인의 인권을 개선하는 효과를 기대할 수 있다는 점에서는 환영하나 인권위 권고 대상에는 수갑뿐만 아니라 벨트형 포승도 포함되고 피의자에게 벨트형 포승을 사용하더라도 외부에 노출될 경우 인격권이 침해될 가능성은 여전히 남아 있으며 이는 '외관상의 거부감'과는 별개의 문제라고 본다고 판단하였다.

한편 법무부(2019)와 경찰(2022)은 교도소 및 구치소 수용자들의 호송시 노인·장애인·여성 등 수용자와 언론 노출시 인격권 보호가 필요한 수용자 등에게 호송용 조끼 또는 호송용 포승줄 가리개를 제작하여 우선 착용시키고, 구치소나 교도소 간 이송 등에는 포승줄과 벨트형 포승 등을 일반인에게 노출되지 않도록 하는 등 수용복이나 포승 노출에 따른 수용자의 수치심이나 시각적 거부감, 부정적 이미지를 해소하겠다는 계획을 발표한 바 있으나 아직 구체적인 착용례는 확인되지 않았다.

[참고문헌]
- 박영규, 『형의 집행 및 처우에 관한 법률』상 『질서유지』의 문제점과 개선방안, 교정연구 제50호, 한국교정학회, 2011.
- 이규호, 교정과 인권–형의 집행 및 수용자의 처우에 관한 법률 및 헌재결정을 중심으로–, 법무보호연구 제6권 제1호, 한국법무보호복지학회, 2020.

[김현숙 박사(홍익대학교 법학연구소)]

[11] 외부의료시설 진료 시 보호장비 사용행위의 위헌 여부

대상	수용자 진료 시 부당처우행위 위헌확인 (기각, 각하) 헌재 2023. 2. 23. 선고 2021헌마840 전원재판부 결정 (기각, 각하)

[사실관계]

청구인은 2019. 5. 13. 수원지방법원 여주지원에서 보험사기방지특별법위반죄, 특정범죄가중처벌등에관한법률위반(도주치상)죄 등으로 징역 5년 등을 선고받았고, 2019. 7. 24. 수원지방법원에서 항소가 기각되어, ○○교도소에 수용되어 있다가 2021. 5. 11. ○○대학교 병원에서 진료를 받고 상급병원에서의 진료를 요청하는 진료의뢰서를 교부받은 후 2021. 6. 7.경 □□교도소로 이송되었다. 청구인은 피청구인이 2021. 7. 2. 외부의료시설인 □□대학교 ○○병원에서의 진료 당시에 □□교도소 기동순찰팀 요원이 2명이나 배치되어 있었음에도 진료 과정에서 청구인에게 '한손수갑'과 '벨트보호대'를 착용하도록 하는 행위(이하 '이 사건 보호장비 사용행위'라 한다) 등으로 청구인의 인격권 및 신체의 자유 등 헌법상 기본권을 침해하였다고 주장하면서, 2021. 7. 16. 이 사건 헌법소원심판을 청구하였다.

[결정요지]

피청구인의 이 사건 보호장비 사용행위에 대하여는 수용자의 도주나 자해, 다른 사람에 대한 위해와 같은 교정사고를 예방함과 아울러 의료시설 내 질서유지에 협력하기 위한 것으로, 그 목적의 정당성을 인정할 수 있다. 그리고 이는 교도관이 수용자의 도주 등을 제지하거나 수용자를 추적하는 데 도움이 될 수 있으므로 수단의 적합성도 인정된다. 한편 규율위반으로 징벌을 3회 받은 전력이 있는 청구인이 착용한 '한손수갑'은 형집행법이 열거하는 8가지의 보호장비 중 청구인의 신체를 비교적 적게 억압하면서 외부로의 노출 정도 또한 크지 않은 보호장비에 해당하며, 교정사고를 실효적으로 예방하고 의료시설 내 질서유지에 협력하는 불가피한 측면이 있어, 이 사건 보호장비 사용행위는 그 목적 달성을 위한 범위 내에서 필요최소한도로 행하여진 것으로 볼 수 있으므로 침해의 최소성을 갖추었다. 더욱이 진료과정 중 이 사건 보호장비를 착용하게 됨으로써 영향을 받은 청구인의 신체의 자유와 인격권의 정도는 그 목적 달성을 위한 범위 내에서 제한적인데 반면, 외부의료시설 내에서 수용자의 도주 등 교정사고를 예방하고 의료시설 내 질서유지에 협력하고자 하는 공익은 매우 중요한 것으로서 법익의 균형성도 갖추었다. 그렇다면, 이 사건 보호장비 사용행위는 과잉금지원칙을 위반하여 청구인의 신체의 자유와 인격권을 침해하지 않는다.

[해설]

I. 수용자의 법적 지위와 보호장비의 사용 근거

1. 수형자의 법적 지위와 기본권의 제한

수형자는 징역형·금고형 또는 구류형의 선고를 받아 그 형이 확정되어 교정시설에 수용된 사람과 벌금 또는 과료를 완납하지 아니하여 노역장 유치명령을 받아 교정시설에 수용된 사람을 말하고(형집행법 제2조 제2호), 교정시설은 교도소·구치소 및 그 지소로 수형자의 교정교화와 건전한 사회복귀를 도모하는 것을 목적으로 하는 국가기관이다(형집행법 제1조, 제2조 제1호). 수형자는 형벌의 집행을 위하여 격리된 교정시설에서 강제적인 공동생활을 하게 되므로 헌법이 보장하는 신체활동의 자유 등 기본권을 제한받기 마련이다.

그러나 수형자라 하여 모든 기본권을 제한하는 것은 허용되지 않으며, 제한되는 기본권은 형의 집행과 도망의 방지라는 구금의 목적과 관련된 기본권, 예를 들어 신체의 자유, 거주이전의 자유, 통신의 자유 등에 한정되어야 하고, 그 역시 형벌의 집행을 위하여 필요한 한도를 벗어날 수 없다. 특히 교정시설 내의

질서 및 안전 유지를 위하여 행해지는 기본권의 제한은 수형자에게 구금과는 별도로 부가적으로 가해지는 고통으로서 다른 방법으로는 그 목적을 달성할 수 없는 경우에만 예외적으로 허용되어야 할 것이다(헌재 2003. 12. 18. 선고 2001헌마163 전원재판부 결정).

이처럼 수형자의 기본권 제한에 대한 구체적인 한계는 헌법 제37조 제2항에 따라 구체적인 자유·권리의 내용과 성질, 그 제한의 태양과 정도 등을 교량하여 설정하게 된다(헌재 1999. 5. 27. 선고 97헌마137등 전원재판부 결정 등).

2. 수용자에 대한 보호장비의 사용 근거

보호장비는 수용자의 호송을 위해서나 도주나 자살·자해 또는 위력에 의한 교도관의 직무집행 방해를 예방하거나 진압할 목적으로 수용자의 신체를 억압하거나 자유를 제한하는데 사용하는 도구를 말한다. 형집행법상 사용이 허용되는 보호장비는 수갑, 머리보호장비, 발목보호장비, 보호대(帶), 보호의자, 보호침대, 보호복, 포승으로 분류된다(제98조 제1항. 구 행형법상으로는 계구(戒具)라고 하였다(제14조). 현행법은 구법상 포승, 수갑, 사슬, 안면보호구의 4종의 계구 중 반인권적 도구로 지목되어 온 사슬을 삭제하는 등 신체의 압박을 감소하면서도 소기의 목적을 달성할 수 있도록 하는 등의 국가인권위원회 권고(2003. 7. 31.)를 수용하여 위의 8종류로 변경하여 규정하고 있다).

모든 조직적, 집단적 생활에는 일정한 질서

와 규율이 필요하며, 특히 수형자의 경우는 공동생활이 자발적 의사가 아닌 공권력의 강제 명령에 따라 이루어진 것이므로, 교정시설의 안전과 구금 생활의 질서를 유지하기 위하여 일정한 강제조치가 불가피한 경우도 발생할 수 있다. 이에 따라 형집행법은 일정한 사유가 있는 경우에는 보호장비의 사용을 허용하고 있다.

형집행법 제97조 제1항에 따르면, 교도관은 수용자가 이송·출정하거나, 그 밖에 교정시설 밖의 장소로 수용자를 호송하는 때(제1호), 수용자가 도주·자살·자해하려 하거나 다른 사람에 대하여 위해를 끼칠 우려가 큰 때(제2호), 수용자가 위력으로 교도관의 정당한 직무집행을 방해하는 때(제3호), 수용자가 교정시설의 설비·기구 등을 손괴하거나 그 밖에 시설의 안전 또는 질서를 해칠 우려가 큰 때(제4호)에 위와 같은 보호장비를 사용할 수 있다.

또 형집행법 시행령 제120조 제1항에 의하면, 교도관은 소장의 명령 없이 수용자에게 보호장비를 사용하여서는 안 되지만, 다만 소장의 명령을 받을 시간적 여유가 없는 경우에는 사용 후 소장에게 즉시 보고하여야 한다. 형집행법 시행규칙 제171조는 형집행법 시행령 제120조 제1항에 따라 소장은 보호장비 사용을 명령하거나 승인하는 경우에는 보호장비의 종류 및 사용방법을 구체적으로 지정하여야 하며, 형집행법 시행규칙에서 정하지 않은 방법으로 보호장비를 사용하게 해서는 안 된다고 규정하고 있다.

한편 형집행법 제98조 제2항 제1호는 교도관이 수용자를 이송·출정하거나, 그 밖에 교정시설 밖의 장소로 수용자를 호송하는 때 등 같은 법 제97조 제1항 제1호부터 제4호까지 어느 하나에 해당하는 때 보호장비 중 수갑을 사용할 수 있도록 하고 있다. 형집행법 시행규칙 제169조에 의하면, 수갑은 양손수갑, 일회용수갑, 한손수갑으로 구분되어 있다. 같은 법 시행규칙 제172조에서는 위의 경우 수갑은 원칙적으로 앞으로 사용하고(제1항 제1호, 별표 6), 이 경우 수갑보호기를 함께 사용할 수 있으며(제2항), 수갑은 구체적 상황에 적합한 종류를 선택하여 사용할 수 있다(제4항 본문)고 규정하고 있다.

그리고 형집행법 제98조 제2항 제3호에서는 다른 사람에 대하여 위해를 끼칠 우려가 큰 때 등 제97조 제1항 제2호부터 제4호까지의 어느 하나에 해당하는 때 보호장비 중 보호대를 사용할 수 있도록 정하고 있다. 이 사건 보호장비 사용행위와 같은 '둘 이상의 보호장비 사용'에 대해서는, 같은 법 시행규칙 제180조에서 보호의자 및 보호침대를 사용하는 경우를 제외하고서 하나의 보호장비로 사용목적을 달성할 수 없는 경우 둘 이상의 보호장비를 사용할 수 있도록 허용하고 있다.

위와 같이 수용자에 대한 보호장비의 사용 및 신체적 자유의 제한 범위와 방법에 관해서는 헌법상 입법의 유보사항으로 정하고 있으며(헌법 제37조 제2항), 현행의 형집행법 및 동 시행규칙 등 관계 법령은 그 사용 방법과 범위에 대하여 상세하게 규정하고 있다.

3. 계구사용의 요건과 한계

헌법재판소는 일찍이 보호장비의 사용과 관련하여 법익균형성과 긴급성 등 과잉금지의 원칙에 반하지 않아야 하는 등 엄격한 기준을 제시하고 있다. 나아가 단지 수용자라는 이유만으로 보호장비의 사용이 허용되는 것이 아니며, 또 보호장비를 사용하는 경우라 하더라도 수용자에게는 인간으로서의 기본적인 품위를 유지하도록 하여야 한다고 판시함으로써 자유의 권리의 본질적 내용을 침해할 수 없다는 헌법 정신을 함께 강조하고 있다.

"계구는 수용자에 대한 직접강제로 작용하므로 이것이 사용되면 수용자는 팔·다리 등 신체의 움직임에 큰 지장을 받게 되고 육체적·정신적 건강을 해칠 가능성이 높다. 따라서 계구의 사용은 무엇보다 수용자들의 육체적·정신적 건강 상태가 유지되는 범위 내에서 이루어져야 하고 시설의 안전과 구금생활의 질서에 대한 구체적이고 분명한 위험이 임박한 상황에서 이를 제거하기 위하여 제한적으로 필요한 만큼만 이루어져야 한다. 그 경우에도 가능한 한 인간으로서의 기본적인 품위를 유지할 수 있도록 하여야 함은 물론이다."(헌재 2003. 12. 18. 선고 2001헌마163 전원재판부 결정)

"수형자나 미결수용자에 대한 계호의 필요에 따라 수갑, 포승 등의 계구를 사용할 수 있지만 구금된 자라는 이유만으로 계구사용이 당연히 허용되는 것이 아니고 계구사용으로 인한 신체의 자유의 추가적 제한 역시 과잉금지원칙에 반하지 않아야 한다. 그러므로 구속 피의자에 대한 계구사용은 도주, 폭행, 소요 또는 자해나 자살의 위험이 분명하고 구체적으로 드러난 상태에서 이를 제거할 필요가 있을 때 이루어져야 하며, 필요한 만큼만 사용하여야 한다. 검사가 검사조사실에서 피의자 신문을 하는 절차에서는 피의자가 신체적으로나 심리적으로 위축되지 않은 상태에서 자기의 방어권을 충분히 행사할 수 있어야 하므로 계구를 사용하지 말아야 하는 것이 원칙이고 다만 도주, 폭행, 소요, 자해 등의 위험이 분명하고 구체적으로 드러나는 경우에만 예외적으로 계구를 사용하여야 할 것이다."(헌재 2005. 5. 26. 선고 2004헌마49 전원재판부 결정)

"구 행형법(1995. 1. 5. 법률 제4936호로 개정되기 전의 것) 제14조는 수형자의 도주, 폭행, 소요 또는 자살의 방지, 기타 필요한 경우에는 포승, 수갑 등 계구를 사용할 수 있음을 규정하고 있고, 같은 법 제62조는 미결수용자에 대하여 이를 준용하고 있는바, 계구의 사용은 사용 목적과 필요성, 그 사용으로 인한 기본권의 침해 정도, 목적 달성을 위한 다른 방법의 유무 등 제반 사정에 비추어 상당한 이유가 있는 경우에 한하여 그 목적 달성에 필요한 최소한의 범위 내에서만 허용된다고 봄이 상당하다."(대법 1998. 1. 20. 선고 96다18922 판결)

"이 사건 보호장비 사용행위는 도주 등의

교정사고를 예방하기 위한 것으로서 그 목적이 정당하고, 상체승의 포승과 앞으로 사용한 수갑은 이송하는 경우의 보호장비로서 적절하다. 그리고 피청구인은 청구인에 대하여 이동 시간에 해당하는 시간 동안에만 보호장비를 사용하였고, 수형자를 장거리 호송하는 경우에는 도주 등 교정사고 발생 가능성이 높아지는 만큼 포승이나 수갑 등 어느 하나의 보호장비만으로는 계호에 불충분하며, 장시간 호송하는 경우에 수형자가 수갑을 끊거나 푸는 것을 최대한 늦추거나 어렵게 하기 위하여 수갑 2개를 채운 행위가 과하다고 보기 어렵고, 청구인과 같이 강력범죄를 범하고 중한 형을 선고받았으며 선고형량에 비하여 형집행이 얼마 안 된 수형자의 경우에는 좀 더 엄중한 계호가 요구된다고 보이므로, 최소한의 범위 내에서 보호장비가 사용되었다고 할 수 있다. 또한 이 사건 보호장비 사용행위로 인하여 제한되는 신체의 자유 등에 비하여 도주 등의 교정사고를 예방함으로써 수형자를 이송함에 있어 안전과 질서를 보호할 수 있는 공익이 더 크다 할 것이므로 법익의 균형성도 갖추었다."(헌재 2012. 7. 26. 선고 2011헌마426 전원재판부 결정)

II. 신체의 자유 및 인격권의 침해 여부

이 사건 보호장비 사용행위는 수형자의 신체의 자유를 침해하는 강제조치임이 명백하다. 그러한 신체의 자유를 침해하는 조치는 헌법상 법률적 유보사항에 따르는 현행 형집행법에 법적 근거를 지니고 있어야 한다. 이 사건 보호장비 사용행위가 형집행법령에 근거한 것이라 하더라도 그 보호장비 사용의 목적, 사용된 장비의 종류, 사용 경위, 착용의 구체적 모습 등을 종합하여 그것이 필요한 범위를 초과하여 이루어진 것이라면 수형자의 기본권을 침해하게 될 것이다.

따라서 청구인의 주장과 같이 또 헌재 2001 헌마163 결정에서 강조한 것처럼, 인간으로서의 기본적인 품위의 유지에 장애를 초래한 것인지, 나아가 외부의료시설 진료 시에 수용자의 도주나 의료인들에 대한 폭행 등 교정사고의 발생이 구체적이고 분명한 위험이 임박한 상황에 있었다고 판단할 수 있는지 등 사실적 판단이 문제 해결의 관건이라 하겠다.

청구인이 착용한 '한손수갑'은 형집행법이 열거하는 8가지의 보호장비 중 청구인의 신체를 비교적 적게 억압하면서 외부로의 노출 정도 또한 크지 않은 보호장비에 해당한다. '벨트보호대'는 진료과정 도중에 도주 등 교정사고를 실효적으로 예방하고 의료시설 내 질서유지에 협력하기 위한 장비로서 그 사용에 불가피한 측면이 있다. 이 사건 보호장비의 사용 없이 수용자를 호송하고 진료과정 중에 그를 감시하려고 하는 경우에는 많은 경비담당 인력이 필요할 것이고, 또한 의료진과 환자가 직접 대면하고 위험한 물건으로 사용될 수 있는 각종 의료도구 등이 즐비한 진료환경의 특성상, 기동순찰팀 인력의 확충만으로는 이 사건 보호장비 사용행위와 같은 정도로 도주, 자해나 다른 사람에 대한 위해와 같은 교정사고를 예방할 것으로 기대하기가 어려울 것으로 보인다.

이에 헌법재판소는 위의 결정요지에서 분명하게 설시한 것처럼, 과잉금지원칙의 하위 판단기준을 구체적으로 검토하여 이 사건 보호장비 사용행위에 대하여는 청구인이 주장하는 것과 같은 신체의 자유나 인격권의 침해가 없다고 판단하여 기각결정하고 있다.

III. 대상판례의 의미

대상판례는 먼저, 형집행법 제97조 제1항 제1호에서 말하는 '호송'의 사전적 의미를 분명하게 한데 의미가 있다. 호송은 "죄수나 형사피고인을 어떤 곳에서 목적지로 감시하면서 데려가는 일"을 뜻하는 말인데, 이는 수용자를 일시적으로 구금시설 외의 장소로 이동시키는 것을 통칭하는 것이다. 그러므로 수형자가 호송관서에서 출발하여 병원에 도착한 후 병원에서 대기하고 진료실에서 진료 받는 전 과정에서의 계호 업무는 그 성격상 '호송'의 개념 범위 내에 있는 업무로 볼 수 있다고 판단하고 있다.

다음으로 수용자가 교정시설 밖으로 나가는 경우 교도관의 수나 교정설비의 한계로 인하여 구금기능이 취약해질 수밖에 없고, 이 사건 □□대학교 ○○병원과 같은 대형병원은 다수의 환자와 보호자, 방문자, 의료진, 상

접 종사자 등이 섞여 있거나 빈번히 출입하는 등 청구인에 대한 구금기능이 취약하고 도주의 위험이 큰 장소로 판단하였다.

대상판례는 또한 진료과정에서 수갑과 같은 보호장비를 사용함으로써 도주 등 교정사고를 실효적으로 예방하고 의료시설 내 질서 유지에 협력하는 것은 불가피한 측면이 있다고 보아 청구인의 진료과정 중 '한손수갑'과 '벨트보호대'를 착용하도록 한 피청구인의 조치는, 그 목적 달성을 위한 범위 내에서 필요 최소한도로 행하여진 것으로써 침해의 최소성을 인정하고 있다. 그뿐만 아니라 담당의사와 간호사는 보호장비 사용 여부와 무관하게 청구인과 동행한 경비 담당 인력이나 면담 등을 통해 청구인이 수용자임을 쉽게 알 수 있을 것이므로 이 사건 보호장비의 착용으로 인한 청구인의 인격권에 대한 침해도 없을 것으로 판단한다.

이처럼 대상판례는 이 사건 수형자에 대한 보호장비 사용의 위헌 여부에 대하여, 기존 헌법재판소의 결정 취지를, 즉 '법정 내 보호장비 착용행위 등 위헌확인(헌재 2018. 7. 26. 선고 2017헌마1238 전원재판부 결정)'에서 판시한 내용을 다시 한번 확인한 데 그 의미를 찾을 수 있다.

[참고문헌]
- 신양균, 형집행법, 화산미디어, 2012.
- 금용명, 교정학: 행형론과 수용자 처우, 박영사, 2021.

[이경렬 교수(성균관대학교 법학전문대학원)]

제11장

조사수용과 징벌

대상	위계공무집행방해 (유죄)
	[1심] 서울중앙지법 2004. 2. 6. 선고 2003고단10035 판결 (유죄)
	[2심] 서울중앙지법 2005. 2. 17. 선고 2004노1270 판결 (유죄)
	[3심] 대법 2005. 8. 25. 선고 2005도1731 판결 (상고기각)
참조1	위계공무집행방해 (무죄)
	[1심a] 서울지법 2001. 5. 25. 선고 2000고단4820 판결 (무죄)
	[1심b] 서울지법 2001. 5. 24. 선고 2000고단4820-1 판결 (무죄)
	[2심] 서울지법 2001. 12. 5. 선고 2001노5045 판결 (무죄)
	[3심] 대법 2003. 11. 13. 선고 2001도7045 판결 (상고기각)
참조2	위계공무집행방해, 폭력행위등처벌에관한법률위반(공동주거침입) (무죄)
	[1심] 서울남부지법 2017. 9. 13. 선고 2016고단3834 판결 (무죄)
	[2심] 서울남부지법 2018. 8. 31. 선고 2017노2000 판결 (항소기각)
	[3심] 대법 2022. 3. 31. 선고 2018도15213 판결 (상고기각)

[사실관계]

피고인1은 변호사이다. 피고인2는 A그룹을 운영하던 자로서 특정법위반(횡령) 등에 대한 확정판결 및 별건에 관한 형사재판 등으로 B구치소에 수감중인 자이다.

피고인1은, 수용자들의 잔심부름을 하고 외부사람들과의 연락 및 재산관리를 해 주는 이른바 '집사 변호사'로 활동하던 중, 2003. 5. 13.경 피고인2에 대한 접견신청서를 제출하고, 교도관의 감시를 피해 검은색 가방에 휴대폰을 몰래 넣어 들어간 다음 피고인2를 접견하면서, 피고인2가 회사직원 B와 전화통화를 할 수 있게 하는 등 총 435회에 걸쳐 외부사람과 허가 없이 전화통화를 하게 하였다.

또한 피고인1은 2003. 5. 26.경 교도관의 감시를 피해 몰래 가지고 들어 간 증권거래용 무선 데이터통신 단말기(PNS)(이하 '증권단말기'라고 한다)를 반입한 것을 포함하여 총 41회에 걸쳐 증권단말기를 무단반입한 후, 피고인2로 하여금 약 10,200회에 걸친 증권현황 조회 및 증권거래를 하게 하였다.

검사는 피고인들이 위계로써 '무허가 전화통화 감시'에 관한 교도관의 정당한 직무집행 내지 '금지 물품 수수 감시'에 관한 교도관의 정당한 직무집행을 각 방해하였다는 혐의로, 피고인들에 대한 공소를 제기하였다.

[판결요지]

[1] 수용자에게는 허가 없는 물품을 사용·

수수하거나 허가 없이 전화 등의 방법으로 다른 사람과 연락하는 등의 규율위반행위를 하여서는 아니 될 금지의무가 부과되어 있고, 교도관은 수용자의 규율위반행위를 감시·단속·적발하여 상관에게 보고하고 징벌에 회부되도록 하여야 할 일반적인 직무상 권한과 의무가 있다고 할 것이므로, 수용자가 교도관의 감시·단속을 피하여 규율위반행위를 하는 것만으로는 단순히 금지규정에 위반되는 행위를 한 것에 지나지 아니할 뿐 위계에 의한 공무집행방해죄가 성립한다고 할 수 없고, 또 수용자가 아닌 자가 교도관의 검사 또는 감시를 피하여 금지물품을 반입하거나 허가 없이 전화 등의 방법으로 다른 사람과 연락하도록 하였더라도 교도관에게 교도소 등의 출입자와 반출·입 물품을 단속·검사할 권한과 의무가 있는 이상, 수용자 아닌 자의 그러한 행위는 특별한 사정이 없는 한 위계에 의한 공무집행방해죄에 해당하는 것으로는 볼 수 없다 할 것이나, 구체적이고 현실적으로 감시·단속업무를 수행하는 교도관에 대하여 그가 충실히 직무를 수행한다고 하더라도 통상적인 업무처리과정하에서는 사실상 적발이 어려운 위계를 적극적으로 사용하여 그 업무집행을 하지 못하게 하였다면 이에 대하여 위계에 의한 공무집행방해죄가 성립한다.

[2] 변호사가 접견을 핑계로 수용자를 위하여 휴대전화와 증권거래용 단말기를 구치소 내로 몰래 반입하여 이용하게 한 행위가 위계에 의한 공무집행방해죄에 해당한다고 한 원심의 판단을 수긍한 사례.

[해설]

I. 위계에 의한 공무집행방해

1. 개관

형법 제137조에 따른 위계에 의한 공무집행방해죄는 위계로써 공무원의 직무집행을 방해하는 죄이다. 보호법익은 공무이고, 보호의 정도에 대해, 대법원은 위계에 의하여 "구체적이고 현실적인 어떤 직무집행이 방해"될 것을 요구하고 있다(대법 2012. 4. 26. 선고 2011도17125 판결 등 다수).

여기서 위계란 행위목적을 이루기 위해 상대방에게 오인·착각·부지를 일으키고 그 오인·착각·부지를 이용하는 것을 말한다(대법 2015. 2. 26. 선고 2013도13217 판결 등 다수). 또한 상대방이 위계에 따라 그릇된 행위나 처분을 하여야만 본죄가 성립한다(대법 2022. 6. 30. 선고 2021도244 판결 등 다수).

2. 위계의 정도

대법원은 관계 공무원에게 감독권한 등이 있는 경우, '그 공무원이 충분한 심사·확인을 했음에도 발견하지 못할 정도'의 위계가 있었는지를 본죄 성립여부에 관한 중요한 기준으로 삼고 있다. 예컨대 대법원은 허위의 신청자료를 바탕으로 행정청의 인·허가처분을 받아낸 사례들에서, "행정청이 그 사실을 나름대로 충분히 확인했음에도 허위임을 발견하지 못하여 행정처분을 한 경우"라면 본죄가 성립하지 않는 반면, "행정청이 나름대로 충실한 확인을 하더라도 허위임을 발견하지 못할 정도에 이른 경우"라면 본죄가 성립한다고 하고 있다(대법 2019. 3. 14. 선고 2018도18646 판결 등 다수).

교정시설 내에 금지물품을 몰래 반입한 사례 등에 있어서도, 대법원은 금지물품 반입 등 규율위반행위에 관하여 교도관의 감시·단속권한이 있음(형집행법 제93조 등)을 고려하여, "교도관들이 통상적인 업무처리과정에서 사실상 적발이 어려운 정도의 위계인지 여부"를 본죄 성립에 관한 중요한 기준으로 삼고 있다(대상판례 및 대법 2003. 11. 13. 선고 2001도7045 판결 등).

이에 관하여 학계에서는 교도소 내 규율위반행위는 위계에 의한 공무집행방해죄에서 말하는 위계가 아니며, 적극적으로 교도관의 착오를 이끌어 내면 비로소 위 죄에서 말하는 위계가 되는 것이라고 설명하기도 한다.

II. 교정시설 관련 위계에 의한 공무집행방해 사례 및 검토

1. 대상판례 및 관련 사례

(1) 금지물품 반입 사례

대상판례는, 교정시설내 반입 등이 금지되어 있는 휴대전화, 증권단말기를 무단으로 반입하는 행위와 관련하여 "교도관들의 통상적인 업무처리과정에서 사실상 적발이 어려운" 정도의 위계라고 하여 본죄의 성립을 긍정했다.

반면, 대법원은 교정시설내 금지되어 있는 담배를 몰래 반입한 사례에서, 단순한 규율위반행위일 뿐 교도관의 규율위반행위 감시·단속권한에 관한 업무집행을 못하게 한 것이 아니라는 이유에서 본죄의 성립을 부정하였다(대법 2003. 11. 13. 선고 2001도7045 판결). 또한 대법원은, 시사프로그램 PD 등이 무단으로 명함지갑형태의 녹음·녹화장비를 반입한 사례(대법 2022. 3. 31. 선고 2018도15213 판결), 안경모양으로 된 카메라를 무단 반입한 사례(대법 2022. 4. 28. 선고 2020도8030 판결), 손목시계모양의 카메라를 무단 반입한 사례(대법 2022. 4. 14. 선고 2019도333 판결)에서, 공통하여 "교도관에게 금지규정 위반행위 유무를 감시·단속할 권한과 의무가 있고 이를 적발하지 못한 것은 교도관의 직무 소홀일 뿐 위계에 의한 공무집행방해죄는 아니"라는 취지로 판시하였다.

(2) 집사 변호사가 문제된 사례

대상판례는 소위 '집사 변호사'로서 실질적인 변호활동이 아닌 개인 업무 처리를 위해 휴대전화 등을 반입한 것을 유죄 인정의 주요한 근거로 삼고 있다.

하지만 최근 대법원은 접견교통권 보장 등을 강조하면서 미결수용 중 집사 변호사와 접견을 가장하여 개인 업무 처리를 하게 한 것은 교도관들의 구체적인 직무집행을 저지하거나 현실적으로 곤란하게 하는 데까지는 이르지 않은 경우라고 하여 위계에 의한 공무집행방해죄의 성립을 부정하고 있다(대법 2022. 6. 30. 선고 2021도244 판결).

2. 검토

교정시설 내에서 문제되는 위계에 의한 공무집행방해죄의 성부와 관련하여 대법원은 '교도관들이 통상적인 업무처리과정에서 사실상 적발이 어려운 정도의 위계인지 여부'라는 기준을 설정하고 있음을 앞서 살펴보았다. 그런데 대상판례는 관련 대법원 판결들과 사실관계가 상당히 유사함에도 불구하고, 해당 판결들이 무죄를 선고한 것과 달리 유죄라는 결론으로 나아가고 있다.

이러한 결론의 차이는, 구체적 사안에서 정확히 어떤 경우에 '교도관들이 통상적인 업무처리과정에서 사실상 적발이 어려운 정도'에 달하는 위계인가라고 하는 점에 대해 명확한 기준이 설정되어 있지 않기 때문이라고 보인다. 최근 촬영장비 등의 불법반입이 문제된 사례들에서, 각 행위자들은 통상적인 카메라가 아니라, '안경모양', '시계모양', '명함지갑모양' 등의 카메라를 반입하였다. 이러한 반입행위는 교도관들이 통상적인 업무처리과정에서 사실상 적발이 어려운 정도에 이른 것이라고 볼 여지가 충분해 보임에도, 이를 단지 교도관들의 직무소홀일 뿐이어서 위계에 의한 공무집행방해죄가 성립되지 않는다고 한 대법원의 태도에 대해서는 얼마든지 반론이 제기될 수 있다고 보인다.

또한 대상판례를 비롯하여 대법원은 '단순 규율위반행위'의 경우 위계에 의한 공무집행방해죄가 성립하지 않는다고 하고 있지만, 구체적으로 어떤 행위가 '단순'규율위반행위에 그치는 것인지에 대해서도 마찬가지로 분명한 기준이 마련되어 있지 않은 것으로 보인다. 나아가 만약 대상판례가 피고인 2가 기업운영자로서 사회적 영향력이 있는 사람이기 때문에 처벌의 필요가 크다고 하는 점도 암묵적으로 고려한 것이라면, 이는 위계에 의한 공무집행방해죄의 성부에 관한 '법'적 판단이라고 보기도 어려울 것이다.

결국, 교정시설 내 이루어지는 위반행위들 중 위계에 의한 공무집행방해죄로 기소·처단할 필요가 있는 사례가 있다는 점 자체를 부인하기는 어렵지만, 그 성립여부에 관한 명확한 기준이 설정되어 있지 않은 상태에서라면 위계에 의한 공무집행방해죄가 자의적으로 해석·적용될 여지도 있다고 보인다.

[후속논의]

2019년 형집행법은 금지물품 반입에 관한 처벌규정, 무단녹화·촬영에 관한 처벌규정을 도입하는 한편 각 미수범도 처벌하는 것으로 하였다(제133조, 제135조, 제136조). 이처럼 카메라, 휴대전화 등의 무단반입에 있어 명확한 처벌규정이 마련되었기 때문에, 실무에서도 위계에 의한 공무집행방해죄가 아니라 형집행법상 신설된 위 벌칙규정을 중심으로 기소·처단이 이루어질 것으로 생각된다. 참고로 대법원에서 2022년 선고된 사건들(대법 2022. 3. 31. 선고 2018도15213 판결; 대법 2022. 4. 28. 선고 2020도8030 판결; 대법 2022. 4. 14. 선고 2019도333 판결)에서 위계에 의한 공무집행방해죄 내지 (공동)주거침입 등으로만 기소되고 형집행법 처벌규정으로 기소되지 않은 이유는, 해당 사건들에서 문제된 행위가 형집행법상 처벌규정이 신설되기 이전에 있었기 때문이다.

물론 현행 형집행법상 처벌규정에 대해서도 특히 다음과 같은 논란이 여전히 제기될 수 있다고 보인다. 우선, 위 형집행법상 처벌규정 중 소장의 허가 없이 교정시설 내부를 녹화·촬영하는 것을 처벌하는 규정(제135조) 부분은, 그 입법과정에서 교정시설의 보안 유지 외에도 수용자의 프라이버시 보호가 그 주된 입법목적으로 제시되었다. 따라서 만약 수용자가 접견내용의 촬영, 녹음에 자발적으로 동의할 경우－전자기기 등의 무단 반입 부분에 관한 범죄(제133조 제1항)는 별론으로 하고－무단으로 교정시설 내부를 녹화·촬영하는 범죄(제135조)가 성립하는지, 수용자의 자발적 동의가 가지는 형법적 의미는 무엇인지에 대해 논란이 제기될 수 있다.

다음으로, 어떤 행위의 '목적'에 관해 성립되는 범죄의 불법은 그 '수단'에 관해 성립되는 범죄의 불법에 비해 무거운 것이 일반적이다. 하지만 전자장비 등을 무단으로 반입함으로써 달성하고자 하는 목적이 교정시설 내부의 녹화·촬영인 경우, 형집행법은 '수단'을 이루는 범죄(제133조 제1항, 3년 이하의 징역 또는 3천만원 이하의 벌금)의 법정형을 '목적'범죄(제135조, 1년 이하의 징역 또는 1천만원 이하의 벌금)에 비해 훨씬 높게 설정하고 있어서 그 법정형의 당부에 대한 문제제기도 가능하다.

마지막으로, 전자장비를 무단 반입한 다음 그 기기를 가지고 교정시설 내부를 녹화·촬영한 사례를 상정할 경우, 견련범을 삭제한 형법의 태도 및 타인의 주거에 침입한 다음 물건을 훔쳤을 수단이 된 주거침입죄와 그 목적이 된 절도죄의 실체적 경합범을 인정하는 통설에 비추어보면, 위 사례에서도 형집행법 제133조 제1항, 제135조의 실체적 경합범이라고 새길 여지가 있다. 하지만 양죄는 교정시설의 보안유지라고 하는 동일한 법익을 주요한 보호대상으로 하고 있어서 위 주거침입죄와 절도죄의 경우처럼 여러 개의 범죄라고 보기 어렵다는 반론도 충분히 가능하다. 이러한 반론에 의하면 오히려 교정시설 내부를 전자기기로 무단·촬영하는 행위에 대한 불법내용은 무단으로 전자기기를 반입하는 행위의 불법을 모두 포함한다고 하여, 법조경합에 따라 제135조만 성립하고 제133조 제1항은 배척되어야 한다고 볼 여지도 있는 것이다.

[참고문헌]

● 최성진, 위계에 의한 공무집행방해죄의 적용범위에 대한 비판적 고찰, 형사법연구 제23권 제2호, 한국형사법학회, 2011.
● 박수철, 형의 집행 및 수용자의 처우에 관한 법률 일부개정법률안(정부 제출, 제9943호) 검토보고, 2018.

[송주용 변호사(법무법인 미션)]

[02] 조사수용 중 불필요한 계구 사용의 국가배상책임

대상	손해배상(기) (원고일부승)
	[1심] 대전지법 공주지원 2006. 6. 15. 선고 2005가단3945 판결 (원고패)
	[2심] 대전지법 2006. 10. 12. 선고 2006나7769 판결 (원고일부승)

[사실관계]

원고 A는 1990. 8. 2. 서울남부지법에서 특정범죄가중처벌 등에 관한법률위반(강도)죄 등으로 징역 15년의 형과 1992. 10. 21. 대구지법에서 강도상해죄 등으로 징역 3년 6월의 형을 각 선고받고, 1999. 2. 22. 대구교도소에서 대전교도소로 이송되어 수감생활을 하던 중 2001. 5. 19. 10:10경(같은 날 10:00부터 10:30까지는 작업장 운동시간이었음) 누군가 자신을 찾는다는 말을 듣고 지정장소를 이탈하여 운동장 구석의 등나무 아래에 갔다.

당시 등나무 아래에는 B, C, D, E, F, G 등이 있었는데, 선배인 B, C, D가 후배인 E, F, G에게 개인적으로 주의를 주는 등의 행위를 하였고, C가 원고가 자리를 떠난 후(원고가 등나무 아래에 있은 시간은 잠시에 불과한 것으로 보인다) D와 G 사이에 싸움이 벌어졌으며, D는 이를 말리는 교도관 H의 복부를 발로 차는 등의 폭행을 하였다.

피고 대한민국 산하 대전교도소장은 위 사건을 교도소 내 세력집단 사이의 갈등에 기한 중대사건으로 파악하고 조사를 행하였는데, 그 과정에서 원고도 징벌혐의자의 한 사람으로 지목되어 독거실인 조사거실에 수용되어 조사를 받게 되었다.

원고는 조사기간 중인 2001. 5. 21. 08:10부터 2001. 6. 1. 17:00까지 금속수갑이 채워졌고, 특히 위 기간 중 2001. 5. 21. 08:10부터 2001. 5. 24. 16:00까지는 가죽수갑도 함께 채워졌으며, 위 조사기간 동안 접견·도서(아래에서 보는 자동차검사정비1급 산업기사 자격증 이론시험 관련 도서 포함)열람 등이 금지되었다. 대전교도소는 2001. 6. 1. 원고에 대한 조사를 마친 후 징벌위원회를 열어 원고에게 지정장소 이탈을 이유로 '경고' 처분을 하였다. 원고는 위 경고처분을 받은 후 2일 후에 자동차검사정비1급 산업기사 자격증 이론시험을 보았으나, 3과목 중 1과목의 과락으로 불합격하였다.

대전교도소장은 2001. 6. 15. 원고를 진주교도소로 이송하였는데, 진주교도소에는 자동차검사정비1급 산업기사 훈련과정이 없어 원고는 위 훈련과정을 계속 밟을 수 없게 되었다. 원고는 2001. 12. 11. 13:30경 교회당 집회 중 I와 사이에 말다툼이 있었고, 이에 교도관 J가 원고와 I를 작업장 및 거실로 돌려보내기 위하여 동행하게 되었는데, I는 집회실 3

층 계단을 내려오다가 갑자기 주먹으로 원고의 얼굴 콧등 부위를 가격하여 원고에게 약 2주간의 치료를 요하는 비골골절을 가하였다.

원고는 외부 병원에서 코뼈 교정을 위해 코 안에 심지를 박는 치료를 받고서 진주교도소로 돌아와 병실 입실을 희망하였으나, 진주교도소는 이를 받아들이지 아니하고 위 폭행사건 조사를 위해 1평이 채 되지 않는 조사거실에 다른 2명의 수용자와 함께 원고를 수용하고, 조사기간 중 접견·도서열람 등을 금지하였으며, 원고에 대한 조사를 마친 후 2001. 12. 17. 원고를 위 폭행사건의 피해자로 인정하여 혐의없음 처분을 하였다.

[판결요지]

[1] 대전교도소가 원고를 징벌혐의자의 한 사람으로 지목되어 독거실인 조사거실에 수용되어 조사를 할 때, 조사기간 중인 2001. 5. 21. 08:10부터 2001. 6. 1. 17:00까지 금속수갑이 채워졌고, 특히 위 기간 중 2001. 5. 21. 08:10부터 2001. 5. 24. 16:00까지는 가죽수갑도 함께 채워졌으며, 위 조사기간 동안 접견·도서(아래에서 보는 자동차검사정비1급 산업기사 자격증 이론시험 관련 도서 포함)열람 등을 금지하였는바, 원고에게 계구를 사용할 당시 수용자의 도주, 폭행, 소요 또는 자살이나 교도소 등의 안전과 질서가 위협받는 상황이었는지에 관하여 살피건대, 이를 인정할 만한 증거가 없으므로, 이 사건 계구 사용은 그 필요성이 인정되지 아니하는바, 대전교도소가 원고에게 12일 동안이나 금속수갑을 채우고, 특히

처음 4일 동안 정신이상자·중범자 등 충동적·우발적 교정사고의 위험성이 큰 수용자에게만 제한적으로 사용되는 가죽수갑을 함께 채운 조치는 행형법 제14조를 위반한 위법한 행위라고 할 것이다.

[2] 원고 및 관련자를 독거실인 조사거실에 수용하여 조사하는 것만으로도 충분히 증거를 확보하여 그에 따른 징벌을 내릴 수 있었다고 보이는 점, 원고가 증거를 인멸하거나 다른 수용자 또는 출입자를 해칠 우려가 있었다고 볼 만한 자료도 발견할 수 없어 교도소 내의 안전과 질서에 중대한 해를 끼칠 수 있는 경우에 해당된다고는 보이지 아니하는 점에다가 행형법의 관련 규정(교도소 내에서 수용자에게 인정된 권리들 중 특히 접견과 서신수발의 경우 소장은 교화 또는 처우상 특히 부적당한 사유가 없는 한 허가를 하여야 하고(제18조 제2항, 제18조의2 제2항), 신문구독 및 도서열람의 경우 소장은 그 내용이 교도소 등의 안전과 질서를 해하거나 교화 또는 처우상 특히 부적당하다고 인정되는 등의 사유가 없는 한 허가하여야 한다(제33조 제2항))을 참작해 보면, 대전교도소장과 진주교도소장이 원고에 대하여 위 각 사건의 조사기간 중 접견·도서열람 등을 금지한 처분은 비례성의 원칙에 반하여 객관적 정당성을 상실한 것으로서 위법하다고 할 것이다.

원고가 I로부터 폭행을 당하여 비골골절의 상해를 입고 코뼈 교정을 위해 코 안에 심지를 박는 치료를 받고서 교도소 내 병실로의 입실을 희망하였음에도, 진주교도소가 병실이 부족하다는 등의 특별한 사정이 없는 상황

에서 원고가 피해자임이 비교적 명백한 위 폭행사건 조사를 한다는 명목으로 겨울에 1평이 채 되지 않는 조사거실에 다른 2명의 수용자와 함께 원고를 수용한 조치는 수용자에 대한 보호 의무를 다하지 아니하여 위법함을 면치 못한다고 할 것이다.

원고가 대전교도소장의 위법한 계구사용, 위법한 접견·도서열람 등의 금지처분과 진주교도소장의 위법한 접견·도서열람 등의 금지처분, 위법한 병실 미수용 조치로 인하여 정신적 고통을 당하였으리라는 것은 경험칙상 명백하므로 피고는 이를 금전으로나마 위자할 의무가 있다고 할 것인데, 피고가 원고에게 지급하여야 할 위자료 액수에 관하여 보건대, 원고의 규율위반 사실의 내용, 원고에게 사용된 계구의 종류 및 기간, 규율위반 조사기간 중의 금지된 권리의 내용 및 기간, 원고가 입은 피해의 정도 등 변론에 나타난 여러 사정을 모두 참작하여 보면, 대전교도소장의 위법행위에 대하여는 1,500,000원, 진주교도소장의 위법행위에 대하여는 500,000원 등 합계 2,000,000원으로 정함이 상당하다.

[해설]

I. 의의

본 사건은 교도소 수형자에게 교도소가 징벌을 위한 조사기간 중에 수갑을 12일, 가죽수갑을 4일간 채우는 등 부당하게 계구를 사용하고, 그 기간 동안 접견, 도서열람 등의 금지처분을 하였으며, 코뼈가 부러지는 피해를 받았음에도 병실에 수용하지 않은 처분 등이 위법함을 확인하고 그에 대한 국가의 손해배상책임이 문제된 사건이다. 1심에서는 국가의 배상책임을 부정하였으나, 2심에서는 일부 위법한 처분과 배상책임을 인정하고, 나머지 청구는 기각하였다.

2심이 인정한 교도소 측의 불법행위는 다음과 같다.

① 대전교도소가 2001. 5. 21. 이후 원고에 대한 조사기간 중 행한 수갑 12일, 가죽수갑 4일간의 계구 사용

② 대전교도소가 조사기간 중 행한 접견, 도서열람 등의 금지처분

③ 진주교도소가 2001. 12. 11. 이후 원고에 대한 조사기간 중 행한 접견·도서열람 등의 금지처분

④ 진주교도소의 원고의 비골골절상 이후 병실 미수용 조치

2심이 불법행위책임을 인정하지 않은 사항은 다음과 같다.

① 대전교도소가 원고에게 '경고'라는 징벌 외에 자동차정비1급 산업기사 과정의 훈련생 자격을 박탈한 것

② 대전교도소가 2001. 6. 15. 원고를 진주교도소로 이송한 것

③ 진주교도소에는 자동차검사정비1급 산업기사 훈련과정이 없어 원고는 위 훈련과정을 계속 밟을 수 없게 된 것

④ 진주교도소에서 다른 수형자의 원고에

대한 폭행을 막지 못한 보호조치위반

II. 조사수용 중 계구사용의 한계

'구 수용자규율및징벌에관한규칙(2004. 6. 29. 부령 제555호로 개정되기 전의 것, 이하 '수용자규율및징벌에관한규칙'이라 한다)' 제7조 제2항은 "소장은 규율위반사실에 대한 진상을 조사하기 위하여 필요하다고 인정할 때에는 조사기간 중 당해 수용자에 대한 접견·서신수발·전화통화·집필·작업·운동·신문 및 도서열람·라디오청취·텔레비전시청과 자비부담 물품의 사용을 제한하거나 금지할 수 있다"라고 규정하고 있는바, 다소 추상적, 일반적으로 "진상을 조사하기 위하여 필요하다고 인정하는 때"라는 문구를 사용하고 있다.

이에 대하여 대상판례는 교도소 내의 규율위반자에 대한 조사절차는 규율위반사실을 확정하여 그에 따른 징벌처분을 하기 위한 사전단계이므로, 위 '규율위반사실에 대한 진상을 조사하기 위하여 필요하다' 함은 조사 목적과 해당 규율위반행위의 성격에 비추어 수용자에게 그 권리를 인정하면 증거인멸의 가능성이 있어 실체적 진실을 파악하기 어려운 경우, 또는 다른 수용자 또는 출입자를 해칠 우려가 있는 등으로 교도소 내의 안전과 질서에 중대한 해를 끼칠 수 있는 경우에 한하는 것으로 해석하여야 할 것이라고 하여, 증거인멸, 안전과 질서의 유지 등의 목적으로 그 사용범위를 제한해석하고 있다는 점에 의미가 있다.

마침 '수용자규율및징벌에관한규칙'은 2004. 6. 29. 법무부령 제555호로 해당 조문이 △조사기간 중 징벌혐의자가 증거를 인멸할 우려가 있는 때, 다른 수용자를 해칠 우려가 있는 때 또는 조사에 현저한 지장을 초래할 우려가 있는 때에는 징벌혐의자를 다른 거실에 수용할 수 있고, △규율위반행위와 관련된 증거의 인멸을 방지하기 위하여 필요한 경우에는 징벌혐의자에 대하여 접견, 서신수발 또는 전화통화를 제한하거나 금지할 수 있으며, △징벌혐의자가 다른 수용자 또는 출입자를 해칠 우려가 있는 경우에는 징벌혐의자에 대하여 운동의 제한 또는 금지, 교도작업·교육훈련·종교집회 참석의 제한 또는 금지 그 밖에 다른 사람과의 접촉을 차단하는 조치를 할 수 있고, △이에 반하여, 수용자의 변호인과의 접견 및 서신수발, 행형법 제6조의 규정에 의한 청원 및 국가인권위원회법 제31조의 규정에 의한 진정은 제한 또는 금지할 수 없도록 개정된 사실이 판결에 영향을 준 것으로 판단된다(이러한 개정내용은 판결문에도 언급되어 있다).

결론적으로, 교도소 내의 계구사용이나 접견, 서신, 도서열람 등의 사항을 교도소장이 제한할 수는 있어도 이는 필요성과 비례성의 원칙을 따라야 한다. 이를 위반한 교도소 측의 제한조치는 위법한 행위로서 배상책임을 질 수 있다.

[후속논의]

대상판결 당시의 행형법은 2007년 형집행법으로 전면개정되었다. 또한 대상판결에서 언급된 '수용자규율및징벌에관한규칙'은 2008년 제정된 형집행법 시행규칙(시행 2008. 12. 22., 법무부령 제655호, 2008. 12. 19. 제정) 부칙 제2조 제6호로 폐지되었다.

한편, 현행 형집행법 제110조는 소장은 징벌사유에 해당하는 행위를 하였다고 의심할 만한 상당한 이유가 있는 수용자(이하 "징벌대상자"라 한다)가 다음 각 호의 어느 하나에 해당하면 조사기간 중 분리하여 수용할 수 있다(동조 제1항).

1. 증거를 인멸할 우려가 있는 때

2. 다른 사람에게 위해를 끼칠 우려가 있거나 다른 수용자의 위해로부터 보호할 필요가 있는 때

소장은 징벌대상자가 제1항 각 호의 어느 하나에 해당하면 접견·편지수수·전화통화·실외운동·작업·교육훈련, 공동행사 참가, 중간처우 등 다른 사람과의 접촉이 가능한 처우의 전부 또는 일부를 제한할 수 있다(동조 제2항)고 규정하여, 주요 내용을 입법화하였다고 볼 수 있다.

[한상훈 교수(연세대학교 법학전문대학원)]

[03] 징벌혐의가 없는 수용자를 조사수용한 행위의 국가배상책임

대상	손해배상(기) (원고일부승)
	[1심] 대구지법 2006. 9. 22. 선고 2006가단996 판결 (원고일부승)
	[2심] 대구지법 2007. 5. 16. 선고 2006나15517 판결 (원고일부승)

[사실관계]

원고는 2001. 8. 29. 강간치상죄로 구속되어, 2001. 9. 5. 서울구치소에 입소하였다가 2001. 12. 4. 서울지법에서 징역 5년을 선고받고 2002. 5. 31. 그 형이 확정되어 2002. 8. 16. 춘천교도소로 이송되고, 2002. 12. 18. 순천교도소로 이송되었으며, 2004. 6. 11. 다시 춘천교도소로 이송되었다가 원주교도소를 거쳐 현재 대구교도소에서 복역 중인데, ① 2001. 10. 9. 18:00경 서울구치소 1동 중층 11실에서 원고가 구매물신청을 한 것으로 오인한 동료 수용자 소외 1이 원고에게 욕설을 하면서 물병을 던지자 담당근무자에게 소외 1로부터 구매물을 갈취당하는 등 괴롭힘을 당해 위 거실에서 생활할 수 없으니 전방조치를 취해달라고 요구하였으나 담당 근무자로부터 다음날 조치를 받을 것이라고 고지받았다. ② 다음날 서울구치소 교도관인 소외 2, 3, 4은 원고, 소외 1 및 같은 거실 수용자인 소외 5, 6, 7로부터 자술서를 제출받은 후 구치소장에게 "소외 1이 2001. 9. 8.부터 같은 달 26.까지 15회에 걸쳐 원고의 의사와 상관없이 구매물을

임의로 사용하고, 원고에게 하루에 3번씩 목욕을 하라고 강요하였으며, 2001. 10. 9. 18:00경에는 원고에게 '죽여버린다, 자꾸 말대답하면 눈을 파버린다'라고 위협하며 원고를 향해 물병을 던지는 등의 행위를 하였으므로, 원고가 소외 1을 처벌해 달라고 하였다"라는 내용의 동태보고를 하면서 원고를 조사수용거실에 수용하고 수용자규율 및 징벌에 관한 규칙 제7조 제2항에 따라 조사기간 중에 접견, 서신수발, 운동 등을 금지하겠다는 의견을 제출하였고, 이에 서울구치소장은 원고의 조사수용을 허가하였다. ③ 이에 따라 원고는 2001. 10. 10.부터 조사수용거실인 위 구치소 6동 중층 15실에 수용되어 조사를 받았으나 같은 달 16. 소외 1과 말다툼하였다는 이유로 훈계처분을 받았을 뿐 달리 징벌혐의가 발견되지는 않았고, 한편 소외 1은 위 폭행 등으로 위 구치소 징벌위원회로부터 금치 1월에 유예 2월의 징벌처분을 받았다.

[판결요지]

서울구치소장은 소외 1이 원고의 의사와 상

관없이 구매물을 임의로 사용하고, 원고에게 하루에 3번씩 목욕을 하라고 강요하였으며, 2001. 10. 9. 18:00경에는 원고를 위협하며 물병을 던졌다는 동정보고를 받았음에도 원고를 조사수용거실에 수용하고 조사기간 중에 접견, 서신수발, 운동 등을 금지하는 조치를 하였는바, 원고에 대하여 별다른 징계혐의에 대한 소명도 없음에도 불구하고 원고를 일반수용거실보다 열악한 환경의 조사수용거실에 7일간 수용하고, 접견 등의 권리를 제한하였는바, 위 행위는 행형법 시행령 제143조를 위반한 잘못이 있다고 판단하였다.

[해설]

행형법 시행령 제143조는 징벌혐의자로서 조사 중에 있는 수용자만을 조사실에 수용할 수 있도록 규정하고 있음에도 불구하고 징계혐의자가 아닌 수용자를 일반수용거실보다 열악한 환경의 조사수용거실에 수용하고 접견 등의 권리를 제한한 것은 행형법 시행령 제143조에 위반되고 이러한 위법한 조사실 수용으로 인하여 원고가 정신적 고통을 당했다는 것은 경험칙상 명백한 것으로 서울구치소장은 원고에게 불법행위 손해배상책임을 부담하기에 위자료로 1,000,000원을 지급하라고 하였다.

[후속논의]

징벌혐의가 없음에도 조사수용거실에 7일간이나 수용한 행위는 명백히 행형법 시행령

을 위반한 행위로 구치소장에게 불법행위책임을 인정한 것은 너무나도 당연하다. 교정시설에서 교정공무원이 법에 어긋나는 행위를 한 경우에도 직권남용 등 형법적으로 책임을 묻는 것이 매우 어려운 현실에서 민사상 불법행위책임을 묻는 것도 교정공무원의 위법한 행위를 근절하는 데 중요한 역할을 할 것으로 생각된다.

교정무원에게 민사상 불법행위 책임을 묻기 위해서는 법령에 위반되었음을 입증해야 하는데, 법령에 수용자의 인권에 반하는 위법행위를 규정해두는 것이 매우 중요하다.

[박인숙 변호사(법률사무소 청년)]

[04] 조사수용 중 운동금지 조치의 국가배상책임

대상	손해배상(기) (원고일부승) [1심] 광주지법 2008. 9. 23. 선고 2007가소360659 판결 (원고일부승) [2심] 광주지법 2009. 1. 23. 선고 2008나11289 판결 (항소기각) [3심] 대법 2009. 5. 28. 선고 2009다19239 판결 (상고기각)
참조1	접견불허처분 등 위헌확인 (위헌, 기각) 헌재 2004. 12. 16. 선고 2002헌마478 전원재판부 결정 (위헌, 기각) **(2009국회8급 / 2016법무사 / 2022입법고시)**
참조2	형의 집행 및 수용자의 처우에 관한 법률 제108조 위헌확인 (위헌, 기각, 각하) 헌재 2016. 5. 26. 선고 2014헌마45 전원재판부 결정 (위헌, 기각, 각하) **(2017국가7급 / 2018 국회8급 · 변호사 · 입법고시 / 2020국회8급)**

[사실관계]

원고는 강도상해죄 등으로 합계 징역 10년 6월을 선고받고 수원구치소, 안양교도소, 전주교도소 등에 수용되어 있다가 2006. 6. 15. 광주교도소로 이송되었다.

광주교도소 근무자는 독거실 배정을 요구하는 원고를 9명이 수용될 혼거실에 배정하였고, 원고가 혼거실 입실을 거부하자 입실거부를 사유로 2006. 6. 15.부터 6. 23.까지 9일간 조사수용하였고, 그 기간 동안 운동을 금지하였다.

원고는 그 후 부정물품(손톱깎이) 소지로 2006. 7. 6.부터 7. 13.까지 8일간, 지시불이행과 소란행위로 2006. 8. 3.부터 8. 11.까지 9일간, 소란행위(근무자에 대한 소란)로 8. 20.부터 8. 29.까지 10일간 조사수용되었고, 그 기간 동안 운동이 금지되었다.

[판결요지(2심)]

원고가 혼거실 입실을 거부하였다는 혐의로 조사수용된 기간 중 운동을 금지한 점에 관하여 보건대, 위 규율위반 행위만으로 '수용자 규율 및 징벌에 관한 규칙' 제11조 소정의 '징벌혐의자가 다른 수용자 또는 출입자를 해칠 우려가 있는 경우'에 해당한다고 단정하기 어려운 바, 그럼에도 불구하고 광주교도소장이 위 조사수용 기간 중 9일간 원고에게 전혀 운동을 허용하지 아니한 조치는 원고의 다른 교도소의 전력, 조사 및 징벌의 목적을 고려하더라도 그 수단과 방법에 있어서 필요한 최소한도의 범위를 벗어난 것으로 원고의 신체적 자유를 과도하게 침해한 것이라고 할 것이므로, 피고는 이로 인하여 원고가 입은 정신적 고통에 대한 위자료를 지급할 의무가 있다.

[해설]

I. 사안의 쟁점

사안에서 원고는 각기 다른 사유로 여러 차례 조사수용되었고, 그 기간 동안 운동이 금지되었다. 법원은 이러한 운동금지 중에서 최초의 사건, 즉 혼거실 입실거부에 대한 조사수용 기간 중에 운동을 금지한 것에 대해서만 불법성을 인정하고 손해배상판결을 내렸다.

사안의 쟁점은 수형자에 대한 조사수용의 의미 및 조사수용 기간 중의 운동금지가 갖는 의미와 이러한 운동금지가 정당화될 수 있는 요건이라 할 수 있다.

II. 조사수용 기간 중 운동금지의 법적 근거와 의미

행형법(법률 제6038호, 1999. 12. 28.) 제24조는 "소장은 대통령령이 정하는 바에 의하여 수용자에 대하여 건강유지에 필요한 운동 및 목욕을 하도록 하여야 한다"라고 규정하여 수용자의 운동과 그 제한에 관하여 시행령에 위임하였다.

행형법시행령(대통령령 제14756호, 1995. 8. 26.) 제96조 제1항은 "소장은 수용자에게 매일 1시간 이내의 실외운동을 시행한다. 다만, 작업의 종류에 따라 운동이 필요 없다고 인정하는 때 또는 우천 기타 부득이한 사유가 있는 경우에는 예외로 한다"라고 규정하여 수용자의 운동과 그 제한에 대하여 규정하였다.

'수용자 규율 및 징벌에 관한 규칙(2004. 6. 29. 법무부령 제555호)' 제11조 제3항에서는 "소장은 징벌혐의자가 다른 수용자 또는 출입자를 해칠 우려가 있는 경우에는 징벌혐의자에 대하여 운동의 제한 또는 금지, 교도작업·교육훈련·종교집회 참석의 제한 또는 금지 그 밖에 다른 사람과의 접촉을 차단하는 조치를 할 수 있다"라고 규정하였다. 조사기간은 원칙적으로 7일 이내이나 1회에 한하여 7일을 초과하지 않는 범위 내에서 연장할 수 있으므로(제10조 제1항), 조사수용 중 운동금지는 최대 14일까지 가능하였다.

1995. 1. 5. 개정되기 전 행형법에는 "5일 이내의 운동정지"가 행형법에 징벌의 일종으로 규정되어 있었으나, 1995. 1. 5. 법률 제4936호로 개정된 행형법에서는 "인도적 처우와 교육형의 이념에 맞도록 징벌의 종류를 대폭정비"하는 차원에서 "5일 이내의 운동정지"를 (7일 이내의 감식, 2월 이내의 접견·서신금지, 2월 이내의 작업정지와 함께) 징벌의 종류에서 삭제하였다. 그러나 2007. 12. 21. 전부개정된 형집행법에서는 제108조 제13호에서 "30일 이내의 실외운동 정지"를 징벌의 종류에 포함시켰고, 현재까지 유지되고 있다.

이와 같이 징벌혐의자에 대한 조사기간 중 (14일 이내의) 운동금지는 비록 당시 징벌의 종류에 포함되어 있지는 않았으나 과거 행형법상 징벌의 하나로 규정된 "5일 이내 운동정지" 보다 중한 처분이며 이후 "30일 이내의 실외운동 정지"가 형집행법상 징벌의 일종으로 명시된 점을 고려할 때, 대상자의 신체의 자유에 대한 중대한 제한에 해당한다. 따라서 징벌혐의자에 대한 조사기간 중 운동정지 처분을 부과하기 위해서는 엄격한 요건을 충족해야 하며, 특히 이를 정당화할 만한 사유가 인정되어야 한다.

III. 조사수용된 기간 운동금지의 요건과 사안의 경우 국가책임의 범위

조사수용 중에 징벌혐의자에게 운동금지의 처분을 부과하기 위해서는 대상자의 실외운동으로 인해 발생할 수 있는 위험성이 인정되어야 한다. 즉, "징벌혐의자가 다른 수용자 또는 출입자를 해칠 우려가 있는 경우"('수용자 규율 및 징벌에 관한 규칙(2004. 6. 29. 법무부령 제555호)' 제11조 제3항)에 해당하여야 한다.

본 사안과 관련하여 법원은 이 사건 원고에 대한 최초의 조사수용된 기간 운동금지는 '수용자 규율 및 징벌에 관한 규칙' 제11조 제3항에 따른 요건을 갖추지 못한 것으로 판단하였다. 즉 단순히 혼거실 입실을 거부한 것은 징벌혐의자가 다른 수용자 또는 출입자를 해칠 우려가 있는 경우로 볼 수 없다는 취지이다. 이에 따라 법원은 혼거실 입실 거부를 이유로 한 조사수용시 운동금지는 과도한 처분

으로서 불법행위에 해당하므로 이에 대한 국가의 손해배상책임을 인정한 것이다.

그러나 법원도 원고가 나중에 별도의 소란행위 등으로 인하여 조사수용된 경우에 운동금지를 한 것에 대해서는 그 정당성을 인정하였다.

다만, 징벌혐의자에 대한 조사기간 중 운동금지처분의 법적인 근거와 관련하여, 법원은 해당 처분이 '수용자 규율 및 징벌에 관한 규칙(2004. 6. 29. 법무부령 제555호)' 제11조 제3항을 위반한 것으로서 위법한 처분이라 본 것이지만, 이 조항의 효력에 대해서는 의문이 있다. 행형법시행령(대통령령 제14756호, 1995. 8. 26.) 제96조 제1항이 실외운동 제한과 관련하여 위임한 바 없는데, 상위법의 근거 없이 규정된 같은 규칙 제11조 제3항은 기본권 제한에 관한 사항이기 때문이다. 따라서 엄밀히 보면, 같은 규칙은 법률유보 원칙에 위배되어 위헌인 조항인 바, 당시 법원이 이러한 위헌성을 간과하였다는 점은 매우 심각한 문제라 할 수 있다.

IV. 수용자의 운동금지에 관한 헌법재판소의 판례(헌재 2016. 5. 26. 선고 2014헌마45 전원재판부 결정)

헌법재판소는 헌재 2004. 12. 16. 선고 2002헌마478 전원재판부 결정에서 금치처분을 받은 수형자에 대하여 금치기간 중 운동을 금지하는 행형법시행령(2000. 3. 28. 대통령령 제16759

호) 제145조 제2항 중 운동 부분이 과잉금지원칙 중 침해의 최소성 및 법익의 균형성에 위배되어 인간의 존엄과 가치(헌법 제10조) 및 신체의 자유(헌법 제12조)를 침해하는 것으로서 위헌이라고 판단했다.

또한 헌법재판소는 헌재 2016. 5. 26. 선고 2014헌마45 전원재판부 결정에서 수용자에 대해 금치기간 중 실외운동을 원칙적으로 제한하는 형집행법(법률 제8728호, 2007. 12. 21.) 제112조 제3항 본문 중 제108조 제13호에 관한 부분이 과잉금지원칙 중 침해의 최소성 및 법익의 균형성에 위배되어 신체의 자유를 침해하는 것으로서 위헌이라고 판단했다.

주목할 점은 금치기간 중 실외운동 금지 자체를 위헌으로 본 것은 아니라는 점이다. 헌법재판소는 금치기간 중 실외운동 금지에 대해 목적의 정당성 및 방법의 적정성은 인정하였다. 그러나 ① 금치기간 중에 실외운동을 허용한다면 소란, 난동을 피우거나 다른 사람을 해할 위험이 있어 금치처분의 목적 달성이 어려운 예외적인 경우에 한하여 실외운동을 제한하는 방법이 가능함에도 금치처분을 받은 사람에게 원칙적으로 실외운동을 금지한다는 점, 그리고 ② 위 형집행법 조항은 예외적으로 실외운동을 허용하는 경우에도 실외운동의 기회가 부여되어야 하는 최저기준을 법령에서 명시하고 있지 않다는 점이 침해의 최소성 원칙에 위배된다고 판단했다. 나아가 위 형집행법 조항은 ③ 수용자의 정신적·신체적 건강에 필요 이상의 불이익을 가하고 있고, 이는 공익에 비하여 큰 것이므로 위 조항은 법익의 균형성 요건도 갖추지 못한 것으로 보았다. 따라서 위 형집행법 조항은 과잉금지원칙 중 침해의 최소성 및 법익의 균형성에 위배되므로 신체의 자유에 대한 위헌적 침해로 판단한 것이다.

V. 결론

본 사안에 대한 법원의 판단에서 주목할 점은 세 가지다.

첫째, 수형자도 인권의 주체이므로 교정시설 내에서도 수형자의 인권을 보호하기 위한 조치가 필요하다. 특히 수형자의 실외운동은 구금되어 있는 수용자의 신체적·정신적 건강을 유지하기 위한 최소한의 기본적 요청이고, 수용자의 건강 유지는 교정교화와 건전한 사회복귀라는 형 집행의 근본적 목표를 달성하는 데 필수적이라는 점에서 중요시된다.

둘째, 조사수용 과정에서 부과될 수 있는 징벌적 조치들은 조사수용에 이르게 된 상황에 따라 달리 평가되어야 한다. 소란, 폭행 등으로 조사수용된 경우에는 이로 인한 피해를 막기 위해 다른 수용자와의 접촉을 막기 위한 조치로서 실외운동이 금지될 수 있지만, 단순히 혼거실 입실 거부라는 사유만으로는 실외운동을 금지하는 사유로 충분치 못하다고 판단한 것이다.

셋째, 이와 관련하여 교도소에서 원고에게 혼거실 입실거부를 이유로 한 조사수용 과정에서 실외운동을 금지하는 징벌을 내린 것은 소란행위 등을 이유로 한 여타의 조사수용의 경우와는 달리 불법적인 것으로 판단하였고, 이에 따라 국가의 손해배상책임을 인정하였다.

[후속논의]

이 사건 당시의 '수용자 규율 및 징벌에 관한 규칙'은 2008. 12. 19. 형집행법 시행규칙(법무부령 제655호)이 제정되면서 부칙 제2조 제6호에 의해 폐지되었다.

이 사건 당시 징벌혐의자에 대한 조사수용의 법적인 근거와 관련하여 행형법시행령(2000. 3. 28, 대통령령 제16759호) 제143조는 "소장은 징벌혐의자로서 조사중에 있는 수용자에 대하여는 조사실에 수용하여야 한다"라고 규정하였다. 그러나 수용자의 분리수용 여부는 기본권 제한에 관한 사항이므로 법률적인 근거가 필요한 바, 그 모법인 행형법에 위임 규정이 없으므로 법률유보 원칙에 위배되는 위헌적인 기본권제한으로 보인다.

사건 당시 사건 당사자뿐만 아니라 법원도 이러한 위헌성 문제를 간과한 것은 매우 심각한 문제라 할 수 있다.

징벌대상자의 조사수용의 법률적인 근거는 2007. 12. 21. 전부개정된 형집행법(법률제8728호) 제110조 제1항에서 "소장은 징벌사유에 해당하는 행위를 하였다고 의심할 만한 상당한 이유가 있는 수용자가 다음 각 호의 어느 하나에 해당하면 조사기간 중 분리하여 수용할 수 있다"라고 규정함으로써 뒤늦게 마련되었다.

또한 이 사건 당시 징벌혐의자에 대한 운동 금지의 법률적인 근거인 행형법(법률 제6038호, 1999. 12. 28.) 제24조는 수용자의 운동 및 목욕에 관한 일반조항으로서 그 구체적인 사항은 대통령령에게 위임하는 것이었다는 점에서 문제가 작지 않다. 이러한 관점에서 이후 행형법(법률 제8728호) 제110조 제2항에서 "소장은 징벌대상자가 제1항 각 호의 어느 하나에 해당하면 접견·편지수수·전화통화·실외운동·작업·교육훈련, 공동행사 참가, 중간처우 등 다른 사람과의 접촉이 가능한 처우의 전부 또는 일부를 제한할 수 있다"라고 규정한 것은 징벌대상자에 대한 처우제한의 구체적인 법률적 근거를 마련하였다는 의미가 있다.

형집행법(법률 제16925호, 2020. 2. 4) 제110조 제1항은 징벌대상자의 조사 및 분리 수용에 대해 규정하고 있다. 즉, 징벌대상자가 증거를 인멸할 우려가 있는 때 또는 다른 사람에게 위해를 끼칠 우려가 있거나 다른 수용자의 위해로부터 보호할 필요가 있는 때에는 조사기간 중 분리하여 수용할 수 있도록 하고 있는 것이다.

또한 같은 조 제2항에서는 조사수용 중에 접견, 편지수수, 전화통화, 실외운동 등의 전부 또는 일부를 제한할 수 있도록 규정하고 있다. 그러나 이러한 제한 조치들은 형집행법 제108조에서 명시하고 있는 징벌의 일종이기 때문에 징벌의 부과에 따른 엄격한 요건을 충족해야 한다. 즉, 조사수용의 사유 등과 관련하여 이러한 징벌 조치를 정당화할 사유가 인정되어야 하는 것이다.

수용자에 대해 금치기간 중 실외운동을 원칙적으로 제한하는 형집행법 조항은 헌법재판소의 위헌결정 이후에 개정되었다. 2016. 12. 2. 개정된 형집행법(법률 제14281호)에서 제112조 제4항을 신설하여 본문에서 금치처분을 받은 수용자에게 "① 도주의 우려가 있는 경우, ② 자해의 우려가 있는 경우, ③ 다른 사람에게 위해를 끼칠 우려가 있는 경우, ④ 그 밖에 시설의 안전 또는 질서를 크게 해칠 우려가 있는 경우로서 법무부령으로 정하는 경우" 중 "필요하다고 인정하는 경우에는 건강유지에 지장을 초래하지 아니하는 범위에서 실외운동을 제한"할 수 있도록 하되, 단서에서 "다만, 실외운동을 제한하는 경우에도 매주 1회 이상은 실외운동을 할 수 있도록 하여야 한다"라고 규정하였다.

2020. 2. 4. 개정된 형집행법(법률 제16925호)에서는 위 112조 제4항의 단서조항을 제5항으로 위치를 옮겨서 "소장은 제108조제13호에 따른 실외운동 정지를 부과하는 경우 또는 제4항에 따라 실외운동을 제한하는 경우라도 수용자가 매주 1회 이상 실외운동을 할 수 있도록 하여야 한다"라고 규정하였다.

[참고문헌]

- 연성진 외, 수형자의 법질서 확립방안에 관한 연구, 한국형사정책연구원, 2009.
- 김옥기·송문호, 수용자 징벌제도의 개선방안, 교정연구 제63호, 한국교정학회, 2014.

[차진아 교수(고려대학교 법학전문대학원)]

대상	징벌처분취소 (원고승)
	[1심] 창원지법 2010. 5. 13. 선고 2009구합3499 판결 (원고승)
	[2심] 부산고법 2010. 9. 1. 선고 2010누2548 판결 (항소기각)
참조1	징벌집행처분취소 (원고일부승)
	[1심] 춘천지법 2006. 1. 5. 선고 2005구합1389 판결 (각하)
	[2심] 서울고법 2006. 7. 7. 선고 2006누4440 판결 (원고일부승)
	[3심] 대법 2007. 1. 11. 선고 2006두13312 판결 (심리기각)

[사실관계]

원고와 B는 같은 교도소, 같은 수용실에 수용되어 생활하고 있었다. 어느 날 B가 화장실에서 벌레를 제거하려고 화장실 창문을 닫은 채 살충제를 뿌려놓았는데, 원고는 B의 동의를 구하지 않고 창문을 열어 놓았다.

B가 창문을 닫으라고 원고에게 요구하였으나, 원고는 "에프킬라 냄새가 독하고, 화장실 창문을 열어두어야 벌레가 바깥으로 나갈 것 아니냐"라고 비아냥거리는 투로 말을 하였고, 원고와 B는 말다툼을 하게 되었는데, B는 원고의 목을 두 손으로 잡고 벽 쪽으로 밀치며 원고를 가격할 듯한 태도를 보였고, 담당근무자에게 발견된 후 B가 원고에게 "미안하게 되었다. 그냥 다시 입실해서 생활 잘하자"라고 말하며 화해를 요청하였으나 원고가 받아주지 않자, B는 의자를 집어 들고 원고를 가격하려 하다가 생활지도교위에게 제지당하였다.

이러한 다툼 후에, 원고는 교도소장인 피고로부터 금치 30일에 집행유예 3월의 징벌 부과처분을 받았는데, 그 사유는 "B와 말다툼을 하고, 원만히 화해하고 수용생활을 하라는 생활지도교위의 설득에 불응하여 더욱 소란하게 만들어 형집행법 제107조 제1호를 위반하였다"라는 것이었다.

원고는 이에 대하여 징벌의 집행유예기간이 종료되기 직전에 소송을 제기하였고, 1심 소송 진행 중에 다른 징벌을 받음 없이 유예기간이 경과하여 형집행법 제114조 제3항에 따라 징벌의 집행이 종료된 것으로 간주되었다.

한편, 형집행법 제109조 제2항 제2호에서, 징벌이 집행중에 있거나 징벌의 집행이 끝난 후 또는 집행이 면제된 후 6개월 내에 다시 징벌사유에 해당하는 행위를 한 때에는 징벌을 장기의 2분의 1까지 가중할 수 있도록 규정하고 있는데, 1심 판결 선고일에는 아직 집행유예기간 만료일로부터 6개월이 경과하지 않았지만, 항소심 계속 중에 집행유예기간 만료일로부터 그 징벌 가중기간 6개월이 경과하였다.

[판결요지(2심)]

[1] 행정청으로서는 선행처분이 적법함을 전제로 후행처분을 할 것이 당연히 예견되므로, 이러한 선행처분으로 인한 불이익을 선행처분 자체에 대한 소송에서 사전에 제거할 수 있도록 해 주는 것이 그 처분을 받은 자의 법률상 지위에 대한 불안을 해소하는데 가장 유효적절한 수단이 된다고 할 것이고, 또한 그 소송을 통하여 선행처분의 사실관계 및 위법 여부가 조속히 확정됨으로써 이와 관련된 장래의 행정작용의 적법성을 보장함과 동시에 국민생활의 안정을 도모할 수 있을 것이므로, 선행처분을 가중사유 또는 전제요건으로 하는 후행처분을 받을 우려가 현실적으로 존재하는 경우에는, 선행처분을 받은 자는 비록 그 처분에서 정한 제재기간이 경과하였다 하더라도 그 처분의 취소소송을 통하여 그러한 불이익을 제거할 권리보호의 필요성이 충분히 인정된다(대법 2006. 6. 22. 선고 2003두1684 전원합의체 판결 등).

[2] 여러 사정을 종합하면, 원고의 경우 이 사건 처분을 전제요건으로 한 후행처분을 받을 우려까지 모두 소멸하였다고 볼 수는 없으므로, 비록 이 사건 처분의 집행종료간주기간과 이 사건 처분을 가중사유로 하는 후행 징벌처분의 가중기간이 모두 경과하였다고 하더라도, 이 사건 처분의 취소소송을 통하여

그러한 불이익을 제거할 권리보호의 필요성은 존재한다.

이 사건 처분의 효력이 집행종료의 간주로 인하여 소멸하고 그 처분을 가중사유로 하는 후행 징벌처분의 가중기간이 경과하였다고 하더라도, 형집행법과 그 시행령, 시행규칙에 의하면 ① 이 사건 징벌 처분이 실효되지 않아 그 징벌처분의 존재 자체가 추가 징벌시의 고려사항이 되고, 징벌의 실효가 있기 전까지 규율위반전력으로 남게 되며, ② 교도소라는 제한된 장소에서 일정한 규율에 따라 생활하는 원고의 경우 가석방 심사에 있어서 특별한 사정이 없는 한 징벌전력의 유무는 그 적격여부를 심사함에 있어서 중요한 고려요소로 작용하게 될 것이고, ③ 귀휴 대상자 심사 및 개방시설에 수용하여 사회생활에 필요하다고 인정되는 적합한 처우를 함에 있어서는 징벌유무를 참작한다고 명시적으로 규정하고 있는 등 이 사건 처분을 받은 것을 전제요건 내지 참작사유로 하는 후행처분을 받을 우려가 현실적으로 존재한다.

국민의 재판청구권을 보장한 헌법 제27조의 제1항의 취지, 행정처분으로 인한 권익침해를 효과적으로 구제하려는 행정소송법의 목적, 신체의 자유와 관련된 처분에 대한 엄격한 사법심사의 필요성, 수용자의 경우 징벌이 대부분 단기간에 집행되어 그 처분의 집행정지를 구할 시간적 여유가 거의 없으며, 신체의 자유를 제한당한 구금상태라는 점, 원고가 이 사건 처분의 집행종료간주기간 만료 이

전에 소송을 제기하였고, 그 처분을 가중사유로 하는 후행 징벌처분의 가중기간이 경과하기 이전에 1심의 원고승소판결이 선고된 점 등을 고려하여 보면, 장래의 불이익을 제거하기 위하여 처분에 대한 쟁송의 기회를 열어줌으로써 수용자인 원고의 권리를 보호할 필요성이 크다.

[3] 이 사건 비행사실과 관련하여 원고의 책임으로 인정되는 부분은 B에게 비아냥거리는 투로 말했다는 것과 B의 사과를 받아주지 않았다는 것에 불과하고, 원고의 위와 같은 행위만으로는 징계근거로 내세우는 형집행법 제107조 제1호, 형법, 폭력행위 등 처벌에 관한 법률, 그 밖의 형사 법률에 저촉되는 행위에 해당한다고 볼 수 없으므로, 이 사건 처분은 징계사유가 없음에도 한 것으로 위법하다고 판단한 1심의 판단은 정당하다.

[해설]

행정소송법 제12조(원고적격)는 "취소소송은 처분등의 취소를 구할 법률상 이익이 있는 자가 제기할 수 있다. 처분등의 효과가 기간의 경과, 처분등의 집행 그 밖의 사유로 인하여 소멸된 뒤에도 그 처분등의 취소로 인하여 회복되는 법률상 이익이 있는 자의 경우에는 또한 같다"라고 규정하고 있는바, 취소소송의 대상이 되는 처분의 효력이 이미 소멸한 경우라도 그 처분의 취소로 회복되는 법률상 이익이 있는 경우에는 소의 이익이 인정되어 처분취소 소송의 원고적격이 인정될 수 있다.

다만, 과연 어떤 경우에 법률상 이익이 인정되는가가 문제인데, 대법원은 제재적 행정처분에 있어서 선행처분을 가중사유나 전제요건으로 삼아 후행처분을 하도록 정하고 있는 경우에 선행처분을 가중사유 또는 전제요건으로 하는 후행처분을 받을 우려가 '현실적으로 존재'하는 때에는 선행처분의 제재기간이 경과하였더라도 선행처분의 취소를 구할 법률상 이익이 있다고 보고 있는바(대법 2006. 6. 22. 선고 2003두1684 전원합의체 판결), 대상판례(항소심)는, 선행처분인 금치 집행유예 처분이 향후 가석방, 귀휴 심사 등에 있어서 고려요소, 참작사유가 되는 등의 사정을 종합하여 '선행처분을 가중사유 또는 전제요건으로 하는 후행처분을 받을 우려가 현실적으로 존재하는 경우'에 해당한다고 보면서, 아울러, 국민의 재판청구권, 행정소송법의 목적, 신체의 자유를 제한당한 수용자의 특수성 등을 종합적으로 고려하여 징벌가중기간이 도과하였더라도 법률상 이익이 있다고 인정한 의미 있는 판결이다.

유사사안의 대법원 판결에서도, 금치처분에서 정한 집행이 완료되었다고 하더라도 그 처분의 취소소송을 통하여 장래의 불이익을 제거할 권리보호의 필요성이 충분히 인정된다고 한 항소심 판단(항소심은, 교정 성적 등에 반영된다는 이유로 권리보호 이익을 인정하였음)은 정당하다고 판시한 바 있다(대법 2007. 1. 11. 선고 2006두13312 판결).

[후속논의]

다만, 이와 유사한 취지의 판례가 반복하여 쌓이지는 못하고 있는 듯하다. 위 대법원 2006두13312 판결이 있었음에도 불구하고, 여전히 하급심에서는 징벌가중기간이 도과하였다는 이유로 법률상 이익이 없다고 보아 소를 각하하고(대전지법 2018구합1239), 항소심 계속 중에 형집행이 종료되어 원고가 출소함으로 인하여 항소기각, 상고기각으로 종결된 사례도 있다.

법원은 출소자에 대해서는 징벌 집행종료 후 징벌취소 소송의 원고적격을 인정하지 않는 경향이 있는데, 소송 기간이 길어지면 소송 진행 중에 결국 출소하게 되므로 원고적격이 사후적으로 없어지게 되는 문제, 출소하기 전 수용되어 있는 기간 중에는 사실상 불이익을 우려하여 소송을 제기할 용기를 내기 어려운 수용자의 처지 문제 등도 수용자 징벌취소 소송에서의 원고적격에 관한 판례 축적에 장애 요소가 되는 측면이 있어 보인다.

[이지윤 변호사(법무법인 자우)]

[06] 허위 사실 신고 행위의 미수를 이유로 한 징벌 처분의 국가배상책임

대상	손해배상(기) (원고일부승)
	[1심] 서울중앙지법 2010. 5. 14. 선고 2009가소236487 판결 (원고패)
	[2심] 서울중앙지법 2010. 9. 17. 선고 2010나21909 판결 (원고일부승)
	[3심] 대법 2011. 1. 13. 선고 2010다84505 판결 (상고기각)

[사실관계]

원고는 교도관을 처벌받게 할 목적으로 허위 내용의 서신을 작성하였으나, A교도소장이 발송제한처분을 하여 위 서신이 발송되지 않았다. 그러나 징벌규칙 제3조 제7호를 위반하였음을 전제로 징벌처분을 하자, 이에 대하여 원고는 피고 대한민국을 상대로 700만원의 지급을 구하는 국가배상소송을 제기하였다.

[판결요지]

징벌규칙에 규정위반행위의 미수를 벌하는 규정이 없는 이상 실행에 착수하여 그 행위를 완료하지 못하였거나 그 행위의 결과가 발생되지 아니한 경우를 임의로 벌할 수 없다고 할 것이어서, 설령 원고가 교도관을 처벌받게 할 목적으로 신고하기 위해 이 사건 서신을 작성하였다고 하더라도, A교도소장의 이 사건 발송제한처분으로 이 사건 서신이 발송되지 않아 원고가 그 신고행위를 완료하지 못한 이상 원고를 징벌규칙 제3조 제7호를 위반한 자로 벌할 수는 없다.

따라서 원고가 징벌규칙 제3조 제7호를 위반하였음을 전제로 내려진 이 사건 징벌처분은 위법하다.

[해설]

행형법 제46조, 제47조 및 그에 따른 '수용자규율및징벌에관한규칙' 제3조 제7호 "교도관, 다른 수용자 또는 출입자를 처벌받게 할 목적으로 허위의 사실을 신고하는 행위"에 해당하는 경우, 동 규칙 제4조 2호에 의하여 "20일 이하의 금치 또는 6월 이내의 작업상여금 삭감"에 해당하게 된다. 그러나 위 규정은 폐지되고 2008. 12. 형집행법 및 동 시행규칙의 제214조 이하에 규정되었다. 대상판례에서 문제된 '수용자규율및징벌에관한규칙' 제3조 제7호 규정은 현재 형집행법 제107조 제5호에서 "다른 사람을 처벌받게 하거나 교도관의 직무집행을 방해할 목적으로 거짓 사실을 신고하는 행위"로 규정하고 있다.

대상판례에서 원고는 대한민국을 피고로 하여 700만원을 구하는 국가배상소송을 제기하였는데, 1심에서는 원고가 패소하였고 항소심에서는 200만원 부분에 대하여 일부승소하였고, 원고와 피고 모두 상고하였으나 상고가 기각되어 확정되었다. 대상판례의 쟁점은 규정 위반행위의 미수에 대한 명시적인 징벌 발령 근거가 없는 경우에 행해진 징벌이 위법한지 여부와 그에 따른 국가의 배상책임 여부이다.

대상판례가 문제된 시점에 적용되던 '수용자규율및징벌에관한규칙' 제3조는 제1호에서 "형법, 폭처법 그 밖의 형벌규정에 저촉되는 행위"를 금지하고 있고, 동 제7호에서 "교도관을 처벌받게 할 목적으로 허위의 사실을 신고하는 행위"도 금지하고 있었다. 위 규칙 제7호 문언에 따르면 교도관을 처벌받게 할 목적으로 허위 사실을 신고하려다 그 신고가 완성되지 못한 경우에 대하여는 명시적으로 이를 금지하고 있지는 않다.

또한 위 규칙 제1호에 의하여 대상판례에서 문제된 행위를 형법에 저촉되는 행위, 즉 형법 제156조의 무고죄에 해당하는 행위로 보는 경우에도 형법상 무고죄는 미수범 처벌규정이 없으므로, 위 규칙 제3조 제7호, 제1호 중 어디에 해당하는지 문제될 여지가 있다고 하더라도 어느 경우에나 미수는 그 금지대상이 아니라고 할 것이다.

따라서 위 규칙을 엄격하게 해석하게 되면 대상판례의 사안에서는 미수에 불과하기 때문에 징벌의 대상이 되지 않게 되고, 그럼에도 위 규칙 제7호를 위반한 것을 전제로 징벌 처분을 한 것은 위법하고 그에 따라 대한민국의 원고에 대한 국가배상책임이 인정된다고 할 것이다.

대상판례에서 문제된 사안은, 현재 형집행법 제107조 제5호에서 "다른 사람을 처벌받게 하거나 교도관의 직무집행을 방해할 목적으로 거짓 사실을 신고하는 행위"에 해당될 수 있고, 대상판례에서 지적한 내용은 현재 시행 중인 형집행법에서도 타당한 내용이라고 생각된다.

[이순욱 교수(전남대학교 법학전문대학원)]

대상	징벌처분취소 (원고승)
	[1심] 부산지법 2012. 4. 5. 선고 2011구합4399 판결 (원고승)
	[위헌법률심판제청] 부산지법 2012. 4. 5.자 2011아498 결정 (기각)

[사실관계]

A는 사기죄로 징역 2년 6월을 선고받고 그 형이 확정된 수형자로서, 2010. 2. 10.부터 2011. 9. 15.까지 부산구치소에서 수용생활을 하였고, 현재 밀양구치소에서 수용생활을 하고 있다.

부산구치소장은 2011. 7. 21. A가 평소 같은 구치소에 수용되어 있는 B로부터 잔소리를 듣는 등 간섭을 받자 B를 수용자 취사장 경리직에서 물러나게 할 목적으로 B의 잘못을 확인하면 알려주라고 하는 등, 동료 수용자들을 선동하여 형집행법(2010. 12. 30. 시행, 법률 제9847호. 2011. 8. 4. 법률 제11005호로 개정되기 이전의 것. 이하 같다) 제107조 제6호 및 같은 법 시행규칙(2010. 5. 31. 시행, 법무부령 제700호. 2013. 4. 16. 법무부령 제788호로 개정되기 이전의 것. 이하 같다) 제214조 제1호를 위반하였음을 이유로 부산구치소 징벌위원회 위원장에게 A에 대한 징벌 의결을 요구하였다.

부산구치소 징벌위원회는 2011. 7. 22. 위 위반사항에 대하여 형집행법 제107조 제6호 및 시행규칙 제214조 제1호를 위반한 혐의로 A에 대하여 금치 21일에 처하되 3개월간 그 집행을 유예하는 내용의 징벌을 의결하였고, 부산구치소장은 같은 날 A에 대하여 위 의결에 따라 금치 21일에 집행유예 3월의 징벌을 부과하는 처분을 하였다.

[판결요지]

A의 언동 내용과 그 언동이 미칠 영향 등에 비추어 보면 이 사건 처분의 징벌사유에 나타난 A의 행위만으로는 A가 형집행법 제107조 제6호, 같은 법 시행규칙 제214조 제1호가 규정하고 있는 "교정시설의 안전 또는 질서를 해칠 목적으로 다중을 선동하는 행위"를 하였다고 보기 어렵다.

따라서 A의 행위가 위 법규정을 위반하였음을 전제로 한 이 사건 처분은 위법하므로 취소되어야 한다.

[해설]

일반적으로 형법에서 쓰이는 '다중'이라는 개념은 '다수인의 집합'을 뜻한다. 어느 정도의 다수인이어야 하느냐에 대해서는 일률적으로 말하기 어려운데, '인원수를 헤아리는 데에 상당한 시간을 요하는 정도, 일견하여 집합한 인원수를 알 수 없는 정도, 몇 사람의 가입·탈퇴가 있더라도 전체로서 영향을 줄 수 없는 정도'를 기준으로 판단할 수 있다거나, 수십 인 정도의 다수인은 되어야 하지만 '인원수뿐만 아니라 집단구성원의 성질, 집단의 목적·시기·장소' 등을 고려해야 한다는 입장도 있다. 분명한 것은 다중이 되기 위해서는 몇 사람 정도를 넘어서 상당한 숫자의 사람이 모여야 하며, 다만 공동의 목적을 갖거나 집합의 동기나 이유가 있을 필요는 없다는 점이다. 이 점에서 '공동목적을 가지고 최소한의 조직적인 통솔체계를 갖춘 특정 다수인의 계속적인 결합체'를 뜻하는 (범죄) 단체와 구별된다.

또 '선동'이란 '일반 대중에게 감정적인 자극을 주어 어떤 행위의 실행을 결의하게 하거나 이미 존재하는 결의를 촉구하는 것'이다. 선동은 불특정 다수인에 대해서만 가능하고, 이미 범죄의 고의를 가진 자에 대해서도 할 수 있다는 점에서 교사와 다르다고 할 수 있다.

판결서에 나타난 사실관계에 의하면 A는 B, C, D와 함께 수용생활을 하였는데, 2011. 6.경 C에게 "B가 부정행위를 하면 나에게 꼭 말을 해달라"는 말을 하였고, C는 B에게 2011. 7. 1. A가 위와 같이 말하였다고 전달하였으며, D는 A의 징벌사건과 관련한 조사 과정에서 A가 C와 자신에게 "B만은 죽여야 한다"고 말하였다는 진술을 하였다고 한다. 그러나 같은 조사를 받으면서 C는 A가 B에 대하여 협박성 말을 하지는 않았다는 취지로 진술하였고, 또 A가 위와 같은 말을 한 상대방이 C와 D 이외에 추가로 더 있는지는 확인되지 않았다.

그렇다면 이 같은 A의 언동 행위만으로 A가 형집행법 제107조 제6호와 같은 법 시행규칙 제214조 제1호가 규정하고 있는 "교정시설의 안전 또는 질서를 해칠 목적으로 다중을 선동하는 행위"를 하였다고 보기 어렵다는 판결의 태도는 적절한 것으로 보인다. 무엇보다 A의 행위가 다중을 상대로 이루어졌는지가 입증되지 않았기 때문이다.

한편 이 사건에서 A는 형집행법 제107조 제6호, 즉 "그 밖에 시설의 안전과 질서유지를 위하여 법무부령으로 정하는 규율을 위반하는 행위"라는 규정 가운데 '질서'라는 개념이 막연하고 애매하여 어떤 행위가 여기에 해당하는지 불명확하므로 헌법상 명확성의 원칙에 반한다고 주장하면서 위헌법률심판의 제청을 청구하였다. 이에 대해 법원은 형집행법 시행규칙 제214조는 형집행법 제107조 제6호에 의하여 금지되는 행위를 위임받아 17종류(이 조항은 추후 개정되어 현재는 19종류이다)로 구분하여 구체적으로 열거하고 있으므로, 건전한 상식과 통상적인 법감정을 가진 사람으로 하여금 구체적으로 어떠한 행위가 형집행법 제107조 제6호에 해당되는지 의심을 가질 정도로 불명확한 개념을 사용하고 있다고 볼 수 없고, 따라서 형집행법 제107조 제6호는 헌법상 명확성의 원칙에 반하지 않는다고 하면서 청구를 기각하였다(부산지법 2012. 4. 5.자 2011아498 결정).

형집행법 시행규칙 제214조가 형집행법 제107조 제6호의 위임을 통해 규정하고 있는 17가지의 행위가 상당한 정도로 구체적인 것은 사실이다. 다만 이 사건에서 문제가 된 같은 조 제1호, "교정시설의 안전 또는 질서를 해칠 목적으로 다중을 선동하는 행위"가 가장 포괄적이라고 할 수 있는데, 이 가운데 '다중'이나 '선동'의 개념은 위에서 살펴본 것처럼 해석하는 한 별 문제가 없다고 할 수 있다. 그렇다면 남는 문제는 시설의 '안전' 또는 '질서'라는 개념이 명확성의 원칙에 반할 정도로 모호한 것인가 하는 점인데, 이것은 이 사건에서 A가 형집행법 제107조 제6호에 대해 제기하고 있는 의문과 같은 내용의 것이 된다.

헌법재판소는 "처벌법규의 구성요건을 일일이 세분하여 명확성의 요건을 모든 경우에 요구하는 것은 입법기술상 불가능하거나 현저히 곤란한 것이므로 어느 정도의 보편적이거나 일반적인 뜻을 지닌 용어를 사용하는 것은 부득이하다고 할 수밖에 없고, 당해 법률이 제정된 목적과 다른 법률조항과의 연관성을 고려하여 합리적인 해석이 가능한지의 여부에 따라 명확성의 요건을 갖추었는지의 여부를 가릴 수밖에 없다"고 한 바 있는데(헌재 2003. 2. 27. 선고 2002헌바23 전원재판부 결정), 이를 이 사건에 적용하여 보면 다음과 같은 결론에 이를 수 있다.

(교정)시설의 '안전과 질서'라는 개념이 다소 보편적이거나 일반적인 뜻을 갖는 것은 사실이다. 그러나 형집행법의 목적에는 수용자에 대한 처우와 함께 교정시설의 운영이 포함되어 있고(제1조), 교정시설은 그 특성상 시설의 안전과 질서유지가 중요한 운영 목표의 하나임을 부인할 수 없다. 이러한 맥락에서 형집행법은 제12장 '규율과 상벌'에서 "수용자는 교정시설의 안전과 질서유지를 위하여 법무부장관이 정하는 규율을 지켜야 한다"(제105조 제1항)고 규정하고, 이 사건에서 문제가 된 제107조 제6호도 같은 조가 정하는 5가지의 징벌 사유 이외에 일반적인 이유로서 "그밖에 시설의 안전과 질서유지를 위하여 법무부령으로 정하는 규율을 위반하는 행위"를 두고 있다고 볼 수 있다. 또 이를 다시 구체화하기 위하여 형집행법 시행규칙 제214조는 17가지의 구체적인 행위유형을 정하고 있다. 그렇다면 위 각 조항에서 사용된 '안전'과 '질서'의 개념이 다소 보편적이라고 해서 헌법이 정하는 명확성의 원칙에 위반되었다고 보기는 어렵고, 이과 같은 취지의 위 기각 결정은 정당하다고 할 것이다.

[최정학 교수(한국방송통신대학교 법학과)]

대상	계호업무지침 제118조 등 위헌확인 (기각, 각하)
	헌재 2012. 7. 26. 선고 2011헌마332 전원재판부 결정 (기각, 각하)

[사실관계]

청구인은 2010. 2. 18. 성폭력범죄의 처벌 및 피해자보호 등에 관한 법률 위반(강간 등 상해) 등으로 징역 13년의 형을 선고받아 확정된 후, 2010. 10. 6. 경북북부제2교도소, 12. 8. 공주교도소를 거쳐 2011. 7. 13. 경북북부제1교도소로 이송되어 수용 중인 자로서 공주교도소장이 2011. 4. 15.부터 2011. 7. 12.까지 사동에서 인원점검을 하면서 청구인을 비롯한 수형자들을 정렬시킨 후 차례로 번호를 외치도록 하여(이하 '이 사건 점호행위'라 한다), 청구인의 인격권 등 기본권을 침해하였다며, 이 사건 헌법소원심판을 청구하였다.

[결정요지]

[1] 교도소 등의 교정시설은 형벌의 집행이나 피고인 등의 신병확보를 위하여 일정기간 수용자를 강제로 구금하는 시설로서 교도소의 시설과 인력의 안전 및 수용자들의 안전을 위해서는 일상생활에 있어 엄격한 규율과 질서유지가 중요하다(헌재 2011. 12. 29. 선고 2009헌마527 전원재판부 결정).

수형자들은 작업, 접견, 운동, 목욕, 상담, 종교집회 참석 등의 사유로 교정시설 내 이동이 빈번하여, 교도관의 감시와 통제로부터 벗어나 자살 또는 자해를 시도하거나 교정시설 종사자의 생명·신체에 대하여 위해를 가하거나 교정시설 밖으로 도주할 위험이 있으므로, 각종 교정사고를 미연에 방지하고 사후에 신속하게 대치함으로써 교정시설의 안전과 질서를 유지하기 위해서는 수시로 인원점검을 할 필요가 있다.

이 사건 점호행위는, 혼거실 수형자들을 정렬하여 앉게 한 뒤 차례로 번호를 외치도록 함으로써 신속하고 정확하게 거실 내 인원수를 확인함과 동시에 수형자의 건강상태 내지 심리상태, 수용생활 적응 여부 등을 살펴 각종의 교정사고를 예방하거나 사후에 신속하게 대처할 수 있도록 함으로써 교정시설의 안전과 질서를 유지하기 위한 것으로 그 목적이 정당하고, 그 목적을 달성하기 위한 적절한 수단이 된다.

[2] 이 사건 점호행위는 ① 혼거실 수형자들을 정렬하여 앉게 한 뒤 번호를 외치도록 하는 것에 그칠 뿐 그 외 달리 물리력을 행사하지 아니하고, ② 인원 점검에 소요되는 시

간 또한 2−3분 정도에 불과하고, ③ 피청구인은 7인 이상이 수용되어 있는 혼거실 수용자에 대하여만 이 사건 점호행위를 하고 있으며, ④ 인원점검 시 용변이 급하다거나 건강상태가 안 좋아 누워있어야 하는 등 이 사건 점호행위에 응하지 못할 사정이 있는 경우에는 예외가 인정될 뿐만 아니라, ⑤ 교정시설은 다수의 수형자가 집단적으로 생활하는 소규모의 사회로서 특히 다수의 수형자가 공동으로 생활하는 혼거실의 경우에는 인원점검의 효율적인 운영과 기초질서의 함양을 위해 수형자들을 정렬하여 앉게 한 뒤 차례로 번호를 외치도록 하는 것이 효과적이며, 점검관이 목산(目算)하는 방법은 인원점검의 정확성·신속성 측면에서 다수의 수형자가 생활하는 혼거실에 대한 인원점검 방법으로는 부적절할 뿐만 아니라 고의로 인원점검을 회피하려는 수용자나 거실 구조상 점검관의 시야가 확보되기 어려운 경우에는 효과적인 방법이 될 수 없으므로, 이러한 점들을 비추어 볼 때, 이 사건 점호행위는 행정목적에 따른 것으로 청구인을 비롯한 혼거실 수형자에 대한 기본권 제한의 여지를 최소화하는 범위 내에서 실시되고 있다 할 것이다.

[3] 이 사건 점호행위로 인하여 청구인이 입게 되는 자유의 제한에 비하여 교정사고를 예방하고 교정시설 내의 안전과 질서를 확보하는 공익이 더 크다 할 것이므로 법익의 균형성도 갖추었다.

[4] 결국 이 사건 점호행위는 필요한 최소한도를 벗어나 과잉금지원칙에 위배되어 청구인의 인격권 및 일반적 행동권의 자유를 침해한다 할 수 없다.

[해설]

I. 이 사건 점호행위로 인하여 제한되는 기본권

이 사건 점호행위는, 거실 내 수형자를 대상으로 인원점검을 하는 동안 2−3분 가량 정렬한 상태에서 번호를 외치게 함으로써 수형자가 하기 싫은 일을 강요함과 동시에 모욕감이나 수치심을 느끼게 한다는 점에서, 청구인의 일반적인 행동자유권과 인격권을 제한한다.

II. 일반적인 행동자유권 및 인격권의 침해 여부

살피건대 ① '유엔 피구금자 처우에 관한 최저기준규칙(2015년 넬슨만델라규칙으로 개정되기 전의 것)' 제27조는 "규율 및 질서는 엄정히 유지되어야 하나, 안전한 구금과 질서 있는 소내 생활을 유지하기 위하여 필요한 한도를 넘어서는 안 된다"고 규정하고 있어 구금시설의 규율 및 질서가 안전한 구금과 질서 있는 소내 생활을 유지하기 위하여 필요한 한도 내에서는 엄정히 유지되어야 한다고 밝히고 있는 점, ② 이 사건 점호행위는 혼거실 수형자의 인원수를 신속하고 정확하게 확인함과 동시에 수형자의 건강상태 내지 심리상태, 수용생활 적응 여부 등을 살펴 각종의 교정사고를 예방하거나 사후에 신속하게 대처할 수 있도록 함으로써 교정시설의 안전과 질서를 유지하기 위한 것으로 그 목적이 정당한 점, ③ 혼거실의 경우에는 인원점검의 효율적인 운영과 기초질서의 함양을 위해 이 사건 점호행위가 효과적이며, 점검관이 목산하는 방법은 인원점검의 정확성·신속성 측면에서 혼거실에 대한 인원점검의 방법으로는 부적절하고 효과적인 방법이 될 수 없어 이 사건 점호행위가 그 목적을 달성하기 위한 적절한 수단으로 보이는 점, ④ 이 사건 점호행위는 혼거실 수형자들을 정렬하여 앉게 한 뒤 번호를 외치도록 하는 것에 그칠 뿐 그 외 달리 물리력을 행사하지 아니하고, 소요되는 시간 또한 2−3분 정도에 불과하고, 7인 이상이 수용되어 있는 혼거실 수용자에 대하여만 이 사건 점호행위를 하고 있고, 이 사건 점호행위에 응하지 못할 사정이 있는 경우에는 예외가 인정되는 점 등에 비추어 이 사건 점호행위는 혼거실 수형자에 대한 기본권 제한의 여지를 최소화하는 범위 내에서 실시되고 있다고 보이는 점 등을 종합하면 이 사건 점호행위가 과잉금지의 원칙에 위배되어 청구인의 인격권과 일반적 행동의 자유를 침해한다고 할 수는 없다.

[문현웅 변호사(변호사문현웅법률사무소)]

대상	징벌처분무효확인 (원고패)
	[1심] 대전지법 2012. 2. 17. 선고 2011구합1230 판결 (원고일부승)
	[2심] 대전고법 2013. 8. 13. 선고 2012누742 판결 (원고패)
참조	손해배상(기) (원고패)
	[1심] 인천지법 2017. 3. 10. 선고 2015가단49322 판결 (원고패)

[사실관계]

원고는 강도상해죄로 징역 10년을 선고받고 그 형이 확정된 수형자로 2003. 8. 1.부터 대전교도소에 수용되어 있다가 2013. 3.경부터 논산교도소에 수용되었다. 피고(대전교도소)는 원고에 대하여 2010. 8. 31.(제1처분, 2010. 8. 31.~2010. 9. 27.)과 2011. 1. 24.(제2처분, 2011. 1. 21.~2011. 2. 19.) 및 2011. 2. 25.(제3처분, 2011. 2. 25.~2011. 4. 9.) 형집행법 제107조, 같은 법 시행규칙 제228조에 따라 조사기간을 포함하여 각 금치 45일의 징벌을 부과하는 처분을 하였다. 원고는 제1처분에 불복하여 2010. 11. 29. 행정심판을 청구하였으나, 2010. 12. 27. 기각되었다. 원고는 제1처분이 불법적·편파적일 뿐만 아니라 허위조작된 조사결과를 바탕으로 이루어진 것이어서 위법하고, 제2, 3처분은 원고가 대전교도소 직원들을 검찰에 고소한 것에 대한 보복성 조치로 이루어진 것이므로 위법하며, 각 처분의 하자가 중대하고 명백하므로 그 무효 확인을 구하는 소송을 제기하였다.

[판결요지]

[1] 형집행법 제214조 제9호는 '허가 없이 다른 사람과 만나거나 연락하는 행위'를 금지하고 있다. 교정시설에서는 수용자의 죄질, 공범관계, 범죄내용, 형기 등을 고려하여 배방 및 운동시간 배정을 하고 있으므로, 같은 거실 내에 수용되어 있는 수용자 간의 대화, 사동청소부와 수용자 간의 대화, 같은 운동시간에 운동하고 있는 수용자 간의 대화, 같은 작업실에서 작업하는 수용자 간의 대화 등은 묵시적으로 허가되었다고 볼 수 있으나, 나머지 경우는 일반적으로 수용자 간의 연락이 금지되어 있다고 보아야 한다.

[2] 원고와 다른 재소자들은 같은 거실에 수용되지 않았으며, 운동시간이 같지도 않았고, 원고가 운동시간에 운동장에 나와서 다른 재소자의 수용거실 창문 너머로 그와 대화를 하거나 수용거실에서 복도에 있는 재소자를 불러 수용거실 창문 너머로 대화를 하던 중 교도관에게 제지를 당한 것이므로 원고는 다른 재소자 2인과 허가 없이 연락한 경우에 해

당한다고 할 것이다.

[해설]

I. 형집행법상 징벌처분

형집행법 제107조에 따라 소장은 수용자가 1. 형법, 폭력행위 등 처벌에 관한 법률, 그 밖의 형사 법률에 저촉되는 행위, 2. 수용생활의 편의 등 자신의 요구를 관철할 목적으로 자해하는 행위, 3. 정당한 사유 없이 작업·교육·교화프로그램 등을 거부하거나 태만히 하는 행위, 4. 제92조의 금지물품을 지니거나 반입·제작·사용·수수·교환·은닉하는 행위, 5. 다른 사람을 처벌받게 하거나 교도관의 직무집행을 방해할 목적으로 거짓 사실을 신고하는 행위, 6. 그 밖에 시설의 안전과 질서유지를 위하여 법무부령으로 정하는 규율을 위반하는 행위를 하는 경우 징벌위원회의 의결에 따라 징벌을 부과할 수 있다.

같은 법 제92조의 금지물품에는 1. 마약·총기·도검·폭발물·흉기·독극물, 그 밖에 범죄의 도구로 이용될 우려가 있는 물품, 2. 무인비행장치, 전자·통신기기, 그 밖에 도주나 다른 사람과의 연락에 이용될 우려가 있는 물품, 3. 주류·담배·화기·현금·수표, 그 밖에 시설의 안전 또는 질서를 해칠 우려가 있는 물품, 4. 음란물, 사행행위에 사용되는 물품, 그 밖에 수형자의 교화 또는 건전한 사회복귀를 해칠 우려가 있는 물품이 포함된다.

수용자는 1. 교정시설의 안전 또는 질서를 해할 목적으로 다중을 선동하는 행위, 2. 허가되지 아니한 단체를 조직하거나 그에 가입하는 행위, 3. 교정장비, 도주방지시설, 그 밖의 보안시설의 기능을 훼손하는 행위, 4. 음란한 행위를 하거나 다른 사람에게 성적 언동 등으로 성적 수치심 또는 혐오감을 느끼게 하는 행위, 5. 다른 사람에게 부당한 금품을 요구하는 행위, 5의2. 허가 없이 다른 수용자에게 금품을 교부하거나 수용자 외의 사람을 통하여 다른 수용자에게 금품을 교부하는 행위, 7. 문신을 하거나 이물질을 신체에 삽입하는 등 의료 외의 목적으로 신체를 변형시키는 행위, 8. 허가 없이 지정된 장소를 벗어나거나 금지구역에 출입하는 행위, 9. 허가 없이 다른 사람과 만나거나 연락하는 행위, 10. 수용생활의 편의 등 자신의 요구를 관철할 목적으로 이물질을 삼키는 행위, 11. 인원점검을 회피하거나 방해하는 행위, 12. 교정시설의 설비나 물품을 고의로 훼손하거나 낭비하는 행위, 13. 고의로 수용자의 번호표, 거실표 등을 지정된 위치에 붙이지 아니하거나 그 밖의 방법으로 현황파악을 방해하는 행위, 14. 큰 소리를 내거나 시끄럽게 하여 다른 수용자의 평온한 수용생활을 현저히 방해하는 행위, 15. 허가 없이 물품을 지니거나 반입·제작·변조·교환 또는 주고받는 행위, 16. 도박이나 그 밖에 사행심을 조장하는 놀이나 내기를 하는 행위, 17. 지정된 거실에 입실하기를 거부하는 등 정당한 사유 없이 교도관의 직무상 지시나 명령을 따르지 아니하는 행위, 18. 공연히 다른 사람을 해할 의사를 표시하는 행위를 해서는 안 된다(동법 시행규칙 제214조).

형집행법에 따른 징벌의 종류로는 경고, 50시간 이내의 근로봉사, 3개월 이내의 작업장려금 삭감, 30일 이내의 공동행사 참가 정지, 30일 이내의 신문열람 제한, 30일 이내의 텔레비전 시청 제한, 30일 이내의 자비구매물품 (의사가 치료를 위하여 처방한 의약품을 제외한다) 사용 제한, 30일 이내의 작업 정지(신청에 따른 작업에 한정한다), 30일 이내의 전화통화 제한, 30일 이내의 집필 제한, 30일 이내의 편지수수 제한, 30일 이내의 접견 제한, 30일 이내의 실외운동 정지, 30일 이내의 금치(禁置)가 있으며(법 제108조), 이 중 금치는 교정시설 수용자가 규율을 위반할 때 부과될 수 있는 여러 징벌 중 가장 무거운 징벌로 구금된 수용자에게 매우 민감한 영향을 미치는 것이다.

1950. 3. 2. 제정된 행형법(현 형집행법) 제45조는 징벌의 종류로 계고, 상우정지 또는 취소, 도서의 3일 이내의 열독금지, 청원작업의 정지, 운동의 5일 이내 정지, 작업상여금의 일부 또는 전부의 삭감, 2월 이내의 작업정지, 2월 이내의 금치를 규정하고 있었기 때문에 금치는 2월 이내에서 30일 이내로 최대 기간이 줄어들었을 뿐 행형법 시행 초기부터 징벌의 수단으로 이용되어 왔던 것을 알 수 있다. 아이러니하게도 우리 형집행법은 수형자의 '독거수용'을 원칙으로 하고 필요한 경우 혼거수용할 수 있도록 하고 있는데, 수용자가 금치처분을 받는 것을 가장 고통스럽고 두렵

게 여기는 것은 금치처분을 받은 수용자에게 그 기간 중 공동행사 참가정지, 신문열람 제한, 텔레비전 시청 제한, 자비구매물품 사용 제한, 작업정지, 전화통화 제한, 집필 제한, 편지수수 제한, 접견 제한이 같이 부과되기 때문에 사실상 '감옥 속의 감옥'으로 인식될 수 있기 때문이다.

법무부에서 발간하는 교정통계연보(2023)에 따르면 교정시설의 안전과 질서유지를 위하여 부과되는 규율을 위반하여 불이익한 행정처분인 징벌이 부과된 건수는 2013년 14,652건에서 2022년 23,583건으로 크게 증가하였다. 과거 법무부는 2013년까지 징벌종류별 통계를 제공하였으나, 현재 법무부 홈페이지에서 확인할 수 있는 교정통계연보에서는 징벌종류별 통계를 확인할 수 없어 금치가 어느 정도 부과되고 있는지 알기 어렵다. 다만, 2013년 통계에 따르면 금치가 85% 이상의 높은 비율을 차지하고 있고, 그 다음이 가장 낮은 수준의 경고로 9%~15% 가량을 차지하고 있는데 비추어 수용자는 경미한 규율위반행위만으로도 얼마든지 금치처분을 받을 수 있는 셈이다. 수용자가 금치 처분을 받은 경우 원칙적으로는 시설 내·외의 교류가 차단되며 예외적으로 소장이 인정할 경우 집필 및 편지수수, 접견이 허가된다. 이러한 금치 처분은 넬슨만델라규칙에서 언급되는 독거수용과는 그 수준이 다르다고 할지라도 수용자에게 가중된 징벌적 구금을 부가하는 것이며, 수용자에게 허용되는 작업, 교류 등을 차단한다는

점에서 개인에게 미치는 환경적 가혹성은 크게 다르다고 보긴 어렵다. 더욱이 형집행법 제109조(징벌의 부과) 제2항은 이러한 금치를 일정 사유가 있는 경우 가중하여 최장 45일까지 집행할 수 있도록 규정하고 있다(국가인권위 2021. 7. 2.자 21진정0108800 결정).

국가인권위원회는 위 결정 당시 2018년 교정시설 방문조사에서 수용자에 대한 금치 위주의 징벌 결정이나 연속적 금치의 문제점을 확인하고, 법무부에 다양한 징벌 유형을 규정에 맞게 활용할 것을 권고하였으나, 이 진정 사건에서 확인한 바와 같이 금치 위주의 징벌 결정과 연속적인 금치 집행은 여전히 지속되고 있는 것으로 보인다. 이러한 사정은 형집행법에서 징벌의 종류를 다양하게 구분하여 규정하였더라도 같은 법 시행규칙에서 수용자의 위반 정도가 경미한 경우를 제외하고는 모두 금치 처분이 가능하도록 징벌 기준을 규정(제214조, 제215조)한 것에서 비롯된 것으로 보인다. 더구나 수용자의 위반 정도를 판단함에 있어 경미한 것으로 볼 수 있는 기준도 없고 불분명하여 위 규정은 실제 교정현장에서는 징벌 처분에서 고려되지 않는 것으로 보인다. 형집행법 제109조(징벌의 부과) 제3항은 수용자에게 징벌을 부과할 경우 위반행위의 동기 및 경중, 행위 후의 정황, 그 밖의 사정들을 고려하여 수용 목적을 달성하는 데에 필요한 최소한도에 그쳐야 한다고 규정하여 기본권 제한에 관한 최소 침해의 원칙을 명확히 선언하고 있다. 다만 이러한 금치 위주의 징벌 처분과 집행이 관행적으로 이루어지고 있는 현실에서 법무부의 의견처럼 같은 법 제113조(징벌집행의 정지·면제)에 규정된 소장의 예외적인 징벌 집행정지나 면제, 유예 판단을 통해 최소성의 원칙이 가능할 것으로 기대하는 것은 무리가 있어 보인다. 따라서 무엇보다 수용자에게 가장 가혹하며 무거운 징벌인 금치 처분은 징벌 결정과정에서 매우 신중하게 검토되어야 한다는 점을 지적하였다(국가인권위 2021. 7. 2.자 21진정0108800 결정).

한편 헌재 2016. 5. 26. 선고 2014헌마45 전원재판부 결정(위헌) 이후 국회는 2016. 12. 2. 형집행법 제112조 제3항을 개정하여, 금치처분을 받은 사람에게 같은 기간 중 부과되었던 실외운동 제한조치를 삭제하였다. 헌법재판소는 위 결정에서 "형집행법 제112조 제3항 본문 중 제108조 제13호에 관한 부분은 금치의 징벌을 받은 사람에 대해 금치기간 동안 실외운동을 원칙적으로 정지하는 불이익을 가함으로써, 규율의 준수를 강제하여 수용시설 내의 안전과 질서를 유지하기 위한 것으로서 목적의 정당성 및 수단의 적합성이 인정된다. 실외운동은 구금되어 있는 수용자의 신체적·정신적 건강을 유지하기 위한 최소한의 기본적 요청이고, 수용자의 건강 유지는 교정교화와 건전한 사회복귀라는 형집행의 근본적 목표를 달성하는 데 필수적이다. 그런데 위 조항은 금치처분을 받은 사람에 대하여 실외운동을 원칙적으로 금지하고, 다만 소장의 재량에 의하여 이를 예외적으로 허용하고 있다. 그러나 소란, 난동을 피우거나 다른 사람을 해할 위험이 있어 실외운동을 허용할 경우 금지처분의 목적 달성이 어려운 예외적인 경우에 한하여 실외운동을 제한하는 덜 침해적인 수단이 있음에도 불구하고, 위 조항은 금지처분을 받은 사람에게 원칙적으로 실외운동을 금지한다. 나아가 위 조항은 예외적으로 실외운동을 허용하는 경우에도, 실외운동의 기회가 부여되어야 하는 최저기준을 법령에서 명시하고 있지 않으므로, 침해의 최소성 원칙에 위배된다. 위 조항은 수용자의 정신적·신체적 건강에 필요 이상의 불이익을 가하고 있고, 이는 공익에 비하여 큰 것이므로 위 조항은 법익의 균형성 요건도 갖추지 못한 것"으로서 신체의 자유를 침해하였다고 결정한 바 있다.

II. 규율위반행위로서 '허가 없이 다른 사람과 만나거나 연락하는 행위'의 판단기준

징벌처분은 제재적 행정처분으로서 제재적 행정처분이 사회통념상 재량권의 범위를 일탈하거나 남용하였는지 여부는 처분사유로 된 위반행위의 내용과 당해 처분행위에 의하여 달성하려는 공익목적 및 이에 따르는 제반사정 등을 객관적으로 심리하여 공익 침해의 정도와 그 처분으로 인하여 개인이 입게 될 불이익을 비교·형량하여 판단하여야 한다(대법 2007. 9. 20. 선고 2007두6946 판결 등). 법원은 징벌처분의 취소를 구하는 사건들에서 위 '허

가 없이 다른 사람과 만나거나 연락하는 행위'에 대하여 다음과 같이 판단한 바 있다.

첫째, 형집행법 시행규칙 제214조 제9호는 허가 없이 다른 사람과 만나거나 연락하는 행위를 금지하고 있고, 이는 다수의 미결·기결수들을 집단으로 관리하는 교정 업무의 특성상 이러한 행위를 금지하여 교정질서를 유지하기 위한 것이다(대구지법 2017. 7. 21. 선고 2016구합23532 판결). 대상사건과 유사한 사례로 2016구합23532 사건의 원고도 2016. 8. 25. 운동장에서 원고와 같은 거실을 사용하지 않는 A(6실 중 8실)에게 진술서를 써달라고 요구하였고, 수용동 청소부인 B를 통하여 A가 작성한 진술서를 전달받았고 원고가 가사 제1징벌처분에 관하여 원고의 징계혐의를 반박할 증거의 수집을 위해 A로 하여금 진술서를 작성하게 하였다 하더라도, 위와 같이 피고의 허가 없이 A에게 연락하여 자술서를 작성받은 이상, 이는 형집행법 시행규칙 제214조 제9호의 위반행위에 해당한다고 판단하였다,

둘째, 다수의 미결·기결수들을 집단으로 관리하는 교정 업무의 특성과 수용자가 외부인과 접촉하여 사건의 증거 인멸을 시도하거나 부정 물품을 수수하는 행위 등을 방지하여 교정 질서를 유지할 필요성 등에 비추어 보면, 형집행법 시행규칙 제214조 제9호에서 정한 '허가 없이 다른 사람과 만나거나 연락하는 행위'에는 허가를 받지 아니한 채 적극적으로 타인을 먼저 찾아가 만나거나 그에게 연락하는 행위뿐만 아니라 타인이 찾아오거나

그로부터 연락을 받은 경우 이를 거절하거나 담당 교정 공무원에게 신고하지 아니하고 이에 응하는 행위도 포함된다고 보았다(인천지법 2017. 3. 10. 선고 2015가단49322 판결). 이 사건의 원고는 2015. 7. 13. 인천구치소 민원과 접견 30회차 3호실에서 원고의 지인 B와 접견을 하던 중, 원고와 같은 거실에 수용 중인 C와 그를 접견한 민원인 D가 5호실에서 접견을 마치고 3호실로 함께 들어오자, 약 1~2분간 D와 대화(자신의 형사사건과 관련한 대화: "저는 현재 재판이 끝난 상태고, 공범도 다 인정했기 때문에 번복할 수 없고, 번복을 하게 되면 무고나 위증죄로 처벌받기 때문에 그렇게 해 줄 수 없습니다")를 나누다가 구치소 담당 공무원에게 적발되어 금치처분(22일)을 받았다.

III. 기타

형집행법 시행규칙 제215조는 징벌대상행위별로 부과할 수 있는 징벌의 종류 및 정도를 규정하고 있는데, 이에 따르면 소장은 수용자가 형집행법 제107조 제1호를 위반한 경우 21일 이상 30일 이하의 금치를(제1호), 형집행법 제107조 제5호 또는 형집행법 시행규칙 제214조 제4호를 위반한 경우 16일 이상 20일 이하의 금치를(제2호 가목), 형집행법 시행규칙 제214조 제9호 또는 제14호를 위반한 경우 10일 이상 15일 이하의 금치를(제3호 가목), 형집행법 시행규칙 제214조 제17호를 위반한 경우 9일 이하의 금치를(제4호 가목) 각

부과할 수 있다. 그리고 형집행법 제109조 제2항에 의하면 둘 이상의 징벌사유가 경합하거나(제1호), 징벌의 집행이 끝난 후 6개월 내에 다시 징벌사유에 해당하는 행위를 한 때에는(제2호) 징벌의 장기의 2분의 1까지 가중하여 징벌을 부과할 수 있다.

금치가 제한 없이 연속적으로 반복 집행되는 과도한 상황 역시 제도적으로 규제될 필요가 있다. 예컨대 국가인권위원회는 진정사건에서 2008년에 폐지된 '수용자 규율 및 징벌에 관한 규칙'에 규정되어 있던 2이상의 금치처분을 연속으로 집행할 수 없다는 규정과 금치기간의 5분의 1에 해당하는 기간이 경과하기 전에는 다음 금치 처분을 집행할 수 없다는 규정 등과 같이 과도한 금치 처분을 제한할 필요가 있다는 점을 지적하였다(국가인권위 2021. 7. 2.자 21진정0108800 결정). 본 사건의 경우 금치처분이 연속으로 집행되지는 않았으나, 2010. 8.부터 2011. 4. 사이에 3번에 걸쳐 각각 법정 최대의 2분의 1을 가중한 45일간의 금치처분이 부과(221일의 수용기간 중 금치기간 135일)되었다. 수용자 처우에 관한 넬슨만델라규칙에 따르면 규율위반행위에 대해 처벌할 때 비인간적이거나 모욕적으로 처우하거나 처벌하지 않아야 하고(제43조 제1항), 금치를 포함한 모든 징벌처분에 인권침해가 없어야 함을 요구하고 있다. 또한 독거구금을 타인과의 접촉이 없이 수용자를 22시간 이상 수용하는 것(제44조)이라고 정의하고, 독거구금이 △특수한 경우에 한하여 최후의 수단으로

허용되고, △가능한 최소한의 시간으로 한정하여야 하며, △독립적인 심의와 관계기관의 승인을 받아야 함을 요구하고 있다(제45조 제1항). 이러한 기조에서 독거구금에 대해 다음 세 가지를 금지하고 있는데, 첫째, 기간에 관하여 무기한 또는 장기간의 독거구금을 금지한다. 여기서 장기간은 15일을 초과하여 연속으로 수용자를 독거실에 구금하는 것이다. 둘째, 건강상태를 악화시킬 가능성이 있는 정신 또는 지체 장애 수용자의 독거구금을 금지하며, 셋째, 여성 또는 미성년자에 부과되는 독거구금 및 유사 조치를 금지하고 있다.

[후속논의]

형집행법 시행규칙 제214조는 2008. 12. 19. 법무부령 제655호로 제정된 이래 2014. 11. 17. 제5의2호 '허가 없이 다른 수용자에게 금원을 교부하거나 수용자 외의 사람을 통하여 다른 수용자에게 금원을 교부하는 행위', 2024. 2. 8. 제18호 '공연히 다른 사람을 해할 의사를 표시하는 행위'가 추가되었고, 본 대상사건의 적용대상인 제9호에 대한 논의는 따로 이뤄진 바 없다. 다만, 국가인권위 2021. 7. 2.자 21진정0108800 결정에 비추어 볼 때 '금치 위주의 징벌과 과도한 연속적 금치 징벌'의 관행은 여전히 지속되어 오고 있는 것으로 판단되며, 징벌제도 운용 및 부과에 대한 개선이 필요할 것으로 보인다.

[참고문헌]
• 조성용, 형의 집행 및 수용자의 처우에 관한 법률상 금치의 문제점과 개선방안, 저스티스 통권 제168호, 한국법학원, 2018.
• 유병철, 국제인권기준에 따른 수용자 금치제도의 개선방안: 금치위주의 징벌집행 관행 개선을 중심으로, 한국공안행정학회보 제30권 제2호, 한국공안행정학회, 2021.
• 법무부 교정본부, 2023 교정통계연보, 2023.

[김현숙 박사(홍익대학교 법학연구소)]

[10] 금치기간 중 집필 및 서신수수 금지의 위헌 여부

대상	형의 집행 및 수용자의 처우에 관한 법률 제108조 제10호 등 위헌확인 (기각, 각하) 헌재 2014. 8. 28. 선고 2012헌마623 전원재판부 결정 (기각, 각하) **(2018변호사 · 서울7급 / 2022행시5급)**
참조1	접견불허처분 등 위헌확인 (위헌, 기각) 헌재 2004. 12. 16. 선고 2002헌마478 전원재판부 결정 (위헌, 기각) **(2009국회8급 / 2016법무사 / 2022입법고시)**
참조2	행형법시행령 제145조 제2항 등 위헌확인 (위헌, 각하) 헌재 2005. 2. 24. 선고 2003헌마289 전원재판부 결정 (위헌, 각하) **(2009국회8급)**
참조3	형의 집행 및 수용자의 처우에 관한 법률 제112조 제3항 위헌확인 등 (기각) 헌재 2016. 4. 28. 선고 2012헌마549, 2013헌마865(병합) 전원재판부 결정 (기각) **(2017지방 7급 / 2019서울7급 / 2020국회8급 / 2022국가7급)**
참조4	형의 집행 및 수용자의 처우에 관한 법률 제108조 위헌확인 (위헌, 기각, 각하) 헌재 2016. 5. 26. 선고 2014헌마45 전원재판부 결정 (위헌, 기각, 각하) **(2017국가7급 / 2018 국회8급 · 변호사 · 입법고시 / 2020국회8급)**

[사실관계]

청구인은 컴퓨터등사용사기 등의 죄명으로 기소되어 징역 2년 6월을 선고받고, 이후 위 형이 확정되었다. 청구인은 위 사건으로 인한 미결수용 중 수용자 간 금품수수 등 관규 위반 혐의로 금치 20일에 처하는 처분 및 형집행법 제112조 제3항에 따라 집필 제한 및 서신수수 제한 등 위 법률 제108조 제4호부터 제13호까지의 처우제한이 함께 부과되었다. 청구인은 금치기간 중 집필 및 서신수수를 함께 제한하도록 한 위 법률조항들로 인하여 기본권을 침해받았다고 주장하면서, 헌법소원심판을 청구하였다.

[결정요지]

[1] 금치처분을 받은 수용자들은 이미 수용시설의 안전과 질서유지에 위반되는 행위, 그중에서도 가장 중한 평가를 받은 행위를 한 자들이라는 점에서, 집필과 같은 처우제한의 해제는 예외적인 경우로 한정될 수밖에 없고, 선례가 금치기간 중 집필을 전면 금지한 조항을 위헌으로 판단한 이후, 입법자는 집필을 허가할 수 있는 예외를 규정하고 금치처분의 기간도 단축하였다. 나아가 미결수용자는 징벌집행 중 소송서류의 작성 등 수사 및 재판과정에서의 권리행사는 제한 없이 허용되는 점 등을 감안하면, 금치기간 중 집필을 제한

하는 조항은 청구인의 표현의 자유를 침해하지 아니한다.

[2] 서신수수 제한의 경우 외부와의 접촉을 금지시키고 구속감과 외로움 속에 반성에 전념토록 하는 징벌의 목적에 상응하는 점, 서신수수를 허가할 수 있는 예외를 규정하고 있는 점 등을 감안하면, 금치기간 중 서신수수를 제한하는 조항은 청구인의 통신의 자유를 침해하지 아니한다.

[해설]

I. 금치처분을 받은 자의 집필 및 서신수수 금지에 관한 종래 법령과 판례

1981년 개정된 행형법시행령(대통령령 제10313호) 제145조 제2항은 금치기간 중 접견·서신·작업·운동 및 도서열독을 금지한다고 규정하였다. 이것은 예외 없는 금지의 방식이었다. 이 금지는 2000년 개정된 행형법시행령(대통령령 제16759호)에서 확대되어, 금치기간 중 접견, 서신수발, 전화통화, 집필, 작업, 운동, 신문·도서열람, 라디오청취, 텔레비전시청 및 자비부담 물품의 사용이 금지되었다. 다만, 미결수용자의 소송서류 작성, 변호인과의 접견 및 서신수발은 예외로 인정되었고, 소장이 교화 또는 처우상 특히 필요하다고 인정하는 때에는 접견·서신수발 또는 도서열람을 허가할 수 있도록 했다. 그러나 집필이나 운동 등에 대해서는 여전히 예외 없는 금지의 방식이 유지되었다.

금치기간 중에 부과되는 이 같은 처우제한이 위헌임을 주장하는 여러 소송들이 헌법재판소에 제기되었다. 일부는 위헌으로 판정되었다. 운동을 제한한 부분은 운동의 건강상 중요성과 절대적 금지 형식으로 인한 과도한 제한가능성을 이유로(헌재 2004. 12. 16. 선고 2002헌마478 전원재판부 결정), 집필을 제한한 부분은 그것이 법률적 근거를 결여하였고 또한 규율위반의 경중에 대한 고려나 예외적 허용가능성이 없는 금지 방식으로 인해 입법목적 달성에 필요한 최소한의 제한이라는 한계를 벗어났다는 이유로(헌재 2005. 2. 24. 선고 2003헌마289 전원재판부 결정) 각각 위헌이 선언되었다. 반면에 접견, 서신수발을 제한한 부분은 그것이 입법목적을 위해 필요한 제한이며 소장이 필요한 경우 예외를 인정할 수 있는 여지가 존재한다는 등의 이유로 합헌이라고 판단되었다(헌재 2004. 12. 16. 선고 2002헌마478 전원재판부 결정).

이에 따라 입법자는 2007년 형집행법(법률 제8728호) 전부개정을 통해 금치기간 중 신문열람 제한, 텔레비전 시청 제한, 집필 제한, 서신수수 제한, 접견 제한, 실외운동 정지 등과 같은 처우제한을 법률로 규정하되, 다만 소장으로 하여금 수용자의 권리구제, 수형자의 교화 등을 위하여 특히 필요하다고 인정하면 집필·서신수수·접견 또는 실외운동을 허가할 수 있도록 하였다(제112조 제3항). 대상결정은 이 중 집필 제한 부분과 서신수수 제한 부분의 기본권 침해 여부에 관한 사건이었다.

II. 대상결정에 대한 평가

대상결정은 집필 제한 부분과 서신수수 제한 부분을 모두 합헌으로 판단하였다. 수형자 혹은 미결수용자는 행형목적 혹은 구금목적의 달성을 위해 공히 격리된 시설에서 강제적인 공동생활을 하게 되므로, 헌법이 보장하는 신체의 자유 등 기본권에 대한 일정한 제한이 불가피하다. 그러나 이들에 대한 기본권 제한 역시 헌법 제37조 제2항이 설정한 기본권 제한의 한계를 준수해야 하고, 이에 관한 판단은 구체적인 자유·권리의 내용과 성질, 그 제한의 태양과 정도 등을 형량하는 과정 속에서 수행된다. 결국 수형자 등의 금치기간 중 처우제한이 위헌인지 여부는 해당 제한의 구체적 양상을 종합적으로 검토한 결과로서 확정된다. 이 측면에서 필자는 대상결정 중 집필 제한 부분의 판단이 달리 검토될 여지가 있다고 생각한다. 이하에서는 이 부분을 짚어보고자 한다.

집필 제한에 관한 종전 위헌결정은, 기본권 행사의 '여부'에 관한 규제는 기본권행사의 '방법'에 관한 규제로써 입법목적을 달성할 수 없는 경우에 비로소 선택되어야 한다는 법리를 적극적으로 활용했다. 집필행위 자체는 허용하되 집필의 시간이나 횟수를 제한하는 방법 또는 예외적으로 집필을 허용할 수 있는 사유를 한정하는 방법 등으로 입법목적을 충분히 달성될 수 있으므로, 집필행위 자체를 일체 금지한 것은 위헌이라는 것이다. 이에 따라 입법자는 집필을 예외적으로 허용할 수 있는 사유를 추가하였다. 대상결정의 합헌판단은 위 법개정에 따라 권리제한이 완화된 양상을 기초로 했다.

그러나 이 논리가, 금치기간 중 처우제한의 위헌 여부는 처우제한의 예외적 허용가능성 유무에 따라 결정된다는 의미는 아니다. 그러한 예외가 없는 처우제한이 합헌적일 수도 있고, 그러한 예외가 있는 처우제한이 위헌적일 수도 있다. 가령, 전자의 사례로, 뒤에서 보듯이 금치기간 중 전화통화 제한은 비록 예외 없는 제한의 형식이지만 범죄의 증거 인멸 등의 우려를 고려할 때 위헌으로 볼 수 없다는 결정이 있다.

그 반대로, 후자의 사례도 있는데, 실외운동 제한에 관한 결정이 그것이다. 과거 금치기간 중 운동 제한이 절대적 금지의 형식을 취한다는 등의 이유로 위헌으로 선언되었고, 이에 따라 입법자는 금치기간 중 실외운동 금지를 원칙으로 하면서 다만 이것을 허용할 수 있는 예외도 함께 규정해 두었음은 앞서 본 대로이다. 절대적 금지 방식을 '원칙적 금지와 예외적 허용'의 구조로 변경한 것이다. 그런데 헌법재판소는 이러한 예외적 허용가능성을 고려하더라도 실외운동 제한은 위헌이라고 판단했다(헌재 2016. 5. 26. 선고 2014헌마45 전원재판부 결정). 이 결론을 뒷받침하는 논거는 크게 세 가지였다. 첫째 실외운동 제한이 심각한 건강상 문제를 초래할 수 있다는 점, 둘째 규율위반의 경중에 대한 고려가 여전히 부족하다는 점, 셋째 실외운동의 기회

부여에 관한 최저기준이 부재하다는 점이 그것이다. 둘째 측면과 관련하여, 재판소는 실외운동을 허용한다면 금치처분의 목적을 달성하기 어려운 경우(예: 소란, 난동을 피우거나 다른 사람을 해할 위험이 있는 경우)에 한하여 예외적으로 실외운동을 제한할 필요성이 있음을 강조했다.

이 논거들은 집필 제한의 위헌 여부 판단에서도 유용하게 참조될 수 있다고 생각한다. 집필행위는 사람이 자신의 생각이나 감정을 문서 등에 표현하여 기록으로 남겨두는 행위로서, 이 행위를 보장하는 것은 양심의 자유나 사상의 자유를 향유하는 인간이 존엄한 존재로 살아가기 위해 반드시 충족되어야 할 조건이다. 그에 반하여, 집필행위 자체는 정신활동과 관계되는 지극히 개인적인 행위로서 수용시설의 질서와 안전의 유지에 위험을 주는 행위가 아니다. 실외운동과 비교하면 더욱 그러하다. 이를 고려하면, 집필 제한은 집필을 허용할 경우 징벌 목적을 달성하기 어려운 때 혹은 필기도구를 이용한 자해의 위험이 있는 때와 같이 그 제한이 불가피한 예외적 상황에서만 정당화된다고 충분히 볼 수 있다. 더욱이 집필은 자기반성과 성찰의 계기가 될 수도 있으므로, 교정교화와 건전한 사회복귀를 위해서도 효과적일 수 있다. 대상결정에는 집필제한 부분이 위헌이라는 재판관 4인의 반대의견이 존재하는데, 이 반대의견의 관점 역시 크게 다르지 않다.

집필 제한에 대한 합헌판단은 따라서 '과잉 금지원칙'이나 '의심스러울 때에는 자유의 이익으로(in dubio pro libertate)'와 같이 기본권의 최대보장을 지향하는 헌법의 기본이념에서 바라볼 때 형량판단 측면에서 아쉬움을 남긴다. 이 아쉬움은, 향후 헌법재판소가 집필 제한 부분의 결론을 다르게 가져갈 가능성 혹은 우리 사회가 이 부분을 개선하기 위한 제도적 모색을 중단하지 않아야 할 필요성을 뒷받침하는 동력이 될 것이다.

[후속논의]

대상결정 이후에도, 금치기간 중 처우제한에 관한 형집행법 조항의 위헌성을 다투는 소송들이 지속적으로 제기되었다. 집필 제한 부분과 서신수수 제한 부분이 다시 한 번 심판대에 올랐으나 헌법재판소는 대상결정의 논리를 원용하면서 선례를 변경할 특별한 사정이 없어 그 결론을 유지하였다. 접견 제한 부분, 전화통화 제한 부분, 신문열람 제한 부분, 자비구매물품 사용 제한 부분, 공동행사 참가 제한 부분, 텔레비전 시청 제한 부분도 합헌으로 결정되었다(헌재 2016. 4. 28. 선고 2012헌마549등 전원재판부 결정; 헌재 2016. 5. 26. 선고 2014헌마45 전원재판부 결정). 반면에 앞서 언급한 대로 실외운동 제한 부분은 위헌으로 선언되었다. 이에 따라 입법자는 형집행법(법률 제14281호)을 개정하여 금치처분을 받은 자에게 실외운동 제한을 병과할 수 있도록 하는 근거를 삭제하였고, 그와 동시에 다만 도주의 우려가 있는 경우 등의 사유가 있을 때에는 건강유지에 지장을 초래하지 아니하는 범위에서 실외운동을 제한할 수 있도록 하는 조항을 신설하였다(제112조 제3항, 제4항).

[참고문헌]
• 양소연·정해인, 수용자의 집필 및 서신수수의 자유 제한에 대한 고찰: 헌법재판소 2014. 8. 28. 선고 2012헌마623 결정, 법학평론 제6권, 서울대학교 법학평론 편집위원회, 2016.
• 조경선, 형의 집행 및 수용자의 처우에 관한 법률 제112조 제3항 위헌확인 등, 헌법재판소결정해설집 (2016년), 2017.

[이황희 교수(성균관대학교 법학전문대학원)]

[11] 조사수용시 분리수용 및 공동행사참가 등 처우제한 행위의 위헌 여부

대상	형의 집행 및 수용자의 처우에 관한 법률 제110조 위헌확인 등 (기각, 각하) 헌재 2014. 9. 25. 선고 2012헌마523 전원재판부 결정 (기각, 각하) **(2018서울7급 / 2019국회8급** **/ 2020국회8급)**

[사실관계]

청구인은 ○○교도소에 수용 중인 사람으로, 2011. 10. 6. 민사소송법 제128조 제1항에 대한 헌법소원을 제기하였으나 청구기간 도과를 이유로 2011. 10. 25. 각하결정을 받은 바 있다.

피청구인인 ○○교도소장은, 청구인이 위 헌법소원 청구서의 발송에 관여한 교도관들을 공갈, 협박하였다고 의심할 만한 상당한 이유가 있고 증거를 인멸할 우려가 있다는 이유로 2012. 5. 21.부터 2012. 6. 4.까지 조사를 위하여 청구인을 조사실에 분리수용하고(이하 '이 사건 분리수용'이라 한다), 같은 기간 청구인의 작업, 교육훈련, 공동행사 참가를 제한하였으며(이하 '이 사건 처우제한'이라 한다), 2012. 5. 23.과 2012. 6. 2. 청구인이 변호인 아닌 자와 접견할 때 교도관이 참여하여 그 대화내용을 기록하게 하였다(이하 '이 사건 접견참여·기록'이라 한다).

이에 청구인은 위와 같이 청구인을 분리수용한 행위, 분리수용의 근거규정인 형집행법 제110조 등이 청구인의 기본권을 침해한다고 주장하며 2012. 6. 5. 이 사건 헌법소원심판을 청구하였다.

[결정요지]

[1] 분리수용과 처우제한은 징벌제도의 일부로서 징벌 혐의의 입증을 위한 과정이고, 그 과정을 거쳐 징벌처분을 내리기 위해서는 징벌위원회의 의결이라는 사전 통제절차를 거쳐야 하며, 내려진 징벌처분에 대해서는 행정소송을 통해 불복할 수 있다는 점, 조사단계에서의 분리수용이나 처우제한에까지 일일이 법원에 의한 사전 또는 사후통제를 요구한다면 징벌제도 시행에 있어서 비효율을 초래할 수 있다는 점, 조사단계에서 징벌혐의의 고지와 의견진술의 기회 부여가 이루어진다는 점 등을 종합하여 볼 때, 분리수용 및 처우제한에 대해 법원에 의한 개별적인 통제절차를 두고 있지 않다는 점만으로 이 사건 분리수용 및 이 사건 처우제한이 적법절차원칙에 위반된 것이라고 볼 수는 없다.

[2] 청구인이 혐의를 받고 있는 징벌대상행위가 교도관에 대한 공갈, 협박이라는 점, 처우제한의 범위도 동료 수용자 및 교도관과의 직접적인 접촉이 이루어지는 작업, 교육훈련,

공동행사 참가로 한정된 점에 비추어 이 사건 분리수용과 처우제한이 증거인멸 방지를 위해 필요한 정도를 넘어선 가혹한 처사라고 볼 수 없고, 청구인이 혐의를 부인하고 일체의 진술을 거부한 점 및 조사기간 동안 증거자료 수집과 피해 교도관에 대한 진술조사 등이 행해진 점 등에 비추어 볼 때, 15일의 기간이 조사에 필요한 정도를 넘어선 것으로 보기도 어려우며, 조사기간은 전부 금치의 징벌기간에 산입되었으므로 이 사건 분리수용 및 이 사건 처우제한이 청구인의 신체의 자유, 통신의 자유, 종교의 자유 등을 침해하였다고 볼 수 없다.

[3] 접견내용을 녹음·녹화하는 경우 수용자 및 그 상대방에게 그 사실을 말이나 서면 등으로 알려주어야 하고 취득된 접견기록물은 법령에 의해 보호·관리되고 있으므로 사생활의 비밀과 자유에 대한 침해를 최소화하는 수단이 마련되어 있다는 점, 청구인이 나눈 접견내용에 대한 사생활의 비밀로서의 보호가치에 비해 증거인멸의 위험을 방지하고 교정시설 내의 안전과 질서유지에 기여하려는 공익이 크고 중요하다는 점에 비추어 볼 때, 이 사건 접견참여·기록이 청구인의 사생활의 비밀과 자유를 침해하였다고 볼 수 없다.

[해설]

I. 수형자의 법적 지위와 기본권 제한

수형자는 징역형·금고형 또는 구류형의 선고를 받아 그 형이 확정되어 교정시설에 수용된 사람과 벌금 또는 과료를 완납하지 아니하여 노역장 유치명령을 받아 교정시설에 수용된 사람을 말하고(형집행법 제2조 제2호), 교정시설은 교도소·구치소 및 그 지소로 수형자의 교정교화와 건전한 사회복귀를 도모하는 것을 목적으로 하는 국가기관이다(형집행법 제1조, 제2조 제1호).

교정시설에 구금된 수형자에 대해서는 형집행의 목적을 달성하기 위하여 헌법이 보장하는 신체의 자유 등 특정한 기본권에 대한 제한은 불가피하다. 그러나 수형자라 하여 모든 기본권을 제한하는 것은 허용되지 않으며, 제한되는 기본권은 형의 집행과 도망의 방지라는 구금의 목적과 관련된 기본권, 예컨대 신체의 자유, 거주이전의 자유, 통신의 자유 등에 한정되어야 하며, 그 역시 형벌의 집행을 위하여 필요한 한도를 벗어날 수 없다. 특히 수용시설 내의 안전과 질서유지를 위해 행해지는 규율과 징계를 통한 수형자의 기본권 제한은 헌법 제37조 제2항이 정하고 있는 기본권 제한의 헌법적 한계를 벗어날 수 없으므로 필요한 경우 법률로써 제한할 수 있으되 과잉금지원칙에 위반되어서는 아니 되고 또 기본권의 본질적인 내용을 침해할 수도 없는 것이다(헌재 2005. 2. 24. 선고 2003헌마289 전원재판부 결정).

II. 조사수용시 분리수용 및 처우제한에 대한 판단

형집행법상의 징벌은 수형자가 교정시설

내의 준수사항 위반행위에 대하여 부과되는 행정법상 질서벌의 일종으로 형법상의 범죄행위에 대한 형벌과 그 목적과 성격을 달리하고 있다. 따라서 수형자의 형사법령위반행위에 대해 징벌을 한 후에 형벌을 부과하더라도 이는 일사부재리의 원칙을 위반하는 것이 아니다(대법 2000. 10. 27. 선고 2000도3874 판결). 하지만 징벌은 교정시설 내에서 구금의 확보와 시설 내 질서유지를 위하여 제정한 준수사항 등 규율을 위반하는 수형자에 대한 불이익처분이므로 엄격하게 제한된 범위 내에서만 인정되어야 한다. 따라서 분리수용 자체는 징벌혐의를 받는 수용자의 방어권을 심각하게 제약할 수 있기 때문에 형사절차에서 구속이 엄격한 구속사유를 전제로 하고 비례성의 원칙을 준수하여야 하는 것과 마찬가지로 필요최소한도의 범위로 인정되어야 한다.

형집행법 제110조는 "징벌사유에 해당하는 행위를 하였다고 의심할만한 상당한 이유가 있는 수용자"에 대하여 "1. 증거를 인멸할 우려가 있는 때, 2. 다른 사람에게 위해를 끼칠 우려가 있거나 다른 수용자의 위해로부터 보호할 필요가 있는 때"의 어느 하나에 해당하면 조사기간 중의 분리수용을 허용하고 있다. 대법원 또한 징벌사유에 해당하는 행위를 하였다고 의심할만한 상당한 이유가 있는 수용자에 대하여 조사가 필요한 경우에도, 특히 그 수용자에 대한 '조사거실에의 분리수용'은 형집행법 제110조 제1항의 각호에 따라 그 수용자가 증거를 인멸할 우려가 있는 때 또는

다른 사람에게 위해를 끼칠 우려가 있거나 다른 수용자의 위해로부터 보호할 필요가 있는 때로 제한하여 인정하고 있다(대법 2014. 9. 25. 선고 2013도1198 판결).

이 사건 분리수용은 수형자의 징벌혐의를 조사하는 동안에 징벌대상자에 대하여 교도소장이 형집행법 제110조 제1항에 근거하여 행해진 것으로서 헌법상 법률유보의 원칙에 위반되지 않는다.

나아가 헌법 제12조 제1항은 "……법률과 적법한 절차에 의하지 아니하고는 처벌·보안처분 또는 강제노역을 받지 아니한다."라고 규정하여 적법절차의 원칙을 천명(闡明)하고 있는데, 헌법재판소는 적법절차 원칙의 적용이 형사소송절차에 국한하지 않고 모든 입법 및 행정작용에도 광범위하게 적용된다고 해석하고 있다(헌재 1992. 12. 24. 선고 92헌가8 전원재판부 결정). 이에 따른다면, 행정상 질서벌의 일종인 징벌제도에도 적법절차의 원칙이 준수되어야 한다.

다른 한편, 형집행법 제108조는 징벌의 종류로서 "1. 경고, 2. 50시간 이내의 근로봉사, 3. 3개월 이내의 작업장려금 삭감, 4. 30일 이내의 공동행사 참가 정지, 5. 30일 이내의 신문열람 제한, 6. 30일 이내의 텔레비전 시청 제한, 7. 30일 이내의 자비구매물품(의사가 치료를 위하여 처방한 의약품을 제외한다) 사용 제한, 8. 30일 이내의 작업 정지(신청에 따른 작업에 한정한다), 9. 30일 이내의 전화통화 제한, 10. 30일 이내의 집필 제한, 11. 30일 이내의

편지수수 제한, 12. 30일 이내의 접견 제한, 13. 30일 이내의 실외운동 정지, 14. 30일 이내의 금치(禁置)"를 규정하고 있다.

이 사건 처우제한은 청구인에 대한 분리수용 기간 중 작업, 교육훈련, 공동행사의 참가를 제한한 것으로서 청구인에 대한 징벌혐의의 내용이 교도관에 대한 공갈·협박이라는 점, 청구인이 작업장이나 종교집회 장소 등에서 피해 교도관 및 다른 수용자와 접촉하게 되는 경우 이들을 기망하거나 협박하는 등 피해자 또는 관련자의 진술확보를 곤란하게 할 가능성이 있다는 점을 고려할 때, 청구인의 증거인멸 방지를 위하여 필요한 정도를 넘어선 가혹한 처사라고 볼 수도 없다. 따라서 이 사건 분리수용이나 처우제한에는 그 목적의 정당성이 인정될 뿐만 아니라 증거인멸 방지를 위한 수단의 적합성 또한 인정된다.

그리고 이 사건 분리수용 및 처우제한의 기간은 총 15일인데, 청구인의 징벌혐의가 단순한 내부 규율위반이 아니라 공갈·협박의 범죄행위로서 그 사안이 결코 가볍지 않고, 징벌혐의를 조사하는 때에도 청구인이 이를 부인하며 일체의 진술을 거부하였으며, 위의 조사기간 동안에 청구인의 영치금 대장, 소송서류 목록, 면담신청서, 교도관에게 보낸 쪽지 등의 증거자료를 수집하고 피해 교도관에 대한 진술 조사 등이 행해진 점 등에 비추어 보면, 위 15일의 기간이 필요한 정도를 넘어선 장기간으로 보기 어렵다. 나아가 피청구인은 이 사건 분리수용 기간을 금치의 징벌 기간에

전부 산입함으로써 조사기간 동안의 기본권 침해를 최소화하는 조치도 취하였으므로 과잉금지의 원칙에 위반되지도 않는다.

따라서 이 사건 분리수용 및 처우제한은 청구인의 신체의 자유, 통신의 자유, 종교의 자유 등을 침해하였다고 볼 수 없다.

III. 변호인 아닌 자와의 접견참여·기록에 대한 판단

이 사건 접견참여·기록은 헌법 제17조에서 보장하는 사생활의 비밀과 자유를 침해하는가의 문제이지만, 이는 범죄의 증거를 인멸하거나 형사법령에 저촉되는 행위를 할 우려가 있는 때 수용자의 접견 내용을 청취·기록·녹음 또는 녹화할 수 있도록 규정한 형집행법 제41조 제2항 제1호 및 제4항(2014. 12. 30. 법률 제12900호로 일부 개정되기 이전의 법률. 현행의 형집행법 제41조 제4항 제1호 및 제6항)의 위임에 따른 형집행법 시행령 제62조 제1항에 근거를 두고 있으므로 법률유보의 원칙에 위반되지 않는다.

또한 접견과정에 교도관이 참여하여 그 내용을 기록한다는 사실이 미리 고지하고 있으므로 청구인의 접견내용에 대한 사생활 비밀로서의 보호 가치는 그리 크지 않지만, 증거인멸의 위험을 방지하고 교정시설 내의 안전과 질서유지에 기여하려는 공익이 청구인의 사익 제한보다 훨씬 크고 중요하다고 보아 법익의 균형성을 인정하고 있다(헌재 2012. 12.

27. 선고 2010헌마153 전원재판부 결정). 나아가 이렇게 취득된 접견 기록물의 보호·관리를 위하여 접견정보 취급자를 지정하고, 접견정보 취급자에게는 직무상 알게 된 접견정보를 누설하거나 권한 없이 처리하거나 다른 사람이 이용하도록 제공하는 등 부당한 목적을 위하여 사용할 수 없게끔 규정하고 있다(형집행법 시행령 제62조 제3항).

위와 같이 사생활의 비밀과 자유에 대한 침해를 최소화하기 위한 수단을 마련하고 있어, 이 사건 접견참여·기록은 법률유보의 원칙이나 과잉금지원칙에 위반되어 청구인의 사생활의 비밀과 자유를 침해하였다고 볼 수 없다.

IV. 대상판례의 의의 및 비판

대상판례는 먼저 형집행법 제110조에 따른 분리수용 및 처우제한의 법적 성질이 수용자의 징벌혐의사실을 입증하고자 하는 조사기간 중 부과하는 징벌의 일부로서 형벌과는 목적과 성격을 달리하는 처분으로 명시하고 있다. 하지만 징벌이 아직 확정되지 아니한 수용자에 대한 분리수용 및 처우제한은 '사전적 징벌'로서 징벌대상자의 방어권 행사를 제한할 우려가 있으므로 형사절차상 피의자나 피고인의 구속과 마찬가지로 엄격한 요건에 따라 허용되어야 할 것이다. 이에 대상판례도 이 사건 분리수용 및 처우제한에 대하여는 수용자 개인의 기본권 제한을 위하여 헌법상 법률유보의 원칙 및 적법절차 원칙, 과잉금지원

칙의 준수를 요구하고 있다.

또 "소장은 징벌혐의자로서 조사 중에 있는 수용자에 대하여는 조사실에 수용하여야 한다"라는 구 행형법 제143조의 조사실 '격리수용'과 달리 현행의 형집행법 제110조 분리수용은 징계 혐의의 상당성을 전제로 증거인멸의 우려와 다른 수용자의 위해 우려를 제한요건으로 추가하고 있어 수용자의 인권 보호를 위한 진일보한 규정이라 하겠다. 그렇지만 여전히 일각에서는 현행법상 분리수용 허용요건의 강화가 필요하다는 지적이 있다. 즉, 현행법의 개정 취지를 적극적으로 반영하려면 '조사에 현저한 지장을 줄 우려가 있는 경우'에 한하여 징벌대상자의 분리수용을 허용하는 것이 바람직하다고 한다(정승환, 108면).

나아가 대상판례는 징벌위원회의 의결이라는 사전 통제절차 및 행정소송을 통한 불복수단의 마련을 근거로 조사단계에서의 분리수용 및 처우제한에 대하여는 법원에 의한 사전 또는 사후의 통제를 요구하지 않고 있다. 그러나 이러한 절차적 수단과 불복의 방법이 마련되어 있다고 하더라도 이 사건 분리수용 및 처우제한은 사전단계에서 징벌의 요구 및 처분권자와 사후적인 징벌의결권자의 일치 또는 중첩의 문제가 있다. 형집행법 제110조에서 사전적 징벌은 소장이 행하는 것으로 규정하고 있는 반면에, 금치 등 징벌은 '소장 바로 다음 순위자'를 위원장으로 하는 징벌위원회의 의결사항으로 규정하고 있다. 나아가 징벌위원회 구성 및 운영의 공정성을 기하기 위하

여 '5명 이상 7명 이하의 위원' 중 교정에 관한 학식과 경험이 풍부한 외부 전문가 3명 이상의 필수적 위촉을 규정하기는 한다. 하지만 징벌위원회에서 절차 운영의 공정성을 제고하기 위하여 외부 전문위원이 의사정족수의 과반수로 명시하거나 애초에 징벌위원회를 구성에서 "3명 이상"이 아닌 징벌위원회의 과반수를 외부 전문가로 구성하는 방안도 고려할 수 있다(정승환, 115면; 신양균, 498면). 더 나아가 징벌 요구기관과 징벌의결기관을 분리하는 방안에 대한 입법제도적 개선이 필요하다(정승환, 113~114면).

끝으로 형집행법 제108조는 징벌의 종류를 상세하게 법정하고 있지만, 그간에 헌법소원 심판 청구와 같이 제도의 남용 우려가 여전히 있으므로, 징벌의 종류에 상응하는 각 구체적인 처우의 제한을 명시할 필요가 있다. 특히 형집행법 제110조 제2항은 사전단계의 징벌인 이 사건 분리수용에서는 "접견 · 편지수수 · 전화통화 · 실외운동 · 작업 · 교육훈련, 공동행사 참가, 중간 처우 등 다른 사람과의 접촉이 가능한 처우의 전부 또는 일부"로만 제한하고 있다. 그 결과 형집행법 시행규칙 제220조 제1항은 일반적 조사기간을 10일 이내로, 특히 필요한 때에는 1회에 한하여 7일을 초과하지 아니하는 범위에서 연장을 허용하고 있다. 이에 대상판례에서도 이 사건 분리수용 및 조사기간 15일은 법정 최고기간인 17일 이내이므로 적법하다고 형식적 판단만 하고 있다.

그렇지만 여전히 이 사건에서처럼 중첩적이거나 광범위하게 처우가 제한되고 있는 것에는 의문이 있다. 적어도 징벌 혐의 조사단계에는 징벌대상자의 구체적인 분리수용 사유에 따라 제한되는 처우를 명시하고, 그와 같이 한정된 처우에 대해서도 '다른 사람과의 접촉 없이' 또는 '교정 인력의 감시 조건부 처우'를 시행하는 방안을 강구할 필요도 있다(신양균, 501면).

[참고문헌]
● 정승환, 구금시설 수용자에 대한 징벌제도의 개선방안, 형사정책연구 제22권 제2호, 한국형사정책연구원, 2011.
● 신양균, 형집행법, 화산미디어, 2012.
● 여경수, 수형자에 관한 헌법재판소 결정의 분석과 평가, 인권과 정의 제449호, 대한변호사협회, 2015.
● 정유철 · 이윤호, 징벌제도의 실무적 고찰, 교정연구 제26권 제3호, 한국교정학회, 2016.

[이경렬 교수(성균관대학교 법학전문대학원)]

[12] 조사수용의 요건

대상	공무집행방해 (무죄)
	[1심] 대전지법 2012. 6. 22. 선고 2011고단2453 판결 (유죄)
	[2심] 대전지법 2013. 1. 10. 선고 2012노1374 판결 (무죄)
	[3심] 대법 2014. 9. 25. 선고 2013도1198 판결 (상고기각)
참조	공무집행방해, 상해 (무죄)
	[1심] 춘천지법 원주지원 2015. 11. 3. 선고 2015고단190 판결 (유죄)
	[2심] 춘천지법 2017. 2. 15. 선고 2015노1231 판결 (무죄)
	[3심] 대법 2020. 8. 20. 선고 2017도4073 판결 (상고기각)

[사실관계]

피고인은 거실 벽면에 연예인 사진을 부착하였다. 교도관은 피고인의 행위가 청결의무 위반에 해당한다는 이유로 이를 제거하라고 지시하였다. 피고인은 제거 지시를 거부하였고, 교도관은 사무실에서 피고인에게 조사거실로 이동하여 조사를 받으라는 명령을 하였다. 피고인은 조사거실로 이동하기 전에 수용거실에 들러 자신의 사물을 가져갈 것을 요청하였는데, 교도관은 그 요청을 거절하고 피고인을 조사거실로 강제로 끌고 가려고 하였다. 이에 피고인은 조사거실로 갈 수 없다고 강하게 항의하면서 교도관의 멱살을 잡아 폭행하였다. 그러자 교도관들은 피고인에게 수갑을 채우고 양쪽에서 팔을 잡을 채 강제로 조사거실로 데려가 검신을 위해 옷을 벗을 것을 지시하였고, 피고인은 검신을 거부하며 욕설을 하고 머리를 피해자의 가슴 부위에 들이대어 폭행하였다. 피고인은 위와 같은 폭행으로 인해 공무집행방해로 기소되었다.

[판결요지]

징벌사유에 해당하는 행위를 하였다고 의심할 만한 상당한 이유가 있는 수용자에 대하여 조사가 필요한 경우라 하더라도, 특히 그 수용자에 대한 조사거실에의 분리 수용은 형의 집행 및 수용자의 처우에 관한 법률 제110조 제1항의 각 호에 따라 그 수용자가 증거를 인멸할 우려가 있는 때 또는 다른 사람에게 위해를 끼칠 우려가 있거나 다른 수용자의 위해로부터 보호할 필요가 있는 때에 한하여 인정된다.

[해설]

I. 조사수용에 관한 법률

구 행형법 시행령(대통령령 제19563호) 제143조는 "소장은 징벌혐의자로서 조사 중에 있는 수용자에 대하여는 조사실에 수용하여야 한다"고 정하여 징벌혐의자의 필요적 조사수용을 규정하고 있었다. 그러나 2007년 행형법이 형집행법(법률 제8728호)으로 전면 개정되면서 법률 제110조에서 "소장은 징벌사유에 해당하는 행위를 하였다고 의심할 만한 상당한 이유가 있는 수용자(징벌대상자) 중 증거 인멸 우려가 있는 경우 또는 다른 사람에게 위해를 끼칠 우려가 있거나 다른 수용자의 위해로부터 보호할 필요가 있는 때에만 조사기간 중 분리하여 수용할 수 있다"고 정하여 예외적 조사수용으로 변경되었다. 법 개정 이후 구 행형법 시행령 제143조는 삭제되었다. 위와 같은 법 개정 경과에 비추어 보면, 위 개정 취지는 징계혐의를 조사하기 위하여 수용자를 조사실에 격리시켜 수용하는 행위가 수용자에 대한 중대한 기본권 제한임을 고려하여 조사수용을 시행령이 아닌 법률에서 규정하고 그 요건을 엄격히 제한하기 위함으로 보인다. 한편, 형집행법 제110조에서는 조사수용의 시간을 별도로 정의하고 있지 않으므로, 24시간을 지나지 않는 조사실 일시 격리 조치도 조사수용에 포함된다. 나아가 형집행법 제110조 이외에는 교도소장이 징벌대상자를 조사실에 격리하여 조사할 수 있다는 법규정이 존재하지 않는다. 즉, 형집행법 및 그 시행령에 의할 때, 교도소장은 원칙적으로 징벌대상자를 조사실로 불러 조사할 수 없다. 마지막으로 형집행법 제100조는 수용자가 다른 사람에게 위해를 끼치려고 하거나 자해하려고 할 때, 위력으로 교도관의 정당한 직무집행을 방해할 때, 교정시설의 설비 등을 손괴하거나 그 밖에 시설의 안전 또는 질서를 크게 해치는 행위를 하려고 할 때 등 구체적 사유가 존재할 때 교도관은 수용자에 대하여 강제력을 행사할 수 있다고 규정하고 있다.

II. 조사수용 처분에 대한 헌법재판소 결정

헌법재판소는 교도소장의 조사수용 처분 및 처우제한 처분이 위헌인지 여부에 관하여 심리하였다(헌재 2014. 9. 25. 선고 2012헌마523 전원재판부 결정). 헌법재판소는, 교정시설에 구금된 수형자에게 행형목적의 달성을 위하여 헌법이 보장하는 신체의 자유 등 기본권에 대한 제한은 불가피하다고 인정하면서도, 모든 기본권의 제한이 정당화될 수 없고, 특히 수용시설 내의 안전과 질서 유지를 위해 행해지는 규율과 징계를 통한 수형자의 기본권 제한 역시 헌법 제37조 제2항이 정하고 있는 기본권 제한의 헌법적 한계를 벗어날 수 없으므로, 필요한 경우에 한하여 법률로써 제한할 수 있으되 과잉금지원칙에 위반되어서는 아니 되고 기본권의 본질적인 내용을 침해할 수 없다고 판시하였다. 나아가 헌법 제12조 제1항의 적법절차 원칙은 교정시설의 안전과 질서를 유지하기 위한 행정상 질서벌의 일종인 징벌제도에도 적용된다고 보았다. 다만, 이러한 전제 아래에서 검토한 결과 당해 사안의 조사수용 처분이 청구인의 신체의 자유, 통신의 자유, 종교의 자유 등을 침해하지 않았다고 결론지었다.

III. 조사수용의 위법 여부에 관한 대법원의 태도

대상판례 및 참조판례의 예에 비추어 보면, 대법원은 형집행법 제110조의 조사수용 제도가 합헌이라는 전제 아래에서 조사수용의 처분이 법률상의 요건을 충족하였는지 여부를 살펴 그 위법성을 심사한다. 또한 대상판례 및 참조판례의 사안은 모두 징벌대상자가 교도소장의 조사수용 처분에 대항하여 이를 집행하는 교도관에게 폭력을 행사하거나 상해를 가한 후 공무집행방해 등으로 기소된 사안인데, 대법원은 조사수용 처분이 위법할 경우 위법한 조사수용을 집행하는 교도관들의 직무집행도 위법하므로 수용자가 그 직무집행에 대항하여 교도관들을 폭행하였다고 하더라도 공무집행방해죄가 성립하지 않고, 그 과정에서 교도관에게 상해를 가하였다고 하더라도 이는 정당방위에 해당하여 위법성이 조각된다고 판단한다. 이하에서는 대법원이 조사수용 처분의 위법성을 어떻게 판단하였는지 구체적으로 살펴본다.

대상판례의 경우, 원심은 수용자가 수용거실 벽면에 연예인 사진을 부탁한 행위가 청결의무 위반에 해당하지 않으므로 교도관의 사진 제거 지시가 위법하다고 판단하였다. 교도관의 사진 제거 지시가 위법한 이상 그 지시

위반을 이유로 한 일련의 직무집행이 모두 위법하다고 판단했다. 나아가 교도관이 피고인을 조사거실에 강제로 수용하려고 한 행위는 조사수용의 요건을 충족하지 않은 상태에서 이루어진 것으로서 위법하다고 보았다. 이에 대하여 대법원은 수용거실에 부착될 부착물의 허용기준 설정은 교도소장의 권한에 속하는 사항이고, 이 사건의 연예인 사진 부착 금지 및 사진 제거 지시가 헌법상 과잉금지 원칙에 위배된다고 볼 수 없다는 점을 이유로 교도관의 사진 제거 지시 자체는 적법하고, 이를 거부한 수용자의 행위는 징계사유에 해당한다고 판단했다. 그러나 조사수용 처분과 관련해서는 교도관이 피고인에게 조사거실로의 강제수용을 명한 원인은 피고인이 징계혐의를 부인하면서 교도관의 자술서 작성 요구를 거부하였다는 점밖에 없고, 달리 피고인이 징계혐의에 대한 증거를 인멸할 우려가 있었다거나 타인 또는 자신에 대한 위해를 가할 우려가 있었다고 볼 만한 증거가 없다고 판단했다. 나아가 피고인이 조사거실로의 강제수용을 거부하며 폭력을 행사하기 전까지 교도관이 피고인에 대해 형집행법 제100조에서 정한 강제력을 행사하여야 할 만한 정황을 찾아볼 수도 없다고 보았다. 따라서 교도관의 사진 제거 지시 자체는 적법하였고, 이를 거부한 피고인에게 징계 사유가 존재하며, 피고인이 자술서 작성을 거부하여 추가로 조사를 하여야 할 필요성이 인정되었다고 하더라도, 별도의 증거인멸 우려 등의 사정이 존재하지

않은 이상 교도관의 조사거실 강제수용 처분은 조사수용의 요건을 갖추지 못하여 위법하고, 조사거실로의 이동을 거부한 피고인을 강제로 끌고 가려고 한 행위도 위법하므로, 이에 대항하여 교도관을 폭행한 피고인의 행위는 공무집행방해죄를 구성하지 않는다고 판단하였다. 공무집행방해죄는 적법한 공무집행을 구성요건요소로 삼기 때문이다.

참조판례 사안도 수용자인 피고인이 교도소 내에서 소란행위를 일으키자 교도관들이 피고인에게 소란행위를 조사하기 위해 조사실에 데려간다고 설명하였고, 피고인이 조사받기를 거부하자 강제조사를 경고한 다음 피고인을 조사실에 강제로 끌고 갔으며, 피고인은 조사실에 끌려가는 내내 저항하였고 교도관들이 피고인을 조사실 의자에 앉히려고 시도하자 이를 거부하며 교도관들에게 대항하다가 교도관을 밀어 함께 넘어졌고 그로 인해 교도관이 상해를 입은 사안이다. 원심은 교도관들이 피고인을 조사하기 위해 조사실(관구실)로 끌고 갔는데, 이는 형집행법상 조사수용에 해당하고, 당시 피고인에게 증거인멸 우려나 자신 또는 타인에 대한 위해를 가할 우려가 존재하지 않았으므로 조사수용 처분은 위법하다고 보아 피고인이 그 집행에 대항하며 폭력을 행사한 행위는 공무집행방해죄를 구성하지 않고, 대항 과정에서 교도관에게 상해를 가한 행위는 정당방위로서 위법성이 조각된다고 판단하였다. 대법원은 원심의 판단을 긍정하며 검찰의 상고를 기각하였다.

IV. 평가 및 의의

대상판례 및 참조판례는, ① 수용자를 조사실로 강제이동 시켜 조사하려는 행위를 형집행법 제110조의 조사수용 처분으로 보아 조사수용 집행 당시 조사수용의 요건이 갖추어졌는지를 검토하였다는 점과 ② 수용자에게 징계혐의가 발생하였고 수용자가 징계혐의에 대한 조사를 거부하였다고 하더라도 그러한 사정만으로 증거인멸 우려가 발생하였다고 간주하여 조사수용의 요건이 충족되었다고 판단하지 않고 조사수용의 요건 충족 여부를 엄격하게 판단하였다는 점에서 의의가 있다. 이는 구 행형법 시행령에서 징계혐의 수용자를 조사할 때 일단 수용자를 조사실에 격리시키도록 한 규정을 폐지하고 개정 형집행법에서 원칙적으로 조사수용을 하지 못하도록 규정한 취지에 부합하는 법해석이라고 평가할 수 있다. 위 판결들을 통하여 조사수용의 요건이 명확히 정립되어 수용자가 징계혐의를 부정하고 징계조사를 거부한다는 이유만으로 조사실에 격리되는 불이익을 받지 않을 수 있게 되길 바란다.

[후속논의]

형집행법 및 동법 시행령과 동법 시행규칙에 의할 때, 조사수용의 요건이 형집행법에 규정되어 있고, 징벌대상행위에 대한 조사 시 지켜야 할 절차(인권침해 금지, 조사 이유 고지, 진술 기회 제공, 공정성 및 객관성 확보, 형사입건 조치 요구 시 진술거부권 및 변호인 선임권 고지)

와 조사기간의 한계가 형집행법 시행규칙에 규정되어 있으나, 수용자가 징계혐의를 부인하고 조사를 거부할 경우 조사가 어떠한 방식으로 이루어져야 하는지에 관한 내용이나 수용자가 조사수용 처분에 대한 이의를 제기할 수 있는 권한 및 절차에 관한 내용은 규정되어 있지 않다. 그러다 보니 형집행기관은 징벌대상자가 조사를 거부할 경우 강제조사를 하기 위해 조사수용 제도를 남용하게 되고, 수용자는 조사수용 처분을 거부하기 위해서 몸으로 저항하는 상황에 몰리게 된다. 따라서 이러한 상황을 방지하기 위한 보완 입법이 필요하다. 나아가 대상판례는 조사수용의 요건으로 형집행법 제110조에 규정된 사유(증거인멸 우려 또는 자신 또는 타인을 해할 우려)가 발생하였을 것을 말하는데, 조사수용으로 인하여 수용자가 받는 기본권 제한의 정도를 고려하면 여기에 '조사수용의 필요성'이 추가될 필요가 있다. 즉, 증거인멸 우려 또는 자신 또는 타인을 해할 우려가 존재한다고 하더라도 형집행기관이 그 우려를 적절한 방식으로 차단할 수 있어 수용자를 조사수용할 필요까지는 인정되지 않는 상황이 얼마든지 있을 수 있으므로, 조사수용의 필요성이 판례를 통해 조사수용의 요건으로 인정되거나 또는 이를 조사수용의 요건으로 명시하는 보완 입법을 하는 것이 바람직하다.

[류영재 판사(의정부지방법원 남양주지원)]

[13] 규율 중 '다른 사람을 처벌받게 하거나 교도관의 직무집행을 방해할 목적으로 거짓 사실을 신고하는 행위'의 판단기준

대상	징벌불복및 회복신청등 (원고승)
	[1심] 대구지법 2015. 7. 1. 선고 2014구합2111 판결 (원고승)
	[2심] 대구고법 2015. 12. 11. 선고 2015누5796 판결 (항소기각)
	[3심] 대법 2016. 4. 15.자 2016두30279 판결 (심리불속행기각)

[사실관계]

제1심

원고는 경주교도소에 수용생활을 하던 중 피고 경주교도소장에게 다음과 같은 내용의 신고를 하였다. 신고내용은 ① B 교위가 원고에게 "그런 식으로 살았으니 인간대접 받겠느냐"고 인신공격을 하는 등 공갈하였다는 부분(제1 신고내용), ② B 교위가 수용동청소담당자로부터 빵과 우유를 받아먹었으며, 이를 수용자에게 들켜 그 수용자가 소란스럽게 해도 통제하지 못하였다는 부분(제2 신고내용), ③ 3하9실에서 발생한 폭행사건과 관하여 B 교위가 가해수용자로 하여금 복도를 적정하게 처리하지 않았다는 부분(제3 신고내용)이었다. 징벌위원회는 이 사건 신고내용이 허위라고 보아, 이 사건 신고가 형집행법 제107조 제5호 '다른 사람을 처벌받게 하거나 교도관의 직무집행을 방해할 목적으로 거짓 사실을 신고하는 행위'에 해당한다고 판단하여 금치 16일의 징벌을 의결하고, 피고는 같은 날 원고에 대하여 금치 16일의 징벌을 부과하였다. 제1심 법원은 원고가 신고한 내용이 대부분 진실한 사실이고 그 사실에 기초하여 일부 사실을 과장한 것에 불과하다면 징벌사유가 되는 '거짓사실의 신고'에 해당한다고 볼 수 없다고 판단하였다. 이 사건 처분은 그 처분사유를 인정할 수 없어 위법하므로 징계처분을 취소하였다.

제2심

제2심 법원은 피고의 항소를 기각하면서 징벌 처분을 취소하였다. 다만 그 이유는 제1심과 달리하였다. 제1심 법원은 원고의 신고내용이 진실한 사실로 거짓사실의 신고가 아니기에 처분사유의 부존재로 처분을 취소하였지만, 제2심 법원은 원고의 신고내용이 허위사실의 신고이며, 이는 단순한 사실의 과장을 넘어 교도관의 직무집행을 방해할 목적으로 거짓사실을 신고한 행위에 해당한다고 보았다. 즉 피고의 처분은 그 처분사유가 존재한다고 인정하였다. 다만, 제재적 행정처분의 경우 처분사유가 된 위반행위의 내용과 처분행위에 의하여 달성하려는 공익목적 및 이에 따르는 제반 사정 등을 객관적으로 심리하여 공익 침해 정도와 그 처분으로 인하여 개인이 입게 될 불이익을 비교·형량하여 판단하여야 한다고 하면서 이 사건의 경우 그 처분으로 인하여 달성하려는 공익목적에 비해 원고가 입게 될 불이익이 지나치게 커서 재량권의 범위를 일탈·남용한 경우에 해당하여 위법하다고 판단하였다.

대법원

대법원은 2016. 4. 15. 심리불속행기각하였다(2016두30279 판결).

[판결요지]

원고가 교도관으로부터 공갈·협박했다는 등의 신고를 피고에게 하자, 피고가 '다른 사람을 처벌받게 하거나 교도관의 직무집행을 방해할 목적으로 거짓 사실을 신고하는 행위'에 해당한다는 이유로 금치 16일의 징벌을 처분한 사안에서, 처분사유의 존재는 인정하면서도, 신고는 그 자체로 위험성을 내포하고 있지 않고 원고가 당시 있었던 사실에 기초하여 자신이 부당하다고 생각하는 부분에 대한 조사 내지 시정을 요청하는 측면도 있어 원고의 규율위반행위로 인하여 수용시설의 안전과 질서 유지에 직접적으로 중대한 장애를 초래한다고 보기는 어렵다는 등의 이유로, 징벌처분이 재량권의 범위를 일탈·남용하여 위법하다고 판단한 판결이다.

[해설]

I. 서설

징벌제도는 교정시설의 질서유지를 위하여 규율을 위반하는 행위를 한 수용자에게 일정한 불이익을 주고 다른 수용자의 규율위반행위의 발생을 방지하기 위한 행정상 질서벌이다. 종전의 행형법에서는 수용자의 법적 지위를 특별권력관계로 보아 수용자에 대한 징계에 대해서도 징벌의 범위와 한계 그리고 집행 등에 대하여 직접 규정하지 않았다. 그러나 수용자라 하더라도 기본권의 본질적 내용을 침해할 수 없다는 헌법 제37조 제2항의 규정에 근거하여 볼 때 수용자에 대한 징계에 있어서도 법률의 근거가 필요하고, 특히 그 한계가 법률상 명확해야 하며, 그 운용에 있어서도 수용자의 인권을 부당하게 침해하는 행위는 금지된다.

II. 징벌절차

1. 징벌사유

형집행법 제107조에서 징벌사유를 6가지로 규정하고 있으며, 그중 하나가 다른 사람을 처벌받게 하거나 교도관의 직무집행을 방해할 목적으로 거짓 사실을 신고하는 행위이다. 소장은 수용자가 징벌사유에 해당하는 행위를 하면 형집행법 제111조의 징벌위원회의 의결에 따라 징벌을 부과할 수 있다. 징벌은 교도소 등의 안전과 질서유지를 위하여 수용자에게 부과되는 기본권 제한처분이다. 따라서 수용자의 입장에서 볼 때 권리제한 외에 추가적인 신체적 제약과 고통이 수반되기 때문에 징벌사유는 법률의 규정으로 명확하게 규정되어야 하고, 하위법령에 위임하는 경우에도 법률의 구체적인 위임이 있어야 한다.

2. 조사절차

조사란 수용자의 징벌 대상 행위가 발생하였을 때에는 우선 교도관이 징벌 대상 행위의 실체를 조사하고 이를 입증할 수 있는 증거를 확보하는 행위이다. 징벌대상행위에 대하여 조사하는 교도관이 징벌대상자 또는 참고인 등을 조사할 때에는 ① 인권침해가 발생하지 아니하도록 유의하고, ② 조사의 이유를 설명하고, 충분한 진술의 기회를 제공할 것이며, ③ 공정한 절차와 객관적 증거에 따라 조사하고, 선입견이나 추측에 따라 처리하지 아니하여야 하며, ④ 형사 법률에 저촉되는 행위에 대하여 징벌 부과 외에 형사입건조치가 요구되는 경우에는 형사소송절차에 따라 조사대상자에게 진술을 거부할 수 있다는 것과 변호인을 선임할 수 있다는 것을 알려야 한다(형집행법 시행규칙 제219조). 징벌대상행위에 대한 조사기간은 10일 이내로 하며(형집행법 시행규칙 제220조 제1항), 조사결과에 따라 ① 법 제111조 제1항의 징벌위원회로의 회부, ② 징벌대상자에 대한 무혐의 통고, ③ 징벌대상자에 대한 훈계, ④ 징벌위원회 회부 보류, ⑤ 조사

종결 중 어느 하나에 해당하는 조치를 할 수 있다(형집행법 시행규칙 제220조 제2항).

3. 징벌위원회

징벌대상자의 징벌을 결정하기 위하여 교정시설에 징벌위원회를 둔다. 위원장은 소장의 징벌요구에 따라 위원회를 소집한다(시행령 제129조). 위원회는 징벌대상자가 위원회에 출석하여 충분한 진술을 할 수 있는 기회를 부여하여야 하며, 징벌대상자는 서면 또는 말로써 자기에게 유리한 사실을 진술하거나 증거를 제출할 수 있다(형집행법 제111조). 위원회가 징벌을 의결한 경우에는 이를 소장에게 즉시 통고하여야 하며, 통고를 받은 소장은 징벌을 지체 없이 집행하여야 한다(시행령 제133조).

4. 거짓의 사실

징벌 사유에 해당하기 위해서는 신고 내용이 거짓 사실에 해당하여야 한다. 거짓 사실이 아니라 진실한 사실이면 징벌 사유에 해당하지 않는다고 볼 수 있다. '사실'은 가치판단이나 평가를 내용으로 하는 의견표현과 대치되는 개념으로서 시간과 공간적으로 구체적인 과거 또는 현재의 사실관계에 관한 보고 내지 진술을 의미한다(대법 2009. 2. 12. 선고 2008도8310 판결). 그 표현 내용이 증거에 의해 증명이 가능한 것을 말한다. 신고한 사실의

중요한 부분이 객관적 사실과 합치되는 경우에는 세부에 있어서 진실과 약간 차이가 나거나 다소 과장된 표현이 있다 하더라도 거짓의 사실이라고 볼 수 없다. 그러나 거짓의 사실인지 여부를 판단함에 있어서는 그 적시된 사실의 내용 전체의 취지를 살펴 객관적 사실과 합치하지 않는 부분이 중요한 부분인지 여부를 결정하여야 한다(대법 2011. 6. 10. 선고 2011도1147 판결). 본 사건의 경우 신고내용의 진실성에 대하여 법원이 판단 결론이 다르다는 점이다. 거짓 사실 여부는 판단기준에 따라서 모호할 수밖에 없으므로 엄격한 해석이 필요하며, 그 표현 내용이 증거에 의해 증명이 가능하여야 할 것이다.

III. 제재적 행정처분

1. 의의

제재적 행정처분이 사회통념상 재량권의 범위를 일탈하였거나 남용하였는지 여부는 처분사유인 위반행위의 내용과 당해 처분행위에 의하여 달성하려는 공익목적 및 이에 따르는 제반 사정 등을 객관적으로 심리하여 공익 침해의 정도와 그 처분으로 인하여 개인이 입게 될 불이익을 비교·형량하여 판단하여야 한다(대법 2007. 9. 20. 선고 2007두6946 판결).

2. 법리

형집행법 제109조 제3항에서 징벌은 행위의 동기 및 경중, 행위 후의 정황, 그 밖의 사정을 고려하여 수용목적을 달성하는 데에 필요한 최소한도에 그쳐야 한다고 규정하고 있다. 수용자에 대한 징벌 부과의 기준에 관한 규정인 형집행법 시행규칙 제215조는 제1호 내지 제4호에서 징벌대상행위별로 부과할 수 있는 징벌의 종류 및 정도를 규정하면서 제5호에서 수용자가 위 각 호에서 정한 징벌대상행위를 하였으나 그 위반 정도가 경미한 경우에는 위 각 호의 규정에도 불구하고 그보다 가벼운 경고 등의 징벌을 부과할 수 있다고 규정하고 있다. 이러한 법리와 관련 법령의 내용과 형식 등을 기초하여 판단해보면, ① 형집행법 시행규칙 제215조 제2호, 제5호에 의하면, 다양한 징벌의 부과가 가능한데, 그 중 16일의 금치처분은 규율위반행위에 대하여 징벌 부과기준에서 정한 가장 무거운 징벌에 해당하며, ② 신고는 그 자체로 위험성을 내포하고 있지 않고 원고가 당시 있었던 사실에 근거하여 자신이 부당하다고 생각하는 부분에 대한 조사 내지 시정을 요청하는 측면도 있어, 원고의 규율위반행위로 인하여 수용시설의 안전과 질서유지에 직접적으로 중대한 장애를 초래한다고 보기 어려운 점, ③ 이 사건 처분보다 가벼운 징벌을 부과하더라도 원고의 규율위반행위를 방지하는 등 수용목적으로 달성하는데 지장이 없을 것으로 보이는 등의 사정을 비추어 보면, 이 사건 처분은 그 처분으로 인하여 달성하려는 공익 목적에 비해 원고가 입게 될 불이익이 지나치게 커서

재량권의 범위를 일탈·남용한 경우에 해당하
여 위법하다.

[참고문헌]
- 이호중, 수용자의 권리제한: 보안조치와 징벌−행형
  법 개정안에 대하여−, 형사정책 제18권 제1호, 한
  국형사정책학회, 2006.
- 조성용, 형의 집행 및 수용자의 처우에 관한 법률상
  금치의 문제점과 개선방안, 저스티스 통권 제168호,
  한국법학원, 2018.
- 최호진, 형법각론, 박영사, 2022.

[**최호진 교수(단국대학교 법학과)**]

[14] 양형참고자료 통보 행위의 위헌 여부

대상	형의 집행 및 수용자의 처우에 관한 법률 제112조 제3항 위헌확인 등 (기각) 헌재 2016. 4. 28. 선고 2012헌마549, 2013헌마865(병합) 전원재판부 결정 (기각) **(2017지방7급 / 2019서울7급 / 2020국회8급 / 2022국가7급)**
참조	양형자료통보 취소 등 (기각) 헌재 2023. 9. 26. 선고 2022헌마926 전원재판부 결정 (기각)

[사실관계]

2012헌마549

청구인은 마약류관리에 관한 법률위반(향정) 혐의로 구속되어 ○○교도소에 미결수용 중이던 2012. 6. 4. 교도관에게 폭언을 하는 등 교도관의 직무를 방해하였다는 이유로, 2012. 6. 12. 금치 30일의 징벌처분을 받았다. 피청구인 ○○교도소장은 2012. 6. 12. 위와 같이 금치 30일의 징벌처분을 하면서 형집행법 제112조 제3항에 따라 청구인에게 금치기간 중 신문열람 제한, 전화통화 제한 등 형집행법 제108조 제4호부터 제13호까지의 처우제한을 함께 부과하였다. 그리고 피청구인 ○○교도소장은 2012. 6. 20. 청구인의 위 규율위반행위와 징벌처분의 내용을 양형참고자료로 의정부지법에 통보하였다.

2013헌마865

청구이은 또다시 마약류관리에 관한 법률위반(향정) 혐의로 구속되어 ○○구치소에 미결수용 중이던 2013. 9. 24. 독거수용을 요구하며 다른 수용자의 입실을 방해하고 소란을 피운 혐의 등으로 2013. 9. 27. 금치 9일의 징벌처분을 받았다. 청구인이 위 사건과 관련하여 식사를 하지 않고 계속하여 불만을 표출하자 피청구인 ○○구치소장은 2차 교정사고의 위험이 높다고 보아 2013. 9. 24.부터 금치기간이 끝나는 2013. 10. 5.까지 청구인을 CCTV가 설치된 거실에 수용하였다. 그리고 피청구인 ○○구치소장은 2013. 10. 1. 청구인의 규율위반행위와 징벌처분의 내용을 양형참고자료로 부산지법에 통보하였다.

[결정요지]

[1] 미결수용자에 대하여 금치기간 중 서신수수, 접견, 전화통화를 제한하는 것은 대상자를 구속감과 외로움 속에 반성에 전념하게 함으로써 수용시설 내 안전과 질서를 유지하기 위한 것으로 청구인의 통신의 자유를 침해하지 아니한다.

[2] 미결수용자에게 금치기간 중 집필 제한이라는 불이익을 가함으로써 규율 준수를 강제하고 수용시설의 안전과 질서를 유지하기 위한 것으로 목적의 정당성 및 방법의 적절성이 인정되어 청구인의 표현의 자유를 과도하게 제한한다고 보기 어렵다.

[3] 미결수용자의 규율위반행위 등에 대한 제재로서 금치처분과 함께 금치기간 중 신문과 자비구매도서의 열람을 제한하는 것은, 규율위반자에 대해서는 반성을 촉구하고 일반수용자에 대해서는 규율 위반에 대한 불이익을 경고하여 수용자들의 규율 준수를 유도하며 궁극적으로 수용질서를 확립하기 위한 것으로 청구인의 알 권리를 과도하게 제한한다고 보기 어렵다.

[4] ○○구치소장은 형집행법 등에서 규정한 바에 따라 수용자의 사생활의 비밀과 자유에 대한 제한을 최소화하기 위하여 특정부분을 확대하거나 정밀하게 촬영할 수 없는 CCTV를 설치하였고, 화장실 문의 창에 불투명재질의 종이를 부착하였으며, 녹화된 영상정보의 무단유출 방지를 위한 영상시스템 운영계획을 실시하는 등의 조치를 취하였다. 이 사건 CCTV 계호가 청구인의 사생활의 비밀과 자유를 과도하게 제한하는 것으로 볼 수 없다.

[5] 양형참고자료 통보행위에 대하여는 5명의 재판관의 위헌의견이 인용결정을 위한 심판정족수에 이르지 못하여 기각결정

재판관 박한철, 재판관 이정미, 재판관 김이수, 재판관 이진성, 재판관 서기석의 인용 의견

'징벌에 관하여 필요한 사항'을 법무부령으로 정한다고 규정한 형집행법 제115조 제3항은 양형참고자료통보에 관하여 명시적으로 언급하고 있지 않을 뿐만 아니라 이 조항만으로 징벌과 독자적인 기본권 제한인 이 사건 통보행위를 할 수 있다는 것을 예측하기도 어려우므로, 형집행법 제115조 제3항은 이 사건 통보행위의 법률적 근거가 되지 못한다. 수용자의 징벌대상행위 및 그에 대한 징벌에 관한 개인정보는 교정시설 내 수용질서 확보를 위해 수집되었으나 그 목적 범위 내에서 제공된 것이라고 보기 어려우므로, 개인정보보호법 제15조 제1항 제3호, 제17조 제1항 제2호 또한 근거 법률조항이 될 수 없다. 나아가 이 사건 통보행위는 개인정보보호법 제18조 제2항 제8호에서 규정한 '법원의 재판업무 수행을 위하여 필요한 경우'에 해당하여 제공된 것으로 볼 수는 있으나, 위 개인정보보호법 조항은 법원의 소송지휘에 따른 개인정보 제공을 허용하는 규정일 뿐 법원의 요청 없이 구치소장 등이 적극적·자발적으로 개인정보를 제공할 수 있도록 허용하는 규정은 아니다. 또한 피청구인들은 개인정보보호법 제18조 제4항, 제5항에서 규정한 관보 등에의 공고나 개인정보 안전성 확보를 위한 조치를 취한 적도 없다. 따라서 이 사건 통보행위는 법률유보원칙에 위배되어 청구인의 개인정보자기결정권을 침해한 것이다.

재판관 안창호, 재판관 강일원의 기각의견

[1] 형집행법 제115조 제3항은 양형참고자료 통보행위에 관하여 명확하고 구체적으로 규정하고 있지 아니하나, 개인정보의 보호에 관한 일반법인 개인정보보호법에서 이 사건 통보행위의 근거 규정들을 찾을 수 있다. 교정시설의 장이 미결수용자에 대한 징벌에 관한 자료를 작성하는 것뿐만 아니라 이를 법원에 통지하는 행위 또한 교정시설의 안전과 질서유지라는 소관 업무를 위한 것이므로, 개인정보보호법 제17조 제1항 제2호에 근거하여 수집의 목적 범위에서 제3자에게 제공한 것으로 볼 수 있다. 설령 그렇지 않다 하더라도 이 사건 통보행위는 재판업무수행을 위하여 필요한 경우 개인정보를 수집목적 외의 용도로 제3자에게 제공할 수 있다고 규정한 개인정보보호법 제18조 제2항 제8호에 근거한 것으로 볼 수 있다. 인용의견과 같이 법원이 요청하는 경우에만 위 조항에 의하여 개인정보를 제공할 수 있다고 볼 근거는 없고, 피청구인들이 개인정보보호법 제18조 제4항 또는 제5항의 조치들을 취하지 않았다 하더라도 법률규정에 근거한 것인지의 문제와 사후조치를 취하였는지의 문제는 별개이다. 따라서 이 사건 통보행위가 법률의 근거 없이 청구인의 개인정보자기결정권을 제한한 것이라고 보기 어렵다.

[2] 이 사건 통보행위는 교정시설 내 안전과 질서를 유지하고, 미결수용자에 대한 적정한 양형을 실현하기 위한 것으로서 그 목적의 정당성 및 수단의 적절성이 인정된다. 이 사건 통보행위로 인하여 제공되는 개인정보의 내용은 개인의 인격이나 내밀한 사적 영역과 밀접하게 연관된 정보라고 보기 어려우므로 그 자체로 엄격한 보호의 대상이 되는 개인정보에 해당하지 아니하고, 미결수용자가 그에 대한 체포 또는 구속의 주체인 법원에 대한 관계에서 향유하는 개인정보자기결정권의 범위는 제한적일 수밖에 없으며, 관련 법령상으로도 개인정보 보호를 위한 조치들이 마련되어 있다는 점에서 침해의 최소성 요건 또한 충족하였다. 이 사건 통보행위로 인해 제공되는 정보의 성격이나 제공 상대방의 한정된 범위 등을 고려할 때 그로 인한 기본권 제한의 정도가 크지 않은데 비해, 이 사건 통보행위로 달성하고자 하는 공익이 훨씬 크다고 할 수 있으므로, 법익의 균형성 요건 또한 충족하였다. 결국 이 사건 통보행위는 과잉금지원칙에 위배되어 청구인의 개인정보자기결정권을 침해하였다고 할 수 없다.

재판관 김창종, 재판관 조용호의 각하의견

청구인은 이 사건에서 자신의 형사재판에서의 양형상 불이익에 대해서만 다투고 있고, 개인정보가 알려지는 것 자체를 다투는 취지가 아니므로, 이 사건 통보행위로 인하여 제한되는 기본권은 공정한 재판을 받을 권리로 보아야 한다. 이 사건 통보행위는 단지 국가기관 상호간의 내부적인 사실행위에 불과하고, 행정주체가 우월적 지위에서 청구인의 법적 지위나 권리·의무에 대하여 직접적으로 불이익한 법률효과를 발생시키는 행위가 아니어서 공권력 행사성을 인정하기 어렵다. 형사재판에서 양형에 관한 판단은 법관의 전속적 권한이므로 이 사건 통보행위로 인하여 통보받은 내용을 양형에 참고할지 여부는 법관의 재량에 달려있고, 이 사건 통보행위는 법원에 대한 관계에 있어서도 아무런 구속력을 갖지 못한다. 따라서 이 사건 통보행위 그 자체만으로 청구인에게 직접 양형상의 불이익을 초래하는 법률효과가 발생하는 것이 아니다. 결국 이 사건 통보행위는 헌법소원의 대상이 되는 공권력의 행사에 해당하지 아니하므로, 이에 대한 심판청구는 부적법하다.

[해설]

I. 서

헌법재판소는 징벌집행중인 자에 대한 서신수수·접견·전화통화를 제한과 관련하여서는 통신의 자유를 침해하지 아니하고, 집필 제한과 관련하여서는 표현의 자유를 과도하게 제한한다고 보기 어려우며, 신문과 자비구매도서의 열람 제한에 대해서는 알 권리를 과도하게 제한한다고 보기 어렵고, CCTV 계호가 청구인의 사생활의 비밀과 자유를 과도하게 제한하는 것으로 볼 수 없다고 판단하였다. 그리고 미결수용자의 규율위반행위에 대한 양형자료통보행위에 대해 5명의 재판관의 위헌의견이 헌법 제113조 제1항, 헌법재판소

법 제23조 제2항 단서 제1호에 규정된 인용결정을 위한 심판정족수에 이르지 못하여 기각결정을 선고하였다. 법무부는 2020. 2. 4. 형집행법을 개정하여 "소장은 미결수용자에게 징벌을 부과한 경우에는 그 징벌대상행위를 양형참고자료로 작성하여 관할 검찰청 검사 또는 관할 법원에 통보할 수 있다"(형집행법 제111조의2)라는 규정을 새롭게 마련하여 양형자료통보제도를 둘러싼 위헌에 대한 논의를 종식시키고자 하였다. 헌법재판소는 2023. 9. 26. 선고 2022헌마926 전원재판부 결정에서 양형참고자료 통보에 대해 개인정보자기결정권을 침해하지 아니한다고 판단하였다.

II. 미결수용자의 규율위반행위에 대한 양형자료통보제도 연혁

본 제도는 1993. 8. 4. '미결수용자의 모범적인 생활자세 및 규율위반행위 통보지침'을 제정한 것이 최초이다. 동 지침은 교정시설에 수용 중인 미결수용자가 모범적인 생활을 하거나 교도관에 대한 폭행·협박이나 수용자의 폭행, 부정물품 제작·소지·은닉·수수 등 규율을 위반한 때에는 구체적인 정황을 검찰청과 법원 등 관계기관에 통보하여 형법 제51조의 양형자료로 참작할 수 있도록 하거나 검사구형에 영향을 줄 수 있도록 하기 위해 마련되었다.

이 제도는 교정시설의 규율유지와 질서확립을 위한 제도로 시행되다가 2006년 형집행

법 개정시 형집행법 시행규칙에 규정하였다. 2016. 4. 28. 양형자료통보제도에 대한 헌법재판소 재판관의 판단을 고려하여 2020. 2. 4. 형집행법을 개정하였다. 즉 법무부는 5인의 위헌의견뿐만 아니라 2인의 기각의견도 형집행법 제115조 제3항이 징벌대상행위에 관한 양형참고자료 통보의 근거규정이 될 수 없다는 판단에 따라 법적 근거규정을 마련하여 법률유보의 원칙과 관련한 논란의 여지를 없애기 위해 형집행법에 근거규정을 마련한 것이다.

III. 양형자료 통보의 근거규정에 대한 논의

미결수용자에 대한 징벌처분시 양형자료 통보의 근거와 관련하여 "이 법에 규정된 사항 외에 징벌에 관하여 필요한 사항은 법무부령으로 정한다"(형집행법 제115조 제3항)라고 하는 규정이 양형자료통보의 근거규정이 될 수 없다고 하는 데는 헌법재판관 전원의 의견이 일치하였다. 그리고 재판관 5인은 양형자료 통보행위는 개인정보보호법상 '수집목적 범위 내'에서 제공된 것이 아니므로 개인정보보호법 제15조 제1항 제3호, 제17조 제1항 제2호가 근거조항이 될 수 없으므로 법률유보의 원칙에 위배되어 개인정보자기결정권을 침해한다고 판단하였다. 이에 대해 재판관 2인은 징벌에 대한 자료 작성뿐만 아니라 법원에 통지하는 행위 또한 교정시설의 안전과 질서유지라는 소관 업무를 위한 것이므로 '수집

의 목적 범위'에서 제3자에게 제공한 것으로 볼 수 있고, 법원이 요청하는 경우에만 재판업무수행을 위해 필요한 경우로 볼 수 없으므로 수집목적 외라고 하더라도 개인정보보호법 제18조 제2항 제8호가 근거가 될 수 있다고 판단하였다.

헌법재판소와 개인정보보호위원회의 최근 동향은 '수집 목적 범위 내'의 의미에 대해 엄격하게 판단하고 있으며, 개인정보보호법 제3조의 개인정보보호원칙 등에 따라 교정당국은 형집행법 시행규칙의 규정내용을 형집행법에 규정함으로써 양형자료통보제도의 근거규정에 대한 논란을 없애고자 하였다. 2023. 9. 26. 선고된 헌법재판소 전원합의체 판결에서 "양형자료 통보행위는 해당 미결수용자에 대한 적정한 양형을 실현하고 형사재판절차를 원활하게 진행하기 위한 것이다. 이로 인하여 제공되는 개인정보의 내용은 정보주체와 관련한 객관적이고 외형적인 사항들로서 엄격한 보호의 대상이 되지 아니하고, 개인정보가 제공되는 상대방이 체포·구속의 주체인 법원으로 한정되며, 양형 참고자료를 통보받은 법원으로서는 관련 법령에 따라 이를 목적 외의 용도로 이용하거나 제3자에게 제공할 수 없다. 이 사건 통보행위로 인해 제공되는 정보의 성격이나 제공 상대방의 한정된 범위를 고려할 때 그로 인한 기본권 제한의 정도가 크지 않은 데 비해, 이로 인하여 달성하고자 하는 적정한 양형의 실현 및 형사재판절차의 원활한 진행과 같은 공익은 훨씬 중대하

다. 따라서 이 사건 통보행위는 과잉금지원칙에 위배되어 청구인의 개인정보자기결정권을 침해하였다고 볼 수 없다"라고 판시함에 따라 양형자료 제도의 근거규정에 대한 논의는 일단락되었다.

IV. 양형자료통보제도 검토

양형자료통보제도에 대해서는 첫째, 형집행법 구조상 문제, 둘째 '교정시설의 질서유지와 규율준수의 수단으로 적정한가'라는 두 가지 면에서 검토하고자 한다.

헌법상 무죄추정의 원칙에 따라 미결수용자는 구금확보와 증거인멸방지 등 구금의 목적 이외에는 일반 시민과 같은 대우를 받아야 한다. 그러나 형집행법은 수형자와 미결수용자 모두에게 적용되는 구조로 되어 있다. 특히 미결수용자의 지위와 수형자의 지위에 요구되는 교정시설의 안전과 질서유지를 위한 사항이 다른 점이 많음에도 불구하고 현행법상 규율 및 징벌은 수형자와 미결수용자에게 동일하게 적용하면서 미결수용자에 대해서는 양형자료통보를 통한 교정시설의 안전과 질서유지를 도모하고 있다. 즉 현행 형집행법이 미결수용자와 수형자에 대해 동일하게 적용됨으로써 일반시민은 물론 법을 운용하는 교정당국, 교정직원, 법조인조차도 정체성에 혼란을 가져와 미결수용자에 대해 수형자와 같은 처우를 하고 있는 것이 현실이다. 그뿐만 아니라 양형자료를 통보당하는 것을 두려워

하여 미결수용자가 질서를 잘 지킬 것이라고 생각하는 것에 대해서는 인간관계에 대한 맹목적인 단순화의 사고라고 판단된다.

또한 본 제도가 도입되어 운영되면서 모범적인 생활 자세와 규율위반행위 모두에 대해 통보하였으나, 2006년 형집행법 시행규칙에서는 모범적인 생활자세에 대한 통보는 제외되고 미결수용자에게 징벌을 부과한 경우에만 양형참고자료를 작성하여 관할 검찰청 검사 또는 관할 법원에 통보할 수 있도록 하였다. 형법 제51조에서 규정하고 있는 양형조건은 ① 범인의 연령·성행·지능과 환경, ② 피해자에 대한 관계, ③ 범행의 동기·수단과 결과, ④ 범행 후의 정황이다. 교정당국은 '범행 후의 정황'의 하나로 양형자료를 검찰청 검사 또는 법원에 통보하여 검사의 구형 또는 양형의 적정을 기하고, 나아가 수용자에게 규율위반행위에 대한 경각심을 갖게 함으로써 교정시설의 안전과 질서유지를 위해 필요하다고 판단하고 있다. 이때 범행 후의 정황에 대한 해석에서 피해감소를 위한 노력, 재판과정에서 나타난 피고인의 태도, 범행에 대한 반성 여부 등이 이에 해당한다고 설명하고 있으나 수용생활태도가 범행 후의 정황에 포함되는지에 대한 명확한 설명을 하지 않았다. 나아가 수용자의 규율위반행위가 범행 후의 정황에 포함된다고 한다면 본 제도가 처음 도입되었을 때 포함되었던 '모범적인 생활 자세'도 범행 후의 정황에 포함된다고 볼 수 있다. 그러나 2006년 형집행법 개정시 이를 제외한 것은 교정당국이 교정시설의 안전과 질서유지

라는 명목으로 본 제도를 이용한 것은 아닌지 의문이 든다.

V. 결어

교정시설의 안전과 질서유지는 형집행법상 각종 규정, 수용생활 안내 및 교육, 교정직원에 의한 지도, 시설구조 등 다양한 방법을 통해 구현되어야 한다. 징벌의 실효성 확보와 절차적 정당성 확보가 교정당국과 수용자 사이에서 첨예하게 대립하고 있는 현실에서 양형자료 통보를 통해 교정시설의 안전과 질서유지를 확보하고자 하는 것은 본질에 대한 논의를 벗어난 것으로 볼 수 있다. 양형자료통보제도의 목적이 교정행정의 도구로 활용되는 게 아닌지에 대한 검토가 필요하며, 교정시설의 안전과 질서유지라고 하는 목적을 다른 다양한 방법을 통해 달성할 수 있는 방안의 마련을 통해 본 제도를 폐지할지 여부에 대한 심도 깊은 논의가 필요하다.

[후속논의]

징벌이란 구금확보와 교정시설의 안전과 질서유지를 위해 정해진 규율을 위반한 수용자에게 부과하는 불이익처분을 말한다. 이와 같은 징벌은 징벌위원회의 의결로 행해지는 행정처분이지만 본질적으로 형벌적 성격을 가진다고 볼 수 있다. 이와 같은 징벌에 대해 징벌의 실효성과 적법절차의 보장이라고 하는 논의가 있다. 징벌이 실질적으로 수용자에게 미치는 불이익이 클수록 적법절차 원칙의

준수와 권리구제의 요구가 강해진다. 징벌은 질서벌로서 신속성을 확보하여 교정시설의 안전과 질서유지라고 하는 목적을 달성해야 하는 한편 피징벌자의 권리침해 사이에 적정한 균형을 유지하기 위한 정책적 판단과 결정이 필요하다. 참조판례가 징벌 결과를 형사재판의 양형에 반영될 소지가 있도록 하는 양형자료통보제도에 대해 합헌으로 판단한 것은, 현행 조사수용제도가 형사절차와는 달리 조사자의 방어권이 제대로 보장되지 않는 점, 징벌 여부를 판단하는 징벌위원회의 구성에 내부위원이 포함되어 있어 소추권한과 판결권한이 분리되지 않고 있는 점 등에 대한 고려가 부족한 것으로 보인다. 그리고 미결수용 시 받은 징벌처분은 형확정 이후 처우등급, 가석방, 사회적 처우 등 처우 전반에 지속적으로 불이익한 영향을 미치기 때문에 그 점만으로도 교정시설의 안전과 질서유지에 충분한 기능을 하고 있으며 양형자료통보제도와 관련한 입법론, 법제비교, 실효성 등에 대한 연구가 필요하다.

[참고문헌]
• 법무부 교정본부, 형집행법 개정자료, 2017. 1.
• 법무부 교정본부, 2018 교정판례집, 2018.
• 금용명, 교정학: 행형론과 수용자 처우, 박영사, 2021.

[금용명 소장(교도소연구소, 전 안동교도소장)]

[15] 징벌 불복 소송에서 출소 후 권리보호이익 인정 여부

대상	징벌처분 무효확인 (각하)
	[1심] 대전지법 2016. 5. 11. 선고 2015구합1115 판결 (각하)

[사실관계]

원고는 징역 3년의 형을 선고받고 복역하던 중 2015. 3. 16. 대전교도소의 지정받은 거실에서 C 수용자와 함께 수용생활을 하였다. 그런데 원고는 2015. 3. 26. 대전교도소 근무자에게 "C가 변조 제작된 동절기 수용자복을 입고, 침낭 2개를 한 개로 사용하며, 수정테이프 등 허가되지 않은 물품을 소지하고 있고, 원고의 소송서류 집필을 방해한다"라는 등의 내용으로 C의 처벌을 요구하는 신고서를 제출하였다. 하지만 피고는 원고가 C를 처벌받게 할 목적으로 거짓 사실을 신고하였다는 이유로 대전교도소 징벌위원회의 징벌 의결을 거쳐 2015. 4. 7. 금치 16일의 징벌 처분(이하 '이 사건 처분'이라 한다)을 하였다. 이에 원고는 2015. 5. 8. 이 사건 처분이 무효라는 확인을 구하는 행정소송을 제기하였는데, 그때 원고는 이미 이 사건 처분을 모두 마쳤고, 2016. 4. 28.에는 징역형을 모두 마치고 출소까지 하여 이 사건의 판결을 선고할 2016. 5. 11.경에는 위 행정소송을 제기할 소의 이익이 있는지가 문제되었다. 이에 원고는 만약 이 사건 처분이 위법한 것으로 판단되면 향후 국가를 상대로 손해배상청구를 할 수 있기 때문에 소의 이익이 있다고 주장하였다.

[판결요지]

법원은 원고가 이 사건 처분의 집행을 마쳤을 뿐만 아니라 2016. 4. 28.에는 위 징역형의 집행도 마치고 출소하였으므로 원고가 과거 수감 도중에 이 사건 처분을 받았다는 사실이 원고가 형 집행을 마치고 출소한 현재까지도 계속하여 원고의 법률상 지위에 어떠한 영향을 미친다고 보기는 어렵다고 하였다. 이 때문에 이미 집행이 종료된 이 사건 처분의 무효확인을 구하는 원고의 소는 법률상의 이익이 없어 부적법하다면서 원고의 소를 각하하였다. 원고가 해당 소의 판단에 따라 향후 국가를 상대로 손해배상청구를 할 수 있게 된다는 주장에 대해서도 이 사건 처분이 위법하다는 판단을 받아 향후 국가를 상대로 손해배상청구 소송을 제기할 수 있는 이익은 사실적·경제적 이익에 불과하여 법률상 이익이라 할 수 없다고 하면서 위 주장을 배척하였다.

[해설]

국민은 국가의 처분에 대해 행정소송을 통하여 구제받을 수 있지만 해당 국민이 재판에 이기더라도 얻는 이익이 없음에도 재판제도를 남용함으로써 법원이나 행정청이 불필요하고 과도한 부담을 질 수 있다. 이를 방지하기 위하여 행정소송을 제기하기 위해서는 법률상의 이익(협의의 소의 이익)이 있어야 하고 이러한 법률상의 이익이 없는 소송은 소송요건을 흠결한 부적법한 소로 각하하게 된다. 법률상 이익이라 함은 당해 처분의 근거 법규 및 관련 법규에 의하여 보호되는 개별적·직접적·구체적 이익이 있는 경우를 말한다(대법 2006. 3. 16. 선고 2006두330 전원합의체 판결). 이때 당해 처분의 근거 법규 및 관련 법규에 의하여 보호되는 개별적·직접적·구체적 이익이란 당해 처분의 근거 법규의 명문 규정에 의하여 보호받는 법률상 이익, 당해 처분의 근거 법규에 의하여 보호되지 아니하나 당해 처분의 행정 목적으로 달성하기 위한 일련의 단계적인 관련 처분들의 근거 법규에 의하여 명시적으로 보호받는 법률상 이익, 당해 처분의 근거 법규 또는 관련 법규에서 명시적으로 당해 이익을 보호하는 명문의 규정이 없더라도 근거 법규 및 관련 법규의 합리적 해석상 그 법규에서 행정청을 제약하는 이유가 순수한 공익의 보호만이 아닌 개별적·직접적·구체적 이익을 보호하는 취지가 포함되어 있다고 해석되는 경우까지를 포함한다. 다만 공익보호의 결과로 국민 일반이 공통적으로 가지는 일반적·간접적·추상적 이익과 같이 사실적·경제적 이해관계를 가지는데 불과한 경우는 법률상 보호되는 이익이 있다고 할 수 없다.

이 사건은 일반적인 항고소송이 아니라 이 사건 처분의 무효확인을 구하는 소송이다. 행정소송법 제35조는 "무효등 확인소송은 처분 등의 효력 유무 또는 존재 여부의 확인을 구할 법률상 이익이 있는 자가 제기할 수 있다"라고 규정하고 있는데 이때의 법률상 이익이 위에서 말한 법률상 이익과 같은 것인지가 문제되었다. 이와 관련하여 대법원은 "행정소송은 행정청의 위법한 처분 등을 취소·변경하거나 그 효력 유무 또는 존재 여부를 확인함으로써 국민의 권리 또는 이익의 침해를 구제하고 공법상의 권리관계 또는 법 적용에 관한 다툼을 적정하게 해결함을 목적으로 하므로, 대등한 주체 사이의 사법상 생활관계에 관한 분쟁을 심판대상으로 하는 민사소송과는 목적, 취지 및 기능 등을 달리한다. 또한 행정소송법 제4조에서는 무효확인소송을 항고소송의 일종으로 규정하고 있고, 행정소송법 제38조 제1항에서는 처분 등을 취소하는 확정판결의 기속력 및 행정청의 재처분 의무에 관한 행정소송법 제30조를 무효확인소송에도 준용하고 있으므로 무효확인판결 자체만으로도 실효성을 확보할 수 있다. 그리고 무효확인소송의 보충성을 규정하고 있는 외국의 일부 입법례와는 달리 우리나라 행정소송법에는 명문의 규정이 없어 이로 인한 명시적 제한이 존재하지 않는다. 이와 같은 사정을 비롯하여 행정에 대한 사법통제, 권익구제의 확대와 같은 행정소송의 기능 등을 종합하여 보면, 행정처분의 근거 법률에 의하여 보호되는 직접적이고 구체적인 이익이 있는 경우에는 행정소송법 제35조에 규정된 '무효확인을 구할 법률상 이익'이 있다고 보아야 하고, 이와 별도로 무효확인소송의 보충성이 요구되는 것은 아니므로 행정처분의 무효를 전제로 한 이행소송 등과 같은 직접적인 구제수단이 있는지 여부를 따질 필요가 없다고 해석함이 상당하다"라고 하였다(대법 2008. 3. 20. 선고 2007두6342 전원합의체 판결). 따라서 이 사건도 위에서 살펴본 법률상의 이익이 있는지를 살펴보면 된다.

이 사건의 경우 원고는 이 사건 처분의 취소를 구하는 행정소송을 제기하였는데, 판결을 선고할 무렵에는 이미 금치 16일의 징벌처분을 이행하였고, 징역형을 모두 마치고 출소까지 한 상태였다. 이러한 상태에서는 원고가 소송에 승소하더라도 얻을 수 있는 법률상의 이익(권리보호의 필요나 권리보호의 이익)이 인정되기 어렵다. 대법원도 공익근무요원 소집해제신청을 거부한 후에 원고가 계속하여 공익근무요원으로 복무함에 따라 복무기간 만료를 이유로 소집해제처분을 한 경우, 원고가 입게 되는 권리와 이익의 침해는 소집해제처분으로 해소되었으므로 위 거부처분의 취소를 구할 소의 이익이 없다고 판결한 바 있다(대법 2005. 5. 13. 선고 2004두4369 판결). 그리고 이 사건 판결은 원고가 주장한 이 사건 처분이 위법하다는 판단을 받아 향후 국가를 상대로 손해배상청구 소송을 제기할 수 있는 이익에 대해서 사실적·경제적 이익에 불과하여 법률상 이익이라 할 수 없다고 하였는데, 위 대법 2005. 5. 13. 선고 2004두4369 판결도 같은 취지로 판결하였다.

원고는 징벌 처분을 모두 이행하였고, 징역형도 모두 마치고 출소까지 하였으므로 이 사건 징벌 처분의 취소 판결을 받더라도 원고에게는 실익이 없다. 소송요건으로서의 법률상 이익의 의미와 취지를 고려해보면 원고에게 이 사건 소에 소의 이익이 없음을 이유로 각하한 판결은 타당한 것으로 보인다.

[후속논의]

이 사건처럼 처분에 기간이 정해져 있거나 일정한 기간이 지나면 처분의 위법성을 다툴 이익이 없어질 우려가 있는 경우에는 처분의 집행정지 등 가처분 제도를 활용할 필요가 있겠다.

[주영달 변호사(법률사무소 교우)]

[16] 금치기간 중 공동행사 참가 정지, 텔레비전 시청 제한, 신문·도서· 잡지 외 자비구매물품의 사용 제한, 실외운동 제한의 위헌 여부

대상	형의 집행 및 수용자의 처우에 관한 법률 제108조 위헌확인 (위헌, 기각, 각하)
	헌재 2016. 5. 26. 선고 2014헌마45 전원재판부 결정 (위헌, 기각, 각하) **(2017국가7급 / 2018 국회8급·변호사·입법고시 / 2020국회8급)**
참조1	접견불허처분 등 위헌확인 (위헌, 기각)
	헌재 2004. 12. 16. 선고 2002헌마478 전원재판부 결정 (위헌, 기각) **(2009국회8급 / 2016법무 사 / 2022입법고시)**
참조2	손해배상 (원고일부승)
	[1심] 전주지법 2007. 6. 22. 선고 2006가단39937 판결 (원고일부승) [손해배상]
	[2심] 전주지법 2008. 1. 31. 선고 2007나6171 판결 (원고일부승)
	[3심] 대법 2009. 6. 25. 선고 2008다24050 판결 (파기환송(일부))
	[환2심] 전주지법 2009. 9. 11. 선고 2009나4032 판결 (항소기각)

[사실관계]

[1] 청구인은 강간상해죄로 징역 3년에 처하는 형의 선고를 받아 그 형이 확정되었다(춘천지법 원주지원 2011고합38, 서울고법(춘천) 2012노24).

[2] 청구인은 ○○교도소에서 2013. 11. 10.부터 2013. 11. 21.까지 지시불이행, 직무방해 혐의를 받아 징벌대상자로서 조사수용(이하 '이 사건 수용처분'이라 한다)되면서, 실외운동, 교육훈련, 공동행사 참가를 제한받았다.

[3] 청구인은 2013. 11. 22. 위 각 혐의가 인정되어 금치 25일의 처분(이하 '이 사건 금치처분'이라 한다)을 받아 이 사건 수용처분일 12일이 산입된 2013. 11. 10.부터 2013. 12. 4.까지 이 사건 금치처분이 집행되었는데, 2013. 11. 22.부터 2013. 12. 4.까지 공동행사 참가 정지,

신문열람 제한, 텔레비전 시청 제한, 자비구매물품 사용 제한, 작업 정지, 전화통화 제한, 집필 제한, 서신수수 제한, 접견 제한, 실외운동 정지 처분을 함께 부과받았다.

[4] 이에 청구인은 징벌의 종류를 규정한 형집행법 제108조가 인간의 존엄과 가치, 재판청구권, 표현의 자유 등을 침해한다고 주장하면서 2014. 1. 21. 이 사건 헌법소원심판을 청구하였다.

[결정요지]

[1] 헌법재판소는 이 사건 금치조항 중 미결수용자에게 적용되는 제108조 제5호(신문열람 제한), 제7호(자비구매물품 사용 제한)의 도서, 신문, 잡지에 관한 부분, 제9호(전화통화 제한), 제10호(집필 제한), 제11호(서신수수 제한), 제12

호(접견 제한)에 관한 부분에 대해 합헌으로 결정하였고(헌재 2016. 4. 28. 선고 2012헌마549 등 전원재판부 결정), 이에 대한 판단은 형이 확정된 수형자에 대하여도 동일하게 적용될 수 있다.

[2] 형집행법 제112조 제3항 본문 중 제108조 제4호에 관한 부분은 금치의 징벌을 받은 사람에 대해 금치기간 동안 공동행사 참가 정지라는 불이익을 가함으로써, 규율의 준수를 강제하여 수용시설 내의 안전과 질서를 유지하기 위한 것으로서, 목적의 정당성 및 수단의 적합성이 인정된다. 금치처분을 받은 사람은 최장 30일 이내의 기간 동안 공동행사에 참가할 수 없으나, 서신수수, 접견을 통해 외부와 통신할 수 있고, 종교상담을 통해 종교활동을 할 수 있다. 또한, 위와 같은 불이익은 규율 준수를 통하여 수용질서를 유지한다는 공익에 비하여 크다고 할 수 없다. 따라서 위 조항은 청구인의 통신의 자유, 종교의 자유를 침해하지 아니한다.

[3] 형집행법 제112조 제3항 본문 중 제108조 제6호에 관한 부분은 금치의 징벌을 받은 사람에 대해 금치기간 동안 텔레비전 시청 제한이라는 불이익을 가함으로써, 규율의 준수를 강제하여 수용시설 내의 안전과 질서를 유지하기 위한 것으로서 목적의 정당성 및 수단의 적합성이 인정된다. 금치처분은 금치처분을 받은 사람을 징벌거실 속에 구금하여 반성에 전념하게 하려는 목적을 가지고 있으므로 그에 대하여 일반 수용자와 같은 수준으로 텔레비전 시청이 이뤄지도록 하는 것은 교정실

무상 어려움이 있고, 금치처분을 받은 사람은 텔레비전을 시청하는 대신 수용시설에 보관된 도서를 열람함으로써 다른 정보원에 접근할 수 있다. 또한, 위와 같은 불이익은 규율 준수를 통하여 수용질서를 유지한다는 공익에 비하여 크다고 할 수 없다. 따라서 위 조항은 청구인의 알 권리를 침해하지 아니한다.

[4] 형집행법 제112조 제3항 본문 중 제108조 제7호의 신문·도서·잡지 외 자비구매물품에 관한 부분은 금치의 징벌을 받은 사람에 대해 금치기간 동안 자비로 구매한 음식물, 의약품 및 의료용품 등 자비구매물품을 사용할 수 없는 불이익을 가함으로써, 규율의 준수를 강제하여 수용시설 내의 안전과 질서를 유지하기 위한 것으로서 목적의 정당성 및 수단의 적합성이 인정된다. 금치처분을 받은 사람은 소장이 지급하는 음식물, 의류·침구, 그 밖의 생활용품을 통하여 건강을 유지하기 위한 필요최소한의 생활을 영위할 수 있고, 의사가 치료를 위하여 처방한 의약품은 여전히 사용할 수 있다. 또한, 위와 같은 불이익은 규율 준수를 통하여 수용질서를 유지한다는 공익에 비하여 크다고 할 수 없다. 따라서 위 조항은 청구인의 일반적 행동의 자유를 침해하지 아니한다.

[5] 형집행법 제112조 제3항 본문 중 제108조 제13호에 관한 부분은 금치의 징벌을 받은 사람에 대해 금치기간 동안 실외운동을 원칙적으로 정지하는 불이익을 가함으로써, 규율의 준수를 강제하여 수용시설 내의 안전과 질서를 유지하기 위한 것으로서 목적의 정당성

및 수단의 적합성이 인정된다. 실외운동은 구금되어 있는 수용자의 신체적·정신적 건강을 유지하기 위한 최소한의 기본적 요청이고, 수용자의 건강 유지는 교정교화와 건전한 사회복귀라는 형 집행의 근본적 목표를 달성하는 데 필수적이다. 그런데 위 조항은 금치처분을 받은 사람에 대하여 실외운동을 원칙적으로 금지하고, 다만 소장의 재량에 의하여 이를 예외적으로 허용하고 있다. 그러나 소란, 난동을 피우거나 다른 사람을 해할 위험이 있어 실외운동을 허용할 경우 금치처분의 목적 달성이 어려운 예외적인 경우에 한하여 실외운동을 제한하는 덜 침해적인 수단이 있음에도 불구하고, 위 조항은 금치처분을 받은 사람에게 원칙적으로 실외운동을 금지한다. 나아가 위 조항은 예외적으로 실외운동을 허용하는 경우에도, 실외운동의 기회가 부여되어야 하는 최저기준을 법령에서 명시하고 있지 않으므로, 침해의 최소성 원칙에 위배된다. 위 조항은 수용자의 정신적·신체적 건강에 필요 이상의 불이익을 가하고 있고, 이는 공익에 비하여 큰 것이므로 위 조항은 법익의 균형성 요건도 갖추지 못하였다. 따라서 위 조항은 청구인의 신체의 자유를 침해한다.

[해설]

I. 금치의 문제점

형집행법 제108조는 징벌의 종류로 14개의 징벌을 규정하고 있고, 금치는 이 중 제14호에 규정된 가장 중한 징벌이다. 금치처분을 받은 사람에게는 제4호부터 제12호까지 처우제한이 함께 부과된다. 당초 제13호의 30일간의 운동정지도 금치처분수용자에게 함께 부과되었으나, 본 건 위헌결정으로 인하여, 금치와 함께 부과되던 30일간의 실외운동정지는 제외되었다.

2006년부터 2013년까지 징벌종류별 구성비를 살펴보면, 금치가 가장 높은 비율인 85.3~90.2%를 차지하고 있다. 2013년 통계에 의하면 징벌 중 금치의 비율은 88.1%(30일 이내 27.8%, 20일 이내 45.7%, 10일 이내 14.6%)에 달한다. 압도적인 비율이다. 2023 교정통계연보 등 최근 통계에서는 징계종류별 구성비 자료를 더 이상 공개하지 않고 있다.

2013년도부터 2022년도까지 징계부과현황을 보면, 한 해도 빠짐없이 징계건수는 증가하였고, 2022년도에는 23,583건의 징계가 부과되어 전년대비 9.9%가 증가하였다. 금치처분도 해마다 늘어나고 있음을 짐작할 수 있다.

금치처분을 받은 수용자는 포괄적인 처우제한을 함께 받으므로 수용자에 대한 과도한 권리제한으로 비례성의 원칙뿐만 아니라 인간의 존엄에 반한다는 지적을 받기에 충분하다. 이에 금치처분 중 부과되는 처분에 대한 위헌성시비는 끊이지 않았고, 여러 차례 헌법재판소의 결정이 있었다. 금치처분을 받은 수용자에게는 4호부터 13호까지의 처분을 받게 되는데, 이 중 8호 사유인 '30일간의 작업정지' 외에는 모든 사유에 대하여 헌법재판소의 결정이 내려졌다.

II. 본 결정의 의미와 비판

1. 소장은 수용자가 건강유지에 필요한 운동을 정기적으로 할 수 있도록 하여야 한다(형집행법 제33조 제1항). 소장은 수용자가 매일 근무시간 내에서 1시간 이내의 실외운동을 할 수 있도록 하여야 하고, 다만 작업의 특성상 실외운동이 필요 없다고 인정되는 때, 질병 등으로 실외운동이 수용자의 건강에 해롭다고 인정되는 때, 우천·수사·재판 그 밖의 부득이한 사정으로 실외운동을 하기 어려운 때에 해당하면 실외운동을 실시하지 아니할 수 있다(형집행법 시행령 제49조).

구 행형법 시행령 제145조 제2항 중 운동부분은 금치의 처분을 받은 자는 징벌실에 수용하고, 그 기간 중 운동을 금지한다고 규정하고 있었으나, 헌법재판소는 위 조항이 수형자의 인간의 존엄과 가치, 신체의 자유 등을 침해하여 헌법에 위반된다고 결정하였다(헌재 2004. 12. 16. 선고 2002헌마478 전원재판부 결정). 이후 2007년 전부개정된 형집행법 제112조 제3항 중 제108조 제13호에 관한 부분은 금치처분을 받은 사람에 대하여 원칙적으로 실외운동을 금지하고, 다만 소장이 수용자의 권리구제, 수형자의 교화 또는 건전한 사회복귀를 위하여 특히 필요하다고 인정하면 실외운동을 허가할 수 있도록 규정하고 있었다.

금치처분을 받은 사람에 대한 실외운동은 원칙적으로 허용하고 징벌대상자의 특성을 고려하여 예외적으로만 제한하는 것이 바람직하며, 제한의 필요성이 인정되는 경우에도 그 제한의 최저기준을 법령에 명시하는 것이 필요하므로, 금치처분을 받았다는 이유만으로 원칙적으로 실외운동을 금지하는 것이 문제라는 것이 헌법재판소의 입장이다.

실외운동은 원칙적으로 인정되어야 하고, 예외적으로 제한되어야 한다는 헌법재판소의 결정은 타당하나, 실외운동제한 자체를 위헌으로 판단하지 않았다는 것이 아쉽다는 지적도 있다.

2. 헌법재판소는 실외운동 제한 외에는 나머지 30일간의 공동행사 참가정지, 신문열람 제한, 텔레비전시청 제한, 자비구매물품 제한, 전화통화 제한, 집필 제한, 편지수수 제한, 접견 제한에 대해서는 모두 합헌으로 판단하였다. 합헌판단의 주요 논거로는 필요하면 서신수수·접견허가 가능, 종교상담, 전문가상담, 도서열람, 의약품사용가능 등으로 다른 수단이 있으므로 침해최소성원칙에 위반되지 않는다는 것이다.

3. 텔레비전시청 제한에 대해서는 신문열람과 라디오 청취도 제한되는 금치처분을 받은 사람에게 텔레비전시청까지 제한하는 것은 과잉금지원칙과 국제연합의 피구금자 처우에 관한 최저기준규칙에 위반된다는 재판관 3인의 반대의견이 있다.

4. 금치처분을 받은 사람은 당연히 그럴만한 큰 잘못을 저질렀기 때문에 수용시설 내의 안전과 질서를 유지하기 위해서는 강력한 처분이 불가피하다는 의견이 있을 수 있다. 하지만, 금치처분의 비율이 압도적으로 높은 것이 현실이다. 금치처분 자체가 가장 강력한 처분인데, 여기에 다른 부과처분이 붙는 것에

대해서는 비례성 원칙 위반 논란이 이어질 수밖에 없다. 헌법재판소가 실외운동을 원칙적으로 제한하는 조항에 대해서 위헌결정을 한 것은 높이 평가할만하나, 나머지 제한에 대해서는 전부 합헌결정을 하였는데, 이 부분은 아쉽다. 이로 인하여 여전히 금치처분을 받은 수용자에게는 과도한 기본권의 제한이 있다고 판단된다.

[후속논의]

형집행법 제112조는 원칙적으로 실외운동을 허용하고, 도주 자해, 다른 사람에게 위해를 끼칠 우려가 있는 경우 등에 한하여 제한되는 것으로 개정되었다. 제한하더라도 수용자가 매주 1회 이상 실외운동을 할 수 있도록 하도록 하는 규정도 신설하였다.

[참고문헌]
- 이인선, 금치처분을 받은 수용자에 대한 필요적 실외운동 제한의 위헌성: 헌법재판소 2016. 5. 26. 2014헌마45 결정 판례평석, 교정 제60권 제8호, 법무부 교정본부, 2016.
- 조성용, 형의 집행 및 수용자의 처우에 관한 법률상의 금치의 문제점과 개선방안, 저스티스 통권 제168호, 한국법학원, 2018.
- 유병철, 국제인권기준에 따른 수용자 금치제도의 개선방안: 금치위주의 징벌집행 관행 개선을 중심으로, 한국공안행정학회보 제30권 제2호, 한국공안행정학회, 2021.

[김현성 변호사(법무법인 우공)]

대상	징벌처분무효확인소송 청구 (원고승)
	[1심] 대구지법 2016. 2. 18. 선고 2015구합1948 판결 (원고패)
	[2심] 대구고법 2016. 9. 2. 선고 2016누4776 판결 (원고승)

[사실관계]

원고는 2001. 9. 26. 존속살해죄로 무기징역을 선고받고, 그 판결이 확정된 후 2002. 3. 18.부터 A교도소에서 수용 중이다. 피고 A교도소장은 징벌위원회 의결을 거쳐 2015. 8. 13. 원고에 대하여 "수용시설에서 번호표를 바로 목에 부착하라는 관구감독자의 정당한 지시에 따르지 않았다"는 사유로 형집행법 제107조 제6호 및 같은 법 시행규칙 제214조 제17호, 제215조 제4호, 제5호 카목에 따라 '경고'의 징벌처분을 하였다. 원고는 ① 형집행법 제107조 제6호는 "그 밖에 시설의 안전과 질서유지를 위하여 법무부령으로 정하는 규율을 위반하는 행위"에 대하여 징벌을 부과할 수 있다고 규정하고 있어 하위 법령에 지나치게 포괄적으로 위임하였는바, 위 조항은 명확성의 원칙, 포괄위임금지원칙 등에 위배되어 무효이고, 이 사건 처분도 당연 무효라는 점, ② 2015. 8. 7. 관구감독자로부터 번호표를 제대로 부착하라는 지시를 받고 "알겠다"고 두 번이나 대답하였으나 당시 번호표를 목에 걸 수 있는 실이 없어서 지시를 이행하지 않았는데 피고는 원고에게 실을 주거나 번호표를 목에 걸을 충분한 시간을 주지 않고 원고가 말대꾸를 하는 등 태도가 불량하다는 이유로 이 사건 처분을 하였는바, 이 사건 처분은 아무런 처분사유가 존재하지 아니하여 무효라는 점, ③ 원고가 3년 이상 아무런 징벌처벌을 받은 전력이 없이 모범적으로 수용생활을 해 온 점과 이 사건 처분으로 인하여 원고가 받을 불이익 등에 비추어보면, 이 사건 처분은 재량권을 일탈·남용한 것으로서 위법하다는 점 등을 주장하며 이 사건 소를 제기하였다.

[판결요지]

[1] 위임입법을 함에 있어서는 예측가능성이 인정되어야 하는데, 이는 법률에 이미 대통령령 등으로 규정될 내용 및 범위의 기본사항이 구체적으로 규정되어 있어서 누구라도 당해 법률로부터 대통령령 등에 규정될 내용의 대강을 예측할 수 있어야 함을 의미하고, 이러한 예측가능성의 유무는 당해 특정 조항 하나만을 가지고 판단할 것은 아니고 관련 법조항 전체를 유기적·체계적으로 종합 판단하

여야 하며, 각 대상 법률의 성질에 따라 구체적·개별적으로 검토하여 법률조항과 법률의 입법 취지를 종합적으로 고찰할 때 합리적으로 그 대강이 예측될 수 있는 것이라면 위임의 한계를 일탈하지 않은 것이다(헌재 2001. 11. 29. 선고 2000헌바23 전원재판부 결정; 헌재 2006. 6. 29. 선고 2004헌바8 전원재판부 결정 등). 그리고 명확성의 원칙은 법률이 제재하고자 하는 행위가 무엇인지를 누구나 예견할 수 있으며, 그에 따라 자신의 행위를 결정할 수 있도록 구성요건을 명확하게 규정하는 것을 의미한다. 그러나 처벌법규의 구성요건이 명확하여야 한다고 하여 모든 구성요건을 단순한 서술적 개념으로 규정하여야 하는 것은 아니고, 다소 광범위하여 법관의 보충적인 해석을 필요로 하는 개념을 사용하였다고 하더라도 통상의 해석 방법에 의하여 건전한 상식과 통상적인 법 감정을 가진 사람이면 당해 처벌법규의 보호법익과 금지된 행위 및 처벌의 종류와 정도를 알 수 있도록 규정하였다면 처벌법규의 명확성에 배치되는 것이 아니다(대법 2006. 5. 11. 선고 2006도920 판결; 대법 2014. 1. 29. 선고 2013도12939 판결 등). 이 사건 법률조항인 형집행법 제107조는 수형자에게 징벌을 부과할 수 있는 행위를 규정하면서 제6호에서 "시설의 안전과 질서유지를 위하여 법무부령으로 정하는 규율을 위반하는 행위"라고 정하여 법무부령으로 규정될 내용 및 범위의 기본사항을 구체적으로 규정하고 있으며 형집행법 제1조의 목적 등을 종합하여 보면 합리

적으로 그 대강이 예측되는바, 이 사건 법률조항이 명확성의 원칙, 포괄위임금지원칙에 위배된다고 볼 수 없다.

[2] 수용자가 정당한 사유 없이 교도관의 직무상 지시나 명령을 따르지 아니하는 행위가 되려면 교도관의 직무상 지시나 명령이 있었을 당시 정당한 사유 없이 수용자가 이를 따르지 않겠다는 의사를 명시적 또는 적어도 묵시적으로 표시하는 경우이거나 그러한 지시나 명령이 있었을 때로부터 이를 이행할 수 있는 충분한 시간이 지났음에도 수용자가 이를 이행하지 않는 경우여야 할 것이다. 원고는 정당한 사유 없이 교도관의 직무상 지시나 명령을 따르지 않겠다는 의사를 명시적 또는 묵시적으로 표시한 바도 없을 뿐만 아니라 위 지시나 명령이 있었을 때로부터 이를 이행할 수 있는 충분한 시간이 지났다고 보기도 어려운 바, 원고의 행위를 형집행법 제107조 제6호, 형집행법 시행규칙 제214조 제17호에 규정된 정당한 사유 없이 교도관의 직무상 지시나 명령을 따르지 아니하는 행위로 볼 수 없고, 이와 다른 전제에 선 이 사건 처분은 그 처분 사유가 인정되지 아니하여 위법하며, 그 하자는 중대하고도 명백하여 결국 무효라고 봄이 상당하다.

[해설]

I. 구금시설 수용자에 대한 징벌

징벌제도는 수용자에 대한 개별적 처우부

터 교정행정에 대한 신뢰회복, 재범방지에 이르기까지 여러 교정행정의 쟁점이 집약되어 있는 동시에 구금시설에서 제기되는 인권침해의 문제 중에서 가장 빈번하고 심각한 분야로 지목되어왔다. 과거 징벌규정은 엄격하게 수용질서 유지 측면만을 강조해왔으나 행형법이 수용자에 대한 인권보장요구를 고려하여 2007. 12. 21. 형집행법으로 법률의 명칭이 바뀌면서 징벌규정도 대폭 개정되었다. 우선 징벌부과기준을 개선하여 가장 중한 징벌인 금치처분의 상한기간을 2월에서 30일로 단축하고(제108조 제14호), 징벌위원회의 외부위원을 1인에서 3인 이상으로 확대하였으며(제111조 제2항), 징벌실효제도(제115조) 등을 도입하였다. 징벌은 경고부터 금치처분까지 이루어질 수 있는데(제108조), 동일한 행위에 관하여 거듭하여 부과될 수 없고, 행위의 동기 및 경중, 행위 후의 정황, 그 밖의 사정을 고려하여 수용목적을 달성하는 데에 필요한 최소한도에 그쳐야 한다(제109조 제3항). 그럼에도 구금시설에서의 징벌부과는 매해 증가하고 있는 추세이며, 2013년 14,652건에서 2022년에는 23,583건이 이루어졌다.

형집행법 제107조는 수용자가 △형사 법률에 저촉되는 행위, △수용생활의 편의 등 자신의 요구를 관철할 목적으로 자해하는 행위, △정당한 사유없이 작업·교육·교화프로그램 등을 거부하거나 태만히 하는 행위, △금지물품을 지니거나 반입·제작·사용·수수·교환·은닉하는 행위, △다른 사람을 처벌받게 하거나 교도관의 직무집행을 방해할 목적으로 거짓 사실을 신고하는 행위, △그 밖에 시설의 안전과 질서유지를 위하여 법무부령으로 정하는 규율을 위반하는 행위를 한 경우 소장이 징벌위원회의 의결에 따라 징벌을 부과할 수 있도록 위임입법의 형식으로 징벌 부과 기준을 규정하고 있고, 동법 시행규칙 제214조는 수용자가 해서는 안 되는 규율 행위를 각 나열하고 있다. 대상판례는 형집행법 제107조가 법무부령으로 규정될 내용 및 범위의 기본사항을 구체적으로 규정하고 있으며 형집행법 제1조의 목적 등을 종합하여 보면 합리적으로 그 대강이 예측되는바, 형집행법 제107조가 명확성의 원칙이나 포괄위임금지원칙에 위배되지 않는다고 판단하였다.

II. 수용자의 '정당한 사유 없이 교도관의 직무상 지시나 명령을 따르지 아니하는 행위'의 판단기준

대상판례는 수용자가 수용시설에서 번호표를 바로 목에 부착하라는 관구감독자의 정당한 지시에 따르지 않은 것이 징벌 부과 기준인 '정당한 사유 없이 교도관의 직무상 지시나 명령에 따르지 아니하는 행위'에 해당하는지 여부가 문제된 사안이다. 형집행법 시행규칙 제214조 제17호는 수용자가 "지정된 거실에 입실하기를 거부하는 등 정당한 사유 없이 교도관의 직무상 지시나 명령을 따르지 아니하는 행위"를 해서는 안 된다고 정하고 있다.

대상판례는 규정의 문언상 교도관의 직무상 지시나 명령은 즉시 따라야 한다고 되어 있지 않고 수용자는 교도관의 직무상 지시나 명령의 이행의사 유무나 이행을 할 수 있는 상황 여부 등에 관계없이 이를 즉시 따르지 않으면 언제라도 규율에 위반하는 결과가 초래된다면 위 규정이 악용되어 수용자의 인권 및 처우에 해악을 끼치거나 끼칠 우려가 있는바, '정당한 사유 없이 교도관의 직무상 지시나 명령을 따르지 아니하는 행위'에 해당하려면 ① 교도관의 직무상 지시나 명령이 있었을 당시 정당한 사유 없이 수용자가 이를 따르지 않겠다는 의사를 명시적으로나 적어도 묵시적으로 표시하거나 ② 그러한 지시나 명령이 있었을 때로부터 이를 이행할 수 있는 충분한 시간이 지났음에도 수용자가 이를 이행하지 않는 경우여야 한다고 보았다. 대상판례는 원고가 교도관의 지시에 따르겠다는 의사를 재차 명시적으로 표시하였고, 관구감독자의 지시가 있은 때로부터 규정 위반 적발까지 걸린 시간은 약 6분에 불과하였으며, 원고가 당시 번호표를 목에 걸 수 있는 실을 소지하지 않아서 즉시 관구감독자의 지시를 따를 수 없었다고 주장하는 등의 사정을 고려하여, 원고의 행위는 '정당한 사유 없이 교도관의 직무상 지시나 명령을 따르지 아니하는 행위'로 볼 수 없는바, 원고에 대한 징계처분은 위법·무효라고 판단하였다. 실제 징벌사례에서 수용자의 '지시불이행'은 빈번한 징벌사유가 됨에도 형집행법 시행규칙 제214조 제17호의 '정

당한 사유'에 대한 판단이 교도관들의 자의적 해석과 남용의 여지가 있다는 비판이 제기되어 왔는데, 대상판례는 '정당한 사유 없이 교도관의 직무상 지시나 명령을 따르지 아니하는 행위'의 판단기준을 명확히 제시하여 수용자의 권리 보장 측면에서 중요한 의미를 지닌다고 할 것이다.

[후속논의]

형집행법상 수용자에 대한 징벌 처분이 내려지면 그에 대한 재심 절차가 없어 징벌이 위법·부당하더라도 처분 당시에 곧바로 구제받기가 거의 불가능하고 사후에 민사적 손해배상 등의 형태로 간접적인 구제만이 가능하여 징벌로 인해 침해된 개인의 인격권 등은 회복될 방법이 없다. 대법원도 행형법령상 금치처분 자체에 대한 불복절차를 두지 않는 것이 사실상 피징벌자의 재판청구권을 침해하고 있다고 지적한 바 있다(대법 2004. 12. 9. 선고 2003다50184 판결). 나아가 징벌위원회는 규문주의적 구조로 인해 공정한 운영을 기대하기가 어려운바, 징벌요구권자와 징벌의결권자의 분리, 외부위원의 실질적 역할 강화 등이 대안으로 제시되고 있으나 외부인은 교정시설이라는 폐쇄적인 사회를 이해하는 데에 한계가 있을 수 있다는 반론도 제기된다. 넬슨만델라규칙 제83조는 교도소와 형집행에 있어 정기적인 감독은 중앙 교정당국이 실시하는 내부 감독과, 교정당국으로부터 독립적으로 존속하는 기관에 의한 외부 감독의 이원

적 체계로 구성되어야 하며, 이는 교도소가 법령과 절차에 따라 행형목적의 달성이라는 관점 하에서 운영되고 피구금자의 권리가 보호되고 있는지를 확인하기 위한 목적으로 이루어져야 한다고 규정하고 있다. 수용자의 권리구제를 신속히 하고 가능하면 사전에 권리침해를 예방하면서 행형목적을 달성할 수 있도록 수용자에 대한 징벌처분에 대한 불복절차 등 징벌에 대한 상시적 통제 장치 마련을 검토할 필요가 있다.

[참고문헌]
• 정승환, 구금시설 수용자에 대한 징벌제도의 개선방안, 형사정책연구 제22권 제2호, 한국형사정책연구원, 2011.
• 김옥기·송문호, 수용자 징벌제도의 개선방안, 교정연구 제63호, 한국교정학회, 2014.
• 정유철·이윤호, 징벌제도의 실무적 고찰, 교정연구 제26권 제3호, 한국교정학회, 2016.
• 김자영, 조사수용과 징벌처분 관련 판례 연구, 월간교정 2023년 5월호, 법무부 교정본부, 2023.
• 법무부 교정본부, 2023 교정통계연보, 2023.

[류다솔 변호사(민주사회를 위한 변호사모임)]

[18] 규율 중 '허가 없이 수용자 외의 사람을 통하여 다른 수용자에게 금원을 교부하는 행위'의 판단기준

대상	행형급수변경 및 이감처분취소 (원고패) [1심] 수원지법 2017. 6. 8. 선고 2016구합70506 판결 (원고패) [2심] 서울고법 2017. 11. 17. 선고 2017누55819 판결 (항소기각) [3심] 대법 2018. 3. 29.자 2017두75118 판결 (심리불속행기각)

[사실관계]

원고는 2004. 1. 16. 무기징역형의 유죄판결이 확정되어 수형 중인 사람이다. 원고는 원주교도소에 재소 중이던 2014년경 한국방송통신대학교(이하 '이 사건 학교'라 한다)로부터 ○○과 입학을 허가받았다. 원주교도소장은 2014. 2. 28.경 원고를 교육대상자로 선발함과 아울러 피고가 교도소장의 지위에서 이 사건 학교의 교육과정을 운영하는 여주교도소로 이송하였다.

여주교도소 재소자인 C는 2015년경 다른 재소자들에게 "D와 공동으로 선물옵션 투자를 하여 상당한 이익을 얻고 있다"라고 알리면서 투자를 권유하였고, 2015. 9.경 원고에게도 "선물옵션 투자를 하면 매달 8% 또는 3개월마다 30%의 수익을 올릴 수 있다"라고 하며 투자를 권유하였다. 원고는 2015. 9. 중순 무렵 어머니 E에게 D의 연락처를 알려주면서 D와 투자 여부를 상담하라고 하였고, E는 D와 몇 차례 통화한 후인 2015. 10. 12.경 D가 지정한 F 명의의 계좌로 투자금 1천만 원을 송금하였다(이하 '이 사건 투자'라 한다). 여주교도소의 교도관은 2015. 10. 12.경 재소자 G로부터 재소자들이 선물옵션 투자를 하고 있다는 신고를 받고, 그 무렵 원고의 이 사건 투자 관여 행위에 대한 조사에 착수하였다. 여주교도소의 징벌위원회는 2015. 1. 28. 원고가 형집행법 시행규칙 제214조 제5의2호를 위반하였다고 보아 금치 10일을 처하되, 조사 기간 10일을 금치 기간에 산입하기로 의결하였고, 피고는 같은 날 형집행법 제107조 제6호, 제108조에 의해 위 의결대로 징벌을 부과하였다.

원고는 이 사건 학교의 총장에게 2015. 10. 28. 자퇴서를, 2015. 10. 30. 등록금 반환 신청서를 각각 제출하였고, 피고는 2015. 10. 30. 원고에 대한 교육대상자 선발을 취소하였다(이하 '이 사건 교육생지정 취소처분'이라 한다). 한편 피고는 2015. 11. 10. 여주교도소 분류처우위원회의 의결을 거쳐 원고의 처우등급을 완화경비처우급에서 일반경비처우급으로 변경하고(이하 '이 사건 행형급수 변경처분'이라 한다), 2015. 12. 17.경 법무부장관의 승인을 받아 원고를 원주교도소로 다시 이송하였다(이하 '이 사건 이감처분'이라 하고, 이 사건 행형급수 변경처분 및 이감처분의 두 가지 처분을 총칭하여 '이 사건 행형급수 변경처분 등'이라 한다). 원고는 2015. 12. 11. 서울지방교정청 행정심판위원회에 이 사건 행형급수 변경처분 등의 취소를 구하는 행정심판(이하 '이 사건 행정심판'이라 한다)을 청구하고, 그로부터 60일 이상 지난 2016. 12. 20. 이 사건 소를 제기하였으나, 이 사건 소송계속 중인 2017. 1. 16. 위 행정심판위원회로부터 기각재결을 받았다.

수소법원은 이 사건 중 교육생지정 취소처분의 취소청구 부분을 각하하였고, 원고의 나머지 청구를 기각하였다. 이에 원고는 항소하였지만 항소심 법원은 원고의 항소를 기각하였다.

[해설]

이 사건에서 피고는 처분 사유와 관계 법령의 규정을 들어 이 사건 행형급수 변경처분 등이 적법하다고 주장함에 대하여, 원고는, 처분 사유의 부존재 및 재량권의 일탈·남용 등을 들어 이 사건 행형급수 변경처분 등이 위법하다고 주장하였다. 우선, 처분 사유의 부존재 등에 관하여 원고는, 이 사건 행형급수 변경처분 등은 이 사건 징벌처분의 취소 여부와 관계없이 원고가 징벌대상행위를 저지른 사실을 그 처분 사유로 하는데, 원고는 다른 재소자에게 본인 소유의 금원을 교부하지 않았고, E가 그 소유의 금원을 교부하였을 뿐이라고 주장한 한편, 여주교도소의 교도관들은 원고의 이 사건 투자 관여 행위를 조사

할 대 변호인 접견권을 침해하고 원고를 모욕하면서 자백을 강요하여 인권을 침해함으로써 징벌대상행위의 조사를 규율하는 형집행법 시행규칙 제219조를 위반하였는데, 이처럼 위법한 조사를 통해 원고가 징벌대상행위를 저질렀다고 인정하여서는 안 된다고 주장하였다. 다음으로, 재량권의 일탈·남용에 관하여 원고는, 이 사건 행형급수 변경처분 등은, ① 원고가 교도소 밖에서 원고의 아들을 부양하고 있는 어머니의 경제적 형편을 염려하여 이 사건 투자를 권유한 점을 참작하지 않은 점에서, ② 원고가 위 투자금을 곧 회수하였을 뿐만 아니라 이 사건 투자를 받은 C 등이 법률이 금지하는 행위를 하였다고 단정할 수도 없는 점을 참작하지 않은 점에서, ③ 무기징역형의 수형자인 원고에 대해서는 수용시설 내에서 교육의 기회를 제공하여야 할 필요가 더욱 큰 점을 참작하지 않은 점에서, 가혹한 처분이라고 주장하였다.

처분 사유의 존부 등에 관하여 법원은 원고의 청구를 받아들이지 않았다. 우선, 형집행법 시행규칙 제214조 제5호의2는, 수용자가 '허가 없이 다른 수용자에게 금원을 교부하거나 수용자 외의 사람을 통하여 다른 수용자에게 금원을 교부하는 행위'를 금지하고 있는데, 법원은 여기에서의 '금원'을 수용자 본인 소유의 금원이라고 제한하여야 할 별다른 근거나 이유는 없다고 보았다. 다만, 수용자가 제삼자 소유의 금원을 다른 수용자에게 교부하는 데에 관여한 경우에 그 교부가 수용자를

'통하여' 이루어진 교부에 해당하는지는 금원 교부의 목적과 구체적 경위, 수용자와 제삼자 및 다른 수용자의 관계 등 금원 교부를 둘러싼 제반 사정을 종합적으로 고려하여 사회통념에 따라 합리적으로 판단하여야 한다고 보았다. 법원은, 증거에 의하여 인정된 사실에 비추어, 설령 원고가 이 사건 투자금의 소유자가 아니더라도 원고는 E를 '통하여' C에게 그 투자금을 교부하였다고 볼 수 있다고 판단하였다. 즉, ① 원고는 E에게 이 사건 투자를 권유하였고, E의 투자금 송금 전에 E로부터 D와의 투자 상담 내용을 전달받았으며, 투자금 송금 후에 E에게 투자금을 회수하라고 요청하기도 하였던 점, ② E는 원고와 모자 관계에 있고, 원고의 아들을 부양하는 등 경제적으로도 밀접한 관계를 유지하고 있으며, 원고의 투자금 회수 요청을 거절하지 않았던 점, ③ E는 평소 이 사건 투자금을 받은 D, C와 교류하지 않았던 것으로 보이는 점에 비추어보면, 원고가 E를 '통하여' C에게 그 투자금을 교부하였다는 것이다. 한편, 법원은, 이 사건 징벌처분의 조사 과정에서 원고가 주장하는 바와 같이 형집행법 시행규칙 제219조를 위반한 사실이 있었다고 인정할 만한 증거는 없다고 판단하였다.

재량권의 일탈·남용에 관하여도 법원은 원고의 청구를 받아들이지 않았다. 즉, 법원은 ① 이 사건 행형급수 변경처분은 이 사건 징벌처분 확정에 따라 처우등급을 변경한 것이고, 그 변경의 정도도 1단계를 낮춘 데에 그친 점, ② 이 사건 이감처분의 경우, 원고가 이 사건 학교의 입학허가를 받아 여주교도소로 이송되었는데, 위 이감처분일 무렵 위 학교에 자퇴서를 제출한 점, ③ 이 사건 투자금의 액수가 비교적 큰 점 등을 고려하면, 원고가 이 사건 행형급수 변경처분 등으로 입게 될 불이익이 그로 인하여 달성하려는 공익을 압도한 만큼 크다고 보기는 어렵다고 판단하였다.

[후속논의]

형집행법 제27조는 수용자에 대한 금품 전달에 관하여 규정하고 있다. 즉, 수용자 외의 사람이 수용자에게 금품을 건네줄 것을 신청하는 때에는, 수형자의 교화 또는 건전한 사회복귀를 해칠 우려가 있는 때, 시설의 안전 또는 질서를 해칠 우려가 있는 때에 해당하지 아니하면, 교정시설의 장은 신청을 허가하여야 한다는 것이다. 바꾸어 말하면, 수용자 외의 사람이 수용자에게 금품을 건네줄 것을 신청하는 경우, 수형자의 교화 또는 건전한 사회복귀를 해칠 우려가 있거나 시설의 안전 또는 질서를 해칠 우려가 있는 때에는 교정시설의 장은 그 신청을 불허할 수 있다. 한편, 형집행법 시행규칙 제214조는 수용자가 '허가 없이 다른 수용자에게 금품을 교부하거나 수용자 외의 사람을 통하여 다른 수용자에게 금품을 교부하는 행위'를 금지하고 있다. 그 취지는, 형집행법 제27조의 규정에 비추어보면, 그러한 행위가 수형자의 교화 또는 건전한 사회복귀를 해칠 우려가 있다는 데에 있을 것이다. 때에 따라서는 그것이 사행심을 조장하거나 심리적인 안정을 해칠 우려가 있고, 위화감을 조성할 우려도 있을 것이다. 형집행법 시행규칙 제214조의 해석에 관해서도 그러한 취지가 충분히 고려될 필요가 있다고 본다.

수형자의 기본권 제한에 대한 구체적인 한계는 헌법 제37조 제2항에 따라 법률에 의하여 구체적인 자유·권리의 내용과 성질, 그 제한의 태양과 정도 등을 교량하여 설정하게 되는데, 수용시설 내의 안전과 질서를 유지하기 위하여 이들 기본권의 일부 제한이 불가피하다 하더라도, 그 본질적인 내용을 침해하거나, 목적의 정당성, 방법의 적정성, 피해의 최소성 및 법익의 균형성 등을 의미하는 과잉금지의 원칙에 위배되어서는 안 된다(헌재 2004. 12. 16. 선고 2002헌마478 전원재판부 결정). 관련 법령의 취지 및 내용에 비추어보면, 수용자의 금품교부 신청에 대하여 허가 여부를 결정하는 것은 교도소장의 재량행위라고 할 것이지만, 그 불허가 결정에 비례의 원칙 등에 반한 재량권 일탈·남용의 위법이 있는지에 관하여는 형집행법이나 관계 법령의 다른 규정들과 조화로운 해석이 가능한 범위에서 엄격하게 판단되어야 할 것이다(대구고법 2018. 5. 18. 선고 2018누2293 판결). 그와 같이 보면, 형집행법 시행규칙 제214조에 따라 금지되는 행위로서, 수용자가 '허가 없이 다른 수용자에게 금원을 교부하거나 수용자 외의 사람을 통하여 다른 수용자에게 금원을 교부하는 행위'의 의미 내

지는 범위에 관해서도 과잉금지의 원칙이 적용되어야 할 것이고, 그 한에서는 수용자가 다른 수용자에게 금원을 교부하거나 수용자 외의 사람을 통하여 다른 수용자에게 금원을 교부하는 행위가 형집행법 시행규칙에 따라 금지되는 것인지를 판단하는 데에는 당해 행위가 수형자의 교화 또는 건전한 사회복귀를 해칠 우려가 있는 것인지가 참작될 필요가 있을 것이다.

[김성규 교수(한국외국어대학교 법학전문대학원)]

대상	손해배상(기) (원고일부승)
	[1심] 창원지법 밀양지원 2018. 9. 14. 선고 2018가소11 판결 (원고패)
	[2심] 창원지법 2019. 7. 11. 선고 2018나4509 판결 (원고일부승)
참조	손해배상(기) (원고패)
	[1심] 인천지법 2017. 7. 20. 선고 2017가소6194 판결 (원고패)
	[2심] 인천지법 2018. 2. 13. 선고 2017나63934 판결 (항소기각)

[사실관계]

피고(구치소 소장)는 원고를 2016. 7. 13.부터 2017. 4. 3.까지 24시간 전자영상장비가 작동되는 영상거실에 수용하였다. 한편 원고는 2017. 3. 20. 창원지방검찰청 밀양지청에 "원고가 2017. 1. 4.경 우표를 수령한 사실이 없음에도 원고의 영치금에서 우표대금 명목으로 11,150원이 인출되어 이에 대한 해명을 요구하였으나 제대로 된 답변을 듣지 못했고, 피고는 원고의 면담신청을 거부하여 직무를 유기하였다"는 내용으로 진정하였는데, 창원지방검찰청 밀양지청은 원고가 2017. 4. 11. 위 1. 4.경 신청에 의해 우표를 교부받았으므로 관련 직원이 우편금액을 횡령하였다고 보기 어렵고, 구치소 소속 교감이 피고를 대리하여 원고를 면담하였으므로, 피고에게 원고를 직접 면담해야 할 의무가 있다고 보기 어렵다는 이유로 혐의없음 처분을 하였다. 이후, 원고는 감사원 등에 8개월간 법적 근거 없이 전자영상장비로 감시를 받았고, 원고가 신청한 우표를 받지 못했는데 영치금에서 구입대금이 인출되었으며, 구치소에서 특정 수용자에게만 특혜를 주었다는 내용의 서신을 발송하고자 하였는데, 피고는 위 서신의 내용에 교정시설의 안전 또는 질서를 해칠 우려가 있다고 보아 형집행법 제43조 제4항 제3호에 따라 위 서신을 검열하고, 발송불허 처분을 하였다. 더 나아가, 피고는 2017. 4. 20. 원고가 검찰에 거짓사실을 신고하고, 허가 없이 물품을 주고받았다는 이유로 금치 30일의 징벌처분(이하 '이 사건 제1금치처분'이라고 함)을 부과하였고, 이후 2017. 4. 28. 원고가 허위의 사실을 외부에 유포하여 교도관의 정당한 직무집행을 방해하였다고 하는 한편, 이는 이 사건 제1금치처분 집행 중에 다시 징벌사유에 해당한다는 이유로 징벌의 장기 20일에 2분의 1을 가중하여 금치 30일의 징벌처분(이하 '이 사건 제2금치처분'이라고 함)을 부과하였다. 참고로 원고는 이 사건 제1금치처분의 징벌사유와 관련하여 무고죄로 기소되었으나,

법원이 원고에게 무죄를 선고하였다.

원고는 피고가 한 다음과 같은 불법행위, 즉 ① 정당한 사유 없이 전자영상장비가 설치된 거실에 원고를 수용하였고, 원고가 피고에게 이를 해제해 줄 것을 요청했음에도 피고가 적절한 조치를 취하지 않은 점, ② 이 사건 제1금치처분의 사유인 무고죄의 혐의에 대해 법원에서 무죄판결이 확정되어 원고에게 징벌사유가 존재하지 않음에도, 검찰에 진정하였다는 이유만으로 위 금치처분을 한 점, ③ 정당한 사유 없이 원고가 감사원 등에 보내려고 한 서신을 검열한 점, ④ 원고에게 징벌사유가 없음에도 이 사건 제2금치처분을 하였을 뿐 아니라, 이 사건 제1, 2금치처분의 징벌대상행위가 경합하므로 중한 징벌의 2분의 1을 가중한 45일의 금치처분을 했어야 함에도, 위 제1, 2금치처분을 각각 하여 총 60일의 금치처분을 한 점 등의 이유로 정신적 고통을 받았는바, 이에 피고를 상대로 "피고가 원고에게 1천만 원의 위자료를 지급해야 한다"는 손해배상청구 소송을 제기하였다.

[판결요지]

[1] 불법행위 관련 ①주장에 대한 판단: 형집행법 제94조 제1항에 따라 교도관은 수용자의 생명·신체를 해하는 행위를 방지하기 위하여 필요한 범위에서 전자장비를 이용하여 수용자 또는 시설을 계호할 수 있다고 규정하고 있다. 이 사건에서 원고는 조사수용 및 징벌처분 등으로 심적 불안감을 일으켜 자살, 자해, 타인 위해 및 시설물 손괴 등을 행할 우려가 상당히 있다는 사실이 인정되는바, 피고가 전자영상장비가 설치된 거실에 원고를 수용한 행위는 적법한 직무행위로 보인다.

[2] 불법행위 관련 ②주장에 대한 판단: 무고죄의 형사사건에서 무죄판결을 선고받은 사정과 별개로, 피고는 원고가 구매한 우표금액을 초과한 우표를 사용한 것까지 확인되자, 원고의 위와 같은 진정은 허위이고, 원고도 허위임을 잘 알고 있었다고 판단한 것으로 보이고, 행정질서벌인 금치처분은 형사처분과는 그 목적과 성격을 달리하고 있는 점에서 이 사건 제1금치처분을 위법하다고 보기 어렵다.

[3] 불법행위 관련 ③주장에 대한 판단: 형집행법 제43조 제4항, 제1항 제2, 3호에 따라 교도소장은 수형자의 교화 또는 건전한 사회복귀를 해칠 우려 또는 시설의 안전 또는 질서를 해칠 우려가 있는 내용이 기재되어 있다고 의심할 만한 상당한 이유가 있을 때 수용자가 주고받는 서신의 내용을 검열할 수 있다고 규정하고 있다. 그런데 원고가 감사원 등에 보내려고 한 서신의 내용 중 일부는 사실이 아니고, 일부는 원고의 주장을 뒷받침할 근거가 부족한 점 등을 고려하면 피고가 원고의 서신을 검열한 것은 관련법령에 기한 상당한 처분으로 판단된다.

[4] 불법행위 관련 ④주장에 대한 판단: 수용자는 교도관의 직무를 방해하는 행위를 하여서는 아니 되고(형집행법 시행규칙 제214조 제

6호), 이를 위반하는 행위를 하면 16일 이상 20일 이하의 금치처분을 받을 수 있다(형집행법 시행규칙 제215조 제2호 나목). 그런데 원고의 서신 발송행위는 원고가 불이익한 처우를 받고 있고 구치소에서 일부 수용자에게 특혜를 주고 있다는 원고의 견해를 외부에 알리려고 한 것에 불과하고, 피고의 서신검열 및 발송 불허처분으로 실제 발송되지 못하였으므로 교도관의 직무가 방해된 것이라고 보기 어렵다. 또한, 수용자는 청원, 진정, 등 그 밖의 권리구제를 위한 행위를 하였다는 이유로 불이익한 처우를 받지 아니하는바(형집행법 제118조), 원고가 권리구제를 주장하며 감사원 등에 서신을 발송하였다는 이유만으로 이 사건 제2금치처분을 받은 것은 위 규정에 반한다. 이외에도 수형자 등에게도 헌법이 보장하는 표현의 자유가 당연히 인정된다고 할 것인바, 피고로서는 수형자의 교화 및 건전한 사회복귀 또는 시설의 안전 및 질서를 위해 일응 서신을 검열할 수 있다고 하더라도, 서신의 내용 자체를 문제 삼아 징계권을 생각하려면 그 필요성과 정당성에 대한 고도의 소명이 있어야 하는데, 피고가 들고 있는 사정은 그 필요성과 정당성을 찾기 어렵다.

[5] 피고의 손해배상책임: 피고는 다음과 같은 사정들, 즉 △교도소 내 수용자들에 대한 징벌처분은 피고의 주된 업무이므로 징벌처분의 근거 규정들을 잘못 해석하여 적용할 경우 수용자들의 신체의 자유를 과도하게 침해하는 결과를 예견할 수 있었던 점, △실제 교도관의 직무가 현실적인 방해를 받은 바도 없는 점, △이 사건 제1금치처분 당시 이미 이 사건 제2금치처분의 사유로 삼은 서신발신행위의 존재 및 그 문제점 등을 파악하고 있었다고 봄이 타당한데, 그럼에도 피고가 이 사건 제1금치처분 중에 다시 징벌사유에 해당하는 행위를 한 것으로 볼 수 없음에도, 형집행법 제109조 제2항 제2호를 적용하여 가중처벌까지 하였고, 그로 인해 원고는 최장 45일까지만 금치처분을 받아야 함에도, 이를 15일이나 초과하는 금치 60일의 징벌을 받게 된 점 등에 비추어 볼 때, 피고는 고의 또는 중과실에 의하여 이 사건 제2금치처분을 함으로써 원고가 입은 손해를 배상할 책임이 있고, 위자료는 1,000,000원으로 정함이 상당하다.

[해설]

I. 들어가는 말

이 대상판례는 공무원의 고의, 중과실에 따른 손해배상책임을 인정함에 있어, 교도관들이 징벌처분을 함에 있어 그 징벌처분의 근거 규정들을 잘못 해석하여 적용하고, 그로 인해 수용자들의 신체의 자유를 과도하게 침해하는 경우, 이에 대한 불법행위 책임이 인정될 수 있다는 점을 강조한 판례로서 수용자에 대한 징벌처분 시 교정시설 담당자들의 법령 해석과 적용이 보다 신중히 이루어질 필요가 있음을 보여준다. 이하에서는 원고 측 주장에 관한 대상판례의 판단 중 일부 쟁점에 대해 살펴보고자 한다.

II. 대상판례의 ③주장 판단 부분에 대하여

헌법 제18조는 "모든 국민은 통신의 비밀을 침해받지 아니한다"고 규정하여 통신의 비밀을 침해받지 아니할 권리를 기본권으로 보장하고 있다. 따라서 통신의 중요한 수단인 서신의 당사자나 내용은 본인의 의사에 반하여 공개될 수 없으므로 서신의 검열은 원칙으로 금지된다고 할 것이다(헌재 1998. 8. 27. 선고 96헌마398 전원재판부 결정). 또한, 미결수용자에 대한 서신검열이 허용된다고 하더라도 통신의 비밀을 보호하려는 헌법정신에 따라 그 검열은 합리적인 방법으로 운용되어야 하고 검열에 의한 서신수발의 불허는 엄격한 기준에 의하여야 하며 또 서신내용의 비밀은 엄수되어야 한다.

대상판례는 원고가 보내려고 했던 서신의 내용 중 일부가 사실이 아니었다는 점을 근거로 피고가 원고의 서신을 검열한 것은 관련법령에 기한 상당한 처분이라고 판단하였다. 이는 법원이 서신 검열의 위법성 인정과 관련하여, 통상 서신의 발신 금지보다 사전적 행위이고 통신 비밀의 자유를 덜 침해하는 개념이라는 이유로, 교정시설 담당자들이 업무적으로 형집행법 제43조 제1항 제2호, 제3호에서 정한 검열 가능 사유(즉, 수형자의 교화 또는 건전한 사회 복귀를 해칠 우려가 있는 때 또는 시설의 안전 또는 질서를 해칠 우려가 있는 때)에 해당한

다고 본 부분에 대하여 가급적 위법하지 않다고 판단한 태도와 크게 다르지 않다.

그런데 원고가 검찰에 진정한 내용 중 일부가 사실이 아니라고 하더라도, 법원에서 원고의 무고죄 혐의에 대해 무죄판결을 선고하여 해당 판결이 확정된 이상, 원고가 피고 등에 대해 진정한 내용이 명백히 허위라고 보기 어렵고, 적어도 원고가 피고로 하여금 형사처분 또는 징계처분을 받게 할 목적으로 허위의 사실을 신고한 것으로 보기 어렵다. 따라서, 대상판례와 같이 서신의 내용 중 일부가 사실이 아니라는 이유만으로 형집행법에서 정한 수용자에 대한 서신 검열의 사유에 해당한다고 판단할 수 있을지 의문이다. 대상판례에서 든 사유만으로 피고의 이 사건 서신 검열행위가 합리적인 이유 없이 원고의 통신의 자유를 과도하게 제한하는 것으로 볼 여지도 적지 않기 때문이다. 이와 같은 취지에서 인권위도 2018. 10. "수용자가 보낸 편지를 교정시설이 미리 보아 발송을 허가하지 않고 서신 내용을 문제 삼아 징벌을 내린 것은 헌법상 통신·신체의 자유를 침해한 것"이라고 지적한 바 있다(국가인권위 2018. 8. 29.자 18진정0214100 결정). 교정기관에서는 명백한 거짓 사실이 외부로 알려지게 되면 자신에 대한 신뢰도가 떨어지고 교도관들이 수용자의 횡포에 휘둘리게 될 위험을 검열의 논리로 들 수 있겠으나, 교정기관이 거짓 사실을 적극 해명하면서 신뢰성을 확보하지 않고, 셀프검열이라는 손쉬운 방법을 택하는 것은 결코 좋은 방법일 수 없다.

III. 대상판례의 ④주장 판단 부분에 대하여

대상판례에서 이 사건 제2금치처분 자체가 위법하다고 본 부분과 그에 따라 피고에게 손해배상책임이 있다고 인정한 부분 모두 일응 타당한 판단으로 보인다. 구체적으로, 대상판례가 "교도소 내 수용자들에 대한 징벌처분은 피고의 주된 업무이므로 징벌처분의 근거 규정들을 잘못 해석하여 적용할 경우 수용자들의 신체의 자유를 과도하게 침해하는 결과를 예견할 수 있었다"는 점을 근거로 피고가 형집행법상의 징벌처분에 관한 규정을 잘못 해석·적용한 것은 객관적 주의의무를 결하여 정당성을 상실한 상태에 이른다고 보아 피고의 고의, 중과실을 인정하여 손해배상책임이 있다고 본 판단 역시 의미가 있다(대법 2011. 9. 8. 선고 2011다34521 판결). 또한, 대상판례는 "형집행법 제109조 제2항 제1호, 형집행법 시행규칙 제218조 제1항에 따라 둘 이상의 징벌대상행위가 경합하는 경우에는 각각의 행위에 해당하는 징벌 중 가장 중한 징벌의 2분의 1까지 가중할 수 있는데, 위 가중처벌 규정은 징벌대상행위가 경합하는 경우에 가장 중한 징벌의 2분의 1까지만 징벌을 부과할 수 있도록 징벌권의 행사를 제한하는 규정으로 해석해야 한다"는 점을 강조하였다. 이는 "징벌이 수용목적을 달성하는 데에 필요한 최소한도에 그쳐야 한다"는 형집행법 제109조 제3항 후단의 취지를 잘 반영한 것으로 보인다.

[후속논의]

참조판례를 보면, 피고 대한민국 소속 인천구치소 담당공무원들이 내린 금치처분의 근거가 허위임이 처분 이후 밝혀졌으나, ① 조사 대상자였던 사람 중 일부가 여전히 징벌사유에 합치되는 주장을 유지하고 있던 점, ② 2차 조사 당시 인천구치소 내 고충처리사건의 증가와 인적, 물적 여건의 제한 등으로 금치처분의 근거가 허위임을 밝히기 쉽지 않았던 점 등을 이유로 공무원들이 객관적 주의의무를 결하여 정당성을 상실한 상태에 이르렀다고 보아 피고에 대한 원고의 손해배상청구를 기각하였다.

위 참조판례의 경우, 대상판례와 같이 징벌처분의 근거 규정들을 잘못 해석, 적용한 사안이 아니라 징벌처분의 전제가 되는 사실관계에 대한 조사를 면밀히 하지 못해 징벌을 잘못 부과한 사안이라는 점에서 대상판례와 구별된다. 더 나아가, 위 판례들간 결론이 달라진 것은, 여러 이유가 있겠지만, 교정시설 공무원들의 주된 업무가 수용자들에 대한 징벌처분이라는 점에서 징벌처분의 근거규정에 대한 올바른 해석에 보다 주의를 요할 필요가 있다고 본 것으로 해석할 수 있다. 그러나 법원은 징벌처분의 근거규정을 해석하는 것 이상으로 수용자의 행위가 징벌부과 사유에 해당하는지에 대한 사실관계 조사가 중요하다는 점에서 보다 종합적인 사정을 면밀히 살펴 객관적 주의의무 위반 여부를 판단할 필요가 있다.

[참고문헌]
- 조성용, 형의 집행 및 수용자의 처우에 관한 법률상 금치의 문제점과 개선방안, 저스티스 통권 제168호, 한국법학원, 2018.

[양성우 변호사(법무법인 지향)]

[20] 징벌조사시 진술거부권과 변호인 선임 고지 의무

대상	행정처분취소 (원고패) [1심] 대구지법 2018. 12. 20. 선고 2018구합441 판결 (원고패) [2심] 대구고법 2019. 7. 19. 선고 2019누2139 판결 (항소기각)
참조1	징벌처벌취소 (원고패) [1심] 부산지법 2020. 9. 25. 선고 2020구합375 판결 (원고패)
참조2	수용자에 대한 조사시 진술거부권 등의 미고지 (인용) 국가인권위 2020. 5. 28.자 19진정0781300 결정 (인용)

[사실관계]

원고는 2013. 5. 10. X범죄 등으로 징역 13년형을 선고받아 같은 해 12. 26. 위 판결이 확정된 후 2018. 1. 15. A교도소로 이입되었다.

원고는 2018. 1. 15. 위 교도소에서 배정받은 방으로 짐을 운반하던 중 교도관이 듣는 가운데 욕설이 담긴 표현을 하였다. 한편, 원고는 2018. 3. 30. 위 교도소 운동장에서 다툼을 하였다.

피고(A교도소장)는 징벌위원회 의결을 거쳐 위 표현에 대해서는 모욕의 혐의사실이 인정된다는 이유에서 금치 30일의 징벌처분을, 다툼에 대해서는 '평온한 수용생활방해'를 이유로 금치 15일의 징벌처분을 하였다(이하 각 징벌처분을 '이 사건 처분'이라고 통칭한다).

그런데 피고는 이 사건 처분을 함에 있어서 원고에게 진술거부권, 변호사 선임에 관한 권리가 있음을 고지하지 않았다.

그러자 원고는 절차적 하자 등의 이유를 주장하면서 이 사건 처분의 취소를 구하는 소송을 제기하였다.

[판결요지]

대상판례의 제1심은, "원고 작성의 자술서 및 2018. 1. 18.자 진술조서의 기재 내용 및 사건의 경위 등 제반 사정에 비추어 보면, 원고는 이 사건 제1처분과 관련한 조사 당시 근무자 및 조사관 등으로부터 어떠한 혐의로 조사를 받고 있는지 고지받아 이를 충분히 알고 있었던 것으로 보이고, 위와 같은 혐의사실 고지만으로도 원고가 형법 제311조의 모욕을 이유로 하여 형집행법상의 처분을 받을 수 있다는 점을 충분히 예상할 수 있었다고 보이므로 원고의 방어권 등이 침해되었다고 볼 수 없다", "원고는 조사과정 및 징벌위원회에서 진술 및 변명 등의 방어 기회가 충분히 주어지고, 징벌위원회 출석통지를 받는 등 이 사건 제1처분은 적법한 절차에 의하여 이루어진 것으로 판단되고, 원고도 이 사건 표현행위를 인정하고 있고, 원고, 피해자, 참고인에 대한 조사 외에 추가로 조사할 만한 사항이 있다고 보이지 아니하므로, 위 조사결과에 기초하여 원고를 징벌위원회에 회부한 것에 미흡한 점이 있다고 보이지 아니하며, 위 처분은 경북북부제1교도소 내 징벌처분으로 형사법 절차에 따른 것이 아니어서 피고가 조사과정 등에서 진술거부권, 변호인의 조력을 받을 수 있는 권리 등의 형사소송법상의 권리를 고지하지 않았다고 하더라도 이를 위법하다고 볼 수 없다. 따라서 절차적 하자에 관한 원고의 주장은 이유 없다"고 판단했다. 위 사건의 제2심 판결도 위 제1심의 판단을 그대로 받아들이고 있다.

[해설]

I. 쟁점 및 대상판례의 태도

본건의 쟁점은, '형사'절차가 아닌, 교정시설의 질서유지 등 행정목적으로 이루어지는 '징벌'절차에 있어서도 형사소송법에 규정된 각종 절차적 권리가 보장되어야 하는 것인지이다. 참고로 우리 헌법은 모든 국민이 '형사상' 불리한 진술을 강요당하지 아니한다고 규정하고(제12조 제2항), '체포 또는 구속'시 변호인의 조력을 받을 권리가 있다고 규정하는 등(제12조 제5항), '형사절차'를 중심으로 한 규정만을 두고 있기 때문에, 형사절차가 아닌 '행정절차'와 관련한 절차적 보장이 어느 범위에서 이루어져야 하는 것인지에 대한 논란이 있다.

이와 관련하여 대상판례는 징벌와 관련하여 진술거부권, 변호인선임권 등의 형사소송법상 권리를 고지하지 않았다고 하더라도 징벌처분에 관한 절차적 하자가 있다고 할 수 없다는 입장이다.

II. 행정절차와 관련한 절차적 권리 보장

1. 과거의 논의

통설 및 판례는 형벌 부과를 목적으로 하는 형사절차와, 행정처분의 발령 등을 목적으로 하는 행정절차를 나누는 이원적 관점을 취한다. 그에 따라 형사소송법상 보장되는 절차적 통제 장치들이 행정절차에 있어서 당연히 인정되는 것은 아니라고 하는 논의가 과거 강조되었다. 즉, 형사소송법은 영장체포, 수사기관에 의한 현행범체포, 긴급체포, 구속과 관련하여, 수사기관은 피의사실의 요지와 변호인을 선임권이 있음을 고지해야 하고(형사소송법 제200조의5, 제209조, 제213조 등), 피의자신문을 하기 전에 진술거부권을 고지해야 하며(형사소송법 제244조의3), 공판정에서도 재판장은 인정신문을 하기에 앞서 진술거부권을 피고인에게 고지해야 하지만(형사소송법 제283조의2 제2항), 이러한 형사소송법상 절차보장 규정들은 행정절차에서 당연히 지켜져야 하는 것은 아니라는 것이다. 이에 따라 행정처분을 위한 행정조사 절차 등에 있어 형사소송법상 다양한 절차적 통제 장치들이 무시되었고, 학계에서는 이러한 행정조사가 실질적인 수사를 위한 '뒷문'과도 같다는 비판적 평가를 하기도 했다.

2. 행정절차에 있어서 절차적 권리 보장

행정조사 등의 과정에서 절차적 권리의 보장이 미흡하다는 인식이 팽배해지자, 국회는 2007년 행정조사기본법을 마련했다. 위 법률은 필요최소한의 범위 내에서 조사를 실시할 것(제4조), 법령에 조사의 근거가 있을 것(제5조), 출석 또는 진술요구시 취지 등을 고지할 것(제9조), 조사시 사전통지할 것(제17조) 등을 주요 내용으로 한다. 또한 행정절차법도 당사자등의 대리인선임권(제12조), 처분의 사전통지(제21조) 등 다양한 적법절차 준수를 위한 규정들을 두고 있다.

이처럼 행정절차에 있어서의 절차적 권리 등의 보장은, 첫째, 헌법 제12조 등이 형사절차의 절차적 보장을 언급하고 있는 것은 기본권 제한 정도가 가장 심한 형사상 강제처분의 영역에서 기본권을 더욱 강하게 보장하려는 의지를 담아 중복 규정한 것이지 그 밖의 행정절차 영역에서 적법절차원칙이 무시된다는 취지가 전혀 아니라는 점(헌재 2012. 6. 27. 선고 2011헌가36 전원재판부 결정), 둘째, 행정절차가 형사절차를 위한 사실상의 뒷문처럼 악용되어 당사자의 절차적 권리를 침해하는 것을 막아야 한다는 점에서, 매우 중요하다고 할 수 있다.

행정절차에 있어서 준수할 것이 요구되는 주요한 절차적 요청으로는 '적절한 고지를 행할 것'이 있다. 이러한 '적절한 고지'가 구체적으로 무엇인지 헌법재판소가 명시적으로 밝힌 것은 아니고, 다만 "규율되는 사항의 성질, 관련 당사자의 사익, 절차의 이행으로 제고될 가치, 국가작용의 효율성, 절차에 소요되는 비용, 불복의 기회 등 다양한 요소들을 형량하여 개별적으로 판단"해야 한다고 판시하고 있다(헌재 2003. 7. 24. 선고 2001헌가25 전원재판부 결정).

III. 징벌조사 과정에서의 절차적 권리 보장

1. 헌법상 적법절차 원칙

헌법상 적법절차원칙은 앞서 보듯이 형사소송절차에 국한되지 않고 모든 입법작용 및 행정작용에도 광범위하게 적용된다. 특히 수용시설의 안전과 질서를 유지하기 위한 징벌제도에 있어서도 당연히 적법절차원칙은 준수되어야 한다(헌재 2014. 9. 25. 선고 2012헌마523 전원재판부 결정). 그에 따라 징벌조사 절차에서 대상자의 참여권 보장은 헌법상 적법절차원칙에 의해 요구되는 당연한 절차적 권리라고 할 것이다.

2. 징벌조사 절차에서 진술거부권이 있음 내지 변호인선임권이 있음을 고지하는 것

(1) 대상판례의 태도

그런데 대상판례의 쟁점과 같이 징벌을 위한 조사 절차에서도 진술거부권이나 변호인선임권을 고지받을 권리가 보장되는지 문제된다.

이에 대해 과거 대법원은 진술거부권을 고지받을 권리는 입법적 뒷받침이 필요하고, 형사소송법상 피의자신문에 관한 제244조의3 규정이 유추적용되지도 않는다는 입장을 취했다(대법 2014. 1. 16. 선고 2013도5441 판결 등). 즉, 대법원의 태도는 법령에 명시적인 근거규정이 없는 한 징벌절차에 있어 진술거부권 내지 변호인선임권을 고지받을 권리는 인정되지 않는다는 입장으로 이해되는 것이다. 하급심 판결인 대상판례 역시 이와 유사한 태도를 보이고 있다.

(2) 검토

하지만 당사자에게 진술거부권 내지 변호인선임권이 있음을 '고지'하는 것은 앞서 헌법재판소가 적법절차원칙에 관한 기준으로 삼고 있는 "관련 당사자의 사익, 절차의 이행으로 제고될 가치, 국가작용의 효율성, 절차에 소요되는 비용" 등을 고려할 때 특별한 입법적 뒷받침이 없더라도 헌법상 적법절차원칙에 따라 당연히 인정될 수 있는 것이라고 보아야 한다. 즉, 징벌처분은 비록 수용질서 유지를 위한 행정절차의 일환이지만 형집행에 따른 기본권 제한과는 별도의 추가적인 기본권 제한이 수반된다는 점에서 그 절차를 통해 제한될 수 있는 당사자의 사익이 크고, 진술거부권 내지 변호인선임권의 고지를 통해 헌법상 적법절차원칙의 실질적 내용을 충족할 수 있으며, 진술거부권 등이 있음을 고지하는 것에 대해 국가작용의 효율성을 심대하게 제한하거나 그 비용이 현저하게 들어가는 것이라고 볼 여지도 없기 때문이다.

나아가 징벌을 위한 조사과정에서 인권침해의 가능성을 배제하기 어렵고, 징벌대상자의 입장에서 자신의 진술로 인하여 향후 형사절차상 추가 형벌을 받게 될 가능성도 있음을 고려(국가인권위 2020. 5. 28.자 19진정0781300 결정도 수용자의 범죄행위 조사시 진술거부권 등을 고지할 필요가 있다는 취지임)한다면, 징벌을 위한 조사과정에 있어서도 진술거부권 내지 변호인선임권이 있음을 고지하는 것이 타당하다고 생각된다.

[후속논의]

현재 진술거부권 내지 변호인선임권을 고지해야 한다는 명문의 법령이 없을 경우 국가기관이 이와 같은 절차적 권리를 고지해야 하는지에 관하여 견해 대립이 매우 첨예한 상황이기 때문에, 징벌절차와 관련하여 진술거부권 내지 변호인선임권이 있음을 고지하도록 하는 명시적인 입법이 필요하다고 생각된다. 2013. 8. 13. 개정된 공직선거법은 제272조의2 제7항을 신설하여 선거관리위원회의 조사절차에서 피조사자에게 진술거부권을 고지하도록 하는 규정을 마련하기도 했다.

참고로 미국의 경우 행정조사시 진술거부권 고지 의무가 없다고 보고 있으나, 이는 미국 내에서 소환장제도, 법원에 의한 사전적 사법심사제도가 시행되고 있기 때문이므로, 이러한 미국의 논의를 우리가 그대로 참고하기는 어렵다고 생각된다.

[참고문헌]
- 이근우, 행정조사의 형사법적 한계설정, 고려법학 제72호, 고려대학교 법학연구원, 2014.
- 정한중, 행정조사와 진술거부권 고지의무, 외법논집 제38권 제2호, 한국외국어대학교 법학연구소, 2014.
- 박용철, 행정조사와 변호인 참여권-미국법과의 비교를 포함하여-, 형사소송의 이론과 실무 제15권 제2호, 한국형사소송법학회, 2023.

[김송이 변호사(법무법인(유한) 로고스)]

[21] 위법한 조사수용의 국가배상책임

대상	손해배상(기) (원고일부승)
	[1심] 광주지법 2019. 11. 19. 선고 2018가소17579 판결 (원고패)
	[2심] 광주지법 2020. 12. 9. 선고 2019나67868 판결 (원고일부승)
	[3심] 대법 2021. 5. 13.자 2021다214203 판결 (심리불속행기각)

[사실관계]

원고는 징역 20년을 선고받고 그 판결이 확정되어 광주교도소에 수감 중 2018. 3. 19. 17:20경 수용생활을 방해하고 교도관의 지시에 따르지 않은 행위(제1행위)를 했고, 담당교도관은 같은 날 17:30경 수용관리팀 사무실에서 자술서를 작성하게 하였다. 다음 날인 2018. 3. 20. 폭행 등 공무집행 방해행위(제2행위)가 있었고, 제1행위와 병합되어 조사가 진행되었다.

담당 교도관은 2018. 3. 29. 조사기간 연장을 요청했고, 교도소장은 이를 승인했다. 원고는 2018. 3. 20.부터 2018. 4. 3.까지 조사수용을 위한 기결독거조사 거실에 수용되어 TV 시청이 제한되는 등 처우제한 조치를 받았고, 2018. 4. 4. 징벌위원회는 원고에 대하여 금치 30일의 징벌을 의결했다. 교도소장은 원고에 대해 금치 30일의 징벌을 집행하면서 조사기관 15일을 산입하여 2018. 4. 4.부터 같은 달 18.까지 징벌을 집행하였다.

형집행법 시행규칙 제220조 제1항는 수용자의 징벌대상행위에 대한 조사기간은 10일 이내로 하고 특히 필요하다고 인정하는 경우 1회에 한하여 7일을 초과하지 아니하는 범위에서 그 기간을 연장할 수 있도록 규정한다. 원고는 최초 조사일인 2018. 3. 19.부터 10일이 경과한 이후인 2018. 3. 29.경 조사기간을 연장한 것은 위법하며 부적법한 징벌 의결을 거쳐 징벌실에 수용하고 처우를 제한당하였으므로 국가는 공무원들의 불법행위로 인해 원고가 입은 정신적 손해를 배상할 의무가 있다고 주장하며 국가배상청구소송을 제기했다.

[판결요지]

이 사건 혐의에 관한 적법한 조사기간은 2018. 3. 28. 만료되었다고 할 것이고, 피고가 적법한 조사기관 만료일 이후인 2018. 3. 29.경 이 사건 혐의에 관한 조사기간을 연장한 행위는 위법하며, 따라서 그 이후에 원고를 이 사건 혐의에 관한 징벌대상자로 삼아 조사 거실에 수용하고 처우제한을 한 행위는 공무원의 고의·과실에 기한 불법행위를 구성한다고 봄이 상당하다.

원고는 이 사건 혐의에 관한 적법한 조사기

간이 만료된 이후에도 조사거실에 수용되고 각종 처우제한을 받았는바, 이로 인하여 원고가 정신적 고통을 당하였음은 경험칙상 명백하므로, 피고는 원고에게 국가배상법 제2조 제1하에 따른 원고의 정신적 손해를 금전적으로나마 위자할 의무가 있다.

위자료의 액수를 정함에 있어서는, 원고는 제1행위 이외에도 제2행위에 관한 징벌대상자로서 조사거실에 수용되고 처우제한을 받은 측면도 있는 점, 제2행위 혐의에 관한 조사기간 연장은 기간 내에 이루어져 적법한 것으로 보이는 점, 징벌위원회가 의결한 금치 30일의 징벌기간에는 제2행위에 관한 내용이 포함되어 있는 점, 그 밖에 이 사건 혐의에 관한 위법한 조사의 기간 및 그로 인하여 침해된 원고의 권리 등을 종합적으로 보면, 원고가 입은 정신적 손해로 300,000원으로 정함이 상당하다.

[제1심: 피고측이 조사연장을 한 이유는 제1행위 다음날 발생한 제2행위 사건이 병합되어 부득이하게 연장한 것으로 보이고, 이는 관련법상 연장의 필요성이 인정된다 할 것이며, 법에 정해진 연장기간 내에 조사를 마친 것이므로 원고의 주장은 이유 없다.]

[해설]

수형자의 경우 형벌의 집행을 위하여 격리된 구금시설에서 강제적인 공동생활을 하게 되므로 헌법이 보장하는 신체활동의 자유 등 기본권이 제한되기 마련이나, 제한되는 기본권의 형의 집행과 도망의 방지라는 구금의 목적과 관련된 기본권에 한정되어야 하고, 특히 수용시설 내의 질서 및 안전유지를 위하여 행해지는 기본권의 제한은 다른 방법으로 그 목적을 달성할 수 없는 경우에만 예외적으로 허용되어야 한다(헌재 2008. 5. 29. 선고 2005헌마137등 전원재판부 결정).

항소심 재판부는 이 헌법재판소의 법리를 토대로 수용시설 내 징벌대상자의 조사에 관한 관련 규정들은 수용자의 기본권 보장의 측면에 비추어 엄격하게 해석해야 한다는 전제 하에, ① 조사기간의 개시시점은 자술서를 작성하게 한 2018. 3. 19.로 보아야 하고, ② 관계 법령상 반드시 조사기간 만료 전에 조사기간을 연장하여야 한다거나 소장의 사전허가를 받아야 한다는 명문 규정은 존재하지 않으나 조사기간이 경과한 후 진행된 연장조치 및 교도소장의 허가는 모두 위법하여 효력이 없으며, ③ 징벌위원회의 의결 또한 조사기간 종료 후에 이루어진 것으로 절차적 하자가 존재하며 금치 30일의 징벌을 집행하는 기간에 조사기간이 산입되었다고 하여 원고의 정신적 손해가 전보되었다거나 위법성이 치유된다고 볼 수 없다고 판단하였다.

이와 달리 1심 법원은, 조사기간 개시시점 및 조사기간 경과 후 연장조치의 적법여부 등 원·피고 대립되는 주장에 대한 구체적인 판단 없이, ① 행정처분의 담당공무원이 보통 일반의 공무원을 표준으로 객관적 주의의무를 결하여 그 행정처분이 객관적 정당성을 상실하였다고 인정될 정도에 이른 경우에 국가배상책임의 요건을 충족하였다고 봄이 상당할 것이고, ② 손해의 전보책임을 국가에 부담시켜야 할 실질적인 이유가 있는지 여부에 의하여 판단하여야 하며, ③ 어떠한 행정처분이 위법하다고 할지라도 그 자체만으로 곧바로 그 행정처분이 공무원의 고의 또는 과실로 인한 불법행위를 구성한다고 단정할 수 없다는 법리를 토대로 원고의 주장을 배척하였다(위법한 처분에 대한 공무원의 과실을 부정하기 위한 논거로서, '객관적 정당성'이 상실한 정도에 이른 것으로 볼 수 없다든지, 국가에게 배상책임을 부담시켜야 할 '실질적 이유'가 있다고 할 수 없다든지 하는 식의 법원의 태도는 국가배상을 통한 행정통제, 공익과 사익의 조정, 공적 부담 앞의 평등, 공적 위험의 분배, 사회연대 등 공법적 사고가 실종된 것으로 타당하지 않다는 비판이 있다).

항소심 재판부가 조사기간 개시시점을 자술서 작성단계로 보고, 조사기간 만료 전 조사기간 연장의무가 있다고 판단한 부분은 수용자의 기본권 보장의 측면에서 볼 때 바람직할 것이나, 정신적 손해로 산정한 30만원이 위법한 행정으로 인해 피해를 입은 수용자를 위로할 수 있는 적정한 금액인지, 국가배상소송이 위법한 행정의 통제기능을 발휘하여 국가가 재발방지대책을 적극적으로 마련할 만큼 재정적으로 부담이 되는 금액인지 의문이 들게 한다.

[후속논의]

재판당사자뿐만 아니라 조사기간을 엄수하지 않고 조사기간 종료 후에 조사기간을 연장하는 피해를 입은 수용자는 이 사건 당사자 이외에도 많이 존재할 것으로 예상된다. 먼저 교정당국인 법무부가 위법한 조사수용의 피해자에 대한 실태조사를 하도록 할 필요가 있다. 실태조사를 통해 피해자가 확인되는 경우 이 사건 당사자와 같이 정신적 손해를 국가가 위자해야 할 의무가 있을 것이다. 교정당국인 법무부는 국가배상법 제12조(배상신청) 제2항(손해배상의 원인을 발생하게 한 공무원의 소속 기관의 장은 피해자나 유족을 위하여 제1항의 신청을 권장하여야 한다)에 의거하여 피해자가 국가배상신청을 할 수 있도록 안내하도록 할 필요가 있다.

[참고문헌]
● 박정훈, 국가배상법의 개혁-사법적 대위책임에서 공법적 자기책임으로, 행정법연구 제62호, 행정법이론실무학회, 2020.

[최정규 변호사(법무법인 원곡)]

대상	교도소의 재판방해로 인한 인권침해 (각하, 의견표명)
	국가인권위 2021. 12. 17.자 21진정0361700 결정 (각하, 의견표명)
참조	금치처분취소 (원고패)
	[1심] 대구지법 2014. 8. 20. 선고 2014구합191 판결 (원고패)
	[2심] 대구고법 2015. 4. 3. 선고 2014누6556 판결 (항소기각)
	[3심] 대법 2015. 8. 13.자 2015두41623 판결 (심리불속행기각)

[사실관계]

진정인은 2020. 10.경 같은 A교도소 수용자인 피해자2와 함께 피진정인(A교도소장)을 상대로 과밀수용에 따른 손해배상청구소송을 하였다. 2021. 1.경 피해자3 내지 8이 위와 동일한 내용으로 소송을 제기하고자 하기에, 진정인은 이를 돕고자 피진정인의 허가 없이 소송 관련 자료와 수입인지를 피해자3 내지 8로부터 A교도소 8작업장에서 전달받은 후 8작업장 B교감에게 소송서류 복사 보고문을 제출하고 사전검열과 허가를 거쳐 복사가 완료된 소송서류를 받아 부산지법에 제출하였다.

A교도소 C교위는 2021. 3. 10. 피해자3 등이 제기한 국가배상소송의 소장을 송달받아 진정인이 당사자가 아님에도 소송비용 중 일부를 납부하였을 뿐만 아니라 진정인이 2020. 10.경 제기하였던 국가배상소송의 소장과 내용 및 필체가 동일한 것을 인지하여 보안과에 조사를 의뢰하였다.

피진정인은 진정인이 허가 없이 물품인 소송서류를 수수하였다는 이유로 금치 13일의 징벌처분, 강제이송 등의 처우를 하였고, 진정인은 이는 부당한 처우로서 피해자들의 재판을 방해하고 공권력을 남용하였다고 국가인권위원회에 진정하였다.

[결정요지]

형집행법은 제92조에서 금지물품만을 명시하고 있을 뿐, 수용자가 지닐 수 있는 물품의 범위를 구체적으로 규정하고 있지 않다. 이와 같은 상황에서, 형집행법 시행규칙 제214조 제15호는 교정시설의 장이 허가할 수 있는 물품을 구체적으로 나열하거나 범위의 정함 없이, 형집행법 제107조 제6호에서 위임받은 수용자의 규율 위반행위의 개념 중 하나로 '허가 없이 물품을 지니거나 반입·제작·변조·교환 또는 주고받는 행위'로 규정함으로써, 교정시설의 장이 수용자가 지닐 수 있는 물건의 범위를 허가로써 정하도록 하면서 허가 없는 물품을 지닐 경우 이를 규율 위반으로 징벌처분할 수 있도록 하고 있다.

교정시설의 장이 교정시설 내 수용질서 유지를 위하여 수용자 간 금전 및 물품거래 등을 통제할 필요성은 일응 인정된다고 할 것이나, 상위법령에서 징벌 부과 사유 중의 하나로 규정하고 있는 '그 밖에 시설의 안전과 질서유지를 위하여 법무부령으로 정하는 규율을 위반하는 행위'의 범위를, '교정시설의 장이 허가'하는 때로 규정하는 것은 지나치게 포괄적이고 추상적이라 하지 않을 수 없다. 이러한 포괄적 권한을 행사할 수 있도록 하는 규정은 징벌 권한을 가지고 관련 규정을 해석하는 교정기관의 장에게는 그 재량이 과도하게 주어져 남용가능성이 상당해지고, 수용자들에게는 어떤 기준으로 허가를 받아야 하고 그 대상 물건의 범위와 유형은 무엇인지 도무지 알기 어렵게 하는바, 법치주의에서 연유하는 명확성의 원칙에 위배될 뿐 아니라, 그 위임의 범위도 포괄적이어서 상위 법률의 위임의 한계를 일탈하는 것이라 할 것이다.

[해설]

I. 문제의 제기

수형자는 형벌의 효과로서 자유를 박탈당한 것이므로 이를 제외하면 일반인과 동일한 생활을 영위하게 하는 것도 이론적으로는 가능하다. 즉 자유 박탈 및 그 상태를 유지하기 위한 필요최소한도의 통제는 필수적이지만 그 외의 영역을 어떻게 운용할지는 매우 가변적이다. 해외에는 매우 다양한 형태의 교도소가 있는데 우리나라에도 개방형 교도소 등 새로운 형태의 교도소가 늘어나고 있다.

그러나 이러한 시도는 교정행정의 편의성을 고려한 시혜적인 성격이 강하며 수형자의 권리 보장의 성격은 약하다. 즉 행형법은 2007년 형집행법으로 전면 개정되면서 인권 존중의 시대적 요구에 부응하고자 다양한 제도를 도입해 왔지만 그 출발점 자체가 다른 법에 비하여 매우 낮았다.

따라서 과거는 물론 지금도 교정시설의 안전과 질서유지를 위한 규율과 상벌이 중요시되고 있고 특히 규율을 위반한 수용자에게 부과되는 불이익처분인 징벌이 매우 활발하게 활용되고 있다. 징벌은 경비처우급의 변경 등 이후의 처우에 큰 영향을 줄 뿐만 아니라 미결수용자의 경우 재판의 양형자료로도 활용된다.

징벌은 징벌위원회의 의결로 행해지는 행정처분이지만 형벌적 성격을 가지고 있으며 부과에 있어서 형법의 다양한 원칙이 적용되어야 한다는 주장이 있다. 따라서 법정주의의 원칙, 필요최소한의 원칙, 보충성의 원칙, 비례성의 원칙 등의 적용이 문제되는데 이는 수형자의 권리를 제한하는데 ① 형식, 즉 법률상의 근거가 필요한지 여부와 ② 한계, 즉 제한의 기준은 무엇인지로 정리할 수 있다. 이하에서는 '허가 없이 물품을 주고받는 행위'를 이러한 기준에 맞추어 검토한다.

II. 권리제한의 형식과 시행규칙의 문제

진정인이 피해자로부터 허가받지 않은 물품을 수수한 사실 자체는 명확하다. 즉 진정인은 피해자로부터 부탁을 받거나 동의를 받아 8작업장에서 정보공개자료와 인지대를 받았고 이와 관련 규정 위반에 해당하더라도 단순히 인식의 차이에서 빚어진 착오와 실수에 불과할 뿐이라고 주장하고 있다.

그러나 행정법규 위반에 대하여 가하는 제재조치는 행정목적의 달성을 위하여 행정법규 위반이라는 객관적 사실에 착안하여 가하는 제재이므로 위반자의 의무 해태를 탓할 수 없는 정당한 사유가 있는 등의 특별한 사정이 없는 한 위반자에게 고의나 과실이 없다고 하더라도 부과될 수 있다(대법 2003. 9. 2. 선고 2002두5177 판결).

문제는 이러한 제재가 형집행법 시행규칙 제214조 제15호를 근거로 한다는 점에 있다. 즉 형집행법 시행규칙은 국회를 거치지 않은 이른바 '행정입법'으로 법령의 구체적인 위임이 없이 법령의 시행을 위하여 정부가 제재적 행정처분의 기준을 부령의 형식으로 규정한 것이다. 이는 수용관계를 더 이상 특별권력관계로 보지 않는다는 점에서 더 중요해지는데, 과거에는 법률적 근거 없이 수용자의 기본권 제한이 가능하고 사법심사의 대상이 되지 않는다고 보았다. 그러나 이제는 징벌을 법률 또는 법률에서 위임한 규정에 따라 부과해야 하는데, 형집행법 제107조는 5가지의 징벌사유 외에도 "그 밖에 시설의 안전과 질서유지를 위하여 법무부령으로 정하는 규율을 위반하는 행위"를 추가하여 결과적으로 포괄적인 징벌사유를 인정하고 있다. 이는 과거 소장이 법무부장관의 승인을 얻어 정했던 것을 법부부령으로 바꾼 것으로 통일성과 예측가능성을 제고했다고 볼 수 있으며 징벌로 규율해야 할 사항을 모두 법률로 정하는 것이 매우 어렵다는 점에서 합리적 해결책으로 볼 수도 있다.

그러나 법무부령인 시행규칙 제215조는 지나치게 그 내용이 광범위하다는 문제도 안고 있다. 즉 제215조는 총 17개의 규율위반행위를 규정하고 있는데 일부 행위들은 형벌법령에 저촉되는 정도에 이르지 않은 경우에도 별도로 징벌사유로 해야 할 지가 문제되고 더 나아가 일부 행위들의 경우 그 자체만으로 형집행법이 법무부령에 위임한 전제가 되는 '시설의 안전과 질서를 해하는 행위'로 보기 어렵다는 것이다. 따라서 '허가 없이 물품을 주고받는 행위'도 위임의 범위를 초과한 것은 아닌지 검토할 필요가 있다.

III. 권리제한의 한계와 물품의 구분

진정인은 소송을 준비하고 진행하는 과정에서 발생한 일로 개인적으로 사용할 목적을 가지고 물품을 주고받는 등의 부정행위 또는 고의적으로 규정을 위반하여 허가 없이 물품을 주고받는 등의 위반행위를 하지 않았다고 주장하였다.

이는 고의나 목적 등 주관적 요소를 중시한 것인데 국가인권위원회는 오히려 수수의 객체라는 객관적 요소를 중시하고 있다. 즉 소송 등에 사용될 자료는 형집행법 제92조에서 구체적으로 열거하여 금지하고 있는 마약, 무기 등의 물품에 해당하지 않는다는 것이다.

이는 교정시설의 특수성을 제대로 고려하지 못한 문제제기이다. 일본의 '형사수용시설 및 피수용자등의 처우에 관한 법률' 제74조 제1항 제8호는 "금품의 부정한 사용, 소지, 주고받기, 그 밖의 행위를 해서는 안 된다"를 준수사항으로 규정하고 있는데 여기에는 사용 등을 허가받은 금품을 다른 피수용자와 주고받는 행위도 포함된다. 그리고 이렇게 엄격하게 규제하는 이유로 거래 등을 통하여 피수용자 간에 지배·피지배 관계가 생기거나, 약한 입장에 있는 피수용자가 금품을 빼앗기는 사태를 막기 위함이라는 점을 들고 있다.

한편으로 수형자는 형벌인 자유의 박탈을 제외하면 일반인과 동일한 생활을 보장받아야 한다는 주장을 다시 상기할 필요가 있다. 이에 따르면 물품의 주고받기가 범죄에 해당하거나 시설의 안전과 질서유지를 해치지 않는 한 제한받지 않아야 한다. 비록 우리나라는 수형자에 대한 엄격한 관리와 통제를 전제로 하지만 그럼에도 불구하고 피수용자의 권리는 구금의 목적에 비추어 필요최소한의 범위 내에서 합리적으로만 제한해야 한다.

국가인권위원회는 형집행법 시행규칙 제214조 제15호를 교정시설의 장이 허가할 수 있는 물품을 구체적으로 열거하거나 범위를 정하는 방법으로 개정하여 수용자의 기본권을 과도하게 제한하지 않을 것을 제안하고 있는데 형집행법 제92조의 금지물품도 최근 무인비행장치를 추가하는 등 계속 개정되고 있음을 고려하면 구체적인 열거는 매우 곤란한 작업이다.

오히려 본건에서 문제가 된 물품이 소송 등에 사용될 자료라는 점에 주목할 필요가 있다. 일본에서는 물품과 문서도화를 구분하고 있는데 문서도화가 다른 사람에게 교부될 때 서신, 즉 편지와 같이 특정인에게 의사나 사실을 전달한다는 점을 고려한 것으로 '검사나 그 밖의 조치'가 가능하도록 규정하고 있다. 반대로 형집행법 제85조는 징벌의 집행 중에도 소송서류의 작성 등 수사 및 재판 과정에서의 권리행사를 보장하도록 규정하고 있는데 이러한 점을 고려하면 소송 등에 사용될 자료를 물품이나 문서도화와는 별도로 검토할 필요가 있다. 이러한 관점이 채택된다면 동료수용자의 자술서를 교부받은 사안(대법 2015. 8. 13.자 2015두41623 판결)도 재검토되어야 할 것이다.

[후속논의]

진정인은 금치 13일의 처분 이외에도 '1년 이내 3회 이상의 금치처분을 받은 사실이 있는 경우'에 해당하여 처우등급이 개방처우급에서 완화경비처우급으로 하향 조정되었으며, 수용환경에 변화가 필요하다는 법무부의 결정으로 다른 교도소로 이송되었다. 따라서 단순히 13일의 금치처분만 받은 것이 아니다. 이와 관련 형집행법상의 다양한 징벌이 실효성이 없어 금치 위주로 운영되며 금치처분에 따라 처우급이 변화하는 것이 사실상의 제재라는 지적을 경청할 필요가 있다.

또한 국가인권위원회는 진정인의 진정 관련 교정 당국의 오랜 과제인 과밀수용에 대해 수용자들이 공동 대응 차원에서 실시한 집단 소송의 성격을 띤다고 평가하고 있다. 따라서 수용자들이 제기하는 집단 소송의 문제도 검토해야 하나 무엇보다도 교정 당국의 오랜 과제인 과밀수용이 해소되어야 한다.

[참고문헌]
● 신양균, 형집행법, 화산미디어, 2012.
● 하야시 마코토·키타무라 아츠시·나토리 토시야 저/안성훈·금용명 역, 일본행형법, 한국형사정책연구원, 2016.
● 카와이데 토시히로·김광욱 저/금용명·장응혁·안성훈 역, 일본의 형사정책 2-범죄학, 형벌과 교정, 박영사, 2020.
● 금용명, 교정학: 행형론과 수용자 처우, 박영사, 2021.

[장응혁 교수(계명대학교 경찰행정학과)]

사항색인

판례색인

525
국가인권위 2023. 10. 30.자 22진정0840900 · 0827900(병합)
　　결정　175

집필진 소개

집필자

강송욱 강재원 공두현 공일규 권수진 권오성 권지혜 금용명 김기범 김대근 김동현 김성규 김소연 김송이 김원규 김정환 김진하 김현성 김현숙 남승한 류경은 류다솔 류영재 문현웅 박경용 박승진 박인숙 박찬운 박한희 서채완 성중탁 송영진 송주용 신은영 심유진 안성훈 양성우 오현정 원혜욱 유경민 윤지영 이경렬 이덕인 이상현 이상희 이서형 이순욱 이지윤 이황희 장서연 장응혁 전주열 정민영 정승환 조영관 좌세준 주영달 차진아 최석군 최용기 최정규 최정학 최초록 최호진 하주희 한상훈 한인섭 허윤정

편집위원

강성준 금용명 김대근 김현성 남승한 박경용 조영관 좌세준 한인섭

공동기획

교정판례연구회 천주교인권위원회

교정판례백선

초판발행   2024년 8월 30일

지은이   교정판례연구회 · 천주교인권위원회
펴낸이   안종만 · 안상준

편 집   장유나
기획/마케팅   조성호
표지디자인   BEN STORY
제 작   고철민 · 김원표

펴낸곳   (주) **박영사**
               서울특별시 금천구 가산디지털2로 53, 210호(가산동, 한라시그마밸리)
               등록 1959. 3. 11. 제300-1959-1호(倫)

전 화   02)733-6771
f a x   02)736-4818
e-mail   pys@pybook.co.kr
homepage   www.pybook.co.kr
ISBN   979-11-303-4753-0   93360

정가 36,000원